Springer-Lehrbuch

Springer
Berlin
Heidelberg
New York
Barcelona
Hongkong
London
Mailand
Paris
Singapur
Tokio

D. Duwendag · K.-H. Ketterer · W. Kösters
R. Pohl · D. B. Simmert

Geldtheorie und Geldpolitik in Europa

Eine problemorientierte Einführung mit einem Kompendium monetärer Fachbegriffe

Fünfte, neubearbeitete Auflage

Mit 44 Abbildungen
und 25 Tabellen

Springer

Prof. Dr. Dieter Duwendag
Lehrstuhl für Wirtschaftliche Staatswissenschaften
Deutsche Hochschule für Verwaltungswissenschaften Speyer
Freiherr-vom-Stein-Str. 2, D-67324 Speyer am Rhein

Prof. Dr. Karl-Heinz Ketterer
Universität Karlsruhe
Lehrstuhl für Geld und Währung
Postfach 69 80, D-76128 Karlsruhe

Prof. Dr. Wim Kösters
Ruhr-Universität Bochum
Lehrstuhl für Theoretische Volkswirtschaftslehre
Gebäude GC 3/150, D-44780 Bochum

Prof. Dr. Rüdiger Pohl
Martin-Luther-Universität Halle-Wittenberg
Lehrstuhl für Volkswirtschaftslehre, insbesondere
Geld und Währung und Präsident des Instituts für
Wirtschaftsforschung Halle
D-06116 Halle

Prof. Dr. Diethard B. Simmert
Direktor der Provinzial-Versicherungsanstalten und
Professor für Finanzierung an der „International School
of Management", Dortmund
Provinzial-Platz 1, D-40591 Düsseldorf

Die 1.–4. Auflage erschien im Bund-Verlag GmbH, Köln

ISBN 3-540-64833-X Springer-Verlag Berlin Heidelberg New York

Die Deutsche Bibliothek - CIP-Einheitsaufnahme
Geldtheorie und Geldpolitik in Europa : eine problemorientierte
Einführung / von Dieter Duwendag ... - 5., neubearb. Aufl. - Berlin ;
Heidelberg ; New York ; Barcelona ; Hongkong ; London ; Mailand ;
Paris ; Singapur ; Tokio : Springer, 1999
(Springer-Lehrbuch)
ISBN 3-540-64833-X

Printed in Italy

SPIN 10690247 42/2202-5 4 3 2 1 0 – Gedruckt auf säurefreiem Papier

VORWORT ZUR 5. AUFLAGE

Die vorliegende Neuauflage erscheint nahezu zeitgleich mit dem Start der Endstufe der Europäischen Wirtschafts- und Währungsunion. Mit ihrem Herzstück, der Europäischen Währungsunion (EWU), wurde eine neue Ära der europäischen Währungsgeschichte eingeläutet. Dies war zugleich der Anlaß für eine komplette Neubearbeitung und konsequente Ausrichtung des Lehrbuches auf die EWU und die Europäische Zentralbank. Das bedeutet Umdenken und Eintauchen in die europäische Dimension. Wie bisher schon wird der Leser - dem didaktischen Verständnis und "Markenzeichen" des Buches entsprechend - behutsam und problemorientiert eingeführt in diese neue monetäre Welt.

Was ist *neu* an der europäischen (EWU-)Dimension der Geldtheorie und Geldpolitik? Natürlich gibt es keine spezifisch "europäische Geldtheorie" - wie es zuvor z. B. auch keine spezifisch deutsche oder amerikanische gegeben hat. Die theoretischen Grundlagen bleiben also erhalten, aber sie stoßen jetzt auf ein verändertes *Umfeld*. Damit stellte sich die Aufgabe, die diversen Geldnachfrage-, Geldangebots-, Zins-, Transmissions- und Geldwirkungstheorien stärker als bisher mit den europäischen Gegebenheiten zu konfrontieren. Unter diesem Aspekt wurden sämtliche *Theoriekapitel* neu geschrieben. Da sich mit der EWU auch die Koordinaten des internationalen Währungssystems verschoben haben, wurde darüber hinaus das *Kapitel 7* um die Abschnitte "Globalisierung der Finanzmärkte" und die Rolle des "Euro im Weltwährungssystem" erweitert.

Komplett neu gefaßt wurden die *Kapitel 1* ("Grundlagen der EWU") und *8* ("Geldpolitik in der EWU"), ferner zahlreiche Abschnitte in den *Kapiteln 2* ("Monetäre Rechnungssysteme"), *4* ("Geldangebot") und *6* ("Transmission monetärer Impulse"), schließlich auch das *Kompendium monetärer Fachbegriffe*, das jetzt mit etwa 40 Seiten zu einem Nachschlagewerk ausgewachsen ist. Diese Teile befassen sich mit den historischen, rechtlichen und institutionellen Rahmenbedingungen der Währungsunion sowie mit dem Aufbau, den Zielen, der Strategie und den Instrumenten der Europäischen Zentralbank. *Kapitel 8* wurde ferner ergänzt um die Darstellung grundlegender Elemente der Geldordnung, der Theorie der zeitlichen Inkonsistenz optimaler Pläne und der internationalen Koordination der Geldpolitik - um nur die wichtigsten Neuerungen zu nennen. Sämtliche Ausführungen bewegen sich hart am *aktuellen* Rand, d. h. sie beziehen insbesondere die in der zweiten Jahreshälfte 1998 (bis Oktober) getroffenen Entscheidungen über das strategische Vorgehen und die instrumentelle Ausstattung der EZB mit ein.

In dieser Neuauflage ist geschehen, was sonst höchst selten passiert (und den Leser erfreuen mag): Trotz der Erweiterung auf nunmehr acht Kapitel und um zahlreiche neue Abschnitte konnte der Umfang gegenüber der vorigen Auflage durch energische Straffungen deutlich reduziert werden. Ungewöhnlich intensiv war bei dieser "Neuauflage am PC" die tatkräftige Mithilfe zahlreicher Mitarbeiterinnen und Mitarbeiter. Wir bedanken uns recht herzlich bei allen und möchten bei diesem Dank besonders hervorheben: Frau Dipl.-Wirtschaftsing. MONIKA HARTMANN für die gründliche Neufassung des Kompendiums; Herrn Dipl.-Volksw. HERMANN KNÖDLER für die sorgfältige Anfertigung (nahezu) aller Abbildungen und für die redaktionelle Assistenz; schließlich - und vor allem - Frau KAROLA PFEIFFER für ihre Ausdauer und Mühen bei der Anfertigung des endgültigen Manuskripts.

Speyer, *Dieter Duwendag*
Karlsruhe, *Karl-Heinz Ketterer*
Bochum, *Wim Kösters*
Halle, *Rüdiger Pohl*
Düsseldorf, *Diethard B. Simmert*

November 1998

INHALTSVERZEICHNIS

1 GRUNDLAGEN DER EUROPÄISCHEN WÄHRUNGSUNION

In dieser Einführung geben wir einen ersten Einstieg in das neue Szenario der Europäischen Währungsunion (EWU). Zu fragen ist nach grundlegenden Veränderungen durch den Übergang auf den Euro und damit zugleich nach elementaren Merkmalen der Währungsunion. Einzelheiten zu den rechtlichen, institutionellen und monetären Rahmenbedingungen der EWU finden sich in den nachfolgenden Kapiteln.

1.1 Ein neues Kapitel europäischer Währungsgeschichte

Am 1. Januar 1999 hat die Endstufe der Europäischen Wirtschafts- und Währungsunion begonnen. Mit ihrem Herzstück, der EWU, wurde ein neues Kapitel in der Geld- und Währungsgeschichte Europas aufgeschlagen, für das es bislang kein historisches Vorbild gibt (vgl. *Theurl, 1992*). So haben (bislang 11) *souveräne* Staaten der Europäischen Union (EU) ihre nationalen Währungen zur neuen Einheitswährung, dem Euro, verschmolzen und ihre Zuständigkeit für die Geld- und Währungspolitik auf eine ebenfalls neue, gemeinsame Institution - die Europäische Zentralbank (EZB) - übertragen. Teilnehmer der Währungsunion sind die Länder Belgien, Deutschland, Finnland, Frankreich, Irland, Italien, Luxemburg, die Niederlande, Österreich, Portugal und Spanien. Von den restlichen Staaten der EU haben drei für einen späteren Beitritt zur EWU optiert (Dänemark, England, Schweden), während Griechenland die Voraussetzungen für die Teilnahme, die sog. Konvergenzkriterien, noch nicht erfüllen konnte.

Die Verschmelzung der Währungen und die Entscheidung für eine einheitliche, supranationale Geld- und Wechselkurspolitik sind zweifellos Vorgänge von erheblicher Tragweite, für die gravierende *Gründe* vorgelegen haben müssen. Als zentrales Motiv ist die Fortentwicklung der politischen und ökonomischen Integration Europas anzusehen. Die übergreifenden *politischen* Ziele richten sich auf das Zusammenwachsen und die Einigung Europas und damit letztlich auf die Sicherung des Friedens. Die *ökonomischen* Ziele der EWU setzen insbesondere auf eine Steigerung der Wohlfahrt, der Effizienz und des Wettbewerbs bei gleichzeitiger Wahrung der Geldwertstabilität.

Zwar gibt es noch keine gesicherten Erfahrungen, aber die Chancen stehen gut für die Erreichung dieser Ziele und das Gelingen der Währungsunion, vor allem was die Sicherstellung eines stabilen Euro betrifft. So startete die EWU mit einer durchschnittlichen Inflationsrate aller Teilnehmer von nur 1,5 % aus einer bislang nicht gekannten Stabilitätsposition heraus. Dies und die (weitgehende) Erfüllung der anderen Konvergenzkriterien (langfristiger Zinssatz, Fiskalkriterien, Wechselkurs im EWS) können als Ausdruck des *Konsenses* der Teilnehmerstaaten gewertet werden, auch in Zukunft für einen stabilen Euro Sorge zu tragen. Dieses Ausgangsszenario steht in krassem Gegensatz zu allen anderen, leidvollen Erfahrungen mit dem Untergang nationaler Währungen, denen stets eine Zerrüttung des Währungssystems vorausgegangen war. Aber die EWU ist eben keine Währungsreform, sondern eine langfristig geplante und sorgfältig vorbereitete *Währungsumstellung*. Der Übergang auf den Euro ist eingebettet in ein Rahmenwerk von strikten rechtlichen und institutionellen Regelungen (Vertrag von Maastricht, Statut der EZB), die ein Höchstmaß an Vorkehrungen für eine unabhängige und stabilitätsorientierte Geldpolitik der EZB geschaffen haben (im einzelnen vgl. die folgenden Abschnitte und Kapitel; zur Abwägung der Chancen und Risiken der Währungsunion vgl. *1.3*).

Die Errichtung der EWU ist der vorläufige Höhepunkt einer Vielzahl von vorausgegangenen Integrationsschritten. So waren es vor allem *ökonomische* Instrumente im wirtschafts- und währungspolitischen Bereich, die als Schrittmacher der europäischen Integration eingesetzt wurden. Die wichtigsten *Etappen* auf diesem Wege lassen sich wie folgt zusammenfassen (zu Details vgl. *Bernholz, 1998; Deutsche Bundesbank, 1997*):

- Die Gründung der *Europäischen Wirtschaftsgemeinschaft* (EWG) durch die "Römischen Verträge" von 1958 mit damals sechs Staaten: Ihr Ziel war insbesondere die Schaffung eines "Gemeinsamen Marktes" durch Beseitigung der Zölle und mengenmäßigen Handelsbeschränkungen bis Ende 1969. Dieses Ziel wurde mit der sog. Zollunion fristgerecht realisiert.

- Auf währungspolitischem Gebiet folgte 1970 die Initiative des sog. *Werner-Plans*: Danach war bereits für die achtziger Jahre eine Währungsunion mit sechs europäischen Staaten vorgesehen, die mit einer weitgehenden politischen Integration einhergehen sollte. Der Werner-Plan erwies sich jedoch als zu ambitiös. Er scheiterte damals an unterschiedlichen Vorstellungen über die gemeinsame geldpolitische Strategie und an der fehlenden Bereitschaft zur Aufgabe nationaler Souveränität.

- Die Errichtung des *Europäischen Währungssystems* (EWS) im Jahre 1979 war die Antwort von zunächst acht, später bis zu zwölf westeuropäischen Staaten auf das Scheitern des Werner-Plans und auf die Wechselkursunsicherheiten im Gefolge des Zusammenbruchs des Festkurssystems von Bretton Woods (1973). Das EWS verfolgte das Ziel, durch ein System fester (innerhalb enger Bandbreiten), aber anpassungsfähiger Wechselkurse eine "stabile Währungszone in Europa" zu schaffen. Trotz anfänglicher starker und häufiger Wechselkursveränderungen zwischen den Teilnehmerländern ("Realignments") und der Wechselkursturbulenzen in den Jahren 1992/93 kann das EWS insgesamt als gelungener Versuch angesehen werden, eine spätere Währungsunion vorzubereiten.

- Die Zollunion hatte gravierende Lücken hinterlassen, und der Integrationsprozeß war bis Mitte der achtziger Jahre ins Stocken geraten ("Eurosklerose"). Neue Impulse setzte hier die *Einheitliche Europäische Akte* (EEA) von 1987. Sie reformierte den bisherigen EWG-Vertrag, indem als neue und erweiterte Integrationsziele die Schaffung einer Europäischen Union und die Vollendung des *Binnenmarktes* bis Ende 1992 vertraglich verankert wurden. Der Binnenmarkt ist definiert als "Raum ohne Binnengrenzen, in dem der freie Verkehr von Waren, Personen, Dienstleistungen und Kapital ... gewährleistet ist" (Art. 7a EG-Vertrag). Angestrebt wurde die Verwirklichung dieser sog. vier Grundfreiheiten durch die völlige Beseitigung aller nach der Zollunion noch verbliebenen Wettbewerbs- und nichttarifären ("versteckten") Handelshemmnisse sowie durch für alle Teilnehmerstaaten verbindliche Mindestschutznormen in den verschiedensten Bereichen (z. B. Verbraucher-, Gesundheits- und Umweltschutz). Der europäische Binnenmarkt startete pünktlich am 1. Januar 1993, weist aber bis heute noch eine Reihe von wettbewerblichen Unvollkommenheiten auf.

- Mit der vorerst letzten Etappe der Integrationsschritte, dem Vertrag über die *Europäische Union* (EU-Vertrag) vom 1. November 1993, wurde zugleich eine neue Phase des europäischen Integrationsprozesses eingeläutet. Der EU-Vertrag wird mit Bezug auf seinen Unterzeichnungsort auch als "Vertrag von Maastricht" bezeichnet. Dieser Vertrag ist als sog. Mantelvertrag konzipiert: Er gibt die Rahmenbestimmungen für alle bisherigen rechtlichen Regelwerke der Gemeinschaft vor und richtet deren Inhalte auf die neuen Ziele der EU aus. Dies gilt insbesondere für den früheren EWG-Vertrag, der in EG-Vertrag umbenannt wurde.

  Zentraler Bestandteil des Maastricht-Vertrages ist die seit dem 1. Januar 1999 in Kraft getretene *Europäische Wirtschafts- und Währungsunion* (WWU) mit ihrem Kernstück, der EWU. Nicht verwirklicht werden konnte dagegen die ursprüngliche Absicht, den EU-Vertrag um eine institutionell verfaßte *Politische Union* zu ergänzen, um so insbesondere der Währungsunion ein gemeinsames "politisches Dach" zu geben. Vielmehr konnten sich die Mitgliedstaaten nur auf das sehr vage Ziel der "Verwirklichung einer immer engeren Union der Völker Europas" verständigen (Art. A EU-Vertrag). Quasi als Ersatz und flankierende Maßnahmen zur EWU wurden dafür die gemeinschaftlichen Koordinierungs- und Überwachungsmechanismen in der Wirtschafts- und Finanzpolitik deutlich erweitert und konkretisiert sowie - außerhalb des ökonomischen Bereichs - die Zusammenarbeit in der Außen-, Sicherheits-, Innen- und Justizpolitik verstärkt.

Aus diesem Überblick lassen sich zwei Schlußfolgerungen ziehen: *Erstens* waren es vor allem wirtschafts- und währungspolitische Schritte, die die europäische Integration vorangetrieben haben. *Zweitens* wurde deutlich - zunächst beim Werner-Plan, danach bei der EWU - , daß Maßnahmen zur Fortentwicklung der *politischen* Integration rasch an Grenzen stoßen.

Damit ist eine Kontroverse angesprochen, die die Diskussion in Europa seit Jahrzehnten bewegt. Es ist die Frage nach dem "angemessenen" Verhältnis bzw. der "richtigen" Balance zwischen politischer und ökonomischer Integration. So ist die EU als *Politische Union* in zahlreichen Facetten denkbar (die hier nicht weiter ausgeführt werden können). Konstitutives Merkmal einer solchen Union ist jedoch in jedem Falle, daß es sich um ein staatsrechtliches Gebilde handelt, in dem die Nationalstaaten wirtschafts-, finanz- und währungspolitische Kompetenzen auf ein gemeinsames Entscheidungszentrum übertragen und dadurch weitgehende Souveränitätsrechte preisgeben. Was heißt "weitgehend"? Das Beispiel EWU hat immerhin gezeigt, daß im monetären Bereich derartige Übertragungen möglich sind - wenn auch erst nach langwierigen Vorbereitungen. Weitergehende Souveränitätsverzichte stoßen aber in immer sensiblere Bereiche vor, z. B. in die Finanz- (Steuer-, Budget-) und die Beschäftigungspolitik, in denen die Nationalstaaten ihre ureigenste Domäne sehen.

Mit der Errichtung der EWU wurde zugleich über eine Kontroverse entschieden, die im Vorfeld eine z. T. leidenschaftliche Diskussion ausgelöst hatte (vgl. dazu z. B. *Issing, 1995*). Sie entzündete sich an den beiden folgenden Denkansätzen: Nach der sog. *Krönungstheorie* sollten eine gemeinsame Währung und eine einheitliche Geldpolitik den Abschluß der politischen Integration in Europa bilden. Deren Vertreter argumentieren, daß am ehesten unter dem Dach einer Politischen Union eine stabilitätsorientierte Ausrichtung *aller* Politikbereiche gewährleistet sei, die die Stabilität der gemeinsamen Währung sicherstellen könnte. Die sog. *Vehikeltheorie* setzt demgegenüber auf eigenständige, integrierende Wirkungen einer Einheitswährung: Sie würde den Politikwettbewerb zwischen den Nationalstaaten verschärfen, dadurch die politischen "Kulturen" stärker aneinander angleichen und auf diese Weise Schrittmacherdienste bei den weiteren Bestrebungen zur Schaffung einer Politischen Union leisten. Der Disput zwischen den Vertretern dieser beiden Richtungen wurde inzwischen - politisch - entschieden zugunsten der Vehikeltheorie und abgesichert durch rechtliche und institutionelle Rahmenbedingungen für eine strikte Stabilitätsorientierung in der EWU (vgl. insbesondere *Kapitel 8*).

1.1.1 Die EWU als Stabilitäts- und Solidargemeinschaft

Kein anderer Integrationsschritt zuvor hat die europäische Dimension jemals so stark in das Bewußtsein gerückt wie die Errichtung der EWU und die Verschmelzung der nationalen Währungen zum Euro. Bevölkerung, Wirtschaft und Politik der Teilnehmerländer erleben diese Dimension hautnah im täglichen Umgang mit der neuen Währung. Alle Euro-Partner sitzen quasi in *einem* (Währungs-)"Boot". Oder, wie es die *Deutsche Bundesbank (1998, S. 18)* formulierte: "Die teilnehmenden Volkswirtschaften werden so im Währungsbereich auf Gedeih und Verderb miteinander verbunden", bzw. an anderer Stelle (*1990, S. 41*): "Letzten Endes ist eine Währungsunion ... eine nicht mehr kündbare Solidargemeinschaft". In der Tat ist der Vertrag von Maastricht auf Dauer angelegt und die Möglichkeit eines späteren Ausscheidens aus der EWU nicht vorgesehen. Trotz dieser Rechtslage kann freilich die politische Option eines Ausscheidens oder gar einer Auflösung nie ganz ausgeschlossen werden. Die volkswirtschaftlichen Kosten einer solchen Entwicklung und deren politischer "Flurschaden" für die europäische Integration wären allerdings immens.

Um so mehr kommt es auf eine funktionierende und auf Dauer tragfähige *Solidargemeinschaft* an. Was heißt das? Für das Europäische System der Zentralbanken (ESZB) formuliert Art. 105 des EG-Vertrages "das vorrangige Ziel ..., die Preisstabilität zu gewährleisten". Die EWU soll also eine *Stabilitätsgemeinschaft* werden, d. h. der Kaufkraftverlust des Euro ist so gering wie möglich zu halten. Die Erreichung dieses Ziels erfordert solidarisches Handeln auf allen Ebenen im Sinne einer gemeinsamen "Stabilitätskultur".

Gefordert ist zunächst und in erster Linie eine strikt stabilitätsorientierte Ausrichtung der Geld- und Wechselkurspolitik der EZB. Aber auch außerhalb der monetären Politik, d. h. in den nicht vergemeinschafteten Politikbereichen, sind alle für die Entwicklung von Kosten und Preisen Verantwortlichen zu einem stabilitätsorientierten Verhalten aufgerufen: die staatliche Wirtschafts-, Finanz- und Sozialpolitik, die Tarifparteien (Lohnpolitik) und die Unternehmen (Preispolitik). Denn die Folgen eines stabilitätswidrigen Verhaltens einzelner Mitgliedsländer und/oder Bereiche würden über die gemeinsame Währung auch alle anderen treffen. Kommt es beispielsweise zu regional oder sektoral ausgelösten Inflations- oder Zinssteigerungen, so wären diese Folgen von der Gesamtheit der Euro-Partner zu tragen (sog. Spillovers).

Für die Entwicklung der EWU zu einer Solidargemeinschaft im Sinne einer dauerhaften *Stabilitätsgemeinschaft* sprechen folgende Gründe: Auf die *stabile Ausgangslage* und die im Vorfeld der Währungsunion von den Teilnehmerländern verlangten und auch tatsächlich erbrachten *Fortschritte in der Konvergenz* der "Eintrittskriterien" hatten wir schon eingangs hingewiesen, ebenso auf die strikten Vorkehrungen des Maastrichter Vertrages und des EZB-Statuts für eine stabilitätsorientierte Geldpolitik. Hinzu kommen *flankierende Regelungen* für weitere zentrale Politikbereiche, so insbesondere die verstärkte Überwachung und Koordinierung der Wirtschaftspolitiken (Art. 103 EG-Vertrag) und der "Stabilitäts- und Wachstumspakt", der auf der Grundlage des Maastrichter Vertrages vereinbart wurde, um die staatlichen Defizite in Grenzen zu halten.

Nun sind rechtliche Normen eine Sache, das tatsächliche Handeln aber oft eine andere. Doch dürfte sich gerade hier, im *Verhaltens-* und *Erfahrungsbereich*, auf allen Ebenen die Erkenntnis durchgesetzt haben, daß inflationäre Prozesse längerfristig mit Nachteilen für alle Beteiligten verbunden sind. Es sind vor allem die Erfahrungen mit den schädlichen Folgewirkungen der Inflation auf Wachstum, Beschäftigung und Verteilung sowie mit den hohen volkswirtschaftlichen Kosten der Inflationsbekämpfung. Insofern könnten sich die negativen Inflationserfahrungen als der entscheidende Schrittmacher für eine gemeinsame "Stabilitätskultur" in der EWU erweisen (vgl. *Bofinger/Hefeker/Pfleger, 1998*).

1.1.2 Der Euro-Währungsraum

1) **Geldfunktionen**. Mit der unwiderruflichen Festlegung der Umtauschkurse der Teilnehmer-Währungen zum Euro ist die neue Gemeinschaftswährung bereits ab Anfang 1999 in weiten Bereichen des *giralen* Zahlungsverkehrs neben oder an die Stelle des nationalen Geldes getreten. So ist z. B. für die monetären Transaktionen innerhalb des ESZB und des ESZB mit den Geschäftsbanken die Verwendung des Euro obligatorisch. Für die Bevölkerung, Wirtschaft und öffentliche Verwaltung der Euro-Zone gilt bis zum Ende der vorgesehenen Übergangszeit (Mitte 2002) dagegen der Grundsatz "Kein Zwang, keine Behinderung" hinsichtlich der Euro-Verwendung. Spätestens dann wird der Euro die nationalen Währungen aber auch im Bargeldbereich, d. h. als *gesetzliches Zahlungsmittel*, definitiv ersetzt haben. Damit wäre der Euro-Währungsraum komplett.

Die Übernahme aller Geldfunktionen durch den Euro ist zweifellos mehr als eine bloße institutionelle Veränderung, setzt sie doch neue Dimensionen im monetären Rechnen und Handeln. Grundlegend ist zunächst die Funktion des Euro als neuer *Rechen-* bzw. *Währungseinheit* ("numéraire"). Alle in Geld bezifferten Größen (laufende Transaktionen, Forderungen und Verbindlichkeiten) haben - nach Umrechnung - den Euro als neue Basis und werden damit EWU-weit transparent, d. h. direkt vergleichbar. Für den Übergang auf den Euro gilt der Leitsatz: "Die Währung ändert sich, aber die Werte bleiben". Zwar werden sich im Laufe der Zeit auch die Wertrelationen zwischen den auf den Güter-, Faktor- und Finanzmärkten gehandelten Produkten ändern, aber eben nicht - nur das besagt der Satz - als unmittelbare Folge der Währungsumstellung. Mit der Etablierung als abstrakte Recheneinheit übernimmt der Euro ferner die weiteren elementaren Geldfunktionen als *Zahlungs-* (Transaktions-) und *Wertaufbewahrungsmittel* in der EWU (vgl. im einzelnen *3.1*).

2) **Wechselkurse**. Innerhalb des Euro-Währungsraumes gibt es definitionsgemäß keine bilateralen (nominalen) Wechselkurse mehr und deshalb auch keine Kursfluktuationen. Diese institutionelle Zäsur bedeutet allerdings nicht, daß damit jene länderspezifischen Störfaktoren und Strukturunterschiede, die im früheren EWS zu Wechselkursanpassungen geführt haben, gleichsam über Nacht verschwunden wären. Vielmehr werden sie auch in der EWU fortwirken und sich "Luft machen" bei anderen ökonomischen Größen, insbesondere in Veränderungen der *relativen* nationalen Preise, Löhne, Kosten und Produktivitätsraten. Trotz des Wegfalls der nominalen Wechselkurse wird es also auch in Zukunft zu Verschiebungen der realen Austauschverhältnisse zwischen den Euro-Staaten kommen, d. h. die sog. realen Wechselkurse können sich ändern.

Gegenwärtig sind die 15 EU-Staaten bezüglich der Teilnahme an der Endstufe der EWU noch *gespalten* - in die 11 "Ins" und in die vier "Outs" (oder vornehmer ausgedrückt, die "Pre-Ins"). So können die Länder Dänemark, England, Griechenland und Schweden ihre Währungen in dem neuen Europäischen Wechselkurssystem (sog. *EWS II*) mit Leitkursen *freiwillig* an den Euro als Ankerwährung anbinden. Dabei gelten weite Schwankungsbreiten von ± 15 %. Leitkursanpassungen und Interventionen auf den Devisenmärkten durch die EZB und die Zentralbanken der "Outs" sind möglich, sofern und solange sie nicht die stabilitätsorientierte Geldpolitik in der Währungsunion gefährden (vgl. *7.2.2*).

Im Außenverhältnis, d. h. gegenüber *Drittlandswährungen* wie dem US-Dollar oder dem Yen, gelten flexible, im Prinzip also marktbestimmte Wechselkurse zum Euro. Damit hat der Ministerrat der EU, bei dem die letzte Kompetenz zur Entscheidung über das *Wechselkurssystem* des Euro gegenüber Drittwährungen liegt (Art. 109 Abs. 1 EG-Vertrag), grundsätzlich die Praxis des früheren EWS fortgesetzt. In diesem System eines floatenden Euro kann der Rat ferner "allgemeine Orientierungen" für die (laufende) *Wechselkurspolitik* vorgeben (Art. 109 Abs. 2 EG-Vertrag). In beiden Fällen sind Anhörungen bzw. Empfehlungen der EZB (und anderer EU-Gremien) vorgesehen, die sicherstellen sollen, daß das Ziel der Preisstabilität durch wechselkurspolitische Entscheidungen nicht beeinträchtigt wird (vgl. *7.2.2*).

3) **Weltwährungssystem**. Mit dem Start der EWU ist der Euro als neue Währung auch in das Weltwährungssystem eingetreten. Welche Rolle er dort künftig spielen wird, ist Gegenstand der Diskussion in *7.2.2*. So viel läßt sich aber schon hier sagen: Hinter der neuen Gemeinschaftswährung der 11 Euro-Staaten steht das Gewicht eines Währungsraumes, das hinsichtlich der Bevölkerungszahl und der Wirtschaftsleistung (BIP) in etwa mit den USA vergleichbar ist. Und mit diesem Potential hat es der US-Dollar in der Zeit nach dem Zweiten Weltkrieg geschafft, die führende Position in allen wichtigen *Funktionen* als *international* akzeptierte Währung zu erobern. Dazu zählen insbesondere die Funktionen als internationale Transaktions-, Anlage-, Reserve-, Leit- und Ankerwährung. Bei all diesen Funktionen liegt der "Marktanteil" des US-Dollars derzeit in der weiten

Spanne zwischen 50 und 65 %, allerdings mit rückläufiger Tendenz in den letzten zwei Jahrzehnten. Mit weitem Abstand folgen die D-Mark und der Yen, zu deren Gunsten sich die Gewichte verschoben haben.

Aufgrund ihrer bisherigen Funktion als "Leit-" bzw. "Ankerwährung" im EWS und wegen ihrer bis dato erreichten Position als zweitwichtigster internationaler Währung ist damit zu rechnen, daß die D-Mark den Weg für eine bedeutende Rolle des Euro im Weltwährungssystem vorbereitet hat. Dabei kann davon ausgegangen werden, daß das künftige internationale Gewicht des Euro deutlich *höher* sein wird als die Summe der bisherigen weltweiten Marktanteile der früheren europäischen Nationalwährungen. Der Grund ist, daß der Euro-Raum durch die gemeinsame Währung eine neue und eigenständige *Währungsidentität* erhalten hat, die durch das zusammengefaßte große Wirtschaftspotential und das Gewicht der Finanzmärkte der Euro-Staaten gestärkt wird (vgl. *Issing, 1998*).

Zentrale Voraussetzung ist allerdings, daß es gelingt, den Euro *stabil* zu halten und ihm damit internationale Anerkennung und Vertrauen zu verschaffen. Nur unter dieser Voraussetzung zeichnet sich ein künftiges Weltwährungsszenario mit den beiden wichtigsten Währungsblöcken - US-Dollar und Euro - ab, in dem der Euro auf längere Sicht Chancen hat, dem Dollar Paroli zu bieten und ihm seine Führungsrolle vielleicht sogar streitig zu machen. Sollte der Euro in diese Rolle hineinwachsen und dadurch die Funktionen einer international akzeptierten Währung übernehmen, so wären damit vor allem sinkende Transaktionskosten für die Finanzmärkte und den Welthandel der Euro-Staaten verbunden.

1.1.3 Die einheitliche Geldpolitik

Als supranationale Institution steht die Europäische Zentralbank vor der Aufgabe, eine einheitliche Geldpolitik zu betreiben. "Einheitliche" Geldpolitik bedeutet im Kern, daß sie *unteilbar* und für alle Euro-Staaten identisch ist. Eine regionale Differenzierung monetärer Ziele, Instrumente und Konditionen nach EWU-Ländern ist damit ausgeschlossen.

1) **Merkmale einer supranationalen Geldpolitik**. Die wichtigsten Merkmale lassen sich wie folgt zusammenfassen:

- Das Monopol der Schaffung und Vernichtung von Zentralbankgeld ist seit dem 1.1.1999 von den nationalen Notenbanken auf die EZB übergegangen. Die EZB kontrolliert den gesamten Umlauf an Zentralbankgeld, und zwar unabhängig davon, ob es schon auf Euro oder - bis zum Ende der Übergangsfrist - noch auf nationale Währungen lautet.
- Die EZB richtet ihre monetären Ziele und Vorgaben (Geldmengen- und Inflationsziele) sowie ihre laufende Zins- und Liquiditätspolitik an Standards

aus, die für das *gesamte* Währungsgebiet ("im Durchschnitt") maßgeblich sind.

- Die geldpolitischen Instrumente der EZB und deren Einsatz sind für sämtliche Kreditinstitute der Euro-Zone *identisch.*
- Die EZB legt die Konditionen, d. h. ihre Leitzinsen, zu denen sie Zentralbankgeld im Geschäftsverkehr mit den Banken bereitstellt, für alle Institute der Währungsunion *einheitlich* fest.

Diese Auflistung zentraler Merkmale einer einheitlichen Geldpolitik läßt schon erahnen, daß es zumindest in der Anfangsphase zu Problemen kommen kann, wenn sie auf *heterogene* Voraussetzungen in den einzelnen Mitgliedstaaten der Euro-Zone trifft. Beispiele für solche länderspezifischen Besonderheiten sind vor allem Abweichungen in der realwirtschaftlichen Entwicklung und unterschiedliche Finanzierungsgewohnheiten, Bankensysteme und Finanzmarktstrukturen. Konnten die bisherigen nationalen Geldpolitiken auf derartige Besonderheiten eingehen und individuelle "Maßanzüge" schneidern, so läßt sich die einheitliche Geldpolitik der EZB eher mit einem "Konfektionsanzug" vergleichen, der einigen zu groß und anderen zu klein sein kann und der eben nur "im Durchschnitt" paßt.

2) **Realwirtschaftliche Diskrepanzen**. Von Bedeutung sind in diesem Zusammenhang die immer noch beträchtlichen Unterschiede in der realwirtschaftlichen Entwicklung zahlreicher Euro-Staaten. So gibt es hier nicht nur unterschiedliche Konjunkturverläufe, abweichende Niveaus der Beschäftigung bzw. der Arbeitslosigkeit und ausgeprägte Unterschiede im Entwicklungsstand einzelner Volkswirtschaften, sondern auch deutliche Abweichungen bei den Reformfortschritten zur Lösung dieser Probleme (z. B. auf den Arbeitsmärkten, bei den Steuer- und Sozialsystemen). Es liegt auf der Hand, daß es bei derart unterschiedlichen Ausgangsbedingungen in den einzelnen Euro Staaten nicht gleichgültig ist, ob die EZB ihre (Leit-)Zinsen eher hoch oder niedrig festlegt oder eine eher restriktive oder expansive Liquiditätspolitik durchführt. Denn dadurch wird nicht nur die Refinanzierung der Kreditinstitute bei der EZB verteuert oder verbilligt, sondern gleichzeitig auch die Kreditgewährung der Banken, was wiederum - je nach Ausgangslage - zu erwünschten oder unerwünschten Effekten in den einzelnen EWU-Regionen führen kann.

Nun ist dieses Problem im Prinzip nicht neu, gibt es doch auch im nationalen Bereich - bei einheitlicher Geldpolitik - schon seit jeher derartige regionale Diskrepanzen. Nur haben sie hier im allgemeinen ein geringeres Gewicht als in der Euro-Zone, vor allem aber werden sie aufgefangen bzw. abgeschwächt durch diverse Systeme eines innerstaatlichen Finanzausgleichs zwischen "reichen" und "armen" Regionen. Ein solches Verfahren ist aber auf EWU-Ebene nach dem Maastrichter Vertrag gerade *nicht* vorgesehen (Vorkehrung gegen die EWU als "Transfer-Union"). Außerhalb der etablierten Struktur- und Regionalfonds der

EU scheidet diese Möglichkeit also aus. Trotzdem gibt es zur einheitlichen Geldpolitik der EZB *keine Alternative*. Denn die monetäre Politik in der EWU ist global konzipiert; sie ist unteilbar und muß auch so ohne Abstriche für den gesamten Währungsraum durchgesetzt werden, wenn sie ihren Auftrag erfüllen soll.

Ohne das Problem der realwirtschaftlichen Diskrepanzen wegdiskutieren zu wollen, gibt es andererseits gute Gründe für die Annahme, daß die Durchsetzung einer einheitlichen Geldpolitik auch tatsächlich gelingen wird. So bestimmt der Maastrichter Vertag, wie schon erwähnt, die Sicherung der Preisniveaustabilität als *vorrangige* Aufgabe der Geldpolitik der EZB und erst in zweiter Linie die Unterstützung der "allgemeinen Wirtschaftspolitik in der Gemeinschaft ..., soweit dies ohne Beeinträchtigung des Zieles der Preisstabilität möglich ist" (Art. 105 EG-Vertrag). Ebenfalls schon erwähnt wurde, daß sich die Inflationsraten (und die anderen Konvergenzkriterien) in den Euro-Staaten bereits seit längerem auf niedrigem Niveau angeglichen haben. Bei dieser Ausgangslage ist nicht damit zu rechnen, daß die Regierungen der EWU-Länder mit ihren länderspezifischen Interessen einen nennenswerten Einfluß auf die geldpolitischen Beschlüsse des Entscheidungsgremiums der EZB haben werden (im Zentralbankrat der EZB gilt im übrigen die Abstimmungsregel: "1 Mitglied = 1 Stimme"). Aufgrund der Erfahrungen auf nationaler Ebene ist vielmehr zu erwarten, daß sich auch im EZB-Rat sehr rasch ein Konsens und "Corps-Geist" im Sinne einer strikten und einheitlichen Stabilitätspolitik herausbilden wird. Damit ist um so eher zu rechnen, als die EZB von Anfang an bestrebt sein wird, ihre Glaubwürdigkeit und Stabilitätsreputation unter Beweis zu stellen. Auf etwas längere Sicht kann ferner davon ausgegangen werden, daß sich unter dem Regime einer einheitlichen Geldpolitik insbesondere die Konjunkturverläufe im Euro-Raum angleichen werden.

3) **Finanzierungs- und Finanzmarktstrukturen**. Neben den realwirtschaftlichen Diskrepanzen können auch unterschiedliche Finanzierungsgewohnheiten und Finanzmarktstrukturen in den einzelnen Euro-Staaten Probleme für eine einheitliche Geldpolitik der EZB mit sich bringen. Beide Punkte seien hier kurz skizziert; sie werden in den *Kapiteln 5* und *8* ausführlicher behandelt.

- Von großer Bedeutung für die Transmission und die Wirkungen geldpolitischer Maßnahmen (vgl. *Kapitel* 6) ist die gesamtwirtschaftliche *Finanzierungsstruktur*. Hier geht es vor allem um die Frage, ob - wie z. B. in Deutschland - langfristige oder - wie in zahlreichen anderen EWU-Ländern - kurzfristige Finanzierungsformen vorherrschen. Verschulden sich Staat und Unternehmen an den Kapitalmärkten eher *kurzfristig*, dann schlagen zinspolitische Maßnahmen der Zentralbank (über die Refinanzierung der Banken) auch auf bestehende Kreditverträge rasch durch. Sie verändern die Zinsbelastung und damit gleichzeitig die Kalkulationsgrundlagen für bereits realisierte Projekte. Dominieren dagegen *langfristige* Kreditbeziehungen, werden von Veränderungen der Notenbankzinsen nur neue bzw. laufende Finanzierungs- und Investitionsentscheidungen unmittelbar betroffen. Die gesamtwirtschaftlichen Dimensionen der "Betroffenheit" sind also in den beiden Fällen sehr unterschiedlich. Für die EZB bedeutet das, daß es unter diesen Umständen EWU-weit zwar eine einheitliche Geldpolitik, aber keine einheitlichen Wirkungen dieser Politik geben kann.

- Die Umsetzung einer einheitlichen Geldpolitik der EZB würde erleichtert, wenn die Euro-Staaten gleichartige oder zumindest sehr ähnliche *Finanzmarktstrukturen* aufwiesen. Tatsächlich ist das nicht der Fall. Vielmehr bieten die nationalen Finanzmärkte in der Anfangsphase der EWU ein heterogenes Bild - vor allem ein Reflex der historisch gewachsenen, nationalen Finanz-"Kulturen". So dominieren z. B. in Deutschland Universalbanken, die mit dem Einlagen-, Kredit- und Investmentgeschäft sämtliche Bankfunktionen anbieten, während in anderen Ländern das Trennbanksystem mit der Ausgliederung der Investmentsparte vorherrscht. Erstere sind definitionsgemäß Geschäftspartner im Geldhandel mit der EZB und unterliegen der Mindestreservepflicht, letztere dagegen nicht. Ein weiteres Beispiel: Das deutsche Bankensystem ist durch zahlreiche kleinere Kreditinstitute gekennzeichnet, vor allem durch das hohe Gewicht der Sparkassen und Kreditgenossenschaften; auf sie war der Diskontkredit als hauptsächliches "dezentrales" Refinanzierungsinstrument bei der Bundesbank zugeschnitten. In anderen Euro-Staaten dominieren dagegen seit jeher wenige Großbanken mit "zentralem" Zugang zum Notenbankkredit über Offenmarktgeschäfte.

  Die Beispiele zeigen, daß in den bisherigen nationalen Währungsgebieten die Ausgestaltung der monetären Instrumente eng auf die jeweiligen Finanzmarktstrukturen abgestimmt gewesen ist. Bei dieser Ausgangslage - segmentierte Finanzmärkte hier, angestrebte Einheitlichkeit der Geldpolitik dort -, steht die EZB vor der Aufgabe, ihre Instrumente möglichst *wettbewerbsneutral* einzusetzen, um für alle Bankengruppen einheitliche Bedingungen für den Zugang zu Notenbankkrediten zu schaffen.

Längerfristig ist damit zu rechnen, daß sich sowohl die Finanzierungsgewohnheiten als auch die Finanzmarktstrukturen und Bankensysteme der Euro-Staaten annähern werden. Die "normative Kraft" der einheitlichen Geldpolitik der EZB wird hierzu zweifellos auch beitragen.

1.2 Die EWU: Ein "optimaler" Währungsraum?

Die Entscheidung über den Start der EWU war in starkem Maße von politischen Argumenten geprägt (vgl. *1.1*). Dabei ist die grundlegende Frage, ob es *ökonomisch* überhaupt sinnvoll bzw. vorteilhaft ist, daß sich verschiedene Länder zu einer Währungsunion zusammenschließen, etwas in den Hintergrund getreten. Es ist die Frage nach dem "optimalen" Währungsraum. In der Literatur wird er nicht einheitlich definiert. So kennzeichnet z. B. *Willms (1998, S. 41)* den optimalen Währungsraum als einen Raum, "innerhalb dessen der Nettonutzen einer Einheitswährung größer ist als der Nettonutzen einer Vielzahl von Währungen". Eine Alternative, die im folgenden zugrunde gelegt wird, ist, daß man vom Status Quo (ohne Einheitswährung) ausgeht und nach den zusätzlichen Nutzen und Kosten für den Fall des Übergangs auf eine Währungsunion fragt. Nach diesem Konzept ist ein optimaler Währungsraum dann gegeben bzw. die Bildung einer Währungsunion dann vorteilhaft, wenn für alle beteiligten Volkswirtschaften der damit verbundene zusätzliche Nutzen die zusätzlichen Kosten übersteigt. So einleuchtend diese Maxime freilich auch sein mag: Die Ermittlung eines derartigen "Nettonutzens" ist eine schwierige, weil höchst komplexe Angelegenheit.

Eine gewisse Hilfestellung bieten hierbei verschiedene Ansätze der ökonomischen Theorie,.die im folgenden vorgestellt werden sollen (zu Details und weiterführender Literatur vgl. *Willms, 1998*). Alle diese Ansätze werden unter dem Oberbegriff "Theorie optimaler Währungsräume" zusammengefaßt. Sie lassen sich in zwei Kategorien grob untergliedern, und zwar in die "traditionellen" Ansätze und in die "neuere" Nutzen-Kosten-Analyse. Wir werden sehen, daß beide Ansätze nur in sehr begrenztem Maße konkrete Schlußfolgerungen über die ökonomische Vorteilhaftigkeit der EWU erlauben.

1.2.1 Traditionelle Ansätze

Die traditionellen Ansätze gehen zurück auf *Mundell (1961)* und wurden in der Folgezeit erweitert oder modifiziert. Sie versuchen, einen optimalen Währungsraum regional abzugrenzen, und sie betonen einseitig die *Kosten* einer Währungsunion. Kosten in diesem Sinne sind vor allem die mit dem Wegfall des nominalen Wechselkurses als Anpassungsinstrument verbundenen möglichen Nachteile: Konnten die Nationalstaaten bislang auf binnen- oder außenwirtschaftliche Störungen (sog. Schocks) mit einer Auf- oder Abwertung ihrer Währungen reagieren, so geht ihnen dieses Anpassungsinstrument ("Schockabsorber") in einem einheitlichen Währungsraum verloren. Stehen ihnen dann keine geeigneten Ersatzinstrumente zur Verfügung (oder nur solche, die mit höheren Kosten verbunden sind), mit denen sie ökonomische Störungen abwehren können, sind volkswirtschaftliche Nachteile (Kosten) unvermeidlich. Daraus folgt der *Leitsatz* der traditionellen Ansätze: Zu einer Währungsunion sollten sich von vornherein nur solche Länder zusammenschließen, die

- entweder sehr ähnliche wirtschaftliche Grundstrukturen aufweisen, so daß die länderspezifischen Auswirkungen von etwaigen Schocks in etwa gleich (symmetrisch) sind und daher auf den Wechselkurs als Anpassungsinstrument nicht zurückgegriffen werden muß,

- oder solche Länder, die zwar von ökonomischen Störungen unterschiedlich (asymmetrisch) betroffen sind, die aber dieses Manko und den Wegfall des Wechselkursinstrumentes durch andere Maßnahmen ausgleichen können.

In diesem Zusammenhang sei darauf hingewiesen, daß der Begriff "Schock" in der Literatur unterschiedlich weit gefaßt wird. Im folgenden sollen darunter ganz allgemein binnen- (interne) und außenwirtschaftliche (externe) Störungen einer Volkswirtschaft verstanden werden. Externe Schocks sind Auslandseinflüsse wie z. B. Veränderungen der Exportnachfrage oder der Weltmarktpreise (Beispiel: Ölpreisschock). Die Ursachen für interne ("hausgemachte") Schocks sind außerordentlich vielfältig: Sie können beispielsweise darauf beruhen, daß Volkswirtschaften divergente Konjunkturverläufe, abweichende Wachstumsraten und Entwicklungsstände oder unterschiedliche Wirtschaftspolitiken aufweisen. Dazu zählt etwa auch, *wie* die Wirtschaftspolitik eines Landes auf außenwirtschaftliche Störungen reagiert. Im Vordergrund der traditionellen Ansätze steht die Betrachtung von externen Schocks mit asymmetrischen Wirkungen.

Der obengenannte Leitsatz formuliert in sehr abstrakter Weise Kriterien, die erfüllt sein müssen, um dem Anspruch eines "optimalen" Währungsraumes zu genügen. Theoretische und empirische Untersuchungen haben diese *Optimalitätskriterien* nun wesentlich konkreter gefaßt. Zu unterscheiden sind die vier Kriterien der Faktormobilität, des Offenheitsgrades, der Produktdiversifizierung und der Stabilität der realen Wechselkurse.

1) **Das Kriterium der Faktormobilität.** Das Kriterium der (Anpassungs-) Mobilität des Faktors *Arbeit* steht bei *Mundell (1961)* im Vordergrund: Angenommen, eine Nachfrageverschiebung von Land A nach Land B führe zu einer erhöhten Arbeitslosigkeit in A und zu einer "Überbeschäftigung" in B. In dieser Ausgangslage können Wanderungen der Arbeitskräfte von A nach B für einen Ausgleich sorgen, d. h. den Nachfrage- bzw. Beschäftigungs-Schock in beiden Ländern entschärfen, *ohne* daß es des Wechselkurses als Anpassungsinstrument bedürfte. Bei hinreichend großer Mobilität des Faktors Arbeit wäre die Bildung einer Währungsunion zwischen den beiden Ländern *insoweit* also nicht nachteilig. Übertragen wir diesen Aspekt auf die EWU und unterstellen die Möglichkeit von asymmetrischen Schocks in den einzelnen Euro-Staaten, so gelangen wir jedoch zu einer entgegengesetzten Schlußfolgerung: Nach allen empirischen Untersuchungen sind länderüberschreitende (im Gegensatz zu regionalen!) Arbeitskräftewanderungen zwischen den EWU-Ländern eher gering, wobei als Referenzgröße im allgemeinen die hohe Arbeitskräftemobilität des USA-Währungsraumes herangezogen wird.

Daneben oder anstelle könnten auch verstärkte *Kapitalbewegungen* die Funktion eines Ersatzinstrumentes übernehmen. Bleiben wir bei dem eben genannten Beispiel, so besteht für Land A die Möglichkeit, durch attraktive Löhne und günstige steuerliche Rahmenbedingungen Investitionskapital aus B anzuziehen, um so den

Nachfrageschock zu kompensieren (denn die Lohn- und Finanzpolitik verbleibt auch in einer Währungsunion in der nationalen Zuständigkeit). Voraussetzung ist auch hier wieder eine hinreichend große Mobilität des Faktors Kapital, d.h. die Kapitalmärkte einer Währungsunion müssen integriert bzw. liberalisiert sein. Übertragen auf die EWU lautet die Schlußfolgerung, daß diese Bedingung inzwischen in nahezu perfekter Weise erfüllt ist.

2) **Das Kriterium des Offenheitsgrades.** Das von *McKinnon (1963)* in die Theorie optimaler Währungsräume eingeführte Kriterium des Offenheitsgrades einer Volkswirtschaft stellt auf die *Anfälligkeit* eines Landes gegenüber externen Schocks ab. Extrem "offene" Volkswirtschaften sind in diesem Modell kleine Länder mit einer intensiven Außenhandelsverflechtung, d. h. mit einem hohen Gewicht der international handelbaren Güter an ihrer Gesamtproduktion (BIP). Diesen Ländern ist es nicht möglich, die Preise auf den Weltmärkten von sich aus zu beeinflussen. Änderungen der Exportnachfrage (Nachfrageschocks) oder der Weltmarktpreise (Angebotsschocks) treffen kleine Länder wegen ihres hohen Offenheitsgrades besonders hart: Ein Rückgang (Anstieg) der Exporte oder der Weltmarktpreise führt - bei flexiblen Wechselkursen - zu einer Abwertung (Aufwertung) ihrer Währungen mit möglicherweise einschneidenden Folgewirkungen bei anderen gesamtwirtschaftlichen Zielgrößen. Für kleine offene Volkswirtschaften wäre deshalb die Zugehörigkeit zu einer Währungsunion (mit definitionsgemäß unverrückbaren Wechselkursen) unter *diesem* Aspekt vorteilhaft.

Eine pauschale Übertragung dieses Kriteriums auf die EWU-Staaten ist problematisch: So sind z. B. die Niederlande ein kleines (offenes) Land im Verhältnis zu Deutschland; für Deutschland gilt dies aber auch in Relation zu den USA. Die Maßstäbe sind also relativ. Entscheidend sind vielmehr die *Perspektiven*, die die gemeinsame Währung und der gemeinsame Wechselkurs für die EWU als Ganzes eröffnen: Aus der Verbindung von zahlreichen kleinen, extrem offenen Nationalstaaten mit den größeren Handelspartnern der EU wird - *währungstechnisch* gesehen - zusammen quasi ein "großes Land" mit einem gegenüber Drittstaaten relativ *geringen* Offenheitsgrad. Dadurch wird aber auch die Anfälligkeit der einzelnen Euro-Staaten gegenüber externen Schocks sinken.

3) **Das Kriterium der Produktdiversifikation.** Auf einer ähnlichen Argumentationsebene liegt das von *Kenen (1969)* entwickelte Kriterium der Produktdiversifikation. Es stellt insbesondere auf die Exportstruktur ab. Die Ratio ist, daß Länder mit einer *breiten* Exportangebotspalette relativ unempfindlicher sind gegenüber externen Nachfrage- und Angebotsschocks als Länder mit einer nur geringen Produktdiversifizierung. Nachfrage- oder Preiseinbrüche führen bei hochdiversifizierten Volkswirtschaften daher zu vergleichsweise geringen (sektoralen) Effekten. Sie sind deshalb auf den nominalen Wechselkurs als Anpassungsinstrument weniger angewiesen und eignen sich nach Maßgabe *dieses* Kriteriums als Partner für eine Währungsunion. Für die 11 Euro-Staaten gilt, daß sie ganz überwiegend eine hohe Produktdiversifizierung aufweisen - mit gewissen Abstrichen bei einigen Ländern (z. B. Portugal, Irland, Spanien). Mit der Komplettie-

rung des Europäischen Binnenmarktes durch die Verschmelzung der Währungen ist jedoch damit zu rechnen, daß auch in diesen Staaten die Diversifizierung weiter zunehmen und sich dem EWU-Level angleichen wird.

4) **Das Kriterium stabiler realer Wechselkurse.** Der Vorschlag, die Teilnehmerländer einer Währungsunion anhand dieses Kriteriums zu bestimmen, geht auf *Vaubel (1976)* zurück. Stabile reale Wechselkurse bedeuten, daß in der Vergangenheit keine längerfristigen Über- oder Unterbewertungen zwischen den betrachteten Währungen vorgelegen haben. In diesem Fall ist die Entwicklung der (nominalen) Wechselkurse dem durch das Inflationsgefälle zwischen den Ländern vorgezeichneten Pfad gefolgt (sog. Kaufkraftparität). Daraus kann auf relativ *homogene* ökonomische Fundamentalfaktoren und wirtschaftliche Grundstrukturen in den betrachteten Ländern geschlossen werden, was wiederum günstige Voraussetzungen für die Bildung einer Währungsunion signalisiert. Denn unter diesen Bedingungen wird der nominale Wechselkurs als Ausgleichsmechanismus nicht mehr benötigt. Hinsichtlich etwaiger Inflationsdifferenzen ist damit zu rechnen, daß sie durch die einheitliche Geldpolitik in einer Währungsunion weitgehend eingeebnet werden.

Allerdings haben stabile reale Wechselkurse als Selektionskriterium für potentielle Mitgliedsländer einer Währungsunion so ihre Tücken. Selbst wenn man sie als geeignetes und in der Vergangenheit erfülltes Kriterium unterstellt, so ist natürlich keineswegs ausgeschlossen, daß in der Zukunft, d. h. nach der Errichtung einer Währungsunion, realwirtschaftliche Divergenzen zwischen den einzelnen Mitgliedstaaten auftreten, die die ursprünglich angestrebte "homogene" Wirtschaftsstruktur in der Union in Frage stellen. Der Verlust des Wechselkursinstrumentes könnte dann als schmerzlich empfunden werden.

Wichtiger ist aber das *methodische* Problem: Stabile bzw. schwankende reale Wechselkurse werden als "Catch-all-Indikator" für realwirtschaftliche Konvergenz bzw. Divergenz zwischen den Ländern angesehen. Bis heute ist jedoch umstritten, welche *weiteren* realwirtschaftlichen Fundamentalfaktoren neben den Inflationsdifferenzen die Entwicklung der realen Wechselkurse bestimmen. In empirischen Untersuchungen finden sich z. B. international unterschiedliche Entwicklungen des realen Wachstums, der Produktivität, der Realzinsen und der Auslandsvermögensposition (im einzelnen vgl. *Deutsche Bundesbank [1995]*). Diese Fragen sind noch weitgehend ungeklärt. Für die Errichtung einer Währungsunion wäre es aber wichtig zu wissen, *welche* dieser Faktoren die Entwicklung der realen Wechselkurse dominieren. Empirische Untersuchungen haben im übrigen gezeigt, daß die realen Wechselkursschwankungen zwischen den (15) EU-Staaten recht hoch sind. Angesichts der genannten methodischen Probleme stellt sich allerdings die Frage, wie ausssagekräftig solche Ergebnisse für die Entscheidung über eine Währungsunion überhaupt sein können.

Fassen wir die traditionellen Ansätze *zusammen*, so handelt es sich um Versuche, Auswahlkriterien zur Abgrenzung eines optimalen Währungsraumes zu entwikkeln. Diese sog. Optimalitätskriterien sind tatsächlich eher Kostenkriterien. Gefragt wird primär nach den volkswirtschaftlichen Nachteilen (Kosten), die in einer Währungsunion dadurch entstehen, daß die Länder wegen des Wegfalls des nominalen Wechselkurses mit diesem Ausgleichsinstrument nicht mehr auf binnen- und (insbesondere) außenwirtschaftliche Störungen reagieren können. Die Kritik an diesen Ansätzen hat ferner deutlich gemacht, daß sie sehr einseitig und weit davon entfernt sind, die Vorteilhaftigkeit einer Währungsunion in einem *umfassenden* Sinne beurteilen zu können.

1.2.2 Nutzen-Kosten-Ansätze

Die bisher dargestellten traditionellen Ansätze zur Abgrenzung eines optimalen Währungsraumes blieben auf halbem Wege stehen: die möglichen Vorteile bzw. *Nutzen* einer Einheitswährung werden von ihnen (fast) völlig ausgeblendet. Darauf kommt es aber für die Beurteilung des "Nettonutzens" einer Währungsunion gerade an, und darauf laufen alle "neueren" Ansätze auch hinaus, nämlich die Bestimmung eines optimalen Währungsraumes im Rahmen einer möglichst *umfassenden*, expliziten Nutzen-Kosten-Analyse. Methodisch gesehen ist dies zweifellos ein adäquater Ansatz.

Das Ziel dieses Ansatzes ist anspruchsvoll: Die möglichen Vor- und Nachteile einer Währungsunion sollen nicht nur theoretisch aufbereitet, sondern möglichst auch rechenbar gemacht und gegeneinander "aufgerechnet" werden, um die Entscheidung zu untermauern. Auf dieser Linie bewegen sich alle neueren Ansätze. So hat es auch in der Vorbereitungsphase der EWU nicht an Studien gefehlt, in denen anhand von theoretischen Szenarien und empirischen Simulationen versucht wurde, diesen Fragen auf den Grund zu gehen. Den Anfang machte eine empirisch ausgerichtete Untersuchung der EG-Kommission (vgl. *Emerson et al., 1991*). Weitere wichtige Arbeiten zu diesem Komplex sind z. B. *Gros/Thygesen (1992), Tavlas (1993), De Grauwe (1994), von Hagen/Neumann (1994), Melitz (1995)* und *Grassinger (1998)*. Die Ergebnisse dieser und zahlreicher weiterer Untersuchungen sind jedoch außerordentlich *kontrovers*.

Dieses Fazit kann nicht verwundern und liegt in der "Natur der Sache" begründet. Denn um die Vorteilhaftigkeit der EWU beurteilen zu können, müßten streng genommen alle Nutzen- und Kostenargumente, die mit der Währungsunion verbunden sind, in die Betrachtung einbezogen werden. Dabei stellen sich zahlreiche, z. T. unlösbare *Probleme*:

- Da es um die Abschätzung zukünftiger Nutzen und Kosten geht, sind zunächst *Prognosefehler* unvermeidlich. Sie haften jeder Nutzen-Kosten-Analyse an und sind insoweit kein Spezifikum der EWU.
- Gravierender ist die Forderung nach einer möglichst *umfassenden* Prognose der Vor- und Nachteile. Hier stoßen wir auf zahlreiche Nutzen- und Ko-

stenkomponenten der EWU, die auf völlig unterschiedlichen *(Bewertungs-) Ebenen* liegen, nämlich auf der politischen und ökonomischen, und die daher nicht ohne weiteres vergleichbar sind. Beispiel: Die Fortentwicklung des europäischen Einigungsprozesses gilt als das zentrale Motiv und Nutzenargument für die Errichtung der EWU (vgl. *Abschnitt 1.1*). Dem stehen potentielle Gefahren ("Kosten") gegenüber, z. B. zusätzliche Transferzahlungen, woraus sich wiederum politische Spannungen ("Kosten") ergeben könnten. Politische Nutzen und volkswirtschaftliche Kosten lassen sich aber nicht oder nur sehr willkürlich gegeneinander aufrechnen.

- Beschränkt man sich deshalb auf die *ökonomischen* Komponenten in einer Nutzen-Kosten-Analyse, so stellt sich das Problem, daß diese sowohl auf der *Mikro-* als auch auf der *Makroebene* angesiedelt sind. Aus einzelwirtschaftlicher Sicht bedeutet beispielsweise der Wegfall des Wechselkursrisikos innerhalb der EWU eine erhöhte Planungs- und Kalkulationssicherheit für die Unternehmen, was für sich genommen positiv zu bewerten wäre. Andererseits mag der Verlust des (bisherigen nationalen) Instruments der Wechselkursanpassung aus gesamtwirtschaftlicher Sicht zu höheren volkswirtschaftlichen Kosten führen. Wieder stellt sich also das Problem der Aufrechnung, hier von einzelwirtschaftlichen Nutzen und gesamtwirtschaftlichen Kosten.

- Geht man deshalb noch eine Stufe tiefer und analysiert die Nutzen und Kosten der EWU *separat* nach Mikro- und Makroeffekten, tauchen auch bei diesem Vorgehen gravierende Probleme auf. So lassen sich z. B. auf der Mikroebene die *einmaligen* Umstellungskosten nicht mit den *dauerhaften* Einsparungen an Transaktionskosten einfach "verrechnen". Gleiches gilt für die Makroebene, wenn etwa versucht würde, die reduzierte Haltung von Währungsreserven durch die EZB oder die erhofften langfristigen Vorteile einer starken Position des Euro als internationale Währung aufzurechnen mit der möglichen Minderung von Erträgen aus dem bisherigen nationalen Monopol zur Schaffung von Zentralbankgeld (sog. Seigniorage-Einnahmen).

- Schließlich wäre im Rahmen einer Nutzen-Kosten-Analyse auch zu entscheiden, aus wessen *Sicht* der "Nettonutzen" zu bestimmen wäre: aus der Sicht der bisherigen "Hart-" oder "Weichwährungsländer" oder übergreifend für die gesamte EWU, d. h. für sämtliche Mitgliedsländer? (vgl. *De Grauwe, 1994*).

Ziehen wir aus der Auflistung dieser Probleme ein kurzes Fazit: Der Versuch, mittels einer umfassenden Nutzen-Kosten-Analyse die Vorteilhaftigkeit der EWU zu ermitteln, stößt auf eine Gemengelage von Faktoren, die in weiten Bereichen weder quantifizierbar noch vergleichbar noch zurechenbar sind. Die EWU ist zu komplex, als daß man sie in das Rechenexempel einer Nutzen-Kosten-Analyse pressen könnte. Auch die "neueren" Ansätze können die Vielfalt der Faktoren nur partiell berücksichtigen. Wir müssen uns daher mit einem bescheideneren Ansatz begnügen.

1.3 Chancen und Risiken der EWU

In der Vorbereitungsphase der EWU konnte in Deutschland und zahlreichen anderen Euro-Staaten ein seltenes Phänomen beobachtet werden, nämlich eine weitgehende, "*große Allianz*" von Politik, Wirtschaft und Gewerkschaften als Befürworter der Errichtung der EWU. Die Akzeptanz dieses Vorhabens durch die Bevölkerung blieb dagegen insbesondere in Deutschland relativ gering, und auch die Wirtschaftswissenschaftler waren in mindestens zwei Lager gespalten. Dieses aus Umfragen und Initiativen gewonnene Meinungsbild spiegelt die unterschiedlichen *Präferenzen*, aber auch die *Unsicherheit* wider, die im Vorfeld der EWU bezüglich der Einschätzung der Chancen und Risiken bestanden hatte und auch derzeit in der Anfangsphase immer noch besteht. Im folgenden kann daher lediglich der Versuch gemacht werden, die wichtigsten ökonomischen Argumente, die in dieser Debatte eine Rolle gespielt haben, systematisch unter einigen übergreifenden Aspekten aufzubereiten. Eine quantitative "Aufrechnung" der Chancen und Risiken (der Nutzen und Kosten) ist dagegen, wie im vorigen Abschnitt schon begründet, nicht möglich.

1) **Effizienz-Aspekte**. In der Diskussion über die Chancen der EWU wurde häufig betont, die Einführung der gemeinsamen Währung würde die Effizienz steigern und die Wohlfahrt erhöhen. Fragen wir kurz, was damit gemeint ist. "Effizienz" bedeutet ganz allgemein, ein (gegebenes) Ziel mit den geringsten Kosten zu erreichen. Dies gilt sowohl einzelwirtschaftlich, z. B. für Unternehmen und Verbraucher, als auch gesamtwirtschaftlich, etwa für die Erreichung des Ziels der Preisstabilität durch die Geldpolitik (Politikeffizienz). Gelingt es, auf beiden Ebenen die Effizienz zu steigern, ohne an anderer Stelle Einbußen hervorzurufen, so schlagen sich diese Effekte in einer Erhöhung der gesamtwirtschaftlichen "Wohlfahrt" nieder.

Schon diese kurzen Hinweise zeigen, daß wir uns mit den Begriffen "Effizienz" und "Wohlfahrt" auf ein schwieriges Terrain begeben. Sie sind generell und auch im vorliegenden Zusammenhang schwer zu fassen. Im Prinzip stoßen wir hier wieder auf die gleichen Sachverhalte und Probleme, die uns schon bei der Nutzen-Kosten-Analyse begegnet waren. Wir beschränken uns daher in diesem Abschnitt auf einige grundlegende Beispiele, anhand derer sich "Effizienz" noch am ehesten demonstrieren läßt.

Generell kann davon ausgegangen werden, daß eine Währung mit zunehmender Verbreitung und Akzeptanz in der Bevölkerung ihre Geldfunktionen immer besser erfüllt. So gesehen kann die Errichtung der EWU auch als logische Weiterentwicklung der historischen Etappen von der Tauschwirtschaft über die nationale Geldwirtschaft bis hin zur gemeinsamen (supranationalen) Währung angesehen werden. Im Zuge dieser Etappen ist die *Produktivität* bzw. "Leistung" des Geldes, d. h. der Erfüllungsgrad der verschiedenen Geldfunktionen, ständig gestiegen. Haben sich gleichzeitig die Transaktionskosten verringert, so läßt sich folgern, daß die Einführung einer gemeinsamen Währung die gesamtwirtschaftliche Effizienz bzw. Wohlfahrt erhöht.

Tatsächlich besteht der offenkundigste Vorteil der EWU aus einzelwirtschaftlicher Sicht in der Einsparung von diversen *Transaktionskosten*. Dazu zählen vor allem die nun wegfallenden Kosten des Währungsumtausches und der Absicherung gegen Wechselkursrisiken, ferner die Kosten der Informationsbeschaffung über die Wechselkursentwicklung und der Abwicklung von Auslandsüberweisungen, schließlich auch die Vermeidung von Wechselkursverlusten innerhalb des Euro-Raumes. Diese Transaktionskosten werden *dauerhaft* eingespart.

Gegenüberzustellen sind ihnen die *einmaligen* Kosten der *Umstellung* auf den Euro. Im Unternehmensbereich betreffen sie die zusätzlich erforderliche Qualifikation der Mitarbeiter, die Kundenberatung, die Preisauszeichnung, die EWU-weite Preispolitik sowie die Umstellung des Rechnungswesens, der Datenverarbeitung, der Verträge und Automaten - um nur einige wichtige Beispiele zu nennen. Diese einmaligen Umstellungskosten werden allein für Deutschland auf 30 Mrd. DM geschätzt. Darin enthalten sein dürften allerdings auch die Kosten für die Modernisierung der Datenverarbeitung, die wegen der Umstellung auf die Jahrtausendwende ohnehin angefallen wären. Auch der Wegfall der *Devisengeschäfte* mit den bisherigen Nationalwährungen schlägt auf der Kostenseite der Geschäftsbanken zu Buche mit möglichen Risiken für die Beschäftigung in diesem Bereich. Schon diese wenigen Beispiele aus dem Unternehmensbereich machen deutlich, wie problematisch es ist, die Einsparungen und Zusatzkosten der Währungsumstellung gegeneinander aufrechnen zu wollen. Eine definitive Aussage über die Effizienzgewinne der Währungsunion ist jedoch insofern möglich, als - längerfristig gesehen - die *dauerhaften* Einsparungen an Transaktionskosten die einmaligen Umstellungskosten bei weitem übertreffen werden.

2) **Wechselkurs-Aspekte**. Der Verlust des Wechselkurses als wirtschaftspolitisches Anpassungsinstrument und die damit verbundenen Risiken wurden schon im Rahmen der Theorie optimaler Währungsräume ausführlich erörtert (vgl. *Abschnitt 1.2*). Wenden wir uns hier den *Chancen* zu. Das Pendant zum Verlust des Wechselkursinstrumentes liegt aus einzelwirtschaftlicher Sicht in den Chancen, die mit dem Wegfall des Wechselkursrisikos innerhalb der EWU verbunden sind. Diese Chancen werden aber nur dann voll zum Tragen kommen, wenn es gelingt, die Kaufkraft des Euro nach innen und außen dauerhaft stabil zu halten. Andernfalls drohen Gefahren aus Schwankungen des flexiblen Euro-Wechselkurses gegenüber Drittwährungen, die die neu gewonnenen Vorteile des Wegfalls des Kursrisikos innerhalb der EWU wieder zunichte machen können.

Wechselkursrisiken sind im früheren EWS wiederholt aufgetreten. Starke *Verzerrungen* gab es insbesondere von 1987 - 92 aufgrund politisch festgezurrter Kurse. In dieser Phase kam es zu einer beträchtlichen realen Abwertung (Unterbewertung) der D-Mark insbesondere gegenüber der Lira, der Peseta, dem Pfund Sterling und dem Escudo, die sich zur Krise des EWS in den Jahren 1992/93 zuspitzte und de facto zu einem System flexibler Wechselkurse mit extrem weiten Bandbreiten (± 15 %) führte.

Für die *Unternehmen* ist der Wegfall des Wechselkursrisikos ein wichtiger Faktor für den EWU-internen Handel und für grenzüberschreitende Direktinvestitionen. Anteile von 60 % (Deutschland) bis 80 % (Portugal) des "Intra-Handels" am gesamten Außenhandel unterstreichen die Gefahren, denen die Euro-Staaten aufgrund von Wechselkursverzerrungen bislang ausgesetzt gewesen waren. Die EWU beseitigt derartige Verzerrungen; der bisherige "Intra-Handel" ist - währungstechnisch gesehen - zum Binnenhandel geworden. Planung, Kalkulation und Entscheidungen im Handels- und Investitionsbereich innerhalb des Euro-Raumes werden dadurch sicherer und effizienter. Die größere Sicherheit und Effizienz eröffnen längerfristig weitere Chancen, indem auch das Wachstum und die Beschäftigung stimuliert werden könnten.

Ein weiterer Vorteil des gemeinsamen Währungsraumes ist, daß der *Offenheitsgrad* der einzelnen Teilnehmerländer und damit auch der EWU insgesamt sinkt. Lag der Anteil des *gesamten* Außenhandels am BIP für alle Euro-Staaten vor der Errichtung der EWU noch bei durchschnittlich 25 %, so reduziert er sich - nunmehr als Anteil des Außenhandels mit *Drittstaaten* (außerhalb der EWU) - auf ca. 10 %. Dies entspricht etwa dem Offenheitsgrad der Wirtschaft der USA. Im Gegenzug steigt der EWU-interne Binnenhandel. Der größere Binnenmarkt und der geringere Offenheitsgrad haben für die Unternehmen des Euro-Raumes die wichtige Konsequenz, daß ihre *außenwirtschaftliche Abhängigkeit*, hier insbesondere die Anfälligkeit gegenüber Wechselkursschwankungen, geringer wird.

Auch unter *geldpolitischen* Aspekten eröffnen sich neue Chancen. Vergleicht man das neue EWU-Wechselkurs-Szenario mit jenem der früheren EWS-Zentralbanken, z. B. der Deutschen Bundesbank, ergeben sich für die EZB in mindestens zweifacher Hinsicht "komfortablere" Ausgangsbedingungen:

- Erstens entfallen die bisherigen obligatorischen *Interventionen* an den Devisenmärkten des EWS zur Stützung der Währungen in der einen oder anderen Richtung. Sie haben in der Vergangenheit des öfteren den Kurs einer stetigen Geldpolitik gestört. Zwar werden auch künftig bei einem flexiblen Wechselkurs des Euro gegenüber Drittwährungen gelegentliche Interventionen der EZB nicht auszuschließen sein. Aber der Wegfall der bisherigen Interventionsverpflichtungen stärkt - für sich genommen und im Vergleich zu den früheren nationalen Notenbanken - die geldpolitische Handlungsautonomie der EZB und ihre Spielräume für eine konsequent binnenwirtschaftlich ausgerichtete (EWU-interne) Stabilitätspolitik (zum EWS II vgl. *7.2.2*).
- In diese Richtung wirken zweitens auch der geringere *Offenheitsgrad* (größere Binnenmarkt) der EWU (s. o.). Hierdurch wird das Problem der sog.

"offenen außenwirtschaftlichen Flanke" deutlich entschärft, die Angriffsfläche für aus dem Ausland kommende Wechselkursverzerrungen reduziert. Man vergleiche in diesem Zusammenhang einmal

- die *bisherige* Position der *Bundesbank* (25 %iger Offenheitsgrad Deutschlands; 60 %iger Anteil des deutschen Intra-Handels am gesamten Außenhandel; flexibler D-Mark-Wechselkurs gegenüber allen Währungen der Welt, d. h. ab 1993 einschließlich der übrigen EWS-Währungen),
- mit der *jetzigen* Position der *EZB* (10 %iger Offenheitsgrad der EWU; EWU-interner Handel wird zum Binnenhandel; flexibler Wechselkurs des Euro gegenüber Drittwährungen).

Der Vergleich zeigt, daß die geldpolitischen Entscheidungen der EZB nun weniger Rücksicht auf das Problem der "offenen Flanke" zu nehmen brauchen als dies den nationalen Zentralbanken bislang möglich gewesen ist.

Zusammenfassend ergibt sich, daß der Wegfall der Interventionspflicht und der geringere Offenheitsgrad der EWU zu einer reduzierten *Wechselkursabhängigkeit* der Geldpolitik der EZB führen. Dies ermöglicht ihr wiederum eine stärkere Konzentration auf binnenwirtschaftliche Ziele, insbesondere auf die Sicherung der Preisstabilität.

3) **Wettbewerbs-Aspekte**. Die Errichtung der EWU, so wird häufig argumentiert, sei die Antwort Europas auf die Herausforderungen der Globalisierung (vgl. dazu *7.2.1*). Die gemeinsame Währung schaffe die Voraussetzungen für die Unternehmen der Euro-Staaten, um dem durch die Globalisierung ausgelösten internationalen Wettbewerbsdruck besser begegnen zu können. Tatsächlich ist zu erwarten, daß der einheitliche Währungsraum neue *Wettbewerbsimpulse* auslösen wird: Preise und Kosten, Löhne und sonstige Einkommen, Steuern und Gebühren, Sozialbeiträge und Sozialleistungen werden in allen Euro-Staaten direkt vergleichbar und transparenter. Der "Schleier", der aufgrund unterschiedlicher Währungen und Wechselkurse nationale Preise, Kosten und Politiken bislang noch teilweise "verhüllte", wird durch die gemeinsame Währung weggezogen. Dadurch steigt der Wettbewerbsdruck für die Unternehmen auf den Güter- und Faktormärkten, aber auch für die Tarifpartner und für die Politik, hier vor allem in den Bereichen der Steuer-, Arbeitsmarkt- und Sozialpolitik.

Der Euro stellt die Wettbewerbsfähigkeit der *Unternehmen* auf den Prüfstand. Sie werden ihre Preisstrategie und Preispolitik überdenken müssen. Galten bislang in vielen Fällen für homogene Produkte europaweit noch unterschiedliche Preise, so werden sie sich annähern. Preisdifferenzierungen wie im bisherigen Maße werden nicht mehr durchzusetzen sein. Der verschärfte Preiswettbewerb wird sich fortpflanzen bis hin zu den vorgelagerten Kostenstufen, insbesondere zu den Löhnen und Sozialkosten ("Lohnzusatzkosten"). Maßnahmen zur Steigerung der Rationalisierung und Produktivität könnten hierdurch neue Anstöße erhalten. Bislang im nationalen Bereich unangefochtene marktbeherrschende Unternehmenspositionen könnten aufgebrochen und Konzentrationsprozesse forciert werden. Die Auswirkungen dieses verschärften Wettbewerbsprozesses sind schwer vorherzusagen. Einige Unternehmen werden daraus gestärkt hervorgehen - auch mit Blick auf die Globalisierung; andere werden nicht überleben. Beschäftigungs- und Wachstumseffekte lassen sich nicht zuverlässig prognostizieren. Als einigermaßen sicher kann nur gelten, daß die Verbraucher davon profitieren werden.

Durch den verschärften Preis- und Kostenwettbewerb könnten auch die Lohnpolitik der *Tarifpartner* und die *Steuer-*, *Arbeitsmarkt-* und *Sozialpolitik* der Euro-Staaten unter Anpassungszwänge geraten. Die Einführung der gemeinsamen Währung setzt hier neue, EWU-weite Vergleichsmaßstäbe. So dürfte sich der Standortwettbewerb stärker als zuvor auch auf politische Entscheidungen erstrekken. Die Politik der Euro-Staaten kommt unter massiven Druck, ihre Länder bzw. Regionen attraktiv, d. h. konkurrenzfähig, zu machen bzw. zu halten.

Die Erwartungen gehen dahin, daß sich die *Tarifpartner* der erhöhten Wettbewerbsintensität nicht werden entziehen können und Lohnabschlüsse nach Maßgabe des jeweiligen Produktivitätsfortschritts in den einzelnen Unternehmen, Branchen und Regionen zur Richtschnur ihrer Verhandlungen machen werden. Verhaltensänderungen werden ferner von der staatlichen *Politik* erwartet. In den meisten Euro-Staaten stehen Massenarbeitslosigkeit, rigide Arbeitsmärkte, erstarrte Steuer- und Sozialsysteme seit Jahren auf der Agenda. Die an den "frischen Wind" des Euro-Wettbewerbs geknüpfte Hoffnung ist, er könnte den Reformstau auflösen und die dringend erforderlichen Reformschritte vorantreiben.

Die größere Preis- und Kostentransparenz wird auch den *Europäischen Binnenmarkt* (vgl. *1.1*) als Ganzes stärker zur Entfaltung bringen. Sein Umfeld war bislang geprägt durch währungspolitische "Kleinstaaterei" mit zersplitterten nationalen Währungsräumen. Da nationale Währungen und Wechselkurse stets gewisse abschottende und verschleiernde Wirkungen haben, dürfte sich die Funktionsfähigkeit des Binnenmarktes insgesamt mit der gemeinsamen Währung erhöhen, zumindest im Bereich der 11 Euro-Staaten.

Ähnliches gilt für die *Finanzmärkte* der EWU, zu denen die Geld-, Kredit-, Devisen- und Kapitalmärkte zählen. Mit dem Wegfall der Währungsgrenzen entsteht durch die Zusammenfassung der nationalen Finanzmärkte ein Euro-Finanzraum, der hinsichtlich seiner *Größe*, *Breite* und *Tiefe* in internationale Spitzenpositionen vorstößt. So wird z. B. das Volumen des Euro-Kapitalmarktes (Aktien- und Anleihemarkt) nach Berechnungen der *Deutschen Bundesbank* (*1998a*) den zweiten Platz nach den USA einnehmen. Die zunehmende *Breite* (Palette der Finanzprodukte) und *Tiefe* (Liquiditätsvolumen) des Kapitalmarktes wird den Wettbewerb unter den Emittenten (Staat, Unternehmen, Kreditinstitute) intensivieren und die Kapitalallokation verbessern. Für die privaten Anleger und institutionellen Investoren, z. B. Investmentfonds, ergeben sich hierdurch breitere und attraktivere Möglichkeiten für finanzielle Engagements. Ein verschärfter Wettbewerb wird auch für das Angebot an Finanzdienstleistungen seitens der großen europäischen Finanzplätze erwartet, ferner eine erhöhte "Durchschlagskraft geldpolitischer Maßnahmen" aufgrund verbesserter Informationen in kompetitiven Finanzmärkten (*Deutsche Bundesbank, 1998a, S. 55, 69*).

4) **Stabilitäts-Aspekte**. Am Schluß dieses Kapitels sollen die Chancen und Risiken der EWU unter Stabilitätsaspekten in einer zusammenfassenden Betrachtung gegenübergestellt werden. Das Ziel ist, zu einer ausgewogenen Beurteilung zu kommen. Daran hat es im Vorfeld der Währungsunion oft gefehlt, vor allem von politischer Seite aus. So wurden von den Skeptikern vor allem die Gefahren eines instabilen Euro ("Inflations-Union") und zusätzlicher Transferzahlungen ("Transfer-Union") betont, während die Befürworter die Chancen als "Stabilitätsgemeinschaft" hervorgehoben haben. Worauf wird die EWU hinauslaufen? Zwar kann man derzeit auf gesicherte empirische Erfahrungen noch nicht zurückgreifen, aber der Dreh- und Angelpunkt wird sein, wie sich die *wirtschaftspolitischen Akteure* der Euro-Staaten in Zukunft verhalten werden.

Abb. 1 skizziert ein solches Verhaltens-Szenario in schematischer, stark vereinfachter Weise. Die erste (horizontale) Blockreihe kennzeichnet die wichtigsten fünf Bereiche der nationalen Wirtschaftspolitik *vor* Einführung der EWU. Es sind dies die Geld- bzw. Zinspolitik und die Wechselkurspolitik der nationalen Zentralbanken und die Finanz-, Lohn- und Sozialpolitik der nationalen Regierungen bzw. Tarifpartner. In der zweiten Blockreihe ist die Situation *nach* Einführung der EWU dargestellt. Die Geld- und Wechselkurspolitik fallen aus der nationalen Zuständigkeit heraus, und die Verantwortung für diese Bereiche geht über auf die supranationale Ebene der EZB bzw. des Ministerrats (Wechselkurse). Es verbleiben in nationaler Kompetenz lediglich die nicht vergemeinschafteten Bereiche der Finanz-, Lohn- und Sozialpolitik. Sie müssen als "Notventil" und Ausgleichsinstrumente die ganze *Anpassungslast* tragen, die aus etwaigen binnen- und außenwirtschaftlichen Störungen, insbesondere aus asymmetrischen Schocks (vgl. *1.2*), resultieren. Die Anzahl der Optionen, um auf derartige Störungen zu reagieren, hat sich für die nationale Wirtschaftspolitik in der EWU also spürbar reduziert.

Wie könnten diese Optionen nun im einzelnen aussehen? Aus der Vielzahl von Möglichkeiten haben wir in *Abb. 1* zwei prinzipielle *Szenarien* herausgegriffen (vierte Blockreihe). Sie unterscheiden sich hauptsächlich dadurch, ob sie die Stabilitätspolitik der EZB unterstützen oder ob sie auf ein stabilitätswidriges Verhalten hinauslaufen. Dabei kann in beiden Fällen davon ausgegangen werden, daß die Europäische Zentralbank, gestützt auf die strikten Vorkehrungen des Maastrichter Vertrages und des EZB-Statuts, von Anfang an bestrebt sein wird, ihr (vorrangiges) Ziel der Sicherung der Geldwertstabilität zu erreichen.

Betrachten wir nun das zuerst genannte (positive) Szenario einer *stabilitätsorientierten* Budget-, Lohn- und Sozialpolitik. Es unterstellt, daß die Regierungen und Tarifpartner der Euro-Staaten bei ihren Entscheidungen zentrale *Restriktionen* (dritte Blockreihe) berücksichtigen. Dazu gehören vor allem eine produktivitätsorientierte Lohn- und Sozialpolitik sowie die Beachtung diverser Regeln und Grenzen für die Budgetpolitik (im einzelnen siehe weiter unten). Unter diesen Bedingungen erhöhen sich die *Chancen* für eine erfolgreiche Stabilitätspolitik der EZB, was wiederum als Grundvoraussetzung für die angestrebte Steigerung der Effizienz, des Wettbewerbs und der Wohlfahrt in der Währungsunion und damit für den Zusammenhalt und das Funktionieren der EWU als Ganzes anzusehen ist (fünfte Blockreihe).

In einem zweiten, pessimistischen Szenario wird ein *stabilitätswidriges* Verhalten der wirtschaftspolitischen Akteure unterstellt ("übermäßige" Budgetdefizite; EWU-weite Angleichung der Löhne und Sozialstandards nach "oben"). Die zuvor genannten Politikrestriktionen werden übersprungen (gekennzeichnet durch die unterbrochene Linie ╪ in *Abb. 1*). Gehen wir von länderspezifischen (negativen) Schocks aus, so könnten - wie die Skeptiker befürchten - die nationalen Regierungen versuchen, derartigen Störungen mit einer expansiven Finanzpolitik gegenzusteuern, indem sie die *Budgetdefizite* "übermäßig" erhöhen (der Begriff stammt aus dem EG-Vertrag und bezieht sich auf das Überschreiten der dort genannten Referenzgröße von 3 % in Relation zum BIP). Eine solche Politik könnte, wenn sie in größerem Stile, d. h. von den Regierungen mehrerer oder großer EWU-Länder betrieben würde, Risiken für die Stabilitätspolitik heraufbeschwören (politischer Druck auf die EZB; Forderung nach Zinssenkungen zwecks Entlastung nationaler Budgets; Inflationsgefahren).

Allerdings erscheint ein solches Szenario als wenig realistisch. So sind im Maastrichter Vertrag bzw. auf seiner Grundlage zahlreiche Vorkehrungen getroffen worden, die der nationalen Budgetpolitik *enge Grenzen* setzen. Zu nennen sind insbesondere:

- Die generelle Haushaltsüberwachung durch die EU-Kommission zur Feststellung "schwerwiegender Fehler" (Art. 104 c EG-Vertrag);
- die Festlegung einer maximalen Budgetdefizitgrenze von 3 % im Verhältnis zum BIP und das "Verfahren bei einem übermäßigen Defizit" (Protokoll zu Art. 104 c EG-Vertrag);
- schließlich der Haftungsausschluß ("No-bail-out") der Gemeinschaft für Verbindlichkeiten der Mitgliedstaaten (Art. 104 b EG-Vertrag).
- Eine zusätzliche Bremse gegen "übermäßige" Defizite wurde durch den sog. Stabilitäts- und Wachstumspakt eingebaut, auf den sich die Mitgliedstaaten auf der Amsterdamer Regierungskonferenz im Juni 1997 geeinigt hatten.

Die disziplinierende Kraft dieser Normen sollte nicht gering geschätzt werden, ebensowenig die abschreckende Wirkung der vorgesehenen Sanktionen oder der "Bestrafung" durch die (kompetitiven!) Finanzmärkte in Form einer Risikoprämie im Zins für den Fall "übermäßiger" Defizite.

Abb. 1: Optionen der nationalen Wirtschaftspolitik in der EWU

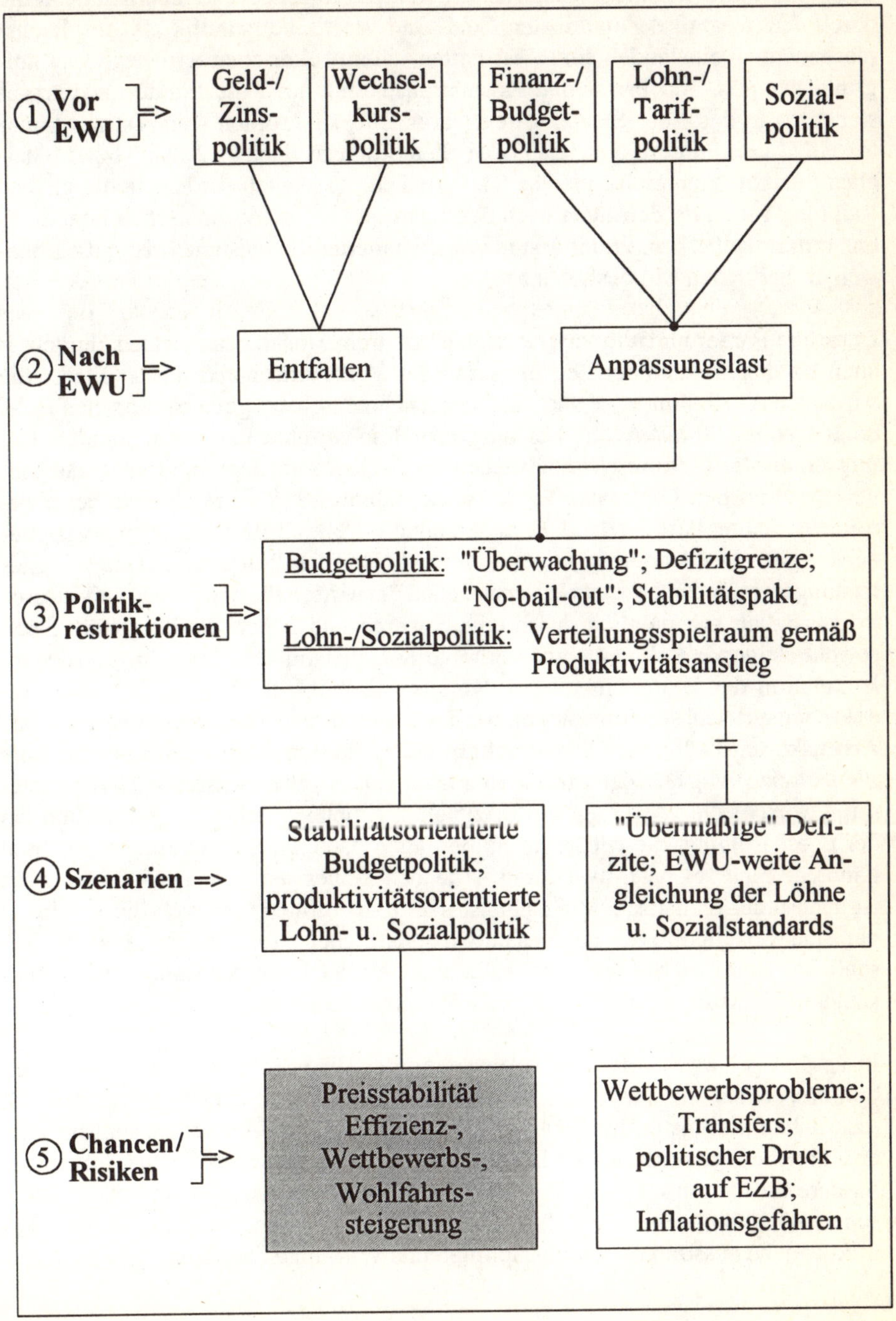

Betrachten wir abschließend noch den Fall eines stabilitätswidrigen Verhaltens der *Lohn-* und *Sozialpolitik*. Auch diese Politikbereiche sind ja prinzipiell in der Lage, im Falle negativer Schocks die "Anpassungslast" zu übernehmen, die durch den Wegfall der nationalen Geld- und Wechselkurspolitik als Ausgleichsmechanismen entstanden sind. Wir hatten schon weiter oben dargelegt, daß aufgrund der größeren Preis- und Kostentransparenz auch die Löhne und Sozialstandards in den Euro-Staaten direkt vergleichbar geworden sind. Daraus könnten *EWU-weit* Forderungen nach "Gleichem Lohn für gleiche Arbeit" bzw. "Gleichen Sozialleistungen für gleiche Sozialrisiken" abgeleitet werden. In die gleiche Richtung gehen Forderungen nach der Schaffung einer "Europäischen Sozialunion" mit einheitlichen, zumindest aber angenäherten Sozialstandards und europaweit einheitlichen Mindestlöhnen.

Derartige Forderungen ignorieren jedoch die immer noch bestehenden beträchtlichen Unterschiede in der Leistungskraft der Volkswirtschaften in der EWU. Sie wird global, sektoral oder auch auf Unternehmensebene gemessen an der Höhe der (Arbeits-)*Produktivität* (Leistung pro Beschäftigten bzw. pro Stunde). Gemessen an der (gesamtwirtschaftlichen) deutschen Arbeitsproduktivität und umgerechnet zu den bilateralen Leitkursen des Jahres 1997 erreichte sie beispielsweise in Italien 91 %, Irland 75 %, Spanien 67 % und Portugal 37 % (vgl. *Siebert, 1998*). Der Verteilungsspielraum für höhere Reallöhne und (reale) Sozialleistungen müßte aber zunächst erst einmal "erwirtschaftet" werden, und dies ist grundsätzlich nur möglich durch eine entsprechend höhere Produktivität. Denn sowohl steigende Löhne als auch erhöhte Sozialleistungen gehen in die Kostenkalkulation der Unternehmen ein. Können sie nicht durch entsprechende Produktivitätsfortschritte aufgefangen werden, steigen die *Lohnstückkosten* (gesamte Arbeitskosten in Relation zur Produktivität). Dadurch könnte die internationale *Wettbewerbsfähigkeit* der einzelnen Euro-Staaten (aber auch der EWU insgesamt) verschlechtert werden mit eventuellen Einbußen beim Wachstum und bei der Beschäftigung, die wiederum Forderungen nach Transferzahlungen auslösen könnten. Eine solche Entwicklung ist jedoch keineswegs zwangsläufig, und sie ist auch nicht realistisch. Vielmehr ist damit zu rechnen, daß sich die Tarifpartner und Sozialpolitiker der gesamtwirtschaftlichen Verantwortung nicht verschließen und ihre Bestrebungen nach einer Angleichung der Löhne und Sozialstandards im Rahmen des jeweiligen Produktivitätsanstiegs halten werden.

Insgesamt gelangen wir bei der Abwägung der Chancen und Risiken unter Stabilitätsaspekten zu einem *optimistischen* Ausblick. Mit einem Höchstmaß an rechtlichen und institutionellen Vorkehrungen sind die Weichen gestellt für eine erfolgreiche Entwicklung der EWU als Stabilitätsgemeinschaft. Dies gilt insbesondere für die Absicherung der EZB. Sie dürfte stark genug sein, um für einen stabilen Euro zu sorgen, und diese starke Position wird auch auf die anderen Politikbereiche ausstrahlen und disziplinierende Wirkungen entfalten.

LITERATUR ZUM 1. KAPITEL

Bernholz, Peter (1998), Die Bundesbank und die Währungsintegration in Europa, in: **Deutsche Bundesbank** (Hrsg.), Fünfzig Jahre Deutsche Mark; Notenbank und Währung in Deutschland seit 1948, München, S. 773 ff.

Bofinger, Peter/Carsten **Hefeker**/Kai **Pfleger** (1998), Stabilitätskultur in Europa; Theoretische Grundlagen, empirische Befunde, Bedeutung für die EWU, Stuttgart.

Caesar, Rolf/Renate **Ohr** (Hrsg.) [1996], Maastricht und Maastricht II: Vision oder Abenteuer?, Baden-Baden.

Deutsche Bundesbank (1990), Stellungnahme der Deutschen Bundesbank zur Errichtung einer Wirtschafts- und Währungsunion in Europa, in: *Monatsberichte der Deutschen Bundesbank*, Nr. 10 (Oktober), S. 41 ff.

Deutsche Bundesbank (1995), Gesamtwirtschaftliche Bestimmungsgründe der Entwicklung des realen Außenwertes der D-Mark, in: *Monatsberichte der Deutschen Bundesbank* , Nr. 8 (August), S. 19 ff.

Deutsche Bundesbank (1997), Europäische Organisationen und Gremien im Bereich von Währung und Wirtschaft, Frankfurt/M.

Deutsche Bundesbank (1998), Stellungnahme des Zentralbankrates zur Konvergenzlage in der Europäischen Union im Hinblick auf die dritte Stufe der Wirtschafts- und Währungsunion, in: *Monatsberichte der Deutschen Bundesbank*, Nr. 4 (April), S. 17 ff.

Deutsche Bundesbank (1998a), Strukturveränderungen am deutschen Kapitalmarkt im Vorfeld der Europäischen Währungsunion, in: *Monatsberichte der Deutschen Bundesbank*, Nr. 4 (April), S. 55 ff.

Duwendag, Dieter (1996), Akzeptanzprobleme der Europäischen Währungsunion, in: *Jahrbuch für Wirtschaftswissenschaften*, Band 47, Heft 3, S. 241 ff.

Eichengreen, Barry/Jeffry **Frieden**/Jürgen **von Hagen** (Hrsg.) [1995], Monetary and Fiscal Policy in an Integrated Europe, Heidelberg.

Emerson, Michael et al. (1991), Ein Markt - Eine Währung; Potentielle Nutzen und Kosten der Errichtung einer Wirtschafts- und Währungsunion, Bonn etc.

Gahlen, Bernhard/Helmut **Hesse**/Hans Jürgen **Ramser** (Hrsg.) [1994], Europäische Integrationsprobleme aus wirtschaftswissenschaftlicher Sicht, Tübingen.

Grassinger, Robert (1998), Nutzen und Kosten einer Währungsunion; Wohlfahrtseffekte eines gemeinsamen Geldes, Baden-Baden.

De Grauwe, Paul (1994), The Economics of Monetary Integration, Oxford.

Gros, Daniel/Niels **Thygesen** (1992), European Monetary Integration, London.

von Hagen, Jürgen/Manfred J. M. **Neumann** (1994), Real Exchange Rates Within and Between Currency Areas: How Far Away is EMU? in: *The Review of Economics and Statistics*, Vol. 5, No. 2, S. 236 ff.

Hasse, Rolf H./Wolf **Schäfer** (Hrsg.) [1998], Die ökonomischen Außenbeziehungen der EWU; Währungs- und handelspolitische Aspekte, Göttingen.

Issing, Otmar (1995), Europa: Politische Union durch gemeinsames Geld?, Köln.

Issing, Otmar (1998), Von der D-Mark zum Euro, Beiträge des Walter Eucken Instituts, Nr. 155, Tübingen.

Jochimsen, Reimut (1998), Perspektiven der Europäischen Wirtschafts- und Währungsunion, 2. Auflage, Baden-Baden.

Kenen, Peter B. (1969), The Theory of Optimum Currency Areas: An Eclectic View, in: **Mundell**, Robert A./Alexander **Swoboda** (Hrsg.), Monetary Problems of the International Economy, Chicago, S. 41 ff.

Masson, Paul/Thomas **Krueger**/Bart **Turtleboom** (Hrsg.) [1997], EMU and the International Monetary System, Washington, D.C.

McKinnon, Ronald (1963), Optimum Currency Areas, in: *American Economic Review*, Vol. 53, S. 717 ff.

Melitz, Jacques (1995), The Current Impasse in Research on Optimum Currency Areas, in: *European Economic Review*, Vol. 39, S. 492 ff.

Mundell, Robert A. (1961), A Theory of Optimum Currency Areas, in: *American Economic Review*, Vol. 51, S. 657 ff.

Ohr, Renate (Hrsg.) [1996], Europäische Integration, Stuttgart.

Pohl, Rüdiger (1998), Warum es zur Ablösung der D-Mark durch den Euro kam, in: *Wirtschaftsdienst*, Heft VI, S. 326 ff.

Siebert, Horst (1998), Zehn Regeln für die Wirtschaftspolitik im Euroland, in: *Handelsblatt*, Nr. 89 vom 11.5.1998, S. 47.

Tavlas, George S. (1993), The 'New' Theory of Optimum Currency Areas, in: *The World Economy*, Vol. 16, No. 6, S. 663 ff.

Theurl, Theresia (1992), Eine gemeinsame Währung für Europa; 12 Lehren aus der Geschichte, Innsbruck.

Vaubel, Roland (1976), Real Exchange-Rate Changes in the European Community: The Empirical Evidence and its Implications for European Currency Unification, in: *Weltwirtschaftliches Archiv*, Bd. 112, Heft 3, S. 429 ff.

Wagner, Helmut (1998), Europäische Wirtschaftspolitik; Perspektiven einer EWU, Heidelberg.

Welfens, Paul J.J. (1997), European Monetary Union; Transition, International Impact and Policy Options, Heidelberg.

Willms, Manfred (1998), Die Europäische Währungsunion im Lichte der Theorie optimaler Währungsräume, in: **Francke**, Hans-Hermann/Eberhart **Ketzel**/Hans-Helmut **Kotz** (Hrsg.), Europäische Währungsunion, Beiheft 14 zu "Kredit und Kapital", Berlin, S. 41 ff.

2 MONETÄRE RECHNUNGSSYSTEME

2.1 Bedeutung monetärer Rechnungssysteme

Wer sich nicht nur mit theoretischen monetären Fragen befassen will, sondern auch Geldpolitik verstehen (oder sogar betreiben) will, muß sich gut über die empirischen Entwicklungen im monetären Bereich der Volkswirtschaften informieren. Dazu muß man wissen, welche Statistiken über monetäre Sachverhalte verfügbar sind. Und wenn man sie dann vor sich liegen hat, muß man sie auch lesen können. Anfangs verwirrt die fachspezifische Terminologie eher, als daß sie informiert. Andererseits: Wer einmal den Zugang zum monetären statistischen Zahlenwerk gefunden hat (und eine Banklehre braucht man dazu nicht), dem schließt sich eine Welt auf. Es gibt wohl kaum ein Gebiet der Volkswirtschaft, über das so vielfältige und detaillierte statistische Informationen verfügbar sind wie gerade über den geldwirtschaftlichen Bereich.

Mit der Einführung des *Euro* hat sich auf diesem Feld aber ein wesentlicher Wandel vollzogen. Bis zur Einführung des Euro lieferte in Deutschland die *Deutsche Bundesbank* die einschlägigen monetären Statistiken. Jetzt ist die *Europäische Zentralbank* für die Geldpolitik in Europa verantwortlich, jedenfalls für die Teilnehmerstaaten der *Europäischen Währungsunion* (EWU). Sie wird künftig die empirischen Angaben anbieten, die zuvor die nationalen Notenbanken bereitgestellt haben. Das ist weit mehr als ein Wechsel der Zahlenquelle. Mit dem Euro muß sich auch unser Blickwinkel ändern. Waren wir es bisher gewöhnt, monetäre Daten wie die Geldmenge, Kredite, Zinsen, Wechselkurse aus nationaler Sicht zu betrachten, ist künftig nur noch die *europäische Perspektive* angemessen. Monetäre Daten für einzelne Teilnehmerländer verlieren geld- und währungspolitisch an Bedeutung. Nicht mehr die Geldmengenentwicklung in Deutschland oder Frankreich zählt, sondern die im gesamten europäischen Währungsraum. Der Übergang von der nationalen monetären zur konsequent europäischen monetären Statistik wird sich erst allmählich vollziehen. Relativ schnell kann die Europäische Zentralbank über die monetären Rechnungssysteme entscheiden; hier geht es darum, welche monetären Daten erfaßt und wie sie statistisch präsentiert werden. Etwas länger wird es möglicherweise dauern, bis die einzelnen Teilnehmerstaaten wirklich vergleichbare Daten liefern. Noch einige Jahre werden ins Land gehen, bis die Zeitreihen in den europäischen monetären Statistiken lang genug sind, um für die konkrete geldpolitische Analyse geeignet zu sein. Kurz: Wir bewegen uns mit den monetären Rechnungssystemen auf einem Feld, welches ab 1999 viele Neuerungen bringen wird; und wir werden erst Erfahrungen im Umgang mit den neuen Daten sammeln müssen.

Aber auch die Europäische Zentralbank fängt nicht bei Null an. Die meisten monetären Rechnungssysteme, die uns aus dem nationalen Kontext, etwa von der Deutschen Bundesbank, vertraut sind, werden auch die Basis für die monetäre Statistik in Europa bilden – einfach weil das monetäre Informationsbedürfnis auf europäischer Ebene nicht viel anders ist, als es auf nationaler Ebene bisher war. Wir wollen daher im folgenden eine Einführung in grundlegende *monetäre (geldwirtschaftliche) Rechnungssysteme* geben. Der Leser soll so erfahren, welche empirischen Fragestellungen sich mit den verschiedenen monetären Rechnungssystemen verbinden. Zugleich soll eine erste Systematisierung monetärer Größen vorgenommen werden, die für die Geldtheorie relevant sind. Darüber hinaus sollen die grundlegenden bilanziellen ("buchhalterischen") Zusammenhänge zwischen einzelnen monetären Größen aufgezeigt werden.

Monetäre Gesamtrechnungen enthalten Zahlenangaben über den Bestand und die Entwicklung der *Forderungen* (Guthaben) und der *Verbindlichkeiten* (Schulden) in einer Wirtschaft. Als *Bestandsrechnung* vermitteln sie gleichsam eine Momentaufnahme von dem Volumen und der Struktur der zu einem bestimmten Zeitpunkt vorhandenen Forderungen und Verbindlichkeiten. Neben der Zeitpunktbetrachtung einer Bestandsrechnung ist jedoch auch die Kenntnis der Veränderungen der Forderungen und der Verbindlichkeiten innerhalb eines Zeitraumes, also eine Stromrechnung (genauer: eine Bestandsänderungsrechnung) erforderlich. Aus der *Stromrechnung* läßt sich ablesen, welche ökonomischen Transaktionen die Wirtschaftssubjekte in der betrachteten Periode durchgeführt haben und worauf die Veränderungen im Volumen und in der Struktur der Forderungen und der Verbindlichkeiten saldenmechanisch zurückzuführen sind. Im einzelnen sollen vor allem folgende Ansätze vorgestellt werden:

- *Vermögensrechnungen*: Sie erfassen im wesentlichen Gläubiger-Schuldner-Beziehungen in einer Volkswirtschaft und damit einen nennenswerten Teil dessen, was wir zum monetären Sektor einer Volkswirtschaft zählen.

- *Finanzierungsrechnungen*: Finanzierungsvorgänge, Kreditaufnahme oder Erwerb von Forderungen zwischen den einzelnen Sektoren der Volkswirtschaft werden hier nachgewiesen.

- *Konsolidierte Bilanz*: Sie steht an der Nahtstelle zwischen dem Bankensystem (Zentralbank und Geschäftsbanken) einerseits und den Nichtbanken der Volkswirtschaft andererseits. Aus der Konsolidierten Bilanz lassen sich wichtige Informationen ableiten, zum Beispiel über die Entwicklung der Geldmenge.

- *Bilanz der Notenbank*: Die Zentralbank ist die verantwortliche geldpolitische Instanz; ein großer Teil ihrer Aktivitäten läßt sich in ihrer Bilanz nachzeichnen. So erfahren wir, was die Geldpolitik in einer Periode getan hat. Auch aus der Notenbankbilanz lassen sich analytische Spezialrechnungen ableiten, die über die Geldpolitik informieren, so zum Beispiel eine Liquiditätsrechnung.

Wir werden diese statistischen Konzeptionen in ihren Grundzügen darstellen. Als Anwendungsbeispiele werden Rechnungssysteme der Deutschen Bundesbank behandelt und - soweit bereits verfügbar - auch die der Europäischen Zentralbank. Dem Leser wird empfohlen, sich das statistische Datenmaterial der Notenbanken zu beschaffen. Bezugsquellen sind die Europäische Zentralbank oder auch die Deutsche Bundesbank (Deutsche Bundesbank, Postfach 100602, 60006 Frankfurt am Main 1). Heutzutage wird man mehr und mehr auch im Internet fündig. Über das Internet macht die Bundesbank (*www.bundesbank.de*) Informationen zugänglich. Die Europäische Zentralbank ist unter der Adresse *www.ecb.int* zu erreichen. Empfehlenswert ist auch das Internetangebot der Bank für internationalen Zahlungsausgleich (*www.bis.org*). Hier sind unter anderem Zugänge zu einigen ausländischen Notenbanken, etwa der US-amerikanischen Zentralbank, möglich. Im übrigen lohnt sich auf diesem Feld das Surfen.

2.2 Vermögensrechnungen

2.2.1 Komponenten der Vermögensbilanz

In der geldtheoretischen Literatur taucht häufig der Begriff des *Vermögens* auf. Mit dem Vermögen bezeichnet man im allgemeinen die Bestände an Sachgütern und finanziellen Forderungen in einer Volkswirtschaft. Vielfach wird das Vermögen der Wirtschaftssubjekte als eine entscheidende Determinante ihres ökonomischen Verhaltens angesehen. Es ist daher notwendig, diesen Begriff etwas näher zu betrachten.

Die *gesamtwirtschaftliche Vermögensbilanz* (*Abb. 2*) gibt einen schematischen Überblick über die Komponenten des Vermögens. Die einzelnen Vermögensbestandteile beziehen sich auf einen bestimmten Stichtag und sind in Geldeinheiten bewertet. Das Bruttovermögen (Rohvermögen) einer Volkswirtschaft setzt sich zusammen aus dem Sachvermögen, dem Arbeitsvermögen und dem Finanzvermögen. Zum *Sachvermögen* (Realvermögen) zählen Sachgüterbestände wie Maschinen, Gebäude und Grundstücke. Das *Arbeitsvermögen* (human capital) umschreibt den Bestand an ökonomisch nutzbarem Wissen, Fähigkeiten und Fertigkeiten der am volkswirtschaftlichen Produktionsprozeß teilnehmenden Menschen. Da sich diese Größe einer statistischen Erfassung weitgehend verschließt, wird das Arbeitsvermögen bei der statistischen Berechnung des Bruttovermögens vielfach vernachlässigt. Das *Finanzvermögen* (Geldvermögen) enthält schließlich alle Forderungen von Wirtschaftssubjekten gegenüber anderen Wirtschaftssubjekten. Hierzu gehören z.B. Geld, Spareinlagen und Wertpapiere.

Abb. 2: Gesamtwirtschaftliche Vermögensbilanz (am Stichtag ...)

Aktiva		Passiva
Bruttovermögen	Sachvermögen	Reinvermögen (Saldo)
	Arbeitsvermögen (human capital)	
	Finanzvermögen (Geldvermögen)	Finanzpassiva

Dem Finanzvermögen stehen in der gesamten Volkswirtschaft in gleicher Höhe Finanzpassiva (Verpflichtungen, Verbindlichkeiten) gegenüber. Anders ausgedrückt, die Existenz einer Forderung ist identisch mit der Existenz einer Verpflichtung. Einige Beispiele mögen dies verdeutlichen. In der Vermögensbilanz eines privaten Haushalts seien unter der Rubrik Finanzvermögen enthalten: Bestände an Bargeld, Spareinlagen und Aktien von BMW. Diese Forderungen des privaten Haushalts sind gleichzeitig Verpflichtungen: Das Bargeld stellt eine Verpflichtung der Zentralbank dar, die Spareinlage ist eine Verpflichtung desjenigen Kreditinstitutes, bei dem sie gehalten wird. Und die BMW-Aktie gehört volkswirtschaftlich gesehen zu den Verpflichtungen von BMW. Sowohl bei der Zentralbank als auch bei den Kreditinstituten und BMW stehen diese Verpflichtungen auf der Passivseite der Vermögensbilanz.

Die Aussage, daß gesamtwirtschaftlich Finanzvermögen und Finanzpassiva gleich hoch sein müssen, gilt unter der Voraussetzung, daß in der Vermögensrechnung neben den Forderungen und Verbindlichkeiten der inländischen Wirtschaftssubjekte auch die Forderungen und Verbindlichkeiten von Ausländern gegenüber Inländern mit erfaßt werden. Dieses Verfahren sei an einem Zahlenbeispiel erläutert. Dazu sei die nachfolgende schematische Bilanz von Forderungen und Verbindlichkeiten betrachtet. Man erkennt, daß gesamtwirtschaftlich Forderungen und Verbindlichkeiten ausgeglichen sind. Die Inländer für sich genommen haben jedoch (in diesem Beispiel) einen Forderungsüberschuß (+20), der größengleich ist dem Forderungsdefizit der Ausländer (-20).

Forderungen und Verbindlichkeiten (Schema)

Forderungen und Verbindlichkeiten der Ausländer gegenüber Inländern			
Forderungen gegenüber Inländern	10	Verbindlichkeiten gegenüber Inländern	30
		Saldo	-20
Forderungen und Verbindlichkeiten der Inländer			
Forderungen gegenüber Ausländern	30	Verbindlichkeiten gegenüber Ausländern	10
Forderungen gegenüber Inländern	100	Verbindlichkeiten gegenüber Inländern	100
		Saldo	+20
GESAMTWIRTSCHAFTLICHE BILANZ DER FORDERUNGEN UND VERBINDLICHKEITEN			
Forderungen		Verbindlichkeiten	
• Ausländer gegenüber Inländern	10	• Ausländer gegenüber Inländern	30
• Inländer gegenüber Ausländern	30	• Inländer gegenüber Ausländern	10
• Inländer gegenüber Inländern	100	• Inländer gegenüber Inländern	100
Finanzaktiva	**140**	**Finanzpassiva**	**140**

Den Besitzer einer Forderung nennt man *Gläubiger*. Ein *Schuldner* ist derjenige, der eine Verpflichtung eingegangen ist. Wo ein Gläubiger ist, muß auch ein Schuldner sein, und somit ist das Finanzvermögen auch Ausdruck aller Gläubiger-Schuldner-Beziehungen einer Volkswirtschaft. Hier zeigt sich ein gravierender Unterschied zwischen dem Finanzvermögen und dem Sachvermögen. Das Finanzvermögen geht stets in die Wirtschaftspläne von zwei Wirtschaftssubjekten ein und bestimmt damit auch die ökonomischen Dispositionen zweier Wirtschaftssubjekte mit: nämlich des Gläubigers und des Schuldners. Das Sachvermögen besitzt diese Doppelwertigkeit nicht. Es ist in jeweils nur einem Wirtschaftsplan enthalten, und zwar in dem des Eigentümers des Sachkapitals.

Zurück zur Vermögensbilanz (*Abb. 2*): Subtrahiert man vom Bruttovermögen die Finanzpassiva, so erhält man einen Saldo, der als Reinvermögen oder Nettovermögen bezeichnet wird. Da gesamtwirtschaftlich das Finanzvermögen und die Finanzpassiva gleich hoch sind, entspricht in der gesamtwirtschaftlichen Vermögensrechnung das Reinvermögen dem Sachvermögen plus (sofern man es in die Vermögensdefinition einbezieht) dem Arbeitsvermögen. Es ist zu beachten, daß die beiden Bilanzbeziehungen

$$Finanzvermögen = Finanzpassiva$$

$$Reinvermögen = Sachvermögen + Arbeitsvermögen$$

ausschließlich gesamtwirtschaftlich gelten. Bei einzelnen Wirtschaftssubjekten brauchen beide Beziehungen nicht erfüllt zu sein, und sie sind es in der Regel auch nicht. Das wird in der nun folgenden einzelwirtschaftlichen Vermögensbilanz deutlich.

2.2.2 Einzelwirtschaftliche Vermögensbilanz

Der Saldo zwischen dem Finanzvermögen und den Finanzpassiva bei einem Wirtschaftssubjekt wird als *Netto-Position* des betreffenden Wirtschaftssubjekts bezeichnet. Die einzelwirtschaftliche Bilanz (*Abb. 3*) verdeutlicht das.

Abb. 3: Einzelwirtschaftliche Vermögensbilanz (am Stichtag ...)

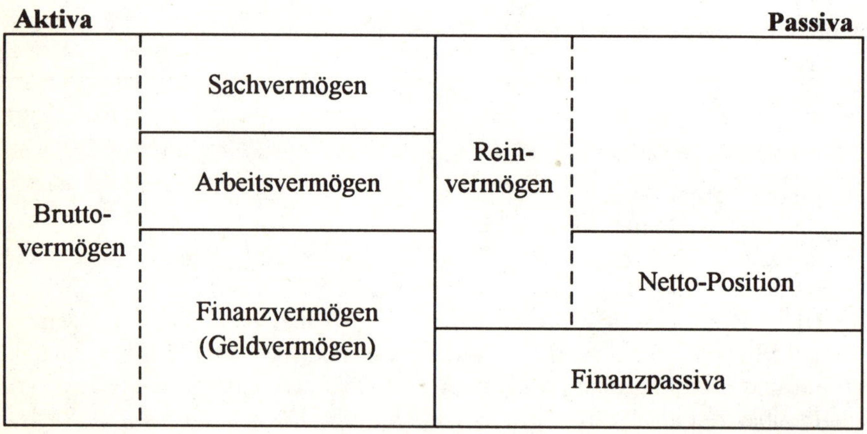

Übersteigt das Finanzvermögen die Finanzpassiva, so spricht man von einer *Netto-Gläubiger-Position* (Netto-Forderung). Im umgekehrten Fall liegt eine *Netto-Schuldner-Position* (Netto-Verpflichtung) vor. Für die Netto-Position eines einzelnen Wirtschaftssubjektes gelten mithin folgende Bilanzgleichungen:

$$\begin{gathered} Netto\text{-}Position = \\ Finanzvermögen - Finanzpassiva = \\ Reinvermögen - Sachvermögen - Arbeitsvermögen \end{gathered}$$

Da sich gesamtwirtschaftlich Finanzvermögen und Finanzpassiva entsprechen, muß die Summe aller einzelwirtschaftlichen Netto-Positionen Null ergeben.

2.2.3 Probleme der Vermögensbewertung

Die Vermögensbilanz ist eine *Bestandsrechnung*, die zu bestimmten Stichtagen durchgeführt wird (Zeitpunktbetrachtung). Dabei stellt sich zunächst das Problem der Bewertung der in die Vermögensrechnung eingehenden Sachgüter (z.B. dauerhafte Konsumgüter, Produktionsmittel). Bei der Bewertung zu *Anschaffungspreisen* werden die Güter während ihrer gesamten Lebensdauer mit demjenigen Preis angesetzt, der im Zeitpunkt ihrer Anschaffung für sie zu entrichten war. Bei der Bewertung zu *Wiederbeschaffungspreisen* wird demgegenüber für jedes Gut – unabhängig von seinem Alter – derjenige Preis angesetzt, der zu zahlen gewesen wäre, wenn das Gut am Bilanzierungszeitpunkt erworben worden wäre. Der bei der Nutzung des Sachvermögens entstehende Wertverschleiß wird durch die Abschreibung erfaßt, deren Bewertung sich ebenfalls an den Anschaffungspreisen oder Wiederbeschaffungspreisen orientieren kann. Daneben sind auch andere Bewertungsformen denkbar: etwa die Bewertung *zu laufenden Preisen* (Preise, die der Besitzer eines gebrauchten Vermögensgegenstandes bei der Veräußerung erzielen könnte) oder die Bewertung *zu konstanten Preisen* (wobei alle Vermögensgegenstände, unabhängig vom Zeitpunkt ihrer Anschaffung, mit dem an einem ausgewählten Basiszeitpunkt geltenden Preis bewertet werden).

Die Vermögensbewertung ist nicht nur ein statistisches, sondern auch ein theoretisches Problem. Je nach Wertansatz kann das Vermögen unterschiedliche Implikationen für die Verhaltensweisen der Wirtschaftssubjekte beinhalten. Betrachtet etwa ein Wirtschaftssubjekt den Wiederbeschaffungswert als den für sein Vermögen adäquaten Wertansatz, so fühlt es sich infolge von Preissteigerungen, die ja die Wiederbeschaffungswerte erhöhen, “reicher”. Dies trifft z.B. auf die Besitzer von Grund und Boden sowie von Gebäuden zu. Eine Bewertung zu Anschaffungspreisen könnte diesen Effekt nicht einfangen. Andererseits kann die Bewertung zu Wiederbeschaffungspreisen den Vermögensanstieg auch überzeichnen, und zwar dann, wenn dem Vermögensbesitzer bewußt ist, daß mit steigenden Wiederbeschaffungspreisen auch der Ersatz unbrauchbar gewordenen Vermögens – etwa abgeschriebener Maschinen – teurer wird.

Auch beim Finanzvermögen stellt sich das Problem der Bewertung. Zwar scheinen hier auf den ersten Blick kaum Schwierigkeiten zu bestehen, denn ein Geldbetrag oder ein Darlehen in Höhe von 100 Euro ist eben 100 Euro wert. Aber bei näherem Hinsehen zeigen sich doch einige Komplikationen. Wenn beispielsweise der Schuldner eines Darlehens in Zahlungsschwierigkeiten gerät, bleibt zwar das Darlehen im bisherigen Umfang bestehen. Gleichwohl wird der Darlehensgläubiger einen Bewertungsabschlag ansetzen, weil er nicht mit der (vollen) Rückzahlung des Darlehens rechnet.

Besonders vielfältig sind die Bewertungsmöglichkeiten bei Wertpapieren. Ein festverzinsliches Wertpapier hat einen aufgedruckten *Nominalwert* (Nennwert; das ist derjenige Betrag, den der Schuldner des Wertpapiers bei Fälligkeit an den Gläubiger zahlen muß). Beim erstmaligen Verkauf, der Emission, des Wertpapiers ist dem Käufer unter Umständen ein Abschlag (Disagio) auf den Nominalwert eingeräumt worden, so daß der *Emissionskurs* des Wertpapiers unter dem Nominalwert liegt. Wenn das Wertpapier dann endlich im Umlauf ist, wird es in der Regel an der Börse gehandelt, und der Kurswert, zu dem es gehandelt wird ("*Tageskurs*"), kann sich täglich ändern.

Probleme treten auch bei der Bewertung von Forderungen auf, die auf ausländische Währungen lauten. Beispielsweise habe eine deutsche Bank einen Dollarkredit von 1000 US-Dollar gewährt. Wenn sich nun der Wechselkurs zwischen Dollar und Euro zugunsten des Euro ändert (der Dollar wird billiger), z.B. von 1 Euro je Dollar auf 0,8 Euro je Dollar, so geht der Euro-Wert des Dollarkredits von 1000 Euro auf 800 Euro zurück. Dies ist eine allein durch Wechselkursbewegungen zustande gekommene Wertveränderung.

Vor allem in der Geldtheorie spielt die Unterscheidung von *nominalem* und *realem* Wert eines Forderungstitels eine Rolle. Allgemein erhält man eine reale Größe in der Weise, daß man die entsprechende Nominalgröße durch das Preisniveau dividiert. Ein Beispiel: Der Geldbestand eines Haushalts steige von M_0=1000 Euro am Anfang des Jahres auf M_1=1200 Euro am Ende des Jahres an. Gleichzeitig steige das Preisniveau (welches mit einem Preisindex P gemessen wird) von P_0=100 bzw. 1,0 am Jahresanfang auf P_1=150 bzw. 1,5 am Jahresende. Nominal hat sich der Geldbestand des Haushalts um 200 Euro erhöht. Die reale Geldmenge des Haushalts ist dagegen von (1000 Euro durch 1,0 gleich) 1000 Euro am Jahresanfang auf (1200 durch 1,5 gleich) 800 Euro am Jahresende gesunken. Was ist geschehen? Das Preisniveau ist schneller gestiegen als die nominale Geldmenge, so daß sich die in der Geldmenge steckende Kaufkraft (also: die reale Geldmenge) verringert hat.

2.2.4 Anwendung: Vermögensrechnung der Deutschen Bundesbank

Das Finanzvermögen ist für die Geldtheorie von besonderer Bedeutung, denn das, was mit dem Begriff monetärer Prozeß in einer Volkswirtschaft umschrieben wird, manifestiert sich zu einem großen Teil in Änderungen des Niveaus und der Struktur des Finanzvermögens bzw. dessen Pendants, der Finanzpassiva. Da das Finanzvermögen auf Gläubiger-Schuldner-Beziehungen beruht, müssen die einzelnen Vermögensbestandteile auch dahingehend charakterisiert werden, wer Gläubiger und wer Schuldner ist.

Die Deutsche Bundesbank erstellt regelmäßig eine *gesamtwirtschaftliche Vermögensrechnung*, in der Finanzvermögen und Finanzpassiva der einzelnen volkswirtschaftlichen Sektoren nachgewiesen werden (*Tab. 1*). Die Originalversion dieser Tabelle enthält mehr Unterteilungen, als hier wiedergegeben werden. Uns kommt es nur darauf an, die Grundstruktur dieser Rechnung deutlich zu machen. Die konventionelle Sektoreneinteilung in private Haushalte, Unternehmen, öffentliche Haushalte und Ausland ("übrige Welt") wird insofern modifiziert, als von den Unternehmen die sog. *finanziellen* Sektoren (Bundesbank, Kreditinstitute, Bausparkassen, Versicherungen, Investmentfonds) abgespalten werden. Die übrigen ("nicht-finanziellen") Unternehmen bilden zusammen mit den privaten und öffentlichen Haushalten die inländischen *nicht-finanziellen* Sektoren.

Die finanziellen Sektoren üben volkswirtschaftlich die Funktion des *Finanzierens*, d.h. der Ansammlung, Transformation und Verteilung finanzieller Mittel aus. Der Sektor Banken setzt sich aus den Untersektoren Deutsche Bundesbank und Kreditinstitute zusammen. Die Bundesbank ist die Zentralbank in Deutschland. Bis Ende 1998 war sie für die Geldpolitik verantwortlich. Jetzt hat die Europäische Zentralbank diese Funktion übernommen. Die Kreditinstitute sind Unternehmen, die Bankgeschäfte betreiben, wie etwa die Annahme fremder Gelder als Einlagen und die Gewährung von Krediten. Die Bausparkassen sammeln Mittel an, aus denen sie Kredite für den Wohnungsbau vergeben.

Die Versicherungen übernehmen kalkulierbare Risiken gegen Zahlung einer Prämie. Aus den von den Wirtschaftssubjekten empfangenen Prämien finanzieren sie die Versicherungsleistungen. Die Investmentfonds legen die Gelder von Anlegern, die sie über den Verkauf von Anteilen (Investmentzertifikate) erhalten, im eigenen Namen für gemeinschaftliche Rechnung an. Die Bausparkassen, Versicherungen und Investmentfonds stehen ökonomisch zwischen den (nichtfinanziellen) Unternehmen und den Banken. Von den Banken unterscheiden sie sich dadurch, daß sie keinen allgemeinen Bankgeschäften nachgehen, sondern mit Spezialgeschäften befaßt sind. Von den Unternehmen sind sie abzuheben, da sie ähnlich wie Banken auch finanzielle Mittel ansammeln und anlegen. Derartige zwischen den Banken und Unternehmen angesiedelte Institute werden auch als *Finanzintermediäre* bezeichnet. Mitunter werden zu den Finanzintermediären auch Realkreditinstitute, Kreditinstitute mit Sonderaufgaben, Teilzahlungskreditinstitute und Kapitalanlagegesellschaften, z. B. Aktienfonds, gezählt, die von der Bundesbank, bis auf die Kapitalanlagegesellschaften, zu den Kreditinstituten gerechnet wurden.

Tab. 1 enthält das Finanzvermögen, das hier als *Geldvermögen* bezeichnet wird, und die Verpflichtungen der Sektoren. Die einzelnen Vermögenspositionen werden im Anhang "*Kompendium monetärer Fachbegriffe*" erläutert. Wie man sieht, entspricht die Summe der Geldvermögen der Summe der Verpflichtungen (einschließlich Aktienumlauf). Bei den einzelnen Sektoren treten hingegen Salden auf. Typischerweise haben die privaten Haushalte ein positives Nettogeldvermögen, der Unternehmenssektor hingegen ein negatives. Volkswirtschaftlich steht dahinter der Prozeß des Sparens und Investierens. Haushalte sammeln via Ersparnis Geldvermögen an. Unternehmen verschulden sich im Zuge der Finanzierung ihrer Investitionen. Zusätzlich können der Geldvermögensrechnung auch die verschiedenen Typen von Geldvermögen und Verpflichtungen entnommen werden, so wie sie von der Bundesbank unterschieden werden.

Tab. 1: Geldvermögen und Verpflichtungen im Jahr 1997

Position	Inländische nicht-finanzielle Sektoren			Finanzielle Sektoren	Übrige Welt	Sektoren insges.
	Private Haushalte	Unternehmen	Öffentl. Haushalte			
Geldvermögen						
Geldanlage bei Banken	1991	909	305	681	1029	4914
Geldanl. bei Bausparkassen	174	3	1	3	1	182
Geldanl. bei Versicherungen	1163	106	4	.	6	1279
Geldanl. in Geldmarktpapieren	3	23	0	18	37	81
Geldanl. in Rentenwerten	758	73	26	2021	972	3849
Geldanl. in Investmentzertif.	468	131	15	436	9	1059
Geldanl. in Aktien	443	812	76	979	320	2630
Auslandsposition der Deutschen Bundesbank	.	.	.	117	15	132
Bankkredite	.	.	.	5731	.	5731
Darlehen der Bausparkassen	.	.	.	195	.	195
Darlehen der Versicherungen	.	.	.	314	.	314
Sonstige Forderungen	344	743	190	26	581	1884
Insgesamt	5344	2799	617	10520	2969	22249
Verpflichtungen und Aktienumlauf						
Geldanlage bei Banken	.	.	.	4914	.	4914
Geldanl. bei Bausparkassen	.	.	.	182	.	182
Geldanl. bei Versicherungen	.	.	.	1279	.	1279
Verpfl. aus Geldmarktpapieren	.	8	27	30	17	81
Verpfl. aus Rentenwerten	.	87	1330	2016	416	3849
Umlauf von Investmentzertif.	.	.	.	900	159	1059
Umlauf von Aktien	.	1477	.	690	463	2630
Auslandsposition der Deutschen Bundesbank	.	.	.	15	117	132
Bankkredite	368	3450	852	61	1000	5731
Darlehen der Bausparkassen	.	189	3	1	2	195
Darlehen der Versicherungen	20	238	34	2	21	314
Sonstige Verpflichtungen	7	905	58	41	874	1884
Insgesamt	395	6353	2303	10130	3069	22249
Nachrichtlich: **Nettogeldvermögen**	4949	-3553	-1686	390	-100	-

Stand am Jahresende, Mrd DM (Werte gerundet).

Quelle: Monatsbericht der Deutschen Bundesbank, Mai 1998.

2.3 Stromrechnungen (Finanzierungsrechnung)

2.3.1 Komponenten der Stromrechnung

Eine *Stromrechnung* weist ökonomische Transaktionen aus, die zwischen den Wirtschaftssubjekten innerhalb eines Zeitraumes vorgenommen wurden (Zeitraumbetrachtung). Sie läßt etwa erkennen, wie hoch die Einkommensleistungen von Unternehmen an Haushalte waren, wie viele Steuern gezahlt worden sind oder in welchem Umfang Kredite gewährt worden sind. Die gesamtwirtschaftliche Stromrechnung ist in *Abb. 4* schematisiert. Mit *Einnahmen* und *Ausgaben* werden die Ströme des volkswirtschaftlichen Einkommenskreislaufes bezeichnet. Hierzu zählen beispielsweise Staatsausgaben, Investitionen, Konsumausgaben, Exporte und Importe, Lohnzahlungen. Statistisch erfaßt werden die Einnahmen und Ausgaben in den volkswirtschaftlichen Gesamtrechnungen.

Da jede Ausgabe eines Wirtschaftssubjektes in einer Volkswirtschaft gleichzeitig eine Einnahme eines anderen darstellt (z. B. ist der private Konsum Ausgabe der privaten Haushalte und Einnahme der Unternehmen), müssen gesamtwirtschaftlich Einnahmen und Ausgaben gleich hoch sein. Auch diese Aussage gilt nur, wenn in der gesamtwirtschaftlichen Stromrechnung (analog zur Vermögensrechnung) neben Einnahmen und Ausgaben von Inländern auch Einnahmen-Ausgaben-Ströme zwischen Inländern und dem Ausland erfaßt werden. Ein Teil der in einer Volkswirtschaft getätigten Ausgaben erhöht den Sachvermögensbestand (sachvermögenswirksame Ausgaben). Hierzu gehören vor allem der private Konsum, soweit er den Kauf der - zum Sachvermögen zählenden - langlebigen Konsumgüter betrifft, die privaten Nettoinvestitionen, die das Sachvermögen der Unternehmen erhöhen, und die staatlichen Investitionen. Andere Ausgaben sind sachvermögensunwirksam, z. B. Ausgaben für Steuern und Sozialversicherungsbeiträge oder der private Konsum, soweit er nicht langlebige Konsumgüter betrifft.

Neben den Einnahmen und Ausgaben enthält die Stromrechnung noch die Veränderungen des Finanzvermögens und der Finanzpassiva. Diese Veränderungen können brutto ausgewiesen werden, also alle Zugänge an Finanzvermögen und Finanzpassiva innerhalb einer Periode aufzeigen, oder aber netto verbucht werden. Im letzten Fall werden von den Bruttozunahmen des Finanzvermögens (der Erwerb von Finanzvermögen stellt eine Verwendung von Finanzierungsmitteln dar und wird deshalb auf der Aktivseite der Strombilanz verbucht) die Abgänge von Finanzvermögen abgezogen (durch die Abgabe von Finanzvermögen erhält man Mittel, was die Verbuchung auf der Passivseite – Mittelherkunft – erklärt). Analog ist von der Zunahme der Finanzpassiva (Mittelzufluß durch Verschuldung, deshalb passivseitig verbucht) die Schuldentilgung (Verwendung von Mitteln, aktivseitig verbucht) abzusetzen.

Abb. 4: Gesamtwirtschaftliche Stromrechnung (für das Jahr ...)

<table>
<tr><th colspan="2">Mittelverwendung</th><th colspan="2">Mittelherkunft</th></tr>
<tr><td rowspan="2">Ausgaben</td><td>Nicht-vermögenswirksame Ausgaben</td><td rowspan="2" colspan="2">Einnahmen</td></tr>
<tr><td>Vermögenswirksame Ausgaben</td></tr>
<tr><td rowspan="2">Bruttoveränderung des Finanzvermögens</td><td>Nettoveränderung des Finanzvermögens</td><td rowspan="2">Bruttoveränderung der Finanzpassiva</td><td>Nettoveränderung der Finanzpassiva</td></tr>
<tr><td>Schuldentilgung</td><td>Abgänge von Finanzvermögen</td></tr>
</table>

Während die Bruttoveränderungen definitionsgemäß nur Null oder positiv sein können, sind bei Nettoveränderungen auch negative Werte möglich. Die Nettoveränderungen des Finanzvermögens und der Finanzpassiva sind identisch mit den Veränderungen der Bestände an Finanzvermögen und Finanzpassiva zwischen zwei Bilanzstichtagen. Die gesamtwirtschaftlichen Stromgleichungen lauten:

$$\textit{Einnahmen} = \textit{Ausgaben}$$

$$\textit{Veränderung des Finanzvermögens} = \textit{Veränderung der Finanzpassiva}$$

Die zweite Stromgleichung gilt für Brutto- und Nettoveränderungen.

2.3.2 Einzelwirtschaftliche Stromrechnung

Einzelwirtschaftlich sind Abweichungen zwischen Einnahmen und Ausgaben sowie zwischen den Veränderungen des Finanzvermögens und der Finanzpassiva möglich, wie sich aus der einzelwirtschaftlichen Stromrechnung ergibt (*Abb. 5*). Die Differenz zwischen Einnahmen und Ausgaben wird als *Finanzierungssaldo* bezeichnet. Bei einem positiven Finanzierungssaldo spricht man von einem Finanzierungsüberschuß, bei einem negativen Finanzierungssaldo von einem Finanzierungsdefizit. Die Differenz zwischen der Veränderung des Finanzvermögens und der Veränderung der Finanzpassiva gibt die Veränderung der Netto-Position an.

Abb. 5: Einzelwirtschaftliche Stromrechnung (für das Jahr ...)

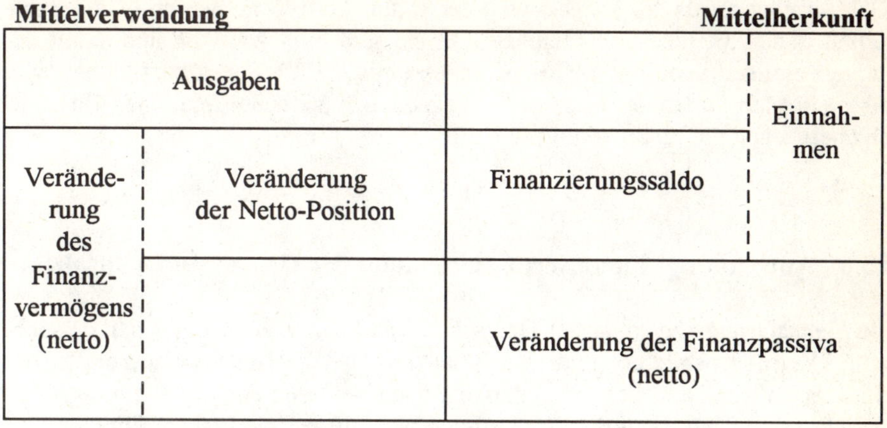

Einzelwirtschaftlich gelten die Stromgleichungen:

Finanzierungssaldo = Veränderung der Netto-Position

Ausgaben + Veränderung der Finanzpassiva (netto) =
Einnahmen + Veränderung des Finanzvermögens (netto)

Aus diesen Saldenbeziehungen folgt, daß jede Ausgabe eine Verringerung des Finanzvermögens oder eine Erhöhung der Finanzpassiva des betreffenden Wirtschaftssubjektes impliziert. Beispiel:

- Ein Haushalt kauft einen Kühlschrank bar. Das Finanzvermögen (hier: sein Bargeldbestand) nimmt in Höhe des Kaufpreises ab.
- Ein Haushalt kauft einen Kühlschrank, läßt sich den Kaufpreis aber stunden. In diesem Fall steigen die Finanzpassiva (hier: die Verbindlichkeiten gegenüber dem Unternehmen). Umgekehrt bewirkt jede Einnahme eine Erhöhung des Finanzvermögens oder eine Verringerung der Finanzpassiva.

Der Satz, daß Einnahmen und Ausgaben stets mit Veränderungen des Finanzvermögens oder der Finanzpassiva verknüpft sind, läßt sich nicht umkehren, d. h. Veränderungen des Finanzvermögens und der Finanzpassiva sind ohne Beziehung zu Ausgaben oder Einnahmen möglich. Nimmt ein Haushalt einen Bankkredit auf (= Erhöhung der Finanzpassiva des Haushalts) und kauft er damit ein Wertpapier (= Erhöhung des Finanzvermögens des Haushalts), so bleiben seine Netto-Position sowie das Volumen seiner Einnahmen und Ausgaben unverändert. Derartige Transaktionen, die Veränderungen des Finanzvermögens und der Finanzpassiva bei unveränderten individuellen Netto-Positionen zur Folge haben, nennt man *reine Finanztransaktionen*.

Die in *Abb. 5* dargestellte Stromrechnung weist einen Finanzierungsüberschuß auf. Der Sektor private Haushalte hat typischerweise in der Vergangenheit stets

Finanzierungsüberschüsse und damit positive Veränderungen der Netto-Positionen erzielt. In der Vermögensbilanz (vgl. *Tab. 1*) schlägt sich das in der Weise nieder, daß die privaten Haushalte weit mehr Finanzvermögen (Geldvermögen) als Finanzpassiva (Verbindlichkeiten) aufweisen. Umgekehrt verhält es sich bei den Unternehmen. Für sie sind Finanzdefizite und damit negative Veränderungen der Netto-Positionen typisch. Ihre Finanzpassiva betragen daher ein Mehrfaches des Finanzvermögens. Auch bei den öffentlichen Haushalten überwiegen die Finanzierungsdefizite.

2.3.3 Anwendung: Finanzierungsrechnung der Deutschen Bundesbank

Die *Finanzierungsrechnung* der Deutschen Bundesbank stellt unter der Bezeichnung "Vermögensbildung und ihre Finanzierung" die Nettoveränderungen des Finanzvermögens und der Finanzpassiva nach Sektoren dar (vgl. *Tab. 2* auf S. 43). Über die Bruttoveränderungen sind keine Angaben verfügbar. Ergänzt wird die Finanzierungsrechnung durch den Ausweis der Sachvermögensbildung und der Ersparnisse der einzelnen Sektoren, also von Größen, die aus der volkswirtschaftlichen Gesamtrechnung stammen. Dabei werden zum Sachvermögen jedoch nur die Investitionen gezählt. Die Käufe langlebiger Konsumgüter durch private Haushalte – obschon theoretisch dem Sachvermögen zuzurechnen – werden in der Finanzierungsrechnung nicht ausgewiesen. Die sektoralen Finanzierungssalden entsprechen, wie oben aufgeführt, den sektoralen Veränderungen der Netto-Positionen.

2.4 Ausgewählte monetäre Bilanzen und Aggregate

Geldtheoretiker wie Geldpolitiker haben versucht, aus dem breiten Spektrum monetärer Größen, wie sie in den Vermögens- und Finanzierungsrechnungen nachgewiesen werden, monetäre Aggregate hervorzuheben, die für die theoretische Modellbildung einerseits und für die Interpretation der praktischen Geld- und Kreditpolitik andererseits besonders geeignet erscheinen. Wir wollen im folgenden die in dieser Beziehung wichtigsten Größen vorstellen: das Kreditvolumen, die Geldmenge, das Geldkapital, die Zentralbankgeldmenge und zusätzlich ausgewählte Zinssätze. Bislang konnten diese Größen den bankstatistischen Gesamtrechnungen entnommen werden, welche in den Monatsberichten der Deutschen Bundesbank regelmäßig veröffentlicht wurden. Hieraus entnehmen wir auch die meisten Beispiele. Künftig wird man auf die Veröffentlichungen der Europäischen Zentralbank zurückgreifen müssen. Nicht alle in den Tabellen vorkommenden Fachbegriffe können dabei im einzelnen erläutert werden (vgl. hierzu ausführlich das *Kompendium monetärer Fachbegriffe)*.

Tab.2: Vermögensbildung und ihre Finanzierung im Jahr 1997, Mrd DM

Position	Inländische nicht-finanzielle Sektoren			Finanzielle Sektoren	Übrige Welt	Sektoren insges.
	Priv. Haushalte	Unternehmen	Öff. Haushalte			
Sachvermögensbildung und Ersparnis						
Nettoinvestitionen	.	264	43	12	.	319
Ersparnis u. Vermögenübertr.	230	86	-59	54	9	319
Finanzierungsüberschuß/-def.	230	-178	-102	41	9	-
Statistische Differenz	.	-2	.	.	2	-
Geldvermögensbildung						
Geldanlage bei Banken	48	42	4	64	208	365
Geldanl. bei Bausparkassen	9	0	0	0	0	10
Geldanl. bei Versicherungen	95	10	1	.	0	106
Erwerb von Geldmarktpap.	-1	5	0	-3	12	14
Erwerb von Rentenwerten	21	-36	-3	223	122	328
Erwerb von Investmentzertif.	50	20	3	85	-4	153
Erwerb von Aktien	8	5	-10	89	22	113
Auslandsposition der Deutschen Bundesbank	.	.	.	-7	-1	-8
Bankkredite	.	.	.	429	.	429
Darlehen der Bausparkassen	.	.	.	6	.	6
Darlehen der Versicherungen	.	.	.	-1	.	-1
Sonstige Forderungen	14	33	2	-1	25	73
Insgesamt	243	79	-3	885	385	1589
Kreditaufnahme und Aktienabsatz						
Geldanlage bei Banken	.	.	.	365	.	365
Geldanl. bei Bausparkassen	.	.	.	10	.	10
Geldanl. bei Versicherungen	.	.	.	106	.	106
Absatz von Geldmarktpap.	.	2	-2	8	6	14
Absatz von Rentenwerten	.	-8	74	185	77	328
Absatz von Investmentzertif.	.	.	.	139	14	153
Absatz von Aktien	.	10	.	21	82	113
Auslandsposition der Deutschen Bundesbank	.	.	.	-1	-7	-8
Bankkredite	13	198	53	10	155	429
Darlehen der Bausparkassen	.	6	0	0	0	6
Darlehen der Versicherungen	0	2	-3	0	1	-1
Sonstige Verpflichtungen	0	49	-23	2	46	73
Insgesamt	13	260	98	844	374	1589

Quelle: Monatsbericht der Deutschen Bundesbank, Mai 1998 (Werte gerundet).

2.4.1 Konsolidierte Bilanz, Kreditvolumen, Geldmenge, Geldkapital

2.4.1.1 Konsolidierte Bilanz des Bankensystems

Die *Konsolidierte Bilanz* des Bankensystems erfaßt auf der Aktivseite das Finanzvermögen und auf der Passivseite die Verbindlichkeiten des Bankensystems (also der Kreditinstitute und der Zentralbank), soweit sie auf Gläubiger-Schuldner-Beziehungen zwischen Nichtbanken und dem Bankensystem beruhen. Sieht man von Feinheiten ab, erfaßt die Konsolidierte Bilanz aktivseitig die Kredite (Forderungen) des Bankensystems gegenüber Nichtbanken und passivseitig die Einlagen der Nichtbanken beim Bankensystem. Diese Einlagen können grob in Geldmenge und Geldkapital unterteilt werden. Das Grundschema der Konsolidierten Bilanz ist der *Abb. 6* zu entnehmen. Nicht enthalten sind in der Konsolidierten Bilanz Forderungen und Verbindlichkeiten der Banken untereinander (sogenannte Interbankforderungen). Die Konsolidierte Bilanz ist eine Bestandsrechnung. Sie gibt also die Bestände an Forderungen und Verbindlichkeiten der Banken und Zentralbank an einem Stichtag wieder.
In Form einer Gleichung geschrieben ergibt sich dafür:

Kredite an Nichtbanken = Geldmenge + Geldkapital.

Betrachtet man Veränderungen, so folgt auch:

Veränderung der Kredite an Nichtbanken =
Veränderung der Geldmenge + Veränderung des Geldkapitals

Die Gleichungen machen deutlich, daß Kreditvolumen, Geldmenge und Geldkapital in einem rechnerischen Zusammenhang stehen. Allgemein gilt:

- Je größer das Kreditvolumen (bzw. seine Veränderung) ist, desto größer ist bei sonst gleichen Umständen die Geldmenge (bzw. ihre Veränderung).
- Je größer der Umfang des Geldkapitals (bzw. seine Veränderung) ist, desto kleiner ist die Geldmenge (bzw. ihre Veränderung).

Ausgehend von der Konsolidierten Bilanz werden wir nun diese drei Schlüsselgrößen etwas näher betrachten: Kreditvolumen, Geldmenge und Geldkapital stehen an der Nahtstelle zwischen dem monetären und dem realen Sektor. Über Kredite, Geldmenge und Geldkapital wird ein Großteil der monetären Impulse auf den Güterbereich übertragen (vgl. auch *Kapitel 6*).

Abb. 6: Konsolidierte Bilanz des Bankensystems (am Stichtag ...)

<table>
<tr><th>Aktiva</th><th colspan="2">Passiva</th></tr>
<tr><td rowspan="2">Kredite an Nichtbanken</td><td rowspan="2">Einlagen von Nichtbanken</td><td>Geldmenge</td></tr>
<tr><td>Geldkapital</td></tr>
</table>

2.4.1.2 Kreditvolumen

Die Aktivseite der Konsolidierten Bilanz erfaßt das *Kreditvolumen*, also die Forderungen des Bankensystems gegenüber den Nichtbanken. Mit einem Kredit werden Finanzierungsmittel für eine bestimmte Zeit vom Kreditgeber (hier: den Kreditinstituten) auf den Kreditnehmer (hier: die Nichtbanken) gegen Zahlung eines Entgelts (Zins) übertragen. Das macht die volkswirtschaftliche Bedeutung des Kredits aus. Wer für seine geplanten Ausgaben nicht über genügend Einnahmen verfügt, kann sich die benötigten Finanzierungsmittel grundsätzlich auf dem Kreditwege beschaffen. Ein privater Haushalt kann so etwa seinen Hauskauf finanzieren. Ein Unternehmer kann große Investitionen tätigen, auch wenn er nur über geringe Eigenmittel verfügt. Allgemein gilt, daß die wirtschaftlichen Aktivitäten um so umfangreicher sind, je rascher das Kreditvolumen zunimmt.

Da mithin ein Teil der wirtschaftlichen Transaktionen eines Landes erst möglich wird, wenn über Kredite Finanzierungsmittel verfügbar gemacht werden, kommt es geldpolitisch darauf an, eine "angemessene" Kreditversorgung der Wirtschaft sicherzustellen. Die Kredite dürfen einerseits nicht so schnell wachsen, daß Transaktionen in einem Ausmaß möglich werden, bei dem Inflation entsteht. Sie dürfen aber auch nicht zu langsam zunehmen, damit nicht zu viele Transaktionen an Finanzierungsengpässen scheitern, was dann rückläufige Produktion und zunehmende Arbeitslosigkeit bewirken könnte. Wer sich mit der monetären Entwicklung eines Landes beschäftigt, wird also die Kreditentwicklung besonders aufmerksam beobachten.

2.4.1.3 Geldmenge

Die *Geldmenge* ist für die Beurteilung der monetären Entwicklung eines Landes nicht minder wichtig als das Kreditvolumen. Einmal wird jede Zahlung in einem Land mit Hilfe von Geld abgewickelt (Zahlungsmittelfunktion des Geldes). Der Umfang der Geldmenge sagt mithin etwas über die Fähigkeit der Wirtschaftssubjekte aus, Zahlungen durchzuführen. Zum anderen besteht bei den Menschen die Neigung, Kaufkraft in die Zukunft zu übertragen. Wer heute einen bestimmten Geldbetrag erhalten hat und ihn bis morgen in der Kasse hält, hat Kaufkraft bis morgen aufbewahrt (Wertaufbewahrungsfunktion des Geldes). Knappheit an Geld mag eine Wirtschaft ebenso behindern (weil Zahlungen und Wertaufbewahrung erschwert werden), wie zuviel Geld einen Störfaktor darstellt (weil es z. B. eine inflationsfördernde Ausweitung des Zahlungsvolumens erlaubt). Die Geldmenge ist also eine Größe, an der der Analytiker des monetären Geschehens nicht vorbeikommt.

Während die Definition des Kreditvolumens unproblematisch ist, liegt die "richtige" Abgrenzung der Geldmenge nicht auf der Hand. Der Übergang von der Geldmenge zum Geldkapital ist "fließend", d.h. es muß im Einzelfall entschieden werden, welche Einlagen der Nichtbanken beim Bankensystem zur Geldmenge, welche zum Geldkapital zu zählen sind. Die Geldmenge (das Geldvolumen) läßt sich durch zwei Aussagen allgemein charakterisieren:

- Zur Geldmenge werden üblicherweise nur Forderungen der Nichtbanken gegenüber dem Bankensystem gezählt. Sie ist also Ausdruck von Gläubiger-Schuldner-Beziehungen zwischen Nichtbanken (als Gläubiger) und dem Bankensystem (als Schuldner).
- Nur diejenigen Forderungen der Nichtbanken an das Bankensystem gehören zur Geldmenge, welche die Zahlungsmittelfunktion erfüllen (alles andere ist dann Geldkapital).

Was bedeutet das nun konkret? Nicht umstritten ist, daß das Bargeld und die Sichteinlagen eine Zahlungsmittelfunktion ausüben. Das *Bargeld* (Banknoten und Münzen) kann jederzeit für Zahlungen eingesetzt werden. Da nur Nichtbanken-Forderungen zur Geldmenge gerechnet werden, sind die Kassenbestände der Kreditinstitute bei der Geldmengenberechnung auszuschließen. Die ebenfalls zur Geldmenge gehörenden *Sichteinlagen* sind jederzeit fällige Guthaben der Nichtbanken bei den Banken, über die mit Scheck, Lastschrift oder Überweisung verfügt werden kann. Die Sichteinlagen werden von den Nichtbanken bei den Kreditinstituten gehalten. Sie sind daher Forderungen der Nichtbanken gegenüber den Kreditinstituten, während das Bargeld als Forderung der Nichtbanken gegenüber der Zentralbank ausgewiesen wird. Bargeld und Sichteinlagen der inländischen Nichtbanken werden häufig zur *Geldmenge M1* zusammengefaßt.

Zu klären ist nun, inwieweit auch *Termingelder* zur Geldmenge gerechnet werden können. Termingelder sind Bankguthaben der Nichtbanken, für die entweder eine feste Laufzeit (*Festgelder*) oder eine bestimmte Kündigungsfrist (*Kündigungsgelder*) vereinbart ist. Da die Termingelder in dieser Weise gebunden sind, können sie nicht jederzeit für Zahlungen eingesetzt werden. Sie sind demnach kein Geld. Allerdings können Termingelder, sofern sie nicht gerade langfristig gebunden sind, vergleichsweise schnell mobilisiert (d.h. in Geld umgewandelt) werden. Auch werden sich die Banken in der Regel nicht weigern, wenn ein Kunde über sein Termingeld schon vor Fälligkeit verfügen will. Dies gibt den Termingeldern eine gewisse "Geldnähe". Die Geldmenge M1 erweitert um die Termingelder ergibt zusammen die *Geldmenge M2*.

Was für die Termingelder gilt, trifft grundsätzlich auch für *Spareinlagen* zu. Zwar dienen Spareinlagen der Ansammlung oder Anlage von Vermögen und sind nicht für den Zahlungsverkehr bestimmt. Da jedoch Spareinlagen mit kurzer (dreimonatiger) Kündigungsfrist schnell mobilisierbar sind, ist auch den Spareinlagen eine gewisse Geldnähe nicht abzusprechen. Zusammen mit der Geldmenge M2 ergeben die Spareinlagen die *Geldmenge M3*.

Mit diesen unterschiedlichen Abgrenzungen sind die Probleme der "richtigen" Abgrenzung der Geldmenge aber keineswegs gelöst. So haben inländische Nichtbanken beträchtliche Einlagen im Ausland (vor allem kurzfristig fällige Termineinlagen größerer Unternehmen vorwiegend bei den Auslandsfilialen deutscher Kreditinstitute). Zwar mag man einwenden, daß sich diese Beträge "im Ausland" befinden und somit nicht für die Finanzierung von Zahlungen "im Inland" verfügbar sind; aber sie sind ebenso schnell mobilisierbar wie Termineinlagen. Die Gläubiger werden ihre Auslandseinlagen ebenso als "Geld" betrachten wie ihre Termineinlagen im Inland. So gesehen sollten die Auslandseinlagen zur Geldmenge gezählt werden. Wenn man schon Termingelder zur Geldmenge zählt, müssen auch Wertpapierforderungen der Nichtbanken gegenüber den Kreditinstituten dazu zählen, wenn sie eine kurzfristige Laufzeit haben. Zwischen einem bald fällig werdenden Wertpapier und einer bald fällig werdenden Termineinlage bestehen vom Standpunkt der "Geldnähe" kaum Unterschiede. Mitte der 90er Jahre kamen ferner Geldmarktfonds auf, in denen das Publikum jederzeit rückrufbare Mittel verzinslich anlegen kann. Auch diese Mittel haben also Geldnähe.

Noch ist es üblich, zur Geldmenge eines Landes nur die von inländischen Nichtbanken gehaltenen Forderungen und nur die in inländischer Währung bestehenden Forderungen zu rechnen. Die damit angestrebte klare Trennung von inländischen und ausländischen Aktivitäten wird aber bei immer intensiverem Außenwirtschaftsverkehr fragwürdig. Wenn ein ausländisches Unternehmen Bestände an inländischer Währung hält, weil es z. B. häufig Zahlungen in dieser Währung im Rahmen seiner Import-/Export-Aktivitäten abwickeln muß, dann sind diese Währungsbestände von den Geldbeständen inländischer Wirtschaftssubjekte wirtschaftlich kaum zu unterscheiden. Wenn ein Inländer Devisen (also ausländische Zahlungsmittel) hält, können damit zwar im Inland grundsätzlich keine Zahlungen abgewickelt werden. Aber wenn zwischen der inländischen und der ausländischen Währung ein fester Wechselkurs besteht, können die ausländischen Zahlungsmittel ohne Kursverluste in inländische umgewandelt werden.

Die Verwendung verschiedener Geldmengenbegriffe nebeneinander reflektiert zum einen die Unsicherheit über die theoretisch "richtige" Geldmengendefinition. Zum anderen reagieren die verschiedenen Geldmengenabgrenzungen ganz unterschiedlich, wenn die Wirtschaft Umschichtungen zwischen den verschiedenen Einlagenarten vornimmt. Die folgende Übersicht vermittelt einen Eindruck.

Umschichtung von ...	Veränderung von ... (-: Verringerung, = : Konstanz)		
	M1	M2	M3
Sichteinlagen zu Termineinlagen	-	=	=
Sichteinlagen zu Spareinlagen	-	-	=
Termineinlagen zu Spareinlagen	=	-	=
Bargeld zu Spareinlagen	-	-	=

Die Geldmenge M3 reagiert auf die genannten Umschichtungen gar nicht. Je nachdem, ob und welche Umschichtungen man sichtbar machen will, hat man die eine oder andere Geldmengenabgrenzung zu betrachten.

2.4.1.4 Geldkapital

Auf der Passivseite der Konsolidierten Bilanz ist das *Geldkapital* inländischer Nichtbanken bei den Kreditinstituten zu finden. Es handelt sich hierbei um längerfristige Forderungen. Anders als die Geldmenge, die für Zahlungen steht, ist beim Geldkapital die Vermögensanlage ausschlaggebend. Im allgemeinen kann man davon ausgehen, daß die im Geldkapital gebundenen Mittel nicht für Zahlungen eingesetzt werden. Allerdings ist die Trennlinie nicht scharf. Unter den Komponenten des Geldkapitals gibt es immer Teile, die demnächst fällig werden, weil die Bindungsfrist ausläuft. Ein Teil dieser Mittel steht also immer vor der "Geldwerdung". Insoweit enthält auch das Geldkapital ein für Zahlungen (bald) nutzbares Potential.

2.4.1.5 Anwendung: Konsolidierte Bilanz und Geldmengenrechnungen der Deutschen Bundesbank

Tab. 3 enthält die etwas vereinfachte Konsolidierte Bilanz für das Bankensystem in der Bundesrepublik Deutschland. Die Originaltabelle findet man im statistischen Teil der Monatsberichte der Deutschen Bundesbank.

Tab. 4 vermittelt eine Übersicht über die diversen Geldmengenabgrenzungen, wie sie von der Deutschen Bundesbank benutzt wurden. Alle Angaben sind der Passivseite der Konsolidierten Bilanz für Deutschland entnommen.

Tab. 5 gibt die Komponenten des Geldkapitals wieder. Auch diese Angaben entstammen der Konsolidierten Bilanz

Während in den *Tab. 3,4* und *5* Bestandsangaben für einen Stichtag enthalten sind, liefert *Tab. 6* Bestandsveränderungen (Stromrechnung). Angegeben werden die Veränderungen der Geldmenge (in der Abgrenzung M3) und die sie auslösenden Vorgänge. Ausgangspunkt sind die Werte der Konsolidierten Bilanz an zwei Bilanzstichtagen.

Tab. 3: Konsolidierte Bilanz des Bankensystems, Ende 1997, in Mrd. DM

Aktiva			Passiva		
10	Kredite an inländische Nichtbanken	5067	20	Bargeldumlauf (ohne Kassenbestände der Kreditinstitute)	247
101	*Deutsche Bundesbank*	*9*	21	Sichteinlagen inländischer Nichtbanken	691
102	*Kreditinstitute*	*5058*	22	Termingelder inländ. Nichtbanken mit Befristung unter 4 Jahren	393
11	Auslandsaktiva	1337	23	Spareinlagen inländischer Nichtbanken mit dreimonatiger Kündigungsfrist	929
12	Sonstige Aktiva	312	24	Einlagen des Bundes beim Bankensystem	0
			25	Geldkapital inländischer Nichtbanken bei den Kreditinstituten	2903
			26	Auslandspassiva	1026
			27	Überschuß der Interbankverbindlichkeiten	6
			28	Sonstige Passiva	521
Forderungen an Nichtbanken		**6716**	**Verbindlichkeiten gegenüber Nichtbanken**		**6716**

Quelle: Monatsbericht der Deutschen Bundesbank, Mai 1998.

Tab. 4: Geldmengenabgrenzungen der Bundesbank, Ende 1997, Mrd. DM

	Bargeldumlauf (ohne Kassenbestände der Kreditinstitute)	247
+	Sichteinlagen inländischer Nichtbanken	691
=	**Geldmenge M1**	**938**
+	Termingelder inländischer Nichtbanken mit Befristung unter 4 Jahren	393
=	**Geldmenge M2**	**1331**
+	Spareinlagen inländischer Nichtbanken mit dreimonatiger Kündigungsfrist	929
=	**Geldmenge M3**	**2260**
+	Einlagen von inländischen Nichtbanken bei Auslandsfilialen und Auslandstöchtern inländischer Kreditinstitute	
+	Inhaberschuldverschreibungen im Umlauf mit Laufzeit bis unter 2 Jahren	
+	Inländische und ausländische Geldmarktfonds in den Händen inländischer Nichtbanken (bereinigt)	......
=	**Geldmenge M3 erweitert plus Geldmarktfonds**	**2507**

Quelle: Monatsbericht der Deutschen Bundesbank, Mai 1998.

Tab. 5: Komponenten des Geldkapitals, Ende 1997, Mrd. DM

	Termingelder mit Befristung von 4 Jahren und darüber	840
+	Spareinlagen mit Kündigungsfrist von mehr als 3 Monaten	253
+	Sparbriefe	237
+	Inhaberschuldverschreibungen im Umlauf (netto)	1203
+	Kapital und Rücklagen	370
=	**Geldkapital inländ. Nichtbanken bei den Kreditinstituten**	**2903**

Quelle: Monatsbericht der Deutschen Bundesbank, Mai 1998.

Tab. 6: Entwicklung der Geldbestände im Bilanzzusammenhang, 1997, in Mrd. DM

	Position		Bezug zur *Tab. 3*
I	Kredite an inländische Nichtbanken	+285	10
II	Netto-Forderungen an das Ausland	-68	11-26
III	Geldkapitalbildung bei Kreditinstituten aus inländischen Quellen	+116	25
IV	Einlagen des Bundes im Bankensystem	-7	24
V	Sonstige Einflüsse	+35	12-27-28
VI	**Geldmenge M3 (I+II-III-IV-V)**	**+73**	20+21+22+23

Quelle: Monatsbericht der Deutschen Bundesbank, Mai 1998.

2.4.1.6 Anwendung: Aggregierte Bilanz des MFI-Sektors (Europäische Zentralbank)

Die Europäische Zentralbank benötigt detaillierte Zahlenangaben zum monetären Sektor. Vorgesehen ist eine aggregierte Bilanz des *MFI-Sektors. Monetäre Finanzielle Institute* (MFI) sind gebietsansässige Kreditinstitute sowie alle anderen gebietsansässigen finanziellen Institute, deren wirtschaftliche Tätigkeit darin besteht, Einlagen bzw. Einlagensubstitute im engeren Sinne von anderen Wirtschaftssubjekten als MFI entgegenzunehmen und Kredite auf eigene Rechnung zu gewähren und /oder in Wertpapieren zu investieren.

Tab. 7 zeigt die Hauptpositionen des MFI-Sektors, so wie die Europäische Zentralbank es vorbereitet hat. Der obere Teil (Instrumente) stellt eine Konsolidierte Bilanz für den MFI-Sektor dar. Dies wird der Ausgangspunkt für die Berechnung von monetären Aggregaten wie der Geldmenge werden. Im mittleren Teil (Geschäftspartner) ist die in den bisherigen nationalen Statistiken anzutreffende Teilung in Inländer und Ausländer ergänzt. Bei den Ausländern wird unterschieden, ob sie innerhalb oder außerhalb des Euro-Währungsgebietes ansässig sind.

Tab. 7: Aggregierte Bilanz des MFI-Sektors im Euro-Währungsgebiet

Instrumente und Fristenkategorien			
Forderungen		Verbindlichkeiten	
1	Kassenbestand	8	Bargeldumlauf
2	Kredite	9	Einlagen
3	Wertpapiere außer Aktien	10	Geldmarktfondsanteile
4	Geldmarktpapiere	11	Ausgeg. Schuldverschreibungen
5	Aktien	12	Geldmarktpapiere
6	Sachanlagen	13	Eigenkapital
7	Sonstige Aktiva	14	Sonstige Passiva
Geschäftspartner			
Forderungen		Verbindlichkeiten	
A	Inländische Gebietsansässige	A	Inländische Gebietsansässige
B	Gebietsansässige in sonstigen Mitgliedsländern des Euro-Währungsraumes	B	Gebietsansässige in sonstigen Mitgliedsländern des Euro-Währungsraumes
C	Gebietsansässige in der übrigen Welt	C	Gebietsansässige in der übrigen Welt
D	Nicht aufgliederbar	D	Nicht aufgliederbar
Währungen			
e	Euro		
x	Nicht-EWU-Währungen		

Quelle: Europäische Zentralbank.

2.4.2 Bilanz der Zentralbank, Zentralbankgeldmenge

2.4.2.1 Bilanz der Zentralbank

Während die Konsolidierte Bilanz, Kreditvolumen, Geldmenge und Geldkapital an der Nahtstelle zwischen dem monetären Sektor (dem Bankensystem) und dem güterwirtschaftlichen Sektor (den Nichtbanken) stehen, weil sie Übertragungsglieder für monetäre Impulse auf die Güterwirtschaft sind, wird die Entwicklung im monetären Sektor selbst durch andere monetäre Aggregate gekennzeichnet. Hier ist vor allem die Zentralbankgeldmenge zu nennen. Sie reflektiert im wesentlichen die geldpolitischen Aktivitäten der Zentralbank, deren Aufgabe es ist, den monetären Prozeß zu steuern (Geldpolitik). Im allgemeinen ist eine (beschleunigte) Zunahme der Zentralbankgeldmenge mit expansiver Geldpolitik, eine (beschleunigte) Verringerung des Anstiegs der Zentralbankgeldmenge mit restriktiver Geldpolitik in Verbindung zu bringen.

Den Zugang zur Zentralbankgeldmenge finden wir am besten über die *Bilanz der Zentralbank*. Denn die Zentralbankgeldmenge ergibt sich aus bestimmten Positionen der Zentralbankbilanz. In *Abb. 7* ist eine schematische Darstellung der Bilanz einer Zentralbank wiedergegeben.

Abb. 7: Bilanz der Zentralbank (am Stichtag ...)

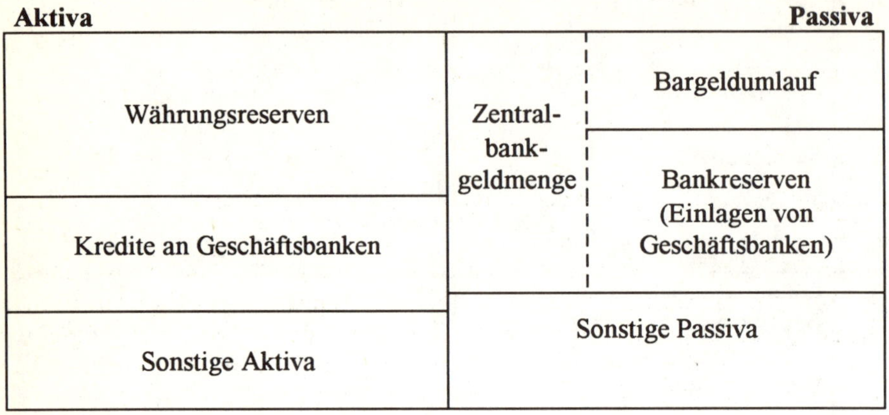

In der Bilanz der Zentralbank schlagen sich grundlegende Funktionen einer Notenbank nieder:

- Sie emittiert das *Bargeld* (vgl. Passivseite).
- Sie hält die *Währungsreserven* (Aktivseite) eines Landes.
- Sie ist *Bank der Banken*. Einerseits gewährt sie den Kreditinstituten Refinanzierungskredite (Aktivseite), andererseits halten die Kreditinstitute bei der Notenbank Einlagen (überwiegend aufgrund der gesetzlich vorgeschriebenen Mindestreservepflicht; Passivseite).

Historisch spielte die Zentralbank als *Bank des Staates* eine Rolle: Die Zentralbank gewährte dem Staat Kredite, wie auch umgekehrt der Staat seine Einlagen unter anderem bei der Notenbank hielt. Dies ist abgeschafft worden. Die Bundesbank, wie auch die Europäische Zentralbank, darf keine Kredite mehr an den Staat gewähren. Damit soll verhindert werden, daß sich Staatsdefizite via Notenbankfinanzierung möglicherweise inflationär auswirken. Einlagen bei der Notenbank hält der Staat praktisch ebenfalls nicht mehr.

2.4.2.2 Zentralbankgeldmenge

Ausgehend von der Bilanz der Zentralbank wollen wir uns nun der *Zentralbankgeldmenge* zuwenden. Die Zentralbankgeldmenge ist die Summe aus dem Bargeldumlauf und den Bankreserven (Einlagen, die die Geschäftsbanken bei der Zentralbank halten, vgl. *Abb. 7*). Sie drückt also Verbindlichkeiten der Zentralbank gegenüber Nichtbanken (Bargeldumlauf) und gegenüber Geschäftsbanken (Bankreserven) aus.

Die Rolle der Zentralbankgeldmenge wird sich uns erst voll erschließen, wenn wir uns in späteren Kapiteln mit dem Geldangebotsprozeß und der Transmission monetärer Impulse beschäftigen. Ein Vorgriff ist hier jedoch nötig. Was es zu zeigen gilt, ist dies: Eine monetäre Expansion setzt im allgemeinen eine Zunahme der Zentralbankgeldmenge voraus. Beginnen wir mit einem einfachen Beispiel. Bankkunde K erhalte von seiner Bank B einen Kredit über 1000 Euro, den er sich auf seinem Girokonto als Sichteinlage gutschreiben lasse. In der Bankbilanz kommen die folgenden beiden Positionen hinzu:

Bank B

Aktiva			**Passiva**
Kredit an Kunde K	+1000	Sichteinlagen von K	+1000

Die Bankbilanz bleibt bei diesem Vorgang also ausgeglichen, und es sieht so aus, als könnten auf diese Weise das Kreditvolumen und die Geldmenge (Sichteinlagen) beliebig ausgedehnt werden. Doch der Anschein trügt. Für die Bank entsteht nämlich ein zweifaches Finanzierungsproblem: Zum einen könnte der Kunde einen bestimmten Geldbetrag von seinem Bankkonto bar abheben, sagen wir 200 Euro. Wo nimmt die Bank aber das Bargeld her, das sie jetzt auszahlen soll? Zum anderen gibt es gesetzliche Vorschriften, daß die Banken einen von der Höhe ihrer Einlagen abhängigen Geldbetrag, sagen wir 10 vH der Einlagen, hier also 100 Euro, bei der Zentralbank hinterlegen müssen (sogenannte *Mindestreserve*). Wo nimmt die Bank die Mittel her, die sie an die Zentralbank abführen muß? Bargeldabhebungen und Mindestreservepflicht reißen mithin eine "Lücke" in die Bankbilanz. Gäbe es hierfür keine Deckung, müßte die Kreditgewährung an den Bankkunden mitsamt der Gutschrift auf dem Girokonto unterbleiben.

Aus diesem Beispiel folgt: Eine monetäre Expansion, d. h. eine Zunahme des Kreditvolumens und der Einlagen, ist in der Regel von einer Zunahme des Bargeldumlaufs und der Mindestreserven begleitet. Der Bargeldumlauf steht auf der Passivseite der Zentralbankbilanz. Ebenso finden wir die Mindestreserveguthaben auf der Passivseite der Zentralbankbilanz (als Teil der Bankreserven). Bargeldumlauf und Mindestreserven haben also gemeinsam, Verbindlichkeiten der Zentralbank zu sein. Es kommt zu einer Zunahme der Zentralbankgeldmenge, wenn die Zentralbank

- Währungsreserven (also ausländische Forderungstitel) erwirbt,
- den Geschäftsbanken einen zusätzlichen Kredit einräumt,
- Sonstige Aktiva erwirbt oder sich von sonstigen Passiva trennt.

Wir werden uns diese wichtigen Vorgänge später noch detaillierter anschauen.

2.4.2.3 Liquiditätsanalyse

Im Mittelpunkt des monetären Sektors stehen die Geschäftsbanken, die von Kunden Einlagen annehmen und an sie Kredite ausleihen. Wie wir eben gesehen haben, sind die Banken aus dem Geschäft mit ihren Kunden mit einem Bedarf (oder einem Zufluß) von Zentralbankgeld konfrontiert. Wenn sie Zahlungen in Zentralbankgeld zu leisten haben, fragt es sich, woher sie das Zentralbankgeld bekommen. Wenn sie umgekehrt aus Kundentransaktionen Zentralbankgeld erhalten, stellt sich die Frage, was sie damit machen. Wir können es auch so ausdrükken: Bei einem Abfluß von Zentralbankgeld wird die "*Liquidität*" (Zahlungsfähigkeit) der Geschäftsbanken belastet, bei einem Zufluß an Zentralbankgeld angereichert.

Ganz schlimm wäre es für das monetäre System, wenn die Geschäftsbanken nicht genügend liquide wären: wenn Bankkunden Bargeld von ihrem Konto abheben wollen und die Banken das mangels vorhandenen Zentralbankgeldes nicht könnten, würde ein "Erdbeben" das monetäre System erschüttern. Die Banken wären zahlungsunfähig, das Vertrauen in das System würde zusammenbrechen. Daß es so weit nicht kommt, wird unter anderem dadurch gesichert, daß die Zentralbank (die ja Emittent des Zentralbankgeldes ist) den Banken das benötigte Zentralbankgeld durch geeignete liquiditätspolitische Maßnahmen bereitstellt bzw. ihnen Zentralbankgeldüberschüsse abnimmt.

Abb. 8: Bilanz der Zentralbank (umgestellt)

Aktiva	Passiva
Währungsreserven + Sonstige Aktiva - Sonstige Passiva	Zentralbankgeldmenge
Kredite an Geschäftsbanken	

Diese Zusammenhänge zwischen *Zentralbankgeldbedarf* und *liquiditätspolitischen Maßnahmen* können mit Hilfe von *Abb. 8* und *9* verdeutlicht werden. *Abb. 8* enthält die gleichen Informationen wie die Zentralbankbilanz (*Abb. 7*), nur anders zusammengefaßt und aufbereitet.

Die angesprochenen liquiditätspolitischen Maßnahmen kommen in der Position "Kredite an Geschäftsbanken" zum Ausdruck. Hierdurch stellt die Zentralbank den Banken Liquidität bereit oder nimmt sie ihnen Liquidität ab. Die anderen Positionen der umgestellten Zentralbankbilanz (Zentralbankgeldmenge, Währungsreserven plus Saldo aus Sonstigen Aktiva und Passiva) lösen folglich den Liquiditätsbedarf bzw. den Liquiditätsüberschuß aus. Dies wird mit *Abb. 9* erfaßt. Sie gibt anders als die Bilanzen in den *Abb. 7* und *8* Bestandsänderungen (Stromrechnung) wieder. Während die Notenbankbilanz Bestandsgrößen an einem Stichtag enthält, können aus dem Vergleich der Positionen an zwei Stichtagen Bestandsänderungen errechnet werden. Diese erfassen also die innerhalb eines Zeitraumes zwischen den Stichtagen durchgeführten Vorgänge.

Abb. 9: Zentralbankgeldbedarf und liquiditätspolitische Maßnahmen

I. Bereitstellung (+) bzw. Absorption (-) von Zentralbankgeld durch	**-20**
1. Veränderung der Bestände an Zentralbankgeld (Zunahme: -)	
Veränderung des Bargeldumlaufs	*-10*
Veränderung der Bankreserven	*-15*
2. Laufende Transaktionen	
Veränderung der Währungsreserven	*+5*
Veränderung des Saldos zwischen Sonstigen Aktiva und Passiva	*+0*
II. Liquiditätspolitische Maßnahmen: Bereitstellung (+) oder Absorption (-) von Zentralbankgeld durch die Zentralbank	**+20**
Veränderung der Kredite an Geschäftsbanken	*+20*

Wenden wir uns nun dem Schema aus *Abb. 9* zu. Das Schema erschließt sich am einfachsten, wenn man es aus der Sicht der Geschäftsbanken liest. Im Block I sind alle wirtschaftlichen Vorgänge enthalten, durch die die Geschäftsbanken Liquiditätsabflüsse (*Absorption von Zentralbankgeld*) oder Liquiditätszuflüsse (*Bereitstellung von Zentralbankgeld*) haben. In Block II ist dann zu entnehmen, durch welche liquiditätspolitischen Maßnahmen der Zentralbank die Liquiditätsab- oder -zuflüsse ausgeglichen worden sind. In unserem Schema werden die Veränderungen der Zentralbankgeldmenge erfaßt. Eine *Zu*nahme der Zentralbankgeldmenge wird mit einem *negativen* Vorzeichen erfaßt: Das negative Vorzeichen drückt aus, daß durch eine Zunahme der Zentralbankgeldmenge ein Abfluß von Liquidität bei den Geschäftsbanken entsteht.

Im Schema der *Abb. 9* sind dann noch "Laufende Transaktionen" enthalten. Hierbei handelt es sich um Transaktionen, die – außerhalb der Veränderungen der Zentralbankgeldmenge - aus der Sicht der Zentralbank vom Markt her bestimmt werden und denen sich die Zentralbank nicht oder nur bedingt entziehen kann. Zum Ankauf oder zur Abgabe von Währungsreserven (Devisen) ist die Notenbank ggfs. gezwungen, wenn ein System fester Wechselkurse herrscht und zum vorgegebenen Wechselkurs ein Überangebot an oder eine Übernachfrage nach Devisen vorliegt. Hier bestimmt der "Markt", nicht die Notenbank den Umfang der Devisenbewegungen. Kauft die Notenbank Devisen an, so bezahlt sie mit Zentralbankgeld. Folglich kommt es bei einem positiven Vorzeichen der laufenden Transaktionen zu einer Bereitstellung von Zentralbankgeld. Bei gegebenem Bargeldumlauf werden die Bankreserven zunehmen, so daß es in diesem Beispiel also zu einem Liquiditätszufluß bei den Geschäftsbanken kommt.

Addieren wir die Veränderung der Zentralbankgeldmenge und die laufenden Transaktionen, so ergibt sich die gesamte Bereitstellung oder Absorption von Zentralbankgeld, oder aus der Sicht der Geschäftsbanken: der gesamte Abfluß (bei negativem Wert) oder Zufluß (bei positivem Wert) an Liquidität. In dem Schema ist dort beispielhaft der Wert –20 eingetragen. Die Banken haben also durch diese Vorgänge 20 Geldeinheiten an Liquidität verloren. Die Frage ist, wie das ausgeglichen wird.

Darüber vermittelt Block II des Schemas einen Eindruck. In unserem Beispiel würde die Zentralbank einen zusätzlichen Kredit an die Geschäftsbanken ausleihen, um den Liquiditätsabfluß zu kompensieren. Was aber, wenn in Block I ein positiver Wert gestanden hätte, es also zu einer Bereitstellung von Zentralbankgeld gekommen wäre (z.B. +20)? Dann wäre es (in Block II) zu einer negativen Veränderung der Zentralbankkredite an die Banken gekommen: Sie hätten dann mit der per Saldo zugeflossenen Liquidität Kredite zurückgezahlt.

Zusammengefaßt können wir sagen: Das Schema "Zentralbankgeldbedarf und liquiditätspolitische Maßnahmen" gibt an, in welchem Umfang durch Veränderungen der Zentralbankgeldmenge und durch laufende Transaktionen der Zentralbank ein Liquiditätsbedarf oder Liquiditätsüberschuß bei den Geschäftsbanken in einer Periode entstanden ist und wie dieser Liquiditätszu- bzw. -abfluß durch liquiditätspolitische Maßnahmen der Zentralbank ausgeglichen worden ist.

2.4.2.4 Anwendung: Bundesbankausweis und Liquiditätsanalyse der Bundesbank

Was in den vorangegangenen Abschnitten vom Prinzipiellen her erörtert wurde, soll nun konkret gefaßt werden. Als Beispiel für eine Zentralbankbilanz ist im folgenden (*Tab. 8*) die Bilanz der Deutschen Bundesbank wiedergegeben, die auch als *Wochenausweis* (auch: Bundesbankausweis) bezeichnet wird, weil sie wöchentlich veröffentlicht wird. Die Kredite und Forderungen an öffentliche Haushalte enthalten nurmehr die aus der Währungsumstellung von 1948 resultierenden sogenannten *Ausgleichsforderungen*; sonst gibt es wegen des Verbots für die Zentralbank, dem Staat Kredite zu geben, keine weiteren Eintragungen.

Die von der Bundesbank ausgewiesene Statistik "Zentralbankgeldbedarf der Banken und liquiditätspolitische Maßnahmen der Deutschen Bundesbank" ist in *Tab. 9* enthalten. Sie ist wie *Abb. 9* aufgebaut, enthält jedoch detailliertere Unterpositionen. Um die Tabelle "lesen zu lernen", seien einige Beispiele angeführt. So kommt es zu einer Absorption von liquiden Mitteln der Kreditinstitute, wenn

- die Bankkunden Barabhebungen von ihren Konten bei den Kreditinstituten vornehmen (Bargeldumlauf steigt),
- die Banken höhere Mindestreserven auf ihre Verbindlichkeiten halten müssen,
- die Zentralbank Devisen an Nichtbanken verkauft (und die Nichtbanken zu Lasten ihrer Bankkonten bezahlen),
- Nichtbanken ihre Guthaben bei der Bundesbank zu Lasten ihrer Guthaben bei den Kreditinstituten aufstocken.

Tab. 8: Wochenausweis der Bundesbank, Ende 1997, in Mrd. DM

Aktiva		Passiva	
Währungsreserven und sonstige Auslandsaktiva	113	Banknotenumlauf	261
Kredite an inländische Kreditinstitute	235	Einlagen inländischer Kreditinstitute	49
im Offenmarktgeschäft mit Rücknahmevereinbarung angekaufte Wertpapiere	*170*	Einlagen inländischer öffentlicher Haushalte, Unternehmen und Privatpersonen	1
Inlandswechsel und Auslandswechsel	*62*	Einlagen ausländ. Einleger	11
Lombardforderungen	*3*	Verbindlichkeiten gegenüber Kreditinstituten	-
Kredite und Forderungen an inländische öffentl. Haushalte	9	Verbindlichkeiten aus abgegebenen Liquiditätspapieren	5
Wertpapiere	-	Verbindlichkeiten gegenüber dem Europ. Währungsinstitut, Ausgleichsposten für zugeteilte Sonderziehungsrechte	-
Sonstige Aktivpositionen	9	Rückstellungen, Grundkapital und Rücklagen, sonst. Passivpositionen	39
Aktiva insgesamt	**366**	**Passiva insgesamt**	**366**

Quelle: Monatsbericht der Deutschen Bundesbank, Mai 1998.

Unter dem "*Float*" versteht man schwebende Verrechnungen auf den Bundesbankkonten (zum Bilanzstichtag innerhalb der Bank unterwegs befindliche Überweisungen, Schecks und Lastschriften). Bei den Überschußguthaben handelt es sich um quantitativ geringfügige, nicht durch Mindestreservepflicht gebundene Guthaben der Banken bei der Bundesbank. Man mag darüber streiten, ob die Veränderung der Überschußguthaben als eine den Liquiditätsbedarf bestimmende Größe (wie in *Tab. 9* geschehen) interpretiert werden sollte oder als eine Größe, mit denen die Banken Fehlbeträge an Liquidität decken oder Überschüsse ausgleichen können. Da aber die Bundesbank den kurzfristigen Ausgleich von Liquiditätsfehlbeträgen und -überschüssen übernimmt, halten die Banken nur geringfügige Überschußreserven.

Wenn den Kreditinstituten durch Veränderungen der Zentralbankgeldmenge und durch laufende Transaktionen per Saldo Mittel abfließen, stellt sich die Frage, wie diese Mittelabflüsse gedeckt werden. Bei Mittelzuflüssen stellt sich die Frage, wie die Mittel verwendet werden. Hierüber geben die Positionen unter II und unter IV in *Tab. 9* Auskunft. Teil II zeigt Maßnahmen der Bundesbank mit tendenziell längerfristiger Liquiditätswirkung. Änderungen der Mindestreservesätze und der Refinanzierungslinien werden vergleichsweise selten vorgenommen. In diesen Block gehört auch die Gewinnausschüttung der Bundesbank an den Bund (man beachte, daß hier die Gewinn*ausschüttung*, nicht die *Veränderung* der Gewinne der Bundesbank verbucht ist). Man könnte sagen, daß der Rückgriff auf ungenutzte Refinanzierungslinien eine Initiative der Geschäftsbanken darstellt und nicht der Bundesbank. Freilich werden die Refinanzierungslinien von den Banken in der Regel bis nahe der möglichen Obergrenze ausgenutzt (weil diese Refinanzierungsquelle für die Banken vergleichsweise niedrige Refinanzierungskosten verursacht), so daß ein zusätzlicher Rückgriff auf diese Linien nur sehr begrenzt möglich ist.

Was von den bereitgestellten oder absorbierten Zentralbankguthaben (Teil I) nicht durch dauerhafte Mittelbereitstellung oder -absorption (Teil II) ausgeglichen wird, verbleibt als Veränderung der kurzfristigen Liquiditätslücke der Banken (Teil III), für die dann eine Deckung oder Absorption vorzunehmen ist. Die hierfür bereitstehenden Instrumente enthält Teil IV. Dominierend sind hier die Wertpapierpensionsgeschäfte der Bundesbank; die Bundesbank kauft von den Geschäftsbanken Wertpapiere für zumeist 14 Tage an, wobei sich die Banken zum Rückkauf nach Ablauf dieser Zeit verpflichten. Mit diesem Geschäft erhalten die Banken für die Laufzeit Liquidität.

Wir wollen an dieser Stelle darauf verzichten, die liquiditätspolitischen Maßnahmen im einzelnen vorzustellen. In *Kapitel 8* werden die Instrumente ausführlich dargestellt. Der schnellen Information dient in den meisten Fällen jedoch auch das im Anhang abgedruckte *Kompendium monetärer Fachbegriffe*. Doch eine Anmerkung zu den Mindestreserven ist hier bereits erforderlich.

In den letzten Abschnitten war häufig von der Zentralbankgeldmenge die Rede. Allgemein faßt man darunter den Bargeldumlauf und die Mindestreserven zusammen. Soll die Zentralbankgeldmenge als monetärer Indikator dienen, müssen *Bereinigungen von Änderungen des Mindestreservesatzes* vorgenommen werden. Das Problem läßt sich wie folgt erläutern. Die Komponente Mindestreserven (MRS) errechnet sich als Produkt aus dem Mindestreservesatz (r) und den mindestreservepflichtigen Einlagen (RE), also MRS = r • RE. Änderungen der Mindestreserven (MRS) können nun zwei unterschiedliche Ursachen haben: Änderungen im Reservesatz (r) und Änderungen in den reservepflichtigen Einlagen (RE). Beides sind ganz unterschiedliche Vorgänge. Die Änderung des Reservesatzes ist ein geldpolitischer Eingriff der Zentralbank zur Steuerung des monetären Ablaufs. Änderungen der reservepflichtigen Einlagen reflektieren hingegen die monetäre Expansion in der Wirtschaft, also die Dynamik in der Kreditgewährung und Einlagenbildung bei den Geschäftsbanken. Die Zentralbankgeldmenge als Indikator der monetären Entwicklung muß daher um die Effekte von Reservesatzänderungen bereinigt werden.

Tab. 9: Zentralbankgeldbedarf der Banken und liquiditätspolitische Maßnahmen der Deutschen Bundesbank 1997, Mrd. DM

I	**Bereitstellung (+) bzw. Absorption (-) von Zentralbankguthaben durch**	**-25,2**
1	*Veränderungen der Bestände an Zentralbankgeld (Zunahme:-)*	*-2,4*
	Bargeldumlauf[1]	-0,9
	Mindestreserve auf Inlandsverbindlichkeiten[2]	-1,5
2	*Laufende Transaktionen*	
	Devisenzugänge (+) bzw. -abgänge (-) bei der Bundesbank[3]	-10,7
	Veränderungen der Nettoguthaben inländischer Nichtbanken bei der Bundesbank	+0,1
	"Float " im Zahlungsverkehr mit der Bundesbank	-0,3
	Veränderung der "Überschußguthaben" (Abbau: +)	-0,1
	Sonstige Einflüsse[4]	-11,9
II	**Dauerhafte Mittelbereitstellung (+) bzw. -absorption (-) durch**	
	Änderung der Mindestreservesätze (Zunahme: -)[5]	-0,8
	Änderung der Refinanzierungslinien (Kürzung: -)	-0,4
	Rückgriff auf unausgenutzte Refinanzierungslinien (Abbau: +)	+1,0
	Offenmarktoperationen (Nettoverkäufe: -)[6]	-
	Gewinnausschüttung der Bundesbank an den Bund	+8,8
III	**Veränderung der kurzfristigen Liquiditätslücke der Banken (I. + II., Zunahme: -)**	**-16,6**
IV	**Deckung des verbleibenden Fehlbetrags (+) bzw. Absorption des Überschusses (-) durch**	
	Wertpapierpensionsgeschäfte der Bundesbank[7]	+17,4
	sehr kurzfristige Ausgleichsoperationen der Bundesbank	-0,2
	Veränderung der Lombard- bzw. Sonderlombardkredite (Zunahme: +)	-0,8

1 Ohne Kassenbestände der Kreditinstitute an inländischen Noten und Münzen.

2 In jeweiligen Reservesätzen, jedoch ohne Änderungen des Mindestreserve-Solls aufgrund von Neufestsetzungen der Reservesätze, die in Pos. II erfaßt sind.

3 Effektive Transaktionswerte, ohne Devisenswap- und Pensionsgeschäfte.

4 Saldo der nicht im einzelnen aufgeführten Posten des Notenbankausweises; Veränderungen ergeben sich hauptsächlich aus den laufenden Ertragsbuchungen der Bundesbank (ohne separat ausgewiesene Gewinnausschüttungen an den Bund).

5 Einschl. wachstumsbedingter Veränderungen der Mindestreserven auf Auslandsverbindlichkeiten.

6 In langfristigen Titeln ("Outright-Geschäfte") und in Liquiditätspapieren.

7 Ohne Schnelltender.

Quelle: Monatsbericht der Deutschen Bundesbank, Mai 1998.

In *Tab. 9* wird wie folgt vorgegangen. Für die Veränderung des Mindestreserve-Solls gilt (t = Zeitindex):

$$MRS_t - MRS_{t-1} = r_t\, RE_t - r_{t-1}\, RE_{t-1}$$

Dies kann man wie folgt schreiben:

$$MRS_t - MRS_{t-1} = (r_t - r_{t-1})\, RE_t + r_{t-1}\, (RE_t - RE_{t-1})$$

Der erste Summand gibt den Einfluß der Veränderung des Mindestreservesatzes ($r_t - r_{t-1}$) an. Der zweite Summand erfaßt den Einfluß der monetären Expansion (Veränderung der reservepflichtigen Einlagen; RE_t - RE_{t-1}). In *Tab. 9* wird, bezogen auf die Inlandsverbindlichkeiten, der erste Summand unter Position II (Änderung der Mindestreservesätze), der zweite Summand unter Position I.1 (Mindestreserve auf Inlandsverbindlichkeiten) ausgewiesen. Damit sind der geldpolitische Einfluß und der Markteinfluß klar getrennt.

Dieses Bereinigungsverfahren ist nur ausreichend, wenn man für eine einzelne Periode den geldpolitischen und den marktmäßigen Einfluß trennen will. Will man dagegen die von Reservesatzänderungen bereinigte Entwicklung des Bestandes an Zentralbankgeld über einen mehrperiodigen Zeitraum nachzeichnen, funktioniert dieses Verfahren nicht. Der Grund: In die Berechnung der Veränderung für die laufende Periode t geht immer auch der tatsächliche Reservesatz der Vorperiode t-1 ein. Der kann aber ein anderer sein als der Reservesatz der Periode t-2, t-3 usf. Folglich würde man bei der Aneinanderreihung der Periodenveränderungen faktisch doch Änderungen des Reservesatzes berücksichtigen.

Um für mehrperiodige Betrachtungen den Einfluß von Reservesatzänderungen auszuschalten, wählt die Bundesbank ein ganz einfaches Verfahren: Sie berechnet die *Zentralbankgeldmenge mit konstanten Reservesätzen*. Die Zentralbankgeldmenge zu konstanten Reservesätzen an einem Stichtag t (ZBG_t^*) ergibt sich als Summe aus dem Bargeldumlauf in t (BG_t) plus dem Mindestreserve-Soll, das sich in t ergeben hätte, wenn man die reservepflichtigen Verbindlichkeiten in t (RE_t) mit dem Reservesatz eines Basiszeitpunkts b (r_b) multipliziert:

$$ZBG_t^* = BG_t + r_b \cdot RE_t$$

Als Basis verwendete die Bundesbank zuletzt den Mindestreservesatz von August 1995. Änderungen der Zentralbankgeldmenge zu konstanten Reservesätzen reflektieren nur noch Veränderungen des Bargeldumlaufs und der reservepflichtigen Verbindlichkeiten, nicht mehr aber Veränderungen des (auf r_b konstant gehaltenen) Mindestreservesatzes.

Wir haben im letzten Abschnitt gesehen, daß die Kreditinstitute eine monetäre Expansion, d. h. eine Zunahme der Kredite und Einlagen, nur bewerkstelligen können, wenn sie über Zentralbankgeld verfügen. Eine Möglichkeit ist, daß sie dieses Zentralbankgeld von der Zentralbank gerade immer dann erhalten, wenn sie es benötigen. Eine andere Möglichkeit besteht darin, daß sich die Zentralbank bereit erklärt, bestimmte Aktiva der Banken auf ihren Wunsch hin jederzeit in

Zentralbankgeld umzutauschen. Derartige Aktiva werden als *freie Liquiditätsreserven* (FLR) bezeichnet. FLR sind also Forderungstitel im Besitz von Kreditinstituten, welche von ihnen jederzeit in Zentralbankgeld eingetauscht werden können, d. h. sie sind potentielles Zentralbankgeld bzw. ein Anspruch auf Zentralbankgeld. Die Gesamtsumme der Bankreserven, also die FLR plus die gebundenen oder Mindestreserven, bezeichnet man auch als *Liquiditätssaldo*.

Die FLR haben als Indikator für die monetäre Entwicklung ihren Wert, wenn die Banken Zentralbankgeld im wesentlichen nur durch Rückgriff auf die FLR beschaffen könnten. Ein Mehr oder Weniger an Liquiditätsreserven signalisiert dann den Banken ein Mehr oder Weniger an Spielraum für ihr Aktiv- und Passivgeschäft. Gibt es dagegen eine ausgebaute und flexible Liquiditätsbereitstellung der Zentralbank an die Kreditinstitute, könnten die Banken mit einem Bestand an FLR von Null auskommen. Was sie an Zentralbankgeld im Zuge ihrer Geschäftstätigkeit benötigen, würde die Zentralbank bereitstellen. Die einzelne Bank mag zusätzlich darauf vertrauen, daß sie im Falle eines Liquiditätsengpasses Zentralbankgeld auch von anderen Geschäftsbanken ausleihen kann. Unter solchen institutionellen Bedingungen, die seit den 80er Jahren herrschen, verlieren die FLR als Indikator für den Handlungsspielraum der Kreditinstitute und damit für die monetäre Expansion an Bedeutung.

2.4.3 Interdependenz monetärer Rechnungssysteme

In den vorigen Abschnitten haben wir eine Reihe monetärer Rechnungssysteme kennengelernt. Es gilt nun zu erkennen, daß sie in einem rechnerischen Zusammenhang stehen. Zuvor wollen wir hier jedoch noch einen Nachtrag vornehmen. Die Bilanz der Kreditinstitute haben wir aus unseren bisherigen Betrachtungen ausgespart, weil im Vordergrund der analytischen Statistiken die Konsolidierte Bilanz und die Zentralbankbilanz stehen. Der Vollständigkeit halber soll die Geschäftsbankenbilanz hier noch kurz erläutert werden (vgl. *Abb. 10*).

Die *Bilanz der Kreditinstitute* enthält alle Aktiva und Passiva der Geschäftsbanken. Die Kredite der Banken an Nichtbanken und die Einlagen von Nichtbanken bei den Kreditinstituten finden sich in der Konsolidierten Bilanz wieder. Die Forderungen und Verbindlichkeiten der Banken untereinander werden (da sie Interbankpositionen darstellen) nicht in diese Bilanz übernommen. Die Einlagen der Banken bei der Zentralbank (Bankreserven) sind Teil der Zentralbankgeldmenge; da es sich auch hierbei um Interbankpositionen (zwischen Geschäftsbanken und Zentralbank) handelt, sind sie nicht in der Konsolidierten Bilanz erfaßt. Die Refinanzierungskredite der Zentralbank an Banken sind in der Bilanz der Zentralbank als Forderungen (Aktivseite) und in der Bilanz der Geschäftsbanken als Verbindlichkeiten (Passivseite) verbucht. Es sind ebenfalls Interbankpositionen, die nicht in die Konsolidierte Bilanz übernommen werden.

Abb. 10: Bilanz der Kreditinstitute (am Stichtag ...)

Aktiva	Passiva
Einlagen von Kreditinstituten bei der Zentralbank	Refinanzierungskredite der Zentralbank an Kreditinstitute
Kredite der Kreditinstitute an Nichtbanken	Einlagen von Nichtbanken bei Kreditinstituten
Forderungen der Kreditinstitute an Kreditinstitute	Verbindlichkeiten von Kreditinstituten gegenüber Kreditinstituten

Wir wollen an einem einfachen Beispiel zeigen, wie sich eine ganz alltägliche monetäre Transaktion in den verschiedenen monetären Rechnungssystemen niederschlägt, und zwar: Der Bankkunde K hebt bei seiner Bank B einen Geldbetrag von 100 Euro von seinem Sparkonto ab. Dieser Vorgang berührt

- die gesamtwirtschaftliche Vermögensbilanz: Innerhalb des Geldvermögens kommt es zu einer Umschichtung (Ausweitung des Bargeldumlaufs, Verringerung der Sparguthaben). Das Geldvermögen bleibt insgesamt unverändert;
- die gesamtwirtschaftliche Finanzierungsrechnung (Stromrechnung): Die Zunahme der Forderungen in Form von Bargeld bei gleich hoher Abnahme der Forderungen in Form von Sparguthaben bewirkt eine Nettoveränderung des Finanzvermögens wie der Finanzpassiva von Null;
- die konsolidierte Bilanz des Bankensystems: Es gibt keine Veränderungen im Kreditvolumen und beim Geldkapital; wohl aber verändert sich die Zusammensetzung der Geldmenge M3 (weniger Bargeld, mehr Sparguthaben);
- das Kreditvolumen und das Geldkapital: keine Änderung;
- die Geldmenge: Änderung in der Zusammensetzung der Geldmenge M3;
- die Zentralbankgeldmenge: Es gibt keine Änderung, sofern die Banken die Bargeldbestände durch Verringerung ihrer Bankreserven finanzieren. Es ergibt sich eine Zunahme, sofern die Banken das zusätzliche Bargeld bei der Zentralbank beschaffen müssen;
- die Bilanz der Zentralbank: Es kommt entweder zu einem Passivtausch mit zusätzlichem Bargeld und verringerten Bankreserven oder zu einer Bilanzverlängerung (zusätzlicher Bargeldumlauf, zusätzliche Kredite an Banken);
- die liquiditätspolitischen Maßnahmen: Entweder kommt es nur zu einer Zunahme des Bargeldumlaufs bei gleichzeitiger Abnahme der Bankreserven, d. h. liquiditätspolitische Maßnahmen sind nicht erforderlich. Oder es kommt

zu einer Zunahme der Zentralbankgeldmenge, die durch liquiditätspolitische Maßnahmen ausgeglichen werden muß;

- die Bilanz der Kreditinstitute: Durch das Geschäft des Bankkunden nehmen die Einlagen von Nichtbanken bei den Geschäftsbanken ab (weniger Spargut-haben). Ausgeglichen wird dies entweder durch eine Abnahme der Einlagen der Kreditinstitute bei der Zentralbank oder durch eine Zunahme der Refinanzierungskredite der Zentralbank an Kreditinstitute.

2.5 Zinssätze

Die bislang von uns betrachteten monetären Größen waren durchweg "Mengengrößen". Wir befaßten uns mit der Kreditmenge, der Geldmenge und der Menge an Zentralbankgeld. Neben Mengengrößen spielen in der Wirtschaft aber auch "Preisgrößen" (die Preise der einzelnen Mengen) eine erhebliche Rolle, und so auch im Bereich des monetären Sektors. Die Preise heißen hier Zinssätze oder *Zinsen.* Wir definieren den Zins als Preis für die zeitweise Überlassung von Kapital (Geld), meist für die Darlehensgewährung. Der Zinssatz wird in der Regel in Prozent p. a. angegeben. Aus dem Zinssatz (z. B. 5 %) und dem Umfang des gewährten Darlehens (z. B. 200 Euro) kann man errechnen, was das Darlehen den Kreditnehmer (Schuldner) pro Jahr kostet (0,05 x 200 Euro = 10 Euro).

Wenn die Zinsen in einem Land steigen, so signalisiert das im allgemeinen, daß Kredite (Geld, Kapital, Darlehen) knapper und deswegen teurer geworden sind. Bei der Interpretation dieser Verteuerung ist Vorsicht am Platze. Es kann sein, daß der Zins steigt, weil das Angebot an Krediten zurückgeht oder weil die Nachfrage nach Krediten gestiegen ist. Ursachen und Wirkungen im Bereich der Gesamtwirtschaft sind in beiden Fällen unterschiedlich.

In *Tab. 10* haben wir einige wichtige Zinssätze zusammengestellt. Die Angaben sind (mit Ausnahme der US-Daten) dem statistischen Teil des Monatsberichts der Deutschen Bundesbank entnommen. Die Tabelle informiert ferner über die Laufzeit und wer bei Kreditgeschäften der jeweiligen Art hauptsächlicher Gläubiger und wer hauptsächlicher Schuldner ist.

Betrachten wir die Zinssätze im einzelnen:

- *Notenbankzinsen*: Diese Zinsen werden von der Notenbank festgesetzt, und in der Variation dieser Zinssätze manifestiert sich die geldpolitische Aktivität der Zentralbank. Die Zinsen werden berechnet für die Zentralbankgeldversorgung, also für Ausleihungen der Notenbank an die Geschäftsbanken. Der wichtigste Zins war in Deutschland der Pensionssatz, also jener Zins, den die Bundesbank für Offenmarktgeschäfte mit Rückkaufsvereinbarung über Wertpapiere (Wertpapierpensionsgeschäfte) berechnete.

Tab. 10: Ausgewählte Zinssätze in Deutschland (April 1998)

	Zins in %	Dauer[1]	Gläubiger[2]	Schuldner[2]
Notenbankzinsen (Bankraten)		kurz	ZB	GB
Diskontsatz	2,5			
Pensionssatz	3,3			
Lombardsatz	4,5			
Geldmarktsätze		kurz	GB	GB
Tagesgeldsatz	3,41			
Dreimonatsgeldsatz	3,61			
Sollzinsen			GB	PH, PU
Kontokorrentkreditzins	10,02			
Effektivverzinsung von Hypothekarkrediten (10 Jahre)	6,04	lang		
Habenzinsen			PH	GB
Festgeldzins	2,55			
Spareinlagenzins	1,58			
Kapitalmarktzinsen		lang	GB, PH	GB, PU, ÖH
Umlaufsrendite festverzinslicher Wertpapiere	4,8			
Anleihen der öffentlichen Hand mit Restlaufzeit 9 bis 10 Jahre	4,9			
nachrichtlich: US-Zinsen				
Geldmarkt (Federal Funds Rate)	5,58	kurz		
Kapitalmarkt (Government Bond Yield)	6,00	lang		

[1] Dauer des zugrundeliegenden Kreditgeschäftes.

[2] Wichtigster Gläubiger bzw. Schuldner (ZB: Zentralbank, GB: Geschäftsbanken, PU: Produktionsunternehmen, PH: Private Haushalte, ÖH: Öffentliche Haushalte).

Quelle: Monatsbericht der Deutschen Bundesbank, Mai 1998; für USA: OECD (März 1998).

- *Geldmarktzinsen ("kurzfristige" Zinsen)*: Die Geschäftsbanken können unterschiedliche Liquiditätsausstattungen dadurch ausgleichen, daß Banken mit aktuellen Liquiditätsüberschüssen Mittel per Geldmarktkredit an Banken mit aktuellem Liquiditätsbedarf ausleihen. Für diese Geldmarktkredite bilden sich durch Angebot und Nachfrage die Geldmarktzinsen. Der wichtigste ist der Tagesgeldsatz, d. h. der Zinssatz für Ausleihungen über einen Tag. Der Tagesgeldsatz weicht in der Regel nur wenig vom Pensionssatz ab. Läge der Tagesgeldsatz oberhalb des Pensionssatzes, würden mittelsuchende Geschäftsbanken keine Geldmarktkredite aufnehmen (der Zins dort dadurch sinken), sondern die billigere Refinanzierung bei der Bundesbank in Anspruch nehmen.

- *Soll- und Habenzinsen*: Sollzinsen sind im wesentlichen die Zinsen, die die Geschäftsbanken ihren Kunden für Kredite berechnen. Habenzinsen sind die Zinsen, die Bankkunden für Bankeinlagen von den Geschäftsbanken erhalten.
- *Kapitalmarktzinsen ("langfristige" Zinsen).* Hier geht es um Zinssätze für langfristige Finanzierungen. Wer Kapitalmarkttitel, zum Beispiel festverzinsliche Wertpapiere, emittiert, sucht eine langfristige Aufnahme von Finanzierungsmitteln. Wer Kapitalmarkttitel erwirbt, strebt meist eine langfristige verzinsliche Vermögensanlage an. Repräsentativ für den Kapitalmarktzins ist die (durchschnittliche) *Umlaufsrendite* festverzinslicher Wertpapiere, also die Verzinsung bereits im Umlauf befindlicher Wertpapiere. Häufig wird aber auch die Umlaufsrendite für öffentliche Anleihen mit Restlaufzeit von 9 bis 10 Jahren als repräsentativ für "den" langfristigen Zins angesetzt.

Am *Kapitalmarkt* (der Börse) werden festverzinsliche Wertpapiere und Aktien gehandelt. Bei festverzinslichen Wertpapieren wird dem Besitzer des Wertpapiers (Gläubiger) vom Emittenten des Wertpapiers (Schuldner) zwar ein fester Zinssatz (z. B. 8 % p. a.) auf den auf dem Wertpapier aufgedruckten Nennwert (z. B. 100 Euro) vergütet (also 8 Euro). Da jedoch die Wertpapiere an der Börse gehandelt werden, kann ihr Kurswert, je nach Angebot und Nachfrage, vom Nennwert abweichen. Bezieht man den fest vereinbarten Zinsertrag (hier also 8 Euro) auf den jeweiligen Kurswert (z. B. 80 Euro), so erhält man die Rendite des am Markt umlaufenden festverzinslichen Wertpapiers (z. B. 8 Euro auf 80 Euro = 10 % p. a.), also die Umlaufsrendite.

Für die Interpretation der Zinssätze wollen wir noch einige Hinweise geben. Wenn in der geldpolitischen Praxis von den *Zinsen am "kurzen Ende des Marktes"* die Rede ist, meint man in der Hauptsache die Geldmarktsätze, während "*am langen Ende des Marktes*" die Kapitalmarktzinsen (Umlaufsrendite) liegen. Daß die Banken für Kredite höhere Sollzinsen berechnen, als sie für Einlagen an Habenzinsen vergüten, macht ihre *Zinsspanne* aus. Mit dieser Zinsspanne werden die Kosten des Bankgeschäfts (u. a. Löhne, Betriebskosten) gedeckt, und sie sind eine Quelle des Bankgewinnes. Man empfindet es gewöhnlich als "normal", wenn die Zinssätze für kurzfristige Ausleihungen unter denen für langfristige Ausleihungen liegen. Der Gedanke ist, daß jemand, der Geld ausleiht, auf die eigene Verausgabung des Geldes verzichten muß und Risiken übernimmt. Je länger er darauf verzichten soll, einen um so höheren Zins als Entgelt für Liquiditätsverzicht und Risikoübernahme wird er verlangen. Die umgekehrte Zinsstruktur ist demnach "anormal": Das würde darauf hindeuten, daß an den monetären Märkten die *Erwartung* sinkender Zinsen für die Zukunft herrschte. Da langfristige Ausleihungen schon in diese Zukunft hineinreichen, kommt in ihnen, nicht aber in den kurzfristigen Ausleihungen, die Zinssenkungserwartung zum Ausdruck.

Da Geld und Kapital in der heutigen Zeit im allgemeinen unbehindert über die nationalen Grenzen hinweg fließen können, ist das monetäre Geschehen im Inland eng mit dem im Ausland verzahnt. Daher sind neben den Zinssätzen im Inland auch die im Ausland zu beachten. Beispielsweise wird ein inländischer Anleger prüfen, ob er seine anlagebereiten Mittel zu möglicherweise höheren Zinsen im Ausland anlegen will. Wie im Inland gibt es auch im Ausland eine breite Palette von Zinsen. Die Zinsen in den Vereinigten Staaten von Amerika spielen wegen des großen Gewichts dieses Landes in der Weltwirtschaft naturgemäß eine besondere Rolle für monetäre Analysen. Als kurzfristiger Zins findet die Federal Funds Rate die meiste Beachtung. Federal Funds sind Einlagen von Finanzinstituten (vor allem Banken) bei der amerikanischen Zentralbank (Federal Reserve System). Diese Einlagen können an andere Finanzierungsinstitute am Federal Funds Markt ausgeliehen werden (üblicherweise für einen Tag), wofür die Federal Funds Rate berechnet wird. Die *Federal Funds Rate* entspricht also dem Geldmarktsatz in Deutschland. Im langfristigen Bereich (Kapitalmarkt) wird häufig die Rendite amerikanischer Staatsschuldtitel (*Government Bond Yield*, 10 Jahre) als repräsentativer Zinssatz benutzt.

LITERATUR ZUM 2. KAPITEL

Deutsche Bundesbank (1996), Aufbau der bankstatistischen Tabellen; Statistische Sonderveröffentlichungen, Januar.

Dies. (1998), Ergebnisse der gesamtwirtschaftlichen Finanzierungsrechnung für Deutschland 1990 bis 1997; Statistische Sonderveröffentlichungen, Juni.

Dies. (1998), Der deutsche Auslandsvermögensstatus: Konzeptionelle Anpassungen und neuere Ergebnisse, in: *Monatsberichte der Deutschen Bundesbank*, März.

Dies. (1997), Neubewertung der Gold- und Devisenreserven, in: *Monatsberichte der Deutschen Bundesbank*, Juni.

Dies. (1993), Zum Einfluß von Auslandstransaktionen auf Bankenliquidität, Geldmenge und Bankkredite, in: *Monatsberichte der Deutschen Bundesbank*, Januar.

Dies. (1990), Der Wochenausweis der Deutschen Bundesbank, in: *Monatsberichte der Deutschen Bundesbank*, Januar.

Europäische Zentralbank (1998), Die einheitliche Geldpolitik in Stufe 3; Allgemeine Regelungen für die geldpolitischen Instrumente und Verfahren des ESZB, September, o.O. (Frankfurt/M.).

Stobbe, Alfred (1994), Volkswirtschaftliches Rechnungswesen, 8. Aufl., Berlin.

3 GELDNACHFRAGE

3.1 Geld und Geldfunktionen

Im vorhergehenden Kapitel wurde mit Hilfe der Volkswirtschaftlichen Gesamtrechnung (Ex-post-Analyse) ein System von Begriffen und Klassifikationen geschaffen, das es erlaubt, den Wirtschaftsprozeß im monetären Sektor zu *beschreiben*. Dabei wurde deutlich, daß zum finanziellen Vermögen eine ganze Reihe verschiedenartiger Aktiva gezählt werden, die sich hinsichtlich der Höhe der Rendite und der Kursschwankungen, der Liquidisierbarkeit sowie anderer Merkmale mehr oder weniger stark unterscheiden. Aus geldtheoretischen und -politischen Gründen, die in den folgenden Abschnitten dieses Kapitels noch näher zu erörtern sind, werden in der Literatur aus dieser Grundgesamtheit der zum Finanzvermögen zählenden Aktiva unterschiedlich definierte Untergruppen von Aktiva herausgefiltert und mit "*Geldmenge*" oder "*Liquidität*" bezeichnet. *Geld* ist also als Teil des Finanzvermögens zu sehen.

Zur Geldmenge ist zuvor schon einiges gesagt worden, was hier nun vertieft und erweitert werden soll. Daher wird im folgenden zunächst zu diskutieren sein, *was Geld ist, welche Funktionen es erfüllt* und *welche grundlegende ökonomische Bedeutung es hat (3.1)*. Auf diese Weise wird versucht, das Vermögensobjekt (Aktivum) Geld inhaltlich gegenüber anderen finanziellen Aktiva abzugrenzen. Für das Vermögensobjekt Geld gibt es - wie für jedes andere handelsfähige Gut auch - einen Markt, auf dem die Pläne der Nachfrager (Geldnachfragefunktion) und die Pläne der Anbieter (Geldangebotsfunktion) aufeinandertreffen. Grundlegende Voraussetzung für die Diskussion aller geldtheoretischen und -politischen Fragen ist daher eine Beschäftigung mit den Erklärungen dieser Planungen, d. h. mit der Geldnachfrage- und Geldangebotstheorie. Diese erfolgt nacheinander in den *Kapiteln 3* und *4*.

Die Geldnachfragetheorie liefert die analytische Grundlage für die Erklärung der Transmission monetärer Impulse in den realen Bereich, die in *Kapitel 6* behandelt wird. Denn Entscheidungen der Wirtschaftssubjekte über ihre Geldhaltung implizieren Entscheidungen über ihre Ausgaben für Konsum- und Investitionsgüter und können damit wichtige Auswirkungen auf die gesamtwirtschaftliche Nachfrage und die Beschäftigung haben. Wenn die Wirtschaftssubjekte nämlich feststellen, daß ihre tatsächliche Geldhaltung nicht mit der von ihnen gewünschten übereinstimmt, werden sie versuchen, die Höhe ihrer Kassenhaltung entsprechend zu ändern, was wiederum Auswirkungen auf andere Größen wie Zinssätze, Preisniveau, Realeinkommen und Beschäftigung haben kann. Nicht diese gesamtwirtschaftliche Bedeutung der Geldnachfrage ist jedoch Gegenstand dieses Kapitels, sondern die Erklärung der Höhe der *gewünschten* Geldhaltung (= Geldnachfrage). Insbesondere soll versucht werden, die Frage zu beantworten, warum Wirtschaftssubjekte das im allgemeinen zinslose Gut "Geld" und nicht statt dessen andere geldnahe, zinstragende Papiere halten möchten. Doch zunächst muß hier geklärt werden, was Geld ist und was die zur Geldmenge zählenden Aktiva von anderen finanziellen Aktiva unterscheidet.

Unter Geldtheoretikern ist heute zwar anerkannt, daß sich Geld durch seine größere Liquidität von allen anderen Vermögensobjekten (Aktiva, Assets) unterscheidet, jedoch reicht eine solche Aussage nicht aus, um auf ihrer Grundlage die für die Geldtheorie und -politik relevante Geldmenge genau zu definieren. Dazu ist es vielmehr notwendig, Kriterien zu erarbeiten, die es erlauben, auch jene *geldnahen* Aktiva in das Geldmengenkonzept einzubeziehen, die *in etwa gleicher Weise* auf das Wirtschaftsgeschehen einwirken wie etwa Bargeld und Sichtdepositen. Demnach ist zur Geldmenge zu zählen, was *Geldfunktionen* erfüllt. Im Verlauf der wissenschaftlichen Diskussion sind nun eine Reihe solcher Funktionen genannt worden, wie z. B. allgemeines Tausch- und Zahlungsmittel, gesetzliches Zahlungsmittel, Kapitalübertragungsmittel, Liquiditätsreserve, Preismesser, Preisvergleichsmittel, Rechnungseinheit, Schuldentilgungsmittel, Wertmaß für gestundete Zahlungen, temporäre Durchgangsstation der Kaufkraft, Wertaufbewahrungsmittel, Wertmesser, Wertvergleichsmittel etc.

Nicht alle diese Funktionen sind aber *konstitutiv* für den Geldbegriff in dem Sinne, daß sie einerseits eine *notwendige Bedingung* dafür sind, daß ein Gut Geld ist, und andererseits *primär* sind, d. h. sich nicht aus anderen Funktionen ableiten lassen. Als konstitutive Geldfunktionen werden heute übereinstimmend "*allgemeines Zahlungsmittel*" und "*Wertaufbewahrungsmittel*" genannt, so daß *Geld als das allgemein anerkannte Zahlungsmittel und ein Wertaufbewahrungsmittel definiert wird.* Neben Zahlungs- und Wertaufbewahrungsmittel wird sehr häufig noch die weitere Funktion des Geldes als *Rechenmittel* herausgestellt. Obwohl heute zumeist Recheneinheit und Geldeinheit (z. B. Euro, US-Dollar, Yen etc.) zusammenfallen, muß das nicht unbedingt der Fall sein, wie das Beispiel der englischen Guinee zeigt, die heute teilweise noch (z. B. bei Versteigerungen) als Recheneinheit fungiert, während das britische Pfund (£) die Geldeinheit darstellt. Dies galt gleichermaßen für die seit 1979 in der EG verwendete Rechnungseinheit ECU (European Currency Unit), auch wenn ihr Wert durch einen Währungskorb bestimmt war, in den die nationalen Währungen der Mitgliedsländer des Europäischen Währungssystems (EWS) mit bestimmten absoluten Beträgen eingingen. ECUs dienten als Recheneinheit für den EG-Haushalt und für den Saldenausgleich zwischen den Notenbanken im Rahmen des Interventionssystems. Sie waren jedoch keine allgemeinen Zahlungsmittel.

Unter Geld können demnach zwei ganz verschiedene Dinge verstanden werden: einmal die *konkrete* Geldmenge, die als Zahlungs- und Wertaufbewahrungsmittel fungiert, und zum anderen eine *abstrakte* Geldeinheit, die als Recheneinheit (numéraire) benutzt wird. Hier wie auch in den folgenden Kapiteln wird der Begriff Geld nur im ersteren Sinne, nämlich als *Geldmenge*, verwendet.

Um die *grundlegende ökonomische Bedeutung* des Geldes zu erfassen, muß begründet werden, warum in einer Volkswirtschaft überhaupt Geld verwendet wird. Die zuvor genannte Zahlungsmittelfunktion deutet zwar schon darauf hin, daß die Verwendung von Geld offensichtlich den Gütertausch erleichtert. Eine theoretische Fundierung dieser Aussage ist jedoch keineswegs so einfach, wie man das zunächst erwarten mag. Denn in den gängigen mikroökonomischen Lehrbüchern steht zwar viel über die Vorteile des Gütertausches, der eine größere Arbeitsteilung und Spezialisierung in der Produktion erst ermöglicht und dadurch zu einer höheren Wohlfahrt führt. Jedoch wird dort zumeist ein solcher Modellrahmen benutzt, daß gerade diejenigen beim Tausch auftretenden Probleme von der Analyse ausgeschlossen bleiben, mit denen man die grundlegende ökonomische Bedeutung des Geldes analytisch begründen könnte. So ist bezeichnend, daß in den üblichen mikroökonomischen Modellen, insbesondere in den Totalmodellen (Walrasianische generelle Gleichgewichtsmodelle), Geld keine essentielle Rolle spielt und man in den Schlagwortverzeichnissen mikroökonomischer Lehrbücher das Stichwort "Geld" fast immer vergeblich sucht.

In einer (Modell-)Welt, in der davon ausgegangen wird, daß jedes Wirtschaftssubjekt stets *vollkommene Kenntnis* aller Tauschmöglichkeiten, aller relativen Preise sowie aller relevanten Gütereigenschaften besitzt, bleibt in der Tat kein Platz für Geld. Bei einer derartigen *perfekten Information* bezüglich der Angebots- und Nachfragefunktionen für alle Gegenwarts- und Zukunftsgüter herrscht nämlich *vollkommene* Sicherheit, und alle Entscheidungen über gegenwärtige und zukünftige Transaktionen können in einem Zeitpunkt ein für allemal getroffen werden. Unter solchen Bedingungen findet nur ein direkter Tausch von Gütern statt, der durch die Verwendung des "Zwischentauschgutes" Geld nicht effizienter gestaltet werden kann. Denn abgesehen von den absolut notwendigen und daher minimalen Transportkosten, die auch von vornherein den Produktionskosten zugerechnet werden können, fallen bei vollkommener Sicherheit keine Kosten des Gütertausches an, vor allem keine *Informationskosten*. Auch die Einführung einer Recheneinheit bringt bei vollkommener Information nur eine rechentechnische Vereinfachung (für den Modellbauer), jedoch keine Ersparnis von Ressourcen (für die Wirtschaftssubjekte im Modell) mit sich.

Erst die Berücksichtigung der Tatsache, daß in der Realität natürlich keine vollkommene Information der Wirtschaftssubjekte (insbesondere nicht hinsichtlich *zukünftiger* Entwicklungen) gegeben ist und daher ein beträchtliches Maß an

Unsicherheit besteht, verschafft den Zugang zum Verständnis der grundlegenden ökonomischen Bedeutung des Geldes. Wegen der Unsicherheit entstehen nämlich beim Gütertausch *Transaktionskosten* in Form von *Informationskosten* und *Kosten für Transport und Lagerhaltung*, die über die zuvor erwähnten - auch bei vollkommener Sicherheit anfallenden - absolut notwendigen, minimalen Transportkosten hinausgehen. Wenn nicht mehr angenommen werden kann, daß alle relevanten Informationen kostenlos bereitgestellt werden, müssen Zeit und andere Ressourcen für die Sammlung von Informationen über Tauschmöglichkeiten, relative Preise, Gütereigenschaften etc. aufgewendet werden. Unsicherheit verursacht auch (zusätzliche) Kosten für Transport und Lagerhaltung, da Ausmaß und Zeitpunkt des Gütertausches nicht genau bekannt sind und daher schon die Suche nach Tauschpartnern Lagerhaltung und evtl. Transport erforderlich macht. Kann der gewünschte Tausch eines Gutes X gegen ein Gut Y nur im Wege des indirekten Tausches, Gut X gegen Gut Z und Gut Z gegen Gut Y, durchgeführt werden, werden (zusätzlich) eine Lagerhaltung für das "Zwischentauschgut" Z und weitere Transportleistungen notwendig.

Je höher (niedriger) diese bei Unsicherheit entstehenden Kosten des Gütertausches sind, desto weniger (mehr) Transaktionen sind für die Wirtschaftssubjekte lohnend. Da die wirtschaftliche Entwicklung ein höheres Maß an Arbeitsteilung, eine Vertiefung des Produktionsprozesses und somit ein größeres Ausmaß des Gütertausches (Handelsvolumen) zur Voraussetzung hat, muß es im Verlauf der Entwicklung hin zu stark arbeitsteiligen Volkswirtschaften gelungen sein, die Transaktionskosten entscheidend zu senken. Diesen großen ökonomischen Fortschritt wesentlich mit herbeigeführt zu haben, macht die grundlegende ökonomische Bedeutung des Geldes aus. Denn die Verwendung von Geld beim Gütertausch *(Zahlungsmittelfunktion)* verringert die Unsicherheit, senkt somit die Transaktionskosten und ermöglicht deshalb das für einen höheren Wohlstand nötige größere Handelsvolumen. Dies soll im folgenden schrittweise erläutert werden.

In einer *reinen Naturaltauschwirtschaft*, in der kein Geld existiert und Gut gegen Gut in weitgehend unorganisiertem Tausch gehandelt wird, muß ein einzelnes Wirtschaftssubjekt, das alle Tauschmöglichkeiten erfassen will, u. a. Informationen über die zwischen den Gütern bestehenden Austauschverhältnisse (relative Preise) haben. Deren Zahl ist um ein Vielfaches größer als die Anzahl der Güter. Die Übereinkunft, ein Gut als *Recheneinheit* einzuführen und alle Austauschverhältnisse in Einheiten dieses Gutes auszudrücken, bewirkt, daß man unmittelbar die absoluten Preise der jeweiligen Güter erhält und ihre relativen Preise leichter ermitteln kann. Die Beschaffung und Verarbeitung der für den Tausch benötigten Menge an Informationen wird durch die Einführung einer Recheneinheit also rationeller gestaltet, so daß die Informationskosten sinken.

Dies bedeutet jedoch noch nicht den Übergang zu einer *Geldwirtschaft*, da das entscheidende konstitutive, Transaktionen verteuernde Merkmal der Tauschwirtschaft fortbesteht: Ein Wirtschaftssubjekt, das ein Gut X gegen ein Gut Y tauschen möchte, muß einen Handelspartner finden, der erstens die angebotene Menge des Gutes X sucht und zweitens seinerseits dafür das Gut Y in der gewünschten Größenordnung auszutauschen bereit ist. Man spricht in diesem Zusammenhang gewöhnlich von der *doppelten Koinzidenz*. Bei genauerer Betrachtung handelt es sich jedoch um eine *mehrfache Koinzidenz*, da auch eine Übereinstimmung bezüglich Zeitpunkt, Ort, Qualität etc. gegeben sein muß. Der Zwang zur doppelten bzw. mehrfachen Koinzidenz kann - allerdings nur ein wenig - durch *indirekten* Tausch gelockert werden: Gut X wird dann - wie schon gesagt - gegen ein Gut Z und dieses wiederum nach einem oder mehreren weiteren Tauschakten schließlich gegen das gewünschte Gut Y eingetauscht.

Denkbar ist in diesem Zusammenhang auch noch *die Verwendung von Krediten*. Wenn ein Wirtschaftssubjekt ein bestimmtes Gut kaufen möchte, jedoch nicht das vom Verkäufer gewünschte Gut im Austausch dafür anzubieten in der Lage ist, könnte eine Lieferung gegen ein Kreditversprechen des Käufers erfolgen. Kennt der Verkäufer den Käufer allerdings nicht genau und vertraut ihm deshalb nicht, wird er nicht bereit sein, gegen ein Kreditversprechen Waren zu liefern. Selbst bei gegebener Vertrauensgrundlage zwischen den beiden Tauschpartnern könnte der Verkäufer die Einräumung eines Kredits mit dem Argument verweigern, daß er dadurch illiquide werde. Denn seine Tauschpartner würden das Kreditversprechen des Käufers nicht als Gegenleistung für die von ihm gewünschten Güter akzeptieren. Unter solchen Bedingungen ist die Kreditgewährung mithin eng an ein bestimmtes Handelsgeschäft gebunden. Nur wenn Kredite weithin als Gegenleistung für Güter angenommen werden, kann der Zwang zur doppelten bzw. mehrfachen Koinzidenz gemildert bzw. aufgehoben werden. Dies setzt jedoch voraus, daß die Wirtschaftssubjekte (nahezu) *perfekte Informationen über die Kreditwürdigkeit* der Tauschpartner besitzen. Man kann sich jedoch leicht vorstellen, daß die für eine derartige Kreditsicherheit notwendige Sammlung und Verarbeitung vieler einzelner Informationen hohe Kosten verursachen würde. In einer Kreditwirtschaft müßten daher viele Transaktionen aus (Informations-) Kostengründen weiterhin einfach unterbleiben.

Die Aufhebung des Zwangs zur doppelten bzw. mehrfachen Koinzidenz beim Tausch ist letztlich nur durch den *Übergang zur Geldwirtschaft* möglich. Dieser wird durch die Vereinbarung vollzogen, das "Zwischentauschgut" *Geld im Austausch für jedes andere* in Zahlung zu nehmen. Hierdurch wird eine durchschlagende Senkung der Transaktionskosten erreicht. Denn jeder Tauschvorgang kann nämlich nun in zwei voneinander unabhängige Akte getrennt werden: Die angebotenen Güter werden gegen das *allgemein akzeptierte Zahlungsmittel*, also Geld, eingetauscht, und dieses kann jetzt oder später für den Kauf gewünschter Güter eingesetzt werden. In einer Welt ohne vollkommene Sicherheit bewirkt mithin die Verwendung von Geld beim Gütertausch eine *Reduzierung der Unsicherheit* und damit der Transaktionskosten. Denn ein Wirtschaftssubjekt besitzt in der Regel größere Kenntnisse über die Qualität und Wertbeständigkeit des Geldes als über die von Krediten oder Gütern.

Zudem können nunmehr, nach Einführung eines allgemein akzeptierten Zahlungsmittels, Handels- und Kreditgeschäft voneinander getrennt werden, was eine Senkung der Transaktionskosten auch am Kreditmarkt bewirkt. Denn der Käufer eines Gutes ist nicht mehr darauf angewiesen, daß der Verkäufer eben dieses Gutes bereit ist, ihm einen Kredit einzuräumen. Er kann sein Kreditversprechen auf dem für solche Geschäfte spezialisierten und deshalb mit niedrigeren Transaktionskosten (als der einzelne Verkäufer) arbeitenden Kreditmarkt gegen allgemein akzeptierte Zahlungsmittel verkaufen und mit diesen seine Handelsgeschäfte abwickeln. Erst die Einführung des Geldes ermöglicht daher die Entwicklung eines Kreditmarktes und damit Kreditgeschäfte auf breiter Ebene.

Geld dient nicht nur der Abwicklung des Gütertausches, sondern wird auch zu solchen Zahlungszwecken - wie z. B. Steuerzahlung und reine Finanztransaktionen - benutzt, mit denen kein Gütertausch einhergeht. Daher ist die Funktion des Geldes als allgemeines Zahlungsmittel umfassender als die des Tauschmittels. Welche Güter in diesem Sinne jeweils *Geldcharakter* tragen, unterliegt gesellschaftlichen und ökonomischen Veränderungen und wird weniger durch gesetzliche Regelungen als vielmehr durch stillschweigende Konventionen bestimmt, die zumeist Ergebnis eines längeren Entwicklungsprozesses sind. In der Entwicklung vom *Warengeld* (u. a. Salz, Vieh, Metall wie Gold und Silber) zum *Zeichengeld* (z. B. Banknoten) und stofflosen Geld (Buchgeld) muß der Versuch gesehen werden, die *Produktionskosten des Geldes* selbst zu senken. *Die Einführung des Geldes und seiner konkreten Erscheinungsformen haben somit den ökonomischen Zweck, den Güteraustausch effizienter zu machen, indem die entstehenden Transaktionskosten reduziert werden.*

Wirtschaftssubjekte werden aber nur dann bereit sein, dieses Zahlungsmittel auch für längere Zeit zu halten, wenn sie darauf vertrauen, daß dessen *Kaufkraft* sich nicht in größerem Umfang verschlechtert. Ist dieses Vertrauen gegeben, werden sie aufgrund autonomer Entscheidungen bereit sein, einen Teil ihres Vermögens in Form von Geld zu halten, das dann als *Wertaufbewahrungsmittel* fungiert. Mithin kann Geld nur dann auf Dauer als allgemeines Zahlungsmittel dienen, wenn es zugleich die Funktion als Wertaufbewahrungsmittel erfüllt. Dabei wird jedoch nicht diejenige aus der Zahlungsmittelfunktion unmittelbar folgende Wertaufbewahrung in Geld betrachtet, die oftmals dadurch entsteht, daß Ein- und Auszahlungen für ein Wirtschaftssubjekt nicht immer zur selben Zeit anfallen und bei Einzahlungsüberschüssen eine kurzfristige Anlage in Wertpapieren häufig nicht lohnt. Nicht diese "technisch notwendige", aus der Zahlungsmittelfunktion abgeleitete, sondern vielmehr die darüber hinausgehende und durch autonome Entscheidungen der Wirtschaftssubjekte begründete primäre Funktion des Geldes als Wertaufbewahrungsmittel ist hier gemeint.

Zur Erfüllung dieser Funktionen muß das Geld bestimmte Eigenschaften besitzen. Es wird zumeist gefordert, daß es *selten, haltbar, teilbar und homogen* sein müsse, um so größere Schwankungen seiner Kaufkraft zu verhindern. Denn Geld wird, wie zuvor erläutert, nur dann verwendet, wenn es kostengünstiger ist, sich

Informationen über Qualität und Wertbeständigkeit des Geldes zu verschaffen als über Kreditwürdigkeit der Tauschpartner und Qualität sowie zukünftige Preisentwicklung *einzelner* im Austausch angebotener Güter.

Aus der Definition des Geldes als *allgemeines Zahlungsmittel* und ein *Wertaufbewahrungsmittel* folgt nun aber keineswegs - wie in *2.4.1.3* gezeigt - unmittelbar eine eindeutige Abgrenzung zwischen den Aktiva, die zur *Geldmenge* zu zählen sind, und anderen Aktiva, die nicht Geld sind. Denn es gibt kein Aktivum, das *immer gleichzeitig* beide konstitutive Geldfunktionen in *perfekter* Weise erfüllt. So sind *Bargeld* und *Sichteinlagen* bei Geschäftsbanken perfekte allgemeine Zahlungsmittel, da sie den höchsten Liquiditätsgrad besitzen und sie deshalb augenblicklich (nahezu) ohne Umwandlungskosten für den Kauf jedes beliebigen Gutes bzw. für die Erfüllung jeder Zahlungsverpflichtung eingesetzt werden können. Zwar kann mithin eine eindeutige Trennungslinie zwischen diesen perfekten Zahlungsmitteln und allen anderen weniger liquiden Aktiva gezogen werden, die erst nach Umwandlung in eben diese perfekten Zahlungsmittel beim Gütertausch Verwendung finden. Dies muß jedoch nicht notwendigerweise auch die Abgrenzung zwischen "Geld" und "Nicht-Geld" sein, da Bargeld und Sichtguthaben bei Banken nicht immer - insbesondere nicht bei hohen Inflationsraten - zugleich die zweite konstitutive Geldfunktion (Wertaufbewahrungsmittel) gut erfüllen. Gegen das bei Inflation gegebene *Realwertrisiko* schützt eine Anlage in *Termin- und Spareinlagen* (aber auch festverzinslichen Wertpapieren oder Sachvermögen) sehr viel besser.

Bei einer Anlage in diesen Aktiva zum Zwecke der temporären "Aufbewahrung" von Kaufkraft spricht man von *Geldsubstituten (Quasigeld, Beinahegeld),* da sie zwar eine zeitliche Trennung zwischen Verkaufs- und Kaufakt bei weitgehender Realwertsicherung ermöglichen, aber eben keine perfekten allgemeinen Zahlungsmittel sind. Zudem muß berücksichtigt werden, daß vielen Geldsubstituten wegen der Möglichkeit von Kursschwankungen (Preisschwankungen) im Gegensatz zu Bargeld und Sichteinlagen ein *Kapitalrisiko* anhaftet. Während somit Bargeld und Sichtguthaben perfekte Zahlungsmittel und wegen fehlender Kursschwankungen perfekte Kapitalaufbewahrungsmittel sind, dagegen aber nur sehr unvollkommene Realwertaufbewahrungsmittel sind, verhält sich dies bei den Geldsubstituten zumeist genau umgekehrt. Da somit jedem Aktivum ein bestimmter Grad an Geldhaftigkeit (Moneyness) anhaften und es in mehr oder weniger enger Substitutionsbeziehung zum Geld stehen kann, steckt in jeder Geldmengenabgrenzung ein gerüttelt Maß an Willkür. Je nachdem, wie eng diese Substitutionsbeziehungen zwischen Geld und anderen, insbesondere finanziellen Vermögensobjekten gesehen werden, und je nachdem, welche Funktion (Zahlungsmittel oder Wertaufbewahrungsmittel) mehr betont wird, ergeben sich enge oder weite Definitionen der Geldmenge, wobei man bei sehr weiten zumeist von Liquiditätskonzepten spricht. So findet man in der Literatur eine breite Skala von Geldmengen- bzw. Liquiditätskonzepten.

Die engste Geldmengendefinition (Bargeld plus Sichteinlagen der Nichtbanken, M1) liegt nahe, wenn die Zahlungsmittelfunktion des Geldes betont wird und die Substitutionsmöglichkeiten zwischen Bargeld und Sichtdepositen einerseits und anderen finanziellen Aktiva andererseits für besonders relevant gehalten werden. Hier wird also eine ziemlich eindeutige Trennungslinie zwischen Geld und anderen Vermögensobjekten gezogen. Unter grundsätzlicher Beibehaltung derselben Position wird jedoch häufig die Geldmengendefinition um die kurzfristigen Termineinlagen bei den Geschäftsbanken erweitert (M2), was dann mit der Sicht des Geldes als temporärer Durchgangsstation der Kaufkraft (Temporary Abode of Purchasing Power) theoretisch begründet wird. Jedoch ist der Grund für die Verwendung dieser Geldmengendefinition oft pragmatisch-empirischer Natur, da lange in sich geschlossene Zeitreihen für die Geldmenge oftmals nur unter Einbeziehung von Sicht- *und* Termineinlagen ermittelt werden können. Neben diesen beiden Geldmengendefinitionen finden sich noch solche, die um Spareinlagen (M3) und/oder sonstige Bankverbindlichkeiten erweitert werden.

Die gängigen Geldmengendefinitionen M1, M2 und M3 entstehen also durch eine einfache, ungewichtete Aufsummierung des Bargeldbestandes und der Depositen von Nichtbanken. Implizit wird damit z. B. bei M3 angenommen, daß Bargeld, Sicht-, Termin- und Spareinlagen perfekte Substitute darstellen. Um diese recht restriktive Prämisse zu lockern, ist vorgeschlagen worden, die Aktiva gemäß ihrem unterschiedlichen Grad an "Geldhaftigkeit" zu gewichten und erst dann zu aggregieren, wobei Bargeld die höchste und die anderen Aktiva mit abnehmender Geldnähe eine niedrigere Gewichtung erhalten würden. Bei den oft verwendeten monetären *Divisia-Indizes* geschieht dies anhand von Zinssätzen: die Gewichtung ist desto höher, je niedriger der auf das Aktivum gezahlte Zins ist. Sie ist also beim zinslosen Bargeld am höchsten. Der Zins wird damit als Ausdruck für die Liquiditätsnähe von Aktiva betrachtet, was bei normaler Zinsstruktur, d. h. wenn mit der Länge der Laufzeit die Zinsen steigen (vgl. *5.2.2*), auch plausibel erscheint. Wenn jedoch - wie z. B. 1992 in Deutschland - eine inverse Zinsstruktur herrscht (die kurzfristigen Zinsen sind höher als die langfristigen), ergeben sich ökonomische Interpretationsprobleme. Es stellt sich die Frage, ob mit Hilfe des Zinssatzes als einzigem Kriterium die Frage der Geldmengenabgrenzung adäquat gelöst werden kann. (Zur kritischen Würdigung monetärer Divisia-Indizes vgl. z. B. *Ketterer* (*1988*) und *Fluri* (*1990*)).

In theoretischen und empirischen Analysen der Geldnachfrage werden neben M1, M2 und M3 - allerdings weit weniger häufig - auch noch andere Geldmengendefinitionen verwendet. Die konkrete Entscheidung für die eine oder andere Definition wird vor allem aufgrund der Vermutung gefällt, für diese Geldmengendefinition eine *stabile Geldnachfragefunktion* nachweisen zu können, d. h. eine relativ invariante Beziehung zwischen Veränderungen der vom Publikum nachgefragten Geldmenge und einigen wenigen sie erklärenden Variablen, wie z. B. Einkommen, Vermögen, Zinssätze und Preisniveauveränderungen (vgl. hierzu *3.2.3* und *6*). Kann zudem die Zentralbank die gewählte Geldmenge kontrollieren, was durch theoretische und empirische Untersuchungen des Geldangebotsprozesses zu klären ist (vgl. *4*), würde dieser Geldmengendefinition auch große wirtschaftspolitische Bedeutung zukommen. Denn dann könnten über die Steuerung der Geldmenge die mit ihr in relativ stabiler Beziehung stehenden Größen beeinflußt werden.

Alle bisher behandelten Geldmengendefinitionen haben eines gemeinsam: sie setzen voraus, daß eine eindeutige Trennungslinie, zumindest aber ein Trennungsband zwischen Geld und anderen Aktiva gezogen werden kann. Ganz im Gegensatz dazu wird von den *Liquiditätstheoretikern* die große Ähnlichkeit zwischen Geld und anderen finanziellen Aktiva betont und daher das herkömmliche *Geldmengenkonzept* zugunsten eines wesentlich breiteren *Liquiditätskonzepts* aufgegeben, das auch Geldsubstitute umfaßt. Es gibt keine einheitliche Definition dessen, was unter gesamtwirtschaftlicher Liquidität im Unterschied zur gesamtwirtschaftlichen Geldmenge zu verstehen ist.

Ferner wird von *Gurley* und *Shaw* (*1960*) ein Unterschied zwischen "*Inside Money*" und "*Outside Money*" gemacht. Unter "Outside Money" oder Außengeld werden die Aktiva einer Volkswirtschaft verstanden, denen keine Schulden anderer privater Wirtschaftssubjekte gegenüberstehen, wie das z. B. bei dem von der Notenbank gedruckten Papiergeld und den vom Staat geprägten Münzen der Fall ist. Der private Sektor hat dann gegenüber Zentralbank und Staat eine exogene ("Outside") Nettoforderung, der keine eigene Verschuldung entspricht. "Inside Money" oder *Innengeld* kommt hingegen durch private Verschuldung zustande und besteht aus den im privaten Kreditsystem geschaffenen Depositen. Die Einlagen entsprechen den gewährten Krediten und somit jedes Finanzaktivum eines Wirtschaftssubjektes der Verschuldung eines anderen.

Die bisherigen Ausführungen sollten deutlich gemacht haben, daß eine *eindeutige* Trennung zwischen Geld und anderen finanziellen Aktiva nicht vorgenommen werden kann: Jeder Geldmengendefinition haftet somit letztlich ein gewisses Maß an Willkür an. *Neuerungen bei den Bankeinlagen* ("Finanzinnovationen") seit Anfang der 80er Jahre können - allerdings in den USA sehr viel mehr als in Deutschland bzw. in Europa - diese Abgrenzungsprobleme noch verstärken. Führen sie nämlich zu neuen Anlageformen, die enge Substitute der in den traditionellen Geldmengendefinitionen enthaltenen Aktiva darstellen, wird die bisherige Trennungslinie zwischen Geld und Nichtgeld, aber auch zwischen verschiedenen Geldmengenaggregaten, unscharf. Dies gilt z. B. dann, wenn über Sparguthaben jederzeit per Scheck oder Überweisung verfügt werden kann (wie z. B. bei den "Negotiable Order of Withdrawal (NOW) Accounts" in den USA). Es würde sich dann um allgemeine Zahlungsmittel handeln, die sich von Sichteinlagen kaum unterscheiden, im Gegensatz zu diesen aber nicht in M1 alter Definition erfaßt werden. Wenn ferner in der Vergangenheit in größerem Ausmaß z. B. DM-Termineinlagen von Konten im Inland auf *Euromarktkonten* in Luxemburg und anderswo verlagert wurden, schlug sich dies in den DM-Geldmengen M2 und M3 nieder, da in diesen Größen nur Termineinlagen bei *inländischen* Banken erfaßt werden (vgl. *2.4.1.3*). Die Aussagefähigkeit dieser Geldmengenaggregate kann durch solche Verlagerungen, die auch aus dem Euro-Währungsgebiet in Offshore-Plätze möglich sind, erheblich sinken.

Darüber hinaus kann auch das Phänomen der *Währungssubstitution* zu zusätzlichen Abgrenzungsschwierigkeiten führen. In offenen Volkswirtschaften werden von international tätigen Unternehmen, multinationalen Konzernen, Touristen, Geschäftsreisenden, Grenzbewohnern u. a. Geldbestände auch in anderen Währungen als der heimischen gehalten, um Transaktionen abzuwickeln. Ausländisches Geld (z. B. US-Dollar) dient damit Inländern und inländisches Geld (Euro) Ausländern als allgemeines Zahlungsmittel und ein Wertaufbewahrungsmittel. Es muß deshalb unterschieden werden zwischen der *Geldmenge des Inlandes,* die neben inländischen auch ausländische Zahlungsmittel umfassen kann, und dem *Volumen an inländischem Geld* (Euro-Geldmenge), das von Inländern *und* Ausländern gehalten werden kann. Erfolgt etwa eine Substitution heimischer durch ausländische Zahlungsmittel, so führt dies bei konstanter Geldmenge des Inlandes zu einer Verringerung der heimischen Geldbestände in den Händen von Inländern. Gleiches gilt für eine Substitution von Euro-Beständen bei Inländern durch solche bei Ausländern.

Zum einen spiegeln die Euro-Bestände von Inländern also nicht immer Volumen und Veränderungen dessen wider, was Wirtschaftssubjekte in offenen Volkswirtschaften als Geld halten. Zum anderen stellt sich die Frage, was die relevante Geldmenge in offenen Volkswirtschaften ist, nämlich die Geldmenge des Inlands oder die Menge an inländischem Geld (Euro-Geldmenge). Die üblichen Definitionen M1, M2, M3 entsprechen keiner von beiden, da in ihnen nur Euro-Bargeld und Euro-Einlagen von Inländern erfaßt werden. In dem Maße jedoch, wie Währungssubstitution, Euro-Haltung durch Ausländer, Euro-Einlagen am Euromarkt von Inländern und Finanzinnovationen aller Art zunehmen, wird der Abstand zwischen den gängigen Definitionen und der "wahren" Geldmenge immer größer. Daher müssen zum einen die verwendeten Geldmengenabgrenzungen von Zeit zu Zeit überprüft und gegebenenfalls den veränderten Umständen angepaßt werden. Zum anderen muß vor jeder Analyse untersucht werden, welche die für die jeweilige Fragestellung relevante Geldmengendefinition ist.

3.2 Theorien der Geldnachfrage

Die Theorien der Geldnachfrage verwenden aus dem breiten Spektrum der zuvor diskutierten Geldmengenkonzepte vor allem die gängigen Definitionen M1, M2 und M3. Der Markt, auf dem die in diesen Geldmengenabgrenzungen enthaltenen Aktiva gehandelt werden, wird wie der Markt für jedes andere Gut auch, in

Form von Angebots- und Nachfragefunktionen untersucht. Im folgenden steht die Nachfrageseite dieses Marktes zur Analyse an.

Unter Geldnachfrage wird die von den privaten Nichtbanken (Haushalte und Unternehmen) *gewünschte reale* Kassenhaltung verstanden. Es wird also zum einen unterstellt, daß diese Wirtschaftssubjekte neben anderen Aktiva, wie z. B. Aktien, Wertpapiere oder Sachkapital, auch einen bestimmten Betrag in Geld zu halten wünschen. Zum anderen wird angenommen, daß Wirtschaftssubjekte bei ihren Entscheidungen Preisniveauveränderungen einkalkulieren und deshalb einen Kaufkraftbetrag, also *Realkasse*, in bestimmter Höhe nachfragen. Daher wird die nominale Geldmenge (M) durch das Preisniveau (P) dividiert, um die reale Geldmenge (M/P) zu erhalten. Die keynesianischen Ansätze sind durchweg für Unterbeschäftigungssituationen formuliert und gehen von einem konstanten Preisniveau aus. In ihnen wird daher nicht immer strikt zwischen nominalen und realen Größen unterschieden und zum Teil auch eine Nachfrage nach *Nominalkasse* unterstellt. Das aber impliziert, daß die Wirtschaftssubjekte unter *Geldillusion* leiden, d. h. ihre Entscheidungen bezüglich der Geldhaltung ohne Berücksichtigung der Preisentwicklung und damit der Kaufkraft treffen.

Die Theorien der Geldnachfrage, die hier zu behandeln sind, versuchen zunächst die Frage zu beantworten, warum private Wirtschaftssubjekte überhaupt zinsloses Geld und nicht statt dessen z. B. Wertpapiere oder Forderungen zu halten wünschen, die Erträge in Form von Zinsen o. ä. abwerfen. Darüber hinaus analysieren sie die Faktoren, die die Höhe der Kassenhaltung bestimmen. Die Geldnachfragetheorie kennt nun eine Reihe von Ansätzen, die die zuvor gestellten Fragen in unterschiedlicher Art und Weise zu beantworten versuchen. Obwohl sich die Ansätze z. T. eher ergänzen und daher auch als Teile einer umfassenden Theorie der Geldnachfrage angesehen werden könnten, sollen im folgenden mehr ihre Unterschiede als ihre Gemeinsamkeiten herausgestellt werden. Hierdurch können bestimmte Probleme besser analysiert werden. Der Einstieg in die *neueren* Geldnachfragetheorien soll dadurch erleichtert werden, daß zunächst auf ihre Vorläufer - vor allem die ältere Quantitätstheorie und die *Keynessche* Liquiditätspräferenztheorie - eingegangen wird.

3.2.1 Ältere Quantitätstheorie

Die ältere Quantitätstheorie war lange Zeit die einflußreichste Analyse der Wirkungen des Geldes und betonte insbesondere seine Funktion als Zahlungsmittel. Sie ist keineswegs so einheitlich, wie sie oft dargestellt wird. Man muß vielmehr zwei verschiedene Ansätze unterscheiden: den *Umlaufsgeschwindigkeitsansatz* (Velocity Approach) und den *Kassenhaltungsansatz* (Cambridge Cash Balance Approach). Sie stellen verschiedene Aspekte des Geldes heraus und verwenden unterschiedliche Methoden zur Analyse des Transaktionsprozesses.

Auch wenn die Vertreter des *Umlaufsgeschwindigkeitsansatzes* (Hauptvertreter: *I. Fisher, 1916)* nicht von Geldnachfrage sprachen, wenn sie die Wirkungen des Geldes analysierten, sondern vielmehr das Konzept der Umlaufsgeschwindigkeit benutzten, d. h. die durchschnittliche Umschlagshäufigkeit, mit der während einer Periode eine Geldeinheit von Hand zu Hand geht, kann diese Theorie leicht als Geldnachfragetheorie interpretiert werden. Bei der Darstellung der älteren Quantitätstheorie in dieser Form wird allgemein von folgender Identität ausgegangen, die *Verkehrsgleichung* genannt wird:

(1) $$M \cdot v \equiv P \cdot Y^r$$

M bezeichnet die Geldmenge, v die Umlaufsgeschwindigkeit, P das Preisniveau und Y^r das Realeinkommen (als Maß für das Handelsvolumen). Gleichung (1) gilt immer, da sie tautologischen Charakter hat. Denn das gesamte Volumen an Transaktionen in einer Volkswirtschaft während einer Periode kann entweder auf der *Güterseite* gemessen werden durch das Produkt aus der Summe der umgesetzten Mengen (Y^r) und dem erzielten Durchschnittspreis (P), oder auf der *Geldseite* durch die dabei verwendete Menge an Zahlungsmitteln, die sich durch das Produkt aus der insgesamt vorhandenen Geldmenge (M) und der Häufigkeit, mit der eine Geldeinheit während einer Periode durchschnittlich verwendet wird (v), ergibt. Mit der Verkehrsgleichung läßt sich natürlich nichts erklären oder prognostizieren. Die Quantitätstheoretiker hielten diese Gleichung aber trotzdem für wichtig, weil nach ihrer Meinung durch sie eine *sinnvolle Klassifikation* der für die monetäre Analyse wichtigsten Größen vorgenommen wurde.

Durch die Einführung folgender zusätzlicher Annahmen kann mit Hilfe der Verkehrsgleichung der Umlaufsgeschwindigkeitsansatz der älteren Quantitätstheorie formuliert werden: Das Realeinkommen Y^r wird hauptsächlich durch reale Faktoren bestimmt und kann als *gegeben* und *unabhängig* von den anderen in der Verkehrsgleichung aufgeführten Faktoren angesehen werden. Die Umlaufsgeschwindigkeit wird als *kurzfristig konstant* unterstellt. Unter diesen Bedingungen determiniert die Geldmenge das Preisniveau. Veränderungen der Geldmenge führen zu proportionalen Änderungen des Preisniveaus (die Gleichung muß also "falsch" herum gelesen werden):

(2) $$M \cdot \overline{v} = P \cdot \overline{Y}^r,$$

wobei die Querstriche über v und Y^r besagen, daß diese Größen konstant bzw. gegeben sind. Die ältere Quantitätstheorie in dieser Form ist mithin eine Theorie zur Erklärung von Preisniveauveränderungen, also eine *Inflationstheorie.*

Aus Gleichung (2) läßt sich nun eine *Geldnachfragefunktion* ableiten; denn die Vertreter des Umlaufsgeschwindigkeitsansatzes unterstellen, daß die Wirtschaftssubjekte zur Durchführung ihrer Transaktionen im Durchschnitt pro Periode jede Geldeinheit eine bestimmte (konstante) Zeit lang in Kasse halten müssen, was einem festen Prozentsatz (k) ihres Einkommens entspricht. Diese Geldnachfrage

(M^N) muß im Gleichgewicht gleich dem als exogen bestimmt angenommenen Geldangebot (M^A) sein. Daraus ergibt sich:

(3) $$M^N = \bar{k} \cdot P \cdot \bar{Y}^r \quad \text{oder} \quad \frac{M^N}{P} = \bar{k} \cdot \bar{Y}^r$$

(4) $$M^N = M^A$$

Da k definitionsgemäß gleich dem reziproken Wert der Umlaufsgeschwindigkeit ist ($k \equiv 1/v$), kann man Gleichung (3) auf Gleichung (2) zurückführen.

Die entscheidende Größe dieses Ansatzes der älteren Quantitätstheorie ist die Umlaufsgeschwindigkeit des Geldes (v), die nach *Fisher* im wesentlichen durch folgende Faktoren bestimmt wird: Gewohnheiten der Wirtschaftssubjekte bezüglich bargeldloser Zahlungen, Entwicklungen der Zahlungssysteme in einem Gemeinwesen, Bevölkerungsdichte, Transportschnelligkeit etc. Sie betreffen also allesamt die institutionellen und technischen Bedingungen des Zahlungsverkehrs, die sich aber keineswegs kurzfristig und plötzlich ändern dürften. Die Annahme der Konstanz von v für die kurze Frist erschien daher plausibel. Langfristig wurde - wenn überhaupt - nur eine sehr langsame Änderung von v unterstellt.

Auch der *Kassenhaltungsansatz* der älteren Quantitätstheorie erklärt die Geldnachfrage hauptsächlich als Phänomen des Transaktionsprozesses. Die Vertreter dieses Ansatzes (*Pigou, 1917; Marshall, 1923)* formulieren die Quantitätstheorie von vornherein als Geldnachfragetheorie. Sie gehen von einer mikroökonomischen Betrachtungsweise aus. Ihre grundlegende Frage ist aber nicht wie beim Umlaufsgeschwindigkeitsansatz, wieviel Geld ein Wirtschaftssubjekt aus institutionellen und technischen Gründen halten *muß*, um ein bestimmtes Volumen an Transaktionen durchführen zu können, sondern wieviel Kasse es zu halten *wünscht* unter der Annahme, daß eine Geldhaltung zur Durchführung der gewünschten Transaktionen überhaupt erstrebenswert ist.

Bei dieser Betrachtungsweise wird deutlich, daß *Marshall* und *Pigou* den *Wahlhandlungscharakter* des Verhaltens der Wirtschaftssubjekte stärker herausstellen, d. h. sie sehen die Geldnachfrage als eine Form der Vermögenshaltung an (neben anderen, wie z. B. Wertpapier- und Sachkapitalbesitz). Folglich finden sich bei ihnen auch Erörterungen über solche Bestimmungsfaktoren wie Budgetbeschränkungen, Opportunitätskosten und Präferenzen der Wirtschaftssubjekte in bezug auf die Geldhaltung. Man geht bei der Analyse der Geldnachfrage also ähnlich vor wie in der allgemeinen Nachfragetheorie. In dieser Hinsicht ist der Kassenhaltungsansatz wegweisend für die neueren Geldnachfragetheorien gewesen, die das Problem grundsätzlich in gleicher Weise zu lösen versuchen.

Allerdings wird diese Grundidee bei den Kassenhaltungstheoretikern nicht mit letzter Konsequenz durchgehalten. So kann man zwar Belege dafür finden, daß sie als potentiell wichtige Einflußfaktoren der Geldnachfrage die Annehmlichkeiten des Geldes bei der Durchführung von Transaktionen, das gesamte Vermögen, die Alternativkosten der Geldhaltung, die wirtschaftlichen Zukunftserwartungen etc. ansehen, jedoch nehmen sie dann bei der Formulierung ihrer konkreten Geldnachfragefunktion sehr einschneidende Vereinfachungen vor. So unterstellt insbesondere *Pigou,* daß die genannten Faktoren kurzfristig entweder konstant sind oder in stabiler Relation zum güterwirtschaftlich bestimmten Einkommen stehen. Daher nimmt er an, daß sowohl für ein einzelnes Wirtschaftssubjekt als auch für die gesamte Volkswirtschaft die nominale Geldnachfrage proportional zum nominalen Einkommen ist.

Der Kassenhaltungsansatz der älteren Quantitätstheorie kann formal durch die Gleichungen (3) und (4) und damit in derselben Form dargestellt werden wie der Umlaufsgeschwindigkeitsansatz. Diese formale Gleichheit verbirgt jedoch wichtige Unterschiede zwischen den beiden Ansätzen. Die unterstellte Konstanz von v bzw. k erfordert jeweils eine ganz andere Füllung der dafür erforderlichen ceteris-paribus-Klausel. Zu den "sonst gleichen Bedingungen" zählt *Fisher* vor allem technische und institutionelle Bedingungen des Zahlungsverkehrs. Während *Pigou* und *Marshall* diese zwar auch erwähnen, betonen sie hingegen solche Faktoren wie Zinssätze (Alternativkosten der Geldhaltung), Erwartungen etc., deren Konstanz man aber auch kurzfristig nicht ohne weiteres unterstellen kann. So macht der Kassenhaltungsansatz deutlich, daß vor allem eine explizite Berücksichtigung des Einflusses des Zinssatzes und der Erwartungen auf die Geldnachfrage notwendig ist. Er weist damit über sich selbst hinaus, da sich eine Analyse von k in Abhängigkeit von den genannten Größen geradezu anbietet. Die *Keynessche* Liquiditätspräferenztheorie und die anderen modernen Geldnachfragetheorien gehen in diese Richtung und können daher als eine konsequente Weiterentwicklung des Kassenhaltungsansatzes angesehen werden.

Die Grundaussagen der älteren Quantitätstheorie über die Kassenhaltung der Unternehmen und Haushalte lassen sich auch graphisch veranschaulichen. Wenn alle Haushalte einer Volkswirtschaft zu Beginn eines jeden Monats im Durchschnitt ein Nominaleinkommen von 4000 Geldeinheiten (GE) beziehen und dieses kontinuierlich in täglich gleichen Beträgen im Monatsverlauf ausgeben, so haben sie am Monatsende einen Kassenbestand von Null *(Abb. 11a).* Da der Einkommensbezug der Haushalte zu entsprechenden Auszahlungen der Unternehmen und die Ausgaben der Haushalte zu entsprechenden Einzahlungen bei den Unternehmen führen, korrespondiert die Entwicklung der Kassenhaltung der Unternehmen spiegelbildlich mit der der Haushalte (vgl. *Abb. 11b*). Sie beträgt Null am Monatsanfang und steigt bis auf 4000 GE am Monatsende. Bei monatlichem Aus- und Einzahlungsrhythmus beträgt die durchschnittliche Kassenhaltung des repräsentativen Haushalts und Unternehmens 2000 GE. Es wird also im Durchschnitt die Hälfte eines Monatseinkommens (Monatsumsatzes) und bei unverändertem Zahlungsrhythmus über das Jahr hin $^1/_{24}$ des Jahreseinkommens(Jahresumsatzes) von den Haushalten (Unternehmen) in Kasse gehalten. Die durchschnittliche Geldhaltung der Haushalte (Unternehmen) verringert sich von 2000 auf 500 GE, wenn bei gleicher Höhe der Monatswerte statt einer monatlichen vier wöchentliche Einkommenszahlungen à 500 GE vereinbart werden

Abb. 11: Durchschnittliche Kassenhaltung und Zahlungsrhythmus

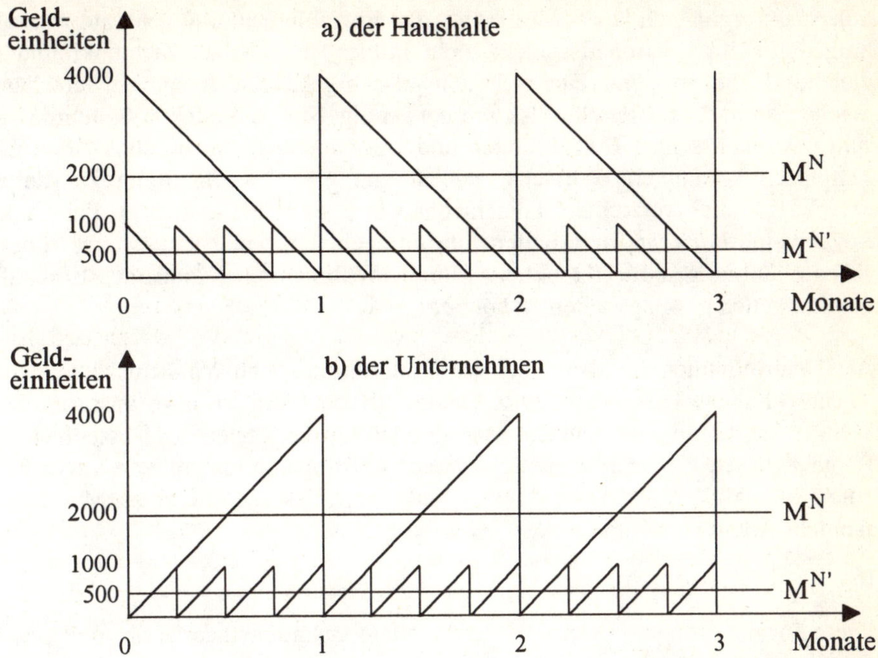

(vgl. *Abb. 11).* Die Kassenhaltung hängt bei gegebenem Zahlungsrhythmus ferner von der *Höhe* des Einkommens ab: steigt das Einkommen (der Umsatz), ändern sich die Werte auf der Ordinate, und die durchschnittliche Geldhaltung von Haushalten und Unternehmen nimmt zu. Bei unveränderten Zahlungssitten, institutionellen Rahmenbedingungen, Zinssätzen und Erwartungen benötigen die Wirtschaftssubjekte mithin zur Abwicklung ihrer Transaktionen - so die Aussage der älteren Quantitätstheorie - als durchschnittliche nominale Kassenhaltung einen bestimmten konstanten Bruchteil ihres Nominaleinkommens.

3.2.2 Liquiditätspräferenztheorie

Die *Keynessche* Liquiditätspräferenztheorie versucht, eine genauere Bestimmung der Annehmlichkeiten der nominalen Geldhaltung durch die Motive vorzunehmen. Aus *analytischen* Gründen unterteilt *Keynes (1936)* die Geldnachfrage nach dem Transaktionsmotiv, dem Vorsichtsmotiv und dem Spekulationsmotiv. Dies ist jedoch nicht so zu verstehen, daß ein Wirtschaftssubjekt immer in der Lage ist, einen bestimmten Teil seiner gesamten Kassenhaltung einem Motiv eindeutig zuzuordnen. M. a. W. wird niemand drei Fächer in seiner Geldbörse haben oder drei Bankkonten, um Transaktions-, Vorsichts- und Spekulationskasse zu unterscheiden.

Wie die älteren Quantitätstheoretiker mißt auch *Keynes* dem Geld als allgemein akzeptiertem *Zahlungsmittel* eine große Bedeutung bei. Das Halten von *Transaktionskasse* ergibt sich aus der Tatsache, daß Einzahlungen und geplante Auszahlungen für ein Wirtschaftssubjekt nicht immer im gleichen Zeitpunkt und in gleicher Höhe anfallen. Die sich zeitweise ergebenden Ausgabenüberschüsse machen somit eine Transaktionskasse notwendig. Nur bei perfekter Synchronisierung zwischen seinen Einzahlungen und Auszahlungen (hinsichtlich Höhe und Zeitpunkt) könnte ein Wirtschaftssubjekt auf eine Kassenhaltung zu diesem Zwecke gänzlich verzichten. Gleichwohl würde es selbst in diesem Falle nach *Keynes* eine *Vorsichtskasse* halten, um unregelmäßige und daher nicht voraussehbare Zahlungen für Krankheit, Unfall, Wahrnehmung günstiger Einkaufsmöglichkeiten usw. bestreiten zu können.

Als Determinanten für die Höhe der Transaktions- und Vorsichtskasse nennt *Keynes* ähnliche Faktoren wie die Quantitätstheoretiker, so u. a. auch die Einkommensverteilung und den Zinssatz als Maß für die Kosten der Kassenhaltung. Er geht diesen Faktoren aber nicht weiter nach und nimmt für die kurze Frist eine Abhängigkeit der Transaktions- und Vorsichtskasse, die er zu M_T zusammenfaßt, allein vom Einkommen (Y) an:

(5) $$M_T = M_T(Y)$$

Diese Formulierung erinnert stark an die ältere Quantitätstheorie, obwohl *Keynes* für diesen Teil der Kassenhaltung keine strenge Proportionalitat zwischen M_T und Y und somit keine Konstanz von v oder k unterstellte. Immerhin war dies der Anlaß für einige Postkeynesianer, die Theorie der Transaktions- und Vorsichtskasse weiterzuentwickeln und deren Zinsabhängigkeit nachzuweisen, was unter *3.2.4.1* und *3.2.4.3* noch zu diskutieren ist.

Durch die explizite Einführung einer zinsabhängigen *Spekulationskasse* und die Einbeziehung des Problems der Unsicherheit machte *Keynes* allerdings den Unterschied der Liquiditätspräferenztheorie zur älteren Quantitätstheorie endgültig klar, da hierdurch die kurzfristige Konstanz von v und k sehr unwahrscheinlich wird. Die von den Kassenhaltungstheoretikern nicht weiter untersuchten Faktoren werden also jetzt z. T. direkt mit in die Analyse einbezogen.

Wenn ein Wirtschaftssubjekt über die Aufteilung seines gesamten Vermögens auf finanzielle und reale Aktiva entschieden hat, stellt sich weiterhin die Frage, in welchen *Formen* es das finanzielle Vermögen anlegen soll. Zur Vereinfachung der Analyse nimmt *Keynes* an, daß es nur die Alternative zwischen einer Anlage in Geld (Spekulationskasse) oder in festverzinslichen Wertpapieren mit unendlicher Laufzeit (Konsols) hat. Solche Papiere erbringen seinem Inhaber feste nominale Zinserträge (z. B. 5 vH p. a. des aufgedruckten Nennwertes). Weiterhin sind Kapitalgewinne oder -verluste durch Kursschwankungen zu berücksichtigen. Der Ertrag eines Wertpapiers wird also determiniert durch feste nominale Zinszahlungen und Kapitalwertveränderungen.

Warum wird nun ein Wirtschaftssubjekt u. U. lieber Kasse halten (Liquiditätsvorliebe) als zinstragende Wertpapiere? Betrachten wir zunächst das folgende Beispiel: Wenn ein Wirtschaftssubjekt ein Wertpapier kauft, dann will es zumindest den gängigen Marktzins verdienen. Wenn dieser 5 vH beträgt, wird es höchstens 100 Euro für ein Wertpapier zu zahlen bereit sein, das einen festen jährlichen Zinsertrag von 5 Euro abwirft. Beträgt dagegen der Marktzins 10 vH, würde es nicht mehr als 50 Euro für das Wertpapier zu zahlen bereit sein. Der Marktzinssatz (Rendite) errechnet sich somit als Quotient aus festen nominalen Zinszahlungen (i) und Kurs des Wertpapiers (K), also: $r=(i/K)\cdot 100$. Änderungen des gängigen Marktzinssatzes rufen daher Änderungen der Kurse festverzinslicher Wertpapiere hervor. Ein Steigen des Marktzinssatzes bedeutet ein Sinken der Kurse und umgekehrt. Für die Wertpapierbesitzer ergeben sich somit aus Änderungen des Zinssatzes Kapitalgewinne bzw. -verluste. Für die Anlage des finanziellen Vermögens in Wertpapieren oder Kasse ist nun nicht in erster Linie der derzeit geltende, sondern der *erwartete* Marktzinssatz von Wichtigkeit. *Erwartet* ein Wirtschaftssubjekt ein Sinken des Marktzinssatzes, bietet sich die Möglichkeit von Kapitalgewinnen (Kurssteigerungen werden erwartet). In dieser Situation wird der Wertpapiererwerb besonders attraktiv, was zur Folge hat, daß bei gegebenem finanziellen Vermögen die Spekulationskasse entsprechend relativ niedrig gehalten wird. Wird dagegen ein Steigen des Marktzinssatzes erwartet, so daß die Gefahr von Kapitalverlusten existiert (Kursverluste werden erwartet), wird das Wirtschaftssubjekt lieber Geld als Wertpapiere halten.

Um die *Zinserwartungen* zu erklären, nimmt *Keynes* nun weiter an, daß jedes Wirtschaftssubjekt eine bestimmte Vorstellung von der "normalen" Höhe des Zinssatzes hat, die aufgrund von Erfahrungen in der Vergangenheit zustande gekommen ist. Es wird daher tendenziell ein Sinken (Steigen) des Marktzinssatzes erwarten, wenn der Marktzins über (unter) dem normalen Zinssatz liegt. Zu jedem Zeitpunkt wird demgemäß jedes Wirtschaftssubjekt

- entweder ein Sinken des Marktzinssatzes erwarten: Es antizipiert dann Kapitagewinne zusätzlich zum festen Zinseinkommen und damit einen positiven Gesamtertrag der Wertpapierhaltung. In diesem Fall wird es definitiv nur Wertpapiere halten;
- oder ein Ansteigen des Marktzinssatzes erwarten: Es antizipiert dann Kapitalverluste und wird nur noch solange Wertpapiere statt Geld halten, wie diese Kapitalverluste die festen Zinserträge nicht aufzehren, d. h. solange der Gesamtertrag der Wertpapierhaltung noch positiv ist; wird dieser dagegen negativ, wird es auf jeden Fall nur Geld halten.

Schließlich ist noch der Fall denkbar, daß der Marktzinssatz einen solchen Wert (kritischer Zinssatz r_k) annimmt, daß sich erwartete Kapitalverluste und fester Zinsertrag gerade ausgleichen und der Gesamtertrag der Wertpapierhaltung gleich Null wird. Dann ist das Wirtschaftssubjekt indifferent zwischen Geld- und Wertpapierhaltung. Aus diesen Überlegungen ergibt sich für ein *einzelnes* Wirt-

Abb. 12: Einzel- und gesamtwirtschaftliche Nachfrage nach Spekulationskasse

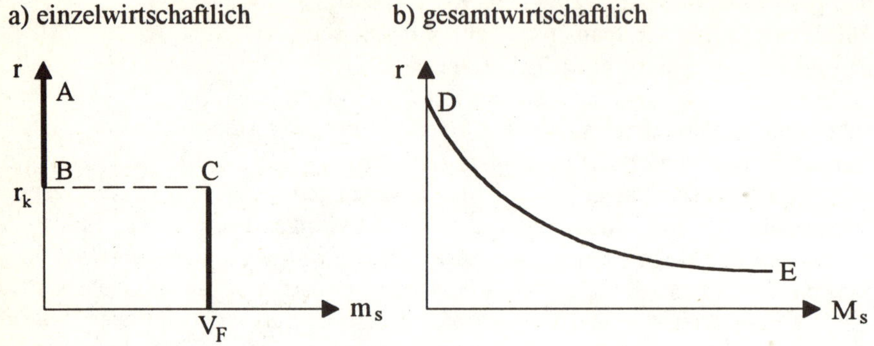

schaftssubjekt mit gegebenen Erwartungen bezüglich der zukünftigen Höhe des Marktzinssatzes, daß seine Spekulationskasse eine nicht stetige Funktion des gegenwärtigen Zinssatzes ist (siehe Kurve $ABCV_F$ in *Abb. 12a)*. Diese Abbildung zeigt, daß das Wirtschaftssubjekt bei Werten des laufenden Marktzinssatzes, die über dem kritischen Zinssatz (r_k) liegen, einen positiven Gesamtertrag aus der Wertpapierhaltung erwartet und daher nur Wertpapiere hält: Seine Spekulationskasse (m_S) ist dann gleich Null. Bei Werten unter r_k erwartet das Wirtschaftssubjekt einen Gesamtverlust aus der Wertpapierhaltung (die erwarteten Kapitalverluste übersteigen das feste Zinseinkommen) und hält sein gesamtes finanzielles Vermögen (V_F) in Kasse. Bei einem laufenden Marktzinssatz von r_k wird ein Gesamtertrag aus der Wertpapierhaltung von Null erwartet: Das Wirtschaftssubjekt ist indifferent zwischen Geld- und Wertpapierhaltung. Daher ist dort die Geldnachfrage nicht definiert.

Für die *gesamte Volkswirtschaft* unterstellt nun *Keynes,* daß die einzelnen Wirtschaftssubjekte unterschiedliche Vorstellungen vom "normalen" Zinssatz haben und daher viele unterschiedliche kritische Zinssätze (r_k) existieren. Allgemein kann angenommen werden, daß bei sinkendem laufenden Marktzinssatz immer mehr Wirtschaftssubjekte eine Erhöhung erwarten und demzufolge Geld statt Wertpapiere zu halten wünschen. Umgekehrt gilt natürlich aufgrund der gleichen Argumente, daß bei steigendem laufenden Zinssatz die gesamtwirtschaftliche Spekulationskasse abnimmt. Bei einer großen Zahl von Wirtschaftssubjekten mit relativ kleinen Anteilen am gesamtwirtschaftlichen Finanzvermögen und unterschiedlichen kritischen Zinssätzen erhält man dann eine stetige, von links oben nach rechts unten verlaufende aggregierte Geldnachfragefunktion für Spekulationszwecke (siehe Kurve DE in Abb. *12b*). Die Höhe der Spekulationskasse ist also eine monoton abnehmende Funktion des Zinssatzes:

(6) $$M_S = M_S(r)$$

Unter Einbeziehung der Transaktions- und Vorsichtskasse (Gleichung 5) läßt sich die gesamtwirtschaftliche Liquiditätspräferenzfunktion daher schreiben:

(7) $$M^N = M_T(Y) + M_S(r)$$

Die Wirtschaftssubjekte wünschen also eine bestimmte Kasse in Abhängigkeit vom Einkommen und Marktzinssatz zu halten.

Auf einen anderen Punkt, der vor allem von den Keynesianern betont wurde, ist an dieser Stelle noch einzugehen: die sogenannte *Liquiditätsfalle*. Es wurde argumentiert, daß bei einem sehr niedrigen Marktzinssatz schließlich *jedes* Wirtschaftssubjekt eine starke Erhöhung des Marktzinssatzes erwarten wird, so daß keine Wertpapiere, sondern nur noch Geld gehalten wird. Die Liquiditätspräferenzkurve wird dann vollkommen zinselastisch (Zinselastizität = ∞). Sie verläuft dann parallel zur M_S-Achse (siehe *Abb. 12b)*. Das bedeutet, daß Wirtschaftssubjekte auch ohne weitere Zinssenkung bereit sind, zusätzlich angebotenes Geld zu halten: Es verschwindet in der Liquiditätsfalle. In einem solchen Fall kann der Marktzinssatz mit Hilfe der Geldpolitik nicht verändert werden. Unter diesen Annahmen des keynesianischen Modells wäre sie unwirksam.

3.2.3 Neoquantitätstheorie

Die Neoquantitätstheorie *Friedmans (1956)* ist eine Weiterentwicklung des Kassenhaltungsansatzes und enthält wesentliche Elemente der *Keynesschen* Liquiditätspräferenztheorie, obwohl eine Analyse der Geldhaltung nach Motiven nicht als sinnvoll angesehen wird. *Friedman* nimmt vielmehr die Tatsache, daß Wirtschaftssubjekte Geld halten, als gegeben an und versucht, die Determinanten dieser "Wahlhandlung" zu bestimmen. Die in der *Keynesschen* Theorie der Spekulationskasse zum ersten Mal vorgenommene Analyse des Geldes im Rahmen der Vermögenstheorie wird von *Friedman* konsequent auf die *gesamte* Geldnachfrage ausgedehnt, die er analog zur Nachfrage nach einem dauerhaften Konsumgut behandelt. Seine Analyse bezieht sich zunächst auf *nominale* Größen. Aus der *nominalen* Geldnachfragefunktion leitet er dann unter bestimmten Annahmen die *reale* Geldnachfragefunktion ab.

Ähnlich wie bei der Nachfrage nach einem Konsumgut kann man in der Geldnachfragefunktion drei Gruppen von Determinanten unterscheiden: (1) Das in verschiedenen Anlageformen gehaltene Gesamtvermögen eines Wirtschaftssubjekts als "Budgetbeschränkung", (2) den Ertrag der Geldhaltung und ihre Alternativkosten, d. h. die Erträge der anderen Formen der Vermögensanlage, (3) die Präferenzen des Wirtschaftssubjekts.

Das nominale Gesamtvermögen stellt die obere Beschränkung für die Geldnachfrage dar. Die *Friedmansche* Definition des gesamten Vermögens stimmt mit keinem der zuvor in *2.2.3* behandelten Vermögensbegriffe überein. Verwendet wird vielmehr ein viel umfassenderes Konzept des Gesamtvermögens, das *alle Quellen des Einkommens und konsumierbarer Dienste* umfaßt. Dazu zählt auch das Humankapital (Leistungsvermögen von Arbeitskräften), das die Quelle für das Arbeitseinkommen darstellt. Aus dieser Definition folgt, daß das erwartete nominale Einkommen als erwarteter Vermögensertrag und das nominale Gesamtvermögen als Gegenwartswert des zukünftigen Einkommensstroms angesehen werden kann. Bei einer durchschnittlichen Verzinsung des gesamten nominalen Vermögens (V) in Höhe von r gilt (unter der Annahme unendlicher Lebensdauer und konstanter erwarteter Nettoeinnahmen) daher:

$$(8) \qquad V = \frac{Y^P}{r} \quad \text{oder} \quad Y^P = r \cdot V$$

Das erwartete nominale Einkommen Y^P kann daher auch unter Berücksichtigung von r statt des Gesamtvermögens in der Geldnachfragefunktion als Determinante verwendet werden, da das Gesamtvermögen in der von *Friedman* definierten Form ohnehin schwer meßbar ist. Das in diesem Zusammenhang verwendete Einkommenskonzept (erwarteter Ertrag des Gesamtvermögens) ist nun offensichtlich nicht das in der Volkswirtschaftlichen Gesamtrechnung definierte, sondern vielmehr das erwartete oder *permanente Einkommen.*

Ein Wirtschaftssubjekt kann nun nach *Friedman* sein Vermögen in fünf verschiedenen Formen halten: (1) in Geld (M), (2) in festverzinslichen Wertpapieren (Bonds, B), (3) in Anteilswerten (Equities, E), (4) in Sachkapital und schließlich (5) in Humankapital. Da eine Substitution zwischen (5) und den anderen Anlageformen nur in Grenzen möglich ist, weil in Gesellschaften ohne Sklavenhandel ein Markt für Humankapital praktisch nicht existiert, argumentiert *Friedman,* daß ein Wirtschaftssubjekt desto mehr Geld halten wird, je größer der Anteil des Humankapitals am Gesamtvermögen ist, um so die mangelnde Marktfähigkeit des Humankapitals auszugleichen. Er berücksichtigt dies in dem Anteil des Humankapitals am Gesamtvermögen (h). Permanentes Einkommen (Y^P), stellvertretend für das Gesamtvermögen, und h bestimmen somit die *Budgetbeschränkung* in der Geldnachfragefunktion.

Die Geldhaltung selbst wirft nur dann einen *pekuniären Ertrag* ab, wenn auf Sichteinlagen und/oder Termineinlagen Zinsen (r_M) gezahlt werden. Viel wesentlicher als dieser Geldertrag sind jedoch die durch die Annehmlichkeiten der Kassenhaltung anfallenden Erträge aufgrund von Ressourceneinsparungen. Der reale Wert dieser Erträge pro Euro Kassenhaltung hängt jedoch von der Entwicklung der Kaufkraft des Euro und damit von der Entwicklung des allgemeinen Preisniveaus (P) ab. Da hier unterstellt wird, daß auch bei den anderen Anlageformen der Euro als Recheneinheit dient, werden deren reale Erträge ebenfalls von Änderungen des Preisniveaus beeinflußt.

Aus der Geldhaltung ergeben sich aber nicht nur Erträge, sondern auch *Alternativkosten* in Form von entgangenen nominalen Erträgen aus einer möglichen

Anlage in anderen Aktiva. Bei diesen Erträgen sind neben den Zins- bzw. Dividendenzahlungen noch Gewinne oder Verluste aus Kapitalwertveränderungen infolge von Kursschwankungen zu berücksichtigen. Wie unter *3.2.2* schon näher erläutert, schwankt der Kurs *festverzinslicher Wertpapiere* invers mit dem Marktzinssatz (r_B). Daher kann unter bestimmten Annahmen die erwartete Veränderungsrate des Marktzinssatzes in der Zeit (t), also $\dot{r}_B / r_B$, (wobei $\dot{r}_B = dr_B/dt$), als Maß für die erwartete Veränderungsrate des Kapitalwertes angesehen werden. Dabei muß allerdings beachtet werden, daß bei erwarteten *Erhöhungen (Senkungen)* des Marktzinssatzes Kapital*verluste* (Kapital*gewinne*) antizipiert werden und mithin obiger Ausdruck mit einem *negativen* Vorzeichen versehen werden muß. Der erwartete nominale Ertrag aus der Haltung festverzinslicher Wertpapiere ergibt sich dann aus dem Zinssatz für Bonds (r_B) abzüglich seiner erwarteten Veränderungsrate: $r_B - (\dot{r}_B / r_B)$. Zusammen mit der Entwicklung des Preisniveaus (P) bestimmt dieser Ausdruck den realen Ertrag einer in festverzinslichen Wertpapieren gehaltenen Geldeinheit.

Bezüglich des nominalen Ertrags der Anlage in *Anteilswerten* kann weitgehend analog argumentiert werden. Dieser wird bei *Preisniveaustabilität* bestimmt durch die Dividende (r_E) abzüglich Kapitalwertänderungsrate [$-(\dot{r}_E / r_E)$, wobei $\dot{r}_E = dr_E/dt$]. Wenn weiterhin unterstellt wird, daß bei *Inflation* der nominale Ertrag jeweils um die Preisniveauänderungsrate (w_P) steigt, muß diese als zusätzliche Ertragskomponente berücksichtigt werden. Der nominale Ertrag aus der Haltung von Anteilswerten ist dann: $r_E - (\dot{r}_E / r_E) + w_P$. Der reale Ertrag einer in Anteilswerten gehaltenen Geldeinheit wird durch diesen Ausdruck und die Entwicklung des Preisniveaus (P) determiniert.

Für *Sachkapital* außer Anteilswerten besteht der nominale Ertrag zumeist nicht aus Geldzahlungen wie Zinsen und Dividenden, sondern eher aus Erhöhungen des Nominalwertes dieser Aktiva etwa im Ausmaß der Preissteigerungsrate (w_P). Der reale Ertrag eines in Sachkapital angelegten Euros ergibt sich dann durch (w_P) und die Entwicklung des Preisniveaus (P). Neben den bisher genannten Determinanten berücksichtigt *Friedman* schließlich noch die *Präferenzen* des Wirtschaftssubjekts für die Geldhaltung (u), die hauptsächlich durch den Nutzen der Liquidität und die Beurteilung der zukünftigen wirtschaftlichen Lage bestimmt werden. Aufgrund der bisherigen Überlegungen kann die Nachfragefunktion für *Nominalkasse* wie folgt formuliert werden:

$$(9) \qquad M^N = f\left(\frac{Y^P}{r}, h, P, r_M, r_B - \frac{\dot{r}_B}{r_B}, r_E - \frac{\dot{r}_E}{r_E} + w_P, w_P, u\right)$$

Durch zusätzliche Annahmen versucht *Friedman*, eine Vereinfachung dieser Formulierung zu erreichen. Wenn unterstellt wird, daß der nominale Ertrag der Geldhaltung (r_M) gering ist, kann diese Variable entfallen. Die Verzinsung des gesamten Vermögens (r) als gewogener Durchschnitt der Ertragsraten der verschiedenen Anlageformen ist eine nicht beobachtbare Größe. Wenn nun angenommen wird, daß r weitgehend mit r_B und r_E schwankt, kann auch diese Variable eliminiert werden. Wenn zudem unterstellt wird, daß für festverzinsliche Wertpapiere und Anteilswerte keine Kapitalgewinne oder -verluste erwartet werden, können die Terme $(-\dot{r}_B/r_B)$ und $(-\dot{r}_E/r_E)$ gestrichen werden. Nach diesen Vereinfachungen ergibt sich als *nominale* Geldnachfragefunktion:

$$(10) \qquad M^N = F(Y^P, h, P, r_B, r_E, w_P, u)$$

Die Geldnachfrageentscheidungen von Wirtschaftssubjekten, die nicht der Geldillusion unterliegen, richten sich nun jedoch nicht auf eine *nominale*, sondern auf eine *reale* Kassenhaltung. Eine solche *reale* Geldnachfrage muß aber von den in Gleichung (10) enthaltenen Nominalgrößen, d. h. vom Preisniveau (P) und vom Nominaleinkommen (Y^P), unabhängig sein. Dies ist sichergestellt, wenn die nominale Geldnachfragefunktion der Gleichung (10) linear homogen in bezug auf P und Y^P ist. Unter dieser Voraussetzung kann in Gleichung (10) die folgende Multiplikation mit dem Skalar λ vorgenommen werden:

$$(11) \qquad \lambda M^N = F(\lambda Y^P, h, \lambda P, r_B, r_E, w_P, u)$$

Wenn nun in Gleichung (11) $\lambda = 1/P$ gesetzt wird, erhält man unmittelbar die *reale* Geldnachfragefunktion:

$$(12a) \qquad \frac{M^N}{P} = F\left(\frac{Y^P}{P}, h, 1, r_B, r_E, w_P, u\right) \qquad \text{oder}$$

$$(12b) \qquad \frac{M^N}{P} = g\left(\frac{Y^P}{P}, h, r_B, r_E, w_P, u\right)$$

Die reale Geldnachfrage hängt mithin allein von *realen* Variablen ab: sie ist jeweils ceteris paribus desto höher, je größer das *reale* permanente Einkommen (Y^P/P) und der Anteil des Humankapitals am Gesamtvermögen (h) sind. Hingegen ist sie ceteris paribus desto kleiner, je größer r_B, r_E und w_P sind. Über die Beziehung der einzelnen unabhängigen Variablen untereinander wird dagegen von *Friedman* nichts Genaues gesagt. Er nimmt vielmehr an, daß der Marktmechanismus jeweils tendenziell auf eine gleichgewichtige Beziehung zwischen diesen Größen hinwirkt. Die Variablen in der Klammer stellen m.a.W. *die entscheidenden Größen des Mechanismus der relativen Preise und damit der Transmission monetärer Impulse dar* (siehe hierzu *6.4*). Die Neoquantitätstheorie gibt also nur einen groben theoretischen Rahmen vor und überläßt die Bestimmung der relativen Bedeutung einzelner erklärender Variablen *empirischen* Untersuchungen. Der Bezug der Neoquantitätstheorie zur älteren Quantitätstheorie wird deutlich, wenn in Gleichung (11) $\lambda = 1/Y^P$ gesetzt wird:

$$(13) \qquad \frac{M^N}{Y^P} = F\left(1, h, \frac{P}{Y^P}, r_B, r_E, w_P, u\right)$$

Dadurch ergibt sich der *reziproke* Wert der Umlaufsgeschwindigkeit (M/Y), so daß unter Berücksichtigung von zwei Änderungen in der Klammer statt (13) auch geschrieben werden kann:

$$(14) \qquad Y^P = v\,(h, \frac{Y^P}{P}, r_B, r_E, w_P, u)\, M^N$$

Die Neoquantitätstheorie in Form von Gleichung (14) weist große Ähnlichkeiten mit der älteren Quantitätstheorie auf, allerdings mit der wichtigen Ausnahme, daß die Umlaufsgeschwindigkeit (Y/M = v) nicht länger als *konstant* unterstellt wird, sondern daß nunmehr ihre Höhe von den in der Klammer aufgeführten Variablen erklärt wird. Es wird in der Neoquantitätstheorie, gestützt durch empirische Untersuchungen, davon ausgegangen, daß die Umlaufsgeschwindigkeit in relativ invarianter Beziehung zu den sie erklärenden Variablen steht und sie deshalb eine *stabile* Größe darstellt. Dies bedeutet, daß Veränderungen der Umlaufsgeschwindigkeit - und damit auch der Zusammenhang zwischen nominaler Geldmenge und nominalem Einkommen - gut prognostizierbar sind. Wenn die Notenbank die nominale Geldmenge kontrollieren kann, was von Neoquantitätstheoretikern angenommen wird, dann kann sie somit auch in prognostizierbarer Weise einen Einfluß auf das Nominaleinkommen (Y^P) ausüben. Denn bei stabiler Geldnachfragefunktion bewirken - wie aus Gleichung (14) unmittelbar ersichtlich - Veränderungen der nominalen Geldmenge (M^N) über den durch den Klammerausdruck dargestellten Mechanismus der relativen Preise Veränderungen des Nominaleinkommens (Y^P). Die *Friedmansche* Neoquantitätstheorie beinhaltet somit eine Erklärung der Transmission monetärer Impulse bis hin zum Nominaleinkommen (vgl. hierzu *6.4*). Aussagen über die weitere Aufteilung der Wirkungen von Geldmengenveränderungen auf Realeinkommen und Preisniveau können jedoch erst nach Einführung weiterer Hypothesen gemacht werden (vgl. hierzu *7.1*).

Die Diskussion der neoquantitätstheoretischen Geldnachfragefunktion macht ein wesentliches methodisches Merkmal dieser Richtung deutlich. Die theoretische Analyse soll nur einen *Rahmen* für die dann vorzunehmenden empirischen Untersuchungen abgeben. Es wird daher nicht versucht, den Mechanismus der relativen Preise theoretisch im einzelnen zu modellieren, sondern vielmehr wird sein Funktionieren a priori unterstellt ("Black Box") und in empirischen Untersuchungen unter dieser Prämisse nach dem Zusammenhang zwischen Y und M geforscht. Die Neoquantitätstheorie stellt eine Weiterentwicklung und theoretisch elegante Synthese von älterer Quantitätstheorie und *Keynesscher* Liquiditätspräferenztheorie dar. Sie ist mikroökonomisch formuliert, so daß ihre Ergebnisse nicht ohne weiteres auf makroökonomische Zusammenhänge angewandt werden können. Sie wurde von *Friedman* zudem für einen repräsentativen Haushalt abgeleitet. Aber auch die Geldnachfrage der Unternehmen ist gesamtwirtschaftlich von Bedeutung. Für Unternehmen gelten jedoch nicht die "Budgetbeschränkungen" hinsichtlich des Gesamtvermögens und des Humankapitals, da sie sich zusätzliches Kapital auf dem Kreditmarkt besorgen können und somit die Dienste des Sachkapitals auf dem Markte kaufen können. Auf diese Probleme weist *Friedman* selbst hin, ohne sie allerdings zu lösen.

3.2.4 Postkeynesianische Ansätze der Geldnachfragetheorie

Im Gegensatz zur Neoquantitätstheorie halten die postkeynesianischen Ansätze an der analytischen Trennung der Geldnachfrage in Transaktions-, Vorsichts- und Spekulationskasse fest. Allen diesen Ansätzen ist jedoch gemeinsam, daß sie die Kassenhaltung ebenso wie die Neoquantitätstheorie im Rahmen der Wahlhandlungstheorie erklären und somit nicht nur die Spekulationskassenhaltung, sondern auch die Nachfrage nach Transaktions- und Vorsichtskasse als ein Problem der Vermögens- oder Kapitaltheorie betrachten. Grundsätzlich wäre somit eine Integration dieser Ansätze zu einer einzigen postkeynesianischen Geldnachfragefunktion im Rahmen der Theorie der Portfolio Selection möglich. Da das aber nicht Gegenstand dieses Kapitels sein kann, sollen im folgenden hauptsächlich drei Teilmodelle diskutiert werden: die Weiterentwicklung der Analyse der Transaktionskasse durch den lagerhaltungstheoretischen Ansatz *Baumols (1952)* (ein ähnlicher Ansatz stammt von *Tobin, 1956),* die Weiterentwicklung der Analyse der Spekulationskasse durch die Theorie der Portfolio Selection *Tobins (1958)* sowie die postkeynesianische Analyse der Vorsichtskassenhaltung. Während im ersten Modell unter vollkommener Sicherheit argumentiert wird, werden im zweiten ein Kurs- und damit auch Zinsrisiko sowie schließlich im dritten Modell Einzahlungs- und Auszahlungsunsicherheit explizit berücksichtigt. Alle Ansätze sind mikroökonomisch formuliert.

3.2.4.1 Lagerhaltungstheoretischer Ansatz

Die "mechanistische" Behandlung, die die Transaktionskasse als mehr oder weniger konstanten Prozentsatz des laufenden Einkommens betrachtet, ist dann nicht mehr haltbar, wenn durch die Entwicklung des Finanzwesens immer mehr geldnahe Aktiva geschaffen werden, die sich durch einen Zinsertrag *und* ein relativ geringes Risiko auszeichnen; denn durch diese Geldsubstitute wird es dem Wirtschaftssubjekt ermöglicht, auch im Rahmen seiner Kassenhaltung für Transaktionszwecke zwischen einer Anlage in Geld oder in zinstragenden geldnahen Aktiva zu wählen. Das bedeutet, daß auch bei der Transaktionskassenhaltung Alternativkosten auftreten und diese somit vom Zinssatz abhängig ist. Dies soll im folgenden durch den Ansatz von *Baumol* genauer begründet werden.

Ein rational handelndes Wirtschaftssubjekt wird darum bemüht sein, die Kosten der Transaktionskassenhaltung zu minimieren. Das geschieht dadurch, daß der optimale Kassenbestand für Transaktionszwecke bestimmt wird. Da nun dieser Kassenbestand gewissermaßen einem "Lager" von Zahlungsmitteln gleicht, kann in diesem Zusammenhang die betriebswirtschaftliche Theorie der *optimalen Lagerhaltung* analog angewendet werden. Daher bestimmt *Baumol* zunächst die Kostenfunktion für die Transaktionskassenhaltung, aus der dann die Geldnachfragefunktion für Transaktionszwecke abgeleitet werden kann.

Baumol nimmt an, daß ein Wirtschaftssubjekt einmal pro Periode (z. B. Monat) eine im voraus bekannte Einkommenszahlung in geldnahen, d.h. kurzfristigen, risikolosen Wertpapieren erhält. Es wird diese Auszahlungen in Höhe des Einkommens (keine Ersparnisse!) gleichmäßig über die Periode verteilen. Daher wird es zu jedem Zeitpunkt mit Ausnahme des letzten Tages im Monat Wertpapiere halten, nämlich in Höhe des noch nicht verausgabten Teils seines Einkommens. Es wird nun weiter angenommen, daß das Wirtschaftssubjekt eine Realeinkommenszahlung in Höhe von T pro Monat erhält, die dem Volumen der in dieser Periode vorzunehmenden Auszahlungen entspricht. Der als konstant unterstellte Zinssatz (r) stellt die Alternativkosten der Transaktionskassenhaltung dar. Weiterhin fallen bei jeder Abhebung, durch die in Höhe von C Wertpapiere in Kasse zurückverwandelt werden, konstante "Maklergebühren" in Höhe von b an, zu denen alle tatsächlichen Umwandlungskosten zählen.

Unter diesen Annahmen entstehen für das Wirtschaftssubjekt nun folgende Kosten. Erstens: Bei jedem Wertpapierverkauf fallen Kosten in Höhe von b an. Da das gesamte Einkommen ausgegeben und die Abhebung in gleich großen Posten C vorgenommen wird, betragen die gesamten Maklergebühren pro Monat $b \cdot (T/C)$. Zweitens: Da das Wirtschaftssubjekt seine Ausgaben als gleichmäßigen Strom über die Periode verteilt, muß seine durchschnittliche *Geldhaltung* pro Monat gleich C/2 sein, und damit ergeben sich Alternativkosten (entgangenes Zinseinkommen) in Höhe von $r \cdot (C/2)$. Daher können die gesamten Kosten der Geldhaltung (K) geschrieben werden als:

$$(15) \qquad K = b \cdot \frac{T}{C} + r \cdot \frac{C}{2}$$

Nun wollen wir gemäß obigen Annahmen den Wert von C bestimmen, der diese Kosten minimiert. Wir finden ihn, indem wir Gleichung (15) nach C ableiten, gleich Null setzen und nach C auflösen.

$$(16) \qquad \frac{dK}{dC} = -b \cdot \frac{T}{C^2} + \frac{r}{2} = 0$$

$$(17) \qquad C = \sqrt{\frac{2 \cdot b \cdot T}{r}}$$

Gleichung (17) gibt den optimalen Wert von C an, da auch die hinreichende Bedingung für das Kostenminimum (2. Ableitung ist positiv!) erfüllt ist. Da nun aber im Durchschnitt des Monats jeweils C/2 an Kasse gehalten wird, ergibt sich aus (17) die Geldnachfragefunktion für Transaktionszwecke:

$$(18) \qquad \frac{M_T}{P} = \frac{C}{2} = \frac{1}{2}\sqrt{\frac{2 \cdot b \cdot T}{r}}$$

Die reale Kassenhaltung ist also *proportional zur Quadratwurzel* des Volumens der Transaktionen und *umgekehrt proportional zur Quadratwurzel* des Zinssatzes. Wenn nun überhaupt keine "Maklergebühren", zu denen wir ja alle mit der Umwandlung von Wertpapieren in Kasse zusammenhängenden Kosten zählten, anfallen würden, so daß b = 0 ist, würde $M_T/P = 0$ sein. Ein rational handelndes Wirtschaftssubjekt würde keine Transaktionskasse mehr halten, da es sich lohnt, die Umwandlung von Wertpapieren in Kasse jeweils perfekt mit den Auszahlungen zu synchronisieren. Auch wenn die rigiden Annahmen dieses Modells modifiziert werden, bleibt als *Grundaussage* bestehen, daß die Haltung von Transaktionskasse (zwar proportional zur Quadratwurzel von T) *unterproportional* zum Transaktionsvolumen wächst, also "Economies of Scale" bei der Kassenhaltung bestehen. Das von *Baumol* unterstellte rational handelnde Wirtschaftssubjekt dürfte in der Praxis nicht sehr oft in dieser Form anzutreffen sein, vielleicht mit Ausnahme der "Cash Manager" größerer Unternehmen. Dieser Ansatz diente dann auch als Ausgangspunkt für weitere modelltheoretische Analysen der Geldnachfrage der Unternehmen.

3.2.4.2 Ansatz der Portfolio Selection

Die Erklärung der Nachfrage nach Spekulationskasse erfolgte bei *Keynes* unter der Annahme *unelastischer Erwartungen* in bezug auf zukünftige Zinssätze (Renditen). Das einzelne Wirtschaftssubjekt handelte so, als ob es hinsichtlich des Ertrages der Wertpapierhaltung vollkommen sicher sei und hielt daher entweder nur Kasse oder nur Wertpapiere. Die stetige Liquiditätspräferenzfunktion (*Abb. 12b*) kommt bei *Keynes* erst durch die unterschiedlichen kritischen Zinssätze der einzelnen Wirtschaftssubjekte für die Gesamtwirtschaft zustande. Ein gemischtes Portefeuille, in dem sowohl Geld als auch Wertpapiere gehalten werden, existiert bei ihm also nur makroökonomisch.

Da nun aber auch einzelwirtschaftlich erwiesenermaßen gemischte Portefeuilles gehalten werden, versuchte *Tobin,* durch eine andere theoretische Begründung der Spekulationskassenhaltung dieser Tatsache Rechnung zu tragen. Er wendete die allgemeine Theorie der Portfolio Selection auf den speziellen Fall der Spekulationskasse an, indem er im einfachsten Fall das Problem der Diversifikation zwischen der als ertrags- und risikolos unterstellten Geldhaltung einerseits und der ertragbringenden, aber auch risikobehafteten Haltung eines Wertpapiers andererseits analysierte. Während *Keynes* durch seine Annahme unelastischer Zinserwartungen das Unsicherheitsproblem umgeht, wird bei *Tobin* das Risiko explizit als Einflußfaktor berücksichtigt. Das *Tobin*-Modell wird im folgenden nur in einer sehr groben und vereinfachenden Skizze dargestellt.

Er geht davon aus, daß für ein Wirtschaftssubjekt wegen der Möglichkeit von Kapitalgewinnen und -verlusten die Wertpapierhaltung mit einem Risiko verbunden ist, während die Geldhaltung - bei unterstelltem konstanten Preisniveau - nicht das Risiko von Nominalwertschwankungen in sich birgt und daher risikolos ist. Erhöht ein Wirtschaftssubjekt in seinem Portefeuille den Anteil der Wertpapiere (A_2) zu Lasten des Geldes (A_1), so kann es zwar einen größeren Ertrag

(Zinsertrag einschließlich Kapitalwertveränderungen) erwarten, muß dafür aber ein höheres Risiko in Kauf nehmen. *Tobin* unterscheidet nun zwischen risikofreudigem, risikoneutralem und risikoscheuem Verhalten. Er geht aber dann von dem Normalfall eines risikoscheuen Wirtschaftssubjekts aus, das nach Möglichkeit Risiken meidet und daher nur dann zu einer höheren Wertpapierhaltung bewegt werden kann, wenn das damit verbundene höhere Risiko (σ) durch einen entsprechend höheren erwarteten Ertrag (u) aufgewogen wird.

Abb. 13 zeigt die Indifferenzkurven eines solchen risikoscheuen Wirtschaftssubjekts, die von links nach rechts steigend und konvex zum Ursprung verlaufen (I_1, I_2). Die Indifferenzkurven haben eine positive Steigung, weil das Wirtschaftssubjekt zwischen einem Punkt mit geringem Risiko und einem solchen mit hohem Risiko nur dann indifferent ist, wenn das höhere Risiko durch einen höheren erwarteten Ertrag (Zinsertrag einschließlich Kapitalwertveränderungen) kompensiert wird. Die Konvexität der Kurven erklärt sich durch die Tatsache, daß das Wirtschaftssubjekt mit steigendem Risiko zurückhaltender wird und nur noch durch *überproportional* steigende Ertragserwartungen im Rahmen seines Portefeuilles zu vermehrter Wertpapierhaltung bewegt werden kann. Indifferenzkurven mit höherem Index deuten ein höheres Nutzenniveau an.

Bei einem gegebenen Zinssatz r_1 und gegebenem Risiko jedes einzelnen Wertpapiers gibt die Gerade OA die "Budgetbeschränkung" für den erwarteten Ertrag des Portefeuilles an. Punkte, die links von dieser Linie liegen, kann das Wirtschaftssubjekt nicht erreichen. Hingegen sind Punkte, die rechts und damit unter der Geraden liegen, ineffizient, da durch Umstrukturierungen des Portefeuilles höhere Erträge bei gleichem Risiko zu erwarten sind. Wenn es in seinem Portefeuille nur Wertpapiere hält ($A_2 = 100\% = OH$; Anteil der Geldhaltung $A_1 = 0\%$), erwartet es einen Ertrag (gemessen durch den Mittelwert der erwarteten Einnahmen aus der Wertpapierhaltung, u) in Höhe von AE, wobei es zugleich aber auch das größte Risiko (gemessen durch die Standardabweichung dieser Einnahmen, σ) in Höhe von OE in Kauf nehmen muß. Wenn dagegen nur Kasse gehalten wird ($A_1 = 100\% = IE$; $A_2 = 0\%$), sind Risiko und erwarteter Ertrag gleich Null. Bei wechselnder Zusammensetzung seines Portefeuilles bewegt sich ein Wirtschaftssubjekt somit bei gegebenem Zinssatz r_1 entlang der Geraden OA.

Wenn wir nun die im Indifferenzkurvensystem dargestellten Präferenzen unseres risikoscheuen Wirtschaftssubjekts berücksichtigen, so können wir feststellen, daß die höchste erreichbare Indifferenzkurve I_1 ist und das Wirtschaftssubjekt den Optimalpunkt C wählen wird. Das aber bedeutet, daß es ein gemischtes Portefeuille (sowohl Geld als auch Wertpapiere) halten wird *(Abb. 13)*: zu 60 vH (OK) Wertpapiere und zu 40 vH (IM) Geld.

Steigt nun der Zinssatz von r_1 auf r_2 bei gegebenem Risiko jedes Wertpapiers, erwarten die Vermögensbesitzer einen vergleichsweise höheren Ertrag bei gleichem Risiko. Folglich dreht sich die "Budgetgerade" um O in die neue Position

Abb. 13: Portfolio Selection bei unterschiedlichen Zinssätzen

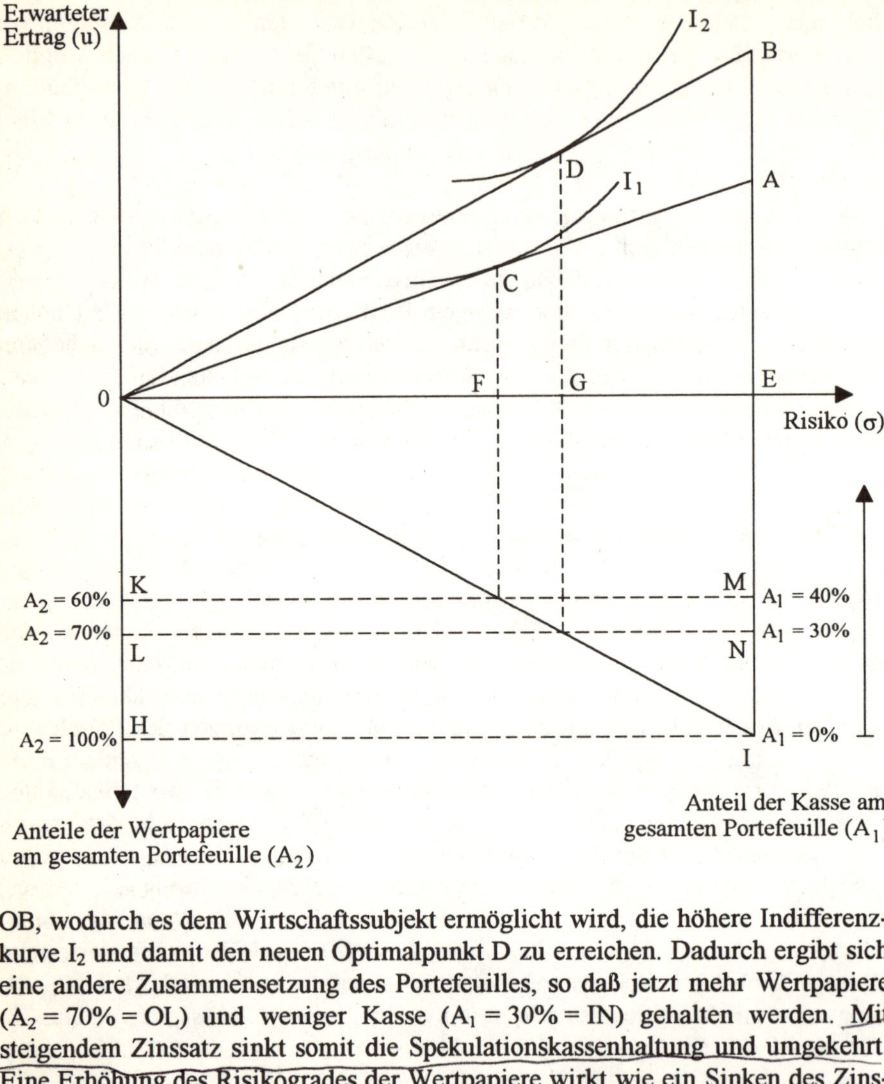

OB, wodurch es dem Wirtschaftssubjekt ermöglicht wird, die höhere Indifferenzkurve I_2 und damit den neuen Optimalpunkt D zu erreichen. Dadurch ergibt sich eine andere Zusammensetzung des Portefeuilles, so daß jetzt mehr Wertpapiere ($A_2 = 70\% = OL$) und weniger Kasse ($A_1 = 30\% = IN$) gehalten werden. Mit steigendem Zinssatz sinkt somit die Spekulationskassenhaltung und umgekehrt. Eine Erhöhung des Risikogrades der Wertpapiere wirkt wie ein Sinken des Zinssatzes. (Diese Beziehungen hängen natürlich entscheidend von der Form der Indifferenzkurven ab. Über die Bedingungen für das Eintreten der zuvor postulierten Zusammenhänge gibt es in der Literatur eine Diskussion, auf die hier verwiesen wird.) Ein stetiger Verlauf der Liquiditätspräferenzkurve und das Halten eines gemischten Portefeuilles können somit von *Tobin* im Gegensatz zur *Keynesschen* Theorie auch für ein einzelnes Wirtschaftssubjekt erklärt werden. Zudem wird das Risiko explizit als Einflußfaktor in die Analyse einbezogen. Da die *Tobinsche* Analyse eine realitätsnähere Fundierung der mikroökonomischen Liquiditätspräferenzfunktion darstellt als die *Keynessche*, dürfte es zwar plausibel sein, dies auch für die gesamtwirtschaftliche Erklärung der Geldnachfrage anzunehmen, jedoch ergeben sich hier wie auch schon bei den anderen Theorien ungelöste Aggregationsprobleme.

3.2.4.3 Postkeynesianische Analyse der Vorsichtskassenhaltung

Die postkeynesianische Theorie der Vorsichtskassenhaltung wurde erst in der zweiten Hälfte der 60er Jahre vor allem von *Whalen (1966)* und *Tsiang (1969)* begründet. Mit ihr wird ein neues Erklärungselement in die postkeynesianische Geldnachfragetheorie eingeführt: *Einnahmen-* und *Ausgabenunsicherheit.*

Die theoretische Erklärung der optimalen Kassenhaltung angesichts *unsicherer* Einnahmen- und Ausgabenströme und damit der Möglichkeit von *ungeplanten* Auszahlungsverpflichtungen eines Wirtschaftssubjekts ist Gegenstand des postkeynesianischen Ansatzes der Vorsichtskassenhaltung. Entsteht bei einem Haushalt oder Unternehmen wegen unvorhergesehener Einkommensausfälle, z. B. infolge von unaufschiebbaren Reparaturen, Unfallkosten etc., ein ungeplantes Finanzierungsdefizit, so verursacht dieses immer dann *Illiquiditätskosten,* wenn es nicht durch eine Geldhaltung (Vorsichtskasse) in entsprechender Höhe gedeckt ist. Diese Kosten der Illiquidität können in den Zinskosten einer Kreditaufnahme, in den Kosten des Verkaufs von Vermögensgegenständen oder in den Kosten eines Konkurses bestehen. Aber auch der Verzicht auf eine ungeplante Ausgabe als weitere Möglichkeit der Deckung des Defizits hat reale Kosten zur Folge. Gegen alle diese Risiken der Illiquidität schützt nun das Halten einer Vorsichtskasse, und zwar um so mehr, je höher dieselbe angelegt ist.

Jedoch ist andererseits zu bedenken, daß bei einer Vorsichtskassenhaltung *Alternativkosten* in Form von entgangenen Zinserträgen anfallen, da dieser Betrag nicht in relativ risikolosen, kurzfristig mobilisierbaren zinstragenden Aktiva angelegt wird. Diese Alternativkosten sind natürlich bei gegebenem Zinssatz desto geringer, je niedriger die Vorsichtskasse ist. Bei der Beantwortung der Frage nach der *optimalen Höhe der Vorsichtskasse* kann nun - unter Berücksichtigung des hier relevanten Unsicherheitsproblems - entsprechend dem lagerhaltungstheoretischen Ansatz von *Baumol* vorgegangen werden. Denn auch die Vorsichtskasse kann als "Lager" von Zahlungsmitteln aufgefaßt werden.

Unterstellt man, daß als Alternative zur Vorsichtskassenhaltung die Möglichkeit der Anlage in Form von risikolosen, kurzfristig mobilisierbaren zinstragenden Aktiva besteht, so lassen sich die gesamten Kosten der Versicherung gegen Illiquidität folgendermaßen bestimmen. Sie setzen sich zusammen aus den *Alternativkosten* in Form von entgangenen Zinserträgen aus der Wertpapierhaltung und den "Maklergebühren" oder *Umwandlungskosten.* Letztere fallen immer dann an, wenn ein Wirtschaftssubjekt bei einem die augenblickliche Vorsichtskassenhaltung übersteigenden ungeplanten Finanzierungsdefizit gezwungen ist, die drohende Illiquidität durch die Umwandlung von Wertpapieren in Kasse abzuwenden. Da solche Illiquiditätssituationen nicht mit Sicherheit vorhergesehen werden können, ist auch die Anzahl der Umwandlungen für das Wirtschaftssubjekt risikobehaftet. Es wird nun aufgrund seiner Einschätzung der Wahrscheinlichkeiten zukünftiger Finanzierungsdefizite eine bestimmte Erwartung bezüglich der Anzahl der Umwandlungen bilden. Diese Erwartung hängt natürlich auch von der Höhe der Vorsichtskasse ab: je höher die Vorsichtskasse, desto geringer die erwartete Anzahl von Umwandlungen. Wird ein konstanter absoluter Betrag als Kosten für jede Umwandlung angesetzt, so sinken die Umwandlungskosten mit zunehmender Vorsichtskassenhaltung.

Die optimale Höhe der Vorsichtskasse eines Wirtschaftssubjekts läßt sich nun annähernd wie folgt ermitteln. Da das Halten von Vorsichtskasse Umwandlungskosten erspart, kann diese "Einsparung" auch als Ertrag der Vorsichtskasse interpretiert werden. Aufgrund der zuvor gemachten Annahmen kann zudem gesagt werden, daß die Grenzertragskurve ($E' = \partial E/\partial[M_V/P]$) fallend verlaufen muß: die marginale Einsparung von Umwandlungskosten (Grenzertrag) sinkt mit zunehmender Vorsichtskasse. Wenn ein konstanter Zinssatz für Wertpapiere unterstellt wird, sind die Grenzkosten (marginale Alternativkosten ($K' = \partial K/\partial[M_V/P]$)) der Vorsichtskassenhaltung natürlich ebenfalls konstant. Die optimale Höhe der Vorsichtskasse $(M_V/P)^*$ ist erreicht, wenn die Bedingung Grenzertrag gleich Grenzkosten der Vorsichtskassenhaltung erfüllt ist.

Nimmt man nun an, daß das Risiko der Illiquidität mit der Höhe der von einem Wirtschaftssubjekt durchgeführten Transaktionen positiv variiert und das Einkommen ein guter Indikator des Transaktionsvolumens ist, dann verschiebt sich die Grenzertragskurve in *Abb. 14* bei steigendem (sinkendem) Einkommen nach rechts (links). Dies gilt auch für den Fall steigender (sinkender) fester Umwandlungskosten. Die Grenzkostenkurve verschiebt sich natürlich bei Erhöhungen (Senkungen) des Zinssatzes nach oben (unten). Dies bedeutet, daß die von einem rational handelnden Wirtschaftssubjekt gehaltene Vorsichtskasse jeweils ceteris paribus desto höher (niedriger) ist, je höher (niedriger) das Einkommen und die Umwandlungskosten sind und je niedriger (höher) der Zinssatz ist.

Eine Weiterentwicklung der postkeynesianischen Analyse der Vorsichtskassenhaltung von *Whalen* und *Tsiang* stellt der *Bufferstock-Ansatz* dar. Er wurde vor allem durch die Arbeit von *Laidler (1984)* begründet und betont die Fähigkeit des Geldes als *Puffer* gegen Unsicherheit. Es wird zunächst explizit davon ausgegangen, daß ein Wirtschaftssubjekt die Unsicherheit seiner Ein- und Auszahlungsströme durch den Einsatz von Ressourcen reduzieren kann, um relevante Informationen zu sammeln und zu verarbeiten. Dadurch würde das Entstehen von Ungleichgewichten und Illiquiditätssituationen unwahrscheinlicher. Allerdings werden für das Sammeln und Verarbeiten von Informationen steigende Grenzkosten unterstellt, so daß eine Anpassung an Datenänderungen desto teurer wird, je schneller und vollständiger sie vorgenommen wird. Unter diesen Umständen kann es daher günstiger sein, Vorsichtskasse als Puffer zu halten, und eine augenblickliche und/oder perfekte Anpassung vorerst zu vermeiden. Der optimale

Abb. 14: Optimale Vorsichtskassenhaltung

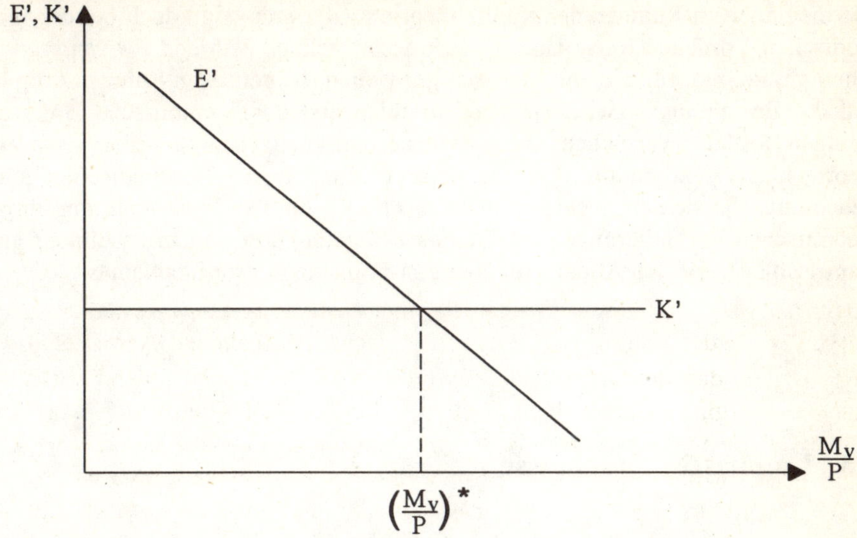

Bufferstock (Vorsichtskassenhaltung) eines Wirtschaftssubjekts in der kurzen Frist ist dann erreicht, wenn die Grenzkosten der Informationsbeschaffung gleich dem Grenzertrag der Vorsichtskassenhaltung sind.

Eine wichtige Implikation des Bufferstock-Ansatzes besteht darin, daß zwischen Geldnachfrage in der kurzen und langen Frist unterschieden werden muß. Für die lange Frist kann nämlich unterstellt werden, daß die tatsächliche Geldhaltung der gewünschten entspricht, da in ihr die Sammlung und Verarbeitung aller relevanten Informationen über die Finanz-, Güter- und Faktormärkte als abgeschlossen und die entsprechenden Portfolioanpassungen als durchgeführt betrachtet werden können. Während unter solchen Bedingungen eine Gleichgewichtsanalyse angebracht erscheint, die alle zuvor dargestellten Ansätze kennzeichnet, dürfte sie auf kurze und sogar mittlere Sicht nicht unbedingt angemessen sein. Denn in ihr wird aus Kostengründen erst nach und nach die tatsächliche an die gewünschte Geldhaltung angepaßt. Da die zeitliche Dauer des Anpassungsprozesses vom Grad der Unsicherheit abhängig ist, der sich im Zeitverlauf ändern kann, bietet der Bufferstock-Ansatz eine Erklärung für lange und variable Wirkungsverzögerungen der Geldpolitik (vgl. *Kapitel 6*).

Da die postkeynesianische Analyse der Vorsichtskassenhaltung eine *mikroökonomische* Formulierung darstellt, müssen auch hier bei makroökonomischer Verwendung Aggregationsprobleme gelöst werden. Es muß ferner beachtet werden, daß die gesamte Geldnachfrage eines Wirtschaftssubjekts nicht dadurch ermittelt werden kann, daß die Ergebnisse der postkeynesianischen Ansätze der Transaktions-, Vorsichts- und Spekulationskassenhaltung einfach addiert werden. Denn jede gehaltene Geldeinheit kann gleichzeitig mehreren Zwecken dienen.

Obwohl die Neoquantitätstheorie und die postkeynesianischen Ansätze gleichermaßen die Geldhaltung als eine mögliche Form der Vermögensanlage ansehen und sie daher im Rahmen der Kapitaltheorie analysieren, sind doch bei der methodischen Vorgehensweise Unterschiede festzustellen. Während *Friedman,* wie schon gesagt, nur einen mehr oder weniger weiten theoretischen Rahmen vorgibt und die Beziehungen zwischen den Variablen erst durch empirische Untersuchungen festlegt, versuchen die postkeynesianischen Ansätze, eine genauere theoretische Spezifikation ihrer Modelle vorzunehmen. Die unterschiedliche Bedeutung, die sie dem Gelde beimessen, ergibt sich allerdings nicht aus ihren theoretischen Formulierungen der Geldnachfragefunktion, sondern vielmehr aus empirisch begründeten Annahmen über den Transmissionsmechanismus.

3.3 Empirische Ergebnisse

Die Volkswirtschaftslehre als Erfahrungswissenschaft muß den Wahrheitsgehalt ihrer Aussagen - wie gut diese auch immer theoretisch begründet sein mögen - an der Realität messen. Wenn man herausfinden will, ob die zuvor dargestellten Theorien das tatsächliche Geldnachfrageverhalten richtig wiedergeben, sind empirische Untersuchungen notwendig. Dies ist jedoch leichter gesagt als getan. Denn es entsteht - wie übrigens überall in der Ökonomie und den anderen Erfahrungswissenschaften - bei empirischen Tests eine ganze Reihe von statistisch-ökonometrischen und methodologischen Fragen, die bisher noch nicht immer zufriedenstellend gelöst werden konnten. Nur einige von ihnen können hier kurz angesprochen werden. Dabei wird - ganz im Sinne einer problemorientierten Einführung - insbesondere auch auf die noch offenen Fragen hingewiesen. Zunächst seien die Probleme der Operationalisierung, d. h. der adäquaten Umsetzung der in den vorherigen Abschnitten verwendeten theoretischen Konzepte (Einkommen, Zinssätze etc.) in empirisch meßbare Größen angesprochen.

Die Problematik der Wahl der adäquaten Geldmengendefinition ist schon unter *3.1* behandelt worden. Aufgrund der Ausführungen dürfte klar sein, daß sie nicht nur einfach in der Entscheidung zwischen einer der gängigen mehr oder weniger breiten Geldmengenkonzepte (M1, M2, M3) besteht. Vielmehr ist zuvor eine Prüfung erforderlich, ob die benutzte Definition dem entspricht, was die Nachfrager als Geld betrachten. Spielen nämlich solche Phänomene wie Währungssubstitution, Euro-Haltung von Ausländern, Einlagen von Inländern auf den Eurogeldmärkten und Finanzinnovationen eine Rolle, könnte statt der gängigen die Verwendung neuer Geldmengenaggregate geboten sein, die dem augenblicklichen Geldnachfrageverhalten besser entsprechen. Da die Wahl einer bestimmten Geldmengendefinition zum einen nicht theoretisch zwingend begründet werden kann, gibt es keine allgemein akzeptierte Lösung dieses Problems, sondern nur eine mehr oder weniger gut begründete Entscheidung eines Autors. Zum anderen scheitert die Verwendung geeigneterer Aggregate häufig daran, daß Beobachtungen nicht für einen genügend lange in die Vergangenheit zurückreichenden Zeitraum vorliegen. Daher bleibt häufig nur der Rückgriff auf gängige Geldmengendefinitionen (Ml, M2, M3). Es tritt aber noch ein weiteres Problem auf.

Die von der Bundesbank und anderen Institutionen veröffentlichten Zeitreihen von M messen nur das *tatsächlich* umlaufende und auch tatsächlich gehaltene Geldvolumen, also das Geldangebot, nicht aber die Geldnachfrage, da letztere ja eine *gewünschte* Größe ist und man nicht weiß, ob die tatsächliche Geldmenge immer der von den Wirtschaftssubjekten auch zu halten gewünschten entspricht. Nur im Gleichgewicht stimmen beide überein. Verwendet man die offiziellen Zahlen, muß man entweder ein Gleichgewicht auf dem Geldmarkt unterstellen oder die Annahme machen, daß die gewünschte Geldnachfrage sich jeweils mit einer bestimmten zeitlichen Verzögerung an das tatsächliche Geldangebot anpaßt und dies entsprechend in der zu schätzenden Geldnachfragefunktion zum Ausdruck bringen. Für den letzten Fall kann als theoretische Basis etwa der Buffer-stock-Ansatz (vgl. *Abschnitt 3.2.4.3*) dienen. Im Gegensatz zu den in der Vergangenheit häufig angewandten einfachen Lag-Ansätzen erfolgen ökonometrische Tests heute üblicherweise mit Hilfe von Kointegrations- und Fehlerkorrekturmodellen. Damit ist es grundsätzlich möglich, die langfristig gleichgewichtige Geldnachfrage von den in der kurzen und mittleren Frist stattfindenden Anpassungsprozessen empirisch zu unterscheiden.

Aber nicht nur die Operationalisierung der Geldnachfrage bereitet Schwierigkeiten, sondern auch die der anderen Variablen. Da die Geldnachfrage als reale Größe (M/P) gemessen wird, ergibt sich die Frage nach dem geeigneten *Preisindex.* Auch hierüber besteht keine Einigkeit in der Literatur, so daß man bei empirischen Untersuchungen neben dem hauptsächlich verwendeten Preisindex des Nettosozialprodukts auch u. a. den Preisindex des Bruttosozialprodukts und den Index der Verbraucherpreise findet.

Als Maß der *Budgetbeschränkung* werden nebeneinander das Bruttovolksvermögen oder andere engere Vermögensgrößen, das permanente Einkommen als Ersatz für das umfassende Vermögenskonzept *Friedmans* und schließlich das laufende Einkommen verwendet. Hier wie auch bei dem geeigneten Maß für die *Alternativkosten* der Geldhaltung bestehen kontroverse Ansichten in der Literatur. Da in diesem Zusammenhang zumeist nur ein einziger Zinssatz als erklärende Variable in der Geldnachfragefunktion verwendet wird, muß unterstellt werden, daß sein Einfluß repräsentativ für alle anderen Alternativkosten der Geldhaltung ist. Ob dies zutrifft und ob dieser Zinssatz nun langfristiger oder kurzfristiger Natur ist, blieb bisher weitgehend offen. An eine Operationalisierung solcher Größen wie Risiko der Wertpapierhaltung, Nutzen der Liquidität des Geldes und "Maklergebühr", die allesamt in den theoretischen Modellen vorkommen, hat man sich bisher zumeist noch nicht herangewagt.

Bei den empirischen Untersuchungen werden die Verfahren der Regressions- und Korrelationsanalyse angewendet, auf die hier nicht eingegangen werden kann. Allerdings sind zu einem Problem in diesem Zusammenhang wegen seiner Wichtigkeit einige Bemerkungen zu machen. Gemeint ist das sog. *Identifikationsproblem.* Wie zuvor gesagt, ist die Geldnachfrage eine nicht direkt meßbare Größe. Daher wird bei empirischen Untersuchungen zumeist a priori ein Gleichgewicht zwischen Geldnachfrage und Geldangebot unterstellt, was die Verwendung des tatsächlichen Geldvolumens als abhängige Variable in der Geldnachfragefunktion ermöglicht. Allerdings erhebt sich bei der Schätzung einer funktionalen Beziehung zwischen Geldvolumen und bestimmten unabhängigen Variablen die Frage, ob nun wirklich eine Geldnachfrage- oder eine Geldangebotsfunktion oder gar eine Mischform von beiden getestet wird. Um ganz sicher zu sein, eine Geldnachfragefunktion zu schätzen, müssen folgende Bedingungen erfüllt sein: (1) die Determinanten der Geldnachfrage- und Geldangebotsfunktion müssen unabhängig voneinander sein, d. h. Verschiebungen beider Kurven werden durch unterschiedliche Faktoren bewirkt; (2) bei Verschiebungen der Geldangebotskurve müssen alle Schnittpunkte zudem auf ein und derselben Geldnachfragekurve liegen.

Nun kann man aber nicht unterstellen, daß diese Bedingungen immer erfüllt sind, wenn man eine isolierte Schätzung (Eingleichungsschätzung) der Geldnachfragefunktion vornimmt, so daß die Regressionskoeffizienten auch noch Geldangebotseffekte enthalten können. Um das Identifikationsproblem einer Lösung näherzubringen, wird es zumeist notwendig sein, eine *simultane* Schätzung der Geldnachfrage- und Geldangebotsfunktion vorzunehmen. Neben dem Identifikationsproblem gibt es noch eine ganze Reihe anderer ökonometrischer Fragen, deren Lösung noch nicht zufriedenstellend gelungen ist. Daher müssen allein aus diesem Grund die Ergebnisse empirischer Untersuchungen der Geldnachfragefunktion mit Vorsicht interpretiert werden.

Hauptsächlich folgende Fragen, die sich aus den theoretischen Modellen ergeben, haben bei empirischen Tests der Geldnachfragefunktion eine Rolle gespielt: (1) Welche Bedeutung hat der Zinssatz, und gibt es Anzeichen für die Möglichkeit einer Liquiditätsfalle (unendliche Zinselastizität der Geldnachfrage)? (2) Welche Größe ist die adäquate Budgetbeschränkung: das laufende Einkommen, ein engeres Vermögenskonzept (z. B. Bruttovolksvermögen) oder das permanente Einkommen als Maß für das Gesamtvermögen einschl. Humankapital? (3) Welchen Einfluß hat das Preisniveau? (4) Welches ist der relevante Geldmengenbegriff? (5) Ist die Geldnachfragefunktion eine stabile Relation?

Mit ziemlicher Sicherheit können aufgrund der empirischen Tests von diesen Fragen nur folgende beantwortet werden. Es liegen bisher keinerlei Anzeichen dafür vor, daß es eine *Liquiditätsfalle* gegeben hat, ja es war noch nicht einmal nachzuweisen, daß mit sinkendem Zinssatz die Elastizität stieg. Allerdings kommen alle Autoren mit Ausnahme *Friedmans zu* dem Ergebnis, daß der *Zinssatz* einen signifikanten Einfluß auf die Geldnachfrage ausübt. In empirischen

Untersuchungen mit amerikanischen, englischen und deutschen Daten wurden Zinselastizitäten der Geldnachfrage zwischen -0,03 und -1,8 festgestellt, je nachdem welcher Zinssatz (kurz- oder langfristig), welche Geldmengendefinition und welche anderen Variablen benutzt wurden. Die Testergebnisse *Friedmans* zeigen wohl nur deshalb keine signifikante Zinsabhängigkeit der Geldnachfrage an, weil ökonometrisch fragwürdige Methoden angewendet wurden. Die genaue Höhe der Zinselastizität dürfte allerdings durch Eingleichungsschätzungen nicht zu ermitteln sein. Untersuchungen mit deutschen Daten deuten darauf hin, daß sich bei Schätzungen der Geldnachfrage- und Geldangebotsfunktion durch die zweistufige Kleinstquadratemethode die Zinselastizität deutlich erhöht. Heute gilt allgemein als gesichert, daß der Einfluß des Zinses auf die Geldnachfrage signifikant ist und die Zinselastizität weder unendlich noch Null sein dürfte. Die Liquiditätsfalle kann daher nicht mehr als Argument für eine mögliche Ineffizienz der Geldpolitik herhalten.

Die Testergebnisse bezüglich der Budgetbeschränkung sind widersprüchlich, jedoch scheinen die meisten eher auf die Relevanz eines Vermögenskonzepts (wie Bruttovolksvermögen oder permanentes Einkommen) als auf die des laufenden Einkommens hinzuweisen. Dagegen gibt es empirische Argumente für das eine wie das andere Vermögenskonzept, so daß eine endgültige Aussage hier nicht möglich ist. Die von *Friedman* gefundene permanente Einkommenselastizität der Geldnachfrage von 1,8 und die im Anschluß daran formulierte "Luxusguthypothese" wurde durch andere Untersuchungen in dieser Form nicht bestätigt. Grund dafür dürfte die zuvor schon erwähnte ökonometrische Vorgehensweise *Friedmans* sein. Im allgemeinen wurden Werte für die Einkommenselastizität der Geldnachfrage gefunden, die um eins lagen. Empirische Tests mit angelsächsischen Daten scheinen darauf hinzudeuten, daß die nominale Geldnachfrage sich proportional zum Preisniveau verändert. Für die Bundesrepublik Deutschland liegen allerdings andere Resultate vor, nach denen die Geldnachfrage überproportional auf Preisniveauveränderungen zu reagieren scheint.

Abschließend soll *die Stabilität der Geldnachfragefunktion* diskutiert werden. Diese Frage ist deshalb so wichtig, weil nur bei stabiler Geldnachfrage ein prognostizierbarer Zusammenhang zwischen nominaler Geldmenge und Nominaleinkommen besteht. Nur dann können die Wirkungen der Geldpolitik einigermaßen abgeschätzt werden. Eine stabile Geldnachfragefunktion ist, wie zuvor gezeigt, für die monetaristische Konzeption von grundlegender Bedeutung. Dies trifft aber auch für neuere keynesianische Positionen zu, in denen die Geldpolitik als effizientes Instrument der Stabilitätspolitik eine wichtige Rolle spielt.

Nach vielen vorangegangenen Untersuchungen mit wenig eindeutigen Ergebnissen wurde Mitte der 70er Jahre die Frage der Stabilität der Geldnachfragefunktion durch die Arbeit von *Goldfeld (1973*) für die USA als weithin geklärt angesehen. *Goldfeld* hatte in seiner Studie einen stabilen Zusammenhang zwischen realer Geldmenge einerseits und Realeinkommen, kurz- und langfristigem Zinssatz sowie zeitverzögerter realer Geldmenge andererseits gefunden, der sich bei Prognosen in den Folgejahren zunächst gut bewährte. Später ergaben sich jedoch bei Prognosen mit der *Goldfeld*-Spezifikation Über- bzw. Unterschätzungen der tatsächlichen Geldnachfrage. Seit Ende der 70er/Anfang der 80er Jahre ist die Diskussion um die Stabilität der Geldnachfragefunktion wieder in vollem Gange. Dabei werden nicht nur alte Fragen der Operationalisierung und Spezifizierung mit neuen Daten und Schätzverfahren untersucht, sondern auch neue Probleme analysiert. Wie schon unter *3.1* angesprochen, könnte es u.a. infolge von Finanzinnovationen, Währungssubstitution, verstärkten Anlagen von Inländern auf dem Euromarkt, höherer Euro-Haltung von Ausländern und Schocks im realen Bereich (Ölpreise) zu größerer Instabilität der Geldnachfrage gekommen sein. Die empirischen Ergebnisse für Deutschland scheinen aber - von einmaligen Strukturbrüchen abgesehen - eher für eine Stabilität der Geldnachfrage zu sprechen. Das gilt auch für die Zeit nach der Wiedervereinigung. Da es sich bei den o. g. Faktoren jedoch überwiegend um Phänomene jüngeren Datums handelt, reicht die Datenbasis für verläßliche Schätzungen oft noch nicht aus.

Da mit dem Beginn der EWU aber eine einheitliche Geldpolitik durch die Europäische Zentralbank betrieben wird, kommt es nicht auf die Stabilität der Geldnachfrage in einzelnen Ländern, sondern auf die in der gesamten Währungsunion an. Die bisher durchgeführten empirischen Untersuchungen deuten darauf hin, daß die europäische Geldnachfrage insbesondere auf lange Sicht stabiler sein könnte als die in einzelnen Ländern. Allerdings kann auf diese Ergebnisse nur mit großer Vorsicht zurückgegriffen werden. Denn gegen sie können in noch größerem Maße als schon bei Studien auf nationalen Datenbasen statistisch-methodische Einwände geltend gemacht werden. So ist u.a. nicht klar, inwieweit die *Lucas*-Kritik gilt. Zudem dürften sich in der kurzen Frist die Geldnachfragefunktionen und damit die Transmissionsmechanismen in den Mitgliedsländern der EWU mehr oder weniger stark unterscheiden und sich erst im Zeitverlauf angleichen.

Das Interesse an empirischen Untersuchungen der Geldnachfrage hat auch in den letzten Jahren nicht nachgelassen. Wegen der angesprochenen Unzulänglichkeiten bei der Operationalisierung und ungelöster ökonometrischer Probleme sollten die empirischen Testergebnisse stets umsichtig interpretiert werden. Die Notenbanken können daher bei der Konzipierung der Geldpolitik nicht von gesicherten empirischen Grundlagen ausgehen.

LITERATUR ZUM 3. KAPITEL

Baumol, W. J. (1952), The Transactions Demand for Cash: An Inventory Theoretic Approach, in: *The Quarterly Journal of Economics,* Vol. 66, S. 545 ff.

Claassen, E.-M. (1980), Grundlagen der Geldtheorie, 2. Aufl., Berlin u.a..

Clower, R. (1969), Introduction, in: **Clower**, R. (ed.), Monetary Theory;. Selected Readings, Harmondsworth, S. 7 ff.

Cuthbertson, K. (1985), The Supply and Demand für Money, Oxford.

Davidson, P. (1978), Money and the Real World, 2. Aufl., New York.

Deutsche Bundesbank (1992), Zum Zusammenhang zwischen Geldmengen- und Preisentwicklung in der Bundesrepublik Deutschland, in: *Monatsberichte der Deutschen Bundesbank*, 44. Jg., Nr. 1, S. 20 ff.

Duwendag, D. (1988), Das Geld und seine Aufgabe - Geldfunktionen, Geldmenge, Geldwert, in: **Kloten**, N./J. H. **von Stein** (Hrsg.), Geld-, Bank- und Börsenwesen. Ein Handbuch, 38. Aufl., Stuttgart, S. 3 ff.

Fisher, I. (1916), Die Kaufkraft des Geldes. Ihre Bestimmung und ihre Beziehung zu Kredit, Zins und Krisen, Berlin.

Fluri, R. (1990), Monetäre Divisia-Aggregate - eine Alternative zu den traditionellen Geldmengenindikatoren? in: **Schweizerische Nationalbank** (Hrsg.), Geld, Währung und Konjunktur, Quartalsheft No. 4 (Dezember), S. 343 ff.

Friedman, M. (1956), The Quantity Theory of Money: A Restatement, in: **Friedman**, M. (ed.), Studies in the Quantity Theory of Money, Chicago, S. 3 ff. Ins Deutsche übersetzt als: **Friedman**, M. (Hrsg.), Die Quantitätstheorie des Geldes: Eine Neuformulierung, in: Die optimale Geldmenge und andere Essays, München 1970, S. 77 ff.

Friedman, M. (1959), The Demand for Money: Some Theoretical and Empirical Results, in: *The Journal of Political Economy*, Vol. 67, S. 327 ff.

Friedman, M./A. J. **Schwartz** (1963), A Monetary History of the United States, 1867-1960, Princeton.

Fuhrmann,W. (1987), Geld und Kredit, 2. Aufl., München.

Gödde, R. (1988), Stabilität der Geldnachfrage und Ausgestaltung der Geldpolitik, Bergisch Gladbach, Köln.

Goldfeld, S. M./D. E. **Sichel** (1990), The Demand for Money, in: Handbook of Monetary Economics, Vol. 1, Amsterdam u.a., S. 299 ff.

Gottwald, D./W. **Kösters** (1980), Ein direkter Test der Liquiditätsfalle in der Geldnachfragefunktion mit Hilfe von Splinefunktionen, in: *Jahrbücher für Nationalökonomie und Statistik*, Vol. 195, S. 217 ff.

Gurley, J. G./E. S. **Shaw** (1960), Money in a Theory of Finance, Washington.

Hayo, B. (1997), Estimating a European Demand for Narrow Money (Manuskript), Bamberg.

Heri, E. W. (1986), Die Geldnachfrage; Theorie und empirische Ergebnisse für die Schweiz, Berlin u.a..

Issing, O. (1998), Einführung in die Geldtheorie, 11. Aufl., München.

Jarchow, H. J. (1998), Theorie und Politik des Geldes I, 10. Aufl., Göttingen.

Judd, J. P./J. L. **Scadding** (1982), The Search for a Stable Money Demand Function: A Survey of the Post-1973 Literature, in: *Journal of Economic Literature*, Vol. 20, S. 993 ff.

Kath, D. (1995), Geld und Kredit, in: Vahlens Kompendium der Wirtschaftstheorie und Wirtschaftspolitik, Bd. 1, 6. Aufl., München, S. 175 ff.

Ketterer, K.-H. (1988), Finanzinnovationen und Geldpolitik; Einige Ergebnisse im Überblick, in: **Gutowski**, A. (Hrsg.), Neue Instrumente an den Finanzmärkten: Geldpolitische und bankaufsichtliche Aspekte, Berlin, S. 91 ff.

Keynes, J. M. (1936), The General Theory of Employment, Interest and Money, London.

Kösters, W. (1974), Theoretische und empirische Grundlagen der Geldnachfrage; Eine kritische Analyse der wirtschaftspolitischen Aussagefähigkeit isolierter Untersuchungen der Geldnachfragefunktion, Göttingen.

Laidler, D. E. W. (1984), The Buffer-Stock Notion in Monetary Economics, in: *Economic Journal*, Vol. 94, Supplement, S. 17 ff.

Laidler, D. E. W. (1993), The Demand for Money: Theories, Evidence and Problems, 4. Aufl., New York.

Marshall, A. (1923), Money, Credit, and Commerce, London.

Miller, M. H./D. A. **Orr** (1966), A Model of the Demand for Money by Firms, in: *The Quarterly Journal of Economics*, Vol. 80, S. 413 ff.

Mizen, P. (1994), Buffer-Stock Models and the Demand for Money, New York.

Neldner, M. (1987), Währungssubstitution in der Bundesrepublik Deutschland, in: **Köhler**, C./R. **Pohl** (Hrsg.), Aspekte der Geldpolitik in offenen Volkswirtschaften, Berlin, S. 99 ff.

Pigou, A. C. (1917/18), The Value of Money, in: *The Quarterly Journal of Economics,* Vol. 32, S. 38 ff.

Siebke, J. (1987), Geldnachfragetheorie, in: **Thieme**, H. J. (Hrsg.), Geldtheorie, 2. Aufl., Baden-Baden, S. 41 ff.

Tobin, J. (1956), The Interest-Elasticity of Transactions Demand for Cash, in: *Review of Economics and Statistics*, Vol. 38, S. 241 ff.

Tobin, J. (1958), Liquidity Preference as Behavior towards Risk, in: *Review of Economic Studies,* Vol. 25, S. 65 ff.

Tsiang, S. C. (1969), The Precautionary Demand for Money: An Inventory Theoretic Approach, in: *The Journal of Political Economy*, Vol. 77, S. 99 ff.

Visser, H. (1974), The Quantity of Money, London.

Wesche, K. (1997), The Demand for Divisia Money in a Core Monetary Union, in: *Federal Reserve Bank of St. Louis Review*, September/October, S. 51 ff.

Whalen, E. L. (1966), A Rationalization of the Precautionary Demand for Cash, in: *The Quarterly Journal of Economics*, Vol. 80, S. 314 ff.

Willms, M./V. **Clausen** (1995), Der Bufferstock-Ansatz der Geldnachfrage, in: **Duwendag**, D. (Hrsg.), Neuere Entwicklungen in der Geldtheorie und Währungspolitik, Berlin, S. 11 ff.

4 GELDANGEBOT

Die *Kapitel 3*, *4* und *5* bilden insofern eine Einheit, als die zunächst separat behandelten beiden Marktseiten der Geldnachfrage (*3*) und des Geldangebots (*4*) in *Kapitel 5* mit der Analyse der monetären Märkte und der Zinsbildung zusammengeführt werden. Dabei ist sehr genau zu unterscheiden, welcher monetäre Markt (z. B. Geld-, Kapital-, Kreditmarkt) betrachtet wird und welcher Zins gemeint ist. In diesem Kapitel geben wir zunächst einen Überblick über die Rolle des Finanzsektors und die gesamtwirtschaftlichen Finanzierungszusammenhänge, die insbesondere die Einlagen-, Kredit- und Kapitalmärkte betreffen. Danach konzentrieren wir uns auf das Geldangebot im eigentlichen Sinne, d. h. die Kreditschöpfung der Geschäftsbanken.

4.1 Finanzsektor und gesamtwirtschaftliche Finanzierung

In arbeitsteiligen Volkswirtschaften bestehen zwischen den Einnahmen und Ausgaben der einzelnen Wirtschaftssubjekte bzw. Wirtschaftssektoren Diskrepanzen. Sparer und Investoren sind in den meisten Fällen nicht mehr identisch; die Ersparnisse und Investitionen fallen sektoral auseinander. Die Folge sind sektorale Finanzierungssalden (Überschüsse oder Defizite). Moderne Geldwirtschaften sind in der Lage, derartige Salden zu überbrücken, d. h. Finanzierungsüberschüsse und -defizite zum Ausgleich zu bringen. Diese Aufgabe leistet primär der *Finanzsektor*. Dazu zählen im weitesten Sinne die Zentralbank, die Geschäftsbanken und die Finanzintermediäre (z. B. Bausparkassen, Versicherungen, Kapitalanlagegesellschaften). Außerhalb des Finanzsektors werden die übrigen Wirtschaftsbereiche zu den großen Sektoren der privaten Haushalte, der (Produktions-)Unternehmen, des Staates und des Auslandes zusammengefaßt (vgl. *Abb. 15*).

Fragen wir zunächst, wie die Finanzierungsüberschüsse bzw. -defizite in den einzelnen Sektoren ermittelt werden. Hierzu sind die *Herkunft* und die *Verwendung* der Finanzierungsmittel gegenüberzustellen. Die zur Verfügung stehenden Mittel stammen aus zwei Quellen, nämlich aus den laufenden eigenen *Ersparnissen* (S) und der laufenden (Netto-)*Kreditaufnahme* (ΔK) der jeweiligen Sektoren. Verwendet werden die Ersparnisse und Kredite zur Finanzierung der *Sachvermögensbildung*, d. h. der Netto-Investitionen (I^n), und der *Geldvermögensbildung* (ΔGV; Geldanlage bei Banken und Finanzintermediären; Wertpapiererwerb; auch die Kredite der Geschäftsbanken, Bausparkassen etc. zählen zur Geldvermögensbildung, hier des Finanzsektors). Daraus ergibt sich ex post für jeden Sektor die folgende *Finanzierungsgleichung*:

$$S + \Delta K = I^n + \Delta GV \quad \text{bzw.} \quad S - I^n = \Delta GV - \Delta K$$

Diese Gleichungen gelten für alle Sektoren. Sie sind für die Unternehmen, den Staat und den Finanzsektor, die allesamt sowohl Investitionen tätigen als auch Geldvermögen akkumulieren, besonders evident. Die Gleichungen gelten aber auch für die privaten Haushalte, die ex definitione nicht investieren (die Wohnungswirtschaft wird dem Unternehmenssektor zugerechnet), und sie gelten ebenfalls für das Ausland, dessen Investitionen im Rahmen der *inländischen* Finanzierungsrechnung außer Betracht bleiben.

Die *Ersparnisse*, die stets auch den Saldo aus geleisteten und empfangenen Vermögensüberschüssen des jeweiligen Sektors mit enthalten, sind wie folgt definiert: Für die privaten und öffentlichen Haushalte sind sie der nicht konsumierte Teil des Einkommens, wobei die Staatsersparnis abgegrenzt ist als der über die laufenden (konsumtiven) Staatsausgaben hinausgehende Teil der laufenden Einnahmen aus Steuern, Abgaben etc., der mithin für die Finanzierung von öffentlichen Investitionen zur Verfügung steht. Die Ersparnisse des Unternehmens- und Finanzsektors sind der einbehaltene (nicht ausgeschüttete) Gewinn (die Finanzierungsmittel aus Abschreibungserlösen, der sog. Cash Flow, bleiben hier außen vor, da Netto-Investitionen betrachtet werden). Die Ersparnisse des Auslandes entsprechen schließlich dem Leistungsbilanzsaldo des Inlandes (vgl. *7.2.4*): Sie sind positiv bei einem Leistungsbilanzdefizit und identisch mit den Netto-Kapitalimporten aus dem Ausland (ausländische Ersparnisse werden auf das Inland übertragen), und sie sind negativ bei einem Leistungsbilanzüberschuß (inländische Ersparnisse fließen als Netto-Kapitalexporte ins Ausland).

Wir können also festhalten: Es sind die Ersparnisse, die den jeweiligen Sektoren als *eigene* Mittel zur Finanzierung der Investitionen und der Geldvermögensbildung zur Verfügung stehen. Für die Ermittlung des *Finanzierungssaldos* (FS) der einzelnen Sektoren folgt daraus:

$$FS = S - I^n \quad \text{bzw.} \quad FS = \Delta GV - \Delta K$$

Beide Gleichungen sind die Kehrseite derselben "Medaille": Die Differenz zwischen Ersparnis und Netto-Investitionen ist ex post stets gleich der Differenz zwischen der Geldvermögensbildung und der laufenden Kreditaufnahme. Betrachten wir einige Beispiele:

- Für den Sektor der privaten Haushalte (der ex definitione nicht "investiert") ergibt sich ein Finanzierungsüberschuß in Höhe der Ersparnis, die der Differenz zwischen ihrer Geldvermögensbildung und ihrer Kreditaufnahme (z. B. für Konsumzwecke) entspricht.

- Für den Unternehmens- und Staatssektor existiert ein Finanzierungsdefizit, wenn die jeweiligen (sektoralen) Investitionen höher sind als die Ersparnisse bzw. wenn die Kreditaufnahme die Geldvermögensbildung übersteigt.

Das Schema der gesamtwirtschaftlichen Finanzierungszusammenhänge in *Abb. 15* läßt sich nun leicht interpretieren. Zugrunde gelegt ist die für Deutschland und die meisten entwickelten Volkswirtschaften *typische* Struktur: Die privaten Haushalte (und der Finanzsektor) weisen in der Regel Finanzierungsüberschüsse auf (*Überschußsektoren*), während die Unternehmen und der Staat im allgemeinen Finanzierungsdefizite verzeichnen (*Defizitsektoren*). Die Position des Auslandes wechselt häufiger und hängt - wie erläutert - vom jeweiligen Saldo der Leistungsbilanz ab.

- *Strang 1* bei den Defizitsektoren kennzeichnet die Möglichkeit der Finanzierung aus eigenen Ersparnissen, auch als *Eigen-* oder *interne Finanzierung* bezeichnet. Auch die Einräumung von Handels- und Lieferantenkrediten z. B. innerhalb des Unternehmenssektors wäre zur internen Finanzierung zu rechnen. Da diese Möglichkeiten, insbesondere aber die eigenen Ersparnisse zur Finanzierung der Sach- und Geldvermögensbildung nicht ausreichen, müssen diese Sektoren auf zusätzliche Finanzierungsquellen zurückgreifen.

- *Strang 2* markiert eine dieser Quellen, nämlich die *direkte externe Finanzierung*: Private Haushalte und ggfs. ausländische Anleger als Überschußsektoren stellen den Defiziteinheiten Finanzierungsmittel durch Direktkredite oder den Erwerb von neu emittierten Schuld- oder Beteiligungspapieren (z. B. Aktien) zur Verfügung.

- Die bedeutendste Finanzierungsquelle ist der durch *Strang 3* gekennzeichnete Weg der *indirekten externen Finanzierung*: Die Überschußsektoren legen ihre Finanzierungsüberschüsse bei den Banken und Finanzintermediären an und ermöglichen dem Finanzsektor auf diese Weise die Kreditgewährung (einschl. des Erwerbs von Schuld- und Beteiligungstiteln) an die Defizitsektoren.

Die zuletzt genannte *indirekte externe Finanzierung* ist in allen entwickelten Volkswirtschaften heute von überragender Bedeutung. Sie setzt ein leistungsfähiges Finanz- und Bankensystem mit funktionierenden Aufsichts- und Sanktionsregelungen voraus, wie wir es zumeist nur in den Industrieländern antreffen. Erst ein funktionstüchtiges Finanzsystem schafft das Vertrauen für die Überschußsektoren, ihre Ersparnisse den Finanzinstituten anzuvertrauen. Darauf basiert letztlich auch die volkswirtschaftliche Funktion des Finanzsektors als *Mittler* zwischen Sparern und Investoren.

Abb. 15: Grundschema des gesamtwirtschaftlichen Finanzierungsprozesses

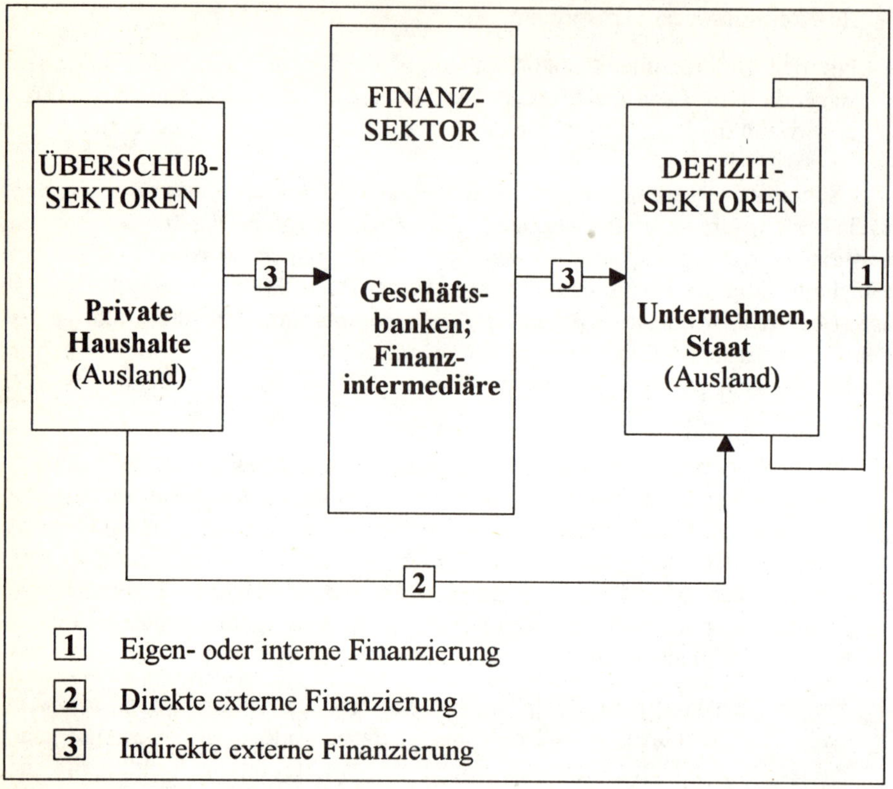

Diese Mittlerstellung der finanziellen Institutionen bringt für die Überschuß- und Defiziteinheiten gegenüber der direkten Finanzierung den Vorzug mit sich, ihre Spar- bzw. Investitionsentscheidungen nicht aufeinander abstimmen zu müssen, sondern sachlich, zeitlich und räumlich getrennt voneinander durchführen zu können. So hält der "Durchschnittssparer" im Regelfall kleinere Sparbeträge, möchte kurzfristig über seine Ersparnisse disponieren und bei gegebenem Risiko einen möglichst hohen Zinsertrag realisieren, während der "Durchschnittsinvestor" im Regelfall große und überwiegend langfristige Finanz-(Kredit-)Beträge bei geringen Zinskosten sucht. Die *volkswirtschaftliche Funktion* der finanziellen Institutionen besteht nun darin, diese unterschiedlichen Vorstellungen und Wünsche tendenziell besser ausgleichen zu können, als es einzelne Sparer und Investoren in direkten Verhandlungen vermöchten. Je besser den Finanzinstitutionen aufgrund ihrer besonderen Möglichkeiten (Spezialisierung, breite Risikostreuung, Staatsaufsicht etc.) diese *Transformation* kleiner, liquider und weitgehend risikolos angelegter Ersparnisse in große, vielfach längerfristig in Anspruch genommene und bis zu einem gewissen Grade stets risikobehaftete Kredite gelingt (*Betrags-*, *Fristen-* und *Risikotransformation*), um so wirksamer und quantitativ

Tab. 11: Netto-Gläubiger- (+) und Netto-Schuldner- (-) Positionen in Deutschland 1992 / 94 / 97; Mrd. DM

Sektor	1992	1994	1997
Private Haushalte	+ 226	+ 212	+ 230
Unternehmen	- 219	- 196	- 178
Staat	- 84	- 83	- 102
Ausland	+ 46	+ 44	+ 9
Finanzsektor	+ 31	+ 23	+ 41

Quelle: Monatsberichte der *Deutschen Bundesbank*, Mai, div. Jahrgänge.

bedeutsamer wird der Finanzvermittlungsprozeß innerhalb einer Volkswirtschaft ablaufen.

Die empirischen Daten zur gesamtwirtschaftlichen Finanzierungsrechnung werden jährlich von der *Deutschen Bundesbank* (1993/95/98) veröffentlicht. Daraus ist zu ersehen, daß einerseits der Überschußbereich der *privaten Haushalte* seine Einnahmenüberschüsse ganz überwiegend dem finanziellen Sektor zuführt, wäh????rend andererseits die Defizitbereiche *Unternehmen* und *Staat* die von ihnen benötigten Finanzierungsmittel überwiegend vom finanziellen Sektor zur Verfügung gestellt bekommen. Die indirekte Finanzierung spielt folglich die größte quantitative Rolle im Finanzierungsprozeß. Ferner lassen sich aus der differenzierten Finanzierungsrechnung Zusammenhänge zwischen den Aktivitäten der Banken, der Finanzintermediäre und der monetären Märkte erkennen. Die Finanzierungsrechnung ist auch ein Instrument zur Untersuchung der Anlagegewohnheiten der privaten Haushalte, der institutionellen Anleger und der übrigen Wirtschaftseinheiten, und sie gibt Aufschluß über die Finanzierungsverpflichtungen zwischen Inländern und dem Ausland (vgl. dazu auch *Tab. 2* in *2.3.3*).

Betrachten wir abschließend noch die Entwicklung der Überschuß- und Defizitsektoren in Deutschland in den 90er Jahren anhand von *Tab. 11*. Sie zeigt die herausragende und permanente Netto-Gläubigerposition der privaten Haushalte und als ihr wichtigstes Pendant die Netto-Schuldnerposition der Unternehmen. Auch die öffentlichen Haushalte spielen als Netto-Schuldner seit etwa Mitte der 70er Jahre eine zunehmend größere Rolle. Der Finanzsektor nimmt seit jeher eine Netto-Gläubigerposition ein. Bedingt durch den Umschwung der Leistungsbilanz hin zu anhaltenden Defiziten im Gefolge der deutschen Wiedervereinigung ist auch das Ausland ("übrige Welt") seit Anfang der 90er Jahre - nach dem vorangegangenen Jahrzehnt als Netto-Schuldner - in eine starke Netto-Gläubigerposition gegenüber Deutschland hineingewachsen. Diese Phase klingt jetzt langsam aus und dürfte sich in den nächsten Jahren umkehren.

4.2 Zentralbankgeld, Kreditschöpfung, Geldangebot

In diesem Abschnitt wollen wir darlegen, was unter Geldangebot zu verstehen ist, wie es mit der Kreditschöpfung zusammenhängt und welche Rolle die Zentralbankgeldmenge dabei spielt. In monetären Systemen, welche die wesentlichen Züge des modernen Kreditsystems tragen, fungieren zwei *Geldarten* als Zahlungsmittel:

- Das von der Zentralbank geschaffene Zentralbankgeld und
- das von den Kreditinstituten geschaffene Buch-(Giral-)Geld, auch Kreditbankengeld genannt.

Eine Geldverfassung, die durch ein solches Nebeneinander von Zentralbankgeld und Buchgeld der Kreditinstitute zu beschreiben ist, wird üblicherweise als "*Mischgeldsystem*" bezeichnet. Einem solchen Mischgeldsystem entsprechen die heutigen institutionellen Verhältnisse in Deutschland und in Europa.

Zentralbankgeld, das aus Noten, Münzen und Sichtguthaben bei der Zentralbank besteht, ist das einzige definitive, d.h. mit gesetzlichem Annahmezwang ausgestattete Zahlungsmittel. Diese Aussage gilt zwar strenggenommen nur für das Bargeld (Noten und Münzen); da jedoch Sichtguthaben bei der Zentralbank jederzeit gegen Bargeld einzutauschen sind, können wir faktisch auch diese Sichtguthaben hierin einbeziehen. Die Zentralbank ist alleiniger Emittent von Zentralbankgeld, das prinzipiell durch ihre Aktivgeschäfte entsteht (dies wird später ausführlich abgehandelt; vgl. *Kapitel 8*).

Buch-(Giral)Geld der Kreditinstitute, die zweite, im Zuge der Ausdehnung des bargeldlosen Zahlungsverkehrs immer bedeutender werdende Komponente des Geldangebots, resultiert aus den Aktiv- und Passivgeschäften der Kreditinstitute.

Im Zentrum des Geldangebots der Kreditinstitute steht die *Giralgeldschöpfung* durch Kreditgewährung. Sie basiert auf der Fähigkeit des Bankensektors, im Rahmen seiner Kreditgewährung durch Einräumung von Sichtguthaben (= Giralgeld) zusätzliches Geld zu schaffen. Da innerhalb der Aktivgeschäfte das Kreditgeschäft die bedeutendste Rolle spielt, ist es notwendig, den Kreditschöpfungsprozeß ausführlich zu behandeln.

Auch Änderungen des Geldkapitals (z. B. langfristige Termineinlagen der Nichtbanken bei Kreditinstituten) beeinflussen das Geldangebot der Kreditinstitute. Diese Transaktionen, bei denen der Anstoß in der Regel von Nichtbanken (Publikum) ausgeht und bei denen sich die Kreditinstitute passiv verhalten, werden als passive Giralgeldschöpfung (bzw. -vernichtung) bezeichnet. Sie ermöglichen den Nichtbanken einen autonomen Einfluß auf den Geld- bzw. Kreditschöpfungsspielraum der Kreditinstitute.

Die Geldschöpfung der Kreditinstitute ist die Resultante all dieser Komponenten, die - je nach Vorzeichen - sowohl eine Geldvernichtung als auch eine Geldentstehung anzeigen können. Den dominierenden Faktor im Geldangebotsprozeß stellt die Kreditschöpfung der Banken dar.

Noch haben wir den Begriff "Geldangebot" nicht definiert. Das wollen wir jetzt tun. Da Geld Passiva des Bankensystems darstellt (Bargeld ist ein Passivum der Zentralbank, Sichteinlagen der Nichtbanken stehen als Passiva in der Geschäftsbankenbilanz), kann man allgemein sagen: *Geldangebot* ist die *Bereitschaft* des Bankensystems, Passiva zu akzeptieren, die Geld darstellen.

Wir beginnen nun unsere Analyse mit der schematischen Darstellung des *Kredit- und Geldschöpfungsprozesses*. Der Ausgangspunkt ist sehr einfach. Man stelle sich eine zunächst leere Bankbilanz vor, auf der also auf der Aktivseite und auf der Passivseite noch keine Positionen stehen. Nunmehr komme ein Kunde zur Bank, nehme einen Kredit von 100 Geldeinheiten auf; die mit dem Kredit gewährten Finanzierungsmittel werden dem Kunden auf einem Sichtkonto gutgeschrieben. Die Bankbilanz sieht nach diesem Vorgang wie folgt aus:

Bilanz der Geschäftsbanken

Aktiva			**Passiva**
Kredite an Nichtbanken	100	Sichteinlagen von Nichtbanken	100

Auf der Aktiv- und auf der Passivseite sind also je 100 Geldeinheiten hinzugekommen. Da die Sichteinlagen zur Geldmenge zählen, ist durch den geschilderten Vorgang Geld entstanden. Dies macht ein wichtiges Grundprinzip deutlich: Durch Kreditgewährung der Banken ("Kreditschöpfung") entsteht Geld. Die Bereitschaft der Banken, Kredite zu gewähren ("Kreditangebot") geht insoweit also mit der Bereitschaft der Banken einher, Passiva zu schulden, die Geld darstellen ("Geldangebot").

So wie das Beispiel bislang aufgebaut ist, scheint es so, als könne auf diese Weise eine unbegrenzte Geldmenge entstehen, als sei also das Geldangebot unbegrenzt. Zumindest könnte man unterstellen, daß es letztlich ausschließlich auf den Willen der Geschäftsbanken zur Kreditvergabe und der Kunden zur Kreditaufnahme ankomme, wieviel Geld entstehen könne. Doch dies ist nur die halbe Wahrheit. Tatsächlich gibt es für den Umfang des Kredit- und Geldangebots Grenzen, und diese liegen in der begrenzten Verfügbarkeit von Zentralbankgeld. Den Begriff "Zentralbankgeld" hatten wir bereits kennengelernt (vgl. *Kapitel 2*). Er umfaßt den Bargeldumlauf und die Einlagen der Geschäftsbanken bei der Zentralbank ("Bankreserven"). Das Zentralbankgeld steht auf der Passivseite der Zentralbankbilanz. Was hat das Zentralbankgeld mit der Kreditschöpfung und dem

Geldangebot der Geschäftsbanken zu tun? Um dies zu verstehen, müssen wir näher auf die Bargeldhaltung des Publikums (der Nichtbanken) und die Mindestreservepflicht der Geschäftsbanken eingehen.

Zur Bargeldhaltung: Nehmen wir in dem obigen Beispiel an, der Bankkunde wolle einen Teil seines Sichtguthabens, sagen wir 20 Geldeinheiten, bar abheben. Dies bringt der Geschäftsbank ein beträchtliches Liquiditätsproblem: Sie verfügt über gar kein Bargeld (in der Bilanz stehen den Sichteinlagen nur Kredite gegenüber und sonst nichts), und sie kann auch selbst kein Bargeld schaffen. Bargeld darf nämlich ausschließlich die Zentralbank emittieren. Die Geschäftsbanken sind jetzt also darauf angewiesen, daß ihnen die Zentralbank das benötigte Bargeld bereitstellt. Nur wenn und insoweit das der Fall ist, kann die Geschäftsbank die Bargeldanforderungen des Publikums befriedigen. So kommen die Notenbank und das Zentralbankgeld ins Spiel. Die Geschäftsbanken können Sichteinlagen grundsätzlich nur dann akzeptieren, wenn sie bei eventuellen Barabhebungen ihrer Kunden auf ein Zentralbankgeldangebot der Notenbank zurückgreifen können.

Zur Mindestreservepflicht: Die Geschäftsbanken müssen in der Regel einen bestimmten Teil (der sich nach dem Mindestreservesatz bemißt) ihrer Kundeneinlagen als sogenannte Mindestreserve (Mindestreservesatz mal Kundeneinlagen) auf einem Konto bei der Zentralbank hinterlegen. Über die Höhe des Mindestreservesatzes entscheidet die Zentralbank, und sie tut das nach geldpolitischen Erwägungen. An dieser Stelle interessieren uns die geldpolitischen Implikationen noch nicht, wohl aber die daraus entstehenden Liquiditätsprobleme für die Geschäftsbanken. Betrachten wir noch einmal die obige Bilanz. Die Zentralbank setze den Mindestreservesatz auf 10 Prozent fest. Die Geschäftsbanken müßten 10 Geldeinheiten (10 Prozent von 100 Sichteinlagen) auf einem Reservekonto bei der Zentralbank einzahlen. Doch sie verfügen über gar keine Mittel, mit denen sie das tun könnten (den Krediten von 100 Geldeinheiten stehen immer noch Sichteinlagen in gleicher Höhe gegenüber und sonst nichts). Die Banken würden zahlungsunfähig, könnten also die Mindestreservepflicht nicht erfüllen - es sei denn, sie könnten sich die benötigten Mittel von der Notenbank leihen. Also sind die Banken auch zur Erfüllung ihrer Reservepflicht auf die Bereitstellung von Zentralbankgeld durch die Notenbank angewiesen.

Die Banken sehen sich also bei ihrer Geld- und Kreditschöpfung mit einem doppelten Liquiditätsproblem konfrontiert: Sie können Bargeldabhebungen ihrer Kunden und Einzahlungen auf dem Mindestreservekonto nur dann erfüllen, wenn die Zentralbank die dafür benötigten Mittel bereitstellt. Bargeldumlauf und Mindestreserveguthaben ergeben zusammen die Zentralbankgeldmenge. Daher können wir diese Zusammenhänge auch so ausdrücken: Die Banken haben ein *Liquiditätsproblem*, weil sie im Zuge der Geld- und Kreditschöpfung Zahlungen in Zentralbankgeld leisten müssen (Bargeldauszahlungen an Kunden, Einzahlungen auf Mindestreservekonto), das sie selbst nicht schaffen können. Nur die Zentralbank kann durch die Bereitstellung von Zentralbankgeld das Liquiditätsproblem der Geschäftsbanken lösen. Die Zentralbankgeldmenge ist also die Basis des Geld- und Kreditschöpfungsprozesses; deshalb wird sie in den Lehrbüchern auch als "*Geldbasis*" bezeichnet.

Nehmen wir den Extremfall an, die Zentralbank würde keinerlei Zentralbankgeld bereitstellen. Dann könnten die Banken auch keinerlei Sichteinlagen als Passiva akzeptieren, denn eventuelle Bargeldabhebungen der Kunden könnten sie mangels Bargeld nicht durchführen, und Einzahlungen auf Mindestreservekonten könnten sie auch nicht leisten. Wenn die Banken aber keine Sichteinlagen akzeptieren können, müßten sie auch auf das Gegengeschäft - die Kreditvergabe - verzichten. Diese Überlegungen zeigen, daß eine Geld- und Kreditschöpfung ohne die Bereitstellung von Zentralbankgeld durch die Zentralbank grundsätzlich nicht möglich ist.

Diese Zusammenhänge wollen wir nun algebraisch analysieren. Wir gehen davon aus, daß die Zentralbank ein bestimmtes Volumen an Zentralbankgeld bereitstellt, und wir fragen, wie groß maximal die Geldmenge und das Kreditvolumen sein können, die mit diesem Volumen an Zentralbankgeld entstehen können. Im einzelnen wollen wir folgende *Annahmen* machen:

- Die Zentralbank stellt den Geschäftsbanken über *Refinanzierungskredite RK* eine bestimmte Zentralbankgeldmenge B zur Verfügung ($B = RK$). Wie sich die Zentralbankgeldmenge auf ihre beiden Komponenten Bargeld BG und Mindestreserven R aufteilt, entscheidet die Zentralbank nicht - nur die gesamte Zentralbankgeldmenge B legt sie fest. Wir betrachten die Zentralbankgeldmenge im folgenden als eine exogene Politikvariable, also als eine nicht von Dispositionen der Geschäftsbanken oder Nichtbanken abhängige Größe, und kennzeichnen das mit der Schreibweise $\overline{B}$.

- Die Bankkunden entscheiden darüber, wie sie ihre gesamte Geldmenge auf die beiden Komponenten Bargeld BG und Sichteinlagen D aufteilen. Wir wollen dies mit der *Bargeldhaltungsquote* $k = BG/D$ erfassen, die das von den Bankkunden gewünschte Verhältnis von Bargeld zu Sichteinlagen wiedergibt.

- Die Zentralbank legt den *Mindestreservesatz* r fest. Die von den Geschäftsbanken zu haltenden Mindestreserven R ergeben sich aus dem Mindestreservesatz r multipliziert mit den reservepflichtigen Bankeinlagen (hier nur Sichteinlagen) D, also $R = r \cdot D$.

Die Frage war, welche Geldmenge M (wobei $M = BG + D$ ist) mit einer bestimmten Zentralbankgeldmenge $\overline{B}$ (wobei $B = BG + R$ ist) *maximal* geschaffen werden kann.

Wir wählen einen *multiplikativen* Ansatz, der allgemein wie folgt geschrieben werden kann:

$$M = m \cdot \overline{B}$$

Hierin ist *m* der *Geldangebotsmultiplikator* (Zentralbankgeldmenge multipliziert mit dem Multiplikator ergibt die Geldmenge). Unter Verwendung der Bargeldhaltungsquote und des Mindestreservesatzes können wir für das maximale Geldangebot auch schreiben:

$$M = \frac{k+1}{k+r} \cdot \overline{B}$$

Der Geldangebotsmultiplikator $m = (k + 1)/(k + r)$ ist größer als Eins, sofern (was die Regel ist) der Reservesatz r kleiner als Eins ist.

Das *maximale Kreditvolumen K* erhält man, wenn man die Bilanzgleichung der Banken berücksichtigt: $K + R = RK + D$. Die Aktiva der Geschäftsbanken, die sich aus Krediten an Kunden K und aus Mindestreserveguthaben R zusammensetzen, müssen gleich sein den Passiva der Banken, die sich aus aufgenommenen Refinanzierungskrediten RK und den Kundeneinlagen D zusammensetzen. Man erhält:

$$K = \frac{k+1}{k+r} \cdot \overline{B}$$

Ein Zahlenbeispiel soll diese Zusammenhänge noch einmal bebildern. Es seien $B = 100$, $k = 0,4$ *(40%)* und $r = 0,1$ *(10%)*. Es ergibt sich ein Multiplikator $m = (0,4 + 1)/(0,4 + 0,1) = 1,4/0,5 = 2,8$ und mithin $M = K = 280$. Im Bilanzschema sieht das wie folgt aus:

Bilanz der Zentralbank

Refinanzierungskredite an Geschäftsbanken RK = 100	Bargeldumlauf BG = 80
	Mindestreserveguthaben der Geschäftsbanken R = 20

Bilanz der Geschäftsbanken

Mindestreserveguthaben der Geschäftsbanken R = 20	Refinanzierungskredite der Geschäftsbanken RK = 100
Kredite an Nichtbanken K = 280	Sichteinlagen von Nichtbanken D = 200

Zur Ableitung der Gleichungen für die Geldmenge und das Kreditvolumen sei der folgende Hinweis gegeben:

$$M / B = (BG + D)/(BG + R) = (BG/D + D/D)/(BG/D + R/D) = (k+1)/(k+r)$$

$$K = RK - R + D = B - R + D = BG + D = M$$

Das maximale Geldangebot M und das maximale Kreditangebot K stimmen hier überein, weil wir von der Existenz von Geldkapital vorläufig abgesehen haben.

Die bisher geschilderten Zusammenhänge wollen wir nun mit Fragen und Antworten interpretieren:

1. Frage: Warum ist die Verfügbarkeit von Zentralbankgeld B eine zwingende Voraussetzung dafür, daß Geldmenge M und Kreditvolumen K geschaffen werden können?

Antwort: Weil die Schaffung von Sichteinlagen und Krediten bei den Geschäftsbanken Zahlungen auslöst (nämlich in Form von Barabhebungen der Kunden und Einzahlungen auf Mindestreservekonto), die die Geschäftsbanken nur mit Zentralbankgeld abwickeln können. Zentralbankgeld kann aber nur die Zentralbank bereitstellen.

2. Frage: Kann mit einer gegebenen Zentralbankgeldmenge B ein Mehrfaches an Geldmenge M und Krediten K geschaffen werden, und wenn ja, warum?

Antwort: Der Geldangebotsmultiplikator m ist dann größer als Eins, wenn der Mindestreservesatz r kleiner als Eins ist. Wäre der Mindestreservesatz nämlich gleich Eins, müßten die Banken Mindestreserven im Umfang ihrer Sichteinlagen halten $(R = D)$. Zusammen mit dem Bargeldumlauf BG wäre dann die Zentralbankgeldmenge gleich der Geldmenge $(B = BG + R = BG + D = M)$. Ist der Mindestreservesatz hingegen kleiner Eins, sind die zu haltenden Bankreserven kleiner als die Sichteinlagen $(R < D)$, so daß die Zentralbankgeldmenge kleiner ist als die Geldmenge $(B = BG + R < BG + D = M)$.

Man kann sich diesen Zusammenhang auch noch anders plausibel machen. Angenommen, die Geschäftsbanken erhalten von der Zentralbank via Refinanzierungskredit eine Zentralbankgeldmenge von $B = RK = 100$. Sie leihen diese Zentralbankgeldmenge auf dem Kreditwege an Kunden aus $(K = 100)$; die Kunden sollen davon 20 Geldeinheiten als Bargeld halten, und den Rest von 80 Geldeinheiten zahlen sie auf einem Sichtkonto ein. Bei den Geschäftsbanken sind also zunächst Mittel in Höhe von 100 abgeflossen und nun wieder 80 zurückgeflossen. Jetzt kommt es darauf an, wieviel der zurückgeflossenen Mittel von 80 in die Mindestreserve fließen. Sind es 100 Prozent (also 80), ist der Prozeß der Kredit- und Geldschaffung damit schon beendet. Wird jedoch nur ein Teil (sagen wir 10 Prozent, also 8 Geldeinheiten) in der Mindestreserve gebunden, können die verbleibenden (80 – 8 =) 72 Geldeinheiten zusätzlich als Kredit ausgeliehen werden. Die einmal bereitgestellte Zentralbankgeldmenge (100) wird dann also *mehrfach* (über Ausleihungen, Rückflüsse und erneute Ausleihungen) zur Kredit- und Geldschaffung eingesetzt.

3. Frage: Durch welche Aktivitäten erhöht sich das Geld- und Kreditangebot?

Antwort: Zu einer Ausweitung des Geld- und Kreditangebots kommt es *ceteris paribus*, wenn

- die Zentralbank die Zentralbankgeldmenge B erhöht,

- die Nichtbanken die Bargeldhaltungsquote k senken (es wird dann weniger der ausgeliehenen Mittel in Bargeldhaltung "versickern", und entsprechend mehr der ausgeliehenen Mittel fließt über Sichteinlagen zu den Banken zurück und kann erneut verwendet werden),
- der Mindestreservesatz r gesenkt wird (von den zurückfließenden Mitteln wird dann ein kleinerer Teil in der Mindestreserve gebunden, und ein entsprechend größerer Teil steht erneut für die Kreditvergabe bereit).

4. Frage: Die Formeln geben, wie erwähnt, die maximalen Kredit- und Geldvolumina an, die mit einer bestimmten Zentralbankgeldmenge B geschaffen werden können. Was wäre, wenn die maximalen Volumina nicht ausgeschöpft werden?

Antwort: In diesem Fall würde die tatsächliche Reservehaltung R der Geschäftsbanken bei der Zentralbank über die Mindestreserven (R^*) hinausgehen. Die Banken würden die ungenutzten Teile des Zentralbankgeldes als "Überschußreserven" ($R_ü$) bei der Notenbank halten. In den Formeln würde der Reservesatz r den Mindestreservesatz r^* und den Satz der Überschußreserve $r_ü = R_ü/D$ erfassen, also $r = r^* + r_ü$.

Es fällt nicht schwer, die bisherige Analyse um das *Geldkapital* zu erweitern. Nehmen wir an, die Bankkunden halten neben Sichteinlagen D auch noch Geldkapital GK bei den Geschäftsbanken. Der "Geldkapitalkoeffizient" sei das Verhältnis von Geldkapital zu Sichteinlagen und mit $g = GK/D$ erfaßt. Mindestreserven werden jetzt nicht nur auf Sichteinlagen, sondern auch auf Geldkapital erhoben, wobei wir von gleichen Sätzen ausgehen, also $R = r \cdot (D + GK)$.

Unter diesen Bedingungen erhalten wir den um das Geldkapital *modifizierten Geldangebotsmultiplikator*:

$$M = \frac{k+1}{k + r \cdot (1+g)} \cdot \overline{B}$$

Hinweis zur Ableitung:

$$M/B = (BG+D)/(BG+R) = (BG/D+1)/\{BG/D + [R/(D+GK)] \cdot [(D+GK)/D]\}$$

Außer daß ein weiterer Verhaltensparameter *(g)* hinzugekommen ist, hat sich gegenüber der ursprünglichen Geldangebotsformel nicht viel geändert. Zu beachten ist jetzt allerdings, daß nun das Kreditvolumen nicht mehr gleich der Geldmenge ist. Aus der jetzt gültigen Bilanzgleichung der Geschäftsbanken $K + R = RK + D + GK$ folgt nämlich jetzt

$$K = \frac{k+1}{k + r \cdot (1+g)} \cdot \left(1 + \frac{g}{1+k}\right) \cdot \overline{B}\,.$$

Das maximale Kreditvolumen K übersteigt mithin das maximale Geldangebot M. Die Differenz ist das Geldkapital GK.

4.3 Portfoliotheoretische Elemente im Geldangebot

Die bisherige Analyse des Geld- und Kreditangebots zeigte wichtige Bestimmungsgründe auf: Zentralbankgeldmenge, Bargeldhaltungsquote, Reservesatz. Dennoch blieb sie ziemlich "*mechanistisch*"; denn wenn man Bargeldhaltungsquote und Reservesatz (und gegebenenfalls den Geldkapitalkoeffizienten) als feste Parameter betrachtet und wenn die Zentralbankgeldmenge von der Zentralbank autonom festgesetzt wird, ergibt sich die Geldmenge und das Kreditvolumen "mechanistisch" aus den abgeleiteten Gleichungen.

Zumindest ist es erforderlich, die Verhaltenskoeffizienten in den Multiplikatoren nicht einfach als Parameter vorzugeben, sondern sie beispielsweise im Sinne der *Portfoliotheorie verhaltenstheoretisch* zu fundieren. Das ist vielleicht nicht so ergiebig für den Bargeldhaltungskoeffizienten. Wie die Bankkunden ihre Geldmenge auf die Komponenten Bargeld und Sichteinlagen aufteilen, ist nicht so sehr von den üblichen portfoliotheoretischen Einflußfaktoren - Zinssätzen, Risikoabwägungen, Erwartungen, Liquiditätsaspekten - abhängig. Als langfristige Bestimmungsfaktoren des Bargeldhaltungskoeffizienten sind vielmehr der zunehmende Umfang des bargeldlosen Zahlungsverkehrs einschließlich des sich verbreitenden Gebrauchs von Schecks, Kreditkarten und elektronischen Überweisungen anzusehen, daneben aber auch der Grad der Urbanisierung, die Entwicklung der Einzelhandelsumsätze und die Dynamik der "Schattenwirtschaft". Ganz anders sieht es schon beim Geldkapitalkoeffizienten aus. Da Geldkapital in der Regel verzinslich ist, mit einigen Komponenten (Wertpapieren) auch ein Kursrisiko trägt, spielen für die Abwägung zwischen der Haltung von Geld versus Geldkapital portfoliotheoretische Einflüsse eine große Rolle.

Vor allem ist aber das Verhalten der Geschäftsbanken durch Rentabilitäts-, Liquiditäts- und Sicherheitsüberlegungen bestimmt. Entsprechend diesen Überlegungen versuchen die Banken, in Abhängigkeit von der Struktur der Zinssätze eine optimale Struktur ihrer Aktiva und soweit möglich Passiva zu realisieren. Bestimmte Arten von Unsicherheiten im Bankgeschäft haben zur Folge, daß eine Bank den zukünftigen Bedarf an Zentralbankgeld und die Kosten seiner Deckung nicht mit Sicherheit kennt. Solche Arten sind beispielsweise die *Unsicherheit* über

- die zukünftige Entwicklung und Struktur des Einlagenvolumens,
- Richtung und Ausmaß von Veränderungen der gegenwärtigen Zinsstruktur,
- die zukünftige Kreditnachfrage,
- die vollständige und rechtzeitige Rückzahlung gewährter Kredite,
- den künftigen geldpolitischen Kurs der Notenbank.

Diese Unsicherheiten zwingen die Banken zur *Liquiditätsvorsorge*, d. h. zu einer über die gesetzliche Mindestreserve hinausgehenden Reservehaltung. Determinanten dieser Reservehaltung sind vor allem:

- Die Höhe aller reservepflichtigen Einlagen,
- das Volumen der vergebenen Kredite,
- Zinssätze auf Einlagen und Kredite,
- Refinanzierungsmöglichkeiten und -kosten,
- konjunkturelle Erwartungen,
- persönliche Momente, wie Risikofreudigkeit des Bankiers.

So kann also das *Portfolioverhalten* der Banken, das sich in dem Reservekoeffizienten r widerspiegelt, auf Gewinn-, Kosten- und Risikoüberlegungen zurückgeführt werden. Der Einfluß, den die Banken auf das Geldangebot ausüben, wird in der Mehrzahl der Fälle mit Hilfe zweier Verhaltensfunktionen beschrieben, von denen die eine die Nachfrage nach *Überschußreserven* und die andere die Nachfrage nach *Zentralbankgeld* zum Ausdruck bringt.

Die *Nachfrage der Banken nach Überschußreserven* ($R_ü$) hängt einmal vom Einlagenvolumen, von der Einlagenstruktur und von der (erwarteten) Einlagenvariabilität ab. Je höher das Einlagenvolumen, je größer der Anteil der Sichteinlagen am gesamten Einlagenvolumen und je größer die Unsicherheit über die Einlagenentwicklung ist, um so höhere Überschußreserven werden die Banken zu halten wünschen. Da Überschußreserven in der Regel mit einem Zinsverlust in Höhe der Differenz zwischen dem Zinssatz für ertragbringende Bankaktiva im engeren Sinn (Kreditzins, i_K) und dem Zinssatz für Liquiditätsanlagen (i_L) verbunden sind, werden die gewünschten Bestände an Liquiditätsanlagen bei steigenden Opportunitätskosten (i_K - i_L) geringer werden. Neben der Veräußerung von Liquiditätsanlagen können sich die Banken auch durch Kreditaufnahme bei der Notenbank Zentralbankgeld beschaffen. Die Differenz zwischen dem Wertpapierpensionssatz (i_P), dem Diskontsatz (i_D) und dem Zinssatz für Liquiditätsanlagen (i_L) ist als kostenmäßiger Vorteil aufzufassen, den die Veräußerung von Liquiditätsanlagen als Mittelbeschaffungsform gegenüber der Verschuldung bei der Zentralbank aufweist. Weitere Opportunitätskosten (z. B. Zinsen für Kreditaufnahme im Ausland) wären gegebenenfalls zu berücksichtigen. Die von den Banken gewünschte Überschußreserve hängt aber nicht nur vom tatsächlichen Zins ab, sondern wird auch von den Zinserwartungen beeinflußt. Eine solche Verhaltensfunktion würde dann etwa so aussehen:

$$R_Ü = R_Ü(i_K, i_p, i_D, i_L, ...),$$

wobei die Punktierung bedeutet, daß es sich hier nicht um eine vollständige Verhaltensfunktion handelt, sondern weitere Argumente denkbar sind.

Bei der Diskussion um die Determinanten der Nachfrage der Banken nach Zentralbankgeld stehen in der Regel die *Motive der Zentralbankgeldverschuldung* am Anfang. Die geldtheoretische Literatur stellt drei Motive heraus:

1. Nach der "*Profit-Theory*" ist das Streben der Banken nach Gewinnmaximierung ausschlaggebend für die Kreditaufnahme bei der Zentralbank. Die Banken nehmen danach Zentralbankkredit auf, wenn sie durch eine "Anlage" dieser Gelder Gewinne erzielen können und/oder wenn diese Refinanzierungsform gegenüber anderen Arten der Refinanzierung (beispielsweise Abbau von Liquiditätsanlagen, Kreditaufnahme im Ausland) am kostengünstigsten ist.

2. Nach der "*Need-Theory*" sind auch Bedarfsgesichtspunkte ein wichtiges Motiv für die Zentralbankgeldverschuldung der Banken. Die "Need-Theory" wird zumeist mit der psychologischen Abneigung der Banken gegen die Verschuldung bei der Zentralbank begründet: Die Banken beschränken ihre Zentralbankverschuldung auf den Fall eines dringenden kurzfristigen Zentralbankgeldbedarfs, der nicht anderweitig gedeckt werden kann, und bemühen sich, ihre Schulden bei der Notenbank möglichst bald wieder zu tilgen.

3. Nach der "*Erwartungshypothese*" entscheiden geldpolitische Erwartungen der Banken über die Kreditaufnahme bei der Zentralbank. Zinssatzerhöhungen der Zentralbank für ihre Refinanzierungskredite führen danach eher zu einer Ausdehnung als zu einer Einschränkung der Refinanzierung bei der Zentralbank, wenn die Banken in einer Zinserhöhung das Signal für eine zu erwartende allgemeine Richtungsänderung der Geldpolitik sehen. Begründet wird dieses Verhalten vor allem damit, daß die Banken versuchen, ihre Liquiditätsreserven rechtzeitig aufzufüllen, wenn Anzeichen für eine bevorstehende Geldverknappung vorhanden sind.

Zusammenfassend läßt sich sagen, daß mit den genannten Verhaltenshypothesen der *Risiko-/Ertragskalkül der Banken* beschrieben wird. Die Banken werden versuchen, tendenziell ihr Kreditangebot auszuweiten, wenn der Kreditzins steigt, der für den Zentralbankkredit relevante Wertpapierpensionssatz sinkt und/oder der Mindestreservesatz (r) herabgesetzt wird. Sie werden ihre (freiwillige) Reservehaltung (Liquiditätsanlagen) reduzieren, wenn der Kreditzins steigt, der Diskontsatz und/oder der Mindestreservesatz sinkt. Die Nachfrage der Banken nach Zentralbankgeld (Refinanzierung) wird schließlich zunehmen, wenn der Kreditzins steigt, der Diskontsatz sinkt und der Mindestreservesatz anzieht. Genau entgegengesetzt läuft die Anpassung des Bankenverhaltens, wenn die Bestimmungsgrößen das umgekehrte Vorzeichen haben.

Statt des mechanistischen Geldangebotsmultiplikators ist unter Berücksichtigung portfoliotheoretischer Überlegungen eine *Geldangebotsfunktion* der folgenden Art plausibel (wobei die Zeichen + bzw. – unter den Argumenten die Wirkungsrichtung einer Erhöhung der Einflußgröße auf das Geldangebot wiedergeben):

$$M = m(\underset{+}{i_K}, \underset{-}{i_p}, \underset{-}{r}, \underset{-}{k}, \ldots) \cdot \overline{B}$$

Hervorgehoben sei insbesondere der positive Zusammenhang zwischen dem Zinssatz für Kredite und der Geldmenge. Dies kann wie folgt erläutert werden: Je höher der Kreditzins ist, desto mehr werden die Banken - bei gegebener Risikoeinschätzung der Banken hinsichtlich der Kreditvergabe - bereit sein, Kredite auszuleihen. Das erhöht das Kreditvolumen und mithin auch die Geldmenge.

4.4 Ist die Zentralbankgeldmenge exogen?

Ob wir den Geld- und Kreditangebotsprozeß in seiner rein mechanistischen Variante betrachten oder portfoliotheoretische Elemente in den Geldangebotsmultiplikator eingebaut haben: In beiden Fällen haben wir bisher angenommen, daß die Zentralbankgeldmenge *B* eine *exogene* Größe im Politiksinne ist. Das bedeutet konkret, daß über das Volumen der Zentralbankgeldmenge allein die Zentralbank entscheidet und daß sie auch faktisch in der Lage ist, die Zentralbankgeldmenge so zu erhöhen oder zu senken, wie sie es wünscht. Auf jeden Fall sind die Geschäftsbanken und die Nichtbanken nicht in der Lage, Veränderungen der Zentralbankgeldmenge gegen den Willen der Zentralbank auszulösen.

Diese *Exogenitätshypothese* ist *problematischer*, als sie auf den ersten Blick erscheinen mag. Richtig ist zwar, daß es Veränderungen der Zentralbankgeldmenge immer nur mit Zutun der Zentralbank geben kann; denn die Zentralbank ist ja auf jeden Fall involviert, wenn beispielsweise Veränderungen der Refinanzierungskredite an Geschäftsbanken Effekte auf die Zentralbankgeldmenge auslösen. Das heißt aber noch lange nicht, daß die Zentralbank alle von ihr gewünschten Veränderungen der Zentralbankgeldmenge auch wirklich realisieren kann, noch umgekehrt, daß sie von ihr nicht gewünschte Veränderungen der Zentralbankgeldmenge auch wirksam unterbinden kann. Betrachten wir einige Problemfälle.

Die Zentralbank wolle die Zentralbankgeldmenge erhöhen. Zu diesem Zweck müßte sie beispielsweise die Refinanzierungskredite an die Geschäftsbanken ausweiten. Aber dazu braucht sie die Mitwirkung der Geschäftsbanken. Darauf kann sie sich aber nicht verlassen. Es könnte eine Situation herrschen, in der die Geschäftsbanken ihr Kreditvolumen nicht weiter ausweiten wollen, weil sie beispielsweise die dabei entstehenden Kreditrisiken nicht tragen wollen. Weil die Banken ihr Geschäftsvolumen dann unverändert lassen, werden sie auch nicht zur Aufnahme weiterer Refinanzierungskredite bereit sein. Die Notenbank kann dann ihr Streben nach einer Ausweitung der Zentralbankgeldmenge nicht unmittelbar umsetzen.

Nun könnte man auf die Idee kommen, daß die Notenbank die Zentralbankgeldmenge unter Umgehung der Banken ausdehnen kann. Beispielsweise brauchte die Notenbank ja nur an den internationalen Devisenmärkten Devisen anzukaufen, und das würde die Zentralbankgeldmenge ausweiten. Das ist zwar richtig, aber nur "ceteris paribus". Die aus den Devisengeschäften entstehende Liquidität würde den Geschäftsbanken zufließen und von diesen - weil sie ja annahmegemäß eine Ausweitung ihres Geschäftsvolumens nicht beabsichtigen - einfach nur zur Kürzung ihrer Refinanzierungsverbindlichkeiten bei der Notenbank verwendet werden. Gewonnen hätte die Zentralbank damit nichts. Sie hat zwar mehr Währungsreserven, aber gleichzeitig weniger Refinanzierungskredite an Banken; per Saldo ist die Zentralbankgeldmenge unverändert geblieben.

Wohlgemerkt: Die Zentralbank muß mit ihrem Versuch, die Zentralbankgeldmenge auszuweiten, nicht grundsätzlich scheitern. Ihr wird die Ausweitung gelingen - aber eben nur, wenn die Adressaten, Geschäftsbanken und letztlich Bankkunden, mitspielen.

Kann die Zentralbank aber wenigstens eine ihr unliebsame Ausweitung der Zentralbankgeldmenge unterbinden? Auf den ersten Blick scheint es so, denn da Zentralbankgeld nicht ohne Zutun der Zentralbank entstehen kann, brauchte sie ja nur ihr Zutun zu verweigern. Aber das kann kritisch werden. Denn bei allem, was die Zentralbank tut oder unterläßt, darf sie niemals eine Situation herbeiführen, die zur *Illiquidität* der Geschäftsbanken führen könnte. Betrachten wir hier ein konkretes Beispiel: Die Bankkunden erscheinen bei den Geschäftsbanken, um plötzlich und im Gegensatz zu ihren bisherigen Gewohnheiten die Hälfte ihrer Sichteinlagen bar abzuheben. Die Banken haben aber weder ausreichende Kassenbestände, noch sonstige Reserven, mit denen sie diese Bargeldanforderungen erfüllen können. In ihrer Not werden sie sich an die Notenbank wenden, um sich von ihr auf dem Wege des Refinanzierungskredits das benötigte Bargeld zu beschaffen. Theoretisch könnte die Notenbank das verweigern (zur Herausgabe von Bargeld und Gewährung von Refinanzierungskrediten kann sie ja nicht gezwungen werden), und sie mag als Begründung anführen, daß sie eine Ausweitung der Zentralbankgeldmenge nicht wünscht. In diesem Fall würden die Banken aber zahlungsunfähig werden, denn sie sollen den Kunden Bargeld auszahlen, das sie selbst nicht haben und das ihnen auch die Notenbank nicht gibt. Zahlungsunfähigkeit der Geschäftsbanken und der darauf folgende Zusammenbruch des Bankensystems ist etwas, was eine Notenbank auf keinen Fall zulassen kann. Also bleibt ihr gar keine andere Wahl: Sie wird den Geschäftsbanken den angeforderten Refinanzierungskredit einräumen, das gewünschte Bargeld bereitstellen, auch wenn dadurch die Zentralbankgeldmenge stärker steigt, als es der Notenbank eigentlich lieb ist.

Hier sind wir nun an einem wichtigen Punkt angelangt. Eine von ihr erwünschte Ausweitung der Zentralbankgeldmenge kann die Notenbank nicht ohne weiteres durchsetzen, jedenfalls nicht ohne die Bereitschaft der Geschäftsbanken und Nichtbanken, zusätzliches Zentralbankgeld anzunehmen. Eine von ihr unerwünschte Ausweitung der Zentralbankgeldmenge kann die Notenbank nicht ohne weiteres unterbinden, weil sie sonst die Zahlungsunfähigkeit des Bankensystems riskiert.

Diese Überlegungen stellen die Multiplikatorkonzepte des Geld- und Kreditangebots ins Zwielicht. Anders als dort unterstellt ist die Zentralbankgeldmenge eben keine exogene, allein von der Zentralbank bestimmte Basis für das Geld- und Kreditangebot. Vielmehr scheint es jetzt so, daß es vielfach die Banken und Nichtbanken sind, die mit ihren Dispositionen die Zentralbankgeldmenge bestimmen, jedenfalls wesentlich mit beeinflussen. Mehr noch scheint der Notenbank eher eine recht passive Rolle zuzukommen, wenn es um ihre zentrale Steuergröße, die Zentralbankgeldmenge, geht. Im Endergebnis wäre gar die Kausalität umgedreht: Nicht die vorgegebene Zentralbankgeldmenge entscheidet, wieviel Geld und Kredit maximal angeboten werden kann; sondern das von den Banken und ihren Kunden gewünschte Geld- und Kreditvolumen entscheidet, wieviel Zentralbankgeld die Notenbank letztlich bereitstellen muß.

Doch sollten wir nicht das Kind mit dem Bade ausschütten. Wir wollten zwar mit den letzten Ausführungen der immer noch anzutreffenden Ansicht, die Zentralbankgeldmenge könne von der Notenbank nach Belieben gesteuert werden, einen gehörigen Dämpfer versetzen. Aber das heißt noch lange nicht, daß die Zentralbank nun hilflos ihren Kontrahenten, Geschäftsbanken und Nichtbanken, ausgeliefert wäre. Nur liegen die Dinge komplizierter, als es mit den Multiplikatorkonzepten dargelegt wird.

Der entscheidende Punkt ist der folgende: Zwar kann die Notenbank die *Menge* an Zentralbankgeld nicht beliebig und schon gar nicht kurzfristig nach eigenem Gutdünken steuern, aber sie kann nach eigenem Gutdünken den *Preis (Zins)* festlegen, zu dem sie das Zentralbankgeld bereitstellt. Erinnern wir uns: Die Bereitstellung oder Absorption von Zentralbankgeld nimmt die Zentralbank vor allem durch die Ausweitung oder Reduktion von Refinanzierungskrediten an Geschäftsbanken vor. Für die Refinanzierungskredite müssen die Geschäftsbanken aber den von der Notenbank geforderten Zinssatz (Refinanzierungszinssatz) zahlen, z.B. den Wertpapierpensionssatz. Damit hat die Notenbank ein entscheidendes Steuerungsinstrument in der Hand:

- Sofern die Notenbank eine Ausweitung der Zentralbankgeldmenge anstrebt, wird sie die Refinanzierungszinsen absenken bzw. niedrig halten (expansiver Impuls).
- Sofern die Notenbank eine Eindämmung in der Zunahme der Zentralbankgeldmenge anstrebt, wird sie die Refinanzierungszinsen anheben bzw. hoch halten (kontraktiver Impuls).

Der Kalkül dahinter sei am Beispiel eines kontraktiven Impulses erläutert. In der Ausgangssituation seien die Kreditexpansion, die Zunahme der Geldmenge und die daraus resultierende Ausweitung der Zentralbankgeldmenge stärker, als es die Notenbank für vertretbar hält. Zwar kann die Notenbank die Ausweitung der Zentralbankgeldmenge nicht direkt unterbinden. Jedoch wird sie die Refinanzierungszinsen erhöhen, möglicherweise mehrmals. Die Banken erhalten dann zwar immer noch das von ihnen gewünschte Zentralbankgeld, aber eben zu erhöhten Refinanzierungszinsen. Da somit die Refinanzierungskosten für die Banken steigen, werden sie versuchen, zur Kompensation bei ihren Kunden höhere Kreditzinsen durchzusetzen. Der Zinsanstieg wird die Bereitschaft zur Kreditaufnahme im allgemeinen dämpfen. Mit einer Verringerung der Kredit- und Geldmengenexpansion wird es schließlich aber auch zu einer Verminderung im Anstieg der Zentralbankgeldmenge kommen. Wegen der schwächeren Kredit- und Einlagenexpansion nehmen dann die Mindestreserveanforderungen nämlich langsamer zu, und mit dem verringerten Geldmengenanstieg wird auch der Bargeldumlauf an Expansionstempo verlieren. Alles in allem wird die Notenbank mit ihrer Aktivität (Anhebung der Refinanzierungszinsen) letztlich auch die Zentralbankgeldmenge in die gewünschte Richtung bewegt haben, doch wie man sieht, geschieht das nicht direkt (die Zentralbankgeldmenge wird nicht direkt gesenkt), sondern indirekt über die Refinanzierungszinsen. Und es geschieht nicht unmittelbar, denn bis sich die Änderung der Refinanzierungszinsen auf die Zentralbankgeldmenge auswirkt, vergeht Zeit; Reaktionen der Geschäftsbanken und Nichtbanken sind involviert.

Ist also die Zentralbankgeldmenge exogen? Sie ist es nicht. Die Notenbank kann die Zentralbankgeldmenge nicht nach Belieben steuern, sondern sie ist dabei auf die Mitwirkung der Geschäftsbanken und Kunden angewiesen. Auch kann sie sich den Zentralbankgeldanforderungen der Geschäftsbanken und Kunden nicht einfach versagen. Dennoch ist die Zentralbank nicht hilflos. Über die Festsetzung der Refinanzierungszinsen beeinflußt sie das Verhalten der Geschäftsbanken und Nichtbanken und damit auch die Entwicklung der Zentralbankgeldmenge. Vor dem Hintergrund dieser Überlegungen, insbesondere der *Endogenität* der Zentralbankgeldmenge, könnte eine modifizierte Geldangebotsfunktion wie folgt geschrieben werden:

$$M = M(\underset{+}{i_K}, \underset{-}{k}, \underset{-}{r}, \underset{-}{i_P}, \ldots)$$

Der Kreditzins i_K stünde für Portfolioüberlegungen; der Bargeldhaltungskoeffizient k würde die Bargeldpräferenzen des Publikums widerspiegeln; der Reservesatz r würde den Einfluß der Notenbank auf die Festsetzung des Mindestreservesatzes und der Refinanzierungszins i_P den Einfluß der Notenbank auf die Variation der Refinanzierungszinsen erfassen. Die Plus- und Minuszeichen geben wieder die Wirkungsrichtung einer Veränderung der jeweiligen Variablen auf das Geldangebot an.

Die Erfahrung zeigt allerdings, daß zwischen den Bewegungen der Refinanzierungszinsen und den resultierenden Veränderungen der Geldmenge, aber auch der Kredite und der Zentralbankgeldmenge, keine starren Verknüpfungen bestehen. Auch bei unveränderten Refinanzierungszinsen kann die Zentralbankgeldmenge schwanken, weil sich Einschätzungen, Dispositionen und damit die Zentralbankgeldanforderungen der Banken und Nichtbanken geändert haben.

4.5 Geldmenge

Im *Kapitel 3* haben wir uns mit den Bestimmungsgründen der Geldnachfrage beschäftigt, im vorliegenden Kapitel mit den Bestimmungsgründen des Geldangebots. Was bestimmt nun aber die *Geldmenge*? Das wollen wir nun kurz untersuchen. Zu diesem Zweck seien Nachfragegrößen mit d (= Demand) und Angebotsgrößen mit s (= Supply) indiziert. Als Quintessenz des Kapitels über die Geldnachfrage wollen wir eine Geldnachfragefunktion betrachten, derzufolge die Geldnachfrage M^d eine sinkende Funktion des Zinssatzes (für Kredite oder Wertpapiere) i ist:

$$M^d = M^d(\underset{-}{i})$$

Kombinieren wir das als erstes mit dem "mechanistischen" Geldangebot:

$$M^s = m \cdot \overline{B}\ ,$$

worin m den (konstanten) Geldangebotsmultiplikator angibt. Es kann sein, daß Geldangebot und Geldnachfrage voneinander abweichen. Die Wirtschaftssubjekte haben entweder zu viel oder zu wenig Geld in der Kasse. Haben sie zu viel (zu wenig) Geld, werden sie Wertpapiere kaufen (verkaufen), um so die Kassenhaltung abzubauen (auszuweiten). Die Mehrnachfrage (das Mehrangebot) an Wertpapieren erhöht (senkt) den Wertpapierkurs. Bei steigendem (sinkendem) Kurs nimmt die Rendite der Wertpapiere, der Zins, ab (zu). Das löst eine sinkende (steigende) Geldnachfrage aus. Am Ende des Anpassungsprozesses werden Geldangebot und Geldnachfrage übereinstimmen ("Gleichgewicht am Geldmarkt"). Dennoch gilt bei einem mechanistischen Geldangebot, daß allein das Geldangebot, nicht die Geldnachfrage, die Geldmenge bestimmt. Dies wird durch *Abb. 16* deutlich.

Die Geldnachfrage ist um so höher, je niedriger der Zins ist. Das Geldangebot ist hingegen zinsunelastisch. Der Zins bildet sich am Gleichgewichtspunkt A. Doch die tatsächliche Geldmenge M wird allein vom Geldangebot bestimmt. Verschiebungen der Geldnachfragefunktion lösen nur Zinsänderungen, aber keine Geldmengenbewegungen aus. Allein Verschiebungen der Geldangebotsfunktion lösen

Abb. 16: Geldmenge bei exogenem Geldangebot

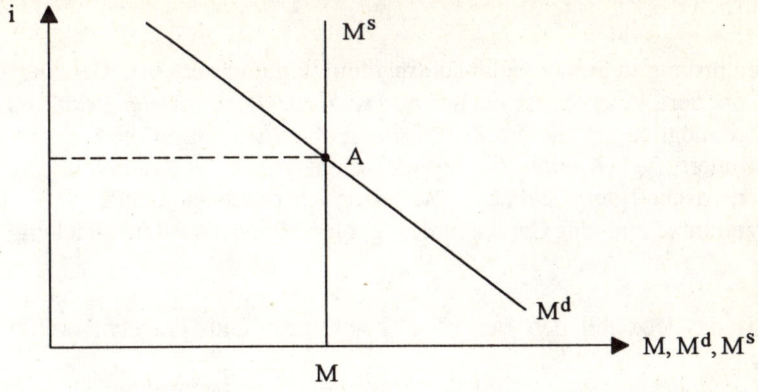

Geldmengenveränderungen (und Zinsänderungen) aus. Fazit: Das Geldangebot bestimmt die Geldmenge.

Dies gilt nicht mehr, wenn wir portfoliotheoretische Elemente in den Geldangebotsprozeß einbauen. Die Geldangebotsfunktion kann dann wie folgt geschrieben werden:

$$M^s = \underset{+}{m(i)} \cdot \overline{B}$$

Jetzt ist das Geldangebot eine steigende Funktion des Zinssatzes. Nunmehr wird die tatsächliche Geldmenge nicht mehr durch das Geldangebot allein, sondern interaktiv durch Geldangebot und Geldnachfrage bestimmt (vgl. *Abb. 17*).

Abb. 17: Geldmenge bei zinsabhängigem Geldangebot

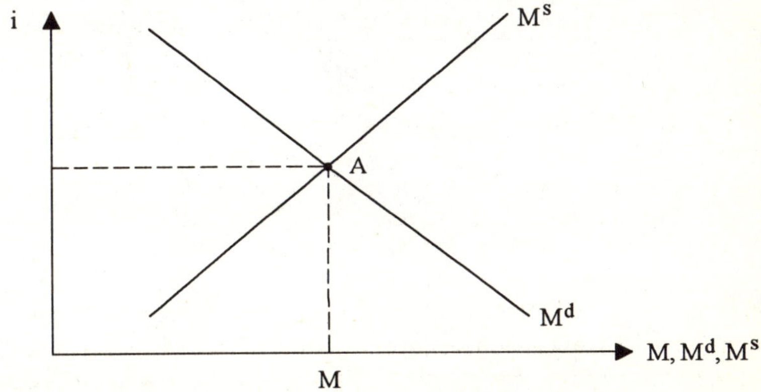

Jetzt führen nicht nur Verschiebungen der Geldangebotsfunktion, sondern auch Verschiebungen der Geldnachfragefunktion zu Veränderungen der Geldmenge M (und natürlich des Zinssatzes).

Wir haben bislang mit einer Geldnachfragefunktion und mit einer Geldangebotsfunktion operiert. Aber es ist auch eine *kreditmarkttheoretische* Erklärung der Geldmenge möglich. Zu diesem Zweck müssen wir uns nur an die Konsolidierte Bilanz erinnern (vgl. *Kapitel 2*). Derzufolge entspricht das Kreditvolumen K in der Volkswirtschaft der Geldmenge M zuzüglich dem Geldkapital GK. Lassen wir zur Vereinfachung das Geldkapital weg, bleibt folgende Bilanzgleichung:

$$K = M$$

Wenn wir das jetzt mit den Begriffen "Nachfrage" und "Angebot" verbinden, ergibt sich

- aus der Sicht des Bankensystems: $K^s = M^s$,
- aus der Sicht der Bankkunden: $K^d = M^d$.

Das Bankensystem ist Anbieter von Geld und Kredit, die Nichtbanken sind Nachfrager nach Geld und Kredit. Wichtig ist nun, daß mit der Ableitung der Geldangebotsfunktion M^s zugleich implizit das Kreditangebot bestimmt ist, denn $K^s = M^s$. Zugleich ist mit der Ableitung einer Geldnachfragefunktion M^d implizit die Kreditnachfrage bestimmt, denn $K^d = M^d$. Nun könnte man ebenso auch umgekehrt vorgehen: Man spezifiziert die Angebots- und Nachfragefunktion für das *Kreditvolumen*; dadurch wäre dann die Geldmenge implizit mitbestimmt. Unterstellen wir, daß mit steigendem Zinssatz i die Kreditnachfrage K^d abnimmt und das Kreditangebot K^s zunimmt, ferner, daß bei Abweichungen von Angebot und Nachfrage Zinsänderungen einsetzen, die die Übereinstimmung von Angebot und Nachfrage bewirken ("Gleichgewicht am Kreditmarkt"), dann erhalten wir ein *Kreditmarktmodell*, das in *Abb. 18* wiedergegeben ist.

Abb. 18: Kreditmarktmodell

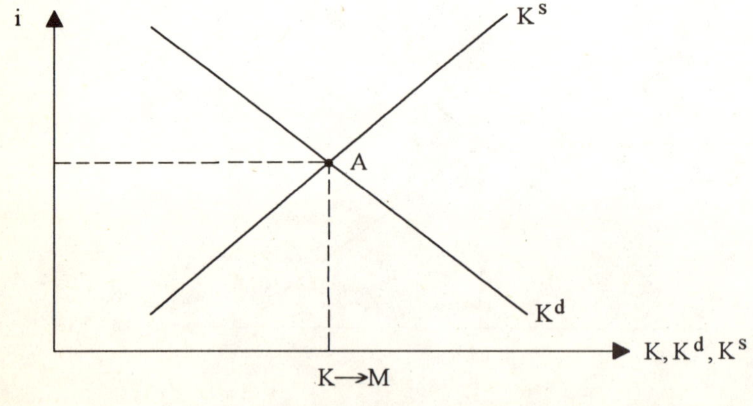

Der Zinsmechanismus am Kreditmarkt stellt die Übereinstimmung von Kreditangebot und Kreditnachfrage her. Das resultierende Kreditvolumen entspricht der tatsächlichen Geldmenge. Veränderungen der Geldmenge werden durch Verschiebungen der Kreditangebots- oder der Kreditnachfragefunktion ausgelöst. Steigt beispielsweise die Kreditnachfrage (Rechtsverschiebung der K^d-Funktion), so kommt es (bei gegebenem Kreditangebot) zu einem höheren Kreditvolumen *K*, einer erhöhten Geldmenge *M*, und das alles bei gestiegenem Zins *i*.

Als Fazit läßt sich feststellen, daß die Geldmenge eine *endogene* Größe ist, die sich aus den Interaktionen der Zentralbank, der Geschäftsbanken und der Nichtbanken ergibt. Dem zum Trotz wird in vielen Lehrbüchern (auch in Teilen des vorliegenden) von einer exogenen Geldmenge im Politiksinne ausgegangen (d. h. die Geldmenge ist dann eine nur von der Zentralbank bestimmte Größe). Hierfür sprechen allein die oft bemühten "didaktischen Gründe", die auf Vereinfachung zielen. Der Leser sollte sich jedoch bewußt bleiben, daß es sich hierbei um eine sehr grobe Vereinfachung handelt. Was die Zentralbank wirklich voll in der Hand hat, sind nur die Refinanzierungszinsen, zu denen sie den Banken Kredit gibt. Die Diskussion um die "Exogenität" bzw. "Endogenität" des Geldes wird im *Kapitel 6* im Rahmen der Transmission monetärer Impulse weiter vertieft werden (speziell in *6.1.2*).

Literatur zum 4. Kapitel

Baltensperger, E./H. **Milde** (1987), Theorie des Bankenverhaltens, Berlin.

Bockelmann, H. (1978), Streitfragen zur Kontrolle der Geldschöpfung durch die Notenbank, in: **Ehrlicher**, W./A. **Oberhauser** (Hrsg.), Probleme der Geldmengensteuerung, Berlin, S. 39 ff.

Borchert, M. (1998), Geld und Kredit; Eine Einführung in die Geldtheorie und Geldpolitik, 5. Aufl., München.

Brunner, K. (1961), A Schema for the Supply Theory of Money, in: *International Economic Review*, S. 79 ff.

Burger, A. E. (1971), The Money Supply Process, Belmont, Cal.

Claassen, E.-M. (1980), Grundlagen der Geldtheorie, 2. Aufl., Berlin u. a.

Deutsche Bundesbank (1993/95/98), Die gesamtwirtschaftlichen Finanzierungsströme in Deutschland im Jahr 1992 (1994, 1997), in: *Monatsberichte der Deutschen Bundesbank*, jeweils Nr. 5 (Mai).

Größl-Gschwendtner, I./K.-H. **Ketterer** (1995), Die Rolle des Bankverhaltens bei der Bestimmung des Angebotes an M3, in: **Duwendag**, D. (Hrsg.), Neuere Entwicklungen in der Geldtheorie und Währungspolitik, Berlin, S. 45 ff.

Issing, O. (1998), Einführung in die Geldtheorie, 11. Aufl., München.

Jarchow, H.-J. (1998), Theorie und Politik des Geldes 1, 10. Aufl., Göttingen.

Jarchow, H.-J./H. **Möller** (1976), Geldbasiskonzepte und Geldmenge (I und II), in: *Kredit und Kapital*, 9. Jg., S. 177 und 317 ff.

Ketterer, K.-H. (1975), Probleme der Neoquantitätstheorie und der Geldmengenpolitik, Berlin.

Köhler, C. (1977), Geldwirtschaft, I. Band, Geldversorgung und Kreditpolitik, 2. Aufl., Berlin.

Läufer, N.K.A. (1988), Empirische Tests einer neuen Geldangebotshypothese für die Bundesrepublik Deutschland, in: **Bombach**, G./B. **Gahlen**/A. **Ott** (Hrsg.), Geldtheorie und Geldpolitik, Tübingen, S. 143 ff.

Neldner, M. (1975), Die Bestimmungsgründe des volkswirtschaftlichen Geldangebots, Berlin u. a.

Neumann, M.J.M. (1975), Konstrukte der Zentralbankgeldmenge, in: *Kredit und Kapital*, 8. Jg., S. 317 ff.

Siebke, J./M. **Willms** (1974), Theorie der Geldpolitik, Berlin u. a.

Spreter, J. (1983), Theoretische und empirische Analyse der Determinanten des Geldschöpfungsmultiplikators, Krefeld.

Tobin, J. (1963), Commercial Banks as Creators of 'Money', in: **Carson**, D. (ed.), Banking and Monetary Studies, Homewood, Ill., S. 408 ff.

Willms, M. (1987), Geldangebotstheorie, in: **Thieme**, H. J. (Hrsg.), Geldtheorie, 2. Aufl., Baden-Baden, S. 11 ff.

5 MONETÄRE MÄRKTE UND ZINSBILDUNG

Bei der Behandlung der Geldnachfrage und des Geldangebots in den vorhergehenden Kapiteln ist deutlich geworden, daß das Aktivum Geld nur eine Anlageform unter vielen ist. Es steht in mehr oder weniger engen Substitutionsbeziehungen zu anderen Aktiva. Veränderungen des Angebots und/oder der Nachfrage und damit des Preises eines Aktivums lösen Anpassungsvorgänge aus, die das dadurch gestörte Portefeuillegleichgewicht auf anderer Ebene wiederherstellen. Diese Anpassungsvorgänge vollziehen sich, sofern sie finanzielle Aktiva betreffen, auf den monetären Märkten. Notenbanken versuchen, durch ihre geldpolitischen Maßnahmen die Situation an den monetären Märkten im Sinne ihrer Ziele zu gestalten, d. h. die Liquiditätssituation der Banken so zu verändern, daß dadurch der Kreditverkehr mit dem Publikum berührt wird und sich somit Wirkungen auf Zinssätze, Kreditkosten, Kreditverfügbarkeit, relative Preise, Höhe des Geldangebots und der Geldnachfrage ergeben. Die monetären Märkte sind somit teilweise der institutionelle Rahmen für den Transmissionsmechanismus monetärer Impulse auf realwirtschaftliche Größen, dessen theoretische Erklärungsansätze im nächsten Kapitel behandelt werden (siehe *6*). Das vorliegende Kapitel hat die Aufgabe, die wichtigsten institutionellen Charakteristika der monetären Märkte und die Bildung der Zinssätze (sowohl durch die Theorie als auch durch institutionelle Faktoren) zu behandeln. Es soll hierdurch ein besseres Verständnis der z. T. abstrakten Ausführungen über den Transmissionsmechanismus und der Wirkungen der Geldpolitik ermöglicht werden.

Der Globalisierungsprozeß hat zwar zu einer weltweiten Annäherung der Institutionen und Strukturen der Finanzmärkte geführt. Gleichwohl unterschieden sich letztere - auch in Europa – bis vor kurzem noch deutlich, insbesondere wegen divergierender nationaler Regulierungen und unterschiedlicher Ausgestaltungen der nationalen Geldpolitiken. Dadurch ergaben sich auch Unterschiede in der Zinsbildung und damit in der Transmission monetärer Impulse. Mit dem Start der EWU am 1.1.1999 gibt es jedoch in den beteiligten elf europäischen Ländern eine einheitliche Geldpolitik, und es wird infolge von Harmonisierungsmaßnahmen und durch den Wettbewerbsprozeß zu einer Angleichung bislang unterschiedlicher nationaler Regelungen kommen. Die Finanzmärkte in der EWU werden mithin sehr viel stärker integriert sein als zuvor. Das Tempo der

Angleichung und der resultierende Grad der Integration müssen nicht auf allen Märkten identisch sein. Auf einigen wird sehr schnell eine volle Integration stattfinden, während dies auf anderen einige Zeit dauern kann.

Die nachfolgende Darstellung wird sich vor allem auf die Verhältnisse in Deutschland beziehen. Dies erscheint deshalb angebracht, weil die neue Geldordnung der EWU weitgehend der bisherigen deutschen entspricht und auch von der Strategie und den Instrumenten her ein vergleichbarer Kurs der Geldpolitik zu erwarten ist. Welche Institutionen und Strukturen sich schließlich an den integrierten europäischen Finanzmärkten herausbilden werden, wird jedoch gerade auch durch den Systemwettbewerb entschieden. Da der Wettbewerb ein Entdeckungsverfahren ist, kann sein Ergebnis jedoch nicht mit Sicherheit prognostiziert werden.

5.1 Monetäre Märkte

An den monetären Märkten wird eine große Vielfalt von finanziellen Aktiva angeboten und nachgefragt, die sich hinsichtlich Laufzeit, Risiko, Schuldner und Gläubiger, Währung, Verbriefung, Börsennotierung etc. unterscheiden. Es ist daher nicht verwunderlich, daß die Klassifikation der monetären Märkte nicht einheitlich ist und je nach Untersuchungszweck oft unterschiedlich ausfällt. Die Gesamtheit von Angebot und Nachfrage nach finanziellen Aktiva - auch *Kreditmarkt* genannt - wird am häufigsten entsprechend der *Fristigkeit* der gehandelten Objekte in *Geldmarkt* und *Kapitalmarkt* gegliedert. Damit ist klar, daß der Begriff "Geldmarkt" jetzt in einem anderen Sinne verwendet wird als zuvor in den *Kapiteln 3 und 4*. Während er dort *in der Theorie* den ökonomischen Ort bezeichnet, an dem Geldangebot und Geldnachfrage aufeinandertreffen, wird hier (institutionell) unter *Geldmarkt in der Praxis* der Markt für kurzfristige Kredite und unter *Kapitalmarkt* jener für mittel- und langfristige Kredite verstanden. Traditionell galt hier eine zeitliche Abgrenzung von vier Jahren, an der jedoch kaum mehr festgehalten wird. In neueren Klassifikationen finden sich auch tiefere Unterteilungen. So sondert z. B. *Köhler (1977, 1979)* bestimmte Geschäfte aus den Geld- und Kapitalmärkten aus und ordnet sie drei weiteren monetären Teilmärkten zu, nämlich dem *Bankenkreditmarkt*, dem *Bankeneinlagenmarkt* und dem *Markt der Finanzintermediäre*. Im Vordergrund der folgenden Darstellung werden jedoch der Geld- und Kapitalmarkt stehen. Auch die *internationalen Kreditmärkte werden* wegen ihrer institutionellen Eigenarten und wegen der dort besonders zum Ausdruck kommenden wachsenden weltweiten Verflechtung der Finanzmärkte in einem eigenen Gliederungspunkt behandelt.

5.1.1 Geldmarkt

In *enger* Definition umfaßt der Geldmarkt nur den Handel mit *Zentralbankgeldüberschüssen* zum Zwecke des Liquiditätsausgleichs. Marktpartner sind zum ganz überwiegenden Teil Kreditinstitute. Die Bundesbank agierte auf diesem Markt nicht und soweit absehbar, wird das auch die EZB in Zukunft nicht tun. Auch große Industrieunternehmen und Kapitalsammelstellen beteiligen sich am Geldmarkt. Ein Handel mit Zentralbankgeld zwischen den Banken kann nur dann zustande kommen, wenn es einerseits Banken mit Zentralbankgeldüberschüssen und andererseits solche mit Zentralbankgelddefiziten gibt und beide Seiten als Anbieter und Nachfrager zum Zwecke des Liquiditätsausgleichs auf dem Geldmarkt auftreten. Dabei muß bedacht werden, daß die Kreditinstitute natürlich ihren Liquiditätsausgleich nur teilweise am Geldmarkt abwickeln. Ein großer Teil wird im internen Geldverkehr, z. B. über die Girozentralen bestimmter Bankengruppen, erledigt. Es ist daher verständlich, daß am Geldmarkt nur die Zentralinstitute und nicht die einzelnen Filialbanken tätig sind. Als Gläubiger, also Geldanbieter, am Geldmarkt treten vor allem die Girozentralen der Sparkassen (Landesbanken), die Realkreditinstitute und die Spitzeninstitute der Genossenschaftsbanken auf. Die größten Schuldner (Geldnachfrager) sind die Regionalbanken, die Privatbankiers und die Großbanken.

Das am Geldmarkt im engeren Sinne gehandelte Zentralbankgeld läßt sich nach der Fristigkeit unterscheiden in Tagesgeld, tägliches Geld, Ultimogeld (Monats- und Jahresultimogeld), Monatsgeld, Dreimonatsgeld und Jahresgeld (siehe hierzu auch das *Kompendium monetärer Fachbegriffe*). Dementsprechend wird dann vom Tagesgeldmarkt, dem Markt für tägliches Geld etc. gesprochen, die als Teilmärkte des Geldmarktes im engeren Sinne anzusehen sind. So wird am Tagesgeldmarkt dem Schuldner Zentralbankgeld vom Gläubiger von einem Tag zum anderen, i. d. R. auf einem Konto bei einer Landeszentralbank, zur Verfügung gestellt. Die Rückzahlung hat am nächsten Tag zu erfolgen. Da die Marktpartner ihre Liquiditätssituation oft nicht genau überblicken können, ergab sich häufig, daß die gleichen Geschäftspartner nach Rückzahlung des Tagesgeldes ein neues Geschäft abschlossen, da der Schuldner für einen weiteren Tag Zentralbankgeld nachfragen mußte. Um unnütze Hin- und Herbewegungen auf den Konten zu vermeiden, hat sich daher die Regelung ergeben, "tägliches Geld auf Abruf" einzuräumen, das jeweils morgens gekündigt oder verlängert werden kann. Der Handel in "täglichem Geld auf Abruf" hat daher eine größere Bedeutung als Tagesgeld und tägliches Geld erlangt. Dieses Beispiel für ein Geschäft am Geldmarkt zeigt, wie sich die Usancen den Notwendigkeiten des Marktes anpassen und vor allem auch, wie effizient der Geldmarkt organisiert ist, um die kurzen und kürzesten Fristen einhalten zu können. Die Abschlüsse können daher zumeist nur telefonisch oder fernschriftlich gemacht werden. Die Bonität der Geschäftspartner muß dabei zweifelsfrei sein.

Neben dem Handel von Zentralbankgeld zwischen Banken umfaßt der Geldmarkt in der *weiten* Definition auch den Handel mit *Geldmarktpapieren* (Schatzwechsel, unverzinsliche Schatzanweisungen ["U-Schätze"], Privatdiskonten; vgl. *Kompendium monetärer Fachbegriffe*). Marktpartner sind hier die Banken, die Zentralbank und das Publikum. Der größte Teil der Transaktionen findet im Rahmen der Offenmarktpolitik (siehe *8.3.4*) zwischen der Zentralbank und den Kreditinstituten statt. Ein Handel in Geldmarktpapieren zwischen Banken sowie zwischen dem Publikum und den Banken existiert fast nicht. Nach dem Start der EWU hat wegen des gemeinsamen Geldes und der einheitlichen Geldpolitik sofort eine vollständige Integration der Geldmärkte stattgefunden. Denn beim Handel des homogenen Gutes "Euro-Zentralbankgeld" unter ersten Adressen kann es nur einheitliche Zinsen geben. Auch auf dem Geldmarkt im weiteren Sinne verschwinden die Abgrenzungen nach nationalen Gesichtspunkten.

5.1.2 Kapitalmarkt

Unter Kapitalmarkt *in einem engeren Sinne* wird der Markt für *längerfristige* Wertpapiere (im allgemeinen mit einer Laufzeit von mehr als vier Jahren) verstanden. Man spricht daher auch manchmal vom *Wertpapiermarkt.* Diese engere Definition schließt solche langfristigen Titel aus, die am Bankeneinlagenmarkt und Bankenkreditmarkt gehandelt werden (z. B. Termineinlagen, Hypothekenwechsel). An diesen beiden Märkten müssen die Nachfrager nach langfristigen Mitteln Anbieter finden, die bereit sind, ihre Mittel ebenfalls *langfristig* anzulegen. Die am Kapitalmarkt gehandelten Titel besitzen dagegen eine weit größere Fungibilität. Die langfristige Bindung der Mittel gilt hier nur für den Kapitalnehmer, während die Kapitalgeber häufiger wechseln können; denn ein Anleger, der ein festverzinsliches Wertpapier mit 15 Jahren Laufzeit kauft, muß dieses Papier nicht über die ganze Laufzeit hin halten, sondern kann es vorher zum jeweils an der Börse herrschenden Kurs wieder verkaufen. Wegen dieser Fungibilität der Wertpapiere des Kapitalmarkts ist es also möglich, daß einem Kapitalnehmer langfristige Mittel von im Zeitablauf wechselnden Gläubigern zur Verfügung gestellt werden. Die *Nachfrager (Emittenten)* am Kapitalmarkt waren in der Vergangenheit in Deutschland insbesondere Kreditinstitute, Unternehmen und öffentliche Haushalte, aber auch ausländische Emittenten. Als *Anbieter (Anleger)* traten neben den privaten Haushalten als wichtigster Gruppe vor allem wiederum die Banken und weiterhin Versicherungen, Pensionsfonds sowie auch ausländische Anleger auf. Mit relativ geringen Beträgen waren auf der Angebotsseite auch Unternehmen und öffentliche Haushalte beteiligt.

Bei den Wertpapieren am Kapitalmarkt unterscheidet man zwischen den *Dividendenpapieren* (Aktien, Kuxe, Investmentzertifikate) und den *festverzinslichen Wertpapieren* (Bankschuldverschreibungen, Industrieobligationen, Anleihen und Kassenobligationen öffentlicher Haushalte sowie Schuldscheine). Demgemäß spricht man vom *Aktienmarkt* und vom *Markt für festverzinsliche Wertpapiere,* auch *Rentenmarkt* genannt (im einzelnen vgl. das *Kompendium monetärer Fachbegriffe).* Neben dieser Unterscheidung wird der Kapitalmarkt noch nach funktionalen Kriterien in den *Emissionsmarkt* (Primär-Markt) und den *Markt für schon umlaufende Wertpapiere* (Sekundär-Markt) eingeteilt. Durch die Emission neuer Wertpapiere beschaffen sich die Kapitalnehmer (Emittenten) am Kapitalmarkt langfristige Finanzmittel (*Mittelbereitstellungsfunktion* des Kapitalmarktes). Am *Rentenmarkt* können dabei die festverzinslichen Wertpapiere entweder freihändig verkauft, d. h. direkt von einem Emittenten einigen Anlegern angeboten werden oder über Emissionsbanken an der Börse plaziert werden. Am *Aktienmarkt* werden die Dividendenpapiere entweder durch Zeichnung oder über die Einräumung von Bezugsrechten emittiert. Neben der Mittelbereitstellungsfunktion hat der Kapitalmarkt noch die *Fungibilitätsfunktion, um* Gläubigern, d. h. Besitzern schon umlaufender langfristiger Wertpapiere, einen Gläubigertausch zu ermöglichen. Diese Funktion erfüllt die Wertpapierbörse, an der umlaufende langfristige Wertpapiere gehandelt und ihre Kurse kontinuierlich notiert werden. Nachfragern und Anbietern sind daher Kauf- und Verkaufspreise stets bekannt.

In jüngerer Zeit ist die Palette der zuvor genannten "klassischen" Aktiva zunehmend durch neue Wertpapiertypen ("*Finanzinnovationen*") ergänzt worden. Aus der inzwischen unüberschaubar großen Zahl seien hier nur beispielhaft genannt Floating Rate Notes (Anleihen mit variabler Verzinsung), Zero-Bonds (Null-Kupon-Anleihen), Doppelwährungsanleihen und Anleihen verbunden mit Währungs- und Zinsswaps. Dabei ist vor allem ein mit *Securitization* bezeichneter *Trend zur Verbriefung von Einlagen und Krediten* zu beobachten. Durch die geschaffenen neuen Kapitalmarktinstrumente wird es möglich, die mit Finanztransaktionen verbundenen Zins- und Kreditrisiken handelbar zu machen und dadurch anders als bisher zu verteilen. Da letztere aber hierdurch nicht verschwinden, führen Finanzinnovationen unter günstigen Voraussetzungen - bei konstantem Gesamtrisiko - zu einer besseren Risikoverteilung und größerer Stabilität des Kapitalmarktes. Unter ungünstigeren Bedingungen können sie aber auch eine schlechtere Verteilung der Risiken, eine verminderte Transparenz und Stabilität der Märkte sowie Probleme bei der Bankenaufsicht bewirken.

Viele der angesprochenen Innovationen, aber auch die in letzter Zeit stark gestiegene *Internationalisierung* und *Globalisierung* der monetären Märkte, waren nur durch eine deutliche Senkung der Transaktionskosten möglich, für die die rasche Entwicklung in der Kommunikations- und Informationstechnik einerseits und die Liberalisierung des internationalen Kapitalverkehrs (Abschaffung von Kapitalverkehrskontrollen) andererseits die Voraussetzungen schufen (vgl. *7.2.1*). Bei international zunehmend stärker integrierten Finanzmärkten ist eine isolierte Betrachtung nationaler Kapitalmärkte immer weniger angemessen. Dies trifft in ganz besonderem Maße für die Kapitalmärkte in der EWU zu. Da in der Währungsunion das Wechselkursrisiko zwischen den beteiligten Ländern wegfällt und eine gemeinsame Geldpolitik betrieben wird, wachsen die bisher noch separierten nationalen Märkte zu einem gemeinsamen Finanzmarkt zusammen. Schon im Vorfeld (1997/98) zeigte sich, daß sich die Renditen von Papieren vergleichbarer Emittenten und Laufzeiten stark anglichen. Dies wird sich nun weiter fortsetzen. Neben den üblichen Gründen wie Bonität der Emittenten, Liquidität der Emission und Absicherungsmöglichkeiten z.B. durch Hedging können Renditedifferenzen dann nur noch auf regulatorische Unterschiede vor allem in der Besteuerung der Kapitalerträge zurückgehen. Der gemeinsame Finanzmarkt bietet im Vergleich zu jedem der bisherigen nationalen Märkte ein wesentlich größeres Spektrum an Finanzierungs- und Anlagemöglichkeiten und ist erheblich liquider. Sowohl der gemeinsame Rentenmarkt als auch der gemeinsame Aktienmarkt ist der zweitgrößte der Welt, allerdings mit beträchtlichem Abstand hinter den US-amerikanischen Märkten. Gemessen am Marktvolumen ist der amerikanische Rentenmarkt etwa doppelt und der amerikanische Aktienmarkt etwa dreieinhalbmal so groß wie die entsprechenden Märkte in der EWU.

Außer dem Geld- und Kapitalmarkt im oben definierten Sinne waren zuvor weiterhin der Bankeneinlagen- und der Bankenkreditmarkt sowie der Markt der Finanzintermediäre genannt worden. Auf dem *Bankeneinlagenmarkt* treten die Banken als Nachfrager von kurz-, mittel- und langfristigen Einlagen auf, die von privaten und öffentlichen Haushalten, Unternehmen und anderen Banken angeboten werden. Die Sicht-, Termin- und Spareinlagen etc. dieser Anbieter haben nicht die gleiche Fungibilität wie die Anlagen am Kapitalmarkt. Das gilt auch für die kurz-, mittel- und langfristigen Kredite, die am *Bankenkreditmarkt* angeboten und nachgefragt werden. Hier stehen die Banken auf der Angebotsseite, während als Nachfrager insbesondere Unternehmen, aber auch öffentliche und private Haushalte sowie auch Banken erscheinen. Es werden z. B. Kontokorrentkredite von Unternehmen, Teilzahlungskredite von privaten Haushalten und Schuldscheindarlehen von öffentlichen Haushalten nachgefragt. Auf dem *Markt der Finanzintermediäre* (Non Bank Financial Intermediaries) werden hauptsächlich Versicherungsprämien, Zertifikatsaufkommen der Investmentgesellschaften, Aufkommen der Bausparkassen etc. gehandelt. Dadurch, daß andere Nichtbanken bei den Finanzintermediären Kredite aufnehmen können, ist eine Beeinflussung der Geldströme nach Umfang und Richtung möglich. Marktpartner der Finanzintermediäre sind Unternehmen, private und öffentliche Haushalte sowie Banken. Der *Kreditverkehr zwischen Nichtbanken* ist aber keineswegs auf den Markt der Finanzintermediäre begrenzt. Als besonders wichtiges Beispiel sei hier nur auf den Lieferantenkredit hingewiesen. In diesem Falle bilden sich Gläubiger-Schuldner-Beziehungen direkt zwischen Nichtbanken heraus.

5.1.3 Internationale monetäre Märkte

Im Vordergrund der folgenden Ausführungen soll der *Eurogeldmarkt* stehen. Damit ist *nicht* der Geldmarkt in der EWU, also der Markt für kurzfristige, auf Euro lautende Kredite gemeint. Vielmehr hat sich die Bezeichnung Eurogeldmarkt für jenen Finanzmarkt eingebürgert, der sich seit seiner Entstehung Ende der 50er Jahre in relativ kurzer Zeit zum weitaus bedeutendsten freien internationalen Geldmarkt entwickelt hat. Er ist ein supranationaler Markt für Bankguthaben und Kredite in den wichtigsten konvertierbaren Währungen der Welt. Nach der am meisten gehandelten Währung, dem US-Dollar (Anteil an den Fremdwährungsforderungen der berichtenden Banken Ende 1996, berechnet nach Angaben der Bank für internationalen Zahlungsausgleich [*BIZ, 1998*]: ca. 48 vH), wird er häufig auch *Eurodollarmarkt* genannt, obwohl damit nur der größte Teilmarkt erfaßt wird. Beträchtliche Umsätze finden bzw. fanden nämlich auch in anderen Währungen statt, vor allem in Deutscher Mark (ca. 17 vH), Yen (ca. 4 vH), ECU (ca. 2 vH) und Schweizer Franken (über 5 vH), aber auch in anderen europäischen Währungen. Nach dem Start der EWU wird statt der elf nationalen Währungen der Euro verwendet werden. Der dann entstehende "Euro-Euromarkt" dürfte zwar die zweitwichtigste Rolle nach dem Eurodollarmarkt spielen. Ob der Euro allerdings zu einer Herausforderung für den US-Dollar werden wird und an dessen bisher dominante Stellung herankommen oder sie gar übernehmen kann, hängt von vielen Faktoren ab (vgl. *7.2.2*). Die meisten Studien kommen zu dem Ergebnis, daß dies allenfalls in der langen Frist der Fall sein könnte (vgl. *Beckmann, Born* und *Kösters* (*1998*), *Issing* (*1998*)).

Auch die Vorsilbe "*Euro*" ist irreführend. Denn beim Euromarkt handelt es sich schon seit vielen Jahren keineswegs um einen geographisch allein auf Europa begrenzten internationalen Finanzmarkt, sondern um einen weltweiten Geldmarkt in fremden Währungen mit Partnern aus allen Ländern der Erde. Man sollte daher vielleicht besser von *Fremdwährungs-* oder *Xenomärkten* sprechen. Doch hat sich die Bezeichnung "Euromarkt" im allgemeinen Sprachgebrauch so sehr durchgesetzt, daß sie im folgenden weiter verwendet werden soll. *Zentren des Euromarkts* haben sich in solchen Ländern etabliert, in denen keine Hemmnisse für den internationalen Geld- und Kapitalverkehr bestehen und Fremdwährungsgeschäfte nicht der Mindestreservepflicht und anderen Zugriffsmöglichkeiten der nationalen Währungsbehörden unterliegen. Neben die *traditionellen* Marktplätze in Europa und USA (insbesondere London, New York, Luxemburg, Paris, Zürich, Mailand, Frankfurt und Amsterdam), an denen auch heute noch der größte Teil der Eurowährungsgeschäfte abgewickelt wird, sind in den 70er Jahren mit hohen Zuwachsraten neue *Offshore-Zentren* insbesondere in Asien und der Karibik getreten (u. a. Bahamas, Bahrain, Barbados, Bermudas, Hongkong, Kaimaninseln, Liberia, Neue Hebriden, Niederländische Antillen, Panama und Singapur). Ein Handel mit Eurowährungen, vor allem in Eurodollar, findet daher rund um die Uhr statt.

Besonderes Kennzeichen von Eurogeldmarktgeschäften ist, daß sie in einer Währung abgeschlossen werden, die nicht die Landeswährung eines der beteiligten Geschäftspartner ist *(Fremdwährungsgeschäfte)*. So definiert die Bank für internationalen Zahlungsausgleich (*BIZ, 1964, S. 142*) einen Eurodollar als einen Dollar, "den eine außerhalb der Vereinigten Staaten befindliche Bank erworben und unmittelbar oder nach Umtausch in eine andere Valuta zur Kreditgewährung an einen Nichtbankenkunden verwendet hat, unter Umständen nach ein- oder mehrmaliger Placierung von Bank zu Bank". Entsprechendes gilt für die Definition anderer Eurodevisen (Euro-Euro, Euro-DM, Euro-Pfund usw.). Ein typisches Eurogeldmarktgeschäft könnte wie folgt aussehen: Eine deutsche Bank legt einen

Dollarbetrag als Termineinlage bei einer Bank in London, dem wichtigsten Euro-Bankplatz, an, die ihrerseits den gesamten Betrag oder einen Teil bei einer japanischen Bank als Einlage placiert. Die japanische Bank gewährt auf der Basis dieser Einlage einem japanischen Unternehmen einen kurzfristigen Kredit zur Finanzierung eines Warenimports aus den USA oder eines Ölimports aus einem arabischen Land, der in Dollars bezahlt werden muß.

Marktteilnehmer sind vor allem große Geschäftsbanken, bedeutende international operierende Unternehmen (darunter insbesondere auch Versicherungsgesellschaften) sowie nationale und internationale Behörden (Zentralbanken, Regierungen, internationale Organisationen). Die folgenden wichtigsten Usancen haben sich im Laufe der Zeit am Eurogeldmarkt herausgebildet: Gehandelt wird nur in sehr hohen, runden Beträgen, in der Regel von 500 000 US-Dollar an aufwärts. Individuelle Zinsvereinbarungen sind üblich. Vorherrschend sind wenige einheitliche Laufzeiten von einem Tag bis zu einem Jahr. Am gebräuchlichsten sind solche von einem Monat sowie drei und sechs Monaten. Längere Fristen als ein Jahr sind die Ausnahme. Für den Eurokreditmarkt sind dagegen Laufzeiten von fünf Jahren am gebräuchlichsten und auch solche über zehn Jahre üblich. Auf eine absolute Termineinhaltung wird geachtet, Prolongationsmöglichkeiten sind gewöhnlich ausgeschlossen. Die Abschlüsse erfolgen formlos, zumeist telefonisch oder telegraphisch mit nachträglicher schriftlicher Bestätigung unter Verzicht auf Stellung von Kreditsicherheiten. All dies setzt zwingend voraus, daß der Teilnehmerkreis eine gewisse Exklusivität besitzt, die durch große Bekanntheit und zweifelsfreie Bonität der Marktpartner (nur "erste Adressen") gekennzeichnet ist. Denn erst dadurch sehen die Marktteilnehmer gemeinhin die für ihre Geschäfte notwendige Sicherheit gewährleistet.

Der Eurogeldmarkt unterliegt keinen nationalen Gesetzen und nicht der geringsten direkten Kontrolle einer nationalen oder internationalen Währungsbehörde. Er funktioniert vielmehr nach den Prinzipien völlig freien Wettbewerbs und wird reguliert über den Lenkungsfaktor Zins, der sich durch Angebot und Nachfrage frei bildet. Eine exakte Abgrenzung des Eurogeldmarkts von anderen internationalen Kreditmärkten ist sehr schwierig. Die statistischen Informationen sind daher bis heute unvollkommen. Seit 1963 berichtet die Bank für internationalen Zahlungsausgleich (BIZ) regelmäßig über diese Märkte. Die detailliertesten Statistiken stammen aus dieser Quelle. Über die Entwicklung der Euromärkte informiert in den monatlich erscheinenden "World Financial Markets" auch die *Morgan Guaranty Trust Company*.

Neben der Einführung der freien Konvertibilität der Währungen als einer grundlegenden Voraussetzung haben weitere Faktoren zur *Entstehung* des Eurogeldmarktes, speziell des Eurodollarmarktes, beigetragen. Den wichtigsten Impuls gaben die massiven Leistungsbilanzdefizite der USA in den fünfziger Jahren, die zu ständig zunehmenden Dollarguthaben bei europäischen Banken führten, da eine Wiederanlage in den USA wegen der dort reglementierten (niedrigen) Habenzinsen nicht vorgenommen wurde. Die "Regulation Q" verbot nämlich eine

Verzinsung von Sichteinlagen und beinhaltete für Termineinlagen ein Zinslimit, das die amerikanischen Währungsbehörden festsetzten. Für die europäischen Banken war es daher vorteilhafter, ihre Dollarbestände zu einem etwas höheren als dem US-Geldmarktzins direkt an Dritte auszuleihen. Für die Kreditnehmer andererseits ergaben sich deshalb Vorteile, weil der Zins am Eurodollarmarkt unter den vergleichbaren Zinssätzen an den nationalen Märkten lag. Die Pfundkrise des Jahres 1957 und die Einführung von Kapitalverkehrskontrollen für Transaktionen in Pfund außerhalb der Sterlingzone begünstigten die weitere Entwicklung dieses freien Marktes. Eine gewisse Rolle bei der Entstehung des Eurodollarmarktes hat auch das Dollarangebot aus den damaligen Ostblockländern gespielt, wobei nicht so sehr Zinsüberlegungen, sondern vielmehr politische Erwägungen für die Anlage in europäischen Ländern statt direkt in den USA im Vordergrund standen.

Die in immer größerem Umfang über die Niederlassungen nationaler Banken an Offshore-Plätzen getätigten internationalen Transaktionen stellen eine Schwächung des Geschäfts an den nationalen Bankplätzen dar. Es ist daher in einigen Ländern diskutiert worden, durch die Einrichtung von Finanzfreihäfen oder Internationalen Bankenfreizonen (IBF) "Offshore-Banking on Shore" zu ermöglichen und so einen Teil des internationalen Geschäfts an die nationalen Bankplätze zurückzuholen. Während in Deutschland die Diskussion um Finanzfreihäfen ohne Konsequenzen blieb, sind seit dem 3. Dezember 1981 in den USA "International Banking Facilities" (IBF) erlaubt. Dadurch werden amerikanischen Banken und ausländischen Niederlassungen in den USA für bestimmte Auslandsgeschäfte ähnliche Bedingungen eingeräumt, wie sie sonst nur an Offshore-Plätzen bestehen. Amerikanische Banken brauchen sich daher nun nicht mehr wie bisher nach Übersee zu begeben, um im Handel mit ihrer eigenen Landeswährung eine wettbewerbsfähige Rolle spielen zu können.

Der *Euromarkt* umfaßt neben dem Eurogeldmarkt auch noch den *Eurokapitalmarkt* (auch *Eurobonds-* oder *Euroanleihemarkt* genannt). Es ist ein Markt für internationale Anleihen, deren Emissionen bisher überwiegend in US-Dollar erfolgten, in beträchtlichem Umfang aber auch in D-Mark. Zum Hauptbankplatz des Eurokapitalmarktes hat sich vorwiegend aus steuerlichen Gründen Luxemburg entwickelt. Wichtige weitere Bankenplätze sind London und Zürich. Der Erschwerung des Kapitalexports aus den USA während der sechziger Jahre durch Maßnahmen der US-Regierung verdankt der Eurokapitalmarkt sein Entstehen. Er bot amerikanischen (und anderen) Unternehmen die Möglichkeit, ihre weitere Expansion in Europa zu finanzieren.

Es hat in den letzten Jahren viele Versuche gegeben, das rapide Wachstum der Euromärkte in den 60er und 70er Jahren theoretisch zu erklären. Im Mittelpunkt steht dabei Frage, ob bzw. in welchem Umfang eine *Geld- und Kreditschöpfung* an den Euromärkten für deren schnelles Wachstum mitverantwortlich war. Die Antwort hängt ganz wesentlich von den Annahmen über die Funktionsweise des Eurobankensystems und damit von der Wahl des theoretischen Erklärungsansatzes ab. Die Vertreter der Position, daß ein nennenswerter Teil des Wachstums der Euromärkte durch Geldschöpfung verursacht worden ist, benutzen als Erklärungsansätze ähnliche Modelle, wie sie in *Kapitel 4* für die Geldschöpfungsfähigkeit eines nationalen Bankensystems dargestellt worden sind. Sie gehen somit davon aus, daß die *Eurobanken als geschlossenes System* - weitgehend in Analogie zu einem nationalen Geschäftsbankensystem - zu sehen sind und die Frage einer möglichen Geldschöpfung an den Euromärkten isoliert von den Vorgängen auf den nationalen Geldmärkten untersucht werden kann. Entsprechend wird in Multiplikatoransätzen mit *fixen* Koeffizienten für die Reservehaltung der Eurobanken und für den Barabzug der Kreditnehmer ein Maß der - als gegeben unterstellten - Überschußreserve mit dem Volumen der Euromärkte in Beziehung gesetzt. Empirische Untersuchungen auf der Grundlage solcher Modelle kommen - je nach Definition von Überschußreserve und Volumen der Euromärkte - zu recht hohen Multiplikatorwerten zwischen ca. 4 und ca. 19 (*Johnston, 1981)*. Nur bei sehr oberflächlicher Betrachtung erscheint wegen des Fehlens von Mindestreserveverpflichtungen bei Notenbanken eine Geldschöpfung des Eurobankensystems in dieser Größenordnung plausibel.

Bei einer *kritischen Prüfung* kommen aber schnell Zweifel an diesen Ergebnissen auf. Wird das Volumen der Euromärkte - wie in vielen Studien geschehen - durch das *Netto*volumen gemessen, so wird der Multiplikator tendenziell überschätzt, da diese Größe noch Interbankpositionen enthält. Eine viel tiefergreifende Frage ist jedoch, ob solche Multiplikatoransätze mit fixen Koeffizienten den richtigen theoretischen Rahmen zur Untersuchung der tatsächlichen Geldschöpfung am Euromarkt abgeben. Die wesentlichen Kritikpunkte an solchen Modelltypen sind schon in *Punkt 4.3* diskutiert worden, wobei klar wurde, daß mit solchen Ansätzen nur die *maximale* Geldschöpfungsfähigkeit bestimmt werden kann und eine Erklärung der *tatsächlichen* Geldschöpfung die Abbildung der Verhaltensweisen von Banken und Publikum in Portfoliomodellen erforderlich macht. Solche Modelle sind dann nicht mehr durch fixe, sondern durch variable Koeffizienten gekennzeichnet, in denen sich das optimierende Verhalten von Banken und Publikum widerspiegelt. Wird jedoch weiterhin vom Euromarkt als einem geschlossenen Bankensystem ausgegangen, bleibt die Herkunft der Überschußreserve ungeklärt. Erst wenn das Eurobankensystem als ein *offenes System* behandelt wird, können die Anlageentscheidungen der Wirtschaftssubjekte (Mittelzuflüsse zu den Eurobanken von den nationalen Geldmärkten) modellendogen erklärt werden. Nur im Rahmen solcher umfassenden Portfoliomodelle lassen sich die Ursachen für das Wachstum der Euromärkte theoretisch adäquat analysieren.

Mit ihrer Hilfe kann abgeschätzt werden, unter welchen Bedingungen und in welchem Ausmaß eine *Geldschöpfung* an den Euromärkten möglich ist und wann nur eine *Kreditvermittlung* stattfindet. Da nun aber einem Eurodollar nicht immer anzusehen ist, aus welcher Quelle er stammt, sind empirische Aussagen über die Geldschöpfung an den Euromärkten nicht einfach. Untersuchungen der BIZ kommen zu dem Ergebnis, daß der Wert des Eurogeldschöpfungsmultiplikators zwischen 1 und 2 - eher näher bei 1 als bei 2 - liegen dürfte (*Mayer* (*1979*), *Johnston* (*1981*)). Sie schätzen somit die autonome Geldschöpfungskapazität des Euromarktsystems im Vergleich zum nationalen Bereich recht niedrig ein. Jedenfalls wird in ihr keine nennenswerte Gefahrenquelle für eine unkontrollierte Aufblähung der internationalen Liquidität gesehen.

Die *ökonomische Bedeutung der Euromärkte* ist darin zu sehen, daß sie wegen der Freiheit von nationalen Regulierungen nicht nur Rendite- und Kostenvorteile bieten, sondern auch die Verwendung neuer Finanztechniken und damit die Durchführung von Transaktionen ermöglichen, die im traditionellen Kapitalverkehr vielfach noch Beschränkungen unterliegen. Die Existenz der Euromärkte schuf also Möglichkeiten zum Unterlaufen und Umgehen nationaler Reglementierungen und erzeugte daher einen Druck auf ihren Abbau. Sie hat damit ganz wesentlich zur weiteren Öffnung der monetären Märkte beigetragen und so die Voraussetzungen für die in der *Internationalisierung* zum Ausdruck kommende wachsende *Integration* der Finanzmärkte geschaffen. Die Euromärkte als höchst effiziente Geld- und Kapitalmärkte haben also eine verstärkte wechselseitige Durchdringung der nationalen monetären Märkte und eine bessere Allokation des weltweiten Kapitalaufkommens gefördert. Auch haben sie die Entwicklung des Welthandels, die Finanzierung von Zahlungsbilanzdefiziten und langfristigen Entwicklungsprojekten erleichtert. Dies wird vor allem bei der Rückschleusung eines großen Teils der Petrodollars ("Recycling") nach 1973 über die Euromärkte deutlich. Neben diesen unbestreitbar großen Leistungen hat es jedoch auch schwere Fehler der Eurobanken gegeben, die vor allem dadurch zustande kamen, daß bei der internationalen Kreditvergabe Länderrisiken falsch eingeschätzt wurden. Dies zeigte sich insbesondere in den sich häufenden Zahlungsschwierigkeiten einer Reihe wichtiger Schuldnerländer in den 80er und 90er Jahren in Lateinamerika und in Ostasien.

Entstehung und Wachstum der Euromärkte haben jedoch auch große wirtschaftspolitische Konsequenzen. Die Autonomie der nationalen Geldpolitik wird beträchtlich eingeschränkt. Sie kann wegen der erhöhten Mobilität des Kapitals leichter unterlaufen werden, nicht zuletzt auch durch verschärfte destabilisierende Spekulationswellen. Die Abwesenheit von Mindestreserveverpflichtungen und anderen nationalen Kontrollen verschafft den internationalen Finanzmärkten Vorteile gegenüber den nationalen und bewirkt damit auch Wettbewerbsnachteile insbesondere für kleinere, nicht am Euromarkt tätige Banken, die nationalen geldpolitischen Restriktionen nicht so leicht ausweichen können. Die Industrieländer konkurrieren mit überschuldeten Entwicklungs- und Schwellenländern um die an den Euromärkten angebotenen Mittel. Während die Kreditwürdigkeit der Industrieländer jedoch außer Zweifel steht, sind die Risiken bei einigen Entwicklungs- und Schwellenländern sowie ehemaligen Ostblockstaaten für die Banken schwerer kalkulierbar. Es werden immer wieder Überlegungen angestellt, die nationalen und internationalen Behörden mit größeren Kontrollfunktionen auszustatten. Insbesondere wird dabei vorgeschlagen, das Meldesystem an die BIZ zu verbessern (Evidenzzentrale), um so für eine bessere Transparenz des Marktes zu sorgen. Ferner wird die Verpflichtung der Eurobanken zur Erstellung konsolidierter Bilanzen, die engere Zusammenarbeit nationaler Zentralbanken und Aufsichtsbehörden, die Stärkung und Aufwertung der BIZ zu einer Art Zentralbank für die internationalen Märkte und schließlich die Harmonisierung nationaler bankaufsichtsrechtlicher Bestimmungen am Euromarkt gefordert. Alle diese Maßnahmen können aber nur dann Erfolg haben, wenn sie gleichzeitig und weltweit eingeführt werden, so daß ein Ausweichen auf Finanzplätze ohne diese stärkeren Kontrollen unmöglich wird.

5.1.4 Wechselbeziehungen zwischen den monetären Märkten

Wie schon zuvor betont, sind die monetären Märkte - national und international - eng miteinander verflochten. Veränderungen der Geldmarktsituation haben daher Auswirkungen auf die anderen monetären Märkte. Da alle finanziellen Transaktionen Geld als Zahlungsmittel erfordern, hängt der Umfang dieser Transaktionen und damit die Entwicklung an den einzelnen Märkten von der Höhe des Geldangebots und der Geldnachfrage ab. Verbessert sich die Liquiditätssituation des Publikums und vor allem der Banken, beobachten wir gleichgerichtet auf allen monetären Märkten Entspannungstendenzen. Das Umgekehrte gilt für eine Verschlechterung der Liquiditätssituation. Man nennt dies den *Paralleleffekt*. In diesem Zusammenhang ist auch die in der Literatur oft erwähnte *Geldmarktabhängigkeit des Kapitalmarkts* zu sehen. Da die Langfristigkeit der Bindung von Finanzmitteln nur für den Kapitalnehmer gilt, der Kapitalgeber aber jederzeit wechseln kann, ist es möglich, daß Banken und andere Anleger wegen erwarteter Kursgewinne oder der Erwartung besonders günstiger Verzinsung eigentlich für den Geldmarkt bestimmte Mittel vorübergehend am Kapitalmarkt anlegen. Die erworbenen langfristigen Wertpapiere werden jedoch sofort wieder abgestoßen, wenn die Gefahr von Kursrückgängen besteht, so daß vorhandene Kurssenkungstendenzen hierdurch noch verstärkt werden.

Die allgemein recht starke Stellung der Banken als Anleger am Rentenmarkt hat zur Folge, daß geldpolitische Maßnahmen der Zentralbank, die primär auf die Beeinflussung der Liquiditätssituation der Banken gerichtet sind, auch relativ schnell und stark Auswirkungen auf den Rentenmarkt haben. Bei restriktiven Maßnahmen der Zentralbank, die die Liquidität des Bankensystems verringern, kann in aller Regel zunächst eine Verminderung der Wertpapierkäufe der Banken bei vorerst noch gleichbleibendem oder sogar noch wachsendem Kreditgeschäft mit Nichtbanken beobachtet werden. Auf dem Kapitalmarkt macht sich dieser Rückgang der Wertpapiernachfrage (Kapitalangebot) der Banken bei zunächst noch unverändertem Wertpapierangebot (Kapitalnachfrage) durch sinkende Kurse und somit steigende Renditen bemerkbar. Umgekehrt werden bei expansiver Geldpolitik die höheren Wertpapierkäufe der Banken in der Regel eine relativ schnelle Renditesenkung bewirken.

Diese Interdependenzen zwischen den finanziellen Märkten müssen auch bei der Beurteilung der *Aufnahmefähigkeit* dieser Märkte beachtet werden. Es dreht sich hierbei um die Frage, welchen Umfang die Anlagen am Geldmarkt, die Emissionen von Wertpapieren am Kapitalmarkt sowie die anderen Anlageformen an anderen monetären Markten maximal erreichen können. Nach unserer vorhergehenden Erörterung ist klar, daß aufgrund des Paralleleffekts für die Aufnahmefähigkeit der monetären Markte nur die Liquiditätssituation des Bankensystems und des Publikums ausschlaggebend sein kann. Die Geldpolitik der Zentralbank hat somit einen wichtigen Einfluß auf diese Größe. Im Gegensatz dazu steht die Vorstellung, daß für die Aufnahmefähigkeit einzelner Märkte jeweils das Angebot von Finanzmitteln mit entsprechender Fristigkeit und sonstigen Eigenschaften, also das Angebot an Zentralbankgeld auf dem Geldmarkt, das Angebot von langfristigen Mitteln am Kapitalmarkt etc., entscheidend sei (Topftheorie).

Schon die Entstehung der Euromärkte hat die Interdependenzen zwischen den nationalen und internationalen monetären Märkten und damit deren Tendenz zur Globalisierung verstärkt. Der weitere Abbau von Devisen- und Kapitalverkehrskontrollen, aber auch Finanzinnovationen und neue Informations- und Kommunikationstechnologien haben zu einer deutlich höheren Mobilität der internationalen Geld- und Kapitalströme geführt. Die verstärkte Integration der Finanzmärkte bewirkt aber auch einen engeren internationalen Zinsverbund, so daß Veränderungen der Konditionen an den nationalen Kreditmärkten sehr schnell Reaktionen auf den Euromärkten und auf ausländischen monetären Märkten hervorrufen und umgekehrt. Unter diesen Umständen werden die Freiheitsgrade für eine rein national orientierte Geldpolitik immer geringer. Eine nationale Zentralbank muß vielmehr stets die Rückwirkungen ihres Handelns auf die Geld- und Kapitalströme beachten und wird so zu einer stärkeren internationalen Koordinierung ihrer Politik gezwungen (vgl. *8.4*).

5.2 Zinsbildung

Der Zins ist der Preis, den derjenige zahlen muß, der früher über Güter verfügen will, bzw. der demjenigen gezahlt wird, der zeitweise auf das Verfügungsrecht über Güter verzichtet. Der Zins stellt also das Austauschverhältnis zwischen Gegenwartsgütern und Zukunftsgütern dar. Da die heutige Verfügbarkeit eines Gutes höher bewertet wird als die zukünftige Verfügbarkeit desselben Gutes, kommt im Zins die Höherschätzung gegenwärtiger Bedürfnisbefriedigung und damit eine positive Zeitpräferenzrate zum Ausdruck. Müssen z. B. für die heutige Verfügbarkeit von 100 dz Weizen in einem Jahr 110 dz Weizen zurückgezahlt werden, betragen die Zinszahlung 10 dz Weizen und der Zinssatz 10 vH p. a.

Wenn nun ferner 1 dz Weizen 10 Euro kosten und der Weizenpreis sich nicht verändern würde, wäre dies gleichbedeutend mit der Vereinbarung, für die Verfügbarkeit von 1000 Euro heute in einem Jahr 1100 Euro zurückzuzahlen, also mit 10 vH Zinsen p. a. In einer Geldwirtschaft wird daher der Zins üblicherweise definiert als *Preis für die zeitweilige Überlassung von Kaufkraft in Geldform (Kredit), normalerweise bezogen auf ein Jahr (p. a.).*

Wenn am Kreditmarkt nur ein homogenes Gut gehandelt würde, d. h. unterschiedliche Risiken, Laufzeiten, Beträge, Währungen und Ausrichtungen der Wirtschaftspolitik etc. keine Rolle spielen würden, gäbe es auch nur einen Zinssatz. Nun dürfte aufgrund der Ausführungen im vorhergehenden Gliederungspunkt deutlich geworden sein, daß die Kreditmärkte keine Homogenität in diesem Sinne aufweisen. Es gibt daher am nationalen Geld- und Kapitalmarkt sowie an den internationalen Finanzmärkten eine Vielzahl verschiedener Zinssätze. Diese Zinssätze spielen eine wichtige Rolle bei der Erklärung des Transmissionsmechanismus monetärer Impulse (siehe *6*), so daß es notwendig ist, zunächst einmal die Frage zu behandeln, wie die Höhe und Struktur der Zinssätze zu erklären ist.

Hierfür gibt es eine ganze Fülle von theoretischen Ansätzen, die nicht alle dargestellt werden können. Ganz grob kann man die Theorien, die die *Höhe* des volkswirtschaftlich relevanten Zinssatzes erklären wollen - also sehr abstrakt zunächst nur von einem repräsentativen oder durchschnittlichen Zinssatz sprechen - in zwei Gruppen unterteilen. Die erste Gruppe sieht im Zinssatz überwiegend ein *realwirtschaftliches Phänomen.* So wird im klassischen Modell die Höhe des Zinssatzes auf dem Gütermarkt durch die reale Investitionsnachfrage und das reale Angebot an Ersparnissen bestimmt. Die zweite Gruppe erklärt die Höhe des Zinssatzes vorwiegend durch *monetäre Faktoren.* Das bekannteste Beispiel dafür ist das einfache keynesianische Modell, in dem der Zinssatz im monetären Sektor durch Geldangebot und Geldnachfrage (Liquiditätspräferenz) determiniert wird. Im Gegensatz hierzu werden nach Meinung der Quantitätstheoretiker durch Geldangebot und Geldnachfrage Veränderungen des Preisniveaus oder des nominalen Einkommens bestimmt. Wenn also die Zinsbildung mit dem Geldmarkt in Verbindung gebracht wird, impliziert das überwiegend keynesianische bzw. liquiditätstheoretische Modellvorstellungen. Da wir hier nicht alle Zinstheorien behandeln können und eine Beschränkung auf monetäre Ansätze unumgänglich ist, sollen die Argumente der Neoquantitätstheoretiker als Ergänzung der Liquiditätspräferenztheorie des Zinssatzes berücksichtigt werden. Der theoretischen Analyse werden dann einige institutionelle Überlegungen hinzugefügt. Bei der Behandlung der *Fristigkeitsstruktur* der Zinssätze kann im folgenden nur ein Einstieg in die wichtigsten Ansätze gegeben werden.

5.2.1 Theoretische Erklärungen der Höhe des Zinssatzes

5.2.1.1 Liquiditätspräferenztheorie

Durch die Betonung monetärer Faktoren in der Liquiditätspräferenztheorie wollte *Keynes* eine bewußte Gegenposition zur *klassischen Zinstheorie* beziehen, die den Zinssatz bestimmt sieht durch die Nachfrage der Unternehmen nach Kapital für Investitionszwecke und das Angebot der Haushalte an Kapital in Form von Ersparnissen. Nach dem klassischen Ansatz fragen Unternehmen so lange Kapital nach, bis der interne Grenzertrag, der mit zunehmenden Investitionen als fallend unterstellt wird, gleich dem Marktzins ist. Die Nachfrage nach Kapital nimmt daher mit sinkendem Zinssatz zu, während sich die Ersparnisse mit steigendem Zinssatz erhöhen. Demgegenüber erklärt *Keynes* die Höhe des Zinssatzes und seine Veränderungen überwiegend durch Geldangebot und Geldnachfrage.

Die gesamtwirtschaftliche Geldnachfrage bei *Keynes* ist schon unter *3.2.2* ausführlich diskutiert worden. Um die Darstellung möglichst einfach zu halten, soll im folgenden die Liquiditätspräferenztheorie in dieser ursprünglichen Form und nicht die postkeynesianische Version verwendet werden. Da bei *Keynes* die Zinsabhängigkeit der Spekulationskasse (M_S) durch die Wahl der Wirtschaftssubjekte zwischen Kasse und langfristigen zinstragenden Wertpapieren (Konsols) theoretisch begründet wird, ist der von der Liquiditätspräferenztheorie gesamtwirtschaftlich für repräsentativ gehaltene Zinssatz *langfristiger* Natur. Nur dieser wird durch diesen Ansatz erklärt. Neben der vom Zinssatz (r) abhängigen Spekulationskasse (M_S) zählt zur gesamtwirtschaftlichen Geldnachfrage (M^N) noch die Transaktions- einschließlich der Vorsichtskasse (M_T), die vom Volkseinkommen (Y) bestimmt wird. Wir konnten daher in *3.2.2* schreiben:

$$M^N = M_T + M_S = M_T\,(Y) + M_S\,(r)$$

Die Geldnachfrage besteht demnach aus einem zinselastischen Teil (M_S) und einem weitgehend zinsunelastischen Teil (M_T). Für eine bestimmte Höhe des Volkseinkommens (Y_1) beträgt die Transaktionskasse M_{T1}, ganz gleich wie hoch der Zinssatz ist. Addiert man hierzu die in Abhängigkeit vom Zinssatz von links oben nach rechts unten verlaufende gesamtwirtschaftliche Spekulationskassenkurve, wie sie in *3.2.2* abgeleitet worden ist, so erhält man die gesamtwirtschaftliche Geldnachfragekurve LL in *Abb. 19*. Bei einem exogen gegebenen und vom Zinssatz unabhängigen Geldangebot M_1^A wird der Zinssatz bestimmt durch den Schnittpunkt mit der Geldnachfragekurve (LL), so daß sein Gleichgewichtswert r_1 beträgt. Steigt nun bei gegebener Liquiditätspräferenz LL - was auch ein gegebenes Einkommen von Y_1 impliziert - das Geldangebot z. B. durch Offenmarktoperationen der Zentralbank von M_1^A auf M_2^A, so sinkt der Zinssatz von r_1 auf r_2. Der Zinssatz scheint allein bestimmt durch monetäre Faktoren, nämlich Geldangebot und Geldnachfrage. Aufgrund dieses Zusammenhangs wurde die Höhe des Zinssatzes oft als Indikator für die Richtung der Geldpolitik angesehen. Ein niedriger Zinssatz würde demnach eine expansive und ein hoher Zinssatz eine re-

Abb. 19: Liquiditätspräferenztheorie des Zinssatzes

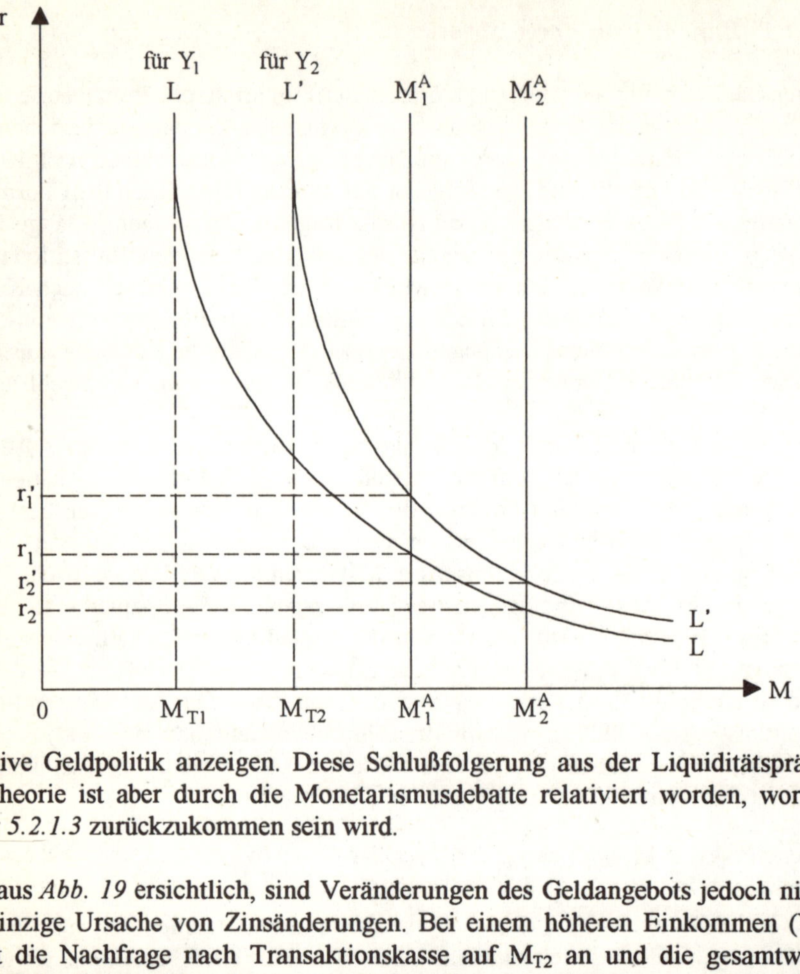

striktive Geldpolitik anzeigen. Diese Schlußfolgerung aus der Liquiditätspräferenztheorie ist aber durch die Monetarismusdebatte relativiert worden, worauf unter *5.2.1.3* zurückzukommen sein wird.

Wie aus *Abb. 19* ersichtlich, sind Veränderungen des Geldangebots jedoch nicht die einzige Ursache von Zinsänderungen. Bei einem höheren Einkommen (Y_2) steigt die Nachfrage nach Transaktionskasse auf M_{T2} an und die gesamtwirtschaftliche Geldnachfragekurve verschiebt sich entsprechend nach rechts (L'L'). Bleibt das Geldangebot konstant M_1^A, so steht wegen des gestiegenen Geldbedarfs für Transaktionszwecke weniger Spekulationskasse als vorher zur Verfügung, und der Zinssatz erhöht sich folglich von r_1 auf r_1'. Das zeigt, daß der Zinssatz auch in der Liquiditätspräferenztheorie nicht allein durch monetäre Faktoren bestimmt wird; denn die Einkommenserhöhung von Y_1 auf Y_2 kann sehr wohl auch reale Ursachen haben. Wenn z. B. durch technischen Fortschritt die Grenzleistungsfähigkeit des Kapitals steigt, werden die Unternehmen bei jedem Zinssatz mehr investieren. Die höheren Investitionen lassen über den Multiplikatorprozeß ein höheres Volkseinkommen (Y_2) entstehen, so daß mehr Transaktionskasse (M_{T2}) benötigt wird. Das aber hat, wie gezeigt, bei gegebenem Geldangebot einen höheren Zins (r_1') zur Folge. In der Liquiditätspräferenztheorie spielen also auch solche realen Faktoren wie die Grenzleistungsfähigkeit des Kapitals und die Ersparnisse (über die Sparneigung in der Definition des Multiplikators) eine Rolle. Die Liquiditätspräferenztheorie ist daher keine rein monetäre Zinstheorie. Schließlich sei hier noch kurz auf die *Liquiditätsfalle* eingegangen, die in der stabilisierungspolitischen Diskussion der fünfziger und sechziger Jahre eine große Rolle spielte. Wie in *3.2.2* gezeigt, verläuft die Geldnachfragefunktion dann parallel zur M-Achse. In diesem Falle haben Veränderungen des Geldangebots keinen Einfluß auf den Zinssatz. Die Notenbank hätte dann nicht mehr die Möglichkeit, über eine Erhöhung der Geldmenge den Marktzins zu senken, um auf diesem Wege im keynesianischen System die Investitionsnachfrage anzuregen. Die Geldpolitik wäre dann unwirksam, da sie keinen Einfluß auf reale Größen hat.

5.2.1.2 Theorie der ausleihbaren Fonds

Nach der Veröffentlichung von *Keynes'* "General Theory" wurde hauptsächlich von *Ohlin, Robertson* und *Hawtrey* der Liquiditätspräferenztheorie als Alternative die *Loanable Funds Theory* (Theorie der ausleihbaren Fonds, Kreditfondstheorie) gegenübergestellt. Während erstere Bestandsgrößen verwendet, benutzt letztere Stromgrößen. Die Theorie der ausleihbaren Fonds kann als erweiterte klassische Theorie angesehen werden, in der zusätzlich zu den realen auch monetäre Faktoren berücksichtigt werden. Der Zins wird auf dem Markt für Kredit durch Kreditangebot und Kreditnachfrage bestimmt. Das Kreditangebot entstammt aus Ersparnissen (S), Enthortung und Kreditschöpfung (= Erhöhung der Geldmenge ΔM), die Kreditnachfrage aus der Nachfrage nach Mitteln für Investitionszwecke (I) und dem Horten. Die Hortung und Enthortung bei einzelnen Wirtschaftssubjekten kann gegeneinander saldiert werden. Eine sich netto ergebende Enthortung wird dann dem Kreditangebot, ein Nettohorten (ΔL) der Kreditnachfrage zugeschlagen. Letzteres soll im folgenden unterstellt werden. Die Nachfragefunktion für ausleihbare Fonds ergibt sich dann als Summe aus der mit sinkendem Zinssatz steigenden Nachfrage nach Mitteln für Investitionen (I) und Nettohorten (ΔL). Die Angebotsfunktion ist die Summe aus einer zumeist als zinsunelastisch unterstellten Geldmengenerhöhung (ΔM) und der mit dem Zinssatz positiv korrelierten Ersparnisse (S). Diese Zusammenhänge sind in der bekannten Darstellung von *Lerner (1948)* in *Abb. 20* wiedergegeben.

Der Zinssatz (r_1) ergibt sich somit gemäß der Theorie der ausleihbaren Fonds als Preis, der das Angebot an Kredit ($S + \Delta M$) und die Nachfrage nach Kredit ($I + \Delta L$) zum Ausgleich bringt. In der klassischen Theorie, die den Zins ausschließlich durch Investition (I) und Ersparnis (S) bestimmt sieht, würde sich demgegenüber ein Zinssatz von r_2 ergeben. Monetäre Faktoren (ΔM und ΔL) bewirken also, daß der Kreditmarktzins vom durch reale Faktoren (I und S) bestimmten "natürlichen Zins" (langfristiger Gleichgewichtszins) abweicht und den *Wicksellschen Prozeß* in Bewegung setzt: Wenn der Marktzins r_1 unter dem natürlichen Zins r_2 liegt (wie in *Abb. 20* angenommen), so übersteigen die Investitionen bei

Abb. 20: Loanable-Funds-Theorie des Zinssatzes

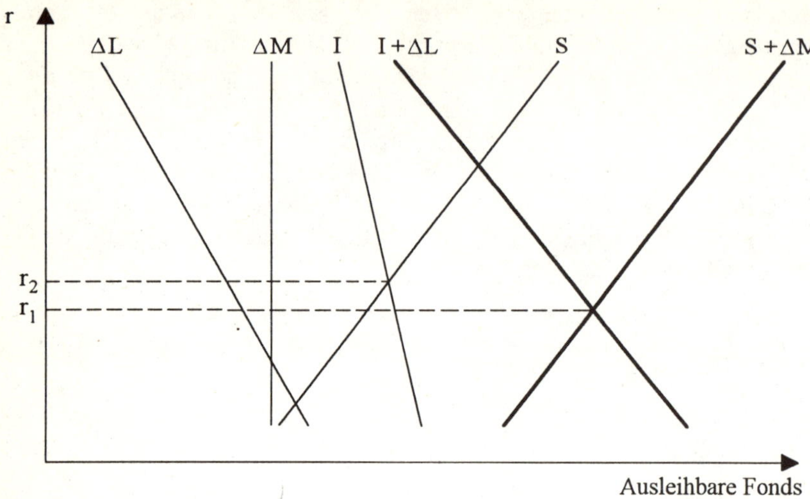

diesem herrschenden Marktzins die Ersparnisse. Folglich ist bei diesem Marktzins die Güternachfrage größer als das Güterangebot, was einen expansiven Anpassungsprozeß auslöst. Interpretiert man das Nettohorten (ΔL) als zusätzliche Geldnachfrage pro Periode, ist ein Gleichgewicht dann erreicht, wenn beim herrschenden Zinssatz r_2 das durch die Kreditschöpfung der Banken geschaffene zusätzliche Geldangebot pro Periode gleich der von den Wirtschaftssubjekten pro Periode zusätzlich gewünschten Kassenhaltung ist: $\Delta M = \Delta L$. Dann gilt auch $I = S$. Liquiditätspräferenztheorie, klassische Theorie und Loanable Funds Theory kommen in diesem Falle zum gleichen Ergebnis.

Es wurde lange Jahre hindurch in der Literatur heftig darum gestritten, welches Modell - Liquiditätspräferenztheorie oder Loanable Funds Theory - besser die Höhe des Zinssatzes erklären würde. Die Frage weitete sich schließlich dahingehend aus, ob die Bestimmung des Zinssatzes aufgrund von Bestands- oder Stromgrößen zum selben Ergebnis führe. Dieser Streit und die Versuche, eine Äquivalenz beider Theorien unter statischen und dynamischen Bedingungen nachzuweisen, sind schließlich zum Erliegen gekommen, ohne daß ein konkretes und weithin akzeptiertes Ergebnis dabei herausgekommen wäre.

5.2.1.3 Liquiditäts-, Einkommens- und Preiserwartungseffekt

Die meisten Zinstheoretiker stimmen heute darin überein, daß in der theoretischen Analyse zwischen den drei folgenden wichtigen, das Zinsniveau beeinflussenden Effekten von Geldmengenveränderungen unterschieden werden sollte (siehe z. B. *Siebke* und *Willms* (*1972*)):

- Liquiditätseffekt (*Keynes-Effekt*),
- Einkommenseffekt *(Wicksell-Effekt)*,
- Preiserwartungseffekt *(Fisher-Effekt)*.

Der *Liquiditätseffekt (Keynes-Effekt)* ist schon in *5.2.1.1* dargestellt worden. Es handelt sich dabei um die *kurzfristige* zinssenkende (zinserhöhende) Wirkung, die eine Erhöhung (Verringerung) des Geldangebots bei gegebener Liquiditätspräferenz (und damit auch gegebenem Volkseinkommen) auf den Zinssatz hat. Das Publikum wünscht ja nur dann das zusätzlich angebotene Geld statt anderer Aktiva im Portefeuille zu halten, wenn die Alternativkosten der Geldhaltung, d. h. hier der Zinssatz, sinken, oder, um es in *Keynesscher* Argumentation zu sagen, wenn durch den gesunkenen Zinssatz mehr Wirtschaftssubjekte Kapitalverluste bei der Wertpapierhaltung erwarten und daher lieber Geld nachfragen. Der Keynes-Effekt ist in *Abb. 19* in *5.2.1.1* als Veränderung des Zinssatzes von r_1 auf r_2 dargestellt. Auch von Neoquantitätstheoretikern wird dieser Liquiditätseffekt auf den Zinssatz anerkannt. Sie halten ihn jedoch nur für eine sehr kurzfristige Erscheinung, die durch den Einkommens- und Preiserwartungseffekt rasch überkompensiert wird.

Der *Einkommenseffekt* folgt nun aus dem Liquiditätseffekt; denn durch die zinssenkende Wirkung einer expansiven Geldpolitik wird die Investitions- und sonstige Ausgabentätigkeit angeregt, sofern diese Größen vom Zinssatz abhängig sind. Über den Multiplikatorprozeß führt das aber zu einem höheren Volkseinkommen, was einen höheren Bedarf an Transaktionskasse nach sich zieht. Dadurch wird die gesamtwirtschaftliche Liquiditätspräferenzkurve nach rechts verschoben, wie in *Abb. 19* gezeigt. Während in unserem Beispiel der Liquiditätseffekt den Zinssatz von r_1 auf r_2 sinken ließ, führt der nachfolgende Einkommenseffekt zu einer Erhöhung des Zinssatzes von r_2 auf r'_2, was den Liquiditätseffekt nur zum Teil kompensiert.

Die Größe der beiden Effekte und die Frage der teilweisen oder völligen Kompensation hängen ganz von den Annahmen ab, die hinsichtlich der Einkommenssteigerung aufgrund der Zinssenkung durch den Liquiditätseffekt gemacht werden. Da *Keynes* eine unterbeschäftigte Wirtschaft unterstellt, bewirkt eine Zinssenkung in seinem Modell eine Erhöhung nur des *realen* Einkommens und keine Veränderung des Preisniveaus. Hier wird der Liquiditätseffekt nur teilweise durch den Einkommenseffekt kompensiert. *Wicksell* hingegen nimmt an, daß ein neues Gleichgewicht über die Preise und nicht über eine Erhöhung des realen Einkommens wiederhergestellt wird, was für eine vollbeschäftigte Wirtschaft nicht unrealistisch ist. Die Zinssenkungen aufgrund des Liquiditätseffekts führen bei ihm zu einer Erhöhung der Nachfrage, die sich zwar auch in einer Erhöhung des Einkommens niederschlägt, aber ausschließlich über Preissteigerungen. Das reale Einkommen bleibt konstant, während das Nominaleinkommen durch die Preissteigerungen wächst. Unter diesen Annahmen wird der Liquiditätseffekt durch den *Wicksell-Effekt* völlig kompensiert, da die Preise bei Vollbeschäftigung so lange weiter steigen, bis der Zinssatz wieder auf dem alten Niveau ist. Das aber impliziert, daß sich Preisniveau und nominaler Zinssatz während eines bestimmten Zeitraums parallel entwickeln, also z. B. gleichzeitig ansteigen. *Keynes* bezeichnete diese Erscheinung als *Gibson-Paradoxon* (nach *Gibson*, der in den zwanziger Jahren hierüber einige Artikel publizierte), da allgemein für oben beschriebenen Fall zunächst ein sinkendes und dann ein niedriges Zinsniveau bei steigenden Preisen erwartet wurde.

Mit dem Zusammenhang zwischen der Entwicklung des Preisniveaus und des Zinssatzes hatte sich vorher schon ausführlich *Fisher* (*1916*) beschäftigt. Er beobachtete, daß nicht nur eine Parallelität zwischen hohen (niedrigen) Preisen und hohen (niedrigen) Zinsen *(Gibson-Paradoxon)* auftreten kann, was durch den Einkommenseffekt zu erklären ist, sondern daß darüber hinaus die Zinsentwicklung der Entwicklung des Preisniveaus mit einer zeitlichen Verzögerung folgt. Die weitere Feststellung, daß ein positiver Zusammenhang zwischen einem gewichteten Durchschnitt der Vergangenheitswerte der Preissteigerungsraten und dem gegenwärtigen Zinssatz besteht, ließ einen Zusammenhang zwischen der aufgrund der Vergangenheitswerte sich bildenden *Inflationserwartung* und dem *nominalen* Zinssatz der Gegenwart vermuten. Daher unterschied *Fisher* streng zwischen dem realen und dem nominalen Zinssatz.

Der *Preiserwartungseffekt (Fisher-Effekt)* kann an folgendem Beispiel erklärt werden. Wenn ein Gläubiger an einen Schuldner ein Darlehn in Höhe von 100 Euro mit fünfjähriger Laufzeit gibt und Zinszahlungen von 5 vH p. a. vereinbart, dann werden die 100 Euro nach fünf Jahren nur dann noch die gleiche Kaufkraft haben, wenn sich die Preise während dieser Zeit nicht verändert haben. Tritt eine Inflation ein, wird der Gläubiger einen Realwertverlust erleiden, da er nach fünf Jahren für die 100 Euro weniger Güter kaufen kann. Will er einen solchen Verlust vermeiden, dann wird er die von ihm in der Zukunft erwartete Inflationsrate bei seiner Zinsforderung gegenüber dem Schuldner berücksichtigen. Zusätzlich zu der von ihm gewünschten realen Verzinsung der 100 Euro in Höhe von 5 vH p. a. wird er z. B. bei einer erwarteten jährlichen Inflationsrate von 5 vH weitere 5 vH p. a., also insgesamt 10 vH p. a., verlangen. Würde er diesen Aufschlag in Höhe der erwarteten Inflationsrate nicht machen und sein Darlehn zu einem Zinssatz von nur 5 vH p. a. vergeben, würde der Schuldner von einer inflationären Entwicklung profitieren, da er das aufgenommene Geld in realen Vermögenswerten anlegen und so vor Entwertung schützen könnte; denn der Nominalwert realer Vermögensgegenstände steigt etwa mit der Inflationsrate.

Um sich jedoch gänzlich gegen die Folgen der Inflation abzuschirmen, müßte der Gläubiger zusätzlich noch einen Ausgleich für den Kaufkraftverlust auf die nominalen Zinszahlungen verlangen. Bei voller Antizipation der zukünftigen Inflationsrate setzt sich der Nominalzinssatz (r) dann aus dem Realzinssatz (rr), der erwarteten Preisniveausteigerungsrate w_P^e und dem Ausgleich für den Kaufkraftverlust der nominalen Zinszahlungen ($rr \cdot w_P^e$) zusammen (*Fisher-Gleichung*):

$$r = rr + w_p^e + rr \cdot w_p^e$$

Da der letzte Term ($rr \cdot w_P^e$) bei relativ niedriger Inflationsrate und kontinuierlichen Zinszahlungen nicht sehr groß ist, wird er zumeist vernachlässigt. Eine *Erklärung* des Realzinses (rr) wird durch die *Fisher-Gleichung* natürlich nicht gegeben. Gläubiger und Schuldner werden sich dann schnell über den zu vereinbarenden nominalen Zinssatz einigen, wenn beide die gleichen Erwartungen bezüglich der Höhe der Inflationsrate haben, da diese dann neben dem realen Zinssatz als Aufschlag voll in den nominalen Zinssatz eingeht. Der Schuldner wird immer dann bereit sein, mehr als den realen Zins zu zahlen, wenn er eine positive Inflationsrate für die Zukunft erwartet.

Neoquantitätstheoretiker sehen die hauptsächlichen Ursachen für Preisniveausteigerungen in übermäßigen Erhöhungen der nominalen Geldmenge. Eine expansive Geldpolitik kann daher, so argumentieren sie, zwar kurzfristig - solange die Geldmengenänderungen noch nicht voll antizipiert werden - den nominalen Zinssatz senken (Liquiditätseffekt), was z. T. schon kurzfristig, bestimmt aber mittel- und langfristig zu Einkommens- und Preisniveausteigerungen (Einkommens- und Preiserwartungseffekt) führt, die den nominalen Zinssatz wieder steigen lassen. Ein steigendes nominales Zinsniveau würde dann also - ganz im Gegensatz zur keynesianischen Position - eine monetäre Expansion anzeigen. Daraus wird von Neoquantitätstheoretikern gefolgert, daß der nominale Zinssatz als Indikator der Geldpolitik grundsätzlich ungeeignet sei.

Die theoretische Analyse der drei Effekte sagt jedoch noch nichts über ihre tatsächliche Bedeutung aus. Ihre relative Größe und damit ihr Beitrag zur Erklärung der Höhe des Zinssatzes kann allein durch empirische Untersuchungen geklärt werden. Dabei ergibt sich als grundlegende Schwierigkeit, daß die erwartete Preisniveausteigerungsrate eine *nicht direkt* beobachtbare Größe ist. Bei empirischen Tests müssen daher Hypothesen bezüglich des Erwartungsbildungsprozesses formuliert werden, die dann nur zusammen mit den eigentlich zur Untersuchung anstehenden Hypothesen, hier über die Zinsbildung, überprüft werden können. Man unterscheidet im wesentlichen zwei Typen der Bildung von Inflationserwartungen: die *adaptive* und die *rationale* (vgl. hierzu *7.1.3*).

In der *adaptiven* Erwartungsbildungshypothese wird unterstellt, daß die Inflationserwartungen eines Wirtschaftssubjektes allein durch seine Erfahrungen mit der Entwicklung der Inflationsrate in der Vergangenheit bestimmt werden. Eine einfache Form einer adaptiven Erwartungsbildungshypothese wäre dann, daß ein Wirtschaftssubjekt für die laufende Periode jeweils die tatsächliche Inflationsrate der vergangenen Periode erwartet. Wenn jedoch unterstellt wird, daß ein Wirtschaftssubjekt einen Erwartungsfehler (d. h. die für die vergangene Periode erwartete Inflationsrate war ungleich der tatsächlichen Inflationsrate) bei der Änderung seiner Inflationserwartungen in der laufenden Periode nur teilweise berücksichtigt, so dauert eine volle Anpassung der Erwartungen an die tatsächliche Entwicklung mehrere Perioden. In diesem Fall hängt die Inflationserwartung von den tatsächlichen Inflationsraten der Vergangenheit ab, wobei diese ein desto geringeres Gewicht erhalten, je weiter sie in der Vergangenheit zurückliegen.

Unter Verwendung einer solchen adaptiven Erwartungsbildungshypothese kommen *Siebke* und *Willms* (*1972*) in empirischen Tests für Deutschland zu dem Ergebnis, daß sich Liquiditäts- und Einkommenseffekt bereits nach einem Quartal gegenseitig neutralisieren und sich Preiserwartungen zu 80 bis 85 vH im langfristigen Zinssatz niederschlagen. Der Preiserwartungseffekt geht innerhalb eines halben Jahres zur Hälfte und innerhalb von zwei Jahren ganz in den nominalen Zinssatz ein. *Gebauer* (*1973*) kritisiert das methodische Vorgehen von *Siebke* und *Willms* und zeigt aufgrund eigener Tests, daß sich der Preiserwartungseffekt erst nach fünf Jahren im nominalen Zinssatz niederschlägt, wenn der Ansatz der genannten Autoren beibehalten wird. Die adaptive Erwartungsbildungshypothese ist nun in den letzten Jahren insbesondere wegen ihrer mangelnden theoretischen Fundierung kritisiert worden. Indem angenommen wird, daß die Erwartungen der Wirtschaftssubjekte allein durch die Inflationsraten der Vergangenheit bestimmt werden und eine Anpassung der Erwartungen an die tatsächliche Entwicklung der Inflation immer mit einer zeitlichen Verzögerung geschieht, wird a priori unterstellt, daß bei der Erwartungsbildung *systematische* Fehler gemacht werden und somit irrational gehandelt wird. Andere Informationen als die in den Inflationsraten der Vergangenheit enthaltenen werden bei der Erwartungsbildung nicht berücksichtigt.

Die *rationale* Erwartungsbildungshypothese geht nun davon aus, daß Wirtschaftssubjekte auch andere Informationen nutzen und ihre Inflationserwartungen grundsätzlich an den gleichen ökonomischen Variablen ausrichten, von denen auch die Inflationstheorie die Preisniveausteigerungsrate bestimmt sieht. Auf diese Art und Weise wird die Erklärung der Erwartungsbildung der Wirtschaftssubjekte nicht mehr exogen, sondern modellendogen vorgenommen. Natürlich können sich auch rationale Erwartungen als falsch herausstellen. Nur wird nun nicht mehr a priori - wie bei den adaptiven Erwartungen - unterstellt, daß *systematische* Fehler gemacht werden. Die Ergebnisse empirischer Untersuchungen unter Verwendung adaptiver Erwartungen sind mit einiger Skepsis zu beurteilen. In den letzten Jahren hat sich in theoretischen und empirischen Arbeiten immer mehr die rationale Erwartungsbildungshypothese durchgesetzt. Als Ausgangspunkt der jüngeren Diskussion um den empirischen Einfluß von Inflationserwartungen auf den Zinssatz kann eine Studie von *Fama* (*1975*) für amerikanische Daten betrachtet werden. Er hatte die beiden Hypothesen zusammen getestet, daß die Inflationserwartungen *rational* sind und der reale Zinssatz *konstant* ist. Nach *Fama* lassen seine Ergebnisse folgende Interpretation zu: Die von ihm untersuchten Schwankungen des kurzfristigen *nominalen* Zinssatzes können allein durch korrekt antizipierte Kaufkraftänderungen erklärt werden.

Diese Resultate *Famas* sind in der Folgezeit durch andere empirische Untersuchungen in Zweifel gezogen worden. Weder die Hypothese der perfekten Antizipation noch die des konstanten Realzinses wurden dort bestätigt. Die in jüngerer Zeit produzierten empirischen Ergebnisse sind nur schwerlich anhand der einfachen *Fisher-Gleichung (s. o.) zu* interpretieren. Es wird daher u. a. von *Levi* und *Makin* (*1979*) argumentiert, daß Realzins und Inflationserwartungen nicht unabhängig voneinander gesehen werden dürfen, wie dies die einfache *Fisher-Gleichung* nahelegt. Sie schlagen vielmehr vor, den Zusammenhang zwischen Nominalzins und Inflationserwartungen in dem umfassenderen Rahmen eines makroökonomischen Modells zu analysieren und zeigen, daß unter bestimmten Bedingungen Veränderungen der Inflationserwartungen zu Veränderungen des Realzinses führen, da Erwartungsänderungen Auswirkungen auf den Beschäftigungsgrad und die Höhe des Outputs *(Phillips-Effekt*, vgl. *7.1*) sowie den *Grad* der Unsicherheit bezüglich der zukünftigen Inflationsrate *(Friedman-Effekt)* haben. *Levi* und *Makin* finden in empirischen Tests für die Periode 1947 bis 1975, in denen sie eine aus Umfragedaten gewonnene Inflationserwartungsreihe benutzen, ihre Überlegungen bestätigt. Ihre Ergebnisse sind kompatibel mit denen anderer empirischer Untersuchungen für die USA. Es gibt eine Vielzahl weiterer empirischer Studien mit neueren Testverfahren für verschiedene Länder, ohne daß bisher jedoch bestimmte Testergebnisse als etabliert gelten können (für Überblicke vgl. *Thiemer, 1987*; *Kruth, 1997*).

5.2.2 Theorien der Zinsstruktur

Bisher war immer nur von einem "repräsentativen" Zinssatz die Rede. An den monetären Märkten ist nun aber eine Vielzahl verschiedener Zinssätze zu beobachten, da die gehandelten *Güter*, d. h. die Kredite, nicht homogen sind. Sie unterscheiden sich u. a. durch den Risikograd, so daß eine Zinsstruktur hinsichtlich dieser Größe mit cet. par. hohen (niedrigen) Zinssätzen für stark (wenig) risikobehaftete Aktiva ermittelt werden kann. Dies gilt auch für die *internationale Zinsstruktur*, wobei die Differenz zwischen inländischen und ausländischen Zinssätzen ganz wesentlich von Wechselkursänderungserwartungen abhängt (vgl. *7.2.5.2*). Im folgenden soll nur die sich aus unterschiedlichen Laufzeiten von Krediten ergebende *zeitliche Zinsstruktur* behandelt werden. Man hat bei der Beobachtung der monetären Märkte festgestellt, daß

- der langfristige Zins normalerweise höher ist als der kurzfristige;
- kurz- und langfristiger Zins sich im allgemeinen parallel entwickeln, d. h. gemeinsam steigen oder sinken;
- der kurzfristige Zins stärkeren Schwankungen unterliegt als der langfristige.

Diese Merkmale der zeitlichen Zinsstruktur werden auch in *Abb. 21* deutlich. Die Zinsstrukturkurven weisen normalerweise eine positive Steigung auf. Nur Anfang der 80er und 90er Jahre ergab sich eine inverse Zinsstruktur. Die Verschiebungen und Drehungen der Zinsstrukturkurve sind im kurzfristigen Bereich höher als im langfristigen. In *Abb. 21* sind zum einen der sich für die Periode 1986 bis Mitte 1997 ergebende durchschnittliche Verlauf und zum anderen die in diesem Zeitraum zu beobachtenden Extreme dargestellt.

Abb. 21: Renditestruktur in der Bundesrepublik Deutschland

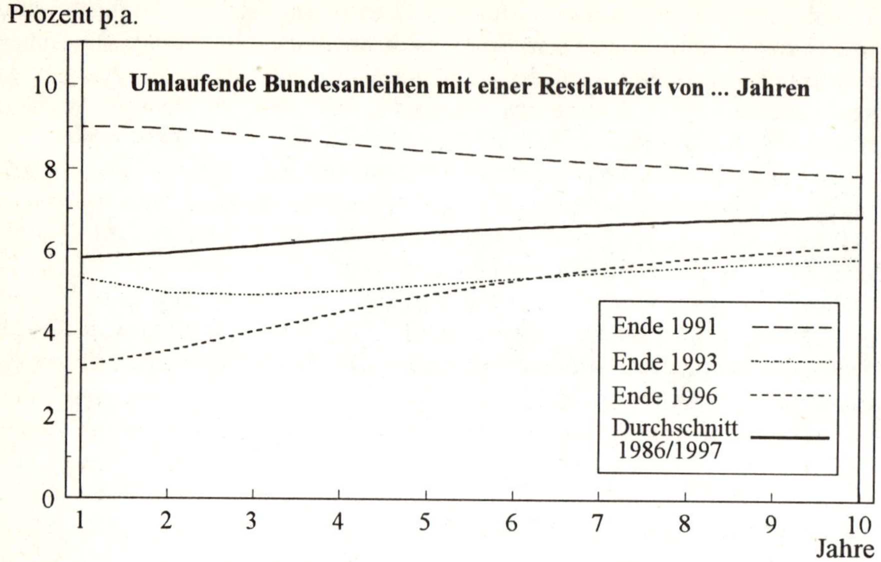

Quellen: *Deutsche Bundesbank*, Statistische Beihefte zu den Monatsberichten.

Die Theorie der Fristigkeitsstruktur der Zinssätze (Theorie der zeitlichen Zinsstruktur) versucht diese Phänomene zu erklären. Sie kann auf drei grundlegende Ansätze zurückgeführt werden. Der älteste und am weitesten verbreitete Ansatz ist die auf *Fisher* (*1916*) zurückgehende *Erwartungstheorie*, die in ihrer reinen Form den langfristigen Zinssatz als einen Durchschnittswert der in der betrachteten Periode *erwarteten* zukünftigen kurzfristigen Zinssätze ansieht. Es wird angenommen, daß sich Wertpapiere mit unterschiedlicher Laufzeit nur dadurch unterscheiden, daß in ihnen Mittel verschieden lange gebunden sind. Ist einmal der kurzfristige Zinssatz für ein Wertpapier mit z. B. einjähriger Laufzeit bestimmt, kann nach Meinung der Vertreter dieser Theorie aufgrund der Erwartungen bezüglich der zukünftigen Entwicklung des kurzfristigen Zinssatzes auch die Höhe des langfristigen Zinssatzes für ein Wertpapier mit z. B. fünfjähriger Laufzeit bestimmt werden. Wenn die Erwartungen der Wirtschaftssubjekte einheitlich sind und sich im Zeitablauf nicht ändern, müssen an den Märkten der Wertpapiere mit verschiedener Laufzeit im Gleichgewicht die Anleger für ihr Geld in den unterschiedlichen Anlagen den gleichen Ertrag (einschl. Kapitalgewinn oder -verlust) erwarten. Ein Anleger würde also erwarten, den gleichen durchschnittlichen Zinssatz für 100 Euro zu erhalten, ganz gleich ob er diesen Betrag fünf Jahre lang in einem langfristigen Wertpapier oder fünfmal hintereinander in kurzfristigen Wertpapieren mit einjähriger Laufzeit anlegt. Wertpapiere mit unterschiedlicher Laufzeit werden in diesem Falle als perfekte Substitute angesehen. Die Fristigkeitsstruktur der Zinssätze ändert sich dann nicht bei einer Veränderung der Zusammensetzung der umlaufenden Wertpapiere bezüglich ihrer Laufzeiten.

Wenn erwartet wird, daß der kurzfristige Zinssatz in der Zukunft gleichbleibt, so muß der langfristige Zinssatz (als Durchschnitt der erwarteten kurzfristigen Zinssätze) in der gegenwärtigen Periode gleich dem kurzfristigen sein. Erwarten dagegen die Wirtschaftssubjekte allgemein ein Ansteigen des kurzfristigen Zinssatzes, so wird der langfristige (als Durchschnitt) höher als der gegenwärtige kurzfristige Zinssatz sein. Bei erwartetem Rückgang des kurzfristigen Satzes ist das genau umgekehrt. Da der langfristige Zinssatz als Durchschnitt der erwarteten kurzfristigen Zinssätze angesehen wird, kann ersterer nicht so stark schwanken wie letzterer. Bei unveränderten Erwartungen werden sich kurz- und langfristiger Zinssatz parallel entwickeln, d. h. gemeinsam steigen oder sinken. Obwohl die Erwartungstheorie somit auf den ersten Blick die Beobachtungen bezüglich der Zinsstruktur recht gut zu erklären scheint, hat sie in dieser ihrer reinen Form eine ganze Reihe von Schwächen aufgrund ihrer rigorosen Annahmen. Zum einen wird es wohl keinem Anleger gelingen, die kurzfristigen Zinssätze über mehrere Jahre hin vorauszusehen, und auch die Erwartungen dürften nicht, wie unterstellt, für alle Wirtschaftssubjekte gleich sein. Wertpapiere mit verschiedener Laufzeit werden zum anderen keineswegs von den Wirtschaftssubjekten als perfekte Substitute angesehen; denn langfristige Wertpapiere bergen ein größeres Kursrisiko in sich.

Die Möglichkeit, jederzeit ohne große Kursverluste Wertpapiere in Kasse umzuwandeln, die bei kurzfristigen Wertpapieren in weit größerem Maße gegeben ist als bei langfristigen, mache viele Wirtschaftssubjekte bereit, für die Haltung von kurzfristigen Papieren einen niedrigeren Zins zu akzeptieren, argumentieren die Vertreter der *Liquiditätspräferenztheorie* (zweiter Ansatz). Die Tatsache, daß der langfristige Zinssatz normalerweise über dem kurzfristigen Zinssatz liegt, wird von ihnen also durch die Liquiditätspräferenz erklärt. Für das geringere Risiko und die größere Liquidität der kurzfristigen Papiere wird von risikoscheuen Wirtschaftssubjekten also ein Zinsverlust in Kauf genommen, m. a. W. können diese Wirtschaftssubjekte nur zur Haltung langfristiger Wertpapiere bewegt werden, wenn ihnen dafür eine "Prämie" in Form von höheren Zinssätzen gezahlt wird. Die Liquiditätspräferenztheorie zur Erklärung der Fristigkeitsstruktur der Zinssätze wurde aus der einfachen *Keynesschen* Liquiditätspräferenztheorie entwikkelt, bei der es nur um die Alternative Kasse oder langfristige Wertpapiere ging und folglich nur *ein* (langfristiger) Zinssatz erklärt zu werden brauchte.

Die Liquiditätspräferenztheorie wird aber zumeist nicht in der hier dargestellten reinen Form zur Erklärung der Zinsstruktur verwendet, sondern dient vielmehr der Ergänzung der Erwartungstheorie. Die "*Liquidity Preference Version of the Expectations Theory*" erklärt den langfristigen Zinssatz als Durchschnitt der erwarteten kurzfristigen Zinssätze während der Beobachtungsperiode plus einer positiven Prämie für die langfristige Anlage von Mitteln.

Neben der Erwartungs- und Liquiditätspräferenztheorie gibt es noch einen dritten – insbesondere von Praktikern bevorzugten - Ansatz zur Erklärung der Zinsstruktur: die *Marktsegmentierungstheorie*. Die Vertreter dieses Konzepts behaupten, daß durch institutionelle Faktoren, unvollkommene Substitute, Hedging (Kompensationsgeschäfte) und insbesondere durch die Präferenzen der Kapitalgeber und -nehmer für Wertpapiere mit bestimmten Laufzeiten die einzelnen finanziellen Märkte voneinander abgetrennt würden. Diese Präferenzen erklären danach die Zinsstruktur. Die Zinssätze von Wertpapieren mit unterschiedlichen Laufzeiten würden sich dann weitgehend unabhängig voneinander bilden. Eine Veränderung der Wertpapierstruktur bezüglich ihrer Fristigkeit müßte daher eine Veränderung der Fristigkeitsstruktur der Zinssätze nach sich ziehen. Empirische Tests haben dagegen einen solchen Zusammenhang nicht nachweisen können. Sie scheinen vielmehr eher die Erwartungstheorie in einer ihrer modifizierten Formen zu stützen.

5.2.3 Institutionelle Faktoren der Zinsbildung

Bisher wurden die Höhe und Struktur der Zinssätze weitgehend durch Marktfaktoren unter fast völliger Vernachlässigung institutioneller Faktoren erklärt. Nun zeigt aber eine Beobachtung der verschiedenen monetären Märkte, daß sich die Zinsbildung dort in unterschiedlicher Weise vollzieht und institutionelle Einflüsse dabei keine geringe Rolle spielen. Unsere theoretischen Erörterungen bedürfen daher einer Ergänzung. Insbesondere zur Erklärung der Zinsober- und Zinsuntergrenzen, der Margen also, innerhalb derer sich die Sätze am Geldmarkt, Kapitalmarkt etc. normalerweise bewegen, sind institutionelle Faktoren unerläßlich. (vgl. dazu *Köhler, 1977*).

Am *Geldmarkt* gibt es sowohl sich weitgehend frei bildende Sätze, wie z. B. für Tagesgeld, Monatsgeld, als auch administrativ von der Zentralbank festgelegte Sätze. In Deutschland waren das in der Vergangenheit der Diskont- und Lombardsatz, der Pensionssatz sowie Abgabe- und Rücknahmesätze für Geldmarktpapiere. Obwohl die Zinsbindung in Deutschland (1967) und anderswo schon lange aufgehoben worden ist, stellen die Notenbankzinsen auch heute noch wichtige Orientierungspunkte für die anderen Geldmarktsätze dar und bleiben somit nicht ohne Einfluß auf deren Höhe und Veränderung.

In der Regel staffelt sich die Höhe der Geldmarktsätze nach der Fristigkeit, wobei das Tagesgeld den niedrigsten und Geldmarktpapiere mit einer Laufzeit von über einem Jahr sowie längerfristige Termingelder den höchsten Satz aufweisen. Um den Diskontsatz als wichtigem Orientierungspunkt hätten sich normalerweise die Geldmarktsätze in Deutschland in der Vergangenheit so anordnen müssen, daß die Sätze für Tagesgeld, tägliches Geld, Monats- und Dreimonatsgeld sowie für Schatz- und Vorratsstellenwechsel unter dem Diskontsatz, die Sätze für Sechsmonatsgeld bis Jahresgeld sowie für längerfristige U-Schätze dagegen über dem

Abb. 22: Leitzinsen und Geldmarktsätze - Zinsober- und Zinsuntergrenzen

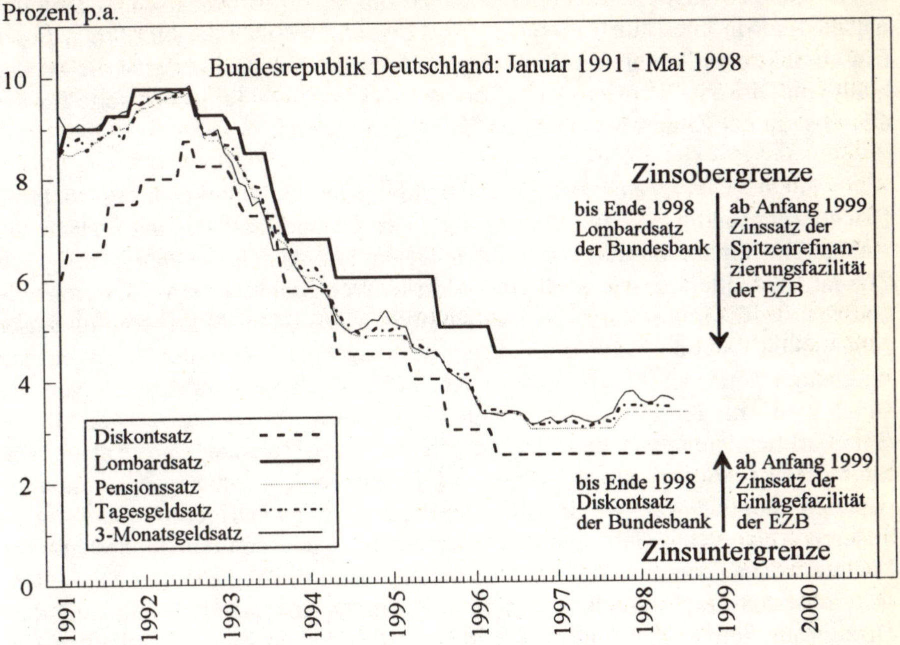

Quellen: *Deutsche Bundesbank*, Monatsberichte.

Diskontsatz liegen. Die Zinssätze am Geldmarkt würden dann grundsätzlich mit der Laufzeit der gewährten Mittel steigen. Tatsächlich wiesen aber die Geldmarktsätze zumeist Werte auf, die über dem Diskontsatz und unter dem Lombardsatz lagen, die damit in der Regel eine Unter- bzw. Obergrenze für die Zinsentwicklung darstellten (vgl. *Abb. 22)*.

Schematisch kann dies folgendermaßen erklärt werden. Ausgegangen sei von einem zunächst extrem liquiden Geldmarkt. In einer solchen Situation konnte der Geldmarktzins auch unter dem Diskontsatz liegen, so daß die Banken von ihnen benötigtes kurzfristiges Zentralbankgeld am Geldmarkt z.B. zum Tagesgeldzins und nicht bei der Bundesbank über Rediskontkredite zum (höheren) Diskontsatz nachfragten. Der Diskontsatz bildete in dieser Situation die Zinsobergrenze. Erst bei weniger liquidem Geldmarkt stiegen die kurzfristigen Zinsen über den Diskontsatz. Die Banken konnten dann solange ihren Zentralbankgeldbedarf zum niedrigeren Diskontsatz decken, bis ihre Rediskontkontingente ausgeschöpft waren. Mit weiter zunehmender Anspannung am Geldmarkt mußten sie zunächst den höheren Tagesgeldsatz akzeptieren und schließlich den Pensionssatz im Offenmarktgeschäft mit der Bundesbank zahlen. Der Pensionssatz bildete in dieser Situation die Zinsobergrenze, die sich bei noch stärkerer Anspannung am Geldmarkt auf den Lombardsatz verschob. Denn Lombardkredite wurden von der Bundesbank kurzfristig praktisch unbegrenzt vergeben. Nur wenn die Lombardkreditgewährung ausgesetzt wurde, ein Sonderlombard gar nicht oder nur begrenzt zur Verfügung stand oder die Banken (mehr) Lombardkredite nicht in ihren Bilanzen ausweisen wollten, konnten die Sätze für Monats- und Dreimonatsgeld sowie auch für Tagesgeld den Lombardsatz übersteigen. Trotz dieser Einschränkungen konnte die Bundesbank somit im Normalfall durch die Festlegung von Diskont-, Pensions- und Lombardsatz wichtige Schwellenwerte für die *Obergrenze* der Zinsentwicklung am Geldmarkt fixieren.

Auch für die *Untergrenze* der Zinsentwicklung am Geldmarkt gab es wichtige Orientierungsfaktoren. Eine erste bildete der Diskontsatz, da die Banken als Anleger an einem liquider werdenden Geldmarkt solange keinen niedrigeren Zinssatz akzeptierten, wie noch eine Rediskontverschuldung bestand, deren Abbau für sie die günstigere Anlagealternative war. Nach Ausschöpfung dieser Möglichkeit und/oder weiterem Anstieg des Angebots konnte der Tagesgeldsatz schließlich unter den Diskontsatz sinken. In diesem Falle fungierte der von der Bundesbank im Rahmen ihrer Offenmarktgeschäfte festgelegte Abgabesatz für Geldmarktpapiere als neue Zinsuntergrenze. Denn solange eine Anlage von Zentralbankgeldüberschüssen in von der Bundesbank angebotenen Geldmarktpapieren möglich war, wurde von den Banken eine niedrigere Verzinsung in anderen Anlagen am Geldmarkt nicht akzeptiert. Nur wenn der Bundesbank die "Munition" in Form von Geldmarktpapieren ausging, konnte dieser Schwellenwert unterschritten werden. Mit dem Abgabesatz, insbesondere aber mit dem Diskontsatz konnte die Bundesbank in normalen Situationen eine effektive Untergrenze für die Sätze am Geldmarkt fixieren.

Hat nun auch die EZB die Möglichkeit, solche Zinsober- und Zinsuntergrenzen am europäischen Geldmarkt zu setzen? Die Beantwortung der Frage hängt entscheidend von den der EZB zur Verfügung stehenden geldpolitischen Instrumenten ab (vgl. dazu *8.3.4*). Es genügt an dieser Stelle zu sagen, daß es ständige Übernacht-Fazilitäten der EZB zum Zwecke der Spitzenrefinanzierung und für Einlagen gibt. Der Zinssatz für Übernachtkredite, der von der EZB festgelegt wird, übernimmt dabei eine ganz ähnliche Funktion wie der Lombardsatz der Bundesbank, so daß die zuvor gemachten Aussagen zur Zinsobergrenze am Geldmarkt grundsätzlich auch in der EWU ihre Gültigkeit behalten. Der Zinssatz für Einlagen, die Banken über Nacht bei der EZB tätigen können, übernimmt - sogar in effizienterer Weise - die Rolle des früheren Diskontsatzes als Zinsuntergrenze. Denn die Banken werden eine Anlage in *dieser* Form wählen und nicht zu einem geringeren Satz anderswo am Geldmarkt investieren.

Damit wird deutlich, daß die absolute Höhe eines Geldmarktsatzes nichts über die Lage am Geldmarkt aussagt. Ein hoher Tagesgeldsatz z. B. ist für sich genommen noch kein Zeichen für eine Anspannung, die sich erst feststellen läßt, wenn man ihn auf den Einlagen- und Spitzenrefinanzierungszins bezieht. Wenn der Tagesgeldsatz dicht am oder sogar über dem Spitzenrefinanzierungssatz liegt, spricht man von einem "angespannten" Geldmarkt. Man wird ihn dagegen als "flüssig" bezeichnen, wenn sich der Tagesgeldsatz dicht am Einlagenzins befindet. Über ihren Einlagen-, Spitzenrefinanzierungs- und Pensionssatz kann die EZB einen entscheidenden Einfluß auf die Zinsgestaltung am Geldmarkt ausüben. Die Ausgestaltung des geldpolitischen Instrumentariums der EZB läßt sogar vermuten, daß ihr eine genauere Führung der Geldmarktzinsen gelingen könnte, als es der Bundesbank bislang möglich war.

Auch am *Kapitalmarkt* gibt es solche Ober- und Untergrenzen für die Zinsen. Hier spielen sie jedoch nicht eine so bedeutende Rolle wie am Geldmarkt. Die *Zinsobergrenze* am Kapitalmarkt wird bestimmt durch die Gewinnerwartungen und die Eigenfinanzierungsquote der Unternehmer; denn je höher die Gewinnerwartungen aus einer gegebenen Investition sind und je höher der Anteil des Eigenkapitals an der Finanzierung ist, desto höher kann der Kapitalmarktzins sein, den Unternehmer akzeptieren werden. Sie werden nur solange Kapital nachfragen, wie die durchschnittlichen Zinskosten den durchschnittlichen Gewinn pro Periode nicht überschreiten.

Für die Zinsentwicklung am Kapitalmarkt gibt es jedoch auch eine *Untergrenze,* die zunächst durch das Zinsniveau am Bankenkredit- und Bankeneinlagenmarkt und schließlich durch die Geldmarktsätze gegeben ist. Für *Nichtbanken* sind Anlagen in Wertpapieren am Kapitalmarkt und längerfristige Einlagen bei Banken konkurrierende Alternativen. Sie werden dann kein Geld mehr in risikobehafteten Wertpapieren anlegen, wenn sie keine Kurssteigerungen (und damit Kapitalgewinne) erwarten und der Kapitalmarktzins auf das Niveau der Einlagenzinsen gesunken ist. Risikolose Einlagen bei Banken sind dann attraktiver. Die *Banken* werden nun versuchen, das ihnen zufließende Geld zunächst als Kredite an Nichtbanken auszuleihen. Gelingt das nicht, werden sie versuchen, diese Mittel am Kapitalmarkt anzulegen, was die Kapitalmarktzinsen weiter nach unten drückt, nicht jedoch unter die Geldmarktzinsen. Diese bilden deshalb die Zinsuntergrenze am Kapitalmarkt, da Geldmarktpapiere wegen ihrer Liquidität und des fehlenden Kursrisikos von den Banken bei gleich hohem Zinssatz gegenüber langfristigen Wertpapieren vorgezogen werden. Da nun die Banken langfristige Einlagen zu bestimmten Zinssätzen hereingenommen haben, aber die Mittel am Kapitalmarkt nur zu geringeren Zinsen anlegen können, machen sie bei diesen Geschäften Verluste, die sie aber durch eine Senkung der Einlagenzinsen zu umgehen versuchen werden. In dieser Situation gehen dann Zinssenkungen am Bankeneinlagenmarkt mit solchen am Kapitalmarkt einher, so daß der Kapitalmarktzins nicht für längere Zeit unter die Einlagenzinsen fallen dürfte.

In der Realität ist jedoch eine recht starke Interdependenz zwischen dem Zins für kurzfristige Bankkredite, insbesondere dem Kontokorrentkredit, und dem Kapitalmarktzins zu beobachten, so daß sich die Entwicklung der Kapitalmarktzinsen in sehr viel engeren Grenzen vollzieht. Da nicht immer Fristenkongruenz zwischen Kreditbedarf und Kreditnachfrage bestehen muß, bilden Kontokorrentkredite eine Alternative zur Aufnahme von Mitteln am Kapitalmarkt, d. h. ein langfristiger Kreditbedarf kann auch durch kurzfristige Kredite gedeckt werden und umgekehrt. Normalerweise werden Unternehmen gemäß der "goldenen Finanzierungsregel" ihren langfristigen Kreditbedarf mit langfristigen Krediten oder am Kapitalmarkt durch Emission von Wertpapieren decken, was dann der Fall ist, wenn Kontokorrent- und Kapitalmarktzins annähernd gleich sind.

Der langfristige und sogar ein Teil des kurzfristigen Kreditbedarfs wird jedoch am Kapitalmarkt gedeckt, sobald der Kapitalmarktzins anhaltend niedriger als der Kontokorrentzins ist. Im umgekehrten Fall wird man versuchen, auch längerfristigen Kapitalbedarf durch kurzfristige Kredite zu finanzieren, in der Hoffnung, diese entweder prolongieren oder später zu günstigeren Konditionen in längerfristige Kredite oder Kapitalmarktmittel umwandeln (konsolidieren) zu können. Daneben regt die Zinsdifferenz Spekulationen an, mit kurzfristigen Krediten zu relativ niedrigen Zinsen langfristige Wertpapiere mit höheren Zinsen zu kaufen. Durch eine Divergenz zwischen Kapitalmarktzins und Kontokorrentzins werden Kräfte wirksam, die auf eine Angleichung beider Raten hinwirken, so daß sich die Kapitalmarktzinsen gewöhnlich nicht zwischen der Zinsober- und Zinsuntergrenze bewegen, sondern nur in dem vom Kontokorrentzins bestimmten *Relevanzbereich (Köhler, 1977).*

Am *Bankenkredit-* und *Bankeneinlagenmarkt* bilden sich im Verkehr der Banken mit den Nichtbanken die *Sollzinsen* (Zinsen, die die Banken für die Bereitstellung von Krediten fordern; "Aktivgeschäft") und die *Habenzinsen* (Zinsen, die die Banken für Einlagen gewähren; "Passivgeschäft"). Die Soll- und Habenzinsen wurden bis zu ihrer Liberalisierung (1967) administrativ über eine Bindung an den Diskont- oder Lombardsatz festgelegt. Die Aufhebung der Zinsbindung bedeutete nun nicht, daß der Diskontsatz auch jegliche Bedeutung als Orientierungsfaktor am Bankenkredit- und Bankeneinlagenmarkt verloren hätte. Vielmehr war zu beobachten, daß auch danach noch die Soll- und Habenzinssätze dem Diskontniveau in etwa folgten (vgl. *Abb. 22).* Auch die EZB zeigt, daß eine Führung der Geldmarktzinsen durch Setzung der Notenbankzinsen in engen Grenzen möglich ist. Die Zinsbildung an diesen Märkten wird zudem entscheidend durch die Zinsführer bestimmt, eine Funktion, die zumeist von großen Banken übernommen wird. Sie legen bei den Geschäften, bei denen sie führend sind, die Zinssätze fest und bewirken durch ihre Stellung am Markt, daß die anderen Banken diesen Konditionen weitgehend folgen.

Die *Finanzintermediäre* legen ihre Mittel zumeist am Geld- und Kapitalmarkt sowie am Bankeneinlagenmarkt an und beeinflussen dadurch die Zinsbildung an diesen Märkten. Dies gilt auch für die Wechselbeziehungen zwischen den monetären Märkten. Eine Veränderung von Angebot und Nachfrage auf einem Markt bewirkt nicht nur eine Änderung der Höhe der Zinssätze an diesem Markt, sondern in der Regel darüber hinaus auch auf anderen Märkten. So haben z. B. von der Zentralbank ausgelöste monetäre Impulse über eine Änderung der Zinsstruktur (= Änderung der relativen Preise) auch Auswirkungen auf das Angebot und die Nachfrage monetärer (und realer) Aktiva. Wir haben gesehen, daß diese relativen Preise nicht allein durch Marktfaktoren, sondern auch durch institutionelle Faktoren bestimmt werden.

LITERATUR ZUM 5. KAPITEL

Bank für Internationalen Zahlungsausgleich (BIZ), Jahresberichte ab 1963, Basel.

Bank für Internationalen Zahlungsausgleich (BIZ) (1986), Recent Innovations in International Banking, Basel.

Basle Committee on Banking Supervision (1997), Core Principles for Effective Banking Supervison; Consultative Paper, Basel.

Beckmann, R./J. **Born**/W. **Kösters** (1998), The Role of the Euro as an International Currency, in: vwd Euro Inside, Nr. 10.

Bruns, G./K. **Häuser** (Hrsg.) (1992), Deutschland als Finanzplatz, Frankfurt/M..

Büschgen, H.E. (1994), Finanzinnovationen, in: **Schierenbeck**, H. (Hrsg.), Bank- und Versicherungslexikon, München und Wien, S. 258 ff.

Conrad, J.W. (1963), An Introduction to the Theory of Interest, Second Printing, Berkeley and Los Angeles.

Deutsche Bundesbank (1997), Der verbriefte Geldmarkt in Deutschland, in: *Monatsberichte der Deutschen Bundesbank*, Nr. 10, S. 45 ff.

Deutsche Bundesbank (1998), Schätzung von Zinsstrukturkurven, in: *Monatsberichte der Deutschen Bundesbank*, Nr. 10, S. 61 ff.

Eilenberger, G. (1996), Lexikon der Finanzinnovationen, 3. Aufl., München u.a.

Fama, E.F. (1975), Short-Term Interest Rates as Predictors of Inflation, in: *American Economic Review*, Vol. 65, S. 269 ff.

Feldstein, M./O. **Eckstein** (1970), The Fundamental Determinants of the Interest Rate, in: *Review of Economics and Statistics*, Vol. 52, S. 363 ff.

Fisher, I. (1916), Die Kaufkraft des Geldes. Ihre Bestimmung und ihre Beziehung zu Kredit, Zins und Krisen, Berlin.

Gebauer, W. (1973), Die Determinanten des Zinsniveaus in der Bundesrepublik Deutschland: Ein Kommentar, in: *Kredit und Kapital*, 6. Jg., S. 187 ff.

Gebauer, W. (1982), Realzins, Inflation und Kapitalzins, Berlin.

Gebauer, W./R. **Rudolph** (Hrsg.) (1995), Finanzmärkte und Zentralbankpolitik, Frankfurt/M.

Gleske, L. (1994), Geld- und Kapitalmärkte, in: **Schierenbeck**, H. (Hrsg.), Bank- und Versicherungslexikon, München und Wien, S. 292 ff.

Greenbaum, St. I./A. V. **Thakor** (1995), Contemporary Financial Intermediation, Fort Worth u.a., Part. VIII.

Häuser, K. (1995), Kapitalmarkt, in: **Gerke**, W./M. **Steiner** (Hrsg.), Handwörterbuch des Bank- und Finanzwesens, Stuttgart, Sp. 1132 ff.

Issing, O. (1998), Von der D-Mark zum Euro: Auswirkungen auf das Weltwährungssystem, Tübingen.

Johnston, R.B. (1981), Theories of the Growth of the Euro-Currency Market: A Review of the Euro-Currency Deposit Multiplier, Bank for International Settlements (BIS), Economic Papers No. 4 (May).

Kath, D. (1972), Die verschiedenen Ansätze zur Zinsstrukturtheorie, in: *Kredit und Kapital*, 5. Jg., S. 28 ff.

Keynes, J.M. (1936), The General Theory of Employment, Interest and Money, London.

Kidwell, D.S./R.S. **Peterson**/D. W. **Blackwell** (1997), Financial Institutions, Markets and Money, 6. Aufl., Fort Worth u. a.

Kloten, N./J.H. **von Stein** (Hrsg.) (1993), Geld-, Bank- und Börsenwesen. Ein Handbuch, 39. Aufl., Stuttgart, hier insbes. 5. Teil: Geldmärkte, Kapitalmärkte und Börsen, S. 137 ff.

Köhler, C. (1977), Geldwirtschaft, Erster Band: Geldversorgung und Kreditpolitik, 2. Aufl., Berlin.

Köhler, C. (1979), Geldwirtschaft, Zweiter Band: Zahlungsbilanz und Wechselkurs, Berlin.

Kruth, B.- J. (1997), Der Einfluß von Geldmengenveränderungen auf das Zinsniveau, Lohmar.

Lerner, A.P. (1948), Alternative Formulations of the Theory of Interest, in: **Harris,** S. E. (Hrsg.), The New Economics, New York, S. 634 ff.

Levi, M.D./J. H. **Makin** (1979), Fisher, Phillips, Friedman and the Measured Impact of Inflation on Interest, in: *Journal of Finance*, Vol. 34, S. 35 ff.

Lutz, F.A. (1967), Zinstheorie, 2. Aufl., Zürich und Tübingen.

Mayer, H. (1979), Credit and Liquidity Creation in the International Banking Sector; Bank for International Settlements (BIS), Economic Papers No. 1 (November).

Mishkin, F.S. (1995), The Economics of Money, Banking, and Financial Markets, 4. Aufl., Boston, Toronto.

Morgan Guaranty Trust Company, World Financial Markets (erscheint monatlich), verschiedene Ausgaben.

Neuberger, D. (1995), Geldmarkt und Geldmarktpolitik, in: **Gerke**, W./M. **Steiner** (Hrsg.), Handwörterbuch des Bank- und Finanzwesens, Stuttgart, Sp. 849 ff.

Neumann, M.J.M. (1977), Inflationserwartungen und andere Determinanten des Zinsniveaus, in: *Konjunkturpolitik*, 23. Jg., S. 216 ff.

Shiller, R.J. (1990), The Term Structure of Interest Rates, in: **Friedman**, B. M./ F. H. **Hahn** (Hrsg.), Handbook of Monetary Economics, Vol. 1, Amsterdam, S. 627 ff.

Siebke, J./M. **Willms** (1972), Zinsniveau, Geldpolitik und Inflation, in: *Kredit und Kapital*, 5. Jg., S. 171 ff.

Smith, R.C./I. **Walter** (1990), Global Financial Services, New York u.a.

Storck, E. (1995), Euromarkt: Finanz-Drehscheibe der Welt, Stuttgart.

Thiemer, A. (1987), Der Zusammenhang zwischen Realzins und Inflationserwartung, Bergisch Gladbach und Köln.

Wicksell, K. (1898), Geldzins und Güterpreise, Jena.

Widmer, R. (1969), Der Euromarkt, Frankfurt / M.

Willms, M. (1976), Money Creation in the Euro-Currency Market, in: *Weltwirtschaftliches Archiv*, Vol. 112, S. 201 ff.

6 TRANSMISSION MONETÄRER IMPULSE

6.1 Grundlagen des Transmissionsprozesses

Die bisherigen Kapitel behandelten im wesentlichen den geldwirtschaftlichen Sektor einer Volkswirtschaft und damit rein monetäre Phänomene: die Geldnachfrage (*Kapitel 3*), das Geldangebot (*4*) und das Zusammentreffen beider Größen auf den monetären Märkten (*5*). Damit ist die Basis für weiterführende Analysen gelegt. Der nächste Schritt ist nun, den monetären und realen Sektor einer Volkswirtschaft miteinander zu verknüpfen. Dieses und das nachfolgende *Kapitel 7* unternehmen in zweifacher Hinsicht einen *Brückenschlag*:

Erstens sind die Verknüpfungspunkte zwischen dem geld- und güterwirtschaftlichen Bereich herauszuarbeiten. Das dafür benötigte Analyseinstrument sind die sog. *Transmissionsansätze*. Transmissionstheorien sind Hypothesen über die Übertragungskanäle von Veränderungen monetärer Größen in den realwirtschaftlichen Bereich. Wir bezeichnen diese Übertragung als "Transmission monetärer Impulse". *Kapitel 6* analysiert zunächst die hauptsächlichen Transmissionsansätze und ihre möglichen Wirkungsrichtungen. Einen Schritt weiter geht dann *Kapitel 7*: Dort wird versucht, die *Mengen-* und *Preiswirkungen* von binnen- und außenwirtschaftlich ausgelösten monetären Impulsen zu isolieren und anhand einiger zentraler Größen der Wirtschaftspolitik aufzuzeigen.

Zweitens versuchen die *Kapitel 6* und *7* eine *Verknüpfung* von Geldtheorie und Geldpolitik. Da jede Geldpolitik - verstanden als eine auf die Stabilisierung des Wirtschaftsablaufs gerichtete Politik mit monetären Maßnahmen - explizit oder implizit von bestimmten theoretischen Vorstellungen über die Transmission von monetären Impulsen auszugehen hat, ist die Kenntnis derartiger Übertragungskanäle für die praktische Geldpolitik natürlich außerordentlich wichtig. Insoweit stellen diese Kapitel auch eine Überleitung von den spezifisch geldtheoretischen Fragestellungen zu den Problemen der Geldpolitik des *Kapitels 8* dar.

Die Notwendigkeit einer Beschäftigung mit Transmissionsansätzen liegt auf der Hand. Denn mit dem Auslösen eines monetären Impulses - etwa der Veränderung der Geldbasis - ist ja keineswegs a priori sichergestellt, ob und gegebenenfalls in welcher Weise damit auch Mengen- und Preiseffekte im güterwirtschaftlichen Bereich einhergehen: Veränderungen der Investitions- und Konsumnachfrage, der Produktion und Beschäftigung sowie Veränderungen des Güterpreisniveaus und der relativen Preise, d. h. der realen Austauschverhältnisse der Waren, Dienstleistungen und Produktionsfaktoren. Hinter der Klärung des Transmissionsprozesses steht also letztlich die Frage nach der Eignung geldpolitischer Maßnahmen zur Realisierung der wirtschaftspolitischen Ziele Vollbeschäftigung, Wachstum und Preisniveaustabilität. So bekannte Metaphern wie: "Man kann die Pferde zwar zur Tränke führen, aber man kann sie nicht zum Saufen zwingen", oder: "Nicht das Geld geht in die Läden und kauft ein, sondern die Wirtschaftssubjekte tun dies", umschreiben in populärer Weise das Problem des Transmissionsmechanismus von monetären Impulsen. Sie kennzeichnen schlagwortartig die Nahtstelle zwischen Geld- und Gütersektor und den zwischen beiden Bereichen bestehenden, immer noch weitgehend unerforschten Raum.

Transmissionstheorien haben also darzulegen,

- durch welche Übertragungs- und Wirkungskanäle der geld- und der güterwirtschaftliche Sektor einer Volkswirtschaft miteinander verbunden sind,
- wie monetäre Impulse die Dispositionen der Wirtschaftssubjekte und daraus resultierende güterwirtschaftliche Größen verändern,
- welche realwirtschaftlichen Sektoren durch geldpolitische Maßnahmen zuerst, welche später betroffen werden,
- ob monetäre Maßnahmen primär die Mengen (Produktion und Beschäftigung) oder die Preise beeinflussen,
- welche Anhaltspunkte für zeitliche Wirkungsverzögerungen der Geldpolitik aus dem Transmissionsprozeß gewonnen werden können.

Der Katalog dieser Fragestellungen ist anspruchsvoll und kontrastiert teilweise mit dem Stand des Wissens über die empirische Relevanz der in den verschiedenen Transmissionstheorien entwickelten alternativen Übertragungswege. Der Katalog macht zugleich deutlich, daß die Effizienz der monetären Politik in hohem Maße von den Reaktionen der Wirtschaftseinheiten abhängt. Empirisch gehaltvolle Transmissionstheorien sollten daher realitätsnahe Hypothesen über die Verhaltensweisen der Wirtschaftssubjekte formulieren. Geldtheorien sind damit in weiten Bereichen auch Gegenstand der empirischen Verhaltensforschung.

Die verschiedenen Transmissionstheorien werden im folgenden primär unter *kurzfristigen* ("konjunkturellen") Aspekten diskutiert. Damit wird nicht geleugnet, daß die monetäre Politik auch Auswirkungen auf längerfristige Phänomene, wie wirtschaftliches Wachstum und Verteilung, haben kann. Die eigentliche Domäne der Geldtheorie und Geldpolitik ist jedoch (seit jeher) das Problem der kurzfristigen wirtschaftlichen Fluktuationen. Geldpolitik ist - oder besser: sollte sein - Stabilisierungspolitik. Zuvor sind einige Vorfragen zu klären. Wir beginnen mit einem kurzen Exkurs in die klassische Geldtheorie, weil sich von hier aus das Transmissionsproblem vielleicht am augenscheinlichsten aufrollen läßt.

6.1.1 Neutralität des Geldes und "klassische Dichotomie"

Keineswegs selbstverständlich war für die älteren ("klassischen") Geldtheorien die enge Verzahnung zwischen dem Geld- und Gütersektor einer Volkswirtschaft. Nur in einem stark eingeschränkten Sinne akzeptierten sie eine Transmission von monetären Impulsen in den güterwirtschaftlichen Bereich. Ausgehend von der stets erfüllten Identität der *Quantitäts-* bzw. *Verkehrsgleichung*

(1) $$Mv \equiv PY^r$$

gelangten sie unter den von ihnen üblicherweise gemachten Annahmen einer Konstanz von $\overline{Y}^r$ (gleichgewichtiges Vollbeschäftigungseinkommen, starre Produktion) und $\overline{v}$ bzw. $\overline{k}$ (unveränderte Zahlungsgewohnheiten) zur *Quantitätstheorie* (siehe *3.2.1*):

(2) $$P = M\overline{v} / \overline{Y}^r$$

bzw. zur *Kassenhaltungstheorie*:

(3) $$P = M / \overline{kY}^r$$

Es bedeuten

- M: exogen fixierte Geldmenge (z. B. Bargeld plus Sichteinlagen der Nichtbanken); "exogen": durch die Zentralbank kontrolliert;
- Y^r: reales Volkseinkommen (reales Nettosozialprodukt zu Faktorkosten);
- P: Durchschnittspreis aller in Y^r enthaltenen Waren und Dienstleistungen;
- v: Umlaufs- bzw. Einkommenskreislaufgeschwindigkeit des Geldes;
- k: Kassenhaltungskoeffizient $(k = 1 / v)$.

Aus den Gleichungen (2) und (3) folgt, daß eine Erhöhung (Reduzierung) des Geldvolumens unter den obigen Annahmen zu einer proportionalen Zunahme (Abnahme) des *Preisniveaus* und damit des nominalen Volkseinkommens ($P\overline{Y}^r$) führt. Die gleiche Wirkung hat - bei Konstanz von M und Y^r - eine Verringerung (Erhöhung) des Kassenhaltungskoeffizienten k. Das reale Sozialprodukt und die realen Austauschverhältnisse (relativen Preise) der Güter werden dagegen im "klassischen System" ausschließlich durch realwirtschaftliche Faktoren bestimmt (z. B. Präferenzen, Produktionsbedingungen, Nachfrageschocks).

Die älteren Geldtheorien führen also zu dem Ergebnis, daß Veränderungen der Geldmenge (bzw. von v resp. k) lediglich das absolute Preisniveau beeinflussen. Monetäre Maßnahmen lassen das güterwirtschaftliche Gleichgewicht dagegen unverändert. In diesem Sinne wird von der *Neutralität* des Geldes, das die Vorgänge im realwirtschaftlichen Bereich wie ein "Schleier" überzieht und verdeckt, und von der "*klassischen Dichotomie*" gesprochen: Zweiteilung der Wirtschaft in einen monetären und realen Sektor, Trennung von "Geld"- und "Wert"-Theorie. Für die auf Beeinflussung der Wirtschaftsaktivität gerichtete Politik folgt daraus die vergleichsweise unbedeutende, nämlich nur für Veränderungen des absoluten Preisniveaus maßgebliche Rolle monetärer Maßnahmen.

Offen blieb bisher die Frage, auf welchem *Wege* eine Geldmengenveränderung zu einer proportionalen Variation des Preisniveaus gemäß den Gleichungen (2) und (3) führt, wie also der Transmissionsprozeß in diesem System beschaffen ist. Eine erste Antwort darauf lautet, daß die Wirtschaftssubjekte ihre aufgrund von Geldmengenerhöhungen entstandene *überschüssige* (weil vom bisherigen Niveau abweichende und daher nicht gewünschte) Kassenhaltung dadurch abzubauen versuchen, daß sie zusätzliche Ausgaben tätigen. Dadurch kommt es - bei gegebenem Güterangebot - zu Preissteigerungen. Diese Erklärung scheint indessen unvereinbar mit der von der klassischen Theorie behaupteten Neutralität des Geldes und hat zu dem Vorwurf ihrer *Inkonsistenz* geführt: Denn wenn diese Erklärung zutrifft, ist die güterwirtschaftliche Nachfrage offenbar auch von der Höhe der tatsächlichen Geldhaltung - also einer monetären Größe - abhängig.

Eine Lösung dieses scheinbaren Widerspruchs stammt von *Patinkin* (*1965*): Unter zahlreichen, stark vereinfachenden Annahmen besagt seine wichtigste Hypothese, daß die privaten Wirtschaftssubjekte ihre Angebots- und Nachfragedispositionen nicht von der nominellen Geldhaltung abhängig machen, sondern von der von ihnen gehaltenen *Real*kasse bzw. von der realen Geldmenge (M/P). Die Realkasse wird interpretiert als Bestandteil des Nettovermögens (Reinvermögens) der privaten Wirtschaftseinheiten (vgl. *2.2.2*). Dabei ist zu beachten, daß Geld nur dann ein Nettovermögen des privaten Sektors darstellt, wenn es - wie hier angenommen - aus Forderungen der Privaten gegenüber dem öffentlichen Sektor (Zentralbank, Staat) besteht (sog. "Outside Money" im Gegensatz zum "Inside Money", das durch Verschuldung innerhalb des privaten Sektors entsteht; vgl. auch *3.1*). Veränderungen der Realkasse, d. h. des Nettovermögens der privaten Wirtschaftssubjekte, werden damit zu einem speziellen Bestimmungsfaktor der güterwirtschaftlichen Angebots- und Nachfragedispositionen.

Zur Veranschaulichung des Transmissionsprozesses soll von einer realen Geldmenge (Realkasse) im Zeitpunkt o in Höhe von M_o/P_o ausgegangen werden. Eine Erhöhung des autonom fixierten Geldangebots ("Outside Money") um ΔM (z. B. aufgrund zusätzlicher, durch Zentralbankkredite finanzierter Staatsausgaben) läßt das Geldvolumen auf $M_o + \Delta M$ und bei zunächst unverändertem Preisniveau (P_o) auch die Realkasse in Händen des privaten Sektors steigen. Wie werden die Wirtschaftssubjekte darauf reagieren? Nach *Patinkin* wird an dieser Stelle der sog. *Realkasseneffekt* ("Real-Balance-Effekt") wirksam: Die Erhöhung der realen Kassenhaltung ist gleichbedeutend mit einem *Vermögenseffekt*. Er besagt, daß die Wirtschaftssubjekte mit steigendem Nettovermögen weniger aus dem laufenden Einkommen sparen, also mehr ausgeben (und umgekehrt). Im vorliegenden Beispiel ist das Nettovermögen der privaten Wirtschaftssubjekte gestiegen, woraufhin sie zu zusätzlichen Güterkäufen veranlaßt werden. Es kommt - annahmegemäß - zu einer das Güterangebot übersteigenden Überschußnachfrage (ΔN) und zu steigenden Preisen auf den Gütermärkten (ΔP). Die Wirkungen des Real-Balance-Effekts werden solange auftreten, bis die Realkasse (im Zeitpunkt 1) wieder auf ihren Ausgangswert gesunken ist: (M_o + ΔM) dividiert durch (P_o + ΔP). Das Preisniveau hat sich dann proportional zur Geldmenge erhöht. Das Verlaufsschema (4) skizziert diese Zusammenhänge in vereinfachter Form:

$$(4) \qquad \frac{M_0}{P_0}: \; + \Delta M \rightarrow \frac{M_0 + \Delta M}{P_0} \rightarrow + \Delta N \rightarrow + \Delta P \rightarrow \frac{M_0 + \Delta M}{P_0 + \Delta P} = \frac{M_1}{P_1}$$

Der Real-Balance-Effekt erklärt damit nicht nur die Transmission von monetären Impulsen in den realwirtschaftlichen Bereich und den Prozeß der Preisanpassung, sondern integriert hierdurch auch die "Geld"- und "Wert"-Theorie, überwindet die "klassische Dichotomie". Gleichzeitig bestätigt der Realkasseneffekt, vom *Ergebnis* her gesehen, die klassische These von der Neutralität des Geldes und widerlegt dadurch den gegen die älteren Theorien erhobenen Vorwurf der Inkonsistenz: dies alles allerdings unter stark vereinfachten Annahmen.

6.1.2 Kausalität, Exogenität und Endogenität des Geldes

Die in der Überschrift zu diesem Abschnitt genannten Begriffe spielen in ökonomischen Modellen eine zentrale Rolle. Häufig erweist es sich wegen bestehender Interdependenzen als schwierig, eine Variable als "exogen" oder "endogen" festzulegen. Die Festlegung einer solchen Hypothese hat aber weitreichende Folgen: Gilt in einem Modell für die Beziehung zweier Größen A und B beispielsweise die Hypothese, daß A als *exogene* ("erklärende") und B als *endogene* ("abhängige") Variable anzusehen ist, dann kann B in diesem Modell nicht zugleich "erklärend" ("kausal") für A sein. Mit diesen Begriffen müssen wir uns zunächst kurz auseinandersetzen, da sie im Kontext monetärer Analysen einige Besonderheiten aufweisen. Generell gilt, daß endogene Variablen *durch* das Modell erklärt werden, exogene Variablen dagegen *außerhalb* des Modells determiniert sind, d. h. von außen vorgegeben sind. Dies gilt natürlich auch für die transmissionstheoretischen Fragestellungen. Dabei ist die *Kausalbeziehung* a priori offen: Ob güterwirtschaftliche durch monetäre Variablen "erklärt" werden - oder umgekehrt -, ist als Hypothese im Transmissionsmodell festzulegen und ggf. empirisch zu testen. Dies sind die allgemeinen Ausgangspunkte.

Die Besonderheiten im Kontext monetärer Analysen, von denen eben gesprochen wurde, betreffen das Begriffspaar "Exogenität/Endogenität" und "Kausalität". Zu unterscheiden ist zwischen der Exogenität der Geldmenge im *Politiksinne* und der *kausalen* Rolle des Geldes für güterwirtschaftliche Veränderungen. Erinnern wir uns an die Ergebnisse des *Abschnitts 4.4*: Im einzelnen wurde dort begründet, weshalb die Zentralbankgeldmenge (Geldbasis) im Politiksinne *nicht* exogen, also endogen, ist. Das heißt, Änderungen der Geldbasis hängen nicht allein von den Entscheidungen der Zentralbank ab, sondern werden in mehr oder weniger starkem Maße auch von den Dispositionen der Kreditinstitute und der Nichtbanken bestimmt. Ist aber die Geldbasis (B) in diesem Sinne nicht exogen, so ist es auch die (nominale) Geldmenge (M) nicht, gleichviel ob der Geldangebotsmultiplikator (m) stabil ist oder ob er in seiner mechanistischen oder portfoliotheoretischen Version betrachtet wird [M = m (....) B].

Für die *kausale* Rolle des Geldes ist die - im Politiksinne - fehlende Exogenität der Geldbasis bzw. der Geldmenge jedoch ohne Belang. Auch wenn die Geldmenge nicht allein ("autonom") von der Zentralbank kontrolliert wird (M im Politiksinne also endogen ist), kann sie gleichwohl *kausal* ("erklärend") für die Veränderung realwirtschaftlicher Größen sein. Diese beiden Ausformungen des Begriffs der Exogenität des Geldes, die auf unterschiedlichen Ebenen liegen, sind also auseinanderzuhalten: die Exogenität im Politiksinne ("Kontrollexogenität") und im Sinne einer kausalen Eigenschaft für realwirtschaftliche Veränderungen. Endogenität (im Politiksinne) und Kausalität der Geldmenge schließen sich also keineswegs aus. Zur Klarstellung sei aber auch hier noch einmal das Fazit des *Abschnitts 4.4* wiederholt: Trotz der mangelnden Kontrollexogenität des Geldes ist die Zentralbank keinesfalls machtlos. Vielmehr wird sie versuchen, über die Festsetzung der Zinssätze für Refinanzierungskredite Anreize oder Hemmnisse für das Verhalten der Kreditinstitute und Nichtbanken zu schaffen, um die Geldmengenentwicklung in der von ihr gewünschten Richtung zu steuern.

Noch auf eine zweite Besonderheit sei in diesem Zusammenhang hingewiesen. Es ist die Unterscheidung zwischen der nominalen Geldmenge (M) und der *realen Kassenhaltung* (M/P). Für die reale Geldmenge stellt sich das Problem der Exogenität/Endogenität im Politiksinne nicht. Sie ist zweifelsfrei eine endogene Variable, die durch die Zentralbank prinzipiell nicht kontrolliert werden kann. Vielmehr ist die Realkasse zu interpretieren als eines unter zahlreichen anderen Vermögensobjekten, die die Wirtschaftssubjekte zu halten wünschen. Die Nachfrage nach Realkasse wird deshalb in einem allgemeinen Modell des Vermögensgleichgewichts (endogen) bestimmt (vgl. hierzu *3.2.3*). Wir werden darauf auch in *Abschnitt 6.4* wieder zurückkommen.

Wenden wir uns nun den *Kausalitätsbeziehungen* zu. Wir hatten gezeigt, daß im System der klassischen Geldtheorie Geldmengenänderungen nur für die Veränderung des absoluten Preisniveaus eine kausale Bedeutung zugemessen wurde. Über diese eingeschränkte Deutung der Kausalität gehen die modernen Geldtheoretiker weit hinaus: Für sie können Änderungen monetärer Größen kausal sein sowohl für Mengen- als auch für Preiseffekte (einschl. der Veränderung der relativen Preise) des realwirtschaftlichen Bereichs. Nehmen wir die nominale Geldmenge (M) und das nominale Volkseinkommen (Y) als Maßgröße für die ökonomische Aktivität in einer Periode, so stellt sich die Frage nach den Beziehungen zwischen diesen beiden Größen:

– Ist die Variation der Geldmenge kausal für die Veränderung der Wirtschaftsaktivität (reales Sozialprodukt, Preisniveau)?

(5) $\Delta Y = a(\Delta M) \quad \text{mit } a > o$

- Oder gilt die umgekehrte Beziehung ("Reverse Causation"), daß Änderungen des Volkseinkommens die Höhe des Geldvolumens bestimmen? (In diesem Fall wäre die Geldmenge eine *endogene* Größe.)

(6) $\Delta M = b\,(\Delta Y) \quad \text{mit } b > o$

Diese Frage hat ganze Generationen von Geldtheoretikern beschäftigt und reicht zurück bis in die erste Hälfte des 19. Jahrhunderts. Damals entbrannte der Streit zwischen der "Currency-Schule" (Verfechter der Beziehung [5]) und den "Banking"-Theoretikern, die mehr der unter (6) formulierten Beziehung zuneigten. Seither haben weitreichende Veränderungen der politischen und institutionellen Rahmenbedingungen des Geld- und Kreditsystems in den Volkswirtschaften stattgefunden. Geblieben ist jedoch die Kontroverse über die "Kausalität" des Geldes, die ihre moderne Auflage in der - klischeehaft ausgedrückt - Auseinandersetzung zwischen den "Monetaristen" (5) und "Fiskalisten" bzw. "Keynesianern" (6) gefunden hat. Trotz deutlicher Annäherung beider Positionen in den letzten Jahren dauert diese Debatte nunmehr seit fast 40 Jahren an. Die Kontroverse zwischen Monetaristen und Keynesianern war und ist außerordentlich lehrreich für das Verständnis des Transmissionsprozesses und der Rolle des Geldes, so daß wir sie im folgenden in den Grundzügen skizzieren wollen.

Unter "*Kausalität des Geldes*" - insoweit gehen beide Positionen zunächst konform - kann natürlich kein *Ausschließlichkeitsanspruch* verstanden werden, etwa in dem Sinne, daß Änderungen der Geldmenge oder anderer monetärer Variablen allein in der Lage wären, die wirtschaftspolitischen Zielgrößen (reales Sozialprodukt, Beschäftigung, Preisniveau) zu beeinflussen. Ein solcher Anspruch wäre gleichbedeutend mit einer *monokausalen,* hier einer ausschließlich monetären Konjunkturtheorie. Erhebliche Unterschiede bestehen allerdings in der Frage, *in welchem Maße* Änderungen monetärer Größen eine Rolle in der Steuerung des Wirtschaftsprozesses zukommt. Hier neigen die *Monetaristen* zu der Auffassung, daß die via Steuerung der Geldbasis durch die Zentralbank bewirkten Veränderungen der Geldmenge sämtliche anderen Einflüsse auf den Wirtschaftsablauf *dominieren*. Symptomatisch dafür ist das Schlagwort vom "Money Matters": Geld spielt eine Rolle, zwar nicht allein, aber doch eine dominante Rolle für die Stabilisierung der wirtschaftlichen Aktivität. Begründet wird diese Auffassung mit umfangreichen, hier speziell für die Periode der großen Depression der 30er Jahre analysierten Zeitreihen über die weitgehend synchrone Entwicklung von Geldmengen- und Volkseinkommensänderungen, aber auch mit einflußreichen Arbeiten über die Nachkriegsentwicklung. Die *Keynesianer* dagegen, insbesondere jene der 50er und 60er Jahre, veranschlagen die Bedeutung des Geldes zur Steuerung des Wirtschaftsablaufs als eher gering oder vernachlässigbar. Diese Auffassung ist zwar im Gefolge der Weiterentwicklung ihrer methodischen Ansätze inzwischen nicht mehr so rigide, unverändert ist jedoch die skeptische Grundhaltung gegenüber der "Rolle des Geldes".

Wie kann der Streit entschieden werden? Letztlich nur durch die *Empirie* - in diesem Punkt herrscht allenthalben Übereinstimmung. Es kommt also darauf an, die in der Realität existierenden Beziehungen zwischen den Veränderungen der Geldmenge und der ökonomischen Aktivität in einem Modell einzufangen und empirisch zu testen, um "Evidenz" für die eine oder andere Position nachweisen zu können. Hierbei bedienen sich die Keynesianer und Monetaristen unterschiedlicher methodischer Ansätze. Wir stellen beide Ansätze an dieser Stelle rigoros vereinfacht dar, um das Grundprinzip deutlich zu machen. Später, in den *Abschnitten 6.4* und *6.5*, folgt dann eine detailliertere Analyse.

Der *keynesianische Ansatz* zur Überprüfung der Kausalität bzw. - generell - der Rolle des Geldes für den Wirtschaftsablauf basiert auf einem sog. *Strukturmodell*. Es versucht explizit nachzuzeichnen, wie die Wirtschaft "funktioniert". Dies geschieht in der Weise, daß die Beziehungen zwischen den als wichtig erachteten Variablen durch (Verhaltens-)Gleichungen erfaßt werden - in ökonometrischen Modellen handelt es sich dabei oft um Hunderte von derartigen Gleichungen! Ein keynesianisches Strukturmodell in rudimentärer Form kann schematisch wie folgt dargestellt werden:

$$(7) \qquad \Delta Y = c\left\{ \Delta I\,[\Delta i\,(\Delta M)\,] \right\} \quad \text{mit } c_{1,3} > 0 \text{ und } c_2 < 0$$

Gleichung (7) macht deutlich, daß die Transmission eines monetären Impulses (Geldmengenänderung ΔM) in die Realwirtschaft (ΔY) über eine Reihe von "Zwischenstationen" verläuft: Eine Geldmengenerhöhung mag z. B. zu einer Senkung des nominalen Zinssatzes (Δi) führen, diese wiederum zu einer Erhöhung der Investitionstätigkeit (ΔI) und letztere schließlich zu einem erhöhten Volkseinkommen. Ob der monetäre Impuls dort wirklich "ankommt", hängt von den zwischengeschalteten Verhaltensgleichungen ab. Hier zeigen sich zugleich mögliche *Handicaps* in der Aussagekraft eines Strukturmodells: Es kann eine falsche oder empirisch wenig relevante Struktur aufweisen (sog. Fehlspezifikation), in jedem Falle aber kann es die in der Realität bestehenden Interdependenzen zwischen den ökonomischen Variablen nie vollständig erfassen.

Monetaristische Ansätze zur Überprüfung der Kausalität bzw. der Rolle des Geldes verzichten auf ausformulierte ("spezifizierte") Detailbeziehungen zwischen den Variablen. Statistische Tests der Monetaristen konzentrieren sich vielmehr auf den Anfangs- (ΔM) und Endpunkt (ΔY) der Analyse. Solche Ansätze werden als *Modelle der reduzierten Form* bezeichnet und haben - wieder schematisch - folgendes Aussehen:

$$(8) \qquad \Delta Y \quad = \quad d\,(\Delta M) \quad \text{mit } d > 0$$

"Black Box"

Der Vergleich mit (7) zeigt, daß im monetaristischen Ansatz zwischen ΔM und ΔY explizit keine anderen Variablen zwischengeschaltet sind, weshalb man auch von einer "kurzgeschlossenen Relation" spricht. Das hat den Monetaristen den

Vorwurf eingebracht, sie würden die vielfältigen, in der Realität existierenden Beziehungen ignorieren - so als wäre die Ökonomie eine "Black Box" (vgl. (8)), deren Wirkungsweise nicht erkennbar oder erfaßbar ist.

Die Monetaristen haben diesen Vorwurf mit zwei Argumenten gekontert: (1) *Gerade* der Verzicht auf spezifizierte Einzelbeziehungen halte alle Chancen offen, *sämtliche* Übertragungswege und Effekte der Geldpolitik zur Geltung kommen zu lassen, ohne diese - wie im keynesianischen Ansatz - auf einige wenige (spezifizierte) zu begrenzen. (2) Ein "Black Box-Ansatz" bedeute keineswegs ein "theorieloses" Vorgehen in dem Sinne, daß eine Transmissionstheorie fehlen würde. Und in der Tat werden wir in *Abschnitt 6.4* noch sehen, daß das "Innenleben" der Box keineswegs so "schwarz" ist, sondern eine Vielfalt an Übertragungswegen von monetären Impulsen in den Realsektor aufweist.

Allerdings dürfen zwei gravierende *Schwachpunkte* des monetaristischen Ansatzes nicht übersehen werden. So kann erstens durch die "Einbahnstraße" des Ansatzes (8) die - empirisch durchaus relevante - Möglichkeit einer *umgekehrten Kausalität* nicht erfaßt werden (darauf wird gleich noch näher eingegangen). Die zweite Schwäche besteht darin, daß *beide* Variablen, also ΔY und ΔM, voneinander unabhängig und gemeinsam von einer *dritten Größe* bestimmt sein können. Zumindest kann diese Möglichkeit nicht ausgeschlossen werden.

Die Monetaristen begegnen dieser Kritik mit Verweisen auf die letztlich entscheidende *empirische Evidenz*. Sie läßt sich (*Mishkin* (*1995*) folgend) zumindest gedanklich in drei Kategorien einteilen: die zeitliche, die statistische und die historische Evidenz, wobei alle drei Formen eng zusammenhängen::

- Bei der *zeitlichen* Evidenz geht es vor allem um die Frage, ob monetäre Impulse einen zeitlichen Vorlauf gegenüber der Entwicklung der Wirtschaftsaktivität aufweisen.
- Die *statistische* Evidenz ist das Ergebnis formaler (statistischer) Tests und gibt Auskunft über die Strammheit der Korrelation zwischen Geldmengen- und Sozialproduktsänderungen.
- Die *historische* Evidenz schließlich stützt sich auf sehr lange ("historische") Zeitreihen von monetären und realwirtschaftlichen Variablen.

Aufgrund theoretischer und empirischer Arbeiten zu den drei "Evidenzen" glauben die Monetaristen den Nachweis geführt zu haben, daß Geldmengenveränderungen kausal sind für die Entwicklung der ökonomischen Aktivität.

Diskutieren wir zum Schluß dieses Abschnitts noch einige kritische Positionen der Monetaristen, und zwar zunächst das Problem der *zeitlichen Evidenz*, auch als "Time-Lag-Evidenz" bezeichnet. Sie basiert auf der insbesondere in den Naturwissenschaften gängigen Hypothese des "post hoc, ergo propter hoc": Folgen zwei verschiedene Ereignisse regelmäßig aufeinander, so erscheint die Schlußfolgerung plausibel, daß das zeitlich nachfolgende durch das zeitlich vorlaufende

Ereignis hervorgerufen wurde. Auf unsere Problemstellung übertragen: Folgt im Zeitablauf z. B. die Veränderung des nominalen Volkseinkommens (ΔY_t) regelmäßig den Änderungen der Geldmenge in der Vorperiode (ΔM_{t-1}), dann spricht zumindest der Augenschein dafür, daß die zeitlich folgende Größe die "abhängige", die vorausgehende dagegen die "erklärende" Variable ist:

(9) $\Delta Y_t = e\,(\Delta M_{t-1}) \quad \text{mit } e > o$

Die Berücksichtigung von Zeitverzögerungen ist für die Kausalitätsanalyse außerordentlich wichtig. Dies gilt auch für die Transmission von monetären Impulsen und soll anhand der *Time-Lags* der Geldpolitik verdeutlicht werden:

- Bevor die Geldpolitik überhaupt Maßnahmen ergreift, gibt es einen administrativen Lag. Diese Verzögerung umfaßt die Zeitspanne vom Erkennen der eingriffsbedürftigen Situation bis zur Entscheidung über die notwendigen monetären Maßnahmen (Erkennungs-, Planungs- und Entscheidungs-Lag).

- Es folgen typischerweise zwei Phasen des sog. Outside-Lag: Verändert die Zentralbank z. B. das Geldangebot (Geldbasis), so ist mit zeitlichen Verzögerungen zu rechnen, bis diese Maßnahme - wenn überhaupt - auf Veränderungen der langfristigen Marktzinssätze und des Kreditangebots sowie der Kreditnachfrage durchschlägt. Diese Verzögerung wird als Intermediate-Lag ("Zwischenverzögerung") bezeichnet, und sie spielt sich bis dahin noch vollständig im monetären Bereich ab. Bis es dann schließlich (möglicherweise) zu Veränderungen realwirtschaftlicher Größen kommt, sind weitere Zeitverzögerungen einzukalkulieren (sog. *Wirkungs-Lag*).

Wir können also festhalten: Die Berücksichtigung von Time-Lags ist bei ökonomischen Kausalitätsanalysen zwingend geboten. Allerdings lauern hier zahlreiche Gefahren, die die "richtige" Messung von Zeitverzögerungen betreffen.

Betrachten wir hierzu *Abb. 23*: Dort zeigen die beiden oberen (durchgezogenen) Kurven einen völlig synchronen Verlauf der Entwicklung des Volkseinkommens (Y) und der Geldmenge (M). Man beachte, daß es sich bei beiden Zeitreihen um *Niveaugrößen* handelt. Eine der vielfältigen Methoden zur Analyse von Zeitreihen und zeitlichen Wirkungsverzögerungen besteht nun darin, Wachstumsraten mit Niveaugrößen in Verbindung zu setzen. So basiert die von *M. Friedman*, dem bekanntesten Vertreter der Monetaristen, vertretene Long-Lag-Hypothese der Geldpolitik auf Beobachtungen des zeitlichen Abstandes zwischen den maximalen (positiven oder negativen) *Wachtumsraten* der Geldmenge und den *absoluten* Maxima bzw. Minima des Volkseinkommens:

(10) $Y_t^{max} = f\left[\left(\frac{\Delta M}{M}\right)_{t-1}^{max}\right] \quad \text{mit } f > o$

Dieses Verfahren ist nicht unproblematisch. Denn bei jeder Zeitreihe von Niveaugrößen, die sinusförmige Schwankungen um einen Trend aufweist, liegt das Maximum der Wachstumsrate zeitlich *stets* vor dem absoluten Maximum. Das

Abb. 23: Schematische Darstellung des Zusammenhangs zwischen Niveaugrößen und Wachstumsraten

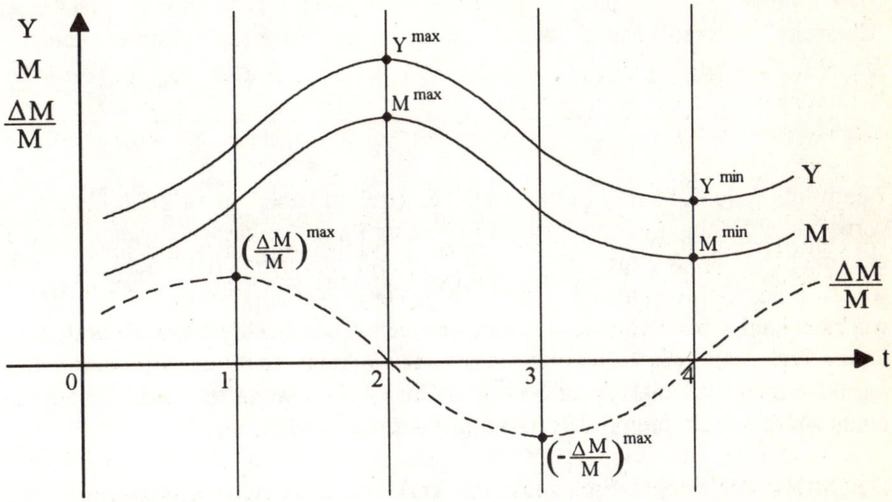

heißt, wenn - wie in *Abb. 23* angenommen - ein gleichförmiger Verlauf der Niveaugrößen Y und M existiert, dann muß die maximale (positive bzw. negative) Veränderungsrate der Geldmenge *zwangsläufig* zeitlich vor dem absoluten Maximum bzw. Minimum des Volkseinkommens liegen. Für die Konstruktion einer empirisch gehaltvollen Time-Lag-Hypothese wäre damit aber nichts gewonnen. Um dieses Problem zu umgehen, wäre es daher in jedem Falle sinnvoller, auf die Zeitverzögerungen zwischen den jeweiligen *Änderungen* der Variablen abzustellen, wie dies z. B. durch Gleichung (9) schematisch dargestellt worden ist.

Ein zweiter kritischer Punkt betrifft das Problem der *umgekehrten Kausalität*. Hat man sich z. B. in statistischen Testverfahren erst einmal für die Arbeitshypothese des "post hoc, ergo propter hoc" entschieden und auf eine bestimmte zeitliche Wirkungskette von Variablenänderungen festgelegt, bleiben *wechselseitige* Beziehungen zwischen den Variablen außerhalb der Betrachtung. Gilt nun aber für empirische Beobachtungen beispielsweise

$$(11) \qquad \Delta Y_t = g\ [\Delta M_{t-1}\ (\Delta Y_{t-2})] \quad \text{mit } g_{1,2} > 0,$$

läßt sich also eine Time-Lag-Evidenz auch für eine bestimmte zeitliche Aufeinanderfolge von Geldmengen- *auf* Einkommensänderungen empirisch nachweisen, dann kann es um die behauptete Kausalität bzw. Dominanz des Geldes offenbar nicht sonderlich gut bestellt sein. Zumindest existiert dann eine rivalisierende Arbeitshypothese. Dies gilt auch für den Fall, daß sowohl Geldmengen- als auch Einkommensänderungen *gemeinsam* und gleichzeitig durch einen *dritten Faktor* bestimmt werden (z. B. durch Konjunkturerwartungen).

Zur Illustration der These von der *umgekehrten Kausalität* wählen wir ein einfaches Beispiel: Angenommen, die Zentralbank erhöhe aus Gründen der Konjunkturbelebung das Angebot an Refinanzierungskrediten. Die Geschäftsbanken akzeptieren dieses Angebot. Dadurch steigt in einem ersten Schritt die Geldbasis (+ ΔB), und zwar zunächst in Form der von den Banken gehaltenen "Überschußreserven". Mit diesem Impuls startet das folgende Verlaufsschema:

(12) $$+\Delta B \rightarrow +\Delta M \rightarrow +\Delta Y \rightarrow +\Delta I \rightarrow +\Delta K \rightarrow +\Delta M$$

I. (Verbindungslinie von + ΔB über + ΔM zu + ΔY) II. (Verbindungslinie von + ΔY über + ΔI und + ΔK zu + ΔM)

Wie werden die Banken diese zusätzlichen (freien) Reserven an Zentralbankgeld verwenden? Nehmen wir an für eine Erhöhung ihres Kreditangebots, das auf eine entsprechende Ausweitung der staatlichen und privaten Kreditnachfrage trifft, wodurch das Geldvolumen steigt (+ ΔM). Ferner sei angenommen, daß die gewährten Bankkredite vom Staat sowie von den privaten Unternehmen und Haushalten für zusätzliche Güterkäufe verwenden werden. Dadurch wird sich ceteris paribus das reale Volkseinkommen erhöhen (+ ΔY), wenn im Ausgangszustand eine Unterbeschäftigung der Produktionsfaktoren gegeben war.

Der bisher dargestellte Prozeß ist im Verlaufsschema (12) durch die Verbindungslinie I. gekennzeichnet. Diese Verbindung von + ΔB über + ΔM zu + ΔY bringt jenen Sachverhalt zum Ausdruck, der als *Kausalität* bzw. als "*aktive Rolle*" des Geldes für die Steuerung des Wirtschaftsablaufs bezeichnet wird, wobei in unserem Beispiel die Kausalität mit einer *Exogenität* der Geldmenge (im Politiksinne, s. o.) zusammenfällt.

Aber auch die *umgekehrte Kausalität* bzw. "*passive*" (sich anpassende) Rolle des Geldes läßt sich zeigen, wenn wir das Beispiel (Verbindungslinie II.) weiterverfolgen: Mit der Einkommenserhöhung (+ ΔY) werden optimistische Konjunkturerwartungen geweckt. Die steigende Nachfrage und Produktion, eventuell auch die Möglichkeit für Preiserhöhungen, veranlassen die Unternehmer, zusätzliche Nettoinvestitionen zu tätigen (+ ΔI). Wegen nur begrenzter Selbstfinanzierungsmöglichkeiten sind sie auf zusätzliche Kredite angewiesen, die ihnen (annahmegemäß) von den Geschäftsbanken gewährt werden können (+ ΔK). Gleichzeitig mit der Kreditexpansion steigt das Geldvolumen (+ ΔM). Auch die "umgekehrte Kausalität" läßt sich somit (in unserem Beispiel) demonstrieren: In diesem Fall ist sie verbunden mit einer (im Politiksinne) *endogen*, d. h. nicht durch notenbankpolitische Maßnahmen bestimmten Änderung der Geldmenge, auch wenn dieses Ergebnis nur als *Rückkoppelungseffekt* auf die ursprünglich ergriffenen Maßnahmen der expansiven Refinanzierungspolitik durch die Zentralbank interpretiert werden mag.

Unser Beispiel verdeutlicht, daß die Diskussion um die Kausalität des Geldes nicht ohne Willkür ist. So können bestimmte zeitliche und sachliche Ausschnitte des Wirtschaftsprozesses herausgegriffen, die Anfangs- und Endpunkte der Betrachtung der jeweiligen Arbeitshypothese entsprechend festgesetzt werden. Wegen der *Interdependenz* der ökonomischen Variablen ist ein derartiges Vorgehen natürlich sehr fragwürdig, wenn es auch für empirische Testverfahren häufig unumgänglich ist.

Zusammenfassend können wir festhalten, daß beide Hypothesen nicht nur durch unser Beispiel, sondern auch durch die Empirie gestützt werden: So haben verschiedene Untersuchungen seitens der Fiskalisten (Keynesianer) unter Zugrundelegung *desselben* Zahlenmaterials die zeitliche Reihenfolge so gewählt, daß sie *auch* für die "umgekehrte Kausalität" empirische Evidenz erbrachten. Im Lichte dieser Ergebnisse wird der von den Monetaristen erhobene Dominanzanspruch dann allerdings recht fraglich, hängt er doch vom relativen empirischen Gewicht der beiden Beziehungen ab.

6.2 Monetäre Impulse

6.2.1 Abgrenzung, Arten, Auslöser

Wir haben bisher schon verschiedentlich von "monetären Impulsen" gesprochen, und zwar vor allem dann, wenn von Veränderungen der Geldmenge die Rede war. Genügte bisher diese Vorstellung, so ist für die weiteren Überlegungen eine inhaltliche Präzisierung dieses Begriffs erforderlich.

Zunächst ist die Vorfrage zu klären, was unter einer "*monetären Größe*" zu verstehen ist. In der Literatur wird dieser Begriff häufig synonym mit "*nominalen*" bzw. "Geld"-Größen verwendet (nominale Geldmenge, Nominal- oder Geldzins, Geldlöhne, Nominaleinkommen) und den "*realen*" bzw. "güterwirtschaftlichen" Variablen gegenübergestellt (z. B. reale Kassenhaltung, Reallohn, Realzins, Beschäftigung, Output). Mag diese Unterscheidung unter bestimmten Fragestellungen durchaus sinnvoll sein, so erweist sie sich im vorliegenden Zusammenhang als unzweckmäßig. Wir bezeichnen hier als monetäre Größen ausschließlich solche, die dem geldwirtschaftlichen Bereich der Volkswirtschaft zuzurechnen sind, z. B.: die Zentralbankgeldmenge (Geldbasis), das Geld- und Kreditvolumen, die verschiedenen Arten finanzieller Zinssätze und geldnaher Forderungstitel mit unterschiedlichen Liquiditätsgraden. *Monetäre Impulse* werden dementsprechend als *Veränderungen* derartiger monetärer Variablen definiert. Damit ist nichts darüber ausgesagt, worauf monetäre Impulse zurückzuführen sind. Hier sind zwei große Gruppen von Einflußfaktoren zu unterscheiden:

- Geld- und kreditpolitische Maßnahmen der *Zentralbank*,
- *außerhalb* der Notenbankpolitik liegende Aktivitäten.

Im ersten Fall beruhen monetäre Impulse auf Maßnahmen der geldpolitischen Instanzen. Im zweiten Fall resultieren Veränderungen monetärer Größen - allgemein gesagt - aus dem Zusammenspiel von monetärem Angebot und monetärer Nachfrage der Wirtschaftssubjekte außerhalb der Zentralbank. Zwischen beiden Aktivitätsbereichen können enge Zusammenhänge bestehen. Das bedeutet, daß auch aus dem Wechselspiel der Verhaltensweisen von Zentralbank und anderen Wirtschaftsakteuren monetäre Impulse entstehen können. Damit ist wiederum das Problem der Exogenität/Endogenität "des Geldes" angesprochen, das wir bereits im vorigen Abschnitt am Beispiel der Geldmenge allgemein diskutiert hatten. Bei der nachfolgenden Klärung der *Entstehungsursachen* von monetären Impulsen wird es nun in konkreterer Form wiederkehren.

Wir werden zeigen, daß die verschiedenen *Arten* von monetären Impulsen auf *unterschiedlichen* Ebenen liegen. Einige von ihnen können direkt durch notenbankpolitische Maßnahmen beeinflußt werden (z. B. die Leitzinsen und Mindestreservesätze der Zentralbank, die Geldmarktzinsen und die Geldbasis) und sollen als "*primäre*" monetäre Impulse bezeichnet werden. Andere monetäre Größen sind dagegen nicht dem direkten Zugriff der Zentralbank ausgesetzt. Ihre Veränderungen sind vielmehr nur mittelbar das Resultat notenbankpolitischer Maßnahmen oder die Folge von Aktivitäten der "sonstigen" Wirtschaftssubjekte (z. B. die Veränderung des Geld- und Kreditvolumens oder der Kredit- und Kapitalmarktzinsen). Derartige Fälle lassen sich als "*sekundäre*" monetäre Impulse umschreiben, werden in der Literatur häufig aber auch als "*Zwischenzielgrößen*" der Geldpolitik bezeichnet.

In den folgenden Abschnitten werden die wichtigsten Arten und Entstehungsursachen von monetären Impulsen dargestellt. Sie können ausgelöst werden durch Aktivitäten bzw. Verhaltensänderungen

- der *Zentralbank* ("Zentralbankimpulse"),
- der *Kreditinstitute* ("Bankenimpulse"),
- des *Publikums* (Unternehmen und private Haushalte: "Publikumsimpulse"),
- des *Staates* bzw. der öffentlichen Haushalte ("Fiskalimpulse"),
- des *Auslands* ("Außenimpulse").

Dabei ist die Notenbank zweifellos als der zentrale Auslöser von monetären Impulsen anzusehen. Aber daneben gibt es vielfältige Aktivitäten von anderen Wirtschaftsbereichen, die in der Lage sind, Zentralbankimpulse abzuschwächen, zu durchkreuzen oder sogar neue Impulse setzen zu können. Die vorstehende Systematik erlaubt damit zugleich eine Kennzeichnung der hauptsächlichen Zielgruppen und Zielpunkte der stabilitätspolitischen Bemühungen der Geldpolitik.

6.2.2 Zentralbank- und Bankenimpulse

Betrachten wir zunächst die hauptsächlichen Instrumente der Notenbankpolitik - wie sie auch von der Europäischen Zentralbank (EZB) praktiziert werden -, so wird zu zeigen sein, daß ihr Einsatz in vielen Fällen nur unter der Voraussetzung eines *gleichgerichteten* Verhaltens der Kreditinstitute und Nichtbanken zu der von der Zentralbank gewünschten Veränderung monetärer Größen führt. Mit anderen Worten: Die Fähigkeit der Zentralbank, monetäre Impulse auszulösen, ist häufig auf ihre Mitwirkung - insbesondere der Kreditinstitute - angewiesen. Aus diesem Grunde behandeln wir die Zentralbank- und Bankenimpulse *zusammen*.

a) Beginnen wir mit der *Mindestreservepolitik* und nehmen wir an, die Zentralbank verfolge eine restriktive Politik durch Erhöhung der Reservesätze. Ihr Ziel sei es, den Kreditschöpfungsspielraum der Banken einzuengen. Die Wirkungen dieses Instrumenteneinsatzes sind in Schema (1) dargestellt, wobei die Pfeile hinter den Variablen die Richtung der Änderungen angeben.

- r_{MR}; MR: Durch die Heraufsetzung der Reservesätze (r_{MR}) werden die Banken gezwungen, erhöhte Zentralbankgeld-Guthaben als Mindestreserven (MR) bei der Notenbank zu halten.

- ÜR: Die Banken verwenden hierzu ihre verfügbaren bzw. beschaffbaren Überschußreserven (ÜR). Zwar sind in der Praxis die Bestände an derartigen Überschußreserven, d. h. an frei disponiblem, weder durch die erforderlichen Kassenbestände noch durch die Mindestreservepflicht gebundenem Zentralbankgeld, im allgemeinen sehr gering. Aber es existieren mehrere Möglichkeiten für die Banken, sich kurzfristig durch Verschuldung "freies" Zentralbankgeld zu beschaffen. Die wichtigsten sind die Verschuldung am Geldmarkt (Interbankenmarkt) und bei der Notenbank.

- B: Erfolgt die Verschuldung bei der Zentralbank, so wird hierdurch - für sich genommen - die Geldbasis (B) steigen. Erfolgt die Verschuldung dagegen am Interbankenmarkt, wie hier im Schema (1) unterstellt ist, dann bleibt die Geldbasis unverändert ($\overline{B}$). Es ändert sich lediglich ihre Zusammensetzung (Tausch von Überschuß- in Mindestreserven).

- i_{GM}; K^B: Gleichviel, welche dieser Möglichkeiten zur Beschaffung von "freiem" Zentralbankgeld zum Zuge kommt: Die Zentralbank hat durch die Erhöhung der Reservesätze vorhandene Überschußreserven absorbiert oder eine zusätzliche Verschuldung der Banken erzwungen und dadurch einen ("primären") monetären Impuls ausgelöst. Dieser restriktive Impuls kommt tendenziell in einer Verteuerung der Geldmarktzinsen (i_{GM}) zum Ausdruck. Als vorläufigen Endpunkt dieser Wirkungskette wollen wir annehmen, daß sich dadurch der Kreditschöpfungsspielraum der Banken (K^B) reduziert ("sekundärer" monetärer Impuls).

(1) $r_{MR}\uparrow \rightarrow MR\uparrow \rightarrow ÜR\downarrow \rightarrow \overline{B} \rightarrow i_{GM}\uparrow \rightarrow K^B\downarrow$

b) Als zweites Beispiel eines Zentralbankimpulses sei eine expansive *Offenmarktpolitik* mit Banken und Publikum gewählt. Bei dieser eigentlichen ("klassischen") Form der Offenmarktpolitik gewährt die Zentralbank keine Kredite, sondern versucht auf direktem Wege, durch definitiven An- bzw. Verkauf von Wertpapieren die Liquiditätslage am Geldmarkt aufzulockern bzw. zu verknappen. In unserem Beispiel sei es das Ziel der Geldpolitik, die Kredit- und Geldmengenexpansion zu beschleunigen. Die Effekte dieser Politik sollen wieder anhand eines Schemas (2) skizziert werden.

- i_{OMP}: Die Zentralbank ist bereit, von den Kreditinstituten und vom Publikum inländische Geldmarktpapiere zu einem günstigen, d. h. über dem Marktkurs liegenden Preis, anzukaufen. Dadurch sinkt die Rendite dieser Offenmarktpapiere (i_{OMP}).

- ÜR; B: Betrachten wir nun zunächst den *oberen* Strang des Schemas und unterstellen, daß die *Banken* auf das attraktive Angebot der Notenbank eingehen. Sie verkaufen Offenmarktpapiere, wodurch ihre Überschußreserven (ÜR) und die Geldbasis (B) steigen. Die Zentralbank hat einen "primären" monetären Impuls ausgelöst.

- K^B; M: Für welche Form zinsbringender Anlagen werden die Banken die zusätzlichen Überschußreserven verwenden? Nehmen wir an, für eine Expansion ihrer Kreditgewährung. Dann wird - ceteris paribus - das Kredit- (K^B) und nachfolgend das Geldvolumen steigen (M). Unter Mitwirkung der Banken (und der Kreditnachfrager) ist somit ein "sekundärer" monetärer Impuls zustande gekommen.

(2) $i_{OMP}\downarrow$ ⟶ Banken: $ÜR\uparrow \rightarrow B\uparrow \rightarrow K^B\uparrow \rightarrow M\uparrow$
⟶ Publikum: $M\uparrow > \overline{M}^g \rightarrow WP\uparrow \rightarrow i_{KM}\downarrow$

Dieser Wirkungsablauf ist jedoch keineswegs garantiert. So setzt die Expansion der Bankkredite eine entsprechende Erhöhung der Kreditnachfrage voraus, und selbst dann gibt es zur Kreditexpansion immer noch weitere Alternativen für die Verwendung der Überschußreserven (z. B. die Anlage in höher verzinslichen Anlagen des Auslands). Der Zentralbankimpuls kann also durch das Verhalten der Banken und des Publikums *konterkariert* werden mit der Folge, daß die angestrebte monetäre Expansion "im Sande" verläuft.

Im *unteren* Strang des Schemas (2) ist eine mögliche Wirkungskette des Offenmarktimpulses mit Bezug auf das *Publikumsverhalten* dargestellt:

- M: Wie bei den Banken sei hier ebenfalls unterstellt, daß das Publikum das günstige Angebot der Zentralbank akzeptiert und Offenmarktpapiere verkauft. Mit der Auszahlung bzw. Gutschrift des Wertpapiererlöses erhöhen sich im ersten Schritt die Bargeld- und Sichtdepositenbestände des Publikums (M). Für den weiteren Verlauf ist nun entscheidend, wie das Publikum die zusätzliche Geldmenge verwendet. Wird sie als willkommene Aufstockung der Kassenhaltung angesehen, bleibt der Offenmarktimpuls ohne weitere (realwirtschaftliche) Folgen.

- $\overline{M}^g$: Ein anderes Szenario ergibt sich, wenn aufgrund der erhöhten Geldmenge die gewünschte (bisherige) Kassenhaltung $\overline{M}^g$ *überschritten* wird. Zwei mögliche Folgewirkungen sollen betrachtet werden: die Verwendung der Überschußkasse für zusätzliche realwirtschaftliche Ausgaben *oder* für den Kauf von Finanzaktiva. Setzt das Publikum die zusätzliche Geldmenge für Konsum- und Investitionsausgaben ein, die sich letztlich wiederum in einem erhöhten Geldvolumen niederschlagen, dann realisiert die Notenbank den angestrebten, expansiv wirkenden Impuls.

- WP; i_{KM}: Im zweiten Fall verwendet das Publikum, wie im Schema (2) angenommen, die Überschußkasse zum Kauf von Wertpapieren (WP). Aufgrund der zusätzlichen Wertpapiernachfrage wird tendenziell mit steigenden Kursen bzw. sinkenden Kapitalmarktrenditen zu rechnen sein (i_{KM}). Dieser Effekt kann, für sich genommen, als "expansiv" bezeichnet werden. Ob weitere Wirkungen eintreten werden, hängt von einer Reihe von Annahmen ab, z. B.: Werden neu emittierte Wertpapiere der Unternehmen oder des Staates erworben oder bereits existierende Finanzaktiva auf den Sekundärmärkten? Der erste Fall ist gleichbedeutend mit einer Kreditgewährung des Publikums und verstärkt den expansiven Impuls. Der zweite Fall ist in seinen Wirkungen schwer abzuschätzen; nicht auszuschließen ist, daß der originäre Offenmarktimpuls der Zentralbank in der reinen Finanzsphäre der Sekundärmärkte "versickert".

Insgesamt ergeben sich somit recht unsicher abzuschätzende Impulswirkungen bei dieser Form der Offenmarktpolitik. Die Kernfrage ist, wie Banken und Publikum die Überschußreserven bzw. Überschußkasse verwenden.

c) Das dritte Beispiel eines Zentralbankimpulses betrifft die in der Praxis dominierenden Offenmarktgeschäfte in Form der *Refinanzierungspolitik*. Darunter sind die Refinanzierungskredite der Zentralbank an die Banken gegen Verpfändung von Sicherheiten zu verstehen (im einzelnen vgl. hierzu *Kapitel 8*). Der Begriff "Refinanzierungspolitik" deutet an, daß sich die Banken durch Verschuldung bei der Notenbank jenes Medium beschaffen ("refinanzieren"), dessen Existenz notwendige Voraussetzung für ihre Kreditschöpfung ist und das nur die Notenbank selbst schaffen kann: das Zentralbankgeld (vgl. *4.2*). Wir betrachten im folgenden die durch eine expansive Refinanzierungspolitik ausgelösten monetären Impulse und unterscheiden dabei im Schema (3) zwei Fälle: Im oberen Strang läuft der Zentralbankimpuls, wie von der Notenbank angestrebt, glatt durch ("konform"), im unteren Strang wird er dagegen durch gegenläufiges Verhalten der Banken und der Kreditnachfrager blockiert ("konträr"). Die *Ausgangspunkte* für beide Varianten sind zunächst identisch.

- i_Z: Die Zentralbank reduziert die Zinssätze für Refinanzierungskredite (i_Z). Ihr Ziel ist es, durch Verringerung der Refinanzierungskosten für Zentralbankkredite die Zinsen für Bankkredite zu senken und damit die Kreditexpansion zu stimulieren.

- K^Z; ÜR: Die Banken sind wegen niedrigerer Refinanzierungskosten zu einer höheren Verschuldung bei der Zentralbank bereit. Die Refinanzierungskredite der Notenbank steigen (K^Z), und in gleicher Höhe nehmen die Überschußreserven der Banken (ÜR) zu (dies möglicherweise nur für eine "logische Sekunde" bei sofortiger Verwendung der Überschußreserven für die Kreditexpansion).

(3) $i_z\downarrow \rightarrow K^z\uparrow \rightarrow \text{ÜR}\uparrow$
- konform: $i_K\downarrow \rightarrow K^B\uparrow \rightarrow M\uparrow$
- konträr: $\bar{i}_K, \overline{K}^B \rightarrow i_{GM}\downarrow, i_{KM}\downarrow$

- i_K; K^B: Für den weiteren Ablauf des Notenbankimpulses ist die Frage zentral, ob die Banken bereit sind, die niedrigeren Refinanzierungskosten an ihre Kreditnehmer ganz oder teilweise weiterzugeben. Im *oberen Strang* von Schema (3) wird ein solches ("konformes") Verhalten unterstellt: Senken die Banken ihre Kreditzinsen, dann ist - bei zinselastischem Verhalten der Kreditnehmer - mit einer erhöhten Kreditgewährung (K^B) und nachfolgend mit einer Geldmengenexpansion zu rechnen (M). Der Primäranstoß durch die Zentralbank pflanzt sich fort bis zu den sekundären monetären Impulsen, die sich auf die ganze Breite der (langfristigen) Kapitalmarktzinsen ausdehnen können.

  $\bar{i}_K$; $\overline{K}^B$: Der "konträre" Verlauf des *unteren* Stranges stellt darauf ab, daß die Banken nicht (oder noch nicht) bereit sind, die gesunkenen Refinanzierungskosten in Form niedrigerer Kreditzinsen an ihre Kunden weiterzugeben ($\bar{i}_K$). Hatten die Kreditnachfrager einen solchen Schritt erwartet, so werden sie jetzt ihre Kreditaufnahme möglicherweise zurückstellen, um die Banken "unter Druck" zusetzen. Unter diesen Voraussetzungen wird die Kreditgewährung der Banken vorübergehend stagnieren ($\overline{K}^B$) und damit zugleich auch das Geldvolumen.

- i_{GM}; i_{KM}: Wie werden die Banken in der Zwischenzeit über ihre (annahmegemäß) aufgestockten Überschußreserven disponieren? Denn keineswegs werden diese "brachliegen", sondern in verzinsliche Anlagen drängen. Hierfür bieten sich verschiedene Möglichkeiten an, z. B. die (vorübergehende) Anlage in in- oder ausländischen Geld- und Kapitalmarktpapieren auf den Sekundärmärkten oder das Angebot von Überschußguthaben auf dem Geldmarkt. Gleichviel, welche dieser Anlageformen gewählt wird: Im Endeffekt werden hierdurch die Renditen der Geld- (i_{GM}) und Kapitalmarktanlagen (i_{KM}) sinken. Der originäre expansive Impuls wird sich somit letztlich doch ausbreiten - wenn auch auf gewissen "Umwegen". Das Beispiel zeigt, daß das Verhalten der Banken und Kreditnachfrager zu einem Stop, zumindest aber zu einer zeitlichen Verzögerung bei der Fortpflanzung des Zentralbankimpulses führen kann.

d) Eine häufig praktizierte Maßnahme besteht im "*Moral Suasion*" der Notenbank. Dazu gehören insbesondere:
- Appelle an die Kreditinstitute, ihre Notenbankverschuldung oder ihre Kreditaufnahme im Ausland nicht auszuweiten, ihre Kreditzusagen nicht aufzustocken oder die Kreditexpansion zu bremsen;
- Mahnungen an die Unternehmen, vorhandene Preiserhöhungsspielräume nicht auszuschöpfen, oder an die Tarifparteien, "stabilitätskonforme" Lohnabschlüsse zu vereinbaren;
- Aufforderungen an die öffentliche Hand, ihre Haushalts- und Finanzwirtschaft mit den Zielen der Stabilitätspolitik in Einklang zu bringen;
- Ankündigungen der Zentralbank, sie werde bei "stabilitätswidrigem" Verhalten ihren geld- und kreditpolitischen Kurs verschärfen.

Resultieren aus derartigen "Maßhalteappellen" monetäre Impulse? Das Problem ist, daß mögliche Auswirkungen einer Politik des Moral Suasion den Veränderungen bestimmter monetärer Größen nicht direkt zugerechnet werden können. Aber es wäre falsch, deshalb die Wirkungen der Überredungspolitik der Notenbank geringzuschätzen oder gar zu vernachlässigen. So sind die Banken - im "Ernstfall" - auf den Notenbankkredit angewiesen, und sie werden zumindest eklatante Durchkreuzungen des geld- und kreditpolitischen Kurses zu vermeiden suchen. Auch mag das Vertrauen der Unternehmen und privaten Haushalte auf die unabhängige Stellung und den Sachverstand der Zentralbank dazu beitragen, geplante Konsum- und Investitionsausgaben vorerst zurückzustellen. Einige Geldtheoretiker betonen in diesem Zusammenhang die Bedeutung des durch notenbankpolitisches Moral Suasion beeinflußbaren *subjektiven Liquiditätsstatus* der Wirtschaftssubjekte. Gemeint ist damit ihr "Gefühl finanzieller Bewegungsfreiheit" (*G. Schmölders*). Der Gedankengang dieses primär sozialpsychologischen Ansatzes ist, daß sich die Wirtschaftssubjekte bei ihren Investitions-, Konsum- und Sparentscheidungen nicht nur von ihrer aktuellen Zahlungsfähigkeit ("objektive" Liquidität) leiten lassen, sondern auch von der Höhe der ihnen eingeräumten Kreditzusagen und von dem Bestand an geldnahen Forderungstiteln der verschiedensten Art.

Schon die bloße Ankündigung einer restriktiven Geldpolitik kann nun in der Vorstellung der Wirtschaftssubjekte die potentiellen Rückgriffsmöglichkeiten auf Kreditzusagen oder geldnahe Aktiva unsicherer werden lassen. Der "Liquiditätsgrad" solcher Zusagen und Forderungstitel nimmt ab. Die Wirtschaftssubjekte reagieren darauf, indem sie vorsichtiger disponieren:
- Geplante Käufe werden zurückgestellt;
- Monetisierungschancen ausstehender Forderungen werden überprüft;
- bisher eingeräumte Handels- und Lieferantenkredite werden gekürzt;
- die Kassenhaltung wird "rationeller" gestaltet, möglicherweise auch aus Gründen der Vorsicht nach oben revidiert. Schwankungen der *Umlaufsgeschwindigkeit* des Geldes können damit einhergehen (s. u.).

Die vorstehende grobe Skizze möglicher Auswirkungen einer Notenbankpolitik des Moral Suasion zeigt, daß von ihr durchaus monetäre Impulse ausgehen können. Die Verbindung zwischen den notenbankpolitischen Appellen und der Veränderung von monetären Größen gleicht zwar einem langen und überdies noch sehr lockeren Zügel, aber die Verbindung als solche ist nicht zu leugnen - jenseits aller Quantifizierungsprobleme.

6.2.3 Publikumsimpulse

Im vorigen Abschnitt wurde schon gezeigt, daß das Publikum, vor allem in seiner Eigenschaft als Kreditnachfrager, notenbankpolitische Maßnahmen durchkreuzen und damit eigenständige monetäre Impulse auslösen kann. Wir setzen diese Diskussion im folgenden anhand weiterer relevanter Beispiele fort.

a) Betrachtet werden zunächst die Reaktionen der inländischen *Unternehmen* auf eine *restriktive* Refinanzierungspolitik der Zentralbank. Dabei sollen im Schema (4) zwei Fälle betrachtet werden: eine verstärkte Kreditnachfrage im Ausland und die Rolle der Zins- bzw. Inflationserwartungen (vgl. *7.1.3*).

- $i_Z;i_K$: Die Ausgangspunkte seien eine Erhöhung der Refinanzierungskosten durch die Zentralbank (i_Z) und als deren Folge eine Verteuerung der inländischen Bankkredite (i_K). Anders als im Fall des Schemas (3) (Senkung der Notenbankzinsen) werden die Banken erhöhte Refinanzierungskosten für ihre Kredite auf ihre Kunden überwälzen.
- $i_K;\bar{i}_K^A$: Eine mögliche Ausweichreaktion besteht für die Unternehmen darin, ihre Kreditaufnahme im *Ausland* zu erhöhen; vgl. den *oberen* Strang von Schema (4). Sie werden dies tun, wenn der als konstant angenommene Auslandszins ($\bar{i}_K^A$) niedriger ist als der vergleichbare Inlandszins (i_K). Von möglichen Wechselkursrisiken eines Kredits in ausländischer Währung sei hier abgesehen.
- K^A: Unter der genannten Voraussetzung wird die Kreditgewährung des Auslands (K^A) steigen. Bei einer Inlandsverwendung der Kredite werden die Unternehmen die erhaltenen Devisen bei den Banken in Euro umtauschen. Dadurch steigt - entgegen den (restriktiven) notenbankpolitischen Absichten - das inländische Geldvolumen, d. h. der ursprünglich ausgelöste restriktive Zentralbankimpuls hat sich durch diese Transaktionen also ins Gegenteil verkehrt.

(4) $i_Z\uparrow \rightarrow i_K\uparrow$
- Ausland: $i_K\uparrow > \bar{i}_K^A \rightarrow K^A\uparrow$
- Inland: $i_K\uparrow < i_K^e\uparrow \rightarrow K^B\uparrow$

- $i_K ; i_K^e$: Betrachten wir nun die zweite Ausweichreaktion der Unternehmen, und zwar im *Inland*; vgl. den *unteren Strang* von Schema (4). Zinserhöhungen aus Gründen der Inflationsbekämpfung können dann ihr Ziel verfehlen, wenn die künftige Absatz- und Gewinnentwicklung von den Unternehmen optimistisch eingeschätzt wird, so daß sie trotz Zinserhöhungen ihre Kreditaufnahme sogar noch ausdehnen:
  - Sei es, weil die gesamtwirtschaftliche Nachfrageentwicklung eine Überwälzung gestiegener Kreditkosten auf die Preise zuläßt;
  - sei es, um in der Zukunft erwarteten, noch höheren Kreditzinsen (i_K^e) zuvorzukommen (von diesem Fall wird in Schema (4) ausgegangen);
  - oder sei es, um durch vorgezogene - kreditfinanzierte - Ausgaben einem künftig erwarteten Anstieg der Inflationsrate auszuweichen.

- K^B: Die Zentralbank wird den Banken die für ihre Kreditausweitung notwendige Aufstockung der Refinanzierung in der Regel nicht verwehren, so daß eine Kreditexpansion stattfinden kann (K^B). Allerdings ist bei dieser Ausgangslage damit zu rechnen, daß die Notenbank die Refinanzierungskosten künftig noch weiter erhöht, um die Zins- und Inflationserwartungen der Unternehmen möglichst rasch zu brechen.

b) Es gibt noch eine Reihe weiterer Einflüsse aus dem Publikumsbereich, die in der Lage sind, die Geld- und Kreditpolitik zu durchkreuzen und damit monetäre Impulse in den Wirtschaftsprozeß hineinzutragen. Sie sollen im folgenden nur stichwortartig erwähnt werden (ausführlicher dazu: *6.5.4)*:

- Ausweitung der *Handels-* und *Lieferantenkredite* im Unternehmenssektor unter der Voraussetzung, daß die Ausdehnung der Zahlungs- bzw. Kreditfristen von den Unternehmen "im Gleichschritt" betrieben wird.

- Zunahme des "*Industrie-Clearing*" im Zuge des Konzentrationsprozesses der Wirtschaft und der Herausbildung *multinationaler* Unternehmen. Übernahme von bankähnlichen Funktionen (Sammelbecken für unternehmensinterne "Überschußguthaben", Kreditgewährung) und zunehmende Unabhängigkeit von Bankkrediten.

- Wachsender Einfluß der *Finanzintermediäre* (Sozial- und Individualversicherungen, Bausparkassen, Finanzmakler, Kreditvermittler, Kapitalanlagegesellschaften), die nicht auf die Refinanzierung bei der Zentralbank angewiesen sind und deshalb ihre Kreditgewährung auch in Zeiten restriktiver Geldpolitik fortsetzen können.

Eine Folgewirkung derartiger Aktivitäten ist, daß sie zu Schwankungen der *Umlaufsgeschwindigkeit* des Geldes ($v = Y/M$) führen. Das bedeutet, daß mit einer *gegebenen* Geldmenge ein unterschiedlich großes Zahlungsvolumen bewältigt ("finanziert") werden kann. Ohne Zweifel hat also die Veränderung von v den Charakter eines durch die Notenbank nicht kontrollierbaren monetären Impulses, in dem alle Einflüsse *außerhalb* der Geldpolitik ihren Niederschlag finden. Nehmen wir als Beispiel die oben genannten Aktivitäten im Unternehmensbereich und bestimmte Verhaltensänderungen der privaten Haushalte ("Rationalisierung" der Kassenhaltung, Substitution von Geld durch geldnahe Forderungstitel): Sie führen dazu, daß die "aktive" Geldmenge (M_a) steigt und die "ruhenden" Kassenbestände (M_r) abnehmen - bei insgesamt *konstantem* Geldvolumen (M1):

$$M1 = M_a + M_r$$

Unter M_a wird jener Teil des Geldvolumens verstanden, der für Transaktionszwecke eingesetzt wird, und unter M_r der aus anderen Gründen gehaltene Kassenbestand. Jeder Teilgröße des Geldvolumens sind spezifische Umlaufsgeschwindigkeiten zugeordnet: $v_1 > o$; $v_a > o$; $v_r = o$ (ex definitione):

$$M1v_1 = M_a v_a + M_r v_r$$

Die *durchschnittliche* Umlaufsgeschwindigkeit (v_1) ist demnach:

$$v_1 = M_a v_a / M1$$

Erfolgt jetzt eine Umschichtung von M_r zu M_a, dann wird ceteris paribus die Höhe der durchschnittlichen Umlaufsgeschwindigkeit des Geldes steigen.

c) Durch Verhaltensänderungen des Publikums ausgelöste monetäre Impulse sollen schließlich noch anhand einiger Relationen aufgezeigt werden. So ist der *Bargeldumlauf* der wichtigste Bestandteil der Geldbasis, und das Bargeldverhalten der Nichtbanken bestimmt maßgeblich deren Veränderungen. Im Langfristvergleich ist die *Bargeldhaltungsquote* (Bargeld zu Sichtdepositen; BG/D) im Zuge des zunehmenden giralen Zahlungsverkehrs in Deutschland seit 1950 von etwa 1,0 auf 0,4 gesunken. Auf diese langfristige Tendenz haben sich die Banken eingestellt. Problematischer sind kurzfristige Schwankungen des Bargeldumlaufs, z. B. aus saisonalen Gründen oder wegen einer plötzlichen Zunahme der Verwendung der Inlandswährung im Ausland ("Parallelwährung"). Hierdurch hervorgerufene Erhöhungen des Bargeldbedarfs schaffen für die Banken ein Liquiditätsproblem, dem sie nur durch eine Kürzung ihres Kreditschöpfungsspielraums oder durch zusätzliche Refinanzierungskredite von der Zentralbank begegnen können (vgl. auch *4.2*).

Eine wichtige Determinante des Geldvolumens (M1) ist die Entscheidung des Publikums, in welcher Form es seine Forderungen gegenüber den Kreditinstituten halten will (*Geldkapitalquote*: Geldkapital zu Sichtdepositen; GK/D). Eine Erhöhung dieser Quote führt für sich allein genommen zu einer Verringerung der Geldmenge (und vice versa), wenn die zusätzliche Geldkapitalbildung aus *inländischen* Geldquellen gespeist wird, also zu Lasten der vorhandenen Sichtdepositen (oder der Bargeldbestände) geht. Kann die Notenbank auf diesen Bestimmungsfaktor der Geldmengenentwicklung Einfluß nehmen? Auf direktem Wege sicher nicht, denn keine Zentralbank kann darüber bestimmen, in welcher Form die Bankgläubiger ihre Forderungen gegenüber dem Bankensystem halten sollen. Insoweit entscheiden die inländischen Nichtbanken also "autonom" über die durch Veränderungen der Geldkapitalbildung erfolgende Geldmengenentwicklung. Allenfalls kann die Zentralbank gewisse Signale setzen, die das Zinsniveau, die Zinsstruktur oder die Zinserwartungen der Wirtschaftssubjekte verändern und die Geldkapitalbildung in die gewünschte Richtung lenken.

6.2.4 Außenimpulse

In einem Währungssystem mit *festen* Wechselkursen kann sich die Notenbank gegen Devisenzu- oder -abflüsse und die damit verbundenen Änderungen ihrer Netto-Auslandsforderungen (Währungsreserven) nicht wehren. Sie ist aufgrund ihrer *Interventionspflicht* gehalten, die vereinbarten Devisenkurse zu stabilisieren, d. h. auf dem Devisenmarkt am unteren Interventionspunkt Devisen anzukaufen und am oberen Interventionspunkt abzugeben. Hierdurch werden Aussenimpulse in inländische monetäre Impulse transformiert.

Die ausländische Komponente spielte für die Zentralbankgeldversorgung Deutschlands seit jeher eine große Rolle. Ganz überwiegend waren es Devisenzuflüsse, die die Bundesbank wegen der bestehenden Interventionspflicht in "Zugzwang" brachten. Dies war so in der Endphase des *Bretton Woods-Systems* fester Wechselkurse, das im März 1973 unter dem Druck spekulativer Attacken zusammenbrach. Die Devisenzuflüsse setzten sich seit 1979 fort im *Europäischen Währungssystem* (EWS) mit festen, aber anpassungsfähigen Wechselkursen und erreichten mit den Währungsturbulenzen vom September 1992 und August 1993 neue, bislang nicht gekannte Größenordnungen. So mußte die Bundesbank in der letzten Phase weit über 100 Mrd. DM (Gegenwert) an Devisen ankaufen. Erst mit der Erweiterung der Bandbreiten für Wechselkursschwankungen im EWS ab August 1993 auf ± 15 % normalisierte sich die Lage auf den europäischen Devisenmärkten (im einzelnen vgl. hierzu *7.2.5.3*).

Der Übergang auf die *Europäische Währungsunion* (EWU) beseitigte für die 11 Teilnehmerstaaten das Wechselkursproblem innerhalb der Euro-Zone. Gleichwohl werden auch in Zukunft für die Europäische Zentralbank (EZB) noch die folgenden Devisenmarktinterventionen bestehen bleiben: *Erstens* (im Rahmen des sog. EWS II) im Verhältnis Euro gegenüber den Währungen der noch nicht an der EWU teilnehmenden (4) EU-Staaten, wobei allerdings die weiten Wechselkursbandbreiten von ± 15 % große Spielräume lassen; *zweitens* im Verhältnis Euro gegenüber Drittwährungen mit dem Ziel, eventuelle "Übertreibungen" der hier geltenden flexiblen Marktkurse zu korrigieren. Das bedeutet, daß auch in Zukunft monetäre Außenimpulse auf die EZB zukommen werden (vgl. *7.2.2*). Wir müssen uns deshalb damit beschäftigen, wie solche Impulse entstehen und wie die Zentralbank darauf mit "Sterilisierungsmaßnahmen" reagieren kann.

- DEV; R^Z; ÜR: Ausgangspunkt sei ein massiver Devisenzustrom (DEV), der die EZB zu Interventionen (Devisenankäufen) veranlaßt. Dadurch erhöhen sich die Währungsreserven der Zentralbank (R^Z) und in gleichem Umfange das disponible Zentralbankgeld der Kreditinstitute (ÜR), da die Devisentransaktionen über die Banken abgewickelt werden. Um diese Überschußreserven zu neutralisieren, bieten sich die in den drei Strängen von Schema (5) dargestellten Maßnahmen an. Im Prinzip geht es darum, die expansive Auslandskomponente der Zentralbankgeldversorgung durch einen restriktiven Einsatz der Inlandskomponente soweit wie nötig zu kompensieren (das Schema gilt vice versa für Devisenabflüsse):

$$\text{(5)} \qquad DEV\uparrow \rightarrow R^Z\uparrow \rightarrow \ddot{U}R\uparrow \begin{cases} r_{MR}\uparrow \rightarrow MR\uparrow \\ i_{OMP}\uparrow \rightarrow WP\uparrow \\ i_Z\uparrow \rightarrow K^Z\downarrow \end{cases}$$

- r_{MR}; MR: Die EZB erhöht die *Mindestreservesätze* (r_{MR}), um die Überschußreserven der Banken ganz oder teilweise in Mindestreserveeinlagen zu binden (MR). Gilt für die durch die Devisenzuströme geschaffenen Einlagen bei den Banken z. B. ein Reservesatz von 100 %, so werden die Überschußreserven vollständig "abgeschöpft". Für eine Kreditexpansion der Banken aus dieser Quelle wäre dann kein Raum mehr. Davon unberührt bliebe allerdings die Erhöhung des Geldvolumens, soweit es sich bei den Devisenverkäufern um Inländer handelt; insoweit bliebe ein expansiver Impuls bestehen.

- i_{OMP}; WP: Eine zweite Möglichkeit zur Neutralisierung der Überschußreserven besteht darin, daß die EZB eine restriktive *Offenmarktpolitik* mit den Banken betreibt. Sie bietet den Kreditinstituten Wertpapiere (WP) zu einem niedrigen, d. h. unter dem Marktkurs liegenden Preis, an. Dadurch steigt die Rendite dieser Papiere (i_{OMP}) und macht den Erwerb der Offenmarkttitel für die Banken attraktiv. Solange die Kreditinstitute diese Titel halten, werden Überschußreserven absorbiert.

- i_Z; K^Z: Schließlich kann die EZB die diversen Möglichkeiten ihrer *Refinanzierungspolitik* im Rahmen der Offenmarktgeschäfte einsetzen. Hier hat die Notenbank sogar zwei Optionen, um die aus den Devisenzuflüssen stammenden Überschußreserven zu sterilisieren: Heraufsetzung der Refinanzierungskosten (i_Z), um die künftige Inanspruchnahme des Notenbankkredits (K^Z) zu verringern, und/oder die mengenmäßige Reduzierung der Refinanzierungskredite.

Die Beispiele zeigen, daß die EZB über zahlreiche Instrumente verfügt, die - einzeln oder kombiniert eingesetzt - monetäre Außenimpulse neutralisieren können. Wir werden auf diese Zusammenhänge noch ausführlicher in *Abschnitt 7.2* ("Geldpolitik in der offenen Volkswirtschaft", insbesondere *7.2.2* und *7.2.5.3*) und - was die geldpolitischen Instrumente betrifft - in dem *Kapitel 8* ("Geldpolitik in der Europäischen Währungsunion") eingehen.

6.2.5 Fiskalimpulse

Unter fiskalischen Impulsen werden gemeinhin die Wirkungen der staatlichen Einnahmen- und Ausgabenpolitik auf die ökonomische Aktivität verstanden. Im vorliegenden Zusammenhang interessieren lediglich jene Fiskalimpulse, die zu einer Änderung monetärer Größen führen. Es sind dies vor allem Geldmengen- und Zinseffekte, die mit der *Staatsverschuldung* verbunden sind. Wir konzentrieren uns auf die Darstellung dieser beiden Effekte und betrachten die von einer Kreditfinanzierung des staatlichen *Budgetdefizits* ausgehenden Wirkungen.

1) **Geldmengeneffekte**. Zuweilen begegnet man der Vorstellung, daß *jede* Kreditexpansion - gleichviel ob auf Seiten der privaten Nichtbanken oder des Staates - zu einer Erhöhung des Geldvolumens führt. Dem ist aber nicht so bzw. es kommt darauf an. Ob die staatliche (Netto-)Kreditaufnahme mit einer entsprechenden Geldmengenerhöhung einhergeht, hängt davon ab, bei *wem* sie erfolgt. Das Schema (6) unterscheidet hier zwei Fälle: die Staatsverschuldung (STV) bei den *Banken* (oberer Strang) und beim *Publikum* (unterer Strang).

(6) STV↑ ┬── Banken: $K^B\uparrow \rightarrow D^{ST}\uparrow \rightarrow A^{ST}\uparrow \rightarrow M\uparrow$
         └── Publikum: $WP^P\uparrow \rightarrow M\downarrow;\ A^{ST}\uparrow \rightarrow M\uparrow$
                                  "M-neutral"

Treten die *Banken* als Kreditgeber (K^B) des Staates auf, z. B. durch die Gewährung von Direktkrediten (Schuldscheindarlehen) oder durch den Erwerb von neu emittierten Staatsschuldtiteln, dann steigen im ersten Schritt die Sichtguthaben des Staates (D^{ST}) bei den Banken in Höhe der per Kredit oder aus dem Wertpapiererlös erfolgten Gutschriften. (Hinweis: Sichtguthaben des Staates zählen ex definitione nicht zur Geldmenge.) Nun dient die staatliche Kreditaufnahme letztlich nur einem einzigen Zweck - der Verausgabung für den Kauf von Gütern des "Staatskonsums" und der Staatsinvestitionen und für Transferzahlungen (A^{ST}). (Von der Verwendung für Tilgungen fälliger Staatskredite wird hier abgesehen, da nur die Netto-Kreditaufnahme betrachtet wird.) Die so verausgabten Kreditmittel des Staates schlagen sich, so wollen wir realistischerweise annehmen, vor allem in erhöhten Sichtguthaben der privaten Unternehmen und Haushalte nieder, wodurch die Geldmenge (M) expandiert. Fazit: "Aus Kredit wird Geld", und zwar dann, wenn die Banken als Kreditgeber des Staates auftreten.

Anders liegen die Dinge, wenn das *Publikum* dem Staat Kredite gewährt, insbesondere durch den Erwerb von neu ausgegebenen Schuldtiteln. Der *untere* Strang von Schema (6) skizziert den Ablauf unter folgenden Annahmen: Die privaten Nichtbanken erwerben die staatlichen Wertpapiere (WP^P) und bezahlen sie zu Lasten ihrer Sichtguthaben, wodurch die Geldmenge (M) sinkt. Die Verausgabung (A^{ST}) des Wertpapiererlöses durch den Staat findet aber wiederum ihren Niederschlag in den Bestandteilen des Geldvolumens, so daß die Geldmenge (M) steigt. Das Fazit zu dieser Transaktion lautet also, daß die Staatsverschuldung beim Publikum *geldmengenneutral* ist und insoweit keine monetären Impulse ausgelöst werden. (Dies gilt analog natürlich auch für den Fall der Publikumsverschuldung innerhalb des privaten Nichtbankensektors.) Das Beispiel ließe sich dadurch modifizieren, daß das Publikum einen Teil des Wertpapiererwerbs durch den Einsatz von Geldkapital finanziert und daß sich auch die kreditfinanzierten Ausgaben des Staates teilweise in einer erhöhten Geldkapitalbildung niederschlagen. Doch würde dies an dem prinzipiellen Unterschied zwischen den beiden Kredittransaktionen nichts ändern.

2) **Zinseffekte**. Mit zinssteigernden Effekten ist grundsätzlich dann zu rechnen, wenn eine *zusätzliche* Kreditaufnahme des Staates (z. B. im Vergleich zur Vorperiode) bei gegebener privater Kreditnachfrage auf ein zinsunelastisches Kreditangebot trifft. Dies ist der Ausgangspunkt im *oberen* Strang von Schema (7): Die staatliche und private Kreditnachfrage (zusammen als KN bezeichnet) übersteigt das starre bzw. nicht entsprechend ausdehnungsfähige gesamtwirtschaftliche Kreditangebot ($\overline{KA}$). Kredit- (i_K) und Kapitalmarktzinsen (i_{KM}) werden bei dieser Konstellation steigen.

(7) $STV\uparrow$

$$KN\uparrow > \overline{KA} \rightarrow i_K\uparrow,\ i_{KM}\uparrow$$

$$i_K\uparrow \rightarrow (KN^P\downarrow = KN^{ST}\uparrow) \rightarrow \overline{M}$$

"Crowding-out"

Der *untere* Strang von Schema (7) setzt den Ablauf unter folgenden Annahmen fort: Die erhöhten Kreditzinsen (i_K) führen zur Verdrängung der (zinsempfindlichen) privaten Kreditnachfrage (KN^P) durch die zinsrobuste Kreditnachfrage des Staates (KN^{ST}). In dem hier angenommenen Fall entspricht der Rückgang der privaten Kreditnachfrage gerade dem Anstieg der Staatskredite ("*Crowding-out*"). Unter dieser speziellen Annahme kommt es aufgrund der *zusätzlichen* Kreditaufnahme des Staates *nicht* zu einem monetären Impuls in Form einer *zusätzlichen* Geldmengenerhöhung ($\overline{M}$). Auch würde bei dieser Crowding-out-Prämisse der Grund für die ursprüngliche Zinserhöhung wieder entfallen. Hinzugefügt sei allerdings, daß der hier demonstrierte idealtypische Fall einer Verdrängung der privaten Kreditnachfrage in der Realität kaum zu beobachten und nur als Tendenz zu verstehen ist.

Die betrachteten Beispiele von Fiskalimpulsen haben sich auf sehr grundlegende Vorgänge beschränkt. Das darf nicht darüber hinwegtäuschen, daß von staatlichen Maßnahmen zahlreiche weitere monetäre Impulse ausgehen können. Erwähnt seien z. B. die Gewinnabführung der Zentralbank an den Staat, steuerpolitische Maßnahmen, Zinssubventionen des Staates, die Umschuldung fälliger Staatskredite und andere Aktivitäten des staatlichen Schuldenmanagements, die sowohl mit Geldmengen- als auch mit Zinseffekten verbunden sein können.

Abb. 24: Interdependenzen zwischen dem monetären und dem realwirtschaftlichen Bereich

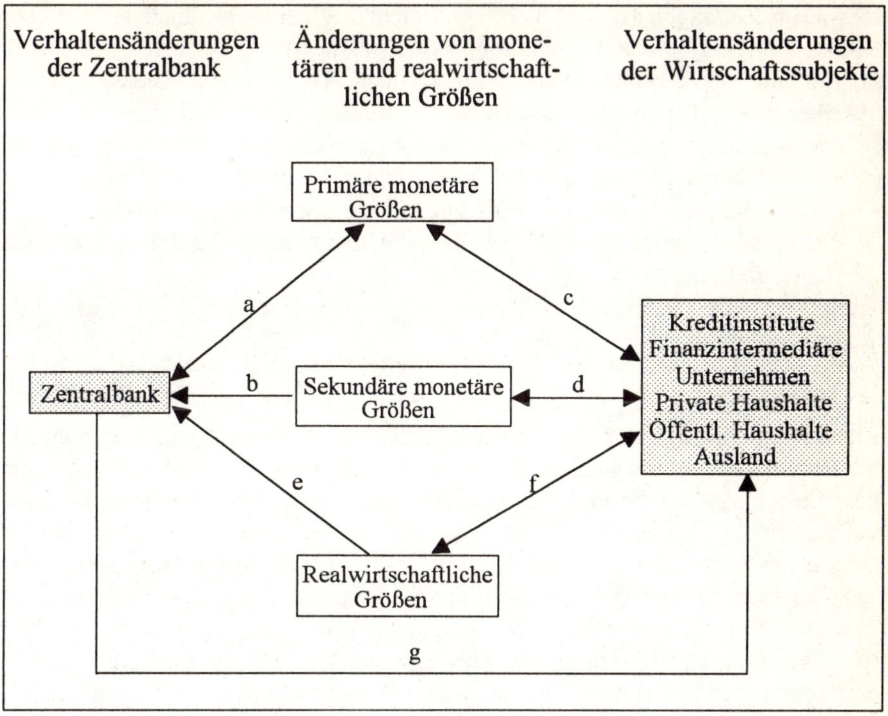

6.2.6 Interdependenzen zwischen dem monetären und realen Sektor

Die Analyse der Zentralbank-, Banken- Publikums-, Fiskal- und Außenimpulse in den vorangegangenen Abschnitten hat gezeigt, daß zwischen den monetären Größen ein vielfältiges Geflecht von wechselseitigen Beziehungen besteht. In der obigen *Abb. 24* sind diese Beziehungen noch einmal in systematischer Weise zusammengefaßt. So haben wir gesehen, daß keineswegs von vornherein davon ausgegangen werden kann, daß ein von der Zentralbank ausgelöster Primärimpuls (*Strang a*) auch zu den gewünschten Änderungen der sekundären monetären Größen führt (*Stränge c, d*). Vielmehr können auf diesem Wege so manche "Hindernisse" liegen, d. h. Verhaltensänderungen aller an diesem Prozeß Beteiligten, die konträre Impulse auszulösen vermögen. Zusätzlich zu berücksichtigen sind jetzt noch die Interdependenzen zwischen dem monetären und dem *realwirtschaftlichen* Bereich. Auch hierzu und zur Vorbereitung der in den folgenden Abschnitten zu behandelnden Transmissionstheorien gibt *Abb. 24* einen Überblick über die grundlegenden Zusammenhänge.

Betrachten wir das Schema der *Abb. 24,* so stellen sich folgende Fragen: Was ist Ursache, was ist Wirkung? Und welche Rückwirkungen sind zu erwarten? Häufig gestaltet sich schon die Festlegung des Ausgangspunktes einer Analyse als schwierig. Zu fragen ist, *wo*, d. h. bei welcher Wirtschaftseinheit oder welcher Größe, die Analyse des Transmissionsprozesses beginnen soll. Nehmen wir die Zentralbank als Ausgangspunkt: Dann können Verhaltensänderungen von ihrer Seite beruhen auf stabilitätspolitisch nicht erwünschten Entwicklungen

- der primären monetären Größen (*Strang a*): wenn z. B. die Bankenliquidität (Überschußreserven) als zu hoch angesehen wird; und/oder
- der sekundären monetären Größen (*Strang b*): wenn beispielsweise die Kreditexpansion der Banken die Wachstumsrate des realen Sozialprodukts übersteigt; und/oder
- der realwirtschaftlichen Größen (*Strang e*): wenn sich z. B. inflationäre Preissteigerungen abzeichnen.

Liegen *hier* aber die Ursachen für Verhaltensänderungen der Zentralbank, dann wäre es naheliegend, den Ausgangspunkt der Analyse zurückzuverlegen und bei der Entwicklung einer dieser drei Größen zu beginnen. Indessen stellt sich auch hier wieder das gleiche Problem: Nicht nur, daß man sich zu entscheiden hätte, *welche* dieser Größen zum Ausgangspunkt genommen werden soll, jede ist überdies wiederum "rückgekoppelt" mit den Aktivitäten der "sonstigen" Wirtschaftsbereiche (*Stränge c, d, f*). Auf der Suche nach einem unbeeinflußten, d. h. von anderen Größen unabhängigen Ausgangspunkt drehen wir uns also im Kreise - was in einem System mit interdependenten Variablen natürlich auch nicht anders zu erwarten ist. Diese Tatsache zwingt zu einer rigorosen Vereinfachung.

Zur Illustration des Schemas der *Abb. 24* seien abschließend noch einige Beispiele zu den Rückwirkungen von *realwirtschaftlichen* Größen auf monetäre Variable und auf das Verhalten der Zentralbank demonstriert:

- Angenommen, ein expansiver Impuls der Notenbank habe alle "Stationen" (*Stränge a, c, d*) glatt durchlaufen und zu einer Kreditexpansion der Banken geführt. Die Kreditgewährung diene der Finanzierung von zusätzlichen Investitions- und Konsumausgaben, wodurch das Volkseinkommen steigt (*Strang f* nach unten). Dies wiederum sei der Anlaß für optimistische Absatz- und Gewinnerwartungen (*Strang f* nach oben), als deren Folge sich die Kreditexpansion verstärkt (*Strang d*), was allerdings die Beteiligung der Zentralbank, z. B. in Form von zusätzlichen Refinanzierungskrediten, voraussetzt (*Stränge b, a*). Damit wären wir wieder am Ausgangspunkt (Zentralbank) angelangt: Der ursprünglich ausgelöste expansive Impuls hat sich auf dem "Umweg" über Änderungen von realwirtschaftlichen Größen fortgesetzt und auf die Zentralbank zurückgewirkt.

- In einem zweiten Beispiel sei als realwirtschaftliche Ausgangslage die Konstellation von Rezession und Inflation ("Slumpflation") angenommen. Die Zentralbank wird sich in dieser Situation eher restriktiv verhalten, d. h. ihre

Leitzinsen hoch halten oder gar noch heraufsetzen (*Strang a*), um die Inflationserwartungen zu brechen. Rezessionsbedingt pessimistische Konjunkturerwartungen der Unternehmen und privaten Haushalte (*Strang f* nach oben) führen zu reduzierten Investitions- und Konsumausgaben, wodurch auch die Kreditgewährung zurückgeht (*Strang d*). In dieser Situation mag sich nun der ("zinsrobuste") Staat zu einer expansiven Politik entschließen, indem er seine kreditfinanzierten Budgetdefizite ausweitet und dadurch den Kreditausfall auf Seiten des Publikums ganz oder teilweise ausgleicht (*Strang d*). Den Banken ist diese staatliche Kreditexpansion willkommen, und die Zentralbank wird eventuell erforderliche zusätzliche Refinanzierungskredite nicht verweigern können (*Strang a*). Fazit: Bei dieser Konstellation eines "Policy-Mix" aus restriktiver Geldpolitik und expansiver Budgetpolitik werden die (ursprünglichen) Bestrebungen der Zentralbank durch den Staat "überspielt".

- Ein drittes Beispiel folgt *Strang g*, der Appelle ("Moral Suasion") der Zentralbank an die sonstigen Wirtschaftsbereiche erfaßt (vgl. *6.2.2*). Primäre oder sekundäre monetären Größen werden hierdurch zwar zunächst nicht unmittelbar berührt, jedoch kann es aufgrund der Appelle zu Reaktionen kommen, die bis in den realwirtschaftlichen Sektor hineinreichen (*Stränge c, d, f*).

6.3 Systematik der Transmissionskonzepte

Der "Brückenschlag", von dem eingangs dieses Kapitels die Rede war, und der die Verknüpfung von monetären und realwirtschaftlichen Größen zum Ziele hat, blieb bisher auf halbem Wege stehen. Das wichtigste Verbindungsstück, der Transmissionsprozeß selbst, fehlt noch. Er ist im folgenden aufzuzeigen, wobei in zwei Schritten vorgegangen wird:

- In diesem Abschnitt werden aus den verschiedenen Geldtheorien die wesentlichen Aussagen über den Transmissionsmechanismus von monetären Impulsen herausgefiltert und auf die prinzipiellen Ansatzpunkte zurückgeführt. Das ist primär eine Aufgabe der sinnvollen Systematisierung.
- Auf dieser Grundlage werden die wichtigsten transmissionstheoretischen Ansätze dann in den weiteren Abschnitten eingehender diskutiert.

Die Erklärung des Übertragungsprozesses von monetären Impulsen läßt sich im wesentlichen auf zwei prinzipielle Ansätze zurückführen: (1) den *kredittheoretischen* ("stromtheoretischen") Ansatz, (2) den *vermögenstheoretischen* Ansatz, und zwar beide mit jeweils zwei Ausprägungen. Beide Grundtypen werden hier zunächst nur in ihren Grundzügen umrissen, um die Systematik (vgl. *Tab. 12*) zu verdeutlichen und den Überblick zu erleichtern. Eine ausführliche Diskussion folgt dann in den nachfolgenden Abschnitten (*6.4* und *6.5*).

1) **Kredittheoretischer Ansatz**. Sämtliche Varianten dieses Transmissionsansatzes sind durch die folgenden gemeinsamen Merkmale gekennzeichnet:

- Sie betonen die *Kreditgewährung* (statt die Geldmenge oder das Vermögen).
- Sie betrachten primär die Interdependenzen zwischen den *Stromgrößen* "Kreditgewährung/kreditabhängige Ausgaben/nichtkreditfinanzierte Ausgaben" (statt die Struktur des gesamtwirtschaftlichen Vermögensbestandes).
- Bei der Übertragung monetärer Impulse auf den güterwirtschaftlichen Sektor werden *Kreditkosten* und Kreditbeschränkungen ("*Kreditrationierung*") hervorgehoben (statt der Änderung von relativen Preisen).

Diese Merkmale gelten für beide Ausprägungen des kredittheoretischen Ansatzes, wie sie in *Tab. 12* unterschieden werden, nämlich für das Kreditkostenkonzept und für den Kreditrationierungsmechanismus. Beginnen wir mit dem *Kreditkostenkonzept*, so ist dort als Charakteristikum der *Preisanpassungsprozeß* von Stromgrößen genannt. Um welche Preise handelt es sich? Von entscheidender Bedeutung sind die "Preise für Kapital", d. h. die Zinsen. Im Mittelpunkt stehen

- die *Zinskosten* für *Refinanzierungskredite* der Zentralbank an die Banken,
- die *Zinskosten* für *Bankkredite* (und die Kapitalmarktzinsen für neu emittierte Schuldtitel),
- die *interne Verzinsung* der *Investitionen* (und der sonstigen kreditfinanzierten Ausgaben), auch als "interner Zinsfuß" bzw. "Grenzleistungsfähigkeit des Kapitals" bezeichnet (vgl. im einzelnen *6.5.2*).

Der Preisanpassungsprozeß im Kreditkostenkonzept vollzieht sich über die Interaktion dieser drei Zinssätze. Erhöht z. B. die Zentralbank die Refinanzierungskosten, dann werden die Banken (versuchen), diese Verteuerung auf ihre Kreditzinsen zu überwälzen. Die erhöhten Kreditkosten sind wiederum der "Prüfstein" für die interne Verzinsung der Investitionen. Denn der gegebene, von Fall zu Fall jedoch sehr unterschiedlich ausfallende interne Zinsfuß entscheidet im direkten Vergleich mit dem Kreditzins über die Vorteilhaftigkeit (Gewinn oder Verlust) einer Investition. Sind beide Sätze gleich hoch, erwirtschaftet die Investition gerade die Kosten einschließlich der Tilgungen und Kreditzinsen. Da die interne Verzinsung im Einzelfall sehr unterschiedlich ist, wird eine Erhöhung der Kreditkosten einen Teil der Investitionen unrentabel werden lassen und in entsprechender Höhe einen Rückgang der Kreditgewährung zur Folge haben. Im Transmissionsprozeß des Kreditkostenkonzepts kommt also den Kreditzinsen - in Relation zur internen Verzinsung - eine Selektionsfunktion für die Realisierbarkeit von Investitionen und anderen kreditfinanzierten Ausgaben zu. Das ist auch der Grund, weshalb wir die Kreditkosten und das Kreditvolumen als zentrale Transmissionsvariablen dieses Konzepts in *Tab. 12* aufgeführt haben.

Bei der zweiten Variante des kredittheoretischen Ansatzes, dem *Kreditrationierungsmechanismus*, stehen *Mengenanpassungsprozesse* von Stromgrößen im Mittelpunkt. Mit den "Mengen" ist das Volumen der angebotenen oder nachgefragten Kredite gemeint. Der Begriff "Anpassungsprozeß" bezieht sich darauf, daß bei *gegebenem* Zins entweder das Kreditangebot oder die Kreditnachfrage nur teilweise zum Zuge kommt, d. h. marktwirksam wird, so daß beide Marktseiten ihre ursprünglich disponierten Kreditmengen anpassen müssen. Die nur teilweise Befriedigung der Kreditnachfrage bzw. den nur teilweise möglichen "Absatz" des Kreditangebots bezeichnet man als (Kredit-)*Rationierung*.

Wie kann es - bei gegebenem Marktzins - zu derartigen Rationierungen kommen? Praktisch relevante Fälle sind vor allem auf der Kreditnachfrageseite zu beobachten: Ein Teil der Kreditnachfrage kann unbefriedigt bleiben,

- weil z. B. die Höhe der Kreditvergabe vom Staat limitiert ist, oder
- weil die Banken - etwa nach einem Kurswechsel der Zentralbankpolitik - einige Zeit benötigen, um ihr Kreditangebot (und ihre Konditionen) an die geänderte Lage anzupassen, oder
- weil die Kreditgeber von sich aus nicht bereit sind, bestimmte Kreditwünsche zu erfüllen.

Bei dem zuletzt genannten Fall der Rationierung der Kreditnachfrage spielt der *Gewinn-/Risiko-Kalkül* der Banken eine entscheidende Rolle: Im Regelfall wird mit steigendem Kreditzins auch das Risiko der Kreditvergabe zunehmen, d. h. es sind vor allem risikobetonte Kreditnehmer, die hohe und weiter steigende Zinsen akzeptieren. Unter Beachtung des Kreditausfallrisikos kann es dann für die rational handelnde, gewinnmaximierende Bank durchaus sinnvoll sein, diese Gruppe von Kreditnehmern von der Kreditvergabe auszuschließen.

Dies sind die Grundgedanken des Kreditrationierungsansatzes. Sie sollten deutlich gemacht haben, daß sein hauptsächliches Merkmal in Mengenanpassungen besteht und daß monetäre Impulse über die zentralen Transmissionsvariablen "Kreditmenge" und "Gewinn-/Risiko-Kalkül" der Banken in den realwirtschaftlichen Bereich weitergeleitet werden (vgl. *Tab. 12*). Die ausführliche Analyse dieses Ansatzes ist Gegenstand des *Abschnitts 6.5.3.*

2) **Vermögenstheoretischer Ansatz**. Die beiden wichtigsten Ausprägungen dieses Transmissionsansatzes sind das *monetaristische* und das *portfoliotheoretische* Konzept (vgl. *Tab. 12)*. Sie unterscheiden sich deutlich von dem zuvor skizzierten kredittheoretischen Ansatz durch die folgenden gemeinsamen Merkmale:

- Sie betonen das (rationale) Streben der Wirtschaftssubjekte nach einer *optimalen Vermögensstruktur* (und nicht die Kreditgewährung).
- Im Vordergrund stehen *Vermögensbestandsanpassungsprozesse* (und nicht Interdependenzen zwischen den Stromgrößen Kredite und Ausgaben).
- Die Übertragung monetärer Impulse basiert auf den Annahmen der *preistheoretischen Gleichgewichtsanalyse* mit dem Mechanismus der relativen Preise bzw. Erträge (und nicht auf Kreditkosten oder Kreditbeschränkungen).

Betrachten wir zunächst das *monetaristische* Transmissionskonzept, das in seinen Grundzügen auf die Pionierarbeiten von *Friedman (1970)*, *Brunner (1970)* und *Meltzer (1974)* zurückgeht. Nach diesem Konzept besteht die (typische) *Wirkungskette* eines monetären Impulses in der Veränderung der folgenden Größen:

Tab. 12: Systematik der Transmissionsansätze

Theoretische Ansätze	Varianten	Charakteristika	Zentrale Transmissionsvariablen	Primär beeinflußte Realgrößen
Kredittheoretischer Ansatz	Kreditkosten-Konzept	Preisanpassungsprozeß von Stromgrößen	Kreditzinsen, Kreditvolumen	Investitionen, kreditfinanzierte Ausgaben
	Kreditrationierungs-Mechanismus	Mengenanpassungsprozeß von Stromgrößen	Kreditmenge, Gewinn-/Risikokalkül der Banken	
Vermögenstheoretischer Ansatz	Monetaristisches Konzept	Preisanpassungsprozeß von Vermögensbeständen	Geldbasis, Geldmenge, relative Preise und Erträge von Vermögensbeständen	Sachaktiva, Investitions- u. Konsumausgaben
	Portfoliotheoretisches Konzept	Interaktiver Preisanpassungsprozeß von Vermögens- und Stromgrößen	Rendite- u. Risikogefälle zwischen Finanz- u. Sachaktiva	Sachaktiva, Investitionen

Geldbasis $\rightarrow$ Geldmenge $\rightarrow$ finanzielle Vermögensbestände ("Finanzaktiva") $\rightarrow$ realwirtschaftliche Vermögensbestände ("Sachaktiva") $\rightarrow$ Investitions- und Konsumausgaben. Vermögensbestände stehen in diesem Ansatz also an herausragender Stelle, wobei auch die Geldbasis und die Geldmenge als Bestandteile des Vermögens interpretiert werden. Wie kommt nun Bewegung in diese Bestände, d. h. was veranlaßt die Wirtschaftssubjekte zu einer Umstrukturierung ihres Vermögens? Grundlegend sind die Annahmen, daß sämtliche Vermögensobjekte einen direkt zurechenbaren Ertrag bzw. Nutzen abwerfen und daß alle Wirtschaftseinheiten eine "optimale" Struktur ihres jeweiligen Vermögens anstreben. Diese ist - allgemein formuliert - dann realisiert, wenn die letzte investierte Geldeinheit in allen Vermögenspositionen eine gleich hohe Rendite erzielt. Ist diese Bedingung erfüllt, herrscht *Vermögensgleichgewicht*, und der Ertrag bzw.

Nutzen läßt sich durch weitere Umschichtungen des Vermögens nicht mehr erhöhen (Ertrags-/Nutzenmaximum; optimale Vermögensstruktur).

An dieser Ausgangslage setzt nun der monetaristische Ansatz an: Der Hebel, den die Geldpolitik betätigen muß, um einen Transmissionsprozeß auszulösen, besteht darin, *Störungen* des Vermögensgleichgewichts hervorzurufen. Das Grundprinzip basiert auf einer Reihe von Substitutionsschritten, in deren Gefolge sich die relativen Preise bzw. Erträge der Vermögensobjekte ändern:

- Die Zentralbank stört das (ursprüngliche) Vermögensgleichgewicht z. B. dadurch, daß sie durch definitive Ankäufe von Offenmarktpapieren die Geldbasis bzw. die Geldmenge im Privatsektor erhöht. Die Banken verfügen nun über "Überschußreserven" und das Publikum über "Überschußkasse". Beide Begriffe signalisieren, daß die tatsächliche über die gewünschte Haltung von liquiden Aktiva hinausgeht. Hierdurch sinken die Rendite der Bankreserven und der (nichtpekuniäre) Ertrag der Geldhaltung *relativ* zu den Ertragssätzen der anderen Vermögensobjekte.
- In dem Bestreben, dieses Ungleichgewicht zu beseitigen und ein neues Vermögensgleichgewicht zu finden, startet nun ein Prozeß der Vermögensanpassung. Die Wirtschaftssubjekte versuchen, die jeweils geringer rentierlichen Vermögensobjekte durch andere, im Preis bzw. in der Rendite bis dahin noch unbeeinflußte (höher verzinsliche) Aktiva zu ersetzen ("Heiße Kartoffel-Effekt"). Der Anpassungsprozeß wird getrieben von steigenden Preisen bzw. sinkenden Renditen und beginnt im Bereich der Finanzaktiva (z. B. Wertpapiere), pflanzt sich fort zu den (vorhandenen) Sachaktiva und erreicht schließlich realwirtschaftliche Stromgrößen wie die Neuproduktion von Realkapital (Investitionen) und den Kauf neuer (langlebiger) Konsumgüter.

Dieser idealtypische Ablauf vom alten zum neuen Vermögensgleichgewicht ist in der Systematik der *Tab. 12* festgehalten: Die Transmission von monetären Impulsen verläuft im monetaristischen Konzept über Preisanpassungsprozesse der Vermögensbestände. Zentrale Transmissionsvariablen sind die Geldbasis, die Geldmenge und das Wechselspiel der relativen Preise bzw. Erträge von Vermögensbeständen. Eine ausführliche Analyse dieses Ansatzes erfolgt in *6.4.5*.

Die zweite Variante des vermögenstheoretischen Ansatzes, das *portfoliotheoretische* Konzept, geht auf *Tobin (1969)* zurück. In seinen Grundzügen weist es enge Parallelen zu dem zuvor dargestellten monetaristischen Transmissionsprozeß auf, so insbesondere hinsichtlich der Substitution und Preisanpassung von Vermögensbeständen. *Unterschiede* bestehen jedoch in den folgenden Aspekten:

- Im Portfoliokonzept liegt der entscheidende Ausgangspunkt der Analyse nicht im monetären Einflußbereich der Zentralbank, sondern im Bereich des *Realkapitals*. Danach läßt sich die ökonomische Aktivität vor allem dadurch beeinflussen, daß ein *Abstand* zwischen zwei Ertragsraten auf Realkapital erzeugt oder verändert wird. Die eine Ertragsrate ist die interne Verzinsung für neu zu produzierende Einheiten des Realkapitals, also für Investitionen. Die andere Ertragsrate ist jene Rendite, bei der die Investoren bereit sind, den vorhandenen, zu laufenden Marktpreisen bewerteten Realkapitalbestand zu halten. Um die Wirtschaft zu stimulieren, kommt es nun darauf an, den Abstand zwischen diesen beiden Ertragsraten so zu verändern, daß die Rendite für Neuinvestitionen jene des existierenden Realkapitals übersteigt bzw. generell, daß Neuinvestitionen im Vergleich zum vorhandenen Realkapital attraktiver werden. Ein wesentliches Charakteristikum des Portfoliokonzepts ist also, daß ein (interaktiver) Preis- bzw. Renditeanpassungsprozeß zwischen diesen Vermögens- und Stromgrößen ausgelöst wird (vgl. *Tab. 12*).

- Welche Rolle spielt die Geldpolitik in diesem Prozeß? Die interne Investitionsrendite liegt außerhalb des direkten Einflußbereichs der monetären Politik und wird hauptsächlich durch Faktoren wie den technischen Fortschritt und Produktinnovationen, aber auch durch steuerpolitische Maßnahmen des Staates, bestimmt. Als Ansatzpunkt für die Geldpolitik verbleibt somit die Ertragsrate des existierenden Realkapitals, die - wie im monetaristischen Transmissionsablauf - durch monetäre Impulse verändert werden kann (s. o.).
- Eine weitere Besonderheit des Portfoliokonzepts liegt in der Betonung des *Risikogefälles* zwischen Finanz- und Sachaktiva. Da Substitutionsprozesse zwischen Vermögensobjekten Risiken für das Gesamtportfolio bergen, muß auch die Alternative einer komplementären Beziehung in Betracht gezogen werden, die allerdings den Transmissionsablauf behindert.

Mit Blick auf die Systematik der *Tab. 12* ist festzuhalten, daß im Portfoliokonzept das Rendite- *und* Risikogefälle zwischen Finanz- und Sachaktiva als zentrale Transmissionsvariablen fungieren (vgl. im einzelnen *6.4.6)*.

Abschließend noch ein Wort zur *praktischen Relevanz* der verschiedenen Transmissionsansätze. Sieht man es im historischen Ablauf, so dominierte in der geldtheoretischen Literatur etwa bis zum Ende der sechziger Jahre der kredittheoretische Transmissionsansatz. In den siebziger Jahren errang dann der vermögenstheoretische Ansatz eine große Popularität unter Geldtheoretikern. Auch in der geldpolitischen Praxis der Deutschen Bundesbank gewann die vermögenstheoretische Konzeption an Boden, wenngleich sie den kredittheoretischen Ansatz niemals ganz verdrängen konnte. Und wie steht es mit der *Europäischen Zentralbank* (EZB)? Die Vorläuferorganisation der EZB, das Europäische Währungsinstitut (*EWI, 1997)*, sprach vor dem Start der EWU von einem "durchschnittlichen Transmissionsprozeß im Euro-Währungsraum" (S. 7), auf den die EZB ihre Strategie auszurichten hätte. Nichts macht die große Unsicherheit über die empirisch relevanten Transmissionskanäle deutlicher als diese vage Aussage. So wird auch die EZB nicht umhin können, als in ihre monetäre Strategie das ganze Spektrum der verschiedenen theoretischen Ansätze mit einzubeziehen.

Wir wollen hier nicht der letztlich wissenschaftstheoretischen Frage nachspüren, warum es überhaupt *verschiedene* Transmissionsansätze gibt und wovon es abhängt, daß einmal der eine, dann der andere dominiert. Doch wollen wir begründen, weshalb wir es für wichtig halten, beiden Ansätzen in diesem Buch Raum zu geben. Der entscheidende Gedanke des vermögenstheoretischen Ansatzes ist, daß monetäre Impulse, wie geschildert, über *Preisanpassungsprozesse* (Mechanismus der relativen Preise) weitergeleitet werden. Der kredittheoretische Ansatz hat dagegen neben Preisprozessen (Rolle der Kreditkosten) stets auch *Mengenanpassungsprozesse* (Rolle der Kreditrationierung) mit betrachtet. Nun hat sich in Theorie und politischer Praxis in der zweiten Hälfte der siebziger Jahre mehr und mehr gezeigt, daß nicht alle Anpassungen in der Wirtschaft über Preisänderungen laufen, sondern daß es an den verschiedenen Märkten sogenannte Rationierungseffekte gibt, d. h. Mengenanpassungsprozesse bei *gegebenen* Preisen. Der Rationierungsgedanke spielt in der neueren Literatur nicht nur der Kreditmärkte, sondern gerade auch der Güter- und Arbeitsmärkte eine zunehmend wichtigere Rolle. Indem wir im Rahmen des kredittheoretischen Transmissionsansatzes ausführlich den Gedanken der Kreditrationierung (vgl. *6.5.3*) behandeln, gewinnen wir einen Einstieg in derartige Mengenanpassungsprozesse.

6.4 Vermögenstheoretischer Transmissionsansatz

In diesem Abschnitt wird der bislang nur kursorisch dargestellte vermögenstheoretische Ansatz (mit zwei Ausprägungen) zur Erklärung des Transmissionsprozesses ausführlicher erörtert. Im Mittelpunkt stehen das monetaristische und das portfoliotheoretische Konzept. Vorangestellt seien einige Überlegungen zur Abgrenzung des Vermögens und zur optimalen Vermögensstruktur.

6.4.1 Zur Abgrenzung des Vermögensbegriffes

In diesem Kapitel ist häufig vom Vermögen die Rede. Es wird heute als ein wichtiger Bestimmungsgrund der Nachfrage nach Gütern, Geld und anderen finanziellen Aktiva betrachtet. In der Tat haben sich vermögenstheoretische Ansätze analytisch als fruchtbar erwiesen. Doch wie ist die "richtige" Vermögensabgrenzung? Im *Abschnitt 2.2* wurden verschiedene Bestandteile des Vermögens vorgestellt. Ziemlich unumstritten ist das Sachvermögen eine Komponente der Nachfragedeterminante "Vermögen". Je "reicher" die Leute an Sachvermögen sind, eine desto größere Nachfrage werden sie ceteris paribus entfalten.

Schwierig wird es jedoch beim finanziellen Vermögen. Jeder Forderung steht hier eine gleich hohe Verbindlichkeit gegenüber. Zwar wird der Besitzer von Forderungen um so mehr Nachfrage entfalten, je mehr Forderungen (Finanzvermögen) er besitzt. Andererseits wird aber der Besitzer der entsprechenden Verbindlichkeiten um so weniger nachfragen, je größer sein Bestand an Verbindlichkeiten ist. Wenn nun die nachfrageanregenden Effekte einer Forderung gleich hoch sind den nachfragedämpfenden Effekten der damit verbundenen Verbindlichkeit, so ist der "Nettonachfrageeffekt" einer Forderungs-Schulden-Beziehung im Grenzfall mit Null anzusetzen. Finanzielle Aktiva hätten dann in einer Nachfragedeterminante "Vermögen" keinen Platz. Damit gaben sich die Theoretiker nicht zufrieden und argumentierten, daß der "Nettonachfrageeffekt" von Null nicht notwendig bei *jedem* finanziellen Aktivum gilt. Mit anderen Worten: Eine bestimmte Forderung (z. B. ein Wertpapier, eine Termineinlage) kann dann und insoweit dem "Vermögen" zugerechnet werden, als die nachfrageanregende Wirkung der Forderung größer ist als die nachfragedämpfende Wirkung der Verbindlichkeit, so daß der "Nettonachfrageeffekt" hier *positiv* wäre.

Dies ist das Grundprinzip. Heftig umstritten ist nun, für welche finanziellen Titel die Bedingung vom "Nettonachfrageeffekt" größer Null zutrifft und warum (vgl. hierzu *Claassen, 1978*). Betrachten wir als Beispiel eine Zunahme der Forderungen des privaten Sektors (private Haushalte, Unternehmen, private Banken) gegenüber dem öffentlichen Sektor (Staat, Zentralbank). Zu diesen Forderungen gehört im wesentlichen das "Outside Money" (vgl. *3.1*), also Forderungen der Privaten an die Zentralbank und staatliche Schuldtitel wie Staatsanleihen und Schatzbriefe. Man kann nun argumentieren, daß das Nachfragegebaren des öffentlichen Sektors übergeordneten politischen Erfordernissen folgt, jedenfalls aber unbeeinflußt ist vom öffentlichen Schuldenstand. In diesem Fall würde eine Forderungszunahme bei den Privaten nachfrageanregend wirken, im öffentlichen Bereich aber *nicht* nachfragedämpfend sein. Folglich verbliebe ein positiver "Nettonachfrageeffekt", so daß man die Forderungen der Privaten an den öffentlichen Sektor dem "Vermögen" zurechnen könnte.

Jedoch: Wie kommen die Privaten überhaupt in den Besitz öffentlicher Schuldtitel? Ein Weg ist: im Tausch gegen Güter (der öffentliche Sektor bezieht von den Privaten Güter, die mit der Emission von öffentlichen Schuldtiteln finanziert werden). Nun ist sehr entscheidend, ob die Privaten ihre Güterabgabe an den Staat als "verloren" betrachten. Tun sie das (Fall der "Fiskalillusion" nach *Claassen*), dann fühlen sich die Privaten zwar an Forderungen (Staatstiteln) reicher, gleichzeitig aber an Sachvermögen (wegen der Güterabgabe) ärmer, was sich im Hinblick auf die Gesamtnachfrage kompensieren mag. Sehen die Privaten demgegenüber, daß die dem öffentlichen Sektor gegebenen Güter letzten Endes wieder den Privaten (in Form von Staatsleistungen) zugute kommen, so sind die abgegebenen Güter nicht "verloren" und der nachfrageanregende Effekt aus den Staatstiteln kommt zum Tragen. Das Beispiel mag genügen, um die Subtilität der Vermögensdebatte zu beleuchten. Entscheidend aber und festzuhalten ist: Wenn man die angemessene Abgrenzung einer Nachfragedeterminante "Vermögen" sucht, so kann man nicht einfach finanzielle Aktiva mit dem Argument eliminieren, daß sie durch die in gleicher Höhe bestehenden finanziellen Passiva aufgewogen würden. Vielmehr hat man bei jedem finanziellen Aktivum einzeln zu prüfen, ob sich ein positiver "Nettonachfrageeffekt" sinnvoll begründen läßt.

6.4.2 Geld als Vermögensobjekt

Das Geld - genauer: die Kassenhaltung der Wirtschaftssubjekte - wird im vermögenstheoretischen Ansatz durchgängig als Vermögensobjekt behandelt. Ihm wird ein Ertrag bzw. Nutzen zugerechnet. Jedes Gut, das einen Nutzen stiftet, einen Ertrags- bzw. Nutzenstrom abgibt, gilt als Vermögensobjekt. Worin besteht nun der Nutzen der von den Wirtschaftssubjekten gehaltenen Geldmenge? Unter Hinweis auf die schon in *3.1* dargestellten verschiedenen Geldfunktionen können wir hier kurz zussammenfassen: Das Geld leistet in erster Linie *Liquiditätsdienste*, indem es Zahlungs- und - bei Geldwertstabilität - Wertsicherheit gewährleistet, und es erspart andernfalls (z. B. bei der Liquiditätshaltung in Wertpapieren) erforderliche Transaktions- und Informationskosten. Sieht man von den Habenzinsen auf Sichtdepositen ab, so liegt der Vermögensnutzen des Geldes (im Sinne von M1) allein in den genannten nichtpekuniären Erträgen.

Die Kassenhaltung unterscheidet sich somit nur graduell von anderen Vermögensobjekten. Da praktisch kein Aktivum vorstellbar ist, das ausschließlich pekuniäre Erträge (Zinsen) abwirft - so hat jedes Aktivum immer auch einen mehr oder weniger großen "Prestigenutzen" -, stellt das Geld nur eine besondere Spezies in der breiten Palette von Vermögensobjekten dar. Für den vermögenstheoretischen Ansatz der Geldtheorie folgt daraus zwingend, daß die *Geldnachfrage* der Wirtschaftssubjekte als eine Vermögensentscheidung zu analysieren ist. Die Geldtheorie ist integrierter Bestandteil einer allgemeinen Theorie der Wahlhandlung. So ist es auch verständlich, daß vor allem *M. Friedman* immer wieder betont, die von ihm neuformulierte *Quantitätstheorie* sei in erster Linie eine Theorie der Geldnachfrage (vgl. *3.2.3*).

Die Höhe der tatsächlichen Geldnachfrage bzw. Kassenhaltung der Wirtschaftssubjekte steht damit in einer Konkurrenz- bzw. *Substitutionsbeziehung* zu den Entscheidungen über das gewünschte Volumen anderer Vermögensarten: Finanzaktiva, Sachaktiva, neuproduziertes Real- und Konsumentenkapital, "Human Capital". Bei rationalem Verhalten werden die Wirtschaftssubjekte abwägen, ob die "letzte", für die Kassenhaltung vorgesehene Geldeinheit, in allen Verwendungsarten den gleichen (physischen und/oder pekuniären) Grenznutzen stiftet.

6.4.3 Preise und Erträge von Vermögensobjekten

Es wurde schon erklärt (vgl. *6.3*), daß die Transmissionstheorie der "Monetaristen" und "Portfoliotheoretiker" auf der preistheoretischen Gleichgewichtsanalyse basiert (Theorie der relativen Preise bzw. Erträge). Zumindest für die Operationalisierbarkeit dieses Ansatzes bedeutet dies, daß *jedem* der in die Analyse einbezogenen Vermögensobjekte ein spezifischer, *empirisch feststellbarer* Ertragssatz zugeordnet werden muß. Für viele Aktiva sind die Erträge (internen Zinssätze) marktmäßig oder kalkulatorisch direkt ableitbar:

- Die Zinssätze von *Kreditforderungen* sind vertraglich fixiert.
- Die Kurse von festverzinslichen *Wertpapieren* und *Aktien* werden an der Börse notiert, woraus - unter Berücksichtigung der Nominalzinssätze und Dividendenausschüttungen (einschl. etwaiger Teil- und Bezugsrechte sowie anrechenbarer Steuern) - ihre Rendite errechnet werden kann.
- Für bestimmte Arten von vorhandenen *Sachaktiva* (z. B. Maschinen, Gebäude, Eigentumswohnungen) lassen sich bei exakter betriebswirtschaftlich-kalkulatorischer Kosten- und Ertragsrechnung die Renditen (internen Zinssätze) ermitteln.
- Schließlich wird auch bei Anwendung der modernen Methoden der Investitions- bzw. Wirtschaftlichkeitsrechnung der interne Zinsfuß einer *Neuinvestition* in Produktivkapital empirisch annähernd genau feststellbar sein.

Diese Beispiele zeigen schon, daß die Ermittlung der Durchschnittsrendite oder gar des Grenzertrags von Vermögensobjekten häufig kein einfaches Rechenexempel ist, zumal nicht für private Haushalte. Der Ansatz der "relativen Preistheorie" kompliziert sich noch, wenn auch solche Vermögensobjekte in die Analyse einbezogen werden, die keinen marktmäßig oder kalkulatorisch feststellbaren Ertrag abwerfen. In diesen Fällen könnten Hilfsgrößen herangezogen werden, z. B. "Schattenpreise" oder "*Opportunity Costs*". Vor die Entscheidung gestellt, einen bestimmten Geldbetrag als Kasse zu halten oder in Wertpapieren anzulegen, wird ein Wirtschaftssubjekt vergleichen, ob ihm die Liquiditätsdienste der Geldhaltung genausoviel "wert" sind wie die andernfalls erzielbaren Netto-Zinserträge der Wertpapieranlage (unter Berücksichtigung der Kursrisiken und der Veränderungs- sowie Informationskosten). Freilich können diese Alternativkosten nur *ein* Anhaltspunkt sein, und für die subjektive Nutzeneinschätzung der Kassenhaltung (und anderer Vermögensobjekte) bleibt ein weiter Spielraum.

Da der vermögenstheoretische Transmissionsansatz monetaristischer Ausprägung auch langlebige - bzw. allgemein: "lagerfähige" - *Konsumgüter* und das "*Human Capital*" in die Analyse einbezieht, stellt sich die Frage, wie die Erträge derartiger Aktiva bestimmt werden können. Am einfachsten gelingt dies noch bei Konsumgütern, die im Leasing-, Pacht- oder Mietverfahren gehandelt und bewertet werden. Dazu zählen beispielsweise Häuser und Eigentumswohnungen, Grundstücke, Autos und Fernseher. Da für die Nutzung solcher Güter Preise existieren (P_N) und auch die Preise der Konsumgüter selbst bekannt sind (P_A = Preis des Aktivums), läßt sich der *interne Zinssatz* derartiger Aktiva errechnen:

$$r_A^{int} = P_N / P_A$$

Die Höhe der internen Zinssätze entscheidet zugleich darüber, ob die Wirtschaftssubjekte die Aktiva selbst oder die Nutzungen, die diese Aktiva abgeben, erwerben. Zwischen beiden besteht also eine Substitutionsbeziehung. In einem stark vereinfachten Beispiel sei angenommen, daß ein Wohnungssuchender vor der Entscheidung steht, entweder ein Einfamlienhaus zum Preise von 200.000 Euro zu erwerben oder aber dieses Haus für 12.000 Euro Jahresmiete anzumieten. Im Fall des Erwerbs ergäbe sich der interne Zinssatz dieses Aktivums mit 6 vH. Entspricht diese (Durchschnitts-)Rendite den internen Zinssätzen der anderen Aktiva, so ist das "individuelle" Vermögensgleichgewicht realisiert. Steigt nun der Preis des Hauses auf 240.000 Euro, so würde sich bei konstantem Mietpreis der interne Zinssatz dieses Aktivums auf 5 vH reduzieren. Wird hierdurch das Vermögensgleichgewicht gestört, so entspräche es rationalem Verhalten, das Haus wieder zu veräußern und die bisherige Eigentums- durch Mietnutzung zu substituieren. Allerdings: Bei verstärkter Nachfrage nach Mietnutzungen werden daraufhin auch deren Preise steigen.

Die scheinbare Genauigkeit, mit der interne Zinssätze errechnet werden können, darf nicht darüber hinwegtäuschen, daß ihre empirische Ermittlung auf nur *wenige* Konsumgüter beschränkt ist. Für die meisten dauerhaften Konsumgüter und für das "Human Capital" existieren keine Märkte, auf denen Nutzungen dieser Güter gehandelt und bewertet werden. Auf der anderen Seite ist die Gleichung zur Bestimmung des internen Zinssatzes eines Aktivums *unvollständig*, weil sie nur die pekuniären Erträge berücksichtigt. Richtig verstanden, schließt die Theorie der relativen Preise aber auch die *nichtpekuniären* Erträge der Vermögensobjekte (r_A^{np}) ein. Der gesamte interne Zinssatz eines Aktivums ergibt sich demnach aus:

$$r_A^{int} = P_N / P_A + r_A^{np}$$

Diese nichtpekuniären Erträge (Nutzen) von Vermögensobjekten sind außerordentlich vielfältig. In ihnen kommen alle Vergünstigungen, Vorteile und Annehmlichkeiten, aber auch "Prestige"- bzw. "Status-Nutzen" - gleichviel, ob tatsächlich vorhanden oder nur subjektiv "geglaubt" - zum Ausdruck, die sich nicht exakt in Euro und Cent bewerten lassen: So mag sich das soziale Ansehen eines durch Investitionen in Humankapital erreichten Berufsziels zwar rein rechnerisch nicht "rentieren" (im Vergleich zu alternativen Investitionen), stiftet aber einen "sozialen Zusatznutzen" (wie auch viele Luxusgüter im Bereich der Konsumsphäre). - Aktienbeteiligungen gewähren außer der pekuniären Dividende auch noch Stimmrechte und Einflußnahme auf Entscheidungen. - Forderungen gegenüber Versicherungen können über die geleisteten Beitragszahlungen weit hinausgehen. - Die Einlage eines Genossenschaftsmitglieds sichert nicht nur die Rendite, sondern auch weitere Ansprüche (z. B. Dauerwohnrecht) sowie Mitbestimmungs- und Mitentscheidungsrechte.

Ebenso problematisch ist die Zurechnung eines Ertrages (internen Zinssatzes) für das "*menschliche Kapital*". Für den vermögenstheoretischen Ansatz interessiert die durch Ausgaben für Erziehung, Ausbildung und berufliche Fortbildung mögliche Akkumulation von Humankapital. Auch hier werden die Wirtschaftssubjekte wieder mit der Frage konfrontiert, ob die "Investition" eines bestimmten Geldbetrages in menschliches Kapital "lohnt": Entsprechen die (auf den heutigen

Zeitpunkt abdiskontierten) zusätzlichen zukünftigen Erträge einer Bildungsinvestition der Rendite alternativer Kapitalanlagen? Die vorstehenden Beispiele zeigen, daß es um die empirische Testbarkeit des vermögenstheoretischen Transmissionsansatzes in weiten Bereichen schlecht bestellt ist. Für die "reine" Theorie, für die logische Geschlossenheit des Ansatzes, ist dieser Aspekt indessen von untergeordneter Bedeutung.

6.4.4 Optimale Vermögensstruktur

Nach dem vermögenstheoretischen Transmissionsansatz handeln die privaten Wirtschaftssubjekte *rational* und verhalten sich hinsichtlich ihrer Vermögens- und Ausgabenentscheidungen *preis-* bzw. *zinselastisch*. Rationales Verhalten bedeutet, daß die Wirtschaftssubjekte diejenige - optimale - Zusammensetzung ihres durch Budgetbeschränkungen limitierten Gesamtvermögens anstreben, die ihnen einen *maximalen* Vermögensertrag (-nutzen) gewährleistet. Das ist dann der Fall, wenn die von einem Wirtschaftssubjekt gehaltenen n Aktiva jeweils einen gleich hohen totalen Grenzertrag (dr) abwerfen, der sich aus den marginalen Erträgen pekuniärer (dr^p) und nichtpekuniärer (dr^{np}) Art zusammensetzt ("Ausgleich der gewogenen Grenzerträge"):

$$dr = dr_j^p + dr_j^{np} \quad (j = 1, \ldots, n)$$

Bei einigen Aktiva ist der Grenzertrag gleich dem Durchschnittsertrag, so daß sich insoweit die Betrachtung "an der Grenze" erübrigt. Steigt z. B. der Gesamtertrag einer Wertpapieranlage proportional mit der Erhöhung des in Wertpapieren investierten Betrages (lineare Ertragsfunktion ohne "fixe" Erträge), so sind Durchschnitts- und Grenzerträge gleich hoch. Doch das ist ein Extremfall. Gewöhnlich wird mit zunehmender (abnehmender) Menge eines in einem Portefeuille gehaltenen Vermögensobjektes dessen marginaler Ertrag sinken (steigen), so daß Grenz- und Durchschnittserträge auseinanderfallen. *Überproportional* steigende Risiken sind die wichtigste Ursache für degressiv verlaufende Grenzertragskurven, z. B. Aufbewahrungs-, Ausfall- und Zugriffsrisiken, Risiken einer ungenügenden Diversifizierung und unsichere Erwartungen. Da stets die *Netto*-Erträge der Aktiva miteinander verglichen werden, sind derartige - in Geld bewertete - Risiken von der Bruttorendite in Abzug zu bringen. Am augenscheinlichsten sind abnehmende Grenzerträge bei der Kassenhaltung, da mit zunehmender Höhe der Geldhaltung der Grenznutzen der "Liquiditätsdienste" sinkt.

Zu beachten ist, daß sich die vorstehenden Aussagen auf *Erwartungswerte* beziehen: Die Wirtschaftssubjekte müssen über die optimale, d. h. ertrags- bzw. nutzenmaximierende Vermögenszusammensetzung *heute* entscheiden, können aber in ihren Kalkül lediglich von mehr oder weniger sicheren Erwartungen über die Höhe der innerhalb oder am Ende der Planungsperiode anfallenden Erträge der verschiedenen Aktiva ausgehen. Sie müssen also den Erwartungswert des Vermögensnutzens maximieren. In formaler Hinsicht läßt sich dieses Problem unter Verwendung bestimmter Hypothesen zwar elegant lösen. Bei in der Realität gegebenen unvollkommenen Informationen und unsicheren Erwartungen kann die praktische Lösung dieses Problems jedoch keine leichte Aufgabe sein.

Der vermögenstheoretische Transmissionsansatz bezieht in seine Analyse alle privaten Wirtschaftssubjekte ein. Gegenüber den kredittheoretischen Ansätzen wird damit der Kreis der ausdrücklich rational handelnden Wirtschaftssubjekte um die *privaten Haushalte* erweitert. Auch werden sämtliche Finanz- und Sachaktiva sowie das Humankapital mit ihren spezifischen Ertragssätzen in die Analyse einbezogen. Damit existiert ein Modell umfassender, interdependenter Vermögensmärkte. Mag zwar diese Ausweitung dem Anspruchsniveau und der theoretischen Geschlossenheit dieses Ansatzes zugute kommen, so wäre andererseits zu fordern, daß eine empirisch gehaltvolle Transmissionstheorie auch gewissen Anforderungen hinsichtlich ihrer Testbarkeit genügen muß.

6.4.5 Monetaristischer Transmissionsprozeß

In diesem Abschnitt wird die spezifisch monetaristische Sicht des Transmissionsprozesses von monetären Impulsen ausführlicher dargestellt. Wir gehen dabei in zwei Schritten vor: Zunächst wird der *idealtypische* Ablauf betrachtet, d. h. ein von der Zentralbank ausgelöster Impuls durchläuft alle "Stationen" in der gewünschten Weise. Obwohl der Mechanismus der relativen Preise selbstverständlich nach "beiden Richtungen" wirkt, wird der Fall eines expansiven Impulses zugrunde gelegt, weil er didaktisch eingängiger erscheint. In einem zweiten Schritt sollen mögliche *Ausweichreaktionen* der an diesem Prozeß Beteiligten hervorgehoben werden, die zu Verzögerungen oder gar zu einem vorzeitigen "Aus" des monetären Impulses führen können.

6.4.5.1 Idealtypischer Verlauf

Wir wählen im folgenden das Beispiel eines expansiven geldpolitischen Impulses und verfolgen seinen Ablauf anhand des stilisierten Schemas der *Abb. 25*. Der Ablaufprozeß ist in sechs Phasen untergliedert.

Phase 1: Im Zeitpunkt t_o - so ist im Ablaufsschema als "heroische" Prämisse unterstellt - habe der Privatsektor (Banken, Finanzintermediäre, Unternehmen und private Haushalte) sein jeweiliges Portefeuille optimal strukturiert. Jedes Wirtschaftssubjekt habe im Rahmen seiner Budgetbeschränkung die Aufteilung seines Gesamtvermögens auf Kassenhaltung, Finanzaktiva, Sachaktiva ("Produzenten"- und "Konsumentenkapital") sowie Humankapital so vorgenommen, daß der (Erwartungs-)Wert seines Vermögensnutzens bzw. -ertrages maximiert wird. Die marginalen Gesamtertragssätze bzw. -nutzen (r) der verschiedenen Aktiva sind in diesem Zeitpunkt in allen Vermögenspositionen gleich hoch, d. h. es herrscht *Vermögensgleichgewicht*.

Phase 2: In dieser Ausgangslage erfolge nun z. B. aus Gründen der Konjunkturbelebung eine expansive Offenmarktpolitik: Die Zentralbank erwirbt Wertpapiere aus den Beständen des Privatsektors zu für die Verkäufer attraktiven, d. h. über den bisherigen Marktkursen liegenden Bedingungen. Dadurch wird ein monetärer Impuls ausgelöst: In Höhe des zugeflossenen Wertpapiererlöses steigen die Geldbasis (+ΔB) und die Geldmenge (ΔM). Die Banken verfügen nun über frei disponibles Zentralbankgeld ("Überschußreserven") und das Publikum über eine überschüssige Kassenhaltung. (Der Begriff "Kassenhaltung" [KH] wird in *Abb. 25* aus Vereinfachungsgründen sowohl für die Banken [Bankreserven] als auch für den Publikumsbereich synonym verwendet.) Diese "Überschuß"-Konstellation bedeutet, daß die tatsächliche Haltung von liquiden Aktiva das gewünschte Volumen übersteigt, wodurch ex hypothesi der Grenznutzen der "Überschußkasse" (und damit auch der durchschnittliche Ertrag der gesamten Kassenhaltung) relativ zu den Ertragssätzen der anderen Vermögensobjekte sinkt ($-\Delta r_{KH}$ bzw. r^*_{KH} in *Abb. 25*). Das Symbol * kennzeichnet eine lediglich *vorübergehende* Höhe des Ertragssatzes der Kassenhaltung (und der anderen Vermögensobjekte), die sich im Verlaufe des nun folgenden Substitutionsprozesses wegen möglicher *Rückkoppelungseffekte* bis zum Erreichen des neuen Vermögensgleichgewichts im Zeitpunkt t_1 ändern kann. Am Ende der Phase 2 können wir also festhalten: War das Portefeuille bislang optimal strukturiert, so ist durch den Zentralbankimpuls eine Störung des Vermögensgleichgewichts eingetreten.

Phase 3: In dieser Phase verlagert sich die Störungsquelle des Vermögensgleichgewichts von der Kassenhaltung hin zu den (verzinslichen) *Finanzaktiva*. Banken und Publikum nehmen die Verringerung des Ertragssatzes der Kassenhaltung zum Anlaß, sich anderen, zinsgünstigeren Verwendungsarten zuzuwenden: Sie erwerben zu Lasten ihrer "Überschußkasse" beispielsweise Wertpapiere oder andere Finanzaktiva, deren Kurse bzw. Preise durch die bisherigen Transaktionen noch unverändert geblieben sind. Die Folge ist, daß - bei gegebenem Angebot - die Kurse dieser Finanzaktiva steigen respektive ihre Renditen sinken ($+\Delta K_{FA}, -\Delta r_{FA}; r^*_{FA}$). Eine alternative Verwendungsmöglichkeit der Überschußreserven besteht für die Banken darin, ihre Kreditgewährung zu den bis dahin noch herrschenden (günstigeren) Konditionen auszuweiten. Bei gegebener Kreditnachfrage werden sie das zusätzliche Kreditangebot allerdings nur zu sinkenden Kreditzinsen am Markt unterbringen können. So ergibt sich ein Umschichtungsprozeß, in dessen Verlauf sich der Kurs-/Preisanstieg bzw. die Reduzierung der Ertragssätze auf sämtliche Finanzaktiva ausdehnt. Bildlich gesprochen versucht jeder, die "heiße Kartoffel" der (relativ) geringer rentierlichen Aktiva loszuwerden, indem er auf zinsgünstigere Anlagen umsteigt.

Phase 4: Es bleibe nun dahingestellt, ob und gegebenenfalls wann die Umschichtungen zwischen Geld und Finanzaktiva abgeschlossen sind. Zu irgendeinem

Zeitpunkt werden die Unternehmen und privaten Haushalte in ihren Optimierungskalkül auch das vorhandene Sachvermögen und ihre Spar- und Investitionsentscheidungen (laufende Einkommensverwendung) einbeziehen. Betrachten wir zunächst die Sachvermögens*bestände*: Annahmegemäß noch unbeeinflußt von den bisherigen Transaktionen sind deren Preise im Vergleich zu den Finanzaktiva noch relativ niedrig, deren Renditen noch relativ hoch. Aus diesem Grunde greift nun der Substitutionsprozeß erstmals auch auf *realwirtschaftliche Grössen* über. Indem die Nichtbanken vermehrt vorhandene Sachaktiva nachfragen, sei es zu Lasten der bei ihnen noch verbliebenen überschüssigen Kassenhaltung oder mittels des Erlöses aus dem Verkauf von Wertpapieren, wird auch hier ein Anpassungsprozeß ausgelöst: Die Preise der (begrenzt) vorhandenen Sachaktiva steigen, ihre Ertragssätze sinken ($+\Delta P_{SA}$; $-\Delta r_{SA}$; r^*_{SA}; vgl. *Abb. 25*).

Betont sei noch einmal, daß bei alledem immer unterstellt wird, die Wirtschaftssubjekte könnten die internen Zinssätze ihrer "produktiven" und "konsumtiven" Aktiva ermitteln. Nur unter dieser Voraussetzung ist ja mit einer Fortpflanzung des monetären Impulses zu rechnen. Eine rechentechnische Besonderheit wäre ferner insofern zu berücksichtigen, als die internen Zinssätze auf Realkapital wegen der spezifischen Risiken im allgemeinen *höher* sind als die Ertragssätze für Finanzaktiva. Besteht ein solches Gefälle zwischen diesen beiden Typen von Ertragssätzen, so kommt ein Substitutionsprozeß von den Finanz- zu den Sachaktiva nur zustande, wenn sich diese Zinsdifferenz im Verlaufe der vorangegangenen Anpassungsvorgänge erhöht hat. Um das Ablaufschema in *Abb. 25* übersichtlich zu halten, ist dieser Fall dort nicht explizit dargestellt.

Phase 5: Der Interaktionsprozeß bleibt aber nicht auf die vorhandenen Sachaktiva beschränkt, sondern erfährt noch in zwei Richtungen eine Ausweitung: Wegen der Preiserhöhung für Sachaktiva wird - soweit "technisch" bzw. marktmäßig überhaupt möglich - auch die Nachfrage nach *Nutzungen*, die diese Aktiva abgeben, zunehmen, so daß sich auch deren Preise sukzessive erhöhen.

Ein weiteres Substitut zu den vorhandenen Sachaktiva ist *neu zu produzierendes* Sachvermögen. Damit gelangen nun auch Stromgrößen, also *Investitions- und Konsumausgaben*, in den Wirkungsbereich der ursprünglich ausgelösten, über die Finanz- und Sachaktiva fortgepflanzten monetären Impulse. Der Preis- bzw. Renditevergleich mit dem vorhandenen Sachvermögen (r^*_{SA}) zeigt, daß die neu zu produzierenden Güter im Preis noch relativ billig sind bzw. höhere interne Zinssätze aufweisen (r^o_I; r^o_c). Die Investitionsnachfrage der Unternehmen und die Konsumnachfrage der privaten Haushalte werden hierdurch angeregt. Produktion, Beschäftigung und Volkseinkommen steigen, die den Aufschwung noch verstärken. Bei unelastischem Angebot können sich allerdings auch Preis- und Kostensteigerungen bei den Produktionsfaktoren einstellen, die - bei unzureichendem Produktivitätszuwachs - zu Erhöhungen des allgemeinen *Preisniveaus* führen. Die Pfeile in *Abb. 25* deuten diese Zusammenhänge an ($+\Delta C$, $+\Delta I$, $+\Delta Y$, $+\Delta P$).

Abb. 25: Schema des vermögenstheoretischen Transmissionsansatzes

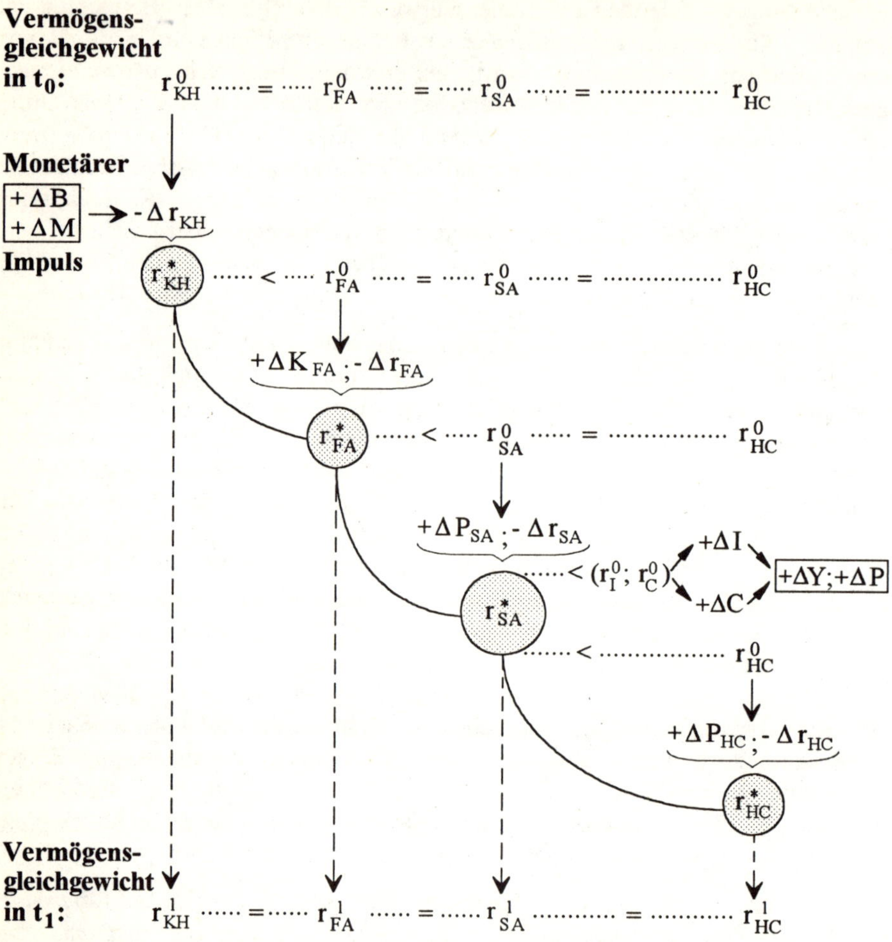

SYMBOLE:

r : Marginale Gesamtertragssätze (pekuniärer + nichtpekuniärer Ertrag) der einzelnen Aktiva bzw. interne Verzinsung der Investitionen und (dauerhaften) Konsumgüter
KH : Kassenhaltung des Publikums und der Banken (Bankreserven)
FA : Finanzaktiva, z.B. Wertpapiere
SA : Sachaktiva (existierendes "Produzenten-" und "Konsumentenkapital")
HC : Human Capital
0,1 : Zeitindices (-punkte); * kennzeichnet den Zeitraum zwischen 0 und 1
M : Geldmenge (Bargeld + Sichtdepositen der inländischen Nichtbanken)
B : Geldbasis (Zentralbankgeldmenge)
K_{FA} : Wertpapierkurs
P : Preis eines Aktivums bzw. Preisniveau
I, C : Investitions-, Konsumnachfrage
Y : Gesamtwirtschaftliche Nachfrage (Volkseinkommen)

Veränderungen der Konsum- und Investitionsnachfrage sind sowohl wegen der genannten Substitutionswirkungen zu erwarten als auch aufgrund von *Vermögenseffekten*. Hierbei wird unterstellt, daß das Vermögen eine Determinante der Konsum- und Investitionsentscheidungen ist. Denn im Zuge des Substitutionsprozesses haben - wie gezeigt - nicht nur Veränderungen in der *Zusammensetzung*, sondern auch in der *Höhe* des Vermögens stattgefunden. Die Marktwerte der vorhandenen Finanz- und Sachaktiva sind also gestiegen, ohne daß in entsprechender Höhe neue Verbindlichkeiten hinzugekommen sind. Diese Steigerung des privaten *Netto*vermögens könnte zusätzliche stimulierende Auswirkungen auf die Höhe der Konsum- und Investitionsnachfrage zur Folge haben.

Phase 6: Der Substitutionsprozeß kann sich noch fortsetzen, indem auch die Investitionen in Humankapital angeregt werden (Ausgaben für Aus- und Fortbildung). Denn diese sind im Vergleich zu den übrigen Aktiva bzw. Stromgrößen ja noch relativ billig. Auch hier wäre also mit analogen Anpassungsvorgängen zu rechnen $(+\Delta P_{HC}; -\Delta r_{HC}; r^*_{HC};$ vgl. *Abb. 25)*.

Fassen wir zusammen: Die durch monetäre Impulse ausgelösten und durch das Spiel der relativen Preise bzw. Erträge zustande gekommenen Interaktionen zwischen den verschiedenen Vermögensobjekten haben im Endergebnis eine Ankurbelung der Wirtschaftsaktivität bewirkt, evtl. auch eine Erhöhung des Preisniveaus. Betont sei aber, daß mit der hier geschilderten chronologischen Reihenfolge des Übertragungs- und Substitutionsprozesses der idealtypische Verlauf herausgegriffen wurde. Wenn - wie in *Abb. 25* dargestellt - im Zeitpunkt t_1 am Ende der Phase 6 schließlich ein neues Vermögensgleichgewicht zustande gekommen ist, so darf dieses abrupte Ende nur modelltheoretisch interpretiert werden. In Wirklichkeit gibt es in einem System *interdependenter* Vermögensmärkte kein (stationäres) Gleichgewicht. Vielmehr befindet sich das System stets *auf dem Wege* zu einem neuen Gleichgewicht, ohne es jemals definitiv zu erreichen.

6.4.5.2 Ausweichreaktionen

Mit dem idealtypischen Ablauf wurde nur eine unter zahlreichen anderen Möglichkeiten des Transmissionsverlaufs herausgegriffen. So ist es denkbar, daß einige Stufen des Prozesses *übersprungen* wurden oder daß die Beeinflussung von Finanz- und Sachaktiva durch monetäre Impulse *gleichzeitig* oder sogar in *umgekehrter* Reihenfolge stattfindet. Steigt z. B. das Geldvolumen aufgrund expansiver budgetpolitischer Maßnahmen des Staates, dann werden im ersten Schritt die Konsum- und Investitionsströme sowie deren Preise bzw. Renditen verändert, und die Anpassungsvorgänge zwischen Sach- und Finanzaktiva treten später auf. Auch können vielfältige *Rückkoppelungseffekte* schon vor Erreichen des neuen Vermögensgleichgewichts (in unserem Schema) ausgelöst werden: Die Belebung der ökonomischen Aktivität $(+\Delta Y)$ wird die Kreditnachfrage forcieren, und die Kreditzinsen werden wieder anziehen; im Zuge des zunehmenden Zentralbankgeldbedarfs werden Wertpapiere (von den Banken) veräußert, wodurch deren

Kurse wieder sinken (Renditen steigen); expansive Effekte bei den Stromgrößen (Konsum, Investitionen) können durch kontraktive Tendenzen, z. B. Preissteigerungen des neu produzierten Vermögens, abgelöst werden.

Für die Weiterleitung eines (expansiven) Zentralbankimpulses in den güterwirtschaftlichen Bereich ist entscheidend, wie der Privatsektor die erhaltene Überschußkasse *verwendet*:

- Scheuen z. B. die *Banken* eine erneute Anlage des ihnen von der Zentralbank zugeflossenen Wertpapiererlöses aus dem Offenmarktgeschäft im Inland - etwa, weil sie spätere Kursverluste oder hohe Kreditrisiken befürchten -, dann kann der Übertragungsprozeß schon hier ein abruptes Ende finden. Nehmen wir an, daß die Banken ihre Überschußguthaben zu attraktiveren und ihrer bisherigen Renditestruktur entsprechenden Bedingungen ins *Ausland* transferieren, so wird mit dieser Transaktion das Vermögensgleichgewicht im Geschäftsbankensektor schon vorzeitig wieder hergestellt. Weder die Geldmenge noch die Renditen der Finanz- und Sachaktiva der inländischen Nichtbanken erfahren hierdurch irgendeine Änderung. Es wurden lediglich Überschußreserven durch Auslandsanlagen im Bankensektor substituiert. Der durch die Zentralbank ausgelöste monetäre Impuls "verpufft", er war zu schwach und/oder die Erwartungen waren zu pessimistisch. Das genannte Beispiel verdeutlicht einen wichtigen Grund für das Entstehen von *Time-Lags* der Geldpolitik: Ein monetärer Impuls kann schon in der ersten Phase (im Geschäftsbankensektor) steckenbleiben bzw. ins Ausland "abfließen".

- Desweiteren ist möglich, daß die im Besitz der *Nichtbanken* befindliche "Überschußkasse" von diesen *nicht* als Störung ihres Vermögensgleichgewichts empfunden wird. Vielmehr werten sie die "Liquiditätsdienste" der zusätzlichen Kassenhaltung wegen skeptischer Zukunftserwartungen, wegen veränderter Ertragserwartungen oder Präferenzen so hoch, daß sie der Renditestruktur ihrer bisherigen Vermögensanlagen entsprechen. Oder die Nichtbanken veranschlagen die mit einer erneuten Wertpapieranlage verbundenen zusätzlichen *Informations-* und späteren *Veränderungskosten* (einschl. Kursrisiken) so hoch, daß sie die zusätzliche Geldhaltung vorziehen. In beiden Fällen ist eine Barriere gegen die Übertragung des monetären Impulses aufgerichtet, zumindest ist wieder mit zeitlichen *Wirkungsverzögerungen* der Geldpolitik zu rechnen: Der monetäre Impuls "versickert" (vorerst) in der *gewünschten* höheren Kassenhaltung (vergleiche die Analogie zur *Keynesschen* "Liquiditätsfalle" in *3.2.2*). Auch in diesem Stadium des Übertragungsprozesses werden realwirtschaftliche Größen nicht erreicht: Eine (im Ausgangszustand) vorhandene Unterbeschäftigung bleibt bestehen, eine Stagnation der gesamtwirtschaftlichen Nachfrage wird nicht beseitigt.

Ziehen wir ein kritisches *Fazit* mit Blick auf die Relevanz für die praktische Geldpolitik: Aus der monetaristischen Version des vermögenstheoretischen Ansatzes folgt, daß die Zentralbank mittels Geldbasis- bzw. Geldmengenveränderungen derart auf die monetären Variablen einzuwirken hätte, daß

- die Zins- bzw. Renditestruktur auf den einzelnen Vermögensmärkten (Geschäftsbanken- und Publikumssektor) verändert wird und
- die aus dieser Störung des Vermögensgleichgewichts resultierenden Änderungen der relativen Preise bzw. Erträge Bestandsanpassungsprozesse induzieren, die zu den stabilisierungspolitisch gewünschten Effekten führen.

Ob dieses Vorhaben gelingt, kann nicht generell beantwortet werden. Unter der - zentralen - Annahme einer (relativ) stabilen Geldnachfragefunktion, die die Monetaristen empirisch bestätigt sehen, haben monetäre Impulse *prognostizierbare* Wirkungen auf die Produktion und das Preisniveau. Wir haben aber auch auf die zahlreichen Barrieren hingewiesen, die den Übertragungsprozeß von monetären Impulsen in den realwirtschaftlichen Bereich behindern, mit erheblichen Time-Lags versehen oder gar ausschalten können. Zwischen dem Einsatz geldpolitischer Maßnahmen und der Veränderung realwirtschaftlicher Größen liegt in der Realität ein weitgehend unbekannter Weg und auf keinen Fall eine "Einbahnstraße". Für die geldpolitische Feinsteuerung läßt der monetaristische Transmissionsansatz wenig Raum.

6.4.6 Portfoliotheoretischer Transmissionsprozeß

Die im folgenden darzustellende Portfoliotheorie ist untrennbar verknüpft mit den Arbeiten von *Tobin*. Obwohl prinzipiell dem vermögenstheoretischen Ansatz zuzurechnen, unterscheidet sie sich einerseits von der zuvor dargestellten monetaristischen Version in mehreren Punkten (vgl. auch die Systematik der *Tab. 12*), beinhaltet aber andererseits auch einige Elemente des im nächsten Abschnitt (*6.5*) zu behandelnden kredittheoretischen Transmissionsansatzes. Wir werden auf diese Querverbindungen jeweils hinweisen, um die bisweilen recht schwierige theoretische Einordnung des *Tobinschen* Konzeptes zu erleichtern.

1) **Grundlagen und Ausgangspunkte**. Entscheidungskriterien der optimalen Portfoliowahl hatten wir schon in *Kapitel 3*, speziell *3.2.4.2*, kennengelernt. Diese Analyse machte jedoch im monetären Sektor halt, indem ausschließlich finanzielle Aktiva - Geld und Wertpapiere - als Substitute der Portfoliowahl betrachtet wurden. Daran anknüpfend ist jetzt zu zeigen, wie der portfoliotheoretische Transmissionsansatz die Übertragung von monetären Impulsen in den güterwirtschaftlichen Bereich postuliert. Wie die Monetaristen betrachtet auch *Tobin (1961)* einen breiten Fächer von Vermögensobjekten, jedoch ausgenommen dauerhafte Konsumgüter und das Humankapital. Ein monetärer Impuls, so *Tobin (1963)*, beeinflußt die ökonomische Aktivität dadurch, daß er einen *Abstand* zwischen zwei Ertragsraten auf Realkapital erzeugt oder verändert. Die eine Ertragsrate ist die (erwartete) Rendite für *neu produzierte* Einheiten des Realkapitals, also für Investitionen ("Grenzleistungsfähigkeit des Kapitals": R). Sie errechnet sich als diejenige Ertragsrate, bei der die mit ihr abdiskontierten Nettoeinnahmen einer Investition gleich sind den Anschaffungs-("Reproduktions"-)Kosten dieses Kapitalgutes (in *6.5.2* als "interner Zinsfuß" bezeichnet; zur Ableitung vgl. dort).

Bezeichnet man die Reproduktionskosten mit PI und unterstellt vereinfachend konstante Nettoeinnahmen (E) der Investition in Form einer "ewigen" Rente (vollkommen dauerhaftes Realkapital), so ergibt sich R als

(1) $R = E/PI$

Die hauptsächlichen Bestimmungsfaktoren von R liegen außerhalb des monetären Sektors der Volkswirtschaft (z. B. technischer Fortschritt, neue Produkte und Produktionsverfahren, Perspektiven des Wirtschaftswachstums). R ist damit dem direkten Einflußbereich der Zentralbankpolitik entzogen. Nur in dem allgemeinen Sinne, daß die geldpolitischen Instanzen durch eine erfolgreiche Steuerung der ökonomischen Aktivität zugleich die wirtschaftlichen Erwartungen beeinflussen, wirken sie indirekt auch auf R ein. Dagegen haben fiskalpolitische Maßnahmen wie steuerliche Investitionsanreize oder -erschwerungen unmittelbare Auswirkungen auf die Ertragsraten von Investitionen.

Die andere Ertragsrate im *Tobinschen* Transmissionsmodell ist der "Supply Price of Capital", im folgenden symbolisiert durch r_{RK}. *Tobin* (*1963*) definiert r_{RK} als jene Ertragsrate, bei der die Investoren bereit sind, den *vorhandenen*, zu laufenden Marktpreisen bewerteten Realkapitalbestand (MW; "Marktwert") zu halten. Wir bezeichnen r_{RK} im folgenden abgekürzt als Marktertragsrate des vorhandenen Realkapitals im Unterschied zur oben erläuterten Ertragsrate einer Neu-Investition (R). Wird angenommen, daß eine Einheit des vorhandenen Realkapitals die gleichen (konstanten) Nettoeinnahmen (E) erbringt wie eine Einheit der Neu-Investition, so errechnet sich r_{RK} in der Konsolformulierung (unendliche Lebensdauer bzw. Laufzeit) mit

(2) $r_{RK} = E/MW$

Im *Gleichgewicht* sind der Marktwert des vorhandenen Realkapitals und dessen Reproduktionskosten - jeweils bezogen auf eine (homogene) Einheit - gleich groß, d. h. es gilt:

(3) $E/PI = E/MW$ bzw. $R = r_{RK}$ bzw. $PI = MW$

Da R, wie erwähnt, außerhalb des monetären Sektors der Volkswirtschaft determiniert ist, können Wirkungen der Geldpolitik - wenn überhaupt - allein über eine Veränderung der Ertragsrate für vorhandenes Realkapital laufen. In der Tat spielt r_{RK} die Schlüsselrolle im *Tobinschen* Transmissionsprozeß. Um Veränderungen von r_{RK} herbeizuführen, müssen die geldpolitischen Instanzen versuchen, die Marktbewertung des existierenden Realkapitals (MW) zu beeinflussen - wir werden gleich sehen, wie dies geschehen könnte -, um dadurch die Nachfrage nach neu produziertem Kapital zu verändern. Gelingt dies, d. h. weicht MW von PI ab, wird hierdurch eine Ungleichgewichtssituation geschaffen:

(4) $E/PI \lesseqgtr E/MW$

Übersteigt der Marktwert von vorhandenem Realkapital dessen Reproduktionskosten, mit anderen Worten, ist r_{RK} kleiner als R, wird die Nachfrage nach neu produziertem Realkapital, d. h. allgemein die Investitions- und damit die Produktionstätigkeit, zunehmen. Umgekehrt ist mit dämpfenden Effekten auf die Investitionstätigkeit zu rechnen, wenn MW kleiner als PI (r_{RK} größer als R) ist. Das ist die Quintessenz der oben genannten These *Tobins*, wonach die Entwicklung der wirtschaftlichen Aktivität von dem relativen Abstand zwischen zwei Ertragsraten (R und r_{RK}) abhängt bzw. von dem Abstand zwischen zwei Bewertungen von Sachkapitalanlagen (zu Marktpreisen und Reproduktionskosten).

In der Terminologie *Tobins* läßt sich dieser Sachverhalt auch wie folgt darstellen: Mit dem Faktor q wird das relative Abweichen zwischen MW und PI erfaßt. Die Größe q gibt also für jeweils vergleichbare Einheiten des vorhandenen und des neu produzierten Realkapitals an, welches Vielfache der Reproduktionskosten der Marktwert ausmacht (z. B. ist MW das 1,2fache oder das 0,8fache von PI):

(5) $q = MW/PI$ bzw. $MW = q \cdot PI$

Wird Gleichung (1) durch q dividiert, ergibt sich:

(6) $R/q = E/(q \cdot PI) = r_{RK}$

Aus Gleichung (6) folgt:

(7) $q = R/r_{RK}$

Bei dieser Darstellungsweise knüpft die ökonomische Interpretation an der Größe q an. Eine Situation $q = 1$ entspricht der in Gleichung (3) zum Ausdruck gebrachten Gleichgewichtskonstellation; der Marktwert des vorhandenen Realkapitals und dessen Reproduktionskosten sind gleich hoch (bzw. $R = r_{RK}$). Ist dagegen $q > 1$, so bedeutet dies, daß die Ertragsrate einer Neu-Investition die Marktertragsrate des vorhandenen Kapitals übersteigt und damit die Investitionstätigkeit stimuliert. Umgekehrtes gilt für den Fall $q < 1$.

2) **Transmissionsansatz und die Rolle der Geldpolitik**. Wie läßt sich der Marktwert des vorhandenen Realkapitals (MW) durch Maßnahmen der Geldpolitik verändern? Diese Größe (bzw. q) ist im *Tobinschen* Ansatz der entscheidende Hebel für die Übertragung von monetären Impulsen. Das nachfolgende Schema skizziert die wichtigsten Schritte dieses Ablaufs: Eine durch Offenmarktoperationen der Notenbank hervorgerufene Geldbasis- bzw. Geldmengenexpansion ($+\Delta M$) stört das ursprüngliche Vermögensgleichgewicht im Unternehmenssektor. Der nichtpekuniäre Ertrag der Geldhaltung sinkt ($-\Delta r_M$) relativ zu den Ertragssätzen der anderen Vermögensobjekte. Daraufhin werden die Unternehmen zu Lasten ihrer "Überschußkasse" verstärkt verzinsliche Finanzaktiva (FA) kaufen, wodurch deren Preise (Kurse) steigen ($+\Delta P_{FA}$) und deren Renditen sinken ($-\Delta r_{FA}$). Dies wiederum hat zur Folge, daß sich die Investoren verstärkt dem im bisherigen Transmissionsverlauf renditemäßig noch nicht beeinflußten Realkapital zuwenden. Sie erwerben vorhandenes Realkapital (RK), und dessen Preis (Marktwert) steigt ($+\Delta MW$) bzw. dessen Ertragssatz sinkt ($-\Delta r_{RK}$). War ur-

sprünglich $r_{RK} = R$, so bewirkt dies bei konstanter Rendite einer Neu-Investition $\overline{R}$ eine verstärkte Nachfrage nach neu produziertem Realkapital (+ΔI):

$$
\begin{array}{llllll}
(8) & +\Delta M & & & & \\
 & (-\Delta r_M) \rightarrow & +\Delta FA & & & \\
 & & (+\Delta P_{FA}) & & & \\
 & & (-\Delta r_{FA}) \rightarrow & +\Delta RK & & \\
 & & & (+\Delta MW) & & \\
 & & & (-\Delta r_{RK}) \rightarrow & [r_{RK} < \overline{R}\,] \rightarrow & +\Delta I
\end{array}
$$

Ein Vergleich mit dem in *Abb. 25* dargestellten Schema zeigt prinzipiell den gleichen Wirkungsablauf. Unterschiede bestehen lediglich insofern, als Konsumgrößen sowie das Humankapital nicht berücksichtigt sind, das Vermögens- und Transmissionsspektrum im Portfolioansatz also enger ist. Außerdem wird explizit auf die Grenzleistungsfähigkeit des Kapitals (R) zurückgegriffen, die in Relation zu r_{RK} über die Investitionstätigkeit entscheidet. Dieses Vorgehen ähnelt insofern dem Kreditkostenmechanismus (vgl. *6.5.2*), als auch dort die Differenz zwischen R und einem Marktzins, nämlich dem Kreditzinssatz, die Investitionsentscheidung bestimmt. Im Gegensatz dazu umfaßt jedoch r_{RK} neben dem Marktzins für finanzielle Aktiva noch ein Agio für die spezifischen Risiken der jeweiligen Realkapitalanlage. Diese Tatsache, zusammen mit der bestandsorientierten Betrachtungsweise, hebt das Portfoliokonzept deutlich vom kredittheoretischen Transmissionsansatz ab. Kommen wir zurück zu dem Vergleich zwischen dem Portfolio- und dem vermögenstheoretischen Ansatz monetaristischer Version, so sind vor allem zwei Besonderheiten hervorzuheben:

Erstens: In einer "frühen" Arbeit folgert *Tobin* (*1961*) aus einem einfachen Modell: "It contains no role for monetary policy". Später (*1963*) konzediert er immerhin, daß die geldpolitischen Instanzen "hoffen dürfen", durch ihre Maßnahmen die Größe r_{RK} zu beeinflussen und damit güterwirtschaftliche Wirkungen zu erzeugen. Trotzdem, eine gehörige Portion Skepsis gegenüber den Wirkungen der Geldpolitik beherrscht auch weiterhin die Schlußfolgerungen aus dem portfoliotheoretischen Transmissionsansatz. Der hauptsächliche Grund für diese Skepsis liegt in der Beurteilung des *Substitutionsgrades* zwischen den verschiedenen Vermögensobjekten. Die Monetaristen postulieren eine durch Geldmengenänderungen ausgelöste, gleichgerichtete und sämtliche Aktiva umfassende Substitutionskette, was impliziert, daß zwischen den einzelnen Vermögensarten eine (relativ) *stabile* Beziehung besteht. Im Portfolioansatz wird den Anlegern das "Umsteigen" von Geld und anderen Finanzaktiva auf Sachaktiva nicht so leicht gemacht. Qualitativ und intensitätsmäßig abweichende *Risiken* sowie unterschiedliche Erträge der verschiedenen Vermögensobjekte veranlassen die Investoren stets von neuem zur Suche nach der ihrer subjektiven Risikoneigung (risikoscheu? risikofreundlich?) entsprechenden optimalen Portfoliostruktur. Mit anderen Worten, im Portfolioansatz wird nicht a priori von einer (relativ) stabilen Beziehung zwischen den einzelnen Vermögensobjekten ausgegangen. Zwar unterstellt die Portfoliotheorie im allgemeinen eine hochgradige Substitutionalität zwischen Geld- und verzinslichen Finanzaktiva, doch wird hinsichtlich des Verhältnisses von Finanz- zu Sachaktiva in der Regel *Komplementarität* angenommen: Zugleich mit der Erhöhung (Verringerung) des Bestandes an Finanzaktiva werden die Anleger auch jenen des Realkapitals erhöhen (reduzieren), um das Gesamtrisiko des Portfolios bei gegebenen Ertragserwartungen zu minimieren. Dies sind die Gründe, weshalb eine treffsichere Voraussage der Effekte der Geldpolitik von der Portfoliotheorie skeptisch beurteilt wird.

Zweitens: Anders als im monetaristischen Transmissionsansatz ist im Portfoliomodell die Geldbasis nicht die einzige Steuergröße und die Geldmenge nicht die wichtigste Übertragungsgröße für monetäre Impulse. Um den Marktwert des vorhandenen Realkapitals (bzw. r_{RK}) zu beeinflussen, können Veränderungen des Umfangs und/oder der Struktur der *Staatsverschuldung* bedeutsamer sein als notenbankpolitisch bewirkte Geldmengenvariationen. Worauf es ankommt ist, daß ein *Zins-* und/oder *Risikogefälle* zwischen Finanzaktiva und Realkapital herbeigeführt wird. Betrachten wir dazu drei Beispiele:

- Mit der Gewährung von *Bankkrediten an den Staat* zur Finanzierung von Budgetdefiziten steigt ceteris paribus das Geldvolumen im privaten Sektor und bringt die ursprüngliche (optimale) Vermögensstruktur aus dem Gleichgewicht. Wie in (8) schematisch dargestellt, führen Portfolioanpassungen daraufhin zu einer Senkung der Ertragsrate für existierendes Realkapital (r_{RK}). Zusätzlich zu diesen *Zinseffekten* treten aber bis dahin in (8) noch nicht berücksichtigte *Risikoeffekte* auf: Mit der Ausweitung des Bestandes an Finanzaktiva hat sich das Risiko einseitig zu Lasten des Geldvermögens erhöht (Risikogefälle). Um das Risiko des Gesamtportfolios zu verringern, werden die Wirtschaftssubjekte deshalb verstärkt vorhandenes Realkapital erwerben, wodurch dessen Ertragsrate sinkt. Die Größe r_{RK} wird also in diesem Fall einer Staatsschuldenpolitik von *zwei* Seiten her "in die Zange" genommen: durch gleichgerichtete Zins- und Risikoeffekte. Beide Effekte wirken expansiv auf die Investitionstätigkeit und sind (wegen der unterstützenden Risikoeffekte) höher zu veranschlagen als die in (8) skizzierten, allein auf Zinseffekten beruhenden Wirkungen der Offenmarktpolitik.

- Im Fall einer Defizitfinanzierung durch Verkauf von *staatlichen Wertpapieren* an den privaten Sektor ergeben sich dagegen *gegenläufige* Zins- und Risikoeffekte. Der Zinseffekt wirkt kontraktiv: Mit dem Absatz neuer Staatsschuldtitel werden auch die Ertragssätze vorhandener Finanzaktiva hinaufgetrieben (deren Kurse gedrückt). Es entsteht ein Zinsgefälle zum vorhandenen Realkapital, so daß die Anleger auch eine *höhere* Ertragsrate für Realkapital fordern werden. Bei gegebener Rendite von Neuinvestitionen ($\overline{R}$) wirkt aber eine Erhöhung von r_{RK} kontraktiv auf die Investitionstätigkeit. Umgekehrte Effekte ergeben sich dagegen - wie im vorigen Beispiel - aus der mit der Erhöhung des Finanzvermögens (staatliche Schuldtitel) verbundenen einseitigen Steigerung der Risikokomponente des Portfolios. Ein Gegengewicht kann nur geschaffen werden, indem der Anteil des Realkapitals am Gesamtportefeuille erhöht wird. Die Folge ist, daß r_{RK} sinkt. Der Risikoeffekt auf die Investitionstätigkeit ist also expansiv. Welche Wirkung - kontraktiver Zins-, expansiver Risikoeffekt - per Saldo überwiegen wird, ist eine empirische Frage. Portfoliotheoretiker neigen dazu, den Risikoeffekt stärker zu gewichten.

- Keine Risikoeffekte treten auf, wenn sich die *Fristenstruktur* von Staatspapieren und damit die Zusammensetzung des privaten Finanzvermögens ändert. Eine Verlängerung der durchschnittlichen Laufzeit von Staatsschuldtiteln erhöht den durchschnittlichen Zinssatz für privates Finanzvermögen und führt zu einer Heraufsetzung der von den Anlegern verlangten Ertragsrate für Realkapital (r_{RK}), so daß bei gegebenem $\overline{R}$ die Investitionstätigkeit kontraktiv beeinflußt wird. Umgekehrte, nämlich expansive Zinseffekte treten bei einer Laufzeitverkürzung der Staatsschuldtitel auf.

Insbesondere dieses letzte Beispiel zeigt, daß im Portfolioansatz allein schon Änderungen der Fristenstruktur ohne vorherige oder begleitende Geldmengenvariationen genügen, um Transmissionsprozesse in Gang zu setzen. Diese Tatsache und die durchgängige Berücksichtigung von Risikoeffekten heben die portfoliotheoretische von der monetaristischen Version des vermögenstheoretischen Ansatzes ab. Die Beispiele haben ferner gezeigt, daß der staatlichen Schuldenpolitik große Bedeutung im Rahmen der Portfoliotheorie zukommt.

3) **Empirische Relevanz**. Betont sei abschließend, daß das *Tobinsche* q-Konzept keineswegs einheitlich interpretiert wird und auch empirische Schätzungen unterschiedlich ausfallen. *Tobin* (*1969*) selbst hält empirische Werte für q von größer und kleiner als 1 für möglich und interpretiert q = 1 als "langfristige Gleichgewichtsbedingung". Welchen Wert q in der Realität normalerweise annehmen müßte, darüber gehen die Ergebnisse theoretischer und empirischer Untersuchungen weit auseinander: *Fürstenberg* (*1977*) hält q-Werte von kleiner als 1 für realistisch, *Ciccolo* und *Fromm* (*1979*) haben abgeleitet, daß q auch für längere Zeiträume größer als 1 sein kann, ebenso *Ketterer* und *Vollmer* (*1981*). Wir stützen uns im folgenden auf die Interpretation der zuletzt genannten Autoren.

Die Frage lautet: Kann - ja muß - q in einer wachsenden Volkswirtschaft, in der der Kapitalstock laufend erhöht, d. h. netto investiert wird, größer als 1 sein? Einige Vorüberlegungen seien vorausgeschickt. Bei jeder Sachkapitalanlage sind zwei Gruppen von Beteiligten involviert, die *Investoren* und die *Kapitalanleger*. Finanziert wird die Sachanlage durch Fremd- und Eigenkapital, letzteres z. B. in Form von Aufstockungen des Grund- bzw. Stammkapitals. Die Konditionen, d. h. die Höhe der Kapitalkosten, richten sich nach der jeweiligen Kapitalangebots-/Kapitalnachfrage-Konstellation auf diesem spezifischen Markt für Eigen- und Fremdkapital der Unternehmen. Als Kapitalnachfrager bestimmen alle Investoren die Höhe der Kapitalkosten mit, während sie sich für den einzelnen Investor als Ergebnis des Marktprozesses, also gleichsam von außen vorgegeben, darstellt. Die so gebildeten Kapitalkosten lassen sich als Marktertragsrate bzw. als "Supply Price of Capital" (r_{RK}) im *Tobinschen* Sinne interpretieren.

Betrachten wir nun ein bestimmtes Vermögensobjekt, das zur Investitionsentscheidung ansteht und für das ggf. Kapital aufzunehmen ist. Die Überprüfung der Frage, ob die Investition rentierlich ist, ergibt sich - grob vereinfacht - aus zwei Rechenschritten, die hier kurz wiederholt werden. Zum einen werden die künftig erwarteten Nettoeinnahmen (E) der Vermögensanlage mit den *Kapitalkosten* abdiskontiert. Als Ergebnis erhält man die zu Marktpreisen bewertete Vermögensanlage, oder kurz den "Marktwert" (MW):

(9) $MW = E/r_{RK}$; oder: $r_{RK} = E/MW$

Im zweiten Rechenschritt wird jener Zinssatz (R) bestimmt, der die abdiskontierten Einnahmen (E) der Sachinvestition ihren Wiederbeschaffungs- bzw. Reproduktionskosten (PI) gleich macht. Hier erfolgt also die Bewertung der Vermögensanlage zu Wiederbeschaffungspreisen:

(10) $PI = E/R$; oder: $R = E/PI$

R hatten wir als *interne Verzinsung* bzw. Grenzleistungsfähigkeit der Sachkapitalanlage bezeichnet. Das *Tobinsche* q mißt nun den relativen Abstand zwischen R und r_{RK} oder - was bei gegebenem E für ein und dasselbe Vermögensobjekt identisch ist - zwischen MW und PI:

(11) $q = R/r_{RK} = MW/PI$

Nach diesem Konzept ist die Investitionsentscheidung *rational*, wenn q größer als 1 ist. In diesem Fall übersteigt die interne Verzinsung die Kapitalkosten bzw. ist der Marktwert der Sachkapitalanlage größer als ihre Wiederbeschaffungskosten. Anders ausgedrückt: Die Rendite der Investition ist höher als die für ihre Finanzierung zu zahlenden Kapitalkosten. Indifferent ist eine Situation von $R = r_{RK}$. Kein Unternehmer wird dagegen investieren, wenn die interne Verzinsung der Vermögensanlage nicht die Kapitalkosten erwirtschaftet.

Dieser Investitionskalkül erklärt zugleich, weshalb im *Durchschnitt* der Gesamtwirtschaft q größer als 1 sein muß, solange netto investiert wird. Denn einerseits weisen die verschiedenen Investitionsprojekte im allgemeinen unterschiedlich hohe interne Verzinsungen auf. Andererseits ist die Höhe der Kapitalkosten allen Investoren als Kapitalnachfragern marktmäßig vorgegeben. Diese Kapitalkosten bilden sich bei funktionierender Konkurrenz auf dem Kapitalmarkt in der Höhe, die der internen Verzinsung des letzten, bei gegebenem Kapitalangebot gerade noch zum Zuge kommenden Investitionsprojektes entspricht. Die Investitionsentscheidung für dieses "letzte" Projekt mit $R = r_{RK}$ ist der Grenzfall. Die internen Verzinsungen aller anderen zum Zuge kommenden Projekte liegen aber - gemäß Investitionskalkül - *über* den Kapitalkosten, so daß sich der gesamtwirtschaftliche Durchschnittswert für q mit größer als 1 ergibt.

6.5 Kredittheoretischer Transmissionsansatz

6.5.1 Charakterisierung

In diesem Abschnitt wird der kredittheoretische Ansatz zur Erklärung des Transmissionsprozesses von monetären Impulsen erörtert. Dabei werden als Übertragungsmechanismen der Kreditkosten- und der Kreditrationierungsmechanismus in den Vordergrund gestellt werden.

Die Erhältlichkeit von Kredit und die Kosten der Kreditaufnahme sind Bestimmungsfaktoren der Ausgabentätigkeit in einer Volkswirtschaft; denn Unternehmen, Staat und private Haushalte sind bei der Finanzierung ihrer Ausgaben in mehr oder weniger großem Umfang auf Kredite angewiesen. Dem *kredittheoretischen Transmissionsansatz* sollen diejenigen Konzeptionen zugerechnet werden, die die Kreditgewährung als ein wichtiges Bindeglied zwischen dem monetären Bereich einer Volkswirtschaft und den Ausgabeaktivitäten der Unternehmen, der privaten Haushalte und des Staates ansehen.

Mit dem Begriff *Kreditgewährung* bezeichnet man die zeitlich begrenzte Übertragung von Kaufkraft durch den Kreditgeber an den Kreditnehmer. Der Kreditnehmer kann mittels der Kreditaufnahme mehr Ausgaben tätigen, als ihm aufgrund bereits vorhandener Finanzierungsmittel sonst möglich wäre. Die Bedeutung der Kredite für die realwirtschaftliche Entwicklung folgt daraus, daß sie erfinderischen Unternehmen die Realisierung neuer Produktionstechniken und kapitalintensiver Produktionsverfahren finanziell ermöglichen. Sie erlauben Händlern den Aufbau und die Haltung von Lagerbeständen. Kurz: Sie sind eine Quelle für die Finanzierung von Zahlungen. Schränkt die Zentralbank den Spielraum für die Kreditgewährung der Banken ein oder verteuert sie die Kreditaufnahme bei ihnen, so werden die Produzenten, Händler und sonstigen Dienstleister sowie die privaten und öffentlichen Haushalte ihre Ausgaben tendenziell reduzieren, und die wirtschaftliche Entwicklung wird restriktiv beeinflußt.

Mit dieser Betonung der Kreditgewährung unterscheidet sich der kredittheoretische Transmissionsansatz deutlich vom vermögenstheoretischen Ansatz. Im vermögenstheoretischen Ansatz wird die Kreditgewährung nur als „Beiprodukt" von Anpassungen der Vermögensstruktur betrachtet. Eine Kreditgewährung mag bei der Umstrukturierung des Vermögens aufgrund geänderter Preisrelationen stattfinden. Entscheidend ist dort aber nicht dieser Prozeß der Vermögensumstrukturierung und die Rolle der Kreditgewährung dabei, sondern vielmehr, in welcher Höhe und in welcher Struktur das Vermögen nach erfolgter Anpassung an die geänderten Preisrelationen gehalten wird.

Dogmenhistorisch ist auf verschiedene Spielarten kredittheoretischer Transmissionsansätze zu verweisen. Nach dem *Liquiditätssaldokonzept* (*Köhler, 1977*) steuert die Zentralbank über Eingriffe in die Bankenliquidität den Umfang des Kreditangebots der Banken. Je höher die freien Liquiditätsreserven sind und je niedriger der Mindestreservesatz ist, desto größer ist der Kreditgewährungsspielraum.

Im *Kreditverfügbarkeitskonzept* (Availability-Doctrine) geht es um die Steuerung der Struktur des Kreditangebots. Die Steuerung der Kreditstruktur ist in dem Sinne zu verstehen, daß das Kreditangebot an einzelne Gruppen von Kreditnehmern verringert wird, indem die Kreditvergabe an andere Gruppen von Kreditnehmern attraktiver gemacht wird. Das Konzept wurde ursprünglich von *Roosa (1951)* entwickelt.

Im *Konzept der "subjektiven Liquidität"* (*Schmölders (1969)*, *Stützel (1959)*, *Dürr (1966)*, *Radcliffe-Report (1959)*, *Veit (1948)*) stellt das Kreditangebot eine Komponente der subjektiven Liquidität dar – und sicher nicht die unwichtigste. Unter sonst gleichen Umständen bedeutet weniger Kreditangebot auch weniger subjektive Liquidität. Je liquider ein Wirtschaftssubjekt ist, je liquider es sich fühlt, je weiter sein finanzieller Handlungsspielraum gespannt ist, desto eher wird es sich zu Ausgaben entschließen können.

Die kredittheoretischen Transmissionsansätze waren eine geraume Zeit in den Hintergrund geraten. Zwar spielte der Kreditzins immer eine Schlüsselrolle bei der Übertragung monetärer Impulse; doch wurden die älteren kredittheoretischen Ansätze seltener rezipiert. Stattdessen wurde seit den siebziger Jahren ein größeres Augenmerk auf die Geldmenge als Transmissionsvariable und auf die relativen Preise als Transmissionsmechanismus gerichtet. In jüngerer Zeit hat jedoch der "*Kreditkanal*" für die Analyse der monetären Transmission an Bedeutung gewonnen (*Bernanke/Gertler (1995)*, *Stiglitz/Weiß (1981)*, *Greenwald/Stiglitz (1993)*). In diesen Ansätzen spielen *unvollkommene Informationen* eine Schlüsselrolle. So haben die Banken nur unvollkommene Informationen über die Güte der Projekte, die ihre Kunden mit den Bankkrediten finanzieren wollen. Zur Begrenzung ihres Risikos werden die Banken die Kreditvergabe an die Unternehmen beschränken oder Kreditsicherheiten verlangen. Nun kann im Zuge einer monetären Restriktion der Marktwert der Sicherheiten abnehmen: Grundstücke verlieren an Wert, oder der Kurswert von Wertpapieren, die die Unternehmen als Sicherheit bieten, sinkt. Weniger Sicherheiten heißt dann bei vorsichtigem Bankverhalten auch weniger Kredite.

6.5.2 Kreditkostenkonzeption

Wenden wir uns nun dem *Kreditkostenmechanismus* zu. Der Kreditnehmer muß für den aufgenommenen Kredit einen Preis zahlen, den Kreditzins. Die Aufnahme des Kredits lohnt sich nur, wenn die mit dem Kredit finanzierte Ausgabe mindestens genügend Erträge zur Rückzahlung des Kredits und zur Begleichung der Kreditzinsen abwirft. Je höher der sich auf dem Kreditmarkt durch Angebot und Nachfrage bildende Kreditzins ist, desto schwerer wird es fallen, genügend ertragreiche Investitionsvorhaben zu finden, desto geringer wird also die Investitionstätigkeit sein. Änderungen der Kreditkosten (des Zinssatzes) beeinflussen also die Ausgaben.

Dies ist das Ergebnis, welches in drei Schritten abgeleitet werden soll. In einem *ersten* Schritt ist zu zeigen, welche Bedeutung der Zinssatz für Kredite für ein einzelnes Investitionsprojekt hat. Die Frage ist, ob bei herrschendem Kreditzins ein gegebenes Investitionsprojekt durchgeführt werden soll oder nicht.

Der Einfachheit halber sei angenommen, daß die Investitionen voll durch Bankkredite finanziert werden sollen, d. h. der Investor verfüge über keine eigenen Finanzierungsmittel, und daß der Kreditzins die gesamten Kreditkosten repräsentiert. Es werden folgende Symbole verwendet:

PI:	Anschaffungspreis des Investitionsprojektes (entspricht annahmegemäß der erforderlichen Kreditaufnahme)
E_t:	Nettoeinnahmen aus der Investition in der Periode t (Erlöse aus dem Verkauf der mit der investierten Anlage produzierten Produkte minus laufende Ausgaben für Löhne, Materialien etc., aber ohne Zahlungen für Zinsen und Tilgung)
i_K:	Zinssatz für Kredite
R:	Interner Zinsfuß der Investitionen (wird im Text erläutert)
$t=1,2,...n$:	Zeitindex

Die Nettoeinnahmen aus der Investition müssen mindestens zur Tilgung des aufgenommenen Investitionskredits und zur Zahlung der Kreditzinsen ausreichen. Würde die Investition eine Nutzungsdauer von einer Periode haben ($n = 1$) und wäre der Investitionskredit PI am Ende der Periode zurückzuzahlen, so müßte die Nettoeinnahme in dieser Periode $E_1 \geq PI \cdot (1+i_K)$ sein. Sie würde dann mindestens den Investitionskredit PI und die Kreditzinsen $i_K \cdot PI$ decken. Oder anders ausgedrückt: Die Investition darf nicht teurer sein als der *abdiskontierte* (durch den Zinsfaktor $1+i_K$ dividierte) Ertrag: $PI \leq E_1/(1+i_K)$. Würde die Investition eine Lebensdauer von zwei Perioden haben ($n = 2$) und wäre die Nettoeinnahme der ersten Periode (E_1) gleich Null, so müßte die Nettoeinnahme der Periode 2 (E_2) neben dem Kredit die Zinsen für zwei Perioden (Zins plus Zinseszins, wenn Kredit und Zinsen erst am Ende der Investitionslaufzeit fällig werden) decken: $E_2 \geq PI \cdot (1+i_K) \cdot (1+i_K) = PI \cdot (1+i_K)^2$ und $PI \leq E_2/(1+i_K)^2$.

Nun ist es realistisch anzunehmen, daß auch die Nettoeinnahme in der ersten Periode positiv ist. Die Investition darf folglich nicht teurer sein als die Summe der abdiskontierten Nettoeinnahmen in den *beiden* Perioden:

$$PI \leq \frac{E_1}{(1+i_K)} + \frac{E_2}{(1+i_K)^2}$$

Hierbei haben wir unterstellt, daß die Zinsen auf den Investitionskredit nicht etwa periodenweise ausgezahlt werden. Vielmehr nehmen wir an, daß der Kreditbetrag und alle auf ihn entfallenden Zinsen erst am Ende der Kreditlaufzeit zurück- bzw. ausgezahlt werden. Der Ertrag der ersten Periode kann also für eine Periode zinsbringend angelegt werden.

Verallgemeinert für eine Investition mit einer Lebensdauer von *n* Perioden folgt:

$$PI \leq \frac{E_1}{(1+i_K)} + \frac{E_2}{(1+i_K)^2} + \ldots + \frac{E_n}{(1+i_K)^n}$$

Ist für eine Investition diese Bedingung erfüllt, so können mit den Nettoeinnahmen mindestens die Kredittilgungen und Kreditzinsen bezahlt werden. Ist die Summe der abdiskontierten Nettoeinnahmen größer als der Anschaffungspreis, so wirft die Investition einen Gewinn ab.

Dieser Sachverhalt soll noch einmal mit dem *internen Zinsfuß R* ausgedrückt werden. Der interne Zinsfuß ist derjenige Zins, bei dem der Anschaffungspreis der Investition gleich ist der Summe der mit dem internen Zinsfuß abdiskontierten Nettoeinnahmen:

$$PI = \frac{E_1}{(1+R)} + \frac{E_2}{(1+R)^2} + \ldots + \frac{E_n}{(1+R)^n}$$

Aus dieser Gleichung kann man den internen Zinsfuß ermitteln, wenn der Anschaffungspreis der Investition PI und die Nettoeinnahmen E_t bekannt sind.

Aus dem Vergleich der letzten beiden Gleichungen läßt sich der folgende Investitionskalkül ableiten. Eine Investition

- wirft einen *Gewinn* ab, wenn der interne Zinsfuß den Kreditzins übersteigt,
- deckt gerade ihre *Kosten*, wenn beide Sätze gleich sind,
- verursacht *Verluste*, wenn der interne Zinsfuß unter dem Kreditzins liegt.

Um Verluste zu vermeiden, wird der Unternehmer die Investition nur durchführen, wenn die Investitionsrechnung einen im Vergleich zum Kreditzins höheren, mindestens aber gleich hohen internen Zinsfuß ergibt. Damit ist unter den vereinfachenden Annahmen die Frage nach den Bedingungen für eine lohnende Investition beantwortet.

In einem *zweiten* Schritt ist nun zu zeigen, welcher Zusammenhang zwischen dem Zinssatz einerseits und dem gesamten Investitionsvolumen einer Wirtschaft andererseits besteht. Im allgemeinen wird unterstellt, daß die in den einzelnen Perioden erzielbaren Nettoeinnahmen um so niedriger sind, je höher das Investitionsvolumen ist. Je mehr investiert wird, desto mehr wird auch produziert. Um die Mehrproduktion absetzen zu können, muß das Unternehmen unter Umständen seinen Absatzpreis reduzieren. Gegebenenfalls muß es neue Absatzmärkte erschließen, was zusätzliche Kosten verursacht, oder fernere Absatzmärkte bedienen, wodurch höhere Transportkosten entstehen. Je mehr investiert wird, desto mehr Arbeitskräfte sind nötig. Werden dadurch Arbeitskräfte knapp, nehmen die Löhne zu, was die Kosten steigern wird. Sinken in dieser Weise die Nettoeinnahmen und erhöhen überdies die Hersteller von Investitionsgütern bei steigender Investitionsgüternachfrage ihren Preis, so muß der interne Zinsfuß, der die Investitionskosten und die abdiskontierten Nettoeinnahmen ausgleicht, um so niedriger sein, je höher das Investitionsvolumen ist. Es ist jedoch zu bedenken, daß auch gegenläufige Effekte auf den internen Zinsfuß möglich sind. Ein größeres Investitionsvolumen zu realisieren, kann für ein Unternehmen auch bedeuten, daß die Güterproduktion kostengünstiger erfolgt: Rohstoffe und Materialien werden in größeren Mengen und damit preisgünstiger eingekauft, eine rationellere Massenfertigung der Güter wird möglich, vorhandene Transportkapazitäten werden infolge der Mehrproduktion besser ausgelastet, so daß auch die Vertriebskosten reduziert werden können.

Im allgemeinen wird nun jedoch unterstellt, daß der interne Zinsfuß (die "Grenzleistungsfähigkeit") R der Investitionen um so niedriger liegt, je größer das Investitionsvolumen I ist. Nehmen wir zwei Niveaus des Kreditzinses i_K an, ein hohes und ein niedriges Niveau. Da nur Investitionen durchgeführt werden, bei denen der interne Zinsfuß über oder gleich dem Kreditzins ist, gilt nun: Bei hohem Kreditzins muß auch der interne Zinsfuß hoch sein, und das erfordert - wegen der inversen Beziehung zwischen Investitionsvolumen I und internem Zinsfuß R - ein niedriges Investitionsvolumen I. Umgekehrt, d. h. bei niedrigem Kreditzins i_K, wird der interne Zinsfuß auch niedrig sein, und es ist nun ein vergleichsweise hohes Investitionsvolumen vorhanden bzw. möglich. Hieraus läßt sich die folgende Regel formulieren: Die Investitionstätigkeit I ist um so größer, je niedriger der Kreditzins i_K ist.

In einem *dritten* Schritt wollen wir nun die Wirkung des *Kreditkostenmechanismus* behandeln. Dazu müssen wir den *Kreditmarkt* spezifizieren, indem wir die Nachfrage nach Krediten und das Angebot von Krediten beschreiben. Dies ist in *Abb. 26* geschehen. Der *Kreditnachfragefunktion KN* entspricht die Investitionsfunktion I (annahmegemäß sind die Investitionen vollständig mit Krediten finanziert, andere Kreditnachfragekomponenten betrachten wir hier nicht). Da das Investitionsvolumen um so höher ist, je niedriger der Kreditzins i_K ist, gilt das auch für die Kreditnachfrage. Bei der *Kreditangebotsfunktion KA* greifen wir auf die Hypothese zurück, daß das Kreditangebot um so größer ist, je höher der Kreditmarktzins i_K ist.

Der Wettbewerbsmechanismus sorgt dafür, daß der Kreditmarktzins i_K sinkt (steigt), solange das Kreditangebot *KA* über (unter) der Kreditnachfrage *KN* liegt. Folglich wird sich ein Kreditmarktgleichgewicht in dem durch P in *Abb. 26* gekennzeichneten Punkt einstellen. In diesem Punkt sind das Kreditangebot und die Kreditnachfrage bei einem Zinssatz i_{KO} ausgeglichen: $\overline{KN}_0 = \overline{KA}_0$. Die Kredite $\overline{K}_0$ finanzieren ein Investitionsvolumen I_0.

Nunmehr werde das Kreditangebot *KA* durch die Zentralbank in der Weise reduziert, daß z. B. der Mindestreservesatz erhöht wird. Das führt zu einer Links-

Abb. 26: Anpassung am Kreditmarkt: Kreditkostenmechanismus

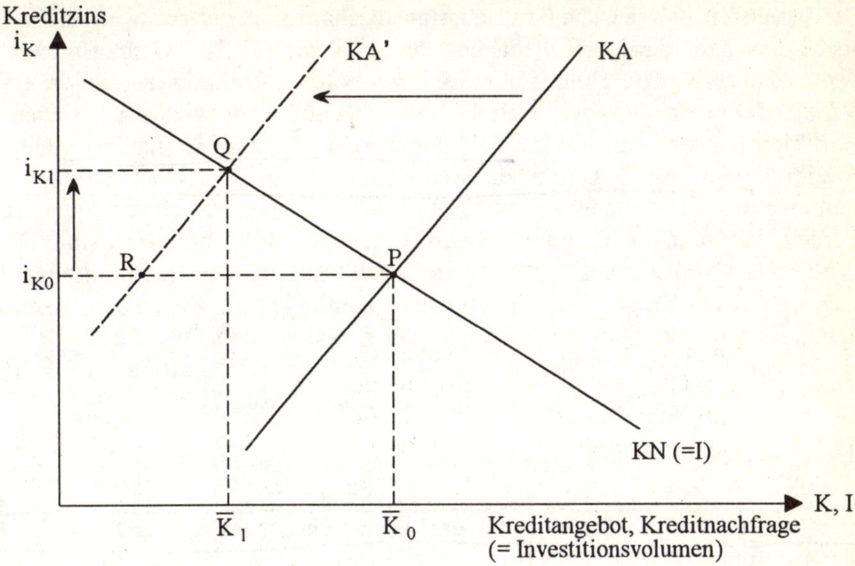

verschiebung der Kreditangebotsfunktion nach *KA'*. Der Effekt ist, daß die Banken aufgrund dieser Maßnahme der Zentralbank bei gegebenem Zinssatz weniger Kredite anbieten als zuvor. Beim gegebenen Zinssatz i_{KO} wurde vor der Maßnahme ein Kreditangebot entsprechend Punkt *P*, nach der Maßnahme aber nur noch entsprechend Punkt *R* realisiert. Das Kreditangebot ist also kleiner geworden, und beim zunächst noch gegebenen Zinssatz i_{KO} entsteht eine Übernachfrage nach Krediten (im Umfang der Strecke *RP* in *Abb. 26*). Die Konkurrenz der Unternehmen um die knapper gewordenen Kredite treibt den Preis für Kredite, also den Kreditzins i_K, nach oben (auf i_{K1} entsprechend Punkt *Q*). Bei dem höheren Kreditzins i_{K1} wird jedoch nicht mehr eine Kreditnachfrage $\overline{KN}_0$ (= Investitionsvolumen I_0), sondern nur noch die kleinere Kreditnachfrage $\overline{K}_1$ (= Investitionsvolumen I_1) entfaltet. Das ist die Quintessenz des Kreditkostenmechanismus: Die zentralbankpolitische Maßnahme (Liquiditätsentzug) hat den Kreditzins (= Kreditkosten) angehoben und dadurch die Investitionstätigkeit *I* reduziert. Die zwischen I_0 und I_1 (gleich und $\overline{K}_0$ und $\overline{K}_1$) liegenden Investitionen werden nicht mehr durchgeführt, weil sie bei gestiegenem Kreditzins nicht genügend hohe Erträge abwerfen, um die Kredite zu tilgen und den Kreditzins begleichen zu können. Umgekehrt ließe sich nun zeigen, daß eine expansive Zentralbankpolitik via Kreditangebotsausweitung (Rechtsverschiebung der *KA*-Funktion) die Kreditkosten senkt und damit zusätzliche Investitionen anregt.

6.5.3 Kreditrationierungsmechanismus

Der vermögenstheoretische Transmissionsmechanismus der relativen Preise wie auch der Kreditkostenmechanismus basieren auf Preisanpassungsprozessen. Zentralbankpolitische Eingriffe in die monetären Märkte verursachen Preis-(Zins)änderungen, an welche sich die Ausgaben und Vermögensdispositionen der Wirtschaftssubjekte anpassen. Von ganz anderer Natur ist das Konzept der Kreditrationierung. Es beruht auf *Mengenanpassungsprozessen*. Auch bei konstanten Preisrelationen und Zinssätzen können monetäre Impulse weitergeleitet werden, indem sich der Umfang ändert, in dem Kredite „rationiert" sind. Damit es zu keinen Mißverständnissen kommt: Auch beim vermögenstheoretischen Ansatz und beim Kreditkostenmechanismus kommt es zu Mengenanpassungen, nämlich zu Änderungen der Ausgaben. Doch sind sie dort *Folge*, d. h. also ausgelöst von vorangegangenen Preisänderungen. Im Kreditrationierungskonzept treten die Mengenanpassungen dagegen *unabhängig* von Preisänderungen auf.

Wir wollen zunächst den Begriff der *Rationierung* erläutern. Rationierung bedeutet allgemein, daß an einem Markt zum gegebenen Preis entweder die Nachfrage nicht voll befriedigt wird (die "kürzere" Marktseite, hier das Angebot, rationiert die Nachfrage) oder das Angebot nicht voll abgesetzt werden kann (die "kürzere" Marktseite, hier die Nachfrage, rationiert das Angebot). In *Abb. 27* sind einige Rationierungsfälle eingetragen.

Das am Kreditmarkt abgewickelte Kreditvolumen sei *K*. Geschieht dies zum Zins i_{K0} (Punkt P), so ist die Kreditnachfrage *KN* in dem Sinne rationiert, daß das Kreditangebot *KA* (Punkt P) geringer ist als die zum herrschenden Zins bestehende Kreditnachfrage (Punkt T), so daß nicht die gesamte Nachfrage bedient werden kann. Wird *K* bei einem Zins i_{K2} abgewickelt (Punkt R), ist das Kreditangebot rationiert, denn zu diesem Zins reicht die Kreditnachfrage (Punkt R) nicht aus, um das gesamte Angebot (Punkt U) aufzunehmen. Welche Marktseite zwischen den Punkten R und P, also beispielsweise am Punkt Q rationiert wird, hängt davon ab, wie das Kreditvolumen $\overline{K}$ zustande kommt. Angenommen, den *Kreditanbietern* sei von der Zentralbank vorgeschrieben worden, daß sie nicht mehr Kredite als $\overline{K}$ anbieten dürfen, dann ist im Punkt Q die Kreditnachfrage rationiert: Während nämlich zum dort herrschenden Zins die Kreditnachfrage entsprechend S beträgt, ist das Kreditangebot kleiner, nämlich entsprechend Q. Angenommen dagegen, den *Kreditnachfragern* sei vom Staat untersagt worden, mehr Kredite als $\overline{K}$ aufzunehmen, dann ist das Kreditangebot im Punkt Q rationiert: Während nämlich zum dort herrschenden Zins das Kreditangebot entsprechend S beträgt, ist die Kreditnachfrage kleiner, nämlich entsprechend Q. Wir beschränken uns im folgenden auf die kreditpolitisch relevantere Konstellation, in der die Kredit*nachfrage* rationiert ist. Dies ist z. B. beim Zins i_{K0} im Punkt P gegeben.

Die Rationierung im Punkt P ließe sich überwinden, wenn der Zins auf i_{K1} und das Kreditvolumen auf K_1 steigen könnten (Punkt S). In diesem Punkt gibt es

Abb. 27: Rationierungsfälle am Kreditmarkt

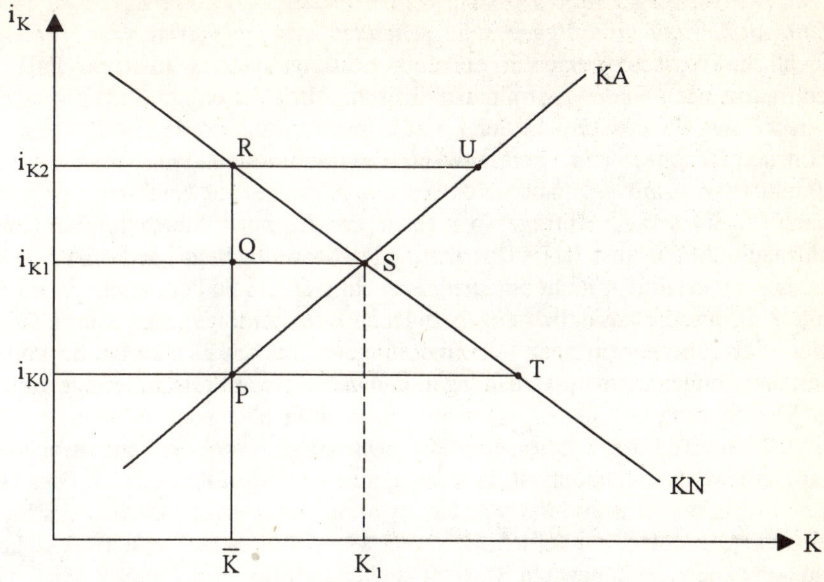

dann keine unbefriedigte Kreditnachfrage mehr. Der Rationierungsgedanke impliziert jedoch, daß diese Bewegung von P nach S grundsätzlich *ausgeschlossen* ist. Zu begründen warum das so ist, ist das *Kernproblem* der Theorie der Kreditrationierung. Halten wir zunächst also folgende *Definition* fest: Kreditrationierung bedeutet einen Zustand, in dem die Kreditnachfrage beim herrschenden Zinssatz teilweise unbefriedigt bleibt, obwohl bei den Kreditnachfragern die Bereitschaft vorhanden ist, einen höheren als den herrschenden Marktzins zu zahlen.

Wir müssen nunmehr begründen, warum es Kreditrationierung in dem definierten Sinne geben kann. Danach werden wir zeigen, was sie für die Transmission monetärer Impulse bedeutet. Unter den Begründungen für Kreditrationierung lassen sich *drei Gruppen* unterscheiden: Kreditrationierung aufgrund administrativer Maßnahmen, als vorübergehendes Ungleichgewicht und als dauerhafter Gleichgewichtszustand.

Kreditrationierung aufgrund administrativer Maßnahmen. Der einfachste Fall der Kreditrationierung liegt im Fall der Kreditplafondierung vor. *Kreditplafondierung* bedeutet, daß der Staat den Kreditgebern administrativ vorschreibt, in welchem Umfang sie maximal Kredite an das Publikum gewähren können (dies wäre die Größe $\overline{K}$ in *Abb. 27*). Wird zudem noch ein maximaler Zinssatz bestimmt, zu dem diese Kredite gewährt werden können (i_{K0} in *Abb. 27*), so ist die Kreditrationierung perfekt. Der Zins darf über i_{K0} nicht hinausgehen und die Kreditmenge nicht über $\overline{K}$. Es bleibt eine unerfüllte Kreditnachfrage (nämlich im Umfang PT). Auch die Bereitschaft der Kreditnachfrager, einen höheren Zins als i_{K0} zu zahlen, hilft ihnen nicht, da jeder Zinssatz über i_{K0} illegal wäre.

Kreditrationierung als Folge vorübergehenden Ungleichgewichts. In der Regel braucht die Wirtschaft nach irgendeiner Störung, oder in unserem Fall: der Kreditmarkt nach einem zentralbankpolitischen Impuls, einige Zeit, um sich an die neue Lage anzupassen. In der Zwischenzeit - während der Übergangsphase zum neuen Gleichgewicht - kommt es zu Rationierungseffekten. Nehmen wir an, in Punkt P von *Abb. 27* haben sich bislang Angebot und Nachfrage getroffen, danach sei die Kreditnachfrage aber gestiegen (Rechtsverschiebung der Kreditnachfragefunktion nach KN). Das neue Gleichgewicht liegt bei Punkt S. Doch wird es wahrscheinlich nicht blitzartig erreicht werden. So benötigen die Banken einige Zeit, um die zusätzlich eingegangenen Kreditanträge (im Umfang PT) zu prüfen. Oder die Änderungen der Zinssätze verursachen Kosten (z. B. Verwaltungskosten). Beides mag dazu führen, daß der Zinssatz erst mit einiger zeitlicher Verzögerung von i_{K0} auf i_{K1} steigt. Solange er aber noch nicht i_{K1} erreicht hat, bleibt ein Teil der Kreditnachfrage unbefriedigt, obwohl die Bereitschaft der Kreditnachfrager vorhanden ist, einen höheren Zins als i_{K0} zu zahlen. Dies ist in unserem Sinne Kreditrationierung. Kreditrationierung stellt sich hier als bloßes Übergangsphänomen von einem Gleichgewicht zum anderen dar. Auf lange Sicht (im neuen Gleichgewicht S) spielt sie keine Rolle.

Kreditrationierung im Gleichgewicht. Wir wollen im folgenden zeigen, daß Kreditrationierung auch im Gleichgewicht am Kreditmarkt präsent sein kann. "Gleichgewicht" interpretieren wir hier als einen Zustand der Ruhelage (Zins, Kreditangebot und Kreditnachfrage bleiben unverändert). In diesem Fall gewinnt der Kreditrationierungsmechanismus neben dem Zinsmechanismus eine eigenständige Funktion für die Transmission monetärer Impulse. Mit unserer Darstellung folgen wir Überlegungen von *Stiglitz/Weiss (1981)*. Um die nicht ganz einfache Argumentation nachvollziehbar zu machen, gehen wir in zehn kleinen Schritten vor.

1. Ausgangspunkt ist die Tatsache, daß am Kreditmarkt (wie sonst in der Wirtschaft auch) nur *unvollkommene Informationen* vorliegen. Die Informationen sind im allgemeinen asymmetrisch. Die Bank weiß z.B. über die Bonität eines Kreditkunden weniger gut Bescheid als der Kreditnehmer selbst. Eine Bank trägt daher das Risiko, daß ein Kreditnehmer den gewährten Kredit nicht zurückzahlt (bei vollkommener Information weiß man vorher, ob er zurückzahlt, d. h. dort wäre das Kreditausfallrisiko Null).

2. Es läßt sich nun begründen, daß die Höhe des Zinses, den die Bank für ihren Kredit fordert, selbst einen Einfluß auf das eben angesprochene Kreditausfallrisiko hat. Die Bank muß damit rechnen, daß ihr *Risiko* bei der Kreditvergabe um so größer wird, je höher der verlangte Zins ist. Zur Begründung lassen sich zwei Effekte anführen:

- *Negativ-Auslese-Effekt* (Adverse Selection Effect). Vorsichtige Kreditkunden werden bei steigendem Zins ihre Kreditanträge zurücknehmen, weil sie immer weniger glauben, zu den erhöhten Finanzierungskosten noch gewinnbringende Investitionen realisieren zu können. Risikofreudige Kunden (Spielertypen gar!) werden sich durch steigende Zinsen nicht beeindrucken lassen, weil sie glauben, dennoch "irgendwie" gewinnbringende Projekte zu finden. Der steigende Zins bewirkt also nicht nur eine rückläufige Kreditnachfrage insgesamt, sondern er hat auch noch aus der Sicht der Banken eine Negativauslese unter den Kunden zur Folge: weil sich die vorsichtigen Kreditkunden zurückziehen und die riskanten Kreditkunden übrigbleiben. So ist mit der durch die Zinssteigerung bedingten rückläufigen Kreditnachfrage ein zunehmendes Kreditausfallrisiko verknüpft.

- *Risiko-Anreiz-Effekt* (Incentive Effect). Steigende Zinsen veranlassen einen Investor, jenes Investitionsprojekt zu wählen, das die vergleichsweise höheren Erträge verspricht, dafür aber auch ein höheres Risiko mit sich bringt. Wir brauchen dies hier noch nicht zu vertiefen, weil weiter unten ein Zahlenbeispiel folgen wird. Festzuhalten bleibt jedoch: Eine Bank hat damit zu rechnen, daß ihre Kunden bei steigenden Zinsen riskantere Geschäfte machen.

3. Aufgrund der Risikoeffekte des Zinses gibt es *gegenläufige* Einflüsse einer Zinserhöhung auf den erwarteten Bankgewinn. Ein Anstieg des Zinses bringt bei gegebenem Kreditvolumen höhere Zinseinnahmen und damit auch höhere Gewinne. Dies ist die positive Seite. Andererseits muß die Bank aber damit rechnen, daß mehr Kredite als vorher nicht zurückgezahlt werden, weil bei steigendem Zins die Kundschaft riskanter wird (Negativ-Auslese-Effekt) oder die Kundschaft riskantere Projekte betreibt (Risiko-Anreiz-Effekt). Kalkuliert man diesen möglichen Ausfall von Kreditrückzahlungen mit ein, so kann es sein, daß sich die Zinserhöhung für die Bank gar nicht lohnt, weil den zusätzlichen Zinseinnahmen vermutlich größere Kreditausfälle entgegenstünden.

4. *Rationales Verhalten* der Banken führt zur Wahl eines Zinssatzes, der unter Beachtung des damit verknüpften Kreditausfallrisikos die erwarteten Gewinne der Bank maximiert. Diesen gewinnmaximierenden Zins nennen wir *optimalen Zins*.

5. Die Existenz eines solchen optimalen Zinssatzes kann nun *Kreditrationierung* implizieren. Die Konstellation ist dann nämlich derart, daß die Bank ein bestimmtes Kreditvolumen zu dem von ihr ermittelten optimalen Zins anbieten wird. Kommt nun eine zusätzliche Kreditnachfrage auf, so wird diese abschlägig beschieden. Auch wenn die zusätzlichen Kreditnachfrager einen höheren Zins zu zahlen bereit wären, erhalten sie den Kredit nicht. In der Sicht der Bank ist dieser höhere Zins nämlich nicht vorteilhaft. Zwar verspricht er höhere Zinseinnahmen. Da jedoch damit zu rechnen ist, daß der höhere Zins von den zusätzlichen Kreditnachfragern nur deshalb getragen werden kann, weil sie risikoreiche-

re Geschäfte beabsichtigen, wächst das Risiko von Kreditausfällen. Da der Risikoeffekt überwiegt, verzichtet die Bank auf die zusätzliche Kreditvergabe.

6. Diese Zusammenhänge sollen an einem einfachen *Zahlenbeispiel* vorgeführt werden, welches auf dem Risiko-Anreiz-Effekt beruht. Zu zeigen ist, daß es für eine Bank von Vorteil sein kann, Zinssteigerungsmöglichkeiten *nicht* auszunutzen und Kreditwünsche der Kunden teilweise nicht zu befriedigen.

7. Bankkunde S habe die Wahl zwischen zwei *Investitionsprojekten* a und b, welche durch folgende Werte ausgewiesen sind:

Projekt		**a**	**b**
Anschaffungspreis (= Kreditaufnahme)	PI	100 Mio. Euro	100 Mio. Euro
Lebensdauer	n	1 Jahr	1 Jahr
Nettoeinnahmen (Erlös)	E	115 Mio. Euro	130 Mio. Euro
Erfolgswahrscheinlichkeit	p	0,8	0,2

Beide Projekte haben den gleichen Anschaffungspreis *PI* und die gleiche Lebensdauer *n*. Unterscheiden kann man sie einmal an den Nettoeinnahmen *E*, die bei Projekt b größer sind, zum anderen aber auch an der "Erfolgswahrscheinlichkeit" *p*. Damit ist folgendes gemeint: Die Einnahmen fallen in der Zukunft an, sind also geplante oder geschätzte Größen. Wegen unvollkommener Information kann man nun nicht sicher sein, daß die Einnahmen auch wirklich eintreten (die Investitionen können sich als Fehlinvestitionen erweisen). Daher muß man den Grad der Sicherheit oder eben die Erfolgswahrscheinlichkeit mit berücksichtigen. In unserem Beispiel ist die Erfolgswahrscheinlichkeit von Projekt a 80 vH (d. h. die Wahrscheinlichkeit, daß das Projekt ein Mißerfolg wird und damit der Ertrag Null ist, liegt bei 100-80 = 20 vH). Unser Zahlenbeispiel geht von der üblichen *Hypothese* aus, daß ein Projekt um so ertragreicher ist (hier: b), je riskanter es ist (die Erfolgswahrscheinlichkeit bei b ist kleiner als bei a).

Kunde S geht nun zur Bank B, die über einen Kreditspielraum von 100 Mio. Euro verfügt, folglich ein Projekt gerade finanzieren kann. Für welches Projekt wird sich der Kunde S nun entscheiden? Und welchen Zins wird die Bank B von ihrem Kunden verlangen?

Die *Tab. 13* enthält in der ersten Spalte verschiedene Zinssätze i. In den nächsten beiden Spalten ist der Gewinn eingetragen, den der *Unternehmer* für die Projekte a und b bei den verschiedenen Zinssätzen erwarten kann. Kalkuliert wird wie folgt: Die Einnahmen (E) abzüglich des Kaufpreises (PI) und der darauf zu zahlenden Zinsen (i · PI; hierbei ist der Zins i als Dezimalzahl ausgedrückt; statt z. B. 10 vH schreibt man i = 0,1) geben den Gewinn des Projektes an. Da diese Einnahmen und damit der Gewinn aber unsicher sind, muß man diesen Wert mit der Erfolgswahrscheinlichkeit (p) des jeweiligen Projektes gewichten.

Wir können nun schon sehen, daß die Projektwahl des Bankkunden S vom Zinssatz abhängt. Bei "niedrigen" Zinsen (im Beispiel unter 10 vH) ist der erwartete Gewinn bei Projekt a, bei "hohen" Zinsen (über 10 vH) der erwartete Gewinn bei Projekt b höher. Bei einem Zins von 10 vH sind beide Projekte ertragsmäßig gleichwertig (es sei angenommen, daß der Kunde in diesem Fall das weniger riskante Projekt a wählt). Hier zeigt sich der Risiko-Anreiz-Effekt: Bei hohem Zins wird das riskante Projekt gewählt (nämlich b, welches die niedrigere Erfolgswahrscheinlichkeit hat), zum niedrigeren Zins wird dagegen das relativ sichere Projekt gewählt. Die Bank muß also in Rechnung stellen, daß sie ihre Kunden mit steigenden Zinsen zu riskanteren Geschäften anregt.

Tab. 13: Wahl zwischen zwei Investitionsprojekten bei alternativen Zinssätzen

Zinssatz in Prozent	Erwarteter Gewinn des Investors aus Projekt a bzw. b, in Mio. Euro		Erwarteter Bankgewinn in Mio. Euro
	Projekt a	**Projekt b**	
i	$[E_a - PI\,(1+i)] \cdot p_a$	$[E_b - PI\,(1+i)] \cdot p_b$	$i \cdot PI \cdot P_{a\,bzw.\,b}$
0	12	6	0
5	8	5	4
10	4	4	8
15	0	3	3
20	- 4	2	4
25	- 8	1	5
30	- 12	0	6
35	- 16	- 1	0

Bei der Berechnung des erwarteten Gewinns des Investors ist in *Tab. 13* unterstellt worden, daß der Investor im Fall eines Mißerfolgs seiner Investitionen, also wenn kein Erlös aus der Investition anfällt ($E=0$), den aufgenommenen Kredit *nicht* zurückzahlt. Der vom Investor erwartete Gewinn Q^e ergibt sich dann aus der folgenden Gleichung:

$$Q^e = [E - PI \cdot (1+i)] \cdot p + [0 - 0 \cdot (1+i)] \cdot (1-p)$$

Der erste Term bezieht sich auf den Erfolgsfall. Der Investor erzielt den Erlös E; er zahlt daraus den aufgenommenen Investitionskredit PI nebst den Zinsen, also $PI \cdot (1+i)$, zurück. Der verbleibende Betrag ist der Gewinn. Der Erfolgsfall hat eine Wahrscheinlichkeit p. Daher muß der Gewinn mit der Erfolgswahrscheinlichkeit gewichtet werden, um den *erwarteten* Gewinn zu ermitteln. Der zweite Term betrifft den Fall des Mißerfolgs. Der Erlös ist Null, aber in diesem Fall sind annahmegemäß auch die Kreditrückzahlung sowie die Zinszahlung Null. Damit wird der zweite Term insgesamt Null. Der insgesamt erwartete Gewinn wird unter diesen Umständen also nur vom Gewinn im Erfolgsfall, gewichtet mit der Erfolgswahrscheinlichkeit, bestimmt.

8. Kommen wir nun zur *Zinssetzung* der *Bank*. Die Bank wird jenen Zins auswählen, der *ihren* erwarteten Gewinn maximiert. Den erwarteten Bankgewinn enthält die letzte Spalte in der *Tab. 13*. Der Bankgewinn ergibt sich aus dem Zinssatz i und dem ausgeliehenen Kredit PI, also $i \cdot PI$. Nun ist es aber unsicher, ob der Kunde mit dem durch den Bankkredit finanzierten Projekt Erfolg haben wird, und folglich ist auch unsicher, ob der Bankgewinn wirklich anfallen wird (er bleibt aus, wenn der Kunde einen Mißerfolg hat). Um diese Unsicherheit auszudrücken, muß der Bankgewinn $i \cdot PI$ noch mit der Erfolgswahrscheinlichkeit p gewichtet werden, und zwar mit der Erfolgswahrscheinlichkeit jenes Projekts, welches der Kunde durchführen wird.

9. Welchen Zins wird die Bank nun setzen? Bei einem Zins von Null ist naturgemäß der Bankgewinn auch Null. Erhöht die Bank ihren Zins, so steigt zunächst auch der erwartete Gewinn an. Er erreicht ein erstes Maximum (in Höhe von 8 Mio. Euro) bei einem Zinssatz von i = 10 vH. Steigt der Zinssatz weiter, so sinkt der erwartete Gewinn zunächst rapide ab, weil der Kunde jetzt auf das riskantere Projekt b mit der geringeren Erfolgswahrscheinlichkeit überspringt.

Durch weitere Zinserhöhungen kann der erwartete Bankgewinn wieder bis zu einem zweiten Maximum (6 Mio. Euro) erhöht werden. Übersteigt der Zins jedoch jene Grenze (30 vH), bei der der Kunde auch auf Projekt b verzichtet, geht der erwartete Bankgewinn auf Null zurück. In unserem Beispiel liegt der *optimale* Zins der Bank bei 10 vH, denn bei diesem Zins ist der erwartete Bankgewinn *maximal*. Diesen Zins wird die Bank für ihren Kredit verlangen - nicht weniger, aber auch nicht mehr (es sei darauf verwiesen, daß in unserem Zahlenbeispiel nur *ein* möglicher Fall beschrieben worden ist; bei anderen Zahlenwerten ist es denkbar, daß auch der Zins von i = 30 vH optimal wäre).

10. Was dies nun für die Kreditrationierung und damit für den monetären Transmissionsmechanismus bedeutet, wird mit *Abb. 28* erläutert. Die Kreditnachfragekurve KN entspricht der bisherigen (vgl. *Abb. 27*). Sie drückt das bei alternativen Zinssätzen gewünschte Investitionsvolumen aus. Eine Kreditangebotsfunktion im bisherigen Sinne gibt es aber nun nicht mehr. Sie ist quasi zu einem Punkt, nämlich P, geschrumpft, der besagt, daß die Bank das ihr mögliche Kreditvolumen $\overline{K}$ (in unserem Zahlenbeispiel: 100 Mio. Euro) zum für sie gewinnmaximierenden und damit optimalen Zins i^* (in unserem Zahlenbeispiel i = 10 vH) anbieten wird. Zu diesem Zinssatz übersteigt aber die Kreditnachfrage KN_o das Kreditangebot $\overline{K}$. Treibt nun die Übernachfrage nach Kredit nicht den Zins nach oben, beispielsweise bis zum Punkt S (an dem ja $\overline{K} = KN$ wäre)? Die Antwort ist: nein. Wir hatten ja abgeleitet, daß i^* ein für die Bank optimaler Zinssatz ist – jeder Zins darunter und darüber läßt niedrigere Gewinne für die

Abb. 28: Anpassung am Kreditmarkt: Kreditrationierung

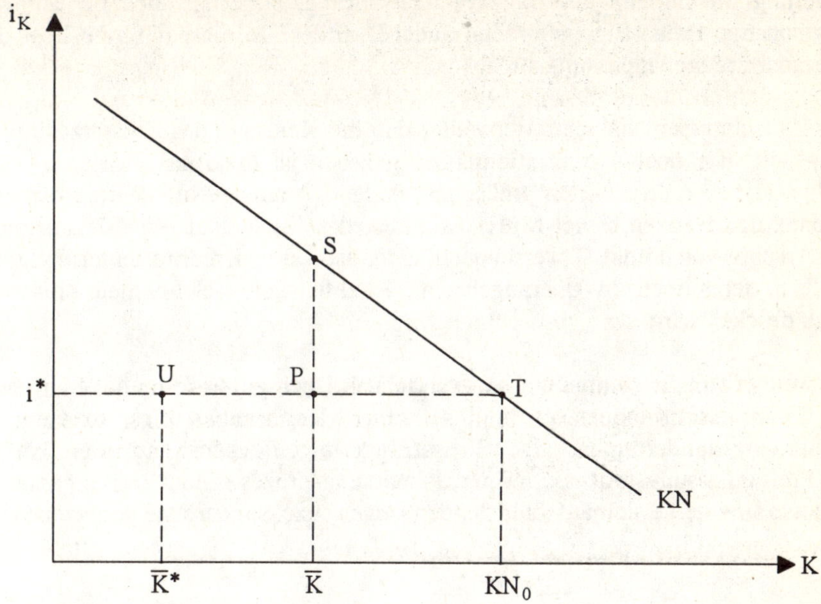

Bank erwarten. Folglich geht die Bank nicht darauf ein, wenn ein anderer Kunde Z ihr einen höheren Zins als 10 vH bieten würde.

In diesem Fall liegt nun eine echte Kreditrationierung vor:

- Die Kreditnachfrage bleibt teilweise unbefriedigt ($KN_o - \overline{K}$ bzw. Strecke P-T).
- Der Zins ändert sich nicht, steigt insbesondere auch nicht an. Die Rationierung ist hier also kein vorübergehendes Ungleichgewichtsphänomen, sondern Ausdruck eines dauerhaften Gleichgewichtszustandes.
- Das Rationierungsverhalten ist hier aus dem rationalen, gewinnmaximierenden Verhalten der Banken heraus erklärt.

Geldpolitik wirkt in diesem Fall nicht mehr über relative Preise oder Kreditkosten, sondern über Änderungen im Ausmaß der Rationierung. Nehmen wir an, die Zentralbank reduziere durch eine Mindestreserveerhöhung die bei den Banken verfügbaren Mittel (und nehmen wir weiter an, unsere Analyse des Angebotsverhaltens der einzelnen Bank ließe sich auf alle Banken übertragen). Dann müssen die Banken ihr Kreditangebot reduzieren (auf $\overline{K}^*$ bzw. Punkt U in *Abb. 28*) mit dem Effekt, daß sich das Ausmaß der Kreditrationierung erhöht (von P-T auf U-T). Der Zinssatz bleibt dabei unverändert.

Führt die Zentralbank den Banken dagegen Mittel zu, z.B. durch eine Mindestreservesenkung, so wird das Ausmaß der Kreditrationierung reduziert. Bei unverändertem Zins i^* "wandert" Punkt U nach rechts, d. h. das Kreditvolumen steigt. Es kommt also in diesen Fällen durch zentralbankpolitische Eingriffe zu einer Änderung im Umfang der Bankkreditgewährung, ohne daß sich der Zinssatz oder sonstige Preis-(Ertrags)größen ändern würden. In diesem Sinne liegt also ein reiner Mengenanpassungsprozeß vor.

Der Vollständigkeit halber sei erwähnt, daß die Konstanz des Zinssatzes nur so lange gilt, wie noch Kreditrationierung gegeben ist (also das zu diesem Zins nachgefragte Kreditvolumen größer ist als das Kreditangebot). Würde die Zentralbank den Banken soviel Mittel zuführen, daß Punkt P in *Abb. 28* auf einen Wert rechts von Punkt T verschoben wird, ist keine Kreditrationierung mehr gegeben. Jetzt liegt ein Überangebot an Krediten vor, welches den Zins nach unten drücken wird.

Auf weitere Details können wir hier verzichten. Doch gilt es festzuhalten, daß bei der Transmission monetärer Impulse reine Mengenanpassungsprozesse (also Kreditmengenänderungen ohne Zinssatzänderungen) ebenso ablaufen können wie Preisanpassungsprozesse. Mengenanpassungsprozesse und Preisanpassungsprozesse sind keine sich ausschließenden Gegensätze, sondern sie ergänzen sich.

6.5.4 Das Problem monetärer Verhaltensänderungen

Im Rahmen der kredittheoretischen Transmissionskonzeption wirkt die Zentralbankpolitik über das Kreditangebot der Banken und Finanzintermediäre auf die Ausgabentätigkeit der auf zusätzliche Kredite angewiesenen Unternehmen, der privaten Haushalte und des Staates ein. Die Unternehmen und Haushalte, aber auch der Staat, werden eine Restriktionspolitik naturgemäß als Behinderung ihrer ökonomischen Dispositionen empfinden (an sich geplante Ausgaben müssen verschoben oder ganz aufgehoben werden) und deshalb nach Wegen suchen, um dem Druck der monetären Restriktion wenigstens teilweise zu entgehen.

Änderungen der Kassenhaltungsgewohnheiten. Eine Kreditrestriktion der Zentralbank kann tendenziell unterlaufen werden, wenn die Unternehmen und Haushalte ihre Kassenbestände abbauen und Ausgaben, die eigentlich mit zusätzlichen Krediten finanziert werden sollten, nunmehr mit der vorhandenen Geldmenge bezahlen. Die Rationalisierung der Kassenhaltung ist insbesondere großen Unternehmen durch das *Industrie-Clearing* gegeben: In großen Unternehmen, aus mehreren Betrieben bestehend, können die Zahlungssalden, die die einzelnen Betriebe im Geschäftsverkehr mit Dritten erzielen, miteinander verrechnet werden. Wenn nämlich die Kassenhaltung und der Zahlungsverkehr in diesen Unternehmen zentralisiert sind, so können vorübergehende Zahlungsdefizite des einen Betriebes durch die Zahlungsüberschüsse eines anderen Betriebes zumindest teilweise abgedeckt werden. Der Bedarf an Transaktionskasse ist dann insgesamt gesehen geringer, als wenn jeder Betriebsteil für sich Kassenbestände zur Sicherung seiner individuellen Zahlungsfähigkeit halten müßte.

Aktivierung sonstiger Bankforderungen. Unternehmen und Haushalte besitzen neben dem Geld einen erheblichen Bestand sonstiger Forderungen gegenüber dem Bankensystem (Geldkapital), wie z. B. Spareinlagen, Terminguthaben und Bankschuldverschreibungen. Einer Kreditrestriktion kann nun tendenziell ausgewichen werden, indem das Geldkapital in Geld umgewandelt und dann für die Finanzierung der Ausgaben eingesetzt wird.

Ausweichen auf andere Kreditgeber. Kredite kommen aus vielen Quellen. Die zentralbankpolitischen Instrumente sind vornehmlich darauf ausgerichtet, die Banken und deren Kreditvergabe zu beeinflussen. Eine über längere Zeit durchgehaltene Restriktion der Bankkreditgewährung begünstigt nun tendenziell die Geschäfte der *Finanzintermediäre*, die nicht dem direkten Zugriff der Zentralbankpolitik unterliegen. Unternehmen und Haushalte, deren Kreditnachfrage von den Banken nicht mehr voll befriedigt wird, werden sich verstärkt an Finanzintermediäre, etwa Bausparkassen, Finanzmakler oder auch an Versicherungsunternehmen, wenden, die für ihre Beitragseinnahmen lukrative Anlagemöglichkeiten suchen.

Unternehmen und Haushalte räumen sich untereinander auch direkt Kredite ein. Zu nennen sind insbesondere *Lieferantenkredite*, auch Handelskredite genannt (ein Lieferant gestattet dem Käufer, den Kaufpreis erst zu einem späteren Zeitpunkt zu begleichen). Durch eine Ausdehnung der direkten Kreditbeziehungen werden die Unternehmen vom Kreditangebot der Banken und Finanzintermediäre unabhängiger und damit gegenüber dem Zugriff der Kreditpolitik unempfindlicher. Das folgende Beispiel soll die Bedingungen verdeutlichen, unter denen diese Aussage zutrifft. Angenommen sei, daß ein Unternehmen A einen beantragten Bankkredit nicht erhält. Unternehmen A gerät dadurch in einen Finanzierungsengpaß und wird seinen Lieferanten, von dem es Güter bezogen hat, nämlich das Unternehmen B, um Stundung des Kaufpreises bitten. Erklärt sich B hiermit einverstanden, gewährt es also dem A den Lieferantenkredit, so ist zwar der Finanzierungsengpaß des A beseitigt, jedoch - so wollen wir annehmen - ein Finanzierungsengpaß bei B entstanden, das ja nun auf den Zahlungseingang von A längere Zeit warten muß. B kann sich nun um die Bereitstellung eines Lieferantenkredits von seinem Lieferanten, C, bemühen. Verweigert C aber diesen Kredit, so bleibt der Finanzierungsengpaß bei B erhalten. Man erkennt also, daß die Gewährung eines Lieferantenkredits von B an A noch nicht die Finanzierungsprobleme beseitigt hat, die durch die Verweigerung des Bankkredits entstanden sind. Hiermit wird eine erste Bedingung sichtbar: Eine von der Zentralbank bewirkte Verknappung des Kreditangebots der Banken und Finanzintermediäre kann durch direkte Kreditgewährungen der Nichtbanken untereinander nur dann unterlaufen werden, wenn alle, die um die Gewährung eines Lieferantenkredits gebeten werden, hierzu auch bereit sind. Alle diese Unternehmen müssen ihren Kunden längere Zahlungsziele einräumen (Kreditgewährung im *Gleichschritt*).

Kreditaufnahme im Ausland. Das Schwergewicht der Zentralbankpolitik liegt naturgemäß auf der Beeinflussung inländischer Kreditgeber. Somit kann es zu einem Problem werden, wenn sich die Kreditnachfrager einer Kreditrestriktion im Inland dadurch entziehen, daß sie vermehrt Kredite im Ausland aufnehmen. Multinationale Unternehmen etwa haben Zugang zu ausländischen Kreditmärkten über ihre ausländischen Tochtergesellschaften. Sie können ihren Finanzierungsbedarf, wenigstens dem Prinzip nach, immer in dem Land decken, in dem die Kredite reichlich und billig sind. Der Weg ins Ausland ist allerdings denjenigen Unternehmen weitgehend versperrt, die zu klein sind, als daß ihre Bonität international bekannt sein könnte, die also keinen ausländischen Kreditgeber finden. Eine Kreditrestriktion im Inland wird aber nicht nur eine Umlenkung der Kreditnachfrage hin zum Ausland bewirken, sondern darüber hinaus - von der Zentralbank sicherlich ungewollt - ausländische Geldanleger zu verstärkten Engagements im Inland verlocken. Folgt der Kreditrestriktion nämlich eine Erhöhung des inländischen Zinsniveaus, so entsteht unter Umständen ein Zinsgefälle gegenüber dem Ausland, und ausländische Gelder werden ihren Weg ins Inland, wo ihre Verzinsung am höchsten ist, finden. Das Bemühen der Zentralbank, durch ihre Restriktionspolitik Finanzierungsmittel zu verknappen, wird dann durch die Auslandsgeldzuflüsse teilweise konterkariert.

Die vorstehenden Ausführungen mögen deutlich gemacht haben, daß das Durchwirken der Zentralbankpolitik nicht exakten Abläufen folgt, sondern durch eine Vielzahl von *Unwägbarkeiten* belastet wird. Eine Zentralbank kann daher nicht einfach irgendeine Maßnahme ergreifen und im übrigen darauf bauen, daß diese Maßnahme schon so auf die Ausgabentätigkeit wirken werde, wie es die geldtheoretischen Modelle beschreiben. Vielmehr wird die Zentralbank ihren Willen nur durchsetzen können, wenn sie die monetären Verhaltensweisen der Wirtschaftssubjekte in ihren Kalkül mit einbezieht und, sofern monetäre Verhaltensänderungen den Absichten der Zentralbank zuwiderlaufen, durch kompensatorische Maßnahmen reagiert.

LITERATUR ZUM 6. KAPITEL

Baltensperger, Ernst (1978), Credit Rationing; Issues and Questions, in: *Journal of Money, Credit and Banking*, No. 2, S. 170 ff.

Bernanke, Ben/Mark **Gertler** (1995), Inside the Black Box: The Credit Channel of Monetary Policy Transmission, in: *Journal of Economic Perspectives*, No. 4, S. 27 ff.

Bockelmann, Horst (1996), Unterschiede in den nationalen Finanzstrukturen und ihre makroökonomische Bedeutung, in: **Duwendag**, Dieter (Hrsg.), Finanzmärkte, Finanzinnovationen und Geldpolitik, Berlin, S. 11 ff.

Bofinger, Peter/Julian **Reischle**/Andrea **Schächter** (1996), Geldpolitik; Ziele Institutionen, Strategien und Instrumente, München.

Borchert, Manfred (1998), Geld und Kredit; Eine Einführung in die Geldtheorie und Geldpolitik, 5. Aufl., München.

Brunner, Karl (1970), Eine Neuformulierung der Quantitätstheorie des Geldes, in: *Kredit und Kapital*, Heft 1, S. 1 ff.

Brunner, Karl (1970), The "Monetarist Revolution" in Monetary Theory, in: *Weltwirtschaftliches Archiv*, Vol. 105, S. 1 ff.

Brunner, Karl/Allan H. **Meltzer** (1974), Ein monetaristischer Rahmen für die aggregative Analyse, in: **Brunner**, Karl u.a. (Hrsg.), Geldtheorie, Köln, S. 235 f.

Chick, Victoria (1973), The Theory of Monetary Policy, London.

Ciccolo, J./G. **Fromm** (1979), "q" and the Theory of Investment, in: *The Journal of Finance*, No. 2, S. 535 ff.

Claassen, Emil-Maria (1980), Grundlagen der Geldtheorie, 2. Aufl., Berlin u.a.

Dürr, Ernst (1966), Wirkungsanalyse der monetären Konjunkturpolitik, Frankfurt/M.

Duwendag, Dieter (1978), Alternative Ansätze der Geldmengensteuerung, in: **Ehrlicher**, W.u.a.(Hrsg.), Probleme der Geldmengensteuerung, Berlin,S.49 f.

EWI - Europäisches Währungsinstitut (1997), Die einheitliche Geldpolitik in Stufe 3; Festlegung des Handlungsrahmens, Frankfurt/M.

Fand, David I. (1973), Ein monetaristisches Modell des Geldwirkungsprozesses, in: *Kredit und Kapital*, Heft 4, S. 361 ff.

Friedman, Milton/Anna J. **Schwartz** (1963), Money and Business Cycles, in: *The Review of Economics and Statistics*, Vol. XLV, S. 59 ff.

Friedman, Milton (1970), Die optimale Geldmenge (S. 9 ff.); Die Quantitätstheorie des Geldes: Eine Neuformulierung (S. 77 ff.); beide Beiträge in: Die optimale Geldmenge und andere Essays, München.

Friedman, Milton (1973), Die Gegenrevolution in der Geldtheorie, in: **Kalmbach**, Peter (Hrsg.), Der neue Monetarismus, München, S. 47 ff.

Fürstenberg, G.M. von (1977), Corporate Investment: Does Market Valuation Matter in the Aggregate?, in: *Brookings Papers on Economic Activity*, No. 2, S. 347 ff.

Greenwald, B./Josef E. **Stiglitz** (1993), Financial Market Imperfections and Business Cycles, in: *Quarterly Journal of Economics*, 1993, S. 77 ff.

Hodgman, D.R. (1960), Credit Risk and Credit Rationing, in: *Quarterly Journal of Economics*, S. 258 ff.

Issing, Otmar (1998), Einführung in die Geldtheorie, 11. Aufl., München.

Jarchow, Hans-Joachim (1998), Theorie und Politik des Geldes I., 10. Aufl., Göttingen.

Ketterer, Karl-Heinz/R. **Vollmer** (1981), Tobin's q und private Investitionsausgaben; Einige analytische Aspekte und empirische Ergebnisse, in: *Zeitschrift für Wirtschafts- und Sozialwissenschaften*, Heft 2, S. 153 ff.

Köhler, Claus (1977), Geldwirtschaft, Bd. I: Geldversorgung und Kreditpolitik, 2. Aufl., Berlin.

Mishkin, Frederic S. (1995), The Economics of Money, Banking, and Financial Markets, 4th ed., New York.

Patinkin, Don (1965), Money, Interest, and Prices, New York.

Pohl, Rüdiger (1976), Die Transmissionsmechanismen der Geldpolitik, in: *Jahrbücher für Nationalökonomie und Statistik*, Heft 1, S. 1 ff.

Radcliffe-Report (1959), Report of the Committee on the Working of the Monetary System, London.

Roosa, Robert (1951), Interest Rates and the Central Bank, in: Money, Trade, and Economic Growth, New York.

Schmölders, Günter (1969), Von der "Quantitätstheorie" zur "Liquiditätstheorie" des Geldes, in: **Dürr**, Ernst (Hrsg.), Geld- und Bankpolitik, Köln, S. 77 ff.

Stiglitz, Josef E./A. **Weiss** (1981), Credit Rationing in Markets with Imperfect Information, in: *The American Economic Review*, No. 3, S. 393 ff.

Stützel, Wolfgang (1959), Moderne Kreditpolitik, in: *Konjunkturpolitik*, S. 65 ff.

Tobin, James (1961), Money, Capital, and other Stores of Value, in: *The American Economic Review*, Vol. 51, S. 26 ff.

Tobin, James (1963), An Essay on the Principles of Debt Management, in: Fiscal and Debt Management Policies, Englewood Cliffs, S. 143 ff. (übersetzt von K.-H. **Ketterer**: Grundsätze der Geld- und Staatsschuldenpolitik, Baden-Baden 1978).

Tobin, James (1969), A General Equilibrium Approach to Monetary Theory, in: *Journal of Money, Credit and Banking*, No. 1, S. 15 ff.

Veit, Otto (1948), Volkswirtschaftliche Theorie der Liquidität, Frankfurt/M.

7 WIRKUNGEN MONETÄRER IMPULSE

7.1 Inflation und Beschäftigung

7.1.1 Dekompositionsproblem und Zurechnungsproblem

Transmissionstheorien haben unter anderem darzulegen, ob monetäre Maßnahmen primär die Mengen (Produktion und Beschäftigung) oder die Preise beeinflussen. Diesem Problemkreis wollen wir uns nun zuwenden. Zunächst zu den Begriffen: Unter Inflation versteht man einen (dauerhaften) Anstieg des Preisniveaus P, wobei unter Preisniveau der gewichtete Durchschnitt einzelner Güterpreise gemeint ist. Wir messen die *Inflation* mit Hilfe der prozentualen Änderungsrate des Preisniveaus, kurz: mit der Inflationsrate w_P (das Gegenstück zur Inflation ist die Deflation, in diesem Falle ist w_P negativ). Unter *Beschäftigung* kann man die Zahl der zu einer bestimmten Zeit im Produktionsprozeß tätigen Arbeitskräfte verstehen. Arbeitskräfte, die gerade nicht im Produktionsprozeß tätig sind, nennen wir "arbeitslos". Wir messen die Beschäftigung üblicherweise mit Hilfe der *Arbeitslosenquote* U. Sie gibt an, wieviel Prozent der Arbeitskräfte insgesamt (also der tätigen und der zur Zeit arbeitslosen Arbeitskräfte zusammen) arbeitslos sind. Man beachte, daß die Beschäftigung abnimmt, wenn die Arbeitslosenquote zunimmt und umgekehrt. Unter monetären Maßnahmen wollen wir alle geldpolitischen Aktivitäten der wirtschaftspolitischen Instanzen verstehen. Wir messen die monetären Maßnahmen der Einfachheit halber mit der nominalen Geldmenge M bzw. mit deren Änderungsrate w_M. Wir unterstellen dazu zweierlei: daß sich alle geldpolitischen Maßnahmen in M niederschlagen und daß M von der Zentralbank exakt gesteuert werden kann.

Die *Kernfrage* dieses Abschnitts ist nun: Inwieweit wirken monetäre Impulse, gemessen an Änderungen der Steigerungsrate der Geldmenge (w_M), auf die Inflationsrate (w_P) und auf die Arbeitslosenquote (U) ? In der praktischen Wirkungsanalyse wirtschaftspolitischer Maßnahmen ist es außerordentlich kompliziert, die Inflationseffekte von den Beschäftigungseffekten zu trennen (*Dekompositionsproblem*) und dann auch noch den Einfluß geldpolitischer Maßnahmen auf Inflation und Beschäftigung zu isolieren (*Zurechnungsproblem*). Theoretisch legitim ist es jedoch, Prämissen zu setzen, z.B. das alleinige Auftreten von monetären Impulsen zu unterstellen und deren Wirkung auf Inflation und Beschäftigung unter Zugrundelegung bestimmter Hypothesen abzuleiten. Genauso wollen wir hier auch vorgehen. Im *Abschnitt 7.1.2* werden wir ein Modell vorstellen, welches die Geldmengensteigerungsrate w_M, die Inflationsrate w_p und die Arbeitslosenquote U in einen sinnvollen Zusammenhang bringt. In den folgenden beiden *Abschnitten 7.1.3* und *7.1.4* sollen dann die Hauptfaktoren herausgearbeitet werden, welche den Einfluß einer monetären Variation auf Inflation und Beschäftigung bestimmen.

Die wichtigsten *Ergebnisse* seien schon hier notiert. *Erstens*: Die nominale Geldmengensteigerungsrate w_M stimmt zumindest langfristig mit der Inflationsrate w_p überein, d.h. eine Änderung der nominalen Geldmengensteigerungsrate führt zu einer gleich starken Änderung der Inflationsrate (sofern man Konstanz des Produktionspotentials unterstellt) ($w_M = w_P$). *Zweitens*: Ob diese Änderung der Geldmengensteigerungsrate (und damit der Inflationsrate) von einer Änderung der Arbeitslosenquote U begleitet ist, hängt ab (a) von der Korrektheit, mit der die Wirtschaftssubjekte sich Erwartungen über die zukünftige Inflationsrate bilden können und (b) von institutionellen Hemmnissen ("Rigiditäten"), die eine Anpassung der Wirtschaftssubjekte an ihre Erwartungen womöglich erschweren. *Drittens*: Die geldpolitischen Maßnahmen, d.h. die Variation von w_M, wirken dann überhaupt nicht auf die Arbeitslosenquote, wenn die Erwartungen der Wirtschaftssubjekte korrekt sind und keine institutionellen Hemmnisse vorkommen. In allen anderen Fällen (unkorrekte Erwartungen oder institutionelle Hemmnisse) ist mit einem Anstieg der Geldmengensteigerungsrate w_M und damit der Inflationsrate w_P ein Rückgang der Arbeitslosenquote U verbunden (zumindest vorübergehend).

Wir wollen noch zwei Begriffe einführen, die im folgenden häufiger verwendet werden. Wir sprechen von einem *Trade-off*, wenn ein Anstieg der Inflationsrate mit einem Rückgang der Arbeitslosenquote verknüpft ist. Trade-off heißt "Austauschbeziehung" und meint, daß man die beiden Übel Inflation und Arbeitslosigkeit nicht gleichzeitig wegbekommt, sondern daß man das eine Übel nur gegen das andere austauschen kann. Von einem *Non-trade-off* sprechen wir dann, wenn die Inflationsrate w_p variieren kann, ohne daß dies die Arbeitslosenquote U in irgendeiner Weise beeinflußt. Die Arbeitslosenquote ist dann von der Inflationsrate unabhängig. *Stagflation* liegt vor, wenn mit zunehmender Inflationsrate auch die Arbeitslosenquote ansteigt. Stagflationserscheinungen wollen wir im folgenden ausklammern.

7.1.2 Geldmenge, Inflation, Beschäftigung: Grundzusammenhang

Um die Interdependenzen zwischen Geldmenge, Inflation und Beschäftigung untersuchen zu können, benötigt man ein Modell, welches diese Größen in einen sinnvollen Zusammenhang bringt. Für die Konstruktion eines solchen Modells gibt es verschiedene Möglichkeiten. Vor allem zwei Modellvarianten spielen eine Rolle. Die erste Modellvariante ist eng an die keynesianische Inflationstheorie angelehnt und firmiert auch als Verteilungskampftheorie der Inflation (Collective-Bargaining-Ansatz). Die andere Modellvariante entspricht der neoklassischen Inflationstheorie und ist unter der Bezeichnung "Neue Mikroökonomie" bekanntgeworden. Wir werden im folgenden beide Ansätze darstellen. Dabei beginnen wir mit der *keynesianischen Variante*. Die Grundstruktur des Modells ist in *Abb. 29* enthalten.

Abb. 29: Geldmenge, Inflation, Beschäftigung

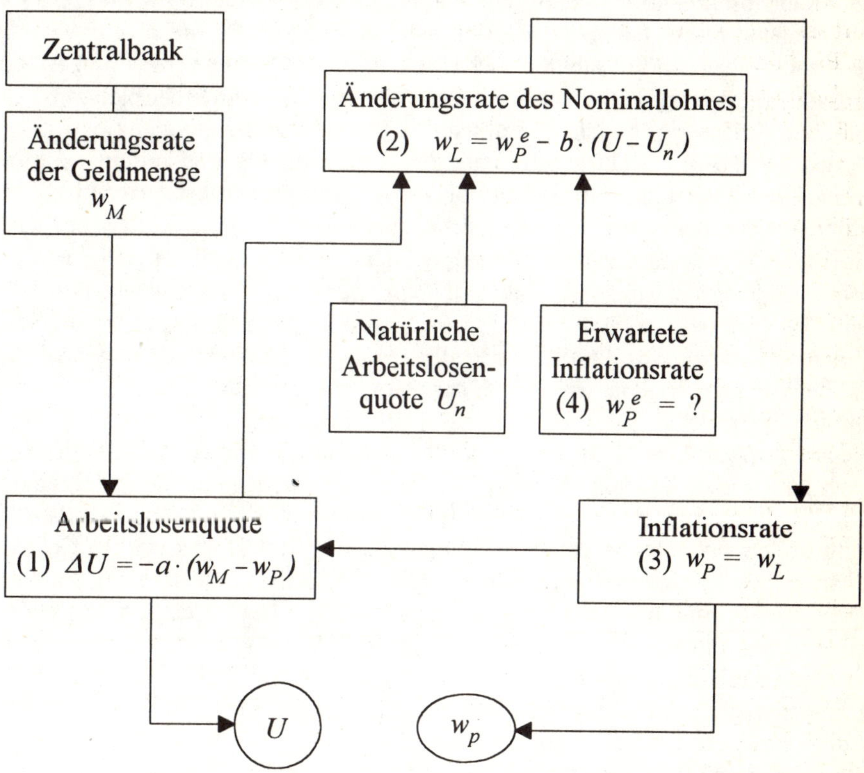

Man findet in *Abb. 29* die Variablen, um die es geht. Die Pfeile kennzeichnen Wirkungsrichtungen zwischen den Variablen. Zum besseren Verständnis haben wir die Zusammenhänge zwischen den Größen auch in Form von Gleichungen notiert (wobei die Buchstaben a und b konstante Parameter sind). Beginnen wir oben links mit der Zentralbank, welche die prozentuale Steigerungsrate der nominalen Geldmenge w_M festlegt.

Die *erste Hypothese* lautet, daß die Arbeitslosenquote abnimmt ($\Delta U < 0$), wenn die nominale Geldmengensteigerungsrate höher ist als die Inflationsrate ($w_M > w_P$) und umgekehrt. Dies kann man mit Hilfe des *Realkasseneffekts* erklären. Es wird häufig angenommen, daß die gesamtwirtschaftliche Güternachfrage vom Niveau des Realvermögens der Bevölkerung, ausgedrückt durch den Realkassenbestand M/P, positiv beeinflußt wird. Wenn die nominale Geldmenge M steigt (mit w_M), dann nehmen die Realkasse und mithin auch die Güternachfrage zu. Umgekehrt sinken Realkasse und Güternachfrage, wenn das Preisniveau P (mit w_P) steigt. Weiter nimmt man an, daß die gesamtwirtschaftliche Produktion vom Umfang der Güternachfrage abhängt. Eine Änderung der Nachfrage bewirkt eine gleichgerichtete Produktionsänderung. Dies ist aber (bei gegebenem Kapitalstock) nur möglich, wenn der Arbeitseinsatz verändert wird, d.h. also, wenn sich die Arbeitslosenquote U ändert. Wir können also die Pfeile von w_M und w_P folgendermaßen lesen: Ist $w_M > w_P$, steigt die Realkasse M/P an; dies erhöht die Güternachfrage; dadurch steigt die Produktion; dies erfordert vermehrten Arbeitseinsatz; somit sinkt die Arbeitslosenquote U (um ΔU). Würde beispielsweise die nominale Geldmenge gleich schnell wie das Preisniveau steigen, d.h. $w_M = w_P$, so würden Realkasse, Nachfrage, Produktion, Beschäftigung und mithin auch die Arbeitslosenquote konstant bleiben. Fassen wir also unsere erste Hypothese zusammen: Eine Änderung der Arbeitslosenquote U tritt ceteris paribus nur dann ein ($\Delta U \neq 0$), wenn die Wachstumsrate der nominalen Geldmenge w_M von der Inflationsrate w_P abweicht; U sinkt ($\Delta U < 0$), wenn $w_M > w_P$; U steigt ($\Delta U > 0$), wenn $w_M < w_P$ ist. Gleichung (1) in *Abb. 29* drückt diesen Zusammenhang noch einmal formal aus. Die Stärke des Einflusses der Realkassenänderung ($w_M - w_P$) auf die Arbeitslosenquote wird durch den Parameter a erfaßt.

Die *zweite Hypothese* bezieht sich auf die Lohnbildung. Ein Anstieg der erwarteten Inflationsrate w_P^e führt zu einer Zunahme, ein Anstieg der Arbeitslosenquote U dagegen zu einer Abnahme der Nominallohnsteigerungsrate w_L. Zur Begründung stelle man sich vor, daß die Nominallohnsteigerungsrate zwischen Gewerkschaften und Unternehmern in einem kollektiven Verhandlungsprozeß (Collective-Bargaining-Ansatz) ausgehandelt würde. Der in diesem Prozeß gefundene Nominallohn (L) gilt für eine bestimmte Dauer, z.B. für ein Jahr. Wenn die Gewerkschaften für die Dauer des Lohnkontrakts mit hohen Preisniveausteigerungen rechnen (die erwartete Inflationsrate ist hoch), dann fordern sie zur Vermeidung von Realeinkommenseinbußen eine entsprechende Lohnsteigerungsrate (und vermutlich können sie diese auch durchsetzen). Das erklärt, weshalb die erwartete Inflation w_P^e positiv auf die Nominallohnsteigerungsrate w_L wirkt.

Die Verhandlungsmacht der Gewerkschaften, d.h. ihre Fähigkeit, Lohnsteigerungen gegen den unternehmerischen Widerstand durchzusetzen, wird andererseits auch von der Arbeitsmarktlage und damit vom Umfang der Arbeitslosigkeit abhängen. Sicherlich wird die Arbeitslosigkeit kaum Null werden. Ein gewisser Bodensatz an Arbeitslosigkeit ist auch in Zeiten bester Konjunktur ganz "natürlich"; er ist als Ausdruck von Friktionen oder strukturellen Anpassungen an der Tagesordnung. Wir bezeichnen diese Bodensatz-Arbeitslosigkeit hier als nicht-konjunkturelle oder natürliche Arbeitslosigkeit und messen sie mit der "*natürlichen Arbeitslosenquote*" U_n. In unseren folgenden Betrachtungen werden wir U_n als konstante Größe behandeln. Solange die tatsächliche Arbeitslosenquote U gleich der natürlichen Arbeitslosenquote U_n ist, herrscht Vollbeschäftigung (in dem Sinne, daß auftretende Arbeitslosigkeit nur friktionell oder strukturell, nicht aber konjunkturell verursacht ist). Ist dagegen die Arbeitslosenquote U größer als die natürliche Arbeitslosenquote U_n, so herrscht Unterbeschäftigung. Dies wird die Verhandlungsposition der Gewerkschaften verschlechtern. Viele Arbeitslose konkurrieren dann um zu wenig Arbeitsplätze, und dies ist ein schlechter Hintergrund für gewerkschaftliche Lohnforderungen. Gut ist die Verhandlungsposition der Gewerkschaften jedoch bei Überbeschäftigung, d.h. in einem Zustand, in dem die tatsächliche Arbeitslosenquote noch unter der natürlichen liegt ($U < U_n$). Kurz: Je höher die Arbeitslosenquote U ist, desto niedriger wird die Nominallohnsteigerungsrate w_L sein. Diesen Zusammenhang drückt Gleichung (2) in *Abb. 29* aus. Die Stärke des Einflusses der Arbeitslosenquote auf die Nominallohnsteigerungsrate wird mit dem Parameter b erfaßt.

Die *dritte Hypothese* betrifft die Preisbildung. Wir wollen annehmen, daß die Unternehmen ihre Güterpreise auf der Basis der Arbeitskosten kalkulieren (Mark-up-Pricing). Dann werden sie unter sonst gleichen Umständen bei einem Anstieg der Nominallöhne ($w_L > 0$) ihre Güterpreise entsprechend erhöhen ($w_P > 0$). Man mag einwenden, daß bei der Preisbildung (wie übrigens schon bei der Lohnbildung) auch die Produktivitätsentwicklung der Arbeit eine Rolle spielen wird. Das ist richtig. Da es jedoch unseren Problemkreis nicht berührt, sei der Einfachheit halber eine konstante Arbeitsproduktivität angenommen. Die Übereinstimmung von Inflationsrate und Nominallohnsteigerungsrate erfaßt Gleichung (3) in *Abb. 29*.

Wir haben nun in unserem Modell eine konstante Größe (U_n), zwei Parameter (a, b), eine exogene Variable (die Politikvariable w_M) und vier endogene Variablen (U, w_P, w_P^e, w_L). Für die vier endogenen Variablen besitzen wir bislang allerdings nur drei Hypothesen. Es fehlt also noch eine weitere Hypothese, um das Modell lösen zu können, und wir werden sie im nächsten Abschnitt als Hypothese für die erwartete Inflationsrate einführen. Vorerst sind die Bestimmungsgründe für die erwartete Inflationsrate in *Abb. 29* noch mit einem Fragezeichen versehen.

Grundzusammenhänge zwischen den uns interessierenden Größen Geldmengensteigerungsrate w_M, Inflationsrate w_P und Arbeitslosenquote U können wir aber jetzt schon aufzeigen. Nehmen wir ausgehend von einer Situation $U = U_n$ und $\Delta U = 0$ an, die Zentralbank erhöhe die Steigerungsrate der nominalen Geldmenge w_M (expansive Geldpolitik). Dies wird zunächst über den Realkasseneffekt die Arbeitslosenquote U senken ($\Delta U < 0$). Der Rückgang der Arbeitslosenquote verbessert die Verhandlungsposition der Gewerkschaften, und die Nominallohnsteigerungsrate w_L wird zunehmen. Da die Arbeitskosten nun beschleunigt wachsen, wird gemäß der Mark-up-Preisbildungshypothese auch die Inflationsrate w_P

zunehmen. Das schließlich erhöht über den Realkasseneffekt die Arbeitslosigkeit wieder. Die Zunahme der Arbeitslosigkeit wird noch verstärkt, sofern im Zuge des Anpassungsprozesses auch die Inflationserwartungen ansteigen. Höhere Inflationserwartungen w_P^e bedeuten höhere Nominallohnsteigerungen w_L und damit eine höhere Inflationsrate w_P. Was sich zum Schluß von der erhöhten Geldmengensteigerungsrate in Inflation oder in Arbeitslosigkeit niederschlägt, kann uns das Pfeilschema in *Abb. 29* noch nicht zeigen (vgl. dazu die nächsten beiden Abschnitte), doch immerhin wurde hier der Wirkungszusammenhang deutlich.

Wir kommen nun zur *neoklassischen Modellvariante* des Grundzusammenhangs zwischen Geldmengensteigerungsrate w_M, Inflationsrate w_P und Arbeitslosenquote U. Der Leser mag wiederum *Abb. 29* benutzen. Doch stimmen jetzt die Pfeilrichtungen zwischen den Größen nicht mehr. Aus dem folgenden Text lassen sie sich jedoch rekonstruieren.

Der wichtigste Unterschied zur keynesianischen Modellvariante betrifft die Beziehungen zwischen Lohnsteigerungsrate und Arbeitslosigkeit. Waren im keynesianischen Collective-Bargaining-Ansatz Änderungen der Arbeitslosenquote ursächlich für Änderungen der Nominallohnsteigerungsrate, so ist im neoklassischen Konzept die Wirkungsrichtung gerade umgekehrt: Hier ist die Änderung der Nominallohnsteigerungsrate bei gegebenen Inflationserwartungen ursächlich für Änderungen der Arbeitslosigkeit.

Gemäß den Vorstellungen der *Neuen Mikroökonomie* sind stets einige Arbeitskräfte freiwillig arbeitslos, um in diesem Zustand eine lukrative Beschäftigung suchen zu können (Annahme, daß man eine neue Beschäftigung effizienter suchen kann, wenn man die bisherige Beschäftigung zuvor aufgibt, statt sie bis zum Auffinden einer neuen beizubehalten). Je höher nun *ceteris paribus* die diesen Arbeitssuchenden gebotene Lohnsteigerungsrate w_L ist, um so eher werden sie auf eine weitere Beschäftigungssuche verzichten und in ein Beschäftigungsverhältnis zurückkehren: Um so niedriger ist dann auch die Arbeitslosenquote.

Auf der Basis dieser Vorstellung läßt sich nun der Wirkungszusammenhang zwischen Geldmengenanstieg, Inflationsrate und Beschäftigung wie folgt darstellen: Betrachten wir wieder eine geldpolitische Expansion (w_M steigt). Auch hier steigt über den Realkasseneffekt die Nachfrage, aber die Unternehmer reagieren jetzt nicht mit Produktionsausweitung, sondern wegen der entstandenen Übernachfrage mit Preisanhebungen. Die Inflationsrate w_P steigt. Da dies bei zunächst gegebener Nominallohnsteigerungsrate den Reallohn L/P reduziert, werden Arbeitskräfte für die Unternehmer billiger, so daß die Nachfrage nach Arbeitskräften steigt. Das treibt die Nominallohnsteigerungsrate w_L in die Höhe. Die sich am Arbeitsmarkt in einem Suchprozeß befindlichen Arbeitslosen bemerken nun steigende Lohnangebote (weil w_L zugenommen hat). Da sie, so wird angenommen, die vorangegangene Inflationsbeschleunigung zunächst nicht wahrnehmen (die Inflationserwartungen bleiben zunächst noch unverändert), halten sie die beschleunigte Nominallohnsteigerung auch für eine beschleunigte Reallohnsteigerung. Daraufhin werden einige Arbeitslose ihren Zustand freiwilliger Arbeitslosigkeit aufgeben und ein Beschäftigungsverhältnis eingehen. Die Arbeitslosenquote U nimmt ab. Wenn mit der Zeit auch die erwartete Inflationsrate w_P ansteigt (weil ja auch die Inflation schneller geworden ist), nehmen die Arbeiter dies als eine Reallohneinbuße wahr. Es werden dann wiederum einige Arbeiter freiwillig arbeitslos werden, um sich auf die Suche nach lukrativeren Arbeitsgelegenheiten zu begeben.

Vergleichen wir die Ergebnisse der keynesianischen und der neoklassischen Modellvariante, so ist zunächst eine Übereinstimmung festzustellen. In beiden Varianten kann der monetäre Impuls auf Inflationsrate *und* Arbeitslosenquote wirken. Doch gibt es zwei gravierende Unterschiede:

Erstens: Im keynesianischen Ansatz induziert die Geldpolitik über w_M zuerst Beschäftigungseffekte und dann Inflationseffekte. Es muß sich erst die Arbeitslosenquote ändern, damit sich auf dem "Umweg" über Änderungen der Nominallohnsteigerungsrate auch die Inflationsrate anpaßt (Vorlauf der Beschäftigungseffekte: $w_M \rightarrow U \rightarrow w_L \rightarrow w_P$). Im neoklassischen Konzept sind dagegen zunächst Inflationseffekte anzutreffen, die dann auf die Beschäftigung wirken (Vorlauf der Inflationseffekte: $w_M \rightarrow w_P \rightarrow w_L \rightarrow U$).

Zweitens: Die im keynesianischen Konzept auftretende Arbeitslosigkeit (über das natürliche Maß U_n hinaus) ist *unfreiwillig*. Beispielsweise werden bei einer geldpolitischen Restriktion (w_M sinkt) Arbeitskräfte entlassen, weil Produktion und Beschäftigung mangels ausreichender Nachfrage nicht mehr aufrechterhalten werden können. Im neoklassischen Konzept der Neuen Mikroökonomik ist auftretende Arbeitslosigkeit dagegen *freiwillig*. Wer arbeitslos ist, ist dies freiwillig (nicht aus "Faulheit", sondern um eine effiziente Suche nach einem günstigen Arbeitsplatz durchführen zu können). Eine geldpolitische Maßnahme (Änderung von w_M) beeinflußt nun die Bedingungen (Änderung von w_L), die den freiwillig Arbeitslosen veranlassen, arbeitslos zu bleiben und weiter zu suchen oder in ein Beschäftigungsverhältnis zurückzukehren.

7.1.3 Rolle der Inflationserwartungen

Im vorigen Abschnitt konnten wir die grundlegenden Wirkungszusammenhänge zwischen Geldmengensteigerungsrate w_M, Inflationsrate w_P und Arbeitslosenquote U aufzeigen. Die dort offen gebliebene Frage war, was sich von der erhöhten Geldmengensteigerungsrate zum Schluß in Inflation und was sich in Beschäftigung niederschlagen würde. Hier wird nun gezeigt, daß die Antwort auf diese Frage stark davon abhängt, welche Hypothese über die Bildung von *Inflationserwartungen* man zugrunde legt. Drei Erwartungshypothesen werden wir untersuchen: statische, adaptive und rationale Inflationserwartungen.

Statische Inflationserwartungen: Diese Erwartungshypothese besagt, daß die erwartete Inflationsrate w_P^e von den übrigen Variablen unserer Modellwirtschaft (w_M, w_P, U, w_L) unabhängig ist, was auf die Annahme einer konstanten Inflationserwartung hinausläuft. Wir können dies mit der Gleichung

(4a) $$w_P^e = k$$

ausdrücken, wobei k einen konstanten Zahlenwert darstellt.

Unser Modell ist nun komplett. Für die vier Variablen U, w_P, w_P^e und w_L besitzen wir vier unabhängige Hypothesen [Gleichungen (1) bis (3) in *Abb. 29* und nunmehr noch Gleichung (4 a)]. Was bei einer Erhöhung der Geldmengensteigerungsrate geschieht, soll nun grafisch und an einem Zahlenbeispiel aufgezeigt werden.

Die Ausgangslage sei durch Punkt A in *Abb. 30* und die Zeile t = 0 in der Tabelle gekennzeichnet. Geldmengensteigerungsrate w_M, Inflationsrate w_P und erwartete Inflationsrate w_P^e stimmen mit jeweils 5 vH überein. Die Arbeitslosenquote U entspricht der natürlichen Arbeitslosenquote U_n, welche den (konstanten) Wert von 4,5 vH habe. Nun kommt es in t = 1 zu einer geldpolitischen Maßnahme. Die Geldmengensteigerungsrate w_M wird um 4 Prozentpunkte auf 9 vH erhöht und auf diesem erhöhten Niveau fixiert.

Nun zum Wirkungsablauf: Bei zunächst noch unveränderter Inflationsrate von w_P = 5 vH steigt die Realkasse M/P um (w_M - w_P =) 4 vH an. Über den Anstieg von Nachfrage, Produktion und Beschäftigung führt das zu einem Rückgang der Arbeitslosenquote U, und zwar um 4 Prozentpunkte. Hierbei haben wir unterstellt, daß a, der Koeffizient von w_M - w_P in der Bestimmungsfunktion von U [vgl. in *Abb. 29* Gleichung (1)], gleich a = 1 ist. Die Differenz U - U_n beträgt nun -4, und U ist von 4,5 vH auf 0,5 vH gesunken. Das ist der Beschäftigungseffekt der geldpolitischen Maßnahme.

Mit der rückläufigen Arbeitslosenquote U werden jedoch die Nominallohnsteigerungsrate w_L und damit die Inflationsrate w_P erhöht, und zwar um 4 Prozentpunkte. Dies ist der Inflationseffekt der geldpolitischen Maßnahme.

Auch hier wurde unterstellt, daß b, der Koeffizient von U in der Bestimmungsfunktion von w_L (vgl. in *Abb. 29* Gleichung (2)), gleich b = 1 ist. Diese Konstellation einer reduzierten Arbeitslosenquote U und einer erhöhten Inflationsrate w_P ist in *Abb. 30* durch den Punkt B gekennzeichnet. Die Wirtschaft bleibt bei diesem Punkt "stehen". Da in diesem Punkt nämlich die Geldmengensteigerungsrate gerade wieder mit der Inflationsrate übereinstimmt, (w_M = w_P = 9 vH), steigt die Realkasse nicht mehr weiter. Somit gibt es auch für die Arbeitslosigkeit keinen Grund, sich weiter zu ändern ($\Delta U = 0$). Sie verharrt auf dem reduzierten Niveau,

Abb. 30: Trade-off bei statischen Inflationserwartungen

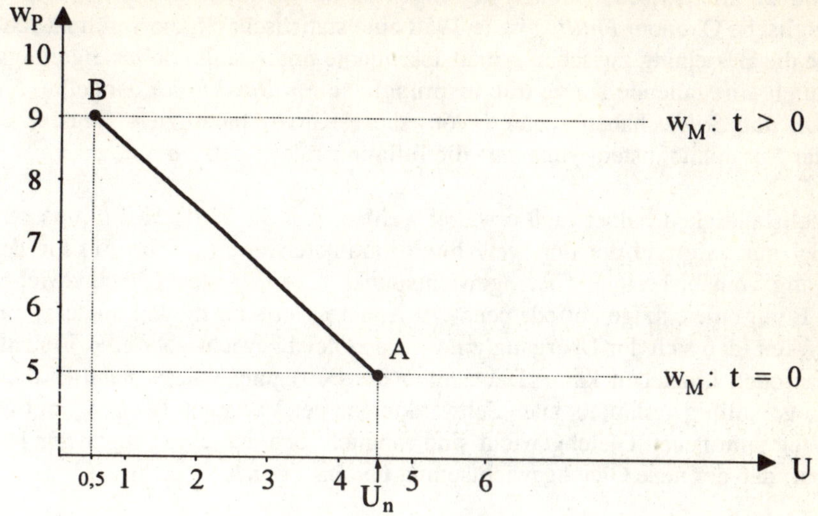

t	w_M	$U-U_n$	w_P^e	$(w_L =)\, w_P$
0	5	0	5	5
1	9	-4	5	9
2	9	-4	5	9
.	.	.	.	.
.	.	.	.	.
.	.	.	.	.

auf dem sie gerade angelangt ist. Bleibt aber die Arbeitslosenquote konstant, ändert sich auch die Nominallohnsteigerungsrate und damit die Inflationsrate nicht mehr. Der Punkt B kennzeichnet also einen neuen Gleichgewichtspunkt der Wirtschaft (vgl. auch Zeile t = 2 in der Tabelle).

Was sind die Ergebnisse?

1. Wie im Ausgangsgleichgewicht A stimmt auch im neuen Gleichgewicht B die Inflationsrate mit der nominalen Geldmengensteigerungsrate überein: $w_M = w_P$. Variationen der Geldmengensteigerungsrate bewirken also gleich starke Variationen der Inflationsrate.

2. Je höher die Inflationsrate/Geldmengensteigerungsrate ist, desto geringer ist die Arbeitslosenquote U. Es herrscht also ein Trade-off.

Die Kurve, welche die Punkte A und B (und bei mehrperiodigen Anpassungsprozessen auch alle Zwischenpunkte) verbindet, ist die modifizierte Phillips-Kurve. Der englische Ökonom *Phillips* hatte 1958 eine statistische Studie veröffentlicht, welche die Beziehung zwischen Arbeitslosenquote und Nominallohnsteigerungsrate durch eine fallende Kurve (die ursprüngliche *Phillips-Kurve*) darstellte. *Samuelson* und *Solow* haben später (1960) diese Kurve "modifiziert", indem sie statt der Nominallohnsteigerungsrate die Inflationsrate einsetzten.

Der Vollständigkeit halber muß erwähnt werden, daß die Wirtschaft in unserem Beispiel nur aufgrund der dort gewählten Parameterwerte (a = b = 1) für den Übergang vom bisherigen Gleichgewichtspunkt A zum neuen Gleichgewichtspunkt B nur eine einzige Periode benötigt. Andere Werte für die Parameter a und b bewirken, daß sich der Übergang zum neuen Gleichgewicht über eine Vielzahl von Perioden hinziehen kann. Dabei muß die Bewegung von A nach B nicht einmal geradlinig verlaufen; auch Schwankungen der Variablen U und w_P auf ihrem Weg zum neuen Gleichgewicht sind möglich. Schließlich ist sogar der Fall denkbar, daß der neue Gleichgewichtspunkt überhaupt nicht erreicht wird.

Wer den Einfluß verschiedener Parameterkonstellationen auf die Bewegungen von U und w_P zahlenmäßig nachvollziehen will, kann wie folgt vorgehen. Aus dem Gleichungssystem (1), (2), (3) und (4a) erhält man

$$\Delta U = -a \cdot b \cdot U + a \cdot \left(k - w_M + b \cdot U_n\right).$$

Datiert man die Variablen ($\Delta U = U_t - U_{t-1}$ und auf der rechten Seite $U = U_{t-1}$), so kann man für die obige Gleichung schreiben:

$$U_t = H \cdot U_{t-1} + Q$$

mit $H = 1 - a \cdot b$ und $Q = a \cdot (k - w_M + b \cdot U_n)$. Damit die Arbeitslosenquote U nach einer Erhöhung der Geldmengensteigerungsrate w_M zu einem neuen Gleichgewicht strebt, muß man die Parameter a und b so wählen, daß für H gilt: $-1 < H < 1$. Schwankungen im Bewegungsablauf von Periode zu Periode treten auf, wenn H (im angegebenen Wertebereich) negativ ist.

Für unsere Zwecke sind die Anpassungsverläufe von A nach B von geringerem Interesse. Der entscheidende Punkt ist, daß unter den Bedingungen dieser Modellvariante ein *dauerhafter Trade-off* zwischen Inflationsrate und Arbeitslosenquote besteht. Es gilt hervorzuheben, daß dies hier nur für den Fall *statischer* Inflationserwartungen (die erwartete Inflationsrate w_P ändert sich nicht) abgeleitet worden ist. Statische Inflationserwartungen sind nun aber ziemlich unplausibel. Im neuen Gleichgewicht (B) ist nämlich die Situation derart, daß die erwartete Inflationsrate permanent falsch ist, sie liegt mit 5 vH um einiges unter der tatsächlichen Inflationsrate von 9 vH und bleibt auch dort. Man müßte hier schon unterstellen, daß die Akteure der Wirtschaft ihren Erwartungsirrtum gar nicht bemerken, also der *Geldwertillusion* unterliegen. Soviel Blindheit kann man aber den Unternehmern, Gewerkschaften und Konsumenten nicht unterstellen.

Adaptive Inflationserwartungen: Hier wird unterstellt, daß die Inflationserwartungen geändert werden, wenn sich die bisherigen als falsch erwiesen haben. Es sei angenommen, daß die Wirtschaftssubjekte die erwartete Inflationsrate erhöhen, wenn die tatsächliche Inflationsrate w_P über der bisher erwarteten Inflationsrate w_P^e liegt. Auch dies soll in Gleichungsform ausgedrückt werden:

$$\text{(4b)} \qquad \Delta w_P^e = c \cdot (w_P - w_P^e)$$

Wenn in einer Periode die tatsächliche Inflationsrate w_P von der für diese Periode erwarteten Inflationsrate w_P^e abweicht, so wird sich gemäß dieser Hypothese die erwartete Inflationsrate ändern (um Δw_P^e), so daß die erwartete Inflationsrate der nächsten Periode einen anderen Wert hat als in der laufenden Periode. Der Parameter c drückt aus, wie stark die Änderung der erwarteten Inflationsrate bei gegebener Abweichung (w_P - w_P^e) ist. Gleichung (4 b) bildet zusammen mit den Gleichungen (1) bis (3) aus *Abb. 29* ein vollständiges Modell. Da auch hier ein Zahlenbeispiel vorgeführt werden soll, sei c = 0,25 angenommen, also ein Viertel der Abweichung zwischen w_P und w_P^e wird auf die erwartete Inflationsrate w_P^e aufgeschlagen. Ein Beispiel: Ist w_P = 9 vH und w_P^e = 5 vH, so beträgt die Abweichung 4 Prozentpunkte. Die Inflationserwartung wird um 1/4 von 4 Prozentpunkten, also um einen Prozentpunkt, auf w_P^e = 6 vH erhöht.

Ausgangslage und geldpolitische Maßnahme seien die gleichen wie im Fall statischer Inflationserwartungen. Von A bewegt sich die Wirtschaft zunächst nach B (*Abb. 31*). Während bei statischen Erwartungen hier Schluß war, kommt es bei adaptiven Erwartungen zu weiteren Anpassungen. Sie werden ausgelöst durch die Inflationserwartungen. Im Punkt B (t = 1) übersteigt nämlich die tatsächliche Inflationsrate w_P = 9 vH den erwarteten Wert w_P^e = 5 vH. Diese Abweichung führt nun zu einer Anpassung ("Adaption") der erwarteten Inflationsrate.

In unserem Beispiel wird sie [um 0,25·(w_P - w_P^e)= 0,25 · 4 = 1 Prozentpunkt] auf 6 vH steigen. Dadurch wird über die Kette $w_P^e \rightarrow w_L \rightarrow w_P$ auch die Inflationsrate erhöht, und zwar auf w_P = 10 vH. Damit entsteht in Periode t = 2 eine Situation, in der die Geldmengensteigerungsrate w_M = 9 vH kleiner ist als die Inflationsrate w_P = 10 vH.

Hier stoßen wir auf eine wesentliche Erkenntnis: Durch die Anpassung der Inflationserwartungen an die tatsächliche Inflationsrate wird die tatsächliche Inflationsrate über die Geldmengensteigerungsrate *hinausgehoben*. Dann sinkt aber die Realkasse, und folglich wird über schrumpfende Nachfrage, Produktion und Beschäftigung die Arbeitslosenquote, die vorher gefallen war, nun wieder ansteigen. In *Abb. 31* ist die Erhöhung der Inflationsrate über w_M hinaus durch die Bewegung von B nach C erfaßt; die dadurch ausgelöste Zunahme der Arbeitslosenquote kommt in der Bewegung von C nach D zum Ausdruck.

Der weitere Anpassungsprozeß läuft folgendermaßen: Solange die Inflationsrate w_P noch über der Geldmengensteigerungsrate w_M liegt, nimmt die Arbeitslosenquote U zu. Zunehmende Arbeitslosigkeit bedeutet aber [über die Wirkungskette $(U - U_n) \rightarrow w_L \rightarrow w_P$] eine rückläufige Inflationsrate. Der Anpassungsprozeß kommt im neuen endgültigen Gleichgewichtspunkt G (vgl. *Abb. 31* und $t = \infty$ in der Tabelle) zum Ende. Der Vollständigkeit halber sei erwähnt, daß der Anpassungspfad C-D-E-F nur einer unter vielen möglichen ist. Andere Parameterwerte a, b, c führen zu anderen Anpassungspfaden. Insbesondere sind auch kreisförmige Bewegungen um G denkbar. Im neuen Gleichgewichtspunkt G gilt:

- $w_M = w_P$, d. h. die Realkasse (und damit die Nachfrage) bleibt nun konstant, und folglich wird sich auch die Arbeitslosenquote nicht weiter ändern.
- $w_P^e = w_P$, d. h. die erwartete Inflationsrate entspricht der tatsächlichen Inflationsrate, so daß sich auch die Inflationserwartungen nicht ändern müssen.
- $U = U_n$, d. h. es herrscht wieder Vollbeschäftigung, so daß die Nominallohnentwicklung w_L nicht mehr von der Arbeitsmarktsituation (sondern nur noch von w_P^e) abhängt.

Was sind nun die Ergebnisse?

1. Wie im bisherigen Gleichgewicht A entspricht auch im neuen Gleichgewicht G die Inflationsrate der Geldmengensteigerungsrate. Variationen der Geldmengensteigerungsrate bewirken also gleich starke Variationen der Inflationsrate.

2. *Langfristig*, d. h. nachdem der Anpassungsprozeß abgeschlossen ist, herrscht ein Non-trade-off. Die Änderung der Inflationsrate/Geldmengensteigerungsrate beeinflußt langfristig das Niveau der Arbeitslosenquote nicht. Die Wirtschaft spielt sich auf ihrem Vollbeschäftigungsniveau $U = U_n$ ein.

3. *Kurzfristig*, d. h. solange der Anpassungsprozeß noch nicht abgeschlossen ist, herrscht ein Trade-off. So hat der Anstieg der Geldmengensteigerungsrate zunächst die Arbeitslosenquote gesenkt (vgl. Punkte A und B).

Gegenüber den statischen Inflationserwartungen ist die adaptive Erwartungshypothese dadurch gekennzeichnet, daß die Wirtschaftssubjekte als *lernfähig* und damit die Inflationserwartungen als anpassungsfähig betrachtet werden. Dennoch ist auch die adaptive Erwartungshypothese nicht ganz befriedigend. Obwohl nämlich Inflationserwartungen im Grunde in die Zukunft gerichtet sind, unterstellt diese Hypothese eine vergangenheitsorientierte Erwartungsbildung. Daß Inflationserwartungen auf die Zukunft gerichtet sind, macht das Beispiel der Lohnverhandlungen deutlich: Der Nominallohn wird für eine zukünftige Periode abgeschlossen, und da ist es von Bedeutung, wie sich in dieser zukünftigen Periode die Inflationsrate entwickeln wird. Die Vergangenheitsorientierung kommt darin zum Ausdruck, daß gemäß dieser Hypothese die Inflationserwartungen heute angepaßt werden, wenn gestern eine Abweichung von erwarteter und tatsächlicher Inflationsrate vorlag. Lag gestern keine Abweichung vor, wird auch

Abb. 31: Trade-off und Non-Trade-off bei adaptiven Inflationserwartungen

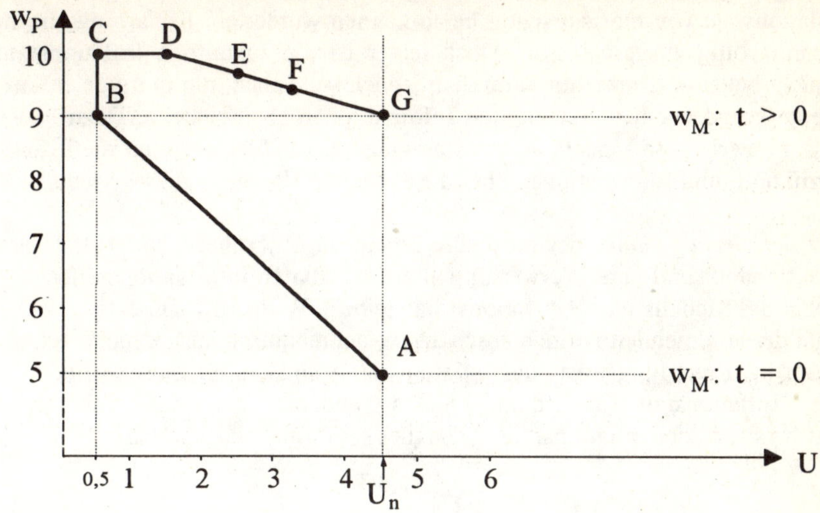

t	w_M	$U-U_n$	w_P^e	$(w_L =) w_P$
0	5	0	5	5
1	9	-4	5	9
2	9	-4	6	10
3	9	-3	7	10
4	9	-2	7,75	9,75
5	9	-1,25	8,25	9,50
.	.	.	.	.
.	.	.	.	.
∞	9	0	9	9

die Inflationserwartung von heute nicht geändert - was immer auch in der zukünftigen Periode, um die es eigentlich geht, geschehen mag.

Rationale Erwartungsbildung: Der prinzipielle Mangel der adaptiven Erwartungshypothese war, daß erst ein Erwartungsirrtum effektiv eingetreten sein muß, bevor die Inflationserwartungen geändert werden. Damit werden systematische Erwartungsirrtümer möglich. Vernünftig ("*rational*") wäre es dagegen, wenn es die Konsumenten, Gewerkschaften und Unternehmer gar nicht erst soweit kommen ließen: sich also bemühen würden, so ihre Erwartungen zu bilden, daß eine Abweichung von erwarteter und tatsächlicher Inflationsrate möglichst gar nicht eintritt. Die rationale Erwartungshypothese unterstellt, daß die Akteure der Wirtschaft genau in diesem Sinne ihre Erwartungen bilden.

Wie kann nun aber z. B. ein Unternehmer oder ein Konsument den möglichen Erwartungsirrtum minimal halten? Am angenehmsten wäre es, wenn der Akteur die Inflationsrate von morgen schon heute kennen würde; ein Erwartungsirrtum wäre dann völlig ausgeschlossen. Doch leider ist die zukünftige Inflationsrate heute nicht bekannt. Immerhin kann man jedoch versuchen, die morgige Inflationsrate aufgrund der heute bekannten Informationen abzuschätzen. Dazu benötigt man zweierlei: ein Modell, welches mögliche Einflußfaktoren auf die Inflation spezifiziert, und Informationen über die exogenen Variablen dieses Modells.

Dies ist der *Grundgedanke* der rationalen Erwartungshypothese: Mit Hilfe eines Inflationsmodells und unter Verwertung aller verfügbaren Informationen über die Variablen des Modells wird ein rational handelndes Wirtschaftssubjekt die Inflationsrate der kommenden Periode abschätzen (fachmännisch ausgedrückt: Es bildet sich den "Erwartungswert" der Inflationsrate), und die für diese Periode erwartete Inflationsrate ist dann nichts anderes als der Schätzwert (Erwartungswert) der Inflationsrate. Auch dies sei formal ausgedrückt:

(4c) $$w_P^e = E(w_P) \left\| \begin{array}{l} \text{Modell } X \\ \text{Informationen } Y \end{array} \right.$$

Ein Wirtschaftssubjekt verfüge über das Inflationsmodell "MODELL X" und besitze weiterhin über die Variablen des Modells "INFORMATIONEN Y". Unter Verwendung von MODELL X und Verwertung der INFORMATIONEN Y schätzt das Wirtschaftssubjekt die Inflationsrate der nächsten Periode, oder anders ausgedrückt: Es bildet den Erwartungswert $E(w_P)$ für die Inflationsrate. Dieser Erwartungswert wird als erwartete Inflationsrate w_P^e übernommen. Zusammen mit den Gleichungen (1) bis (3) aus *Abb. 29* bildet Gleichung (4c) ein komplettes Modell. Die Lösung derartiger Modelle erfordert einigen Aufwand. Zunächst sei der Grundgedanke verbal erläutert:

- Zunächst benötigen wir zur Bildung der erwarteten Inflationsrate ein Inflationsmodell. Das in *Abb. 29* strukturierte Modell enthält unter anderem die Inflationsrate w_P als endogene Variable, kann also als ein Inflationsmodell betrachtet werden. Es sei angenommen, daß dieses Modell allen anderen Inflationsmodellen überlegen sei und die Inflation in der Realität korrekt erklärt, so daß wir mit ihm weiterarbeiten können. In *Abb. 32* haben wir dieses Modell noch einmal in eine für uns nützlichere Schreibweise gebracht. In dem Kreis steht die Inflationsrate, die es abzuschätzen gilt; in dem Rechteck sind die Bestimmungsgründe der Inflationsrate enthalten.

- Nunmehr müssen wir die verfügbaren Informationen auswerten. Es sei angenommen, daß die Werte der exogenen Variablen (w_M, U_n) sowie der Parameter (a, b) bekannt sind. In der Vorperiode habe Vollbeschäftigung ($U_{-1} = U_n$) geherrscht. Da w_M eine Politikvariable ist, die von der Zentralbank geändert werden kann, müssen Änderungen dieser Größe von der Zentralbank angekündigt werden, damit w_M bekannt ist. Das wollen wir annehmen.

Abb. 32: Struktur der rationalen Erwartungsbildung

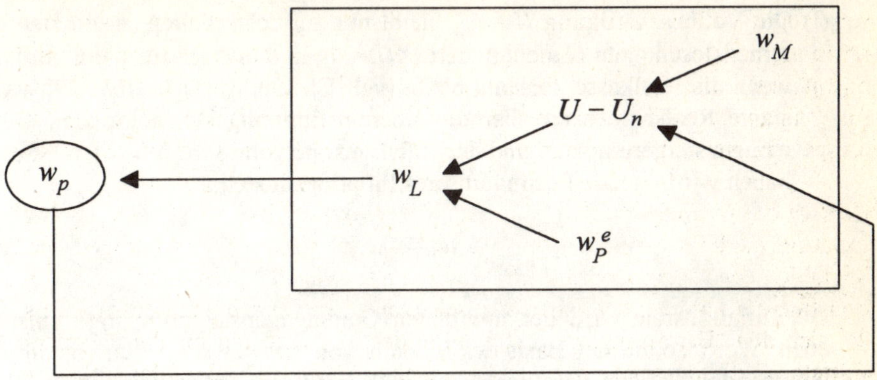

Nunmehr müssen wir die Lösung des Modells für die erwartete Inflationsrate w_P^e finden.

(a) Mit Hilfe des in *Abb. 32* strukturierten Modells ermittelt man zunächst einen Schätzwert für die Inflationsrate, d. h. den Erwartungswert für die Inflationsrate $E(w_P)$. Da wir angenommen hatten, daß das Inflationsmodell die Realität richtig wiedergibt, können wir sagen, daß die tatsächliche Inflationsrate der kommenden Periode mit dem Erwartungswert für die Inflationsrate übereinstimmen muß: $w_P = E(w_P)$.

(b) Um w_P und damit $E(w_P)$ ermitteln zu können, brauchen wir nach *Abb. 32* Angaben über die Bestimmungsgründe w_L, w_P^e, U, U_n und w_M. Die exogenen Größen U_n und w_M sind aufgrund unserer Informationsannahmen bekannt. Über w_P^e, w_P und U können wir aus unserem Modell Ergebnisse ableiten.

(c) Nach der Erwartungshypothese [Gleichung (4 c)] wird der Erwartungswert für die Inflationsrate als erwartete Inflationsrate übernommen, d. h. $w_P^e = E(w_P) = w_P$.

(d) Aufgrund unseres Modells [vgl. Gleichung (3) in *Abb. 29*] stimmen Inflationsrate und Nominallohnsteigerungsrate überein, $w_P = w_L$. Somit muß auch $w_P^e = w_L$ sein.

(e) Die Lohnsteigerungsrate w_L kann aber [vgl. Gleichung (2) in *Abb. 29*] nur dann mit der erwarteten Inflationsrate w_P^e übereinstimmen, wenn vom Arbeitsmarkt her keine Impulse auf die Nominallöhne ausgehen, d. h. es muß $U = U_n$ gelten (und dies hatten wir oben mit Vollbeschäftigung umschrieben).

(f) Die Vollbeschäftigung $U = U_n$ bleibt nur aufrechterhalten, wenn sich die Arbeitslosenquote U nicht ändert ($\Delta U = 0$), und dies ist nur dann der Fall, wenn die Realkasse konstant bleibt [vgl. Gleichung (1) in *Abb. 29*]. Konstante Realkasse setzt aber die Übereinstimmung der nominalen Geldmengensteigerungsrate und der Inflationsrate voraus, d. h. $w_M = w_P$. Somit haben wir folgende Lösung unseres Inflationsmodells:

$$w_P = w_M$$

Die Inflationsrate wird der nominalen Geldmengensteigerungsrate entsprechen. Wer also auf der Basis des Modells von *Abb. 29* die Inflationsrate der kommenden Periode vorausschätzen will, wird sich Informationen über die nominale Geldmengensteigerungsrate dieser Periode verschaffen, denn Geldmengensteigerungsrate und Inflationsrate stimmen überein. Da der Schätzwert für die Inflationsrate annahmegemäß als erwartete Inflationsrate übernommen wird, gilt auch

$$w_P^e = w_M \,.$$

Mit anderen Worten: Die Wirtschaftssubjekte erwarten für die Periode t = 1 eine Inflationsrate in Höhe der (angekündigten) nominalen Geldmengensteigerungsrate w_M.

Was dies nun für Inflation und Beschäftigung impliziert, soll an einem Zahlenbeispiel deutlich gemacht werden. Der Ausgangspunkt ist wie bei den adaptiven Erwartungen durch Punkt A (*Abb. 31*) und die Zeile t = 0 in der unteren Tabelle gekennzeichnet. Nunmehr gibt die Zentralbank zu Beginn der Periode t = 1 bekannt, daß die Geldmengensteigerungsrate auf w_M = 9 vH erhöht wird. Weil als Ergebnis der rationalen Erwartungsbildung die erwartete Inflationsrate der Geldmengensteigerungsrate entspricht, $w_P^e = w_M$, ist die unmittelbare Wirkung dieser Ankündigung, daß für Periode t = 1 sofort (sofort nach der Ankündigung) eine auf w_P^e = 9 vH erhöhte Inflationsrate erwartet wird. Aufgrund dieser erhöhten Inflationserwartung wird sofort auch die Nominallohnsteigerungsrate auf w_L = 9 vH angehoben, was sofort auch einen Anstieg der Inflationsrate auf w_P = 9 vH zur Konsequenz hat. Da nun aber die Inflationsrate ohne zeitliche Verzögerung der Geldmengensteigerungsrate folgt (es bleibt also $w_M = w_P$), ändert sich die Realkasse nicht, und folglich bleiben auch Beschäftigung und Arbeitslosenquote unverändert. Die Wirtschaft "springt" also von ihrem Ausgangsgleichgewichtspunkt A zum neuen Gleichgewichtspunkt G (vgl. *Abb. 31*), wie in der folgenden Tabelle noch einmal deutlich wird.

t	w_M	$U-U_n$	w_P^e	$(w_L =) w_P$
0	5	0	5	5
1	9	0	9	9
.	.	.	.	.
.	.	.	.	.
.	.	.	.	.

Was sind die Ergebnisse?

1. Die Änderungsrate der Geldmenge entspricht der Inflationsrate, $w_M = w_P$. Variationen der Geldmengensteigerungsrate bewirken also gleich große Variationen der Inflationsrate.

2. Mit der Änderung der Inflationsrate/Geldmengensteigerungsrate sind weder kurzfristige noch langfristige Beschäftigungseffekte verbunden. Ein Trade-off existiert *nicht*.

Wir wollen formale Ableitungen zwar nicht in den Vordergrund stellen, aber eine kurze formale Herleitung dieser Ergebnisse mag nützlich sein. Die Gleichungen (1), (2) und (3) aus *Abb. 29* lassen sich unter Berücksichtigung der Schreibweise $\Delta U=U - U_{-1}$ zusammenfassen zur Gleichung

(i) $$w_P = w_P^e - \left[U_{-1} - \left(w_M - w_P\right) - U_n\right].$$

Da in der Vorperiode annahmegemäß Vollbeschäftigung herrschte (($U_{-1} = U_n$), vereinfacht sich (i) zu

(ii) $$w_P = w_P^e + \left(w_M - w_P\right).$$

Hiervon bildet man den Erwartungswert, was bei korrekt vorangekündigter Geldmengensteigerungsrate (d.h. $w_M = w_M^e$) zu folgender Lösung für die erwartete Inflationsrate führt:

(iii) $$w_P^e = w_P^e + (w_M^e - w_P^e) \Rightarrow w_P^e = w_M$$

Eingesetzt in (ii) folgt

(iv) $$w_P = w_M .$$

Da die erwartete und die tatsächliche Inflationsrate übereinstimmen, ergibt sich aus Gleichung (2) in Verbindung mit Gleichung (3) für den Arbeitsmarkt Vollbeschäftigung:

(v) $$U = U_n$$

Die Inflationsrate nach (iv) und die Arbeitslosenquote nach (v) sind voneinander unabhängig. Soweit dieser formale Einschub.

Das Modell der rationalen Erwartungen impliziert - soweit wir es bisher referiert haben - korrekte Erwartungen, d. h. die erwartete Inflationsrate stimmt mit der tatsächlich sich einstellenden Inflationsrate überein. Diese Aussage muß jedoch ein wenig modifiziert werden, und zwar durch die Einbeziehung von *Zufallseinflüssen*. Die Modellgleichungen (1) bis (3) aus *Abb. 29* beschreiben die systematischen Zusammenhänge zwischen den wirtschaftlichen Variablen U, w_P, w_L und w_M, so wie sie sich aufgrund ökonomischer Hypothesen ergeben. Nun sind in der Realität diese Zusammenhänge in der Regel durch Zufallseinflüsse überlagert, also durch Einflüsse, die nicht systematisch auftreten und daher nicht voraussehbar sind. Um das Grundprinzip zu verdeutlichen, sei Gleichung (1) wie folgt umgeschrieben:

(1a) $$\Delta U = -a \cdot (w_M - w_P) + v.$$

Neu hinzugekommen ist die Zufallsvariable v. Sie erfaßt unvorhersehbare (zufällige, "stochastische") Einflüsse auf die Veränderung der Arbeitslosenquote. Die Zufallsvariable v kann positive oder negative Werte haben. Da sie jedoch keinen systematischen Einfluß auf die Veränderung der Arbeitslosenquote ausübt (der systematische – "deterministische" - Einfluß besteht in Variationen der Realkasse, ausgedrückt durch w_M - w_P), ist der "Durchschnittswert", oder genauer: der Erwartungswert von v mit Null anzusetzen ($E(v) = 0$).

Was sind nun die Implikationen? Ohne die stochastische Variable v impliziert die Konstanz der Arbeitslosenquote ($\Delta U = 0$) die Übereinstimmung der Geldmengenänderungsrate mit der Inflationsrate ($w_M = w_P$). Kommt es nun zu stochastischen Störungen v, können auch bei konstanter Arbeitslosenquote die Geldmengenänderungsrate und die Inflationsrate voneinander abweichen [nach Gleichung (1a) gilt dann $w_P = w_M - v/a$]. Der Erwartungswert der Inflationsrate folgt hieraus als $w_P^e = w_M$, denn der Erwartungswert von v ist annahmegemäß Null, $E(v) = 0$. Jetzt weichen tatsächliche und erwartete Inflationsrate voneinander ab, und zwar soweit stochastische Störungen auftreten: $w_P^e - w_P = v/a$.

Man kann also feststellen, daß auch bei rationalen Erwartungen Erwartungsirrtümer über die Inflationsrate vorkommen können. Aber sie sind nur zufälliger Natur, nicht systematisch wie bei den statischen oder den adaptiven Erwartungen. An der grundlegenden Aussage (daß die Geldpolitik via w_M *systematisch* nur auf die Inflationsrate wirkt und keinen *systematischen* Einfluß auf die Arbeitslosenquote ausüben kann) ändert sich durch die Einbeziehung der stochastischen Größen nichts.

Ziehen wir nunmehr eine *Bilanz*. Variationen der Geldmengensteigerungsrate beeinflussen auf jeden Fall die Inflationsrate, und zwar in gleicher Richtung und in gleichem Umfang. Zumindest auf lange Sicht gilt, daß die Änderungsrate der nominalen Geldmenge mit der Inflationsrate übereinstimmt. Inwieweit Variationen der Geldmengensteigerungsrate auf die Beschäftigung (Arbeitslosenquote) wirken, hängt von der Art der Bildung der Inflationserwartungen ab, genauer: von der Treffsicherheit dieser Erwartungsbildung. Bei *statischen* Inflationserwartungen sind dauerhafte Abweichungen von erwarteter und realisierter Inflationsrate möglich, und hier hat die Variation der Geldmengensteigerungsrate dauerhafte Beschäftigungseffekte. Bei *adaptiven* Erwartungen sind diese Abweichungen vorübergehend, und so sind auch die Beschäftigungseffekte der Geldpolitik nur vorübergehend. Bei *rationalen* Erwartungen sind die Erwartungen (grundsätzlich) korrekt in dem Sinne, daß keine systematischen Schätzfehler auftreten, und Beschäftigungseffekte der Geldpolitik bleiben ausgeschlossen.

7.1.4 Rolle institutioneller Beschränkungen: Rigiditäten

Was im letzten Abschnitt geschildert wurde, deckt die theoretische Diskussion zum Thema Geld, Inflation und Beschäftigung mehrerer Jahrzehnte ab. Von *Phillips' (1958)* Beitrag angefangen bis Mitte der sechziger Jahre argumentierte man mit Modellen, die zum Teil implizit auf statischen Inflationserwartungen basierten. Mit Beiträgen von *Friedman (1968)* und *Phelps (1967)* kamen dann Modelle auf, die adaptive Erwartungen bevorzugten. Die Phase von Modellen mit rationalen Erwartungen leiteten Beiträge von *Lucas (1972)* und insbesondere *Sargent/Wallace (1976)* ein. Angeregt durch Beiträge vor allem von *Fischer (1977)* und *Phelps/Taylor (1977)* ging die Diskussion später darum, unter welchen Bedingungen eine Variation der Geldmengensteigerungsrate trotz rationaler Erwartungsbildung dennoch Beschäftigungseffekte haben kann.

An einem Beispiel soll das Prinzipielle aufgezeigt werden. Wir wollen hierfür das Beispiel einer *institutionellen Beschränkung* (vgl. *Fischer (1977)*) wählen. Der Grundgedanke: Ein Trade-off kommt auch bei rationaler Erwartungsbildung zustande, wenn sich die Wirtschaftssubjekte mit ihren Aktivitäten der in rationaler Weise gebildeten Inflationserwartung nicht (vollständig) anpassen können, weil sie z. B. durch längerfristige Verträge gebunden sind und während der Vertragsdauer ihre Dispositionen nicht ändern können ("Rigidität").

Zur Erläuterung dieses Grundgedankens müssen wir noch einmal auf die Darstellung der rationalen Erwartungen im vorangegangenen Abschnitt zurückkommen. Die Tatsache, daß die Beschäftigungseffekte bei einer Erhöhung der Geldmengensteigerungsrate ausblieben, setzte wie geschildert voraus, daß sich die Inflationsrate w_p ohne jegliche Verzögerung an die erhöhte Geldmengensteigerungsrate w_M anpaßt (über die Wirkungskette $w_M \rightarrow w_P^e \rightarrow w_L \rightarrow w_P$). Nur wenn dies gewährleistet ist, bleibt die Differenz $w_M - w_P = 0$, nur dann ändert sich die Realkasse zu keinem Zeitpunkt, so daß auch die Arbeitslosenquote sich zu keinem Zeitpunkt ändert.

Gehen wir nun davon aus, daß in der Wirtschaft zahlreiche Arbeits- und Lieferverträge existieren, die über mehrere Perioden laufen und in denen unter anderem die Löhne bzw. die Preise für die Laufzeit fixiert sind. Beispielsweise seien alle diese Kontrakte zum Zeitpunkt t = 0 abgeschlossen, und ihre Laufzeit gehe bis t = 4. Wenn nun die Zentralbank während der Laufzeit dieser Kontrakte, z. B. ab t = 1, eine Erhöhung der Geldmengensteigerungsrate w_M ankündigt und auch tatsächlich durchführt, dann entsteht folgende Konstellation: Bei rationaler Erwartungsbildung wissen die Gewerkschaften, Unternehmer, Konsumenten, daß nun auch die Inflationsrate w_p ansteigen wird - sie wissen aber auch, daß dies erst nach Ablauf der Kontraktperiode, also nach t = 4, geschehen kann. In der Zwischenzeit, von t = 1 bis t = 4, sind ja Lohn- und Preisentwicklung annahmegemäß aufgrund der Verträge aus t = 0 fixiert, und sie können deshalb in dieser Zeit nicht an die mittlerweile eingetretene Änderung der Geldmengensteigerungsrate angepaßt werden.

Folglich gibt es nach der Ankündigung und Durchführung einer erhöhten Geldmengensteigerung von t = 1 bis t = 4 eine Situation, in der die (erhöhte) Geldmengensteigerungsrate w_M über der (bis t = 4 nicht anpassungsfähigen) Inflationsrate w_P liegt. Die Realkasse steigt folglich, und via Nachfrage, Produktion und Beschäftigung nimmt die Arbeitslosenquote ab. Dies ist ein Trade-off, der trotz rationaler Erwartungsbildung eintritt und der deshalb eintritt, weil die Anpassung an die geänderten Daten (hier: an die geänderte Geldmengensteigerungsrate) zeitweilig nicht möglich ist. Nach Ablauf der Kontraktperiode, nach t = 4, wird dann die Inflationsrate (via $w_P^e \rightarrow w_L \rightarrow w_P$) wieder an die erhöhte Geldmengensteigerungsrate angepaßt, die Realkasse sinkt wieder bis zu ihrem ursprünglichen Ausgangsniveau, und auch die Arbeitslosenquote steigt auf ihr Ausgangsniveau.

Mit diesem Beispiel sollte deutlich geworden sein, daß rationale Erwartungen allein Beschäftigungseffekte der Geldpolitik nicht ausschließen, wenn institutionelle Beschränkungen Anpassungen an geänderte Daten vorübergehend behindern. Für die Realität ist anzumerken, daß dort mehrperiodige Kontrakte verbreitet sind: Arbeitsverträge, Mietverträge, Lieferverträge laufen häufig über mehrere Jahre und schränken in dieser Zeit die Preisanpassungsmöglichkeiten zumindest ein. Eine andere Frage ist, warum es bei rationalen Erwartungen überhaupt mehrperiodige Kontrakte gibt. Grundsätzlich werden mehrperiodige Kontrakte abgeschlossen, um sich vor "Überraschungen" zu sichern, beispielsweise um überraschende, d. h. unvorhersehbare Preisänderungen auszuschalten. Wer einen mehrperiodigen Mietvertrag oder Arbeitsvertrag abschließt, kann die Mietausgaben bzw. die Lohneinkommen für die Vertragslaufzeit besser kalkulieren, als wenn der Mietpreis oder der Lohn jederzeit geändert werden könnte. Der mehrperiodige Kontrakt schafft also Sicherheit, was ihn für risikoscheue Wirtschaftssubjekte attraktiv macht.

Nun ist die Frage, ob es bei rationaler Erwartungsbildung überhaupt "Überraschungen" geben kann. Schließlich bedeuten rationale Erwartungen im strengen Sinne, daß sämtliche Informationen über die wirtschaftliche Entwicklung mit Hilfe eines geeigneten wirtschaftlichen Modells ausgewertet werden und deshalb bekannt sind. "Überraschungen" im Sinne systematischer Fehleinschätzungen sind damit grundsätzlich ausgeschlossen. Im letzten Abschnitt hatten wir jedoch auf die Zufallseinflüsse hingewiesen. Denn in einer Wirtschaft können jederzeit Zufallsstörungen auftreten; sie sind auch mittels rationaler Erwartungsbildung nicht voraussehbar. "Überraschungen" im Sinne zufälliger Störungen sind also bei rationaler Erwartungsbildung möglich; und um sich vor den Folgen solcher Einflüsse zu schützen, werden mehrperiodige Kontrakte abgeschlossen.

7.1.5 Konsequenzen für die Geldpolitik

In unserem Modell schlagen sich Variationen der Geldmengensteigerungsrate in gleichgerichteten Variationen der Inflationsrate nieder. Weiterhin kann man unter bestimmten Umständen davon ausgehen, daß die Geldpolitik auch Beschäftigungseffekte haben wird: Bei statischen und adaptiven Inflationserwartungen treten sie auf jeden Fall auf, bei rationalen Inflationserwartungen dann, wenn institutionelle Beschränkungen gegeben sind. Außer bei statischen Inflationserwartungen (die jedoch eine wenig überzeugende Hypothese darstellen) sind die Beschäftigungseffekte jedoch nur vorübergehender Natur. Dies waren die Resultate der vorangegangenen Überlegungen.

Die Geldpolitik eignet sich aufgrund dieser Ergebnisse zur Inflationsbekämpfung. Eine Reduktion der Geldmengensteigerungsrate drückt die Inflationsrate. Beschäftigungspolitik durch die Zentralbank ist dagegen prinzipiell nicht erforderlich: Auf lange Sicht sorgen schon die Marktkräfte (sieht man wieder vom Modell mit statischen Erwartungen ab) dafür, daß sich ein Zustand der Vollbeschäftigung ($U = U_n$) einstellt, und zwar unabhängig davon, welche Geldmengensteigerungsrate von der Zentralbank realisiert wird.

Diese eindeutige *Rollenzuweisung* für die Geldpolitik bedarf jedoch einer Relativierung. Wir können vor allem wegen der Rigiditäten von der Existenz eines vorübergehenden Trade-offs ausgehen. Der Versuch, die Inflationsrate mittels restriktiver Geldpolitik zu drücken, bewirkt dann eine, wenn auch vorübergehende Arbeitslosigkeit. Was heißt aber "vorübergehend"? Wenn die "Selbstheilungskräfte" der Wirtschaft stark sind, wird die entstandene Arbeitslosigkeit sehr schnell, vielleicht in wenigen Monaten abgebaut. Sind die Selbstheilungskräfte dagegen schwach, mag der Anpassungsprozeß lange dauern. Geldpolitische Inflationsbekämpfung wird um so problematischer, je schwächer die Selbstheilungskräfte am Arbeitsmarkt sind.

Noch in anderer Weise kann die Geldpolitik für die Beschäftigung gefordert sein. Angenommen, es entsteht durch Störungen nicht-monetärer Art, zum Beispiel durch rückläufige Exporte, Arbeitslosigkeit im Lande. Auch hier wirken die Selbstheilungskräfte des Arbeitsmarktes grundsätzlich auf die Wiederherstellung der Vollbeschäftigung hin. Wenn dieser Anpassungsprozeß aber sehr lange dauert, könnte die Geldpolitik helfend eingreifen. Durch expansive Maßnahmen, d. h. durch eine Senkung der Notenbankzinsen oder durch eine Erhöhung der Geldmengensteigerungsrate, würde sie den Abbau der Arbeitslosigkeit tendenziell beschleunigen, was dann freilich eine höhere Inflationsrate mit sich brächte.

Zusammenfassend kann man es so ausdrücken: Wer Vertrauen in starke Selbstheilungskräfte der Wirtschaft besitzt, kann der Zentralbank empfehlen, sich mit ihrer Geldpolitik auf die Inflationsbekämpfung zu konzentrieren. Wer die Selbstheilungskräfte skeptisch beurteilt, wird die Zentralbank nicht allein auf die Preisniveaustabilität verpflichten, sondern mögliche Beschäftigungseffekte zumindest mit bedenken.

7.2 Geldpolitik in der offenen Volkswirtschaft

Beim Übergang von der geschlossenen zur offenen Volkswirtschaft ist die Analyse um zahlreiche außenwirtschaftliche Einflußfaktoren zu erweitern. Im Mittelpunkt stehen der Außenhandel, die internationalen Kapitalbewegungen und die Wechselkurse. Änderungen dieser Größen können über Mengen-, Preis-, Zins- und Wechselkurseffekte die ökonomischen Aktivitäten eines Landes maßgeblich beeinflussen und daher auch zu einem Handlungsbedarf der nationalen Politik führen. Dies gilt in besonderem Maße für die *Geld-* und *Währungspolitik* der Zentralbank, und zwar generell für das Ziel der Preisstabilität und für den Einsatz der Instrumente der Zins- und Wechselkurspolitik. Wir müssen uns daher im folgenden mit den empirischen und analytischen Grundlagen dieser außenwirtschaftlichen Zusammenhänge beschäftigen.

Zuvor sind einige *Vorarbeiten* zu leisten: die Darstellung der hauptsächlichen Formen und Tendenzen außenwirtschaftlicher Verflechtungen; des neuen Szenarios der EWU im Weltwährungssystem; des Rechenwerks "Zahlungsbilanz" und der Verknüpfung zwischen Binnen- und Außenwirtschaft.

7.2.1 Außenwirtschaftliche Verflechtungen: "Globalisierung"

In den letzten Jahrzehnten sind die Volkswirtschaften zunehmend "offener" geworden. Schlagworte wie "Internationalisierung" und "Globalisierung" (die Welt als "Global Village") kennzeichnen den Prozeß der gegenseitigen Durchdringung der Märkte und der steigenden außenwirtschaftlichen Verflechtung. Im folgenden wird ein Überblick über die hauptsächlichen Ursachen, Dimensionen und Folgen des Globalisierungsprozesses gegeben, um dessen geld- und währungspolitische Relevanz in den späteren Abschnitten besser einschätzen zu können.

1) **Abgrenzung**. Im ökonomischen Sinne bedeutet Globalisierung die internationale Ausrichtung von Produktion, Absatz, Beschaffung und Finanzströmen (weltweite Integration der Güter- und Finanzmärkte). Diese Aktivitäten sind sehr weit zu verstehen: Sie umfassen die grenzüberschreitenden Ströme von Fertigwaren, Vorprodukten, Dienstleistungen und Produktionsfaktoren wie Kapital, Technologie, Know-how und Informationen, aber auch spekulative, d. h. nicht der Finanzierung von Leistungstransaktionen dienende Kapitalströme. Grob zusammengefaßt lassen sich drei Ausprägungen unterscheiden, nämlich die Globalisierung des Handels, der Investitionen und der Finanzmärkte.

Getragen wird die Handels- und Investitionsglobalisierung vor allem von den großen multinationalen Produktions- und Handelsunternehmen. Ihr Ziel ist die weltweite Erschließung neuer kostengünstiger Beschaffungsmärkte und wachstumsstarker Absatzmärkte. Finanziell "begleitet" werden diese Aktivitäten durch die internationalen Banken und Finanzierungsinstitute auf den weltweiten Finanzmärkten in Form von Bankkrediten, Anleihen- und Aktienemissionen. Markterschließung und die Verlagerung von Produktions-, Service- und Vertriebsstätten in das Ausland gehen dabei zunehmend Hand in Hand. Das Vehikel für derartige Verlagerungen sind insbesondere ausländische Direktinvestitionen.

2) **Globalisierungstendenzen**. Über das Tempo der außenwirtschaftlichen Verflechtungen in den letzten 25 Jahren informiert *Abb. 33* (Ursprungsdaten in US-Dollar in jeweiligen Preisen):

- Referenzgröße ist die *Weltproduktion* (Summe aller nationalen BIP-Werte); sie ist seit Anfang der 70er Jahre um das 8-fache gestiegen.
- Von dieser nationalen Referenzgröße deutlich abgekoppelt hat sich die Entwicklung der *Weltexporte* (gegenüber 1972 Anstieg um das 13-fache). Dies ist ein erster, klarer Hinweis auf die Dynamik des Globalisierungsprozesses, insbesondere seit 1985.
- Stärker noch als bei den Weltexporten zeigt sich der Globalisierungsschub bei den ausländischen *Direktinvestitionen* (jährliche nominale Stromgrößen) mit einem Anstieg um das 18-fache im Vergleich zu 1972 und einer ausgeprägten Dynamik ebenfalls seit Mitte der 80er Jahre.
- Als Maßgröße für die Globalisierung der *Finanzmärkte* wurde in *Abb. 33* die Entwicklung der Neu-Emission von *Anleihen* auf den internationalen Kapitalmärkten zugrunde gelegt. Hierbei handelt es sich um die jährliche Neuverschuldung der Staaten, Unternehmen und Banken auf den weltweiten Finanzmärkten. Im Vergleich zu den anderen Globalisierungsgrößen verzeichnet dieser Indikator ein geradezu explosives Wachstum (Anstieg gegenüber 1972 um das 42-fache). Die Internationalisierung der Finanzmärkte überragt also die Handels- und Investitions-Globalisierung bei weitem.

Zur Klarstellung sei gesagt, daß mit den weltweiten Anleihe-Emissionen nur ein relativ schmaler Ausschnitt aus den globalen Finanzmärkten herausgegriffen wurde. Im umfassenden Sinne gehören dazu sämtliche internationalen Geld-, Kredit-, Wertpapier- und Devisenmärkte sowie die darauf aufbauenden Märkte für derivative Finanzinstrumente (Optionen, Futures, Swaps), über deren Umfang und Entwicklung nur sehr grobe Schätzungen existieren. Bei den in *Abb. 33* dargestellten Kapitalströmen handelt es sich um leistungs-, d. h. insbesondere außenhandelsbezogene Transaktionen, die der Finanzierung von realwirtschaftlichen Vorgängen dienen. Durch sie werden "netto" neue Forderungen und Verbindlichkeiten begründet. Davon zu unterscheiden sind die noch wesentlich umfangreicheren spekulativen Finanztransaktionen, die sich von dem realwirtschaftlichen Unterbau längst "gelöst" haben: Sie finden auf den Sekundärmärkten für bereits "vorhandene" Finanzaktiva statt und nutzen als "vagabundierende" Kapitalbewegungen internationale Arbitragevorteile durch An- und Verkauf von

Abb. 33: Globalisierungstendenzen (Indices: 1972 = 100)[a)]

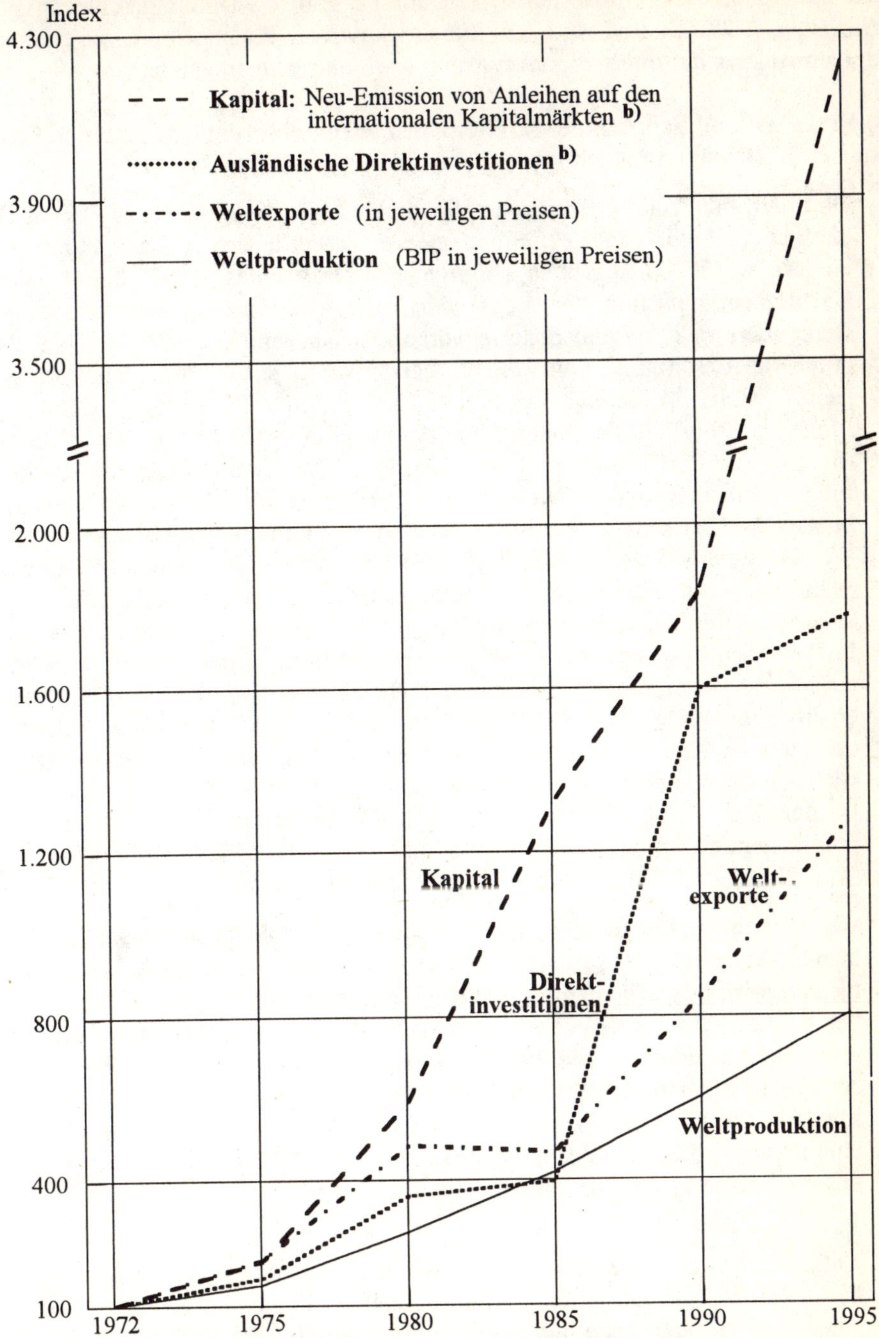

a) Ursprungsdaten in US-Dollar b) Jährliche Stromgrößen

Quelle: *G. Fels (1997, S. 3) / Institut der deutschen Wirtschaft* (mit weiteren Verweisen)

z. B. Wertpapieren oder Devisen. So wird etwa der *börsentägliche* Umsatz an den weltweiten Devisenmärkten derzeit auf 1,5 Bio. US-Dollar geschätzt (vgl. *BIZ, 1996, 1998*). Es sind vor allem diese spekulativen Finanzströme, die zu dem rapiden Anstieg der internationalen *Kapitalmobilität* beigetragen haben.

3) **Ursachen und Schrittmacher**. Der in den letzten Jahrzehnten verstärkte Globalisierungsschub ist auf zahlreiche Ursachen zurückzuführen:

- Grundlegende Voraussetzung war die zunehmende *Liberalisierung* des internationalen Handels und der Finanzmärkte. Insbesondere von den Industrieländern wurde - maßgeblich aufgrund des Drucks des GATT bzw. seiner Nachfolgeorganisation, der WTO - der Abbau von Handelsbarrieren und die Deregulierung der Finanzmärkte vorangetrieben: im Bereich des Handels durch die Beseitigung von Zöllen, Mengenkontingenten und nichttarifären Hemmnissen, im Bereich der Finanzmärkte durch Einführung der Währungskonvertibilität, durch den Abbau von Kapitalverkehrs- und Devisenkontrollen sowie durch die Beseitigung staatlicher Zinsregulierungen, die Lockerung von Anlagevorschriften und die Angleichung von internationalen Zahlungsverkehrssystemen. Auch der nach dem Zusammenbruch des Bretton Woods-Systems fester Wechselkurse (1973) erfolgte Übergang der meisten Währungen zum Floating kann als eine spezifische Form der Liberalisierung angesehen werden. Hierdurch eröffneten sich wesentlich größere Spielräume für Wechselkurserwartungen und die Devisenarbitrage, die wiederum die internationale Kapitalmobilität steigerten. Gleichzeitig entstand eine Fülle neuer Finanzprodukte (z. B. Geldmarktfonds und Derivate) und neuer, weltweit operierender Konkurrenten für die Banken (z. B. Investmentgesellschaften), wodurch auch die Wettbewerbsbedingungen auf diesen Märkten verschärft wurden. Dabei ging die Liberalisierung der Finanzmärkte jener der Handelspolitik zeitlich voraus, und sie war auch durchgreifender, wie aus den in *Abb. 33* aufgezeigten Tendenzen abgelesen werden kann.

- Als weitere grundlegende Voraussetzung für den Globalisierungsschub der letzten Jahrzehnte ist der Fortschritt der *Informations-* und *Kommunikationstechnologien* anzusehen. Aufgrund der Innovationen in diesen Bereichen haben sich die Transport- und Kommunikationskosten in geradezu spektakulärem Umfang *reduziert*: seit 1950 z. B. bei den Telefonkosten um 96 % und bei den Lufttransportkosten um 65 %; bei den Satelliten-Nutzungsgebühren seit 1970 um 92 % (vgl. *Weltbank, 1995, S. 62*). Diese Entwicklungen haben eine rasche und kostengünstige Steuerung der weltweiten Handels-, Investitions- und Finanztransaktionen wesentlich erleichtert.

- Nach dem Fall des "Eisernen Vorhanges" zwischen West und Ost sind ab Anfang der 90er Jahre mit den marktwirtschaftlich orientierten *Reformstaaten* in Mittel-Ost-Europa und in Südostasien (insbesondere China und Vietnam) neue Absatzmärkte und zugleich Konkurrenten für die Industrieländer auf den Plan getreten. Aufgrund dieser Transformation mußte - wie die *Weltbank* (*1996, S. 47*) charakterisiert -, "die ökonomische Landkarte neu gezeichnet werden". Für die weltwirtschaftliche Integration bedeuteten diese Entwicklungen zweifellos eine Zäsur, und die Reformstaaten wirken bis heute als Schrittmacher des Globalisierungsprozesses.

- Nach der tiefgreifenden Schuldenkrise der Dritten Welt in den 80er Jahren haben die *Entwicklungsländer* ihre zuvor erreichten Anteile an der weltweiten Handels-, Investitions- und Finanzmarktglobalisierung bis heute deutlich überrundet und sind damit - neben den Reformstaaten - zu einem weiteren Beschleuniger der Globalisierung geworden. Der neuerliche Ausbruch einer Finanz-, Währungs- und Schuldenkrise seit 1997/98 - dieses Mal schwerpunktmäßig in den "Tigerstaaten" Südostasiens, in Japan und in Rußland - wird dem künftigen Globalisierungstempo allerdings einen kräftigen Dämpfer versetzen.

- Ein anderes Merkmal des veränderten ökonomischen Weltatlas ist die Herausbildung neuer und neustrukturierter *Handelsblöcke* etwa ab Ende der 80er/Anfang der 90er Jahre. Hierzu gehören vor allem
  - der EU-Binnenmarkt mit dem (weitgehenden) Wegfall der nichttarifären Handelshemmnisse und ergänzt um die beginnende Osterweiterung,
  - die nordamerikanische Freihandelszone (NAFTA),
  - der in Vorbereitung befindliche Übergang vom politischen Verbund der ASEAN-Staaten auf die asiatische Freihandelszone (AFTA),
  - die von den USA initiierte asiatisch-pazifische Wirtschaftskooperation (APEC) unter Einschluß von China und (vorgesehen) Rußland,
  - diverse weitere Freihandelszonen in allen Teilen der Welt, von denen der MERCOSUR-Block in Lateinamerika besonders zu erwähnen ist.

  Gemeinsames Merkmal bei den meisten dieser Handelsblöcke ist, daß es sich um die Verbindung von "kapitalreichen" mit "arbeitsreichen" (capital-rich, labor-rich) Volkswirtschaften handelt und daß die alten Industrieländer bestrebt sind, "Emerging Economies" als wachstumsstarke Absatzmärkte und Niedriglohn-"Satelliten" an sich zu binden, um sich (wieder) wettbewerbsfähig zu machen für weitere Globalisierungsaktivitäten. Die genannten Blockbildungen haben die wirtschaftliche Verflechtung *innerhalb* der Regionen vorangetrieben und zu handelsschaffenden Effekten geführt. Andererseits sind hierdurch auch handelsablenkende Wirkungen außerhalb und zwischen den Blöcken eingetreten, die jedoch nach Schätzungen des GATT bzw. der WTO den Welthandel insgesamt nur relativ geringfügig beeinträchtigt haben.

4) **Wirkungen**. Als positive Folgewirkungen der Globalisierung gelten, daß die internationale Arbeitsteilung intensiviert und die Allokation der Ressourcen verbessert wurden, woraus sich wiederum wohlstandssteigernde Effekte ergaben. Kritischer beurteilt werden dagegen die mit der Globalisierung einhergehende Verschärfung des weltweiten Standortwettbewerbs und die verstärkten wechselseitigen Abhängigkeiten der Volkswirtschaften. Besonders in die Kritik geraten sind die "Überreaktionen" globalisierter Finanzmärkte (s. u.). Sie haben dieser Kritik zufolge die Risiken für das internationale Währungs- und Finanzsystem

deutlich erhöht und damit das System als Ganzes instabiler gemacht (vgl. *Hellwig, 1998*; *Mishkin, 1998*). Im folgenden soll dieser für die Geld- und Währungspolitik besonders relevante Aspekt etwas ausführlicher behandelt werden.

Außer Frage steht, daß der drastische Anstieg des Volumens und der Mobilität der - insbesondere spekulativen - internationalen Kapitalströme zu verstärkten Schwankungen der *Finanzmarktpreise* geführt hat: der Wechselkurse, Zinssätze und Wertpapierpreise bzw. Renditen. Damit sind zentrale Aktionsparameter und Transmissionsvariablen der Geld- und Währungspolitik unmittelbar berührt.

Bei den Schwankungen der Finanzmarktpreise sind kurzfristige (monatliche) *Volatilitäten* und längerfristige *Verzerrungen* zu unterscheiden. Erstere gehören quasi zum "Alltag" der Finanzmärkte; sie korrigieren sich im allgemeinen binnen kurzer Zeit und veranlassen die Zentralbanken nur selten zu gegensteuernden Maßnahmen oder gar zu einem Kurswechsel der Politik. Gravierender sind längerfristige, d. h. sich oft über Jahre hinziehende Verwerfungen der Finanzmarktpreise. Derartige, als "Misalignments" bezeichnete Entwicklungen liegen vor, wenn sich Wechselkurse, Zinssätze und Preise bzw. Renditen von Finanz- (und Immobilien-)Anlagen von jenen Niveaus entfernen, die als mit den *fundamentalen Daten* einer Volkswirtschaft vereinbar bzw. gerechtfertigt erscheinen. Zu diesen Fundamentaldaten zählen insbesondere das Inflations- und Zinsgefälle zum Ausland, die reale Wirtschaftsleistung, die Höhe der Produktivitätsrate und die Ertrags- sowie Innovationskraft der Unternehmen einer Volkswirtschaft.

In den letzten zwei Jahrzehnten gab es weltweit zahlreiche Beispiele für Verzerrungen der Finanzmarktpreise bzw. für *Finanz-* und *Währungskrisen*. Dabei ähneln sich die Verläufe in bemerkenswerter Weise: Auf Überhitzungen der Vermögenspreise (sog. Asset-Inflation) und überbewertete Währungen folgten in der Regel kräftige (reale) Abwertungswellen und platzende "Preisblasen" ("Bubbles") auf den Wertpapier- und Immobilienmärkten. Auf diese Weise wurden zuvor aufgeblähte Vermögenspositionen in kurzer Zeit wieder vernichtet, und zwar dies in riesigen Dimensionen. Auch von den Wechselkursturbulenzen gingen tiefgreifende Störungen aus, hier vor allem auf die internationalen Handelsbeziehungen mit zum Teil gravierenden Rückwirkungen auf die nationalen Volkswirtschaften. Das jüngste Beispiel für derartige Entwicklungen ist die Währungs- und Finanzkrise in Südostasien. Sie nahm 1997 in den dortigen aufstrebenden Volkswirtschaften ihren Ausgang, griff in der Folgezeit auf Japan, Rußland und Lateinamerika über und zog schließlich auch die Finanzmärkte in den USA und Europa in Mitleidenschaft. Die regionale "Ansteckungsgefahr" solcher Krisen ist der Reflex globalisierter Handels- und Finanzbeziehungen, die die weltweiten Interdependenzen verstärkt und neue Abhängigkeiten geschaffen haben.

Was können *Zentralbanken* gegen international ausgelöste Verzerrungen der Finanzmarktpreise und ihr Übergreifen auf die nationalen Volkswirtschaften tun? Gelegentlich praktiziert wird der Rückgriff auf abschirmende Devisen- und Kapitalverkehrskontrollen. Diese Option ist jedoch prinzipiell ungeeignet, weil sie die eigentlichen Ursachen (s. u.) nicht bekämpft; außerdem würde hierdurch das "Rad" der Globalisierung wieder zurückgedreht werden. Wenig erfolgversprechend erscheint auch die zweite Option, durch gegensteuernde Maßnahmen der Zins- und Wechselkurspolitik ein Übergreifen von internationalen Finanz- und Währungskrisen auf das Inland zu verhindern. Zu groß ist die geballte Kraft der globalen Finanzmärkte, als daß einzelne Notenbanken etwas dagegen ausrichten könnten. So verbleibt im wesentlichen nur der Versuch, die Folgen von Misalignments auf die heimische Volkswirtschaft abzumildern: z. B. durch gelegentliche Interventionen auf den Devisenmärkten, um allzu starke Wechselkursausschläge zu dämpfen, durch kleine, gegensteuernde Schritte der Zinspolitik oder durch eine verstärkte Kooperation mit ausländischen Zentralbanken (vgl. *8.4*). Der Katalog möglicher Gegenmaßnahmen ist also sehr begrenzt.

Vor dem Hintergrund immer wieder aufflammender Finanz- und Währungsturbulenzen verwundert es nicht, daß die weltweiten Kapitalströme zuweilen als *Verursacher* solcher Krisen angeprangert und daraus Forderungen nach einer Reglementierung der Finanzmärkte abgeleitet werden. Eine solche Argumentation verkennt allerdings Ursache und Wirkung. So sind es zumeist gravierende ökonomische Fehlentwicklungen und/oder wirtschaftspolitische Fehlentscheidungen eines Landes, die das internationale Kapital dazu veranlassen, bestimmte Anlagestandorte zu verlassen und neue aufzusuchen. Zutreffend ist dagegen, daß es bei derartigen Wechseln zu Überreaktionen kommen kann, indem nicht nur schwelende Krisen offen gelegt, sondern bereits vorhandene noch verstärkt und beschleunigt werden. Die Folge sind oft lang anhaltende Verwerfungen der Finanzmarktpreise. Sie haben die Politiker das Fürchten gelehrt und der Globalisierung den Ruf eingebracht, die Politik - namentlich die Geld- und Währungspolitik - *disziplinieren* zu können (vgl. *Siebert*, *1998*). Nach dieser These "bestrafen" die internationalen Investitions- und Finanzströme eine "schlechte" Politik durch Abwanderung und Meidung des Standortes, und sie "belohnen" eine "gute" Politik durch Kapitalzuflüsse und die Wahl als Investitionsstandort. Für die Gestaltung der Politik sind dies eigentlich erfreuliche Aussichten.

7.2.2 Der Euro im Weltwährungssystem

Seit dem Start der EWU ist der Euro Bestandteil des internationalen Währungssystems. Auf drei Fragen soll in diesem Zusammenhang eingegangen werden. (1) Wie ist der Euro im Weltwährungssystem institutionell verankert? (2) Welche Argumente sprechen für flexible Euro-Wechselkurse? (3) Welche Voraussetzungen müßte die neue Währung erfüllen, um internationale Akzeptanz zu finden?

1) **Institutionelle Verankerung**. Für die EWU sind zwei Wechselkursregelungen zu unterscheiden: erstens gegenüber Drittlandswährungen, wie z. B. dem US-

Tab. 14: Wechselkursregelungen für den Euro

	Gegenüber Drittlandswährungen	**Im EWS II**
Wechselkursregime	Flexible Wechselkurse	De-facto-Floating
Ausnahmen	Vorgabe allgemeiner Orientierungen für die Wechselkurspolitik; evtl. Interventionen	Maximale Bandbreite von ± 15vH; Interventionspflicht
Grenze	Gefährdung des Ziels der Preisstabilität	

Dollar oder dem Yen, zweitens im Rahmen des EWS II (vgl. *Tab. 14*). Mit Bezug auf *Drittlandswährungen* ist in Art. 109 Abs. 1 EG-Vertrag vorgesehen, daß der Ministerrat der EU "förmliche Vereinbarungen über ein Wechselkurssystem für die ECU [sprich: für den Euro] ... treffen (kann)". Die Entscheidung darüber ist inzwischen gefallen, und zwar prinzipiell *gegen* die Einbindung des Euro in ein System fester bzw. fixierter Wechselkurse, und *für* weltweit flexible, d. h. marktbestimmte Wechselkurse des Euro. Allerdings hat der EG-Vertrag (Art. 109 Abs. 2) die Wechselkurs-"Tür" insofern einen Spalt offen gelassen, als der Rat "allgemeine Orientierungen für die [laufende] Wechselkurspolitik" gegenüber Drittwährungen aufstellen kann, soweit hierdurch "das vorrangige Ziel des ESZB, die Preisstabilität zu gewährleisten, nicht beeinträchtigt (wird)". In seiner Entschließung vom Juni 1997 hat der Europäische Rat präzisiert, daß die Vorgabe solcher "Orientierungen" - die auf Interventionen an den Devisenmärkten hinauslaufen können - nur unter "außergewöhnlichen Umständen", wie z. B. bei "eindeutigen Wechselkursverzerrungen", möglich sein soll.

Für die vier Nicht-Starter-Länder der EWU (Dänemark, England, Griechenland und Schweden) gilt dagegen eine modifizierte Regelung des bisherigen Europäischen Währungssystems (EWS): Im sog. *EWS II* können diese Länder ihre Währungen freiwillig mit Leitkursen an den Euro anbinden, wobei Schwankungsbreiten von ± 15 vH vorgesehen sind. Formal existieren damit für die vier Länder zwar Wechselkursziele, doch kann man wegen der außerordentlich weiten Bandbreiten auch beim EWS II de facto von einem Floating des Euro sprechen. Bei Über- bzw. Unterschreitungen der Wechselkursbandbreite sind die Europäische

Zentralbank (EZB) und die vier nationalen Notenbanken zu Stützungsaktionen ihrer Währungen verpflichtet. Allerdings gilt auch hier wieder der Vorbehalt, daß dadurch das Ziel der Preisstabilität nicht gefährdet werden darf.

2) **Argumente für flexible Euro-Wechselkurse**. Fragen wir nach den Gründen der EWU-Entscheidung für prinzipiell flexible Wechselkurse des Euro, so stoßen wir auf ein Inkompatibilitätsproblem, das man als "magisches Dreieck" der nationalen Geld- und Währungspolitik bezeichnen kann. Es ist in *Abb. 34* in schematischer Weise dargestellt (in Anlehnung an *Rose*, *1994*, der von einer "Holy Trinity" spricht). Die Dreiecksspitzen markieren die von jeder Regierung bzw. Zentralbank prinzipiell angestrebten drei währungspolitischen *Ziele*: (1) Feste bzw. stabile Wechselkurse, (2) offene, d. h. weltweit integrierte Finanzmärkte, und (3) geldpolitische (Handlungs-)Autonomie. Das "magische" Element bzw. das Problem der Unvereinbarkeit besteht nun darin, daß von diesen drei Zielen jeweils nur zwei gleichzeitig realisiert werden können. Der Versuch, alle drei Ziele gleichzeitig zu erreichen, wäre dagegen zum praktischen Scheitern verurteilt, da hierdurch ein Ziel grob verletzt würde. Die nationalen politischen Instanzen müssen sich also entscheiden, welcher der möglichen Zielkombinationen sie den Vorzug geben - und auf welches Ziel sie verzichten wollen (dieser Verzicht wird durch das innere Dreieck in *Abb. 34* symbolisiert).

Vor diesem grundsätzlichen Entscheidungsproblem stand auch die EWU als es darum ging, das adäquate Wechselkursregime für den Euro festzulegen. Wir diskutieren im folgenden die drei möglichen Zielkombinationen in idealtypischer Weise, um die Kernpunkte zu verdeutlichen, ohne dadurch jedoch allzu sehr an Realitätsgehalt einzubüßen.

- Entscheidet sich die Regierung für die *Zielkombination 1↔2* , d. h. für feste Wechselkurse und weltweit offene Finanzmärkte, so wird die Zentralbank auf ihre Handlungsautonomie (weitgehend) verzichten müssen. An die Stelle einer unabhängigen und eigenständigen, an binnenwirtschaftlichen Erfordernissen ausgerichteten Geld- und Währungspolitik tritt das (feste) Wechselkursziel als "Anker" für ihre Politik. Warum ist das prinzipiell so? Wir haben in *7.2.1* bereits die Folgen offener, d. h. globalisierter Finanzmärkte kennengelernt, die - neben den unbestreitbaren Vorteilen einer verbesserten Ressourcenallokation - eben auch zu gravierenden spekulativen Attacken auf den Devisen-, Wertpapier- und sonstigen Asset-Märkten und dadurch zu längerfristigen Verzerrungen der Finanzmarktpreise führen können: der Wechselkurse ("Misalignments"), der Zinssätze und Vermögensrenditen. (Hinweis: Auf konkrete Beispiele aus der Endphase des Bretton-Woods-Systems fester Wechselkurse, die EWS-Krise 1992/93 und weiteres Anschauungsmaterial wird in den *Abschnitten 7.2.5.1* und *7.2.5.3* näher eingegangen.)

  Kommt es zu derartigen Attacken, so gerät die Zentralbank unter Handlungsdruck: Um den festen Wechselkurs zu verteidigen und den Verwerfungen an-

Abb. 34: Das "magische" Dreieck der nationalen Währungspolitik

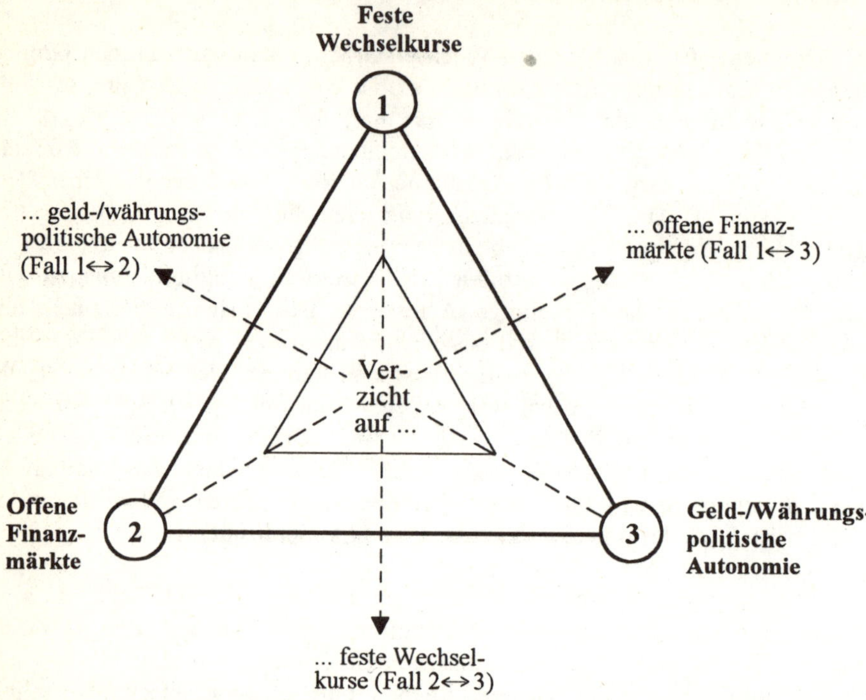

derer Finanzmarktpreise sowie den damit verbundenen Rückwirkungen auf die inländische Wirtschaftsaktivität entgegenzuwirken, wird sie zu gegensteuernden Devisenmarktinterventionen und zinspolitischen Maßnahmen gezwungen. Sie kommen zum Ausdruck in Abweichungen der tatsächlichen von der geplanten inländischen Zins- und Geldmengenentwicklung sowie in unerwünschten Änderungen der nationalen Währungsreserven, kurz: in einem Verlust an geld- und währungspolitischer Autonomie. Vor diesem Hintergrund erscheint es einleuchtend, daß die EWU von der Zielkombination 1↔2 Abstand genommen und einem floatenden Euro den Vorzug gegeben hat.

- Die *Zielkombination 1↔3*, nämlich feste Wechselkurse und geld-/währungspolitische Autonomie, läßt sich (prinzipiell) nur dann realisieren, wenn auf offene Finanzmärkte verzichtet und damit - durch die Verhängung von Devisen- und Kapitalverkehrskontrollen - der Störfaktor der internationalen Kapitalbewegungen ausgeschaltet wird. Das folgt aus dem vorangegangenen Abschnitt. Diesen Weg haben vor allem zahlreiche Entwicklungs- und Transformationsländer beschritten, dies allerdings auch deshalb, weil sie noch nicht die internationalen Standards der Finanzmärkte erreicht haben. Freilich bedeutet die Abschirmung gegenüber den weltweiten Finanzmärkten auch den

Verzicht auf die positiven Wirkungen, die mit der Finanzmarktintegration verbunden sind (z. B. Zugang der Kreditnehmer und Anleger zu den weltweiten Kapitalmärkten, verbesserte Allokation der Ressourcen). Angesichts der hochentwickelten Finanzmärkte in den Ländern der Währungsunion ist die EWU diesen Weg nicht gegangen. Er hätte auch einen Rückschritt für die Globalisierung bedeutet.

- Die *Zielkombination 2↔3* ist insbesondere für die Industrieländer zum Prototyp der geld- und währungspolitischen Entscheidung geworden. Sie haben ihre Wechselkurse - mit gelegentlichen Interventionen - im Prinzip untereinander frei floaten lassen, d. h. auf feste Wechselkurse verzichtet, um die Zielkombination "offene Finanzmärkte" und "geld-/währungspolitische Autonomie" realisieren zu können. Dies gilt nun auch für die EWU bzw. den Euro. Implizit kann diese Entscheidung als das Ergebnis einer Nutzen-Kosten-Analyse über die höheren Wohlfahrtsgewinne bzw. geringeren Wohlfahrtsverluste im Vergleich zu den anderen Alternativen angesehen werden. Dabei haben auch die Erfahrungen eine zentrale Rolle gespielt, daß gegen die Marktkräfte der internationalen Kapitalmobilität - weder im Alleingang, noch koordiniert - längerfristig etwas ausgerichtet werden kann. Gegen die idealtypische Annahme, flexible Wechselkurse würden die geld- und währungspolitische Handlungsautonomie vollständig gegen (massive) Kapitalbewegungen absichern, gibt es zwar zahlreiche empirische Gegenbeispiele (vgl. *7.2.5.3*); sie ändern jedoch nichts an der prinzipiellen Aussage.

3) **Internationale Akzeptanz des Euro**. Historisch gesehen besteht zwischen der internationalen Bedeutung einer Währung und der Größe (BIP) der ihr zugrunde liegenden Volkswirtschaft sowie dem Außenhandelsvolumen eine enge positive Korrelation. Dies galt für das Vereinigte Königreich mit der überragenden Rolle des Pfund Sterling bis zum Ende des Zweiten Weltkrieges, und dies gilt für die USA bis heute mit der dominanten Position des US-Dollars. Nun steht der Euro ante portas des internationalen Finanz- und Währungssystems, und hochgesteckte Erwartungen gehen dahin, daß er mit dem Dollar als Weltschlüsselwährung gleichziehen oder ihn sogar überrunden könnte (vgl. dazu diverse Beiträge in *Masson/Krueger/Turtleboom, 1997*). Wir wollen uns an dieser eher spekulativen Diskussion nicht beteiligen, sondern kurz aufzeigen, welche Merkmale und Vorteile eine "große" internationale Währung aufweist und welche grundlegenden Kriterien der Euro erfüllen müßte, um in eine solche Rolle hineinzuwachsen. Dabei ist klar, daß der Euro nicht irgendeine neue Währung ist, sondern das Ergebnis der Verschmelzung von 11 nationalen Währungen mit dem dahinter stehenden großen ökonomischen Potential ihrer Volkswirtschaften.

Typisches *Merkmal* einer Weltwährung ist, daß sie überragende "Marktanteile" bei den folgenden internationalen Funktionen aufweist: Als

- *Transaktionswährung* (internationales Zahlungsmittel: Fakturierung im Außenhandel; Verwendung im Devisenhandel und als "Vehikelwährung");

- *Anlagewährung* (internationales Medium der Wertaufbewahrung; Emission bzw. Haltung von internationalen Anleihen, Aktien und Bankkrediten);
- *Reservewährung* der Zentralbanken (Devisenreserven als außenwirtschaftliches finanzielles "Rückgrat" eines Landes; Verwendung für Interventionen auf den Devisenmärkten);
- *Leit-* und *Ankerwährung* für andere Devisen (Bezugspunkt bzw. formale Ankoppelung des Wechselkurses "kleinerer" Währungen - sog. Pegging).

Bei all diesen Funktionen vereinigte der US-Dollar 1995 bzw. 1997 "Marktanteile" zwischen 50 und 65 % auf sich. Mit deutlichem Abstand folgten die D-Mark mit Spannen zwischen 10 und 19 % und der Yen (6-16 %) [vgl. *Issing, 1998*]. In der Zeit des Bretton Woods-Systems fester Wechselkurse mit dem US-Dollar als "gekorener" Welt-Leitwährung lagen seine Funktionsanteile noch wesentlich höher. Seit dem Zusammenbruch des Festkurssystems (1973) hat der Dollar bei den genannten internationalen Funktionen jedoch durchschnittlich 20 Prozentpunkte eingebüßt. Die Gewichte haben sich seitdem zugunsten der D-Mark und des Yen verschoben, ohne allerdings die führende Rolle des Dollars in Frage zu stellen.

Welche *Vor-* und *Nachteile* sind mit dem Status und der Verwendung einer Weltwährung im Vergleich zu "kleineren" Währungen verbunden? Als wichtigster Vorzug sind die niedrigeren *Transaktionskosten* anzusehen, die wiederum mit geringeren Zinskosten einhergehen können (z. B. Zinsabschlag bei internationalen Anleiheemissionen und Bankkrediten). Wenn eine Währung, wie der US-Dollar, weltweit verbreitet und verfügbar ist und (nahezu) überall verwendet wird, sinken ihre Informations-, Beschaffungs-, Abwicklungs- und Umtauschkosten. Und je niedriger diese Transaktionskosten in all den oben genannten Funktionen sind, desto stärkere Anreize bestehen für eine noch intensivere Verwendung dieser Währung. Auch im internationalen Finanz- und Währungsbereich kann man somit von "Economies of Scale" sprechen. Ein "großes" Land mit einer "großen" Währung kann aufgrund der internationalen Akzeptanz ferner die Richtschnur für das *internationale Zinsniveau* vorgeben, es erzielt höhere *Seigniorage-Gewinne* (vgl. *8.1.3*), und es kann aufgrund seiner hochentwickelten Finanzmärkte die technischen Standards für *Finanzprodukte* und *Finanzinnovationen* setzen. All diese Vorteile und Merkmale machen eine Weltwährung insgesamt stabiler und unabhängiger von externen Störungen.

Gleichwohl haben wir gesehen (vgl. *7.2.1*), daß auch international führende Währungen sich nicht vollständig weltweiten Finanz- und Währungskrisen und den damit verbundenen Schwankungen der Finanzmarktpreise entziehen können. So kann in derartigen Krisen die Funktion einer Weltwährung als "sicherer Hafen" und Fluchtwährung zur Bürde für das "große" Land werden, indem es drastische (reale) Aufwertungen seiner Währung mit negativen Rückwirkungen auf die Wirtschaftsaktivität hinnehmen muß. Eine Politik des "Benign Neglect" gegenüber Wechselkursschwankungen, wie sie die USA über weite Phasen der

Nachkriegszeit vorexerziert hat, führt unter diesen Umständen zu hohen volkswirtschaftlichen Kosten. Schließlich kann auch eine Weltwährung selbst zum Ziel spekulativer Attacken und ihre Zentralbank als "Lender of Last Resort" in Anspruch genommen werden.

Bei der Überprüfung der *Voraussetzungen*, die der Euro erfüllen müßte, um eine hohe internationale *Akzeptanz* zu finden, gilt in nahezu jeder Hinsicht der US-Dollar als "Benchmark". Wir nennen im folgenden die fünf zentralen *Kriterien*, deren Erfüllung eine Währung für den Status einer Weltwährung qualifiziert, und fassen danach die empirischen Resultate des Vergleichs zwischen den USA (Dollar) und der EWU (Euro) kurz zusammen (vgl. dazu *Bergsten*, *1997*):

1) Das ökonomische Gewicht (BIP) und die Struktur einer Volkswirtschaft;
2) die Dimensionen und die "Performance" ihres globalen Außenhandels;
3) die Breite, Tiefe und Liquidität ihrer Kapitalmärkte;
4) die interne Stabilität ihrer Währung (Preisstabilität);
5) die Wahrscheinlichkeit, zu Devisen- und Kapitalverkehrskontrollen Zuflucht zu nehmen.

Hinsichtlich des *ersten Kriteriums*, der Größe des Sozialprodukts, liegen die USA und die EWU in etwa gleichauf. Allerdings wird in den noch ungelösten Strukturproblemen zahlreicher Mitgliedsländer der EWU (Arbeitsmarkt-, Steuer- und Sozialreformen) ein deutliches Manko für den Euro gesehen. Mit Bezug auf das *zweite Kriterium* gibt es kaum Abweichungen hinsichtlich der Dimensionen des globalen Außenhandels (EWU ohne den Intra-Handel). Beide Volkswirtschaften weisen demzufolge - dank ihrer großen Binnenmärkte - auch einen ähnlich geringen Offenheitsgrad auf, der sie gegenüber externen Schocks relativ wenig verwundbar macht (vgl. *1.2.1*). Gravierende Unterschiede bestehen jedoch hinsichtlich der Performance des Außenhandels: Legt man den Leistungsbilanzsaldo zugrunde, so verzeichneten die USA seit 1982 permanente *Defizite*, die für 1998 auf $ 200 Mrd. geschätzt werden, während die EWU seit 1993 mit steigender Tendenz globale *Überschüsse* erzielte, die für 1998 auf $ 100 Mrd. veranschlagt werden (vgl. *OECD*, *1997*). Diese diametral entgegengesetzten Entwicklungen hatten wiederum Auswirkungen auf die Netto-Auslandsposition beider Volkswirtschaften: sie summierte sich für die USA 1997 auf etwa $ 1 Bio. ("Bio." nach deutscher Konvention) Netto-*Schuldner*position gegenüber einer leichten Netto-*Gläubiger*position für die EWU. Aus diesen beiden Subkriterien folgt - für sich allein genommen - eine klare Überlegenheit des Euro.

Beim Vergleich der Kapitalmärkte (*drittes Kriterium*) erfüllen die USA derzeit sämtliche Voraussetzungen deutlich besser als die EWU; in der Währungsunion werden die noch stark dezentralisierten und segmentierten Kapitalmärkte als hauptsächliches Handicap angesehen. Hinsichtlich des *vierten* und *fünften Kriteriums* werden beiden Währungen die gleichen Erfolgschancen eingeräumt

(Geldwertstabilität) bzw. wird bei beiden Volkswirtschaften von der gleichen Aversion gegen Devisen- und Kapitalverkehrskontrollen ausgegangen.

Dies ist in groben Zügen das *Ausgangsszenario* für die mögliche internationale Akzeptanz des Euro in den nächsten Jahren, wobei - ein wichtiger Punkt - die Kriterien nicht gewichtet wurden. Stärken und Schwächen bei der Erfüllung der Kriterien halten sich bei beiden Währungen ungefähr die Waage, so daß der Euro dem Dollar die bisherige dominante Position durchaus streitig machen und beide als international führende Währungen *gleichziehen* könnten. Sollte die Entwicklung in dieser Richtung verlaufen, so würde dies den *Wettbewerb* zwischen Dollar und Euro erheblich verschärfen und das internationale Finanz- und Währungssystem *grundlegend* verändern. Aus dem bislang "einpoligen" würde ein "zweipoliges" System mit allen Konsequenzen für die internationale Kooperation im Finanz- und Währungsbereich (vgl. auch *8.4*).

7.2.3 Die Zahlungsbilanz

Die außenwirtschaftlichen Verflechtungen eines Landes werden in der Zahlungsbilanz erfaßt. Sie registriert sämtliche wirtschaftlichen Transaktionen der inländischen Unternehmen, privaten und öffentlichen Haushalte sowie der Zentralbank mit dem Ausland. Der Begriff "Bilanz" ist in diesem Zusammenhang übrigens irreführend, weil damit die Aufzeichnung von Beständen an Aktiva und Passiva zu einem bestimmten Stichtag suggeriert wird. Bei der Zahlungs-"Bilanz" trifft beides nicht zu: Erstens erfaßt sie nur *Stromgrößen*, nämlich die Leistungs- und Kapitaltransaktionen (letztere im Sinne von Bestandsveränderungen); zweitens kann sie - deshalb - nur auf einen *Zeitraum* bezogen sein.

Vorangestellt seien einige Abgrenzungen:

1) Zunächst sollte klar sein, daß bei lückenloser Erfassung aller Leistungs- und Kapitaltransaktionen die Zahlungsbilanz als Ganzes stets *ausgeglichen* ist. Dies gewährleistet die doppelte Verbuchung jedes einzelnen Vorgangs. So erfolgt zu jeder Leistungstransaktion (z. B. Export und Import von Gütern) eine "finanzielle" Gegenbuchung auf den Kapitalkonten der Zahlungsbilanz, wodurch sich die Forderungen oder Verbindlichkeiten gegenüber dem Ausland verändern. Reine Finanztransaktionen führen dagegen nur zu Umschichtungen innerhalb der Kapitalkonten. Kauft beispielsweise eine deutsche Geschäftsbank (oder die Europäische Zentralbank; EZB) Staatsanleihen der US-Regierung, so steigen hierdurch zwar die langfristigen Forderungen gegenüber dem Ausland, gleichzeitig nehmen jedoch die zur Finanzierung des Wertpapierkaufs eingesetzten kurzfristigen Auslandsforderungen (z. B. die vorhandenen Devisenbestände) der Geschäftsbank bzw. der EZB ab.

2) Die Gliederung der Zahlungsbilanzschemata in den folgenden *Abb. 35* und *36* ist entsprechend den internationalen, ab 1995 geänderten Vereinbarungen aufgebaut. Sie gelten damit auch für die EWU und ihre Mitgliedsländer. Die wichtigsten *Neuerungen* bestehen in den folgenden Punkten: a) Wegen der zunehmen-

den Bedeutung der grenzüberschreitenden *Faktorleistungen* (Arbeit, Vermögen) wurden die damit verbundenen Einkommen aus unselbständiger Arbeit und die Kapitalerträge aus der bisherigen Dienstleistungsbilanz herausgelöst und separat ausgewiesen. b) Die bislang in der "Bilanz der unentgeltlichen Übertragungen" ("Transferbilanz") erfaßten *einmaligen* Vermögensübertragungen, wie z. B. Erbschaften, Schenkungen und Schuldenerlasse, werden nun in einer gesonderten "Bilanz der Vermögensübertragungen" aufgeführt, so daß die Transferbilanz nur noch die *laufenden* Übertragungen enthält. c) Die bisherige Unterscheidung der *Kapitalbilanz* in eine solche des kurz- und langfristigen Kapitalverkehrs wurde wegen mangelnder Trennschärfe aufgegeben. Zu weiteren Einzelheiten der neuen Systematik vgl. *Deutsche Bundesbank, 1995*.

3) Es hätte nahe gelegen, die empirischen Daten anhand der *Zahlungsbilanz* der *EWU* zu demonstrieren (anstelle der deutschen Zahlungsbilanz). Hierzu liegen aber noch keine offiziellen Statistiken vor. Wahrscheinlich wird es auch noch eine Weile dauern, bis die derzeit noch beträchtlichen Fehlermargen und die begrifflichen sowie konzeptionellen Unterschiede zwischen den Mitgliedstaaten ausgeräumt sind. So existieren bislang nur sehr grobe Schätzungen, z. B. zur Leistungsbilanz der EWU (vgl. *7.2.2*). Prinzipiell läßt sich folgendes dazu sagen: Im Hinblick auf die Position der EWU in der Weltwirtschaft (und die Rolle des Euro) sind vor allem die außenwirtschaftlichen Beziehungen der *EWU als Ganzes* gegenüber dem "Rest der Welt" von Bedeutung. Die nationalen Zahlungsbilanzstatistiken der Mitgliedsländer sind deshalb zu einer Zahlungsbilanz für die gesamte EWU zusammenzufassen. Dadurch wird - statistisch gesehen - z. B. der EWU-Intra-Handel zum reinen Binnenhandel. Da sich in der EWU-Zahlungsbilanz die zwischen den Mitgliedstaaten bestehenden Überschüsse und Defizite bei den Leistungs- und Kapitaltransaktionen zu Null saldieren, ergeben sich als "Rest" die gegenüber *Drittländern* verbleibenden Salden. Und es sind genau *diese* Salden, die für die EWU-Zahlungsbilanzstatistik von Interesse sind.

Der Einstieg in die Zahlungsbilanz fällt leicht, wenn man sich vergegenwärtigt, daß (bis auf wenige Ausnahmen) hinter allen Vorgängen Devisenbewegungen stehen. Die Darstellung knüpft deshalb an die Beantwortung der folgenden zwei Fragen an: (1) Welches sind die *Quellen* für die Herkunft bzw. das Angebot der dem Inland zufließenden Devisen? (2) Für welche Zwecke *verwendet* das Inland die Devisen (Devisennachfrage)? Der zentrale Begriff sind hier die "Devisen"; sie sind definiert als Guthaben in fremder Währung von Inländern bei ausländischen Banken, über die kurzfristig verfügt werden kann.

In einem ersten Schritt betrachten wir das in *Abb. 35* dargestellte *Grundschema* der Zahlungsbilanz. Anders als die danach folgende *Abb. 36* enthält dieses Schema keine Salden, sondern die *gesamten*, d. h. die nichtsaldierten (Brutto-) Transaktionen, die zu einem Devisenangebot bzw. zu einer Devisennachfrage führen. Diese Brutto-Transaktionen sind gemeint, wenn später in *7.2.5.3* und in *Abb. 39* vom "Angebot" und von der "Nachfrage" auf dem Devisenmarkt die Rede ist bzw. von der Angebots- und Nachfragekurve auf diesem Markt.

Die hauptsächlichen Begriffe und Positionen der Zahlungsbilanz sollen anhand des *Grundschemas* (*Abb. 35)* erläutert werden. Das Schema zeigt in Kontenform zweierlei: (1) die Gliederung der Zahlungsbilanz in die einzelnen Teilbilanzen, (2) die Transaktionen, die innerhalb der einzelnen Teilbilanzen zum Devisenangebot und zur Devisennachfrage führen. Zu unterscheiden sind prinzipiell Leistungs- und Kapitaltransaktionen mit dem Ausland, die in der *Leistungs-* (LB) bzw. *Kapitalbilanz* (KB) erfaßt werden. Hinzu kommen die Transaktionen der inländischen Zentralbank mit dem Ausland, die ebenfalls (im wesentlichen) Kapitaltransaktionen sind, die jedoch in einer separaten *Devisenbilanz* (DB) erfaßt werden. Die Leistungs- und die Kapitalbilanz sind nun noch weiter differenziert, nämlich erstere in die Handels- (HB), Dienstleistungs- (DLB) und Übertragungs- bzw. Transferbilanz (TrB) sowie in die Bilanz der Erwerbs- und Vermögenseinkommen (EVB), letztere in die Bilanz des Kapitalverkehrs (KVB) und in die Bilanz der (einmaligen) Vermögensübertragungen (VB), die hier der Kapitalbilanz zugerechnet wird.

Jede dieser Teilbilanzen enthält Transaktionen, hinter denen Devisenbewegungen stehen. So resultiert das *Devisenangebot* (aus der Sicht des Inlandes) aus

- Waren- und Dienstleistungsexporten, einschließlich der Einnahmen aus exportierten Faktorleistungen (aus dem Ausland erhaltene Erwerbseinkommen und Kapitalerträge);
- empfangenen Übertragungen aus dem Ausland (laufende und einmalige);
- Kapitalimporten: wenn z. B. die inländische Regierung Kredite im Ausland aufnimmt, ausländische Unternehmen im Inland Direktinvestitionen tätigen oder inländische Wertpapiere kaufen. Hierdurch erhöhen sich die Verbindlichkeiten gegenüber dem Ausland und damit zugleich das Devisenangebot. Kapitalimporte liegen auch vor, wenn die inländische Zentralbank aus ihren Beständen an Währungsreserven Devisen an Inländer verkauft und dadurch das Devisenangebot erhöht.

Für die *Devisennachfrage* des Inlandes gelten die "umgekehrten" Transaktionen: Waren- und Dienstleistungsimporte, die geleisteten Übertragungen an das Ausland und die Kapitalexporte, d. h. die Zunahme der Forderungen gegenüber dem Ausland. Als Kapitalexport ist auch der Erwerb von Devisen und sonstigen Auslandsforderungen durch die Zentralbank anzusehen. Schließlich sind in dem gestrichelten unteren Feld der *Abb. 35* noch (statistisch) "ungeklärte Restposten" (RP) nachrichtlich aufgeführt. Sie sind grafisch "abgehängt", weil sie in allen weiter oben genannten Transaktionen auftauchen können und sich in einem (positiven oder negativen) Restsaldo niederschlagen, der - bei Vorliegen von Erfassungslücken - die gesamte Zahlungsbilanz zum Ausgleich bringt.

Betrachten wir nun in einem zweiten Schritt etwas detaillierter die *Salden* des deutschen Zahlungsbilanzkontos für 1997 in *Abb. 36*. Auf der Habenseite sind alle Quellen der Devisenherkunft, auf der Sollseite sämtliche Verwendungszwecke

Abb. 35: Grundschema der Zahlungsbilanz

	Devisen-**Angebot**	Devisen-**Nachfrage**
Leistungsbilanz (LB)	Handelsbilanz (HB)	
	Warenexporte	Warenimporte
	Dienstleistungsbilanz (DLB)	
	Exporte von Dienstleistungen	Importe von Dienstleistungen
	Bilanz der Erwerbs- und Vermögenseinkommen (EVB)	
	Einnahmen aus exportierten Faktorleistungen	Ausgaben für importierte Faktorleistungen
	Transferbilanz (TrB): laufende Übertragungen	
	Empfangene Übertragungen aus dem Ausland	Geleistete Übertragungen an das Ausland
Kapitalbilanz (KB)	Bilanz der Vermögensübertragungen (VB)	
	Empfangene Vermögensübertragungen aus dem Ausland	Geleistete Vermögensübertragungen an das Ausland
	Bilanz des Kapitalverkehrs (KVB)	
	Veränderung der Verbindlichkeiten gegenüber dem Ausland (Kapitalimporte)	Veränderung der Forderungen gegenüber dem Ausland (Kapitalexporte)
Devisenbilanz (DB)	Veränderung der Verbindlichkeiten der Zentralbank gegenüber dem Ausland	Veränderung der Forderungen der Zentralbank gegenüber dem Ausland
Ungeklärte Restposten (RP)	Positivsaldo	oder Negativsaldo

dieser Devisen (jeweils als Salden) verzeichnet. Beginnen wir mit den *Quellen*: Devisenzuflüsse aus dem Ausland fanden statt durch

- Überschüsse (Ü) im Warenverkehr (*Handelsbilanzüberschuß* HBÜ),
- Überschüsse bei den (einmaligen) *Vermögensübertragungen* (VBÜ),
- den Positivsaldo des Restpostens (RPÜ), der sowohl nicht registrierte Waren- und Dienstleistungsexporte als auch Kapitalimporte umfassen kann und hier in der Kapitalbilanz aufgeführt ist,
- die Verringerung der Netto-Auslandsaktiva bzw. der *Währungsreserven* ($-\Delta R$) der Bundesbank (Verkauf von Devisen an die Geschäftsbanken).

Um die dem Inland zugeflossenen Devisen konkurrierten nun verschiedene *Verwendungszwecke*, die auf der Sollseite des Zahlungsbilanzkontos für 1997 ausgewiesen sind. Es handelte sich um die Finanzierung

- der Defizite (D) der *Dienstleistungsbilanz* (DLBD) und
- der *Erwerbs-* und *Vermögenseinkommensbilanz* (EVBD),
- der laufenden *Netto-Transferzahlunen* an das Ausland (z. B. Zahlungen des Bundes an den EU-Haushalt und an internationale Organisationen, Überweisungen der Gastarbeiter in ihre Heimatländer),
- der *Netto-Kapitalexporte* ins Ausland (KEX^n).

Damit sind sämtliche Positionen der Zahlungsbilanz in *Abb. 36* angesprochen, und wir können die Salden der Devisenzu- und -abflüsse gleichsetzen:

$$(1) \qquad HBÜ + VBÜ + RPÜ + \Delta R = DLBD + EVBD + Tr^n + KEX^n$$

Diese Einzelpositionen lassen sich nun weiter zu den drei Hauptgruppen der Zahlungsbilanz, d. h. der Leistungs-, Kapital- und Devisenbilanz, zusammenfassen. Für den *Leistungsbilanzsaldo* ergab sich ein Defizit (6,9 Mrd. DM):

$$(2) \qquad LBD = DLBD + EVBD + Tr^n - HBÜ \qquad \text{(Leistungsbilanz)}$$

Der erhebliche Überschuß der Handelsbilanz reichte nicht aus, um die Defizite der drei anderen Teilbilanzen der Leistungsbilanz auszugleichen. Zur Finanzierung des Defizits der Leistungsbilanz mußten daher andere Devisenquellen herangezogen werden. Hierfür kommen in erster Linie Kapitalimporte in Frage. Allerdings wies die *Kapitalbilanz* ebenfalls ein Defizit auf (1,5 Mrd. DM):

$$(3) \qquad KBD = KEX^n - VBÜ - RPÜ \qquad \text{(Kapitalbilanz)}$$

Zu diesem Defizit der Kapitalbilanz haben insbesondere die Netto-Kapitalexporte beigetragen, die durch Netto-Devisenzuflüsse von "Sonderposten" (Vermögensübertragungen und Restposten) nur teilweise aufgefangen werden konnten. So verblieb mit den Defiziten der Leistungs- und Kapitalbilanz ein Gesamtdefizit von 8,4 Mrd. DM. Ex post ist klar: Dieses Defizit muß irgendwie finanziert worden sein - sonst wäre es gar nicht zustande gekommen. Tatsächlich erfolgte die Finanzierung über ein gleich hohes "Defizit" der *Devisenbilanz* (8,4 Mrd. DM):

$$(4) \qquad DBD = (-)\Delta R \qquad \text{(Devisenbilanz)}$$

Abb. 36: Zahlungsbilanz der BR Deutschland 1997 (Salden); Mrd. DM

Devisen-**Verwendung**		Devisen-**Quellen**	
Leistungsbilanz (LB)			
Defizit der Dienstleistungsbilanz (DLBD)	56,3	Überschuß der Handelsbilanz (HBÜ)	110,0
Defizit der Erwerbs- und Vermögenseinkommensbilanz (EVBD)	4,2		
Netto-Transferzahlungen an das Ausland (Tr^n)	56,4	**[LB-Defizit (LBD) = 6,9]**	
Kapitalbilanz (KB)			
Nettokapitalexporte ins Ausland (KEX^n)	12,6	Überschuß der Vermögensübertragungsbilanz (VBÜ)	3,6
		Positivsaldo des Restpostens (RPÜ)	7,5
		[KB-Defizit (KBD) = 1,5]	
Devisenbilanz (DB)			
[DB-Defizit (DBD) = 8,4]		Verringerung der Nettoauslandsaktiva der Bundesbank ($-\Delta R$)	8,4
	129,5		129,5

Quelle: Monatsberichte der Deutschen Bundesbank, Nr. 8, 1998.

Der Begriff Devisenbilanz-"Defizit" mag in diesem Zusammenhang irritieren ("ein Defizit finanziert ein Defizit?"). Aber wir hatten schon weiter oben darauf hingewiesen, daß ein solches Defizit gleichbedeutend ist mit einem Rückgang der Netto-Auslandsaktiva der Zentralbank, hier speziell der Devisenreserven ($-\Delta R$). M.a.W., die Bundesbank hat die zur Finanzierung des verbliebenen Defizits der Leistungs- und Kapitalbilanz erforderlichen Devisen über bzw. an die inländischen Geschäftsbanken verkauft und ist dadurch - anstelle der Finanzmärkte - zur Quelle für Kapitalimporte geworden. Für die drei Hauptgruppen der Zahlungsbilanz gilt schließlich [vgl. Gleichung (1)]:

(5) $LBD = DBD - KBD$

Die Schlußfolgerungen dieses Abschnitts lassen sich kurz zusammenfassen:

- Die Veränderung der *Netto-Auslandsposition* einer Volkswirtschaft wird (allein) durch den Saldo der Leistungsbilanz bestimmt. Diese Position nimmt zu bei einem Überschuß, und sie verringert sich - wie im vorliegenden Beispiel - bei einem Defizit der Leistungsbilanz.
- Bei *ausgeglichener Devisenbilanz* muß ein Leistungsbilanzdefizit stets mit einem Überschuß der Kapitalbilanz in gleicher Höhe einhergehen (und umgekehrt). In diesem Fall wird das Defizit der Leistungsbilanz durch Kapitalimporte über die Finanzmärkte, d. h. außerhalb der Zentralbank, finanziert.
- Der Saldo der Devisenbilanz erlaubt keinen "Rückschluß" auf die Salden der Leistungs- und Kapitalbilanz, d. h. die *Netto-Währungsreserven* der Notenbank können in jeder Situation steigen, fallen oder konstant bleiben.

7.2.4 Verknüpfung von Binnen- und Außenwirtschaft

Als Vorbereitung auf die späteren theoretischen Betrachtungen werden an dieser Stelle kurz die wichtigsten Ex-post-Kreislaufzusammenhänge in einer offenen Volkswirtschaft rekapituliert. Auf diese Weise erfolgt zugleich die Verknüpfung mit den im vorigen Abschnitt dargestellten Größen der Zahlungsbilanz. Basis ist die Volkswirtschaftliche Gesamtrechnung (VGR). Aus der VGR lassen sich bekanntlich nur Ex-post-Identitäten ableiten: sie stellt dar, was tatsächlich gewesen ist. Die *Verwendungsgleichung* für das Volkseinkommen (Nettosozialprodukt zu Faktorkosten) in der offenen Volkswirtschaft lautet wie folgt:

(6) $Y = C + I + Ex - Im$

Mit der Einbeziehung von Ex (Exportnachfrage des Auslandes) und Im (Importnachfrage des Inlandes) als Einflußgrößen des inländischen Volkseinkommens erfolgt von dieser Seite her die Verknüpfung mit der Außenwirtschaft. Der private und staatliche Inlandskonsum ist in C erfaßt, die privaten und öffentlichen Netto-Investitionen des Inlandes in I. Gehen wir von der *Aufteilung* des Volkseinkommens aus, d. h. von seiner Verwendung durch die Einkommensempfänger, so sind die drei Komponenten C, S und Tr^n zu berücksichtigen:

(7) $Y = C + S + Tr^n$

Tr^n bezeichnet die laufenden Netto-Transferzahlungen an das Ausland, wobei im folgenden $Tr^n > 0$ unterstellt wird. S ist die laufende (Netto-)Ersparnis des Inlandes. Sie setzt sich zusammen aus der Ersparnis der privaten Haushalte und des Staates sowie aus den nicht ausgeschütteten Gewinnen der Unternehmen. Das verknüpfende Element zur Außenwirtschaft sind hier die Transferzahlungen, die aus dem Volkseinkommen "geleistet" werden. Die Gleichsetzung von (6) und (7) ergibt:

(8) $S = I + Ex - Im - Tr^n$

(Ex - Im) wird üblicherweise als *Außenbeitrag* A und (A - Tr^n) als *Leistungsbilanzsaldo* (LB) bezeichnet, so daß gilt:

(8a) $S = I + A - Tr^n$ bzw. $S = I + LB$

Gleichung (8a) bringt den bekannten Kreislaufzusammenhang zum Ausdruck: "In der offenen Volkswirtschaft ist in jedem Zeitraum die Summe aus Nettoinvestitionen und Saldo der Leistungsbilanz ex post gleich der gesamten Ersparnis" (*Stobbe, 1989, S. 128*).

Die bisherigen Gleichungen lassen sich in Form eines "Balkenschemas" in *Abb. 37* zusammenfassen. Es verdeutlicht zwei Sachverhalte: Erstens "stecken" in den Aggregaten C, I und Ex in mehr oder weniger starkem Maße Importgüteranteile, teils als Vorleistungen, teils als Endprodukte. Die Importe sind deshalb "auf einen Schlag" abzuziehen, um zum Volkseinkommen zu gelangen. Zweitens führt das Schema die mögliche Existenz von nationalen Ersparnis- bzw. Investitions-"Lücken" vor Augen. In *Abb. 37* wurde ein Leistungsbilanzüberschuß (LBÜ) mit einer damit verbundenen *Investitionslücke* zugrunde gelegt:

(8b) $S = I + LBÜ$

"Investitionslücke" bedeutet, daß S > I in Höhe des LBÜ ist. Das Inland investiert "zu wenig", gemessen an der Höhe der Ersparnis. Inländische Ressourcen stehen zur Erzielung eines positiven Außenbeitrags (bzw. eines LBÜ) zur Verfügung; ein Teil der inländischen Ersparnis wird "exportiert" (Nettokapitalexport).

Der umgekehrte Sachverhalt, nämlich eine *Ersparnislücke*, liegt bei einem Leistungsbilanzdefizit (LBD) vor:

(8c) $S = I - LBD$

In diesem Fall ist I > S in Höhe des LBD. Das Inland spart "zu wenig", gemessen an der Höhe der Investitionen, m. a. W., die inländische Absorption übersteigt die nationale Produktion. Die Folge ist, daß Kapital aus dem Ausland importiert, d. h. auf ausländische Ersparnisse oder auf Währungsreserven der Zentralbank (Devisenverkäufe) zurückgegriffen werden muß (Nettokapitalimport).

Abb. 37: Außenwirtschaftliche Komponenten des Volkseinkommens

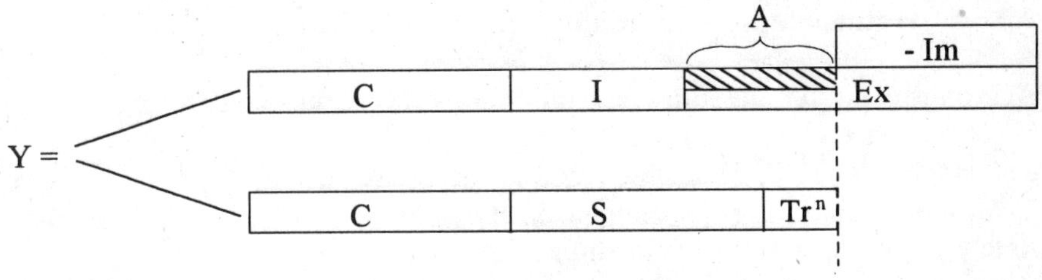

7.2.5 Außenwirtschaftliche Restriktionen für die Geldpolitik

Die internationale Öffnung hat den Volkswirtschaften zahlreiche Vorteile gebracht - aber auch eine Reihe von Einschränkungen, die den Handlungsspielraum der nationalen Geldpolitik einengen können. Im Zusammenhang mit den Folgewirkungen der Globalisierung (vgl. *7.2.1*) hatten wir schon auf einige Beispiele für derartige Restriktionen hingewiesen. Wir greifen diese Diskussion im folgenden wieder auf und konzentrieren uns auf die drei grundlegenden "internationalen Preise", die auf den Weltmärkten gebildet werden:

1) Die *Weltmarktpreise* für die global gehandelten Export- und Importgüter,
2) die *Zinssätze* für internationales Kapital auf den globalen Finanzmärkten,
3) die Preise für Währungen, d. h. die *Wechselkurse*, auf den internationalen Devisenmärkten.

In diesem Abschnitt untersuchen wir die grundlegenden Zusammenhänge, die zwischen diesen drei Preisen bestehen, und diskutieren die Gründe, weshalb die internationalen Preise Restriktionen für die nationale Geldpolitik darstellen können. Dabei steht als Denkmodell die Figur des "kleinen, offenen Landes" im Vordergrund. Empirisch gesehen handelt es sich dabei um die ganz überwiegende Anzahl aller Volkswirtschaften. Da die Geld- und Währungspolitik "kleiner" Länder nicht in der Lage ist, die Weltmarktpreise, die internationalen Zinssätze und die Wechselkurse von sich aus zu beeinflussen, hat sie diese Variablen als Daten hinzunehmen und sich ihnen anzupassen.

Vorausgeschickt seien einige Abgrenzungen:

- "*Inland*" bedeutet im folgenden stets das "kleine" Land.
- Die Begriffe "*Wechselkurs*" und "*Devisenkurs*" werden hier synonym verwendet und sind definiert als der Preis in Inlandswährung für eine Einheit Auslandswährung (z. B. 0,9 Euro/1 US-Dollar).
- Was das Wechselkurs-*Regime* betrifft, so ist zu unterscheiden zwischen frei schwankenden (System flexibler Wechselkurse) und politisch fixierten Kursen (Festkurssystem).

7.2.5.1 Weltmarktpreise, Auslandsinflation und Kaufkraftparität

Ausgangspunkt für die Bildung von Weltmarktpreisen ist das (ökonomische) "Gesetz eines einheitlichen Preises". Es besagt, daß für homogene, *international gehandelte Güter* (T; "Tradable Goods") die Preise in Inlandswährung (P_T) mit jenen des Auslandes (P_T^*), umgerechnet mit dem Wechselkurs (e; "Exchange Rate"), näherungsweise übereinstimmen müssen:

(1) $$P_T = eP_T^*$$

"Näherungsweise" bedeutet, daß auch für diese Güter noch gewisse Preisdifferenzen wegen unterschiedlicher Transportkosten, abweichender nationaler Zoll- und Steuerregelungen u. ä. bestehen bleiben können. Daneben ist auch die Bedingung der Homogenität in der Realität nur selten vollständig erfüllt. Der Tendenz nach wird jedoch die internationale *Güter-* bzw. *Preisarbitrage* dafür sorgen, daß sich für "Tradables" ein (nahezu) einheitlicher Weltmarktpreis herausbildet. Dies gilt sowohl im System fester als auch flexibler Wechselkurse. Gehen wir zunächst von einem festen Wechselkurs $\bar{e}$ aus: Liegt z. B. der Inlandspreis für ein bestimmtes Gut unter dem Auslandspreis ($P_T < \bar{e}P_T^*$), so wird sich die internationale Nachfrage solange auf das im Inland produzierte Gut konzentrieren, bis mit den dadurch ausgelösten Preissteigerungen das Niveau des Auslandspreises erreicht ist. Man bezeichnet diesen Effekt als *direkten internationalen Preiszusammenhang*, dem sich - bei festen Wechselkursen - kein Land entziehen kann.

Nun besteht der inländische Warenkorb nicht nur aus den international gehandelten Gütern, vielmehr dominieren im allgemeinen die nationalen, d. h. im Welthandel nicht austauschfähigen Waren und Dienstleistungen (man denke etwa an lokale Dienste oder Immobilien). Für die nationalen Güter existiert daher kein direkter Preiszusammenhang mit dem Ausland bzw. dem Weltmarkt. Da aber die Preise beider Güterkategorien mit ihrem jeweiligen Gewicht am Warenkorb in die nationalen Preisniveaus (z. B. den Lebenshaltungskostenindex) eingehen, wird die Abhängigkeit des inländischen vom ausländischen Preisniveau um so *höher* sein, je größer das *Gewicht* der handelsfähigen Güter ist (allgemein: je stärker das Inland in den Welthandel eingebunden ist). Und dies trifft vor allem für "kleine" Länder zu.

Mit dieser wichtigen, generellen *Einschränkung*, die im folgenden stets zu beachten ist, gilt die sog. *Kaufkraftparitätentheorie*. Sie besagt, daß das (gesamte) inländische Preisniveau (P) mit dem (gesamten) ausländischen Preisniveau (P*) über den Wechselkurs so miteinander verknüpft ist, daß die Kaufkraft eines gegebenen Geldbetrages im Inland und Ausland gleich hoch ist ("Kaufkraftparität"; KKP). Mit Bezug auf den Wechselkurs lautet die alternative Formulierung: Der Wechselkurs wird durch die Preisniveaurelation zwischen In- und Ausland so bestimmt, daß die KKP stets erfüllt ist:

(2) $$P = eP^* \quad \text{bzw.} \quad e = P/P^*$$

Dies ist die KKP-Theorie in ihrer strikten, "absoluten" Form. Sie ist deshalb strikt, weil sie fordert, daß die Kaufkraft eines bestimmten Geldbetrages zu *jedem Zeitpunkt* im In- und Ausland (absolut) gleich hoch ausfallen muß. In der Realität ist diese Anforderung kaum erfüllbar: So reagieren z. B. die Güterpreise im allgemeinen recht träge, passen sich nicht sofort an. Auch für die Wechselkursanpassung gelten zahlreiche Vorbehalte. Um der KKP-Bedingung zu genügen, müßte ein *fester* Wechselkurs von den politischen Instanzen gerade in der Höhe fixiert sein, daß er das Preisniveauverhältnis zwischen In- und Ausland reflektiert, während bei *flexiblem* Wechselkurs die Kursanpassung den jeweiligen

Änderungen der Preisniveaurelation folgen müßte. Beide Fälle sind unrealistisch, wenn man bedenkt, daß auf den Wechselkurs noch zahlreiche weitere Faktoren einwirken (vgl. *7.2.5.2* und *7.2.5.3*).

Diese Einschränkungen haben zu einer weniger strikten, "komparativen" Formulierung der KKP-Theorie geführt. Diese Version stellt auf *Veränderungsraten* ($\hat{}$) ab und postuliert - wiederum zunächst bei *festem* Wechselkurs ($\hat{e} = 0$) - eine gleichgerichtete Entwicklung der Preisniveaus, d. h. der Inflationsraten, im Inland ($\hat{P}$) und Ausland ($\hat{P}^*$) :

(3) $\hat{P} = \hat{e} + \hat{P}^*$ bzw. $\hat{e} = \hat{P} - \hat{P}^*$

In dieser Form ist die KKP weithin unbestritten, allerdings unter dem Vorbehalt, daß sie nur "längerfristig" Anspruch auf Gültigkeit erheben kann. Hier stoßen wir nun auf die erste außenwirtschaftliche *Restriktion*: Wenn die inländische Inflationsrate bei festen Wechselkursen längerfristig (über das Gewicht der "Tradables"; s. o.) an das Inflationstempo des Auslandes gekoppelt ist, so bedeutet dies bei einer höheren Auslandsinflation für die Geldpolitik eines "kleinen" Landes eine gravierende Einschränkung ihrer auf die Erhaltung der Preisstabilität gerichteten Bemühungen.

Eine grundsätzlich andere Konstellation für die Geldpolitik ergibt sich für den Fall *flexibler* Wechselkurse. Betrachten wir hierzu die Gleichung (3): Inflationiert das Ausland stärker als das Inland ($\hat{P}^* > \hat{P}$), so werden zwar auch in diesem Fall Anreize zur Güterarbitrage bei den handelsfähigen Gütern ausgelöst. Im Zuge dieser Arbitrage wird sich jedoch auch der Wechselkurs verändern: Da die Nachfrage nach Inlandswährung steigt, wird - unter sonst gleichen Umständen - deren Kurs sinken, d. h. die Inlandswährung erfährt eine *Aufwertung* ($\hat{e}$ wird negativ). Dadurch verteuern sich aus der Sicht des Auslandes die Inlandsgüter, und die Arbitrage kommt zum Erliegen. Beide Vorgänge, d. h. die Güterarbitrage in Verbindung mit der Wechselkursveränderung, haben also dazu geführt, daß das "Gesetz eines einheitlichen Preises" auch bei flexiblen Wechselkursen gültig ist. Was den Wechselkurs betrifft, so hat sich dieser in Höhe des Inflationsdifferentials zwischen dem In- und Ausland angepaßt.

Was bedeuten diese Anpassungsvorgänge nun für die *Geldpolitik* des "kleinen" Landes? Folgt man der KKP-Theorie, so schirmen flexible Wechselkurse, tendenziell und längerfristig gesehen, gegen Inflationsübertragungen aus dem Ausland ab. Dieser *Abschirmungseffekt* war übrigens eine jener großen Hoffnungen, die von "kleinen", preisstabilen Ländern an den Übergang zu flexiblen Wechselkursen (1973) geknüpft wurden - die sich aber nur bedingt erfüllt haben. Denn tatsächlich berücksichtigt die KKP-Theorie - wie wir gesehen haben - mit der Inflationsdifferenz nur einen einzigen Einflußfaktor der Wechselkursentwicklung. Zahlreiche weitere kommen hinzu, beispielsweise die spekulativen internationalen Kapitalbewegungen. Deren Einfluß kann dazu führen, daß die tatsächliche Wechselkursentwicklung das durch die KKP postulierte Ausmaß der Inflations-

Abb. 38: Nominale Wechselkurse (e) und Kaufkraftparität (KKP)[a)]

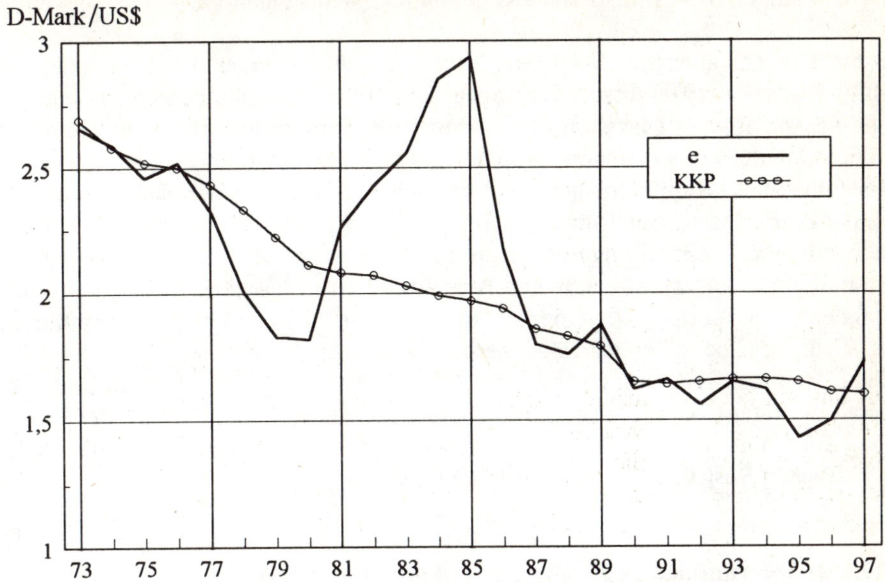

a) KKP nach deutschem Verbrauchsschema; e: Jahresdurchschnittskurse.

Quellen: Für e: *Deutsche Bundesbank* (1998); für KKP: *Statistisches Bundesamt* (1991, 1998).

differenz "über-" oder "unterschießt". Man bezeichnet dieses auch empirisch häufig zu beobachtende Phänomen als *reale Auf-* bzw. *Abwertung* (Über- bzw. Unterbewertung). Eine reale Abwertung liegt z. B. vor, wenn sich die Inlandswährung im Verhältnis zu ihrem Stabilitätsvorsprung gegenüber dem Ausland ($\hat{P} - \hat{P}^*$) nicht genügend (nominal) aufwertet, so daß weiterhin Inflationsimpulse aus dem Ausland "importiert" werden. Dieser Effekt kann nur bei *Konstanz* des *realen* Wechselkurses ($\hat{e}^r = 0$) vermieden werden, d. h. wenn die folgende Bedingung erfüllt ist:

$$(4) \qquad \hat{e}^r = \hat{e} + \hat{P}^* - \hat{P} = 0$$

Über- bzw. unterschießende Wechselkurse sollen abschließend noch anhand der Entwicklung des D-Mark/US-Dollar-Kurses in den letzten 25 Jahren exemplarisch aufgezeigt werden. In *Abb. 38* ist der tatsächliche (nominale) Devisenkurs dem *fiktiven*, durch die KKP (auf Basis der Verbraucherpreise) bestimmten Wechselkurs gegenübergestellt. Der Abstand zwischen beiden Kurven mißt die jeweilige *Über-* bzw. *Unterbewertung*, und zwar stets im Sinne der KKP-Hypothese, wonach sich die nominalen Wechselkurse dem durch das internationale Inflationsgefälle vorbestimmten Pfad anpassen (sollten). Ausmaß und Häufigkeit der realen Auf- bzw. Abwertungen sind evident: So verzeichnete die D-Mark im Verhältnis zum US-Dollar von 1977 - 80 und von 1992 - 96 deutliche Phasen der Überbewertung, von 1981 - 86 dagegen eine ausgeprägte reale Abwertung. Das Zusammenfallen der beiden Kurven stellte schon eher die Ausnahme dar. Immerhin zeigen aber die Verläufe insoweit eine klare Tendenz, als sie sich längerfristig immer wieder auf den KKP-Kurs zubewegen.

Diese Tendenz ändert nichts an der Tatsache, daß die Dauer und Häufigkeit der aufgezeigten Wechselkursverwerfungen erhebliche Probleme bergen, da von ihnen *falsche Signale* ausgehen: Sie verzerren die Struktur der relativen Preise für internationale Transaktionen (Außenhandel, Direktinvestitionen, längerfristige Portfolio- bzw. Kapitalanlagen) und können dadurch zu einer *Fehlleitung* von *Ressourcen* führen. Auch für die nationale Wirtschafts- und Geldpolitik können sich störende Rückwirkungen ergeben: für die *Geldpolitik* z. B. dadurch, daß sie im Fall einer längerfristigen realen Aufwertung "ihrer" Währung die daraus entstandenen Exporteinbußen durch "unfreiwillige" Zinssenkungen abzumildern versucht, oder bei einer realen Abwertung mit einer dadurch bedingten "künstlichen" Importverteuerung zu restriktiven Maßnahmen gegen drohende Inflationsgefahren veranlaßt werden könnte. Diese Überlegungen zeigen, daß der Handlungsspielraum der Geldpolitik auch bei flexiblen Wechselkursen außenwirtschaftlichen Restriktionen ausgesetzt sein kann.

7.2.5.2 Internationales Zinsniveau und die Zinsparität

Als zweite außenwirtschaftliche Restriktion hatten wir oben die internationalen Zinssätze genannt. Sie bilden sich auf den globalen Finanzmärkten bzw. internationalen Bankplätzen. Anlagesuchendes Kapital aus allen Ländern trifft hier zusammen mit der weltweiten Kapitalnachfrage. Bei freiem Kapitalverkehr und unter der Voraussetzung, daß sich die Wechselkurse nicht ändern, erfolgt eine tendenzielle Angleichung der internationalen Zinssätze für nach Ertrag, Laufzeit und Risiko vergleichbare Finanzaktiva. Die Zinsangleichung ist vollkommen bei *perfekter Kapitalmobilität*, d. h. wenn in- und ausländische "Assets" von den Marktteilnehmern als homogen und damit als vollständige Substitute betrachtet werden. Unter diesen Voraussetzungen gilt - ähnlich wie bei den handelsfähigen Gütern (s. o.) - das "*Gesetz eines einheitlichen Zinssatzes*" für international gehandeltes Kapital. Der Prozeß der weltweiten Zinsangleichung vollzieht sich dank der modernen Kommunikationstechniken nahezu ohne jegliche Zeitverzögerungen. Man spricht in diesem Zusammenhang von "Echtzeitinformation", d. h. alle Marktteilnehmer verfügen praktisch an jedem Ort und zur gleichen Zeit über dieselben Informationen, um Zinsvorteile für sich ausnutzen zu können.

Der Mechanismus, der die Angleichung der internationalen Zinssätze bewirkt, wird als *Zinsarbitrage* bezeichnet (analog zur Güter- bzw. Preisarbitrage bei den handelsfähigen Gütern). Liegt z. B. die Rendite inländischer Finanzanlagen unter jener für vergleichbare Anlagen des Auslandes, so werden hierdurch Kapitalexporte ins Ausland ausgelöst. Die Verknappung des Kapitalangebots im Inland wirkt hier zinssteigernd, die Erhöhung des Kapitalangebots im Ausland dort zinssenkend, so daß sich per Saldo eine Zinsangleichung einstellen wird.

Betrachten wir nun den Fall *flexibler* Wechselkurse, so sind bei der Zinsarbitrage, d. h. beim "Umsteigen" auf Fremdwährungsanlagen, Änderungen dieser Kurse zu berücksichtigen. "Zwischen" dem Inlandszins (i) und dem Auslandszins (i*) steht die *erwartete* Wechselkursänderungsrate ($\hat{e}^E$):

(5) $$i = i^* + \hat{e}^E, \text{ wobei } \hat{e}^E = \frac{e^E - e^K}{e^K}$$

In der rechten Gleichung bezeichnen e^E bzw. e^K den erwarteten (E) bzw. tatsächlichen Kassakurs (K). Die Umstellung von Gleichung (5) ergibt:

(6) $$i - i^* = \frac{e^E - e^K}{e^K}$$

Bei *festen* Wechselkursen ist (ex definitione) $e^E = e^K$ bzw. $\hat{e}^E = 0$, und die Zinsarbitrage führt in der beschriebenen Weise zu einer Angleichung des in- und ausländischen Zinsniveaus. Tatsächlich werden aber auch in diesem Kurssystem gelegentlich Wechselkursanpassungen vorgenommen (z. B. "Realignments" im früheren EWS), so daß sich auch hier von Zeit zu Zeit Erwartungen bezüglich einer Änderung der vereinbarten Parität herausbilden werden.

Bei *flexiblen* Wechselkursen ist dagegen jederzeit damit zu rechnen, daß sich die Wechselkurserwartungen aus den verschiedensten Gründen ändern können. Nehmen wir als konkretes Beispiel i = 4,5 vH und i* = 10 vH, so kann die Zinsdifferenz von 5,5 Prozentpunkten nur solange bestehen bleiben, wie in exakt der gleichen Höhe eine Änderung des Wechselkurses erwartet wird (hier eine Abwertung der ausländischen Währung, d. h. $\hat{e}^E$ ist negativ). Bei dieser Konstellation kommt die Zinsarbitrage zum Erliegen, da die Renditen für in- und ausländische Finanzaktiva unter Einschluß des Wechselkursrisikos gleich hoch sind (der Zinsvorsprung des Auslandes wird von dem erwarteten Abwertungsverlust "aufgefressen").

Die Gleichungen (5) bzw. (6) werden als *Zinsparität* und die daraus abgeleiteten Folgerungen als *Zinsparitätentheorem* bezeichnet. Genauer gesagt, handelt es sich um die "ungedeckte" Zinsparität, "ungedeckt" deshalb, weil der Anleger eine Wechselkursänderung zwar erwartet, sich aber nicht gegen das Risiko eines Erwartungsirrtums absichert. Eine solche Absicherung ist möglich durch Abschluß eines *Devisentermingeschäfts*: Dabei verknüpft der Anleger den Kauf der für den Erwerb der ausländischen Finanzanlage erforderlichen Fremdwährung (Devisen) zum heutigen, tatsächlichen Kassakurs mit dem gleichzeitigen Verkauf des Erlöses aus der Auslandsanlage "per Termin", d. h. zum Fälligkeitstag der Anlage, auf dem Devisenterminmarkt. Der Anleger sichert sich dadurch einen kalkulierbaren Rückumtauschkurs, der das Wechselkursrisiko ausschaltet ("gedeckte" Zinsparität). An die Stelle von e^E in Gleichung (6) würde dann der Terminkurs (e^T) treten. Die technische Bezeichnung für die Differenz zwischen e^T und e^K (bezogen auf e^K) lautet *Swapsatz*, der den "Kurssicherungskosten" entspricht. Ist der Swapsatz gleich der Zinsdifferenz, kommt die Zinsarbitrage zum Stillstand; liegt der Swapsatz darüber (darunter), sind aus der Sicht des Inlandes Kapitalexporte (Kapitalimporte) noch vorteilhaft.

Die in (6) ausgedrückte Zinsparität ist nur eine *Näherungsformel*. Exakt kann sie wie folgt abgeleitet werden. Eine auf ein Jahr befristete Finanzanlage (F; in Inlandswährung) muß im Inland wie im Ausland unter Berücksichtigung des Wechselkursrisikos auf den gleichen Betrag (in Inlandswährung) anwachsen:

$$(7) \qquad F(1+i) = \frac{F}{e^K}(1+i^*)\,e^E$$

Darin ist F/e^K der in Auslandswährung zum Kassakurs umgetauschte Anlagebetrag, der bei Fälligkeit unter Einschluß des im Ausland erzielten Zinsertrags zu dem vom Anleger erwarteten (e^E) bzw. gesicherten (e^T) Wechselkurs wieder in Inlandswährung rücktransferiert wird. Nach Umformung von (7) in

$$(8) \qquad \frac{1+i}{1+i^*} = \frac{e^E}{e^K}$$

und Subtraktion von 1 auf beiden Seiten erhält man schließlich die *exakte* Formel für die Zinsparität:

$$(9) \qquad (i - i^*)\left(\frac{1}{1+i^*}\right) = \frac{e^E - e^K}{e^K}$$

Legen wir wieder unser obiges Beispiel mit i = 4,5 vH und i* = 10 vH zugrunde, so zeigt der rechnerische Vergleich, daß die Zinsparität bei einer Wechselkursänderungsrate der ausländischen Währung von 5 vH erfüllt ist, während nach der Näherungsformel eine Abwertung von 5,5 vH erforderlich war.

Fragen wir nun, welche *Folgerungen* sich daraus für die *Geldpolitik* des "kleinen" Landes ergeben. Drei Fälle sind hier zu unterscheiden:

- In einem System *fester* Wechselkurse (und bei Abwesenheit von Wechselkursänderungserwartungen) kann sich das "kleine" Land den Wirkungen der internationalen Zinsarbitrage nicht entziehen (es sei denn, durch Kapitalverkehrskontrollen). Es kann das Auslandszinsniveau nicht nur nicht beeinflussen, sondern muß sich ihm vollständig anpassen. Für eine eigenständige Zinspolitik - dem wichtigsten Instrument der Zentralbank - bleibt hier *kein Spielraum*; die Zinspolitik ist quasi "fremdbestimmt".

- Bei *flexiblen* Wechselkursen interessiert zunächst der Fall *gegebener* Wechselkursänderungserwartungen, d. h. die Finanzmärkte rechnen mit einer nach Dauer, Richtung und Ausmaß ganz bestimmten Änderungsrate des Wechselkurses. Der Notenbank eines "kleinen" Landes ermöglicht diese Konstellation, einen *Zinsabstand* zum Ausland zu halten. Im konkreten Beispiel ($i < i^*$) entsprach dieser Abstand der zu erwartenden Abwertungsrate für die ausländische Währung. Jeder Versuch des Inlandes, in dieser Situation den nationalen Zinssatz weiter zu senken und damit das Zinsgefälle zum Ausland noch zu vergrößern, wird jedoch bei gegebenen Wechselkurserwartungen Kapitalexporte auslösen, dadurch den Inlandszins erhöhen und den alten Zinsabstand wieder herstellen. Immerhin kann aber die Tatsache, daß die Geldpolitik mit einem Zinsgefälle operieren kann, eine gewisse Abschirmung gegenüber der Abhängigkeit vom Auslandszinsniveau bedeuten.

- Der dritte und gravierendste Fall ist, wenn sich die Wechselkurserwartungen *ständig ändern*, ohne indessen prognostizierbar zu sein. Verantwortlich für derartige unkalkulierbare Schwankungen der Wechselkurserwartungen sind vor allem die *spekulativen* Kapitalbewegungen, auf die im nächsten Abschnitt noch näher eingegangen wird. Bei dieser Konstellation ist die Zinspolitik dem im Zeitablauf wechselnden Pfad der *Wechselkursänderungserwartungen* "ausgeliefert". Der Zinsabstand zum Ausland ist nicht nur unkalkulierbar, er kann auch auf Null schrumpfen oder gar die Richtung wechseln ($i > i^*$). Eine stetige und ausschließlich binnenwirtschaftlich orientierte Geldpolitik ist unter diesen Umständen nicht möglich.

Am Schluß dieses Abschnitts drängt sich die Frage auf, welcher *Zusammenhang* zwischen der Kaufkraft- (KKP) und der Zinsparität (ZP) besteht. Wir haben gesehen, daß beide Paritäten - jede für sich - Ansätze zur Erklärung der Wechselkursbildung darstellen [vgl. Gleichungen (3) und (6)]. Dabei könnte der Eindruck entstanden sein, als seien beide Paritäten unabhängig voneinander - dem ist aber nicht so. Vielmehr besteht zwischen beiden eine enge Verbindung dergestalt, daß die ZP die KKP beinhaltet, was wiederum bedeutet, daß zwischen den Gütermärkten (KKP) und den Finanzmärkten (ZP) eine enge Beziehung besteht.

Die "Brücke" zwischen beiden Paritäten wird durch die *rationale Erwartungshypothese* geschlagen (vgl. dazu ausführlich *7.1.3*). Nach dieser Hypothese versuchen die Wirtschaftssubjekte, ihre Erwartungen so zu bilden, daß erwartete und tatsächliche Größen (möglichst) übereinstimmen. Damit beschreibt diese Hypothese aber nichts anderes als ein (angestrebtes) Gleichgewicht, das bekanntlich dann besteht, wenn die Wirtschaftssubjekte keine "Überraschungen" erleben (ihre Erwartungen in Erfüllung gehen).

Betrachten wir in diesem Zusammenhang noch einmal die ZP-Gleichung (6), nämlich $\hat{e}^E = i - i^*$, wonach sich die *erwartete* Wechselkursänderungsrate aus der Zinsdifferenz zwischen In- und Ausland ergibt. Da bei rationaler Erwartungsbildung tatsächliche und erwartete Größen übereinstimmen (Gleichgewicht), wird auch die *tatsächliche* ($\hat{e}$) der erwarteten Wechselkursänderungsrate entsprechen. Für die tatsächliche Änderungsrate des Wechselkurses hatten wir wiederum anhand der KKP-Gleichung (3), nämlich $\hat{e} = \hat{P} - \hat{P}^*$, gezeigt, daß sie durch die Inflationsdifferenz zwischen In- und Ausland bestimmt wird. Für die Beziehung zwischen der ZP und der KKP kann daraus *gefolgert* werden: Im *Gleichgewicht* ($\hat{e} = \hat{e}^E$) hängt die tatsächliche (bzw. erwartete) Wechselkursänderungsrate von der Differenz der tatsächlichen (bzw. erwarteten) Inflationsraten ab, und die Inflationsdifferenz bestimmt zugleich auch die Zinsdifferenz zwischen In- und Ausland, d. h. $(i - i^*) = (\hat{P} - \hat{P}^*)$. Empirisch ist - wie bereits dargelegt - in der kurzen Periode vor allem die ZP von Bedeutung, längerfristig die Zins- *und* Kaufkraftparität.

7.2.5.3 Wechselkurse

In den vorigen Abschnitten wurde schon deutlich, daß auch die Wechselkurse bzw. das Wechselkurssystem eine große Rolle für die Geldpolitik spielen. Im folgenden fragen wir, warum Wechselkurse "internationale Preise" sind, ob sie von der Zentralbank beeinflußt werden können und inwieweit sie eine außenwirtschaftliche Restriktion für die Geldpolitik darstellen.

Wechselkurse können in einem zweifachen Sinne als "*internationale Preise*" verstanden werden: als politisch abgestimmter Preis in einem Festkurssystem und als Ergebnis des Marktprozesses in einem System flexibler Wechselkurse.

- In einem *Festkurssystem* fixieren die Regierungen das Austauschverhältnis ihrer Währungen zu den übrigen Mitgliedswährungen. Die politische Abstimmung erfolgt ferner im Rahmen von Konsultationen bei später erforderlichen Auf- oder Abwertungen und möglicherweise sogar bei Interventionen auf den Devisenmärkten. Man kann also sagen, daß der feste Wechselkurs ein international abgestimmter *politischer Preis* ist. Die Notenbank hat die vereinbarte feste Parität quasi als Datum zu übernehmen und notfalls mittels Interventionen auf dem Devisenmarkt zu verteidigen. Damit unterliegt die Geldpolitik einem *Wechselkursziel*, hinter dem im Konfliktfall binnenwirtschaftliche Ziele (z. B. die Sicherung der Preisstabilität) zurücktreten müssen. Darauf wird noch einzugehen sein.

- *Flexible* Wechselkurse sind dagegen "echte" internationale *Marktpreise*, die sich auf den weltweiten Devisenmärkten bilden und die durch die jeweilige Angebots-/Nachfrage-Konstellation für Devisen bestimmt werden. Auch auf diesen Märkten begegnet uns wieder - analog zur zuvor behandelten Güter- und Zinsarbitrage - ein ähnliches Phänomen, nämlich die *Devisenarbitrage*. (Sie kommt auch in einem Festkurssystem insoweit zum Zuge, als Bandbreiten um die vereinbarte Parität zugelassen sind.) Bestehen zu einem bestimmten Zeitpunkt an den internationalen Devisenbörsen auch nur kleinste Differenzen zwischen dem Wechselkurs für ein und dieselbe Währung, so werden diese dank der modernen Datenübermittlungstechniken praktisch sofort egalisiert (Kauf der Devisen am Ort mit der niedrigeren Notierung, Verkauf am Ort der höheren Notierung). Voraussetzung hierfür ist natürlich, daß keine Devisenkontrollen bestehen. Wegen der Homogenität des Arbitrageobjektes - "ein Dollar ist ein Dollar" überall auf der Welt - vollzieht sich der Arbitrageprozeß auf den Devisenmärkten im Unterschied zu den internationalen Güter-

und Kapitalmärkten sogar besonders rasch und umfassend ("perfekte Devisenmobilität"), so daß hier tatsächlich ohne Einschränkungen von einem "*Gesetz eines einheitlichen Wechselkurses*" gesprochen werden kann.

Diese beiden Reinformen der *Wechselkurssysteme* und die jeweilige *Kursbildung* lassen sich anhand der *Abb. 39* demonstrieren. Abgebildet ist ein Preis-/Mengendiagramm mit dem Devisenkurs (Euro/$) auf der Ordinate und der Devisenmenge (US-Dollar) auf der Abszisse sowie mit "normal" verlaufenden Angebots-/ Nachfragekurven (A bzw. N). Ausgangspunkt sei ein Wechselkurs von 0,9 Euro/ $1: Der Markt ist geräumt, für einen Moment haben wir einen "gleichgewichtigen" Wechselkurs. Diese Situation kann sich nun sehr schnell ändern, sei es aufgrund von Kapitalbewegungen oder von Leistungstransaktionen. Dadurch verschieben sich beide Kurven, was jedoch - je nachdem, welches Wechselkurssystem zugrunde liegt - ganz unterschiedliche Auswirkungen hat.

Betrachten wir zunächst den Fall *flexibler* Wechselkurse, wie er auch für den *Euro* gegenüber allen Drittlandswährungen und de facto im EWS II gilt (vgl. *7.2.2*). Wenn, wie in *Abb. 39* angenommen, das Dollarangebot steigt (Rechtsverschiebung der Angebotskurve nach A'), so wird - bei gegebener Dollarnachfrage (N) - der Wechselkurs sinken (im Beispiel auf 0,75 Euro/$1). Der Dollar wertet um 16,7 vH ab, der Euro um 20 vH auf. Umgekehrte Auswirkungen ergeben sich bei einem Dollarnachfrageüberhang, d. h. bei gegebenem Dollarangebot, wodurch sich die Nachfragekurve nach N' verlagert (Euro-Abwertung, Dollar-Aufwertung). Bei flexiblen Wechselkursen wird also die Kursbildung prinzipiell dem freien Spiel des Devisenmarktes überlassen.

Grundsätzlich andere Auswirkungen ergeben sich dagegen in einem *Festkurssystem. Abb. 39* berücksichtigt, daß üblicherweise eng begrenzte Schwankungen des Wechselkurses um die vereinbarte Parität zugelassen werden, die durch den sog. oberen bzw. unteren *Interventionspunkt* markiert sind. Eine solche Regelung galt z. B. im Bretton Woods-System (± 1 vH) und im früheren EWS bis August 1993 (± 2 ¼ vH). Für die beteiligten Notenbanken bedeutet dies: Sie sind verpflichtet, bei Erreichen der Interventionspunkte so viele Devisen anzukaufen bzw. zu verkaufen, daß der Wechselkurs konstant bleibt. Interventionspunkte begrenzen also den relevanten Bereich der Angebots- und Nachfragekurven auf den schmalen Bereich innerhalb der Bandbreite. Verlagert sich z. B. die Dollarangebotskurve von A nach A', so wird im Punkt B die zulässige Bandbreite unterschritten, und die Notenbank ist verpflichtet, gegen eigene Währung jede beliebige Menge an Devisen zum unteren Interventionspreis anzukaufen. In *Abb. 39* ist dies die Dollarmenge BC (gekennzeichnet durch "Käufe"). Dies bewirkt, daß die Dollarnachfragekurve (N) zwischen den Punkten B und C *vollkommen elastisch* wird. Umgekehrt verhält es sich bei einer Rechtsverschiebung der Dollarnachfragekurve nach N': Der obere Interventionspunkt wird in D überschritten; die Notenbank muß Dollarbeträge zum oberen Stützungspreis in Höhe von DE aus ihren

Abb. 39: Devisenkursschwankungen und Devisenmarktinterventionen

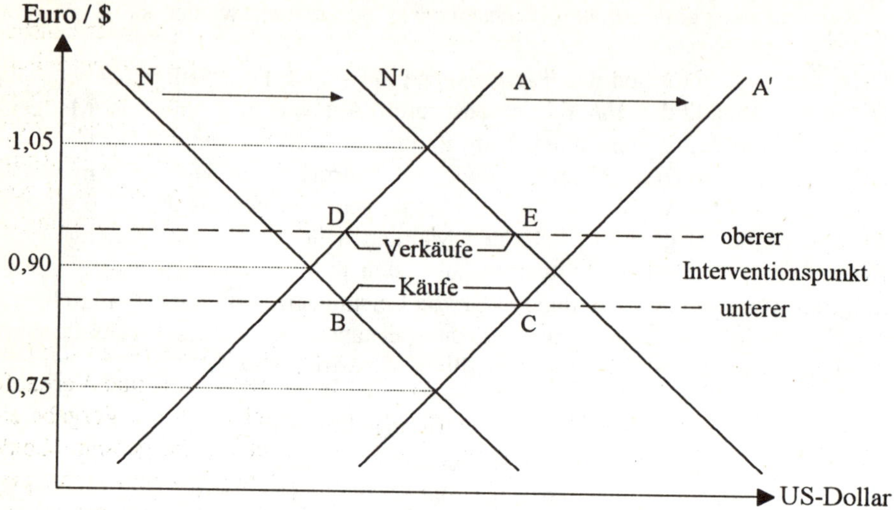

Währungsbeständen verkaufen; die Dollarangebotskurve (A) verläuft zwischen D und E völlig elastisch ("Verkäufe").

Der mechanische Umgang mit Kurvenverschiebungen sollte nicht vergessen lassen, daß hinter den Veränderungen des Devisenangebots und der Devisennachfrage sehr komplexe *Einflußfaktoren* stehen. Allgemein gesagt handelt es sich um die internationalen Leistungs- und Kapitaltransaktionen, die die jeweilige Angebots-/Nachfragekonstellation auf den Devisenmärkten und damit letztlich auch die Schwankungen des flexiblen Wechselkurses bzw. den Interventionsbedarf der Zentralbanken im Festkurssystem bestimmen. Als grundlegende Determinanten der Wechselkursentwicklung hatten wir in den vorangegangenen Abschnitten bereits die sog. *Fundamentalfaktoren* kennen gelernt. Es sind dies längerfristig die Inflations- und Zinsdifferenzen zwischen In- und Ausland (KKP, ZP) und auf kurze Sicht die Zinsdifferenz (zu weiteren Determinanten vgl. *Claassen, 1996*; *Jarchow/Rühmann, 1994*; *Willms, 1995*).

Daneben gelten als dritte hauptsächliche Einflußgröße die *spekulativen Erwartungen* (E^S). Hinter dieser eher als "Catch all" zu verstehenden Determinante stehen alle anderen (ökonomischen und politischen) Einflüsse, die die Erwartungen der Devisenarbitrageure ("Spekulanten") bezüglich der Auf- oder Abwertung einer Währung prägen und die zu *spekulativen* Kapitalbewegungen führen können. Bei einem Abwertungsverdacht kommt es zu einer "Flucht" aus dieser Währung, um Abwertungsverluste zu vermeiden. Richten sich die Erwartungen umgekehrt auf eine aufwertungsverdächtige Währung, so besteht der Anreiz, Aufwertungsgewinne zu erzielen. Generell lassen sich diese drei Einflußgrößen für die Änderungsrate des Wechselkurses (ê) wie folgt zusammenfassen:

$$(10) \qquad \hat{e} = \hat{e}\left\{(\hat{P} - \hat{P}^*),\ (i - i^*),\ E^S\right\}$$

Fragen wir nun nach den Folgerungen für die *Geldpolitik*, so ist klar, daß insbesondere von der *Interventionspflicht* im Festkurssystem Restriktionen ausgehen. Die hauptsächliche Restriktion besteht darin, daß die Notenbank zu einer unbeabsichtigten Schaffung bzw. Vernichtung von Zentralbankgeld gezwungen werden kann - und zu dem Versuch, diese Effekte anschließend wieder zu neutralisieren. Dies läßt sich anhand der *Entstehungsgleichung* für die Geldbasis B zeigen, die sich aus der Inlands- (IK) und Auslandskomponente (AK) zusammensetzt bzw. aus deren Veränderungen:

$$(11) \qquad B = IK + AK \quad \text{bzw.} \quad \Delta B = \Delta IK + \Delta AK$$

Die *Inlandskomponente* umfaßt die Kreditgewährung der Notenbank an die Geschäftsbanken, die *Auslandskomponente* die hier betrachteten An- und Verkäufe von Devisen. Verfolgt die Notenbank ein Geldmengenziel durch die Vorgabe einer bestimmten Wachstumsrate für die Geldbasis B oder für die gesamte Geldmenge M - wobei M mit B durch den sog. Geldangebotsmultiplikator verbunden ist (vgl. *4.2*) -, so muß sie versuchen, die Entwicklung beider Komponenten *zusammengenommen* auf dem angestrebten Wachstumspfad zu halten. Das bedeutet, daß in dem Maße, in dem die Schaffung von Zentralbankgeld durch die Auslandskomponente erfolgt, die inländische Komponente eingeschränkt werden muß. Dies mag der Notenbank durchaus gelingen, wirft aber in jedem Fall zusätzliche Steuerungsprobleme auf und kann zu Konflikten führen.

Skizzieren wir einmal einen solchen *Konfliktfall* am Beispiel der EWS-Krise in den Jahren 1992/93. Die Ausgangslage war durch einen schon seit längerem bestehenden deutlichen Stabilitätsvorsprung Deutschlands gegenüber anderen EWS-Ländern gekennzeichnet. Gleichwohl hielten die politischen Instanzen vorerst an den vereinbarten Paritäten fest. Die Folge war ein Aufwertungs-"Stau" für die D-Mark (Unterbewertung bzw. reale Abwertung). In dieser Situation kam es zu zwei Effekten: Erstens wurde Deutschland bei den handelsfähigen Gütern zum "Billiganbieter" für die stärker inflationierenden EWS-Länder. Der Nachfragesog aus dem Ausland führte mit zunehmender Kapazitätsauslastung zu einer Erhöhung der Preise für "Tradables" und damit der deutschen *Inflationsrate*. Zweitens geriet die D-Mark unter Aufwertungsverdacht: Die Märkte erwarteten, daß die D-Mark früher oder später gegenüber den stärker inflationierenden EWS-Ländern aufgewertet werden müßte ("Realignment").

Diese Aufwertungserwartungen setzten *spekulative Kapitalbewegungen* in Gang (Kauf von D-Mark bzw. D-Mark-Finanzanlagen gegen EWS-Währungen). Die Devisenspekulanten handelten unter den damaligen Bedingungen praktisch *risikolos*: Auch wenn es nicht zu einer Aufwertung kommen würde, war in jedem Falle die Rendite der Finanzanlage gesichert. Die Bundesbank aber mußte in dieser Lage wegen ihrer Interventionspflicht den spekulativen Druck auf die D-Mark abwehren, d. h. sie mußte Zentralbankgeld gegen EWS-Devisen verkaufen, um die vereinbarte Parität zu halten. Daraufhin stieg die Geldbasis und löste

Gefahren für die Einhaltung des Geldmengenziels und damit für die Preisstabilität aus. Für die Bundesbank stellte sich daher die Aufgabe, die durch die Auslandskomponente erhöhte Geldbasis durch eine restriktive Politik bei der Inlandskomponente wieder zu neutralisieren [vgl. Gleichung (11)]. Dies geschah vor allem im Wege der sog. *Sterilisierungspolitik*, d. h. durch Kürzung der Refinanzierungskredite an inländische Banken. Das Fazit ist also, daß es in einem Festkurssystem für das Land mit der aufwertungsverdächtigen Währung zu einem *Konflikt* zwischen dem nationalen Geldmengen- bzw. Stabilitätsziel und dem Wechselkursziel kommen kann.

Die Devisenmarktinterventionen der *anderen* EWS-Notenbanken (mit abwertungsverdächtigen Währungen) verliefen mit "umgekehrtem" Vorzeichen: Ankauf der eigenen Währung gegen den Verkauf von D-Mark. Um die dadurch bedingten Verluste an Währungsreserven in Grenzen zu halten, wurden vielfach noch zusätzlich die Inlandszinsen heraufgesetzt. Beide Versuche, das Wechselkursziel einzuhalten, waren also mit hohen volkswirtschaftlichen Kosten verbunden und konnten auf Dauer nicht durchgehalten werden. Als Lehre aus der EWS-Krise kann festgehalten werden, daß die gesamtwirtschaftlichen Kosten für alle Beteiligten um so höher sind, je länger eine erforderliche Neufestsetzung der Paritäten von der Politik verzögert wird.

Auch bei *flexiblen* Wechselkursen gehören die Notenbanken zuweilen zu den Akteuren auf den Devisenmärkten, indem sie versuchen, dem Wechselkurs eine bestimmte Richtung zu geben. Wir hatten Anlässe für solche Interventionen schon in den vorigen Abschnitten erläutert, so vor allem bei längerfristigen Wechselkursverzerrungen (im Verhältnis zur KKP; vgl. *7.2.5.1*) und bei der Vorgabe "allgemeiner Orientierungen" für den Euro-Wechselkurs (vgl. *7.2.2*). Ein durchschlagender und nachhaltiger Einfluß auf das Devisenmarktgeschehen ist den Notenbanken nach den bisherigen Erfahrungen jedoch versagt geblieben, dies allein schon wegen der vergleichsweise geringen Größenordnungen an einsetzbaren Devisenreserven. Dies gilt vor allem bei Interventionen *gegen* den Markttrend ("Leaning against the Wind"), die allenfalls kurzfristig Wirkung zeigten. Auch die Erfahrungen mit internationalen Währungskooperationen sind in diesem Zusammenhang wenig ermutigend (vgl. auch *8.4*). Daraus folgt, daß auch flexible Wechselkurse für die Geldpolitik *Daten* sind, die sie durch eigene Aktionen auf den Devisenmärkten nicht maßgeblich beeinflussen können.

7.2.6 Modell einer offenen Volkswirtschaft

Waren die vorangegangenen Teile stärker an konkreten Problemen orientiert, so stehen im folgenden modellmäßige Betrachtungen im Vordergrund. Gleich zu Anfang sei betont, daß die im vorigen Abschnitt für die Kaufkraft- und Zinsparität unterstellten *strikten* Annahmen der Homogenität der Güter und Finanzaktiva, der vollständigen Preisflexibilität und der perfekten Kapitalmobilität im weiteren nicht gelten. Von den zahlreich existierenden Modellen einer offenen Volkswirtschaft soll das einfache *Keynesianische* Standardmodell dargestellt werden, wie es insbesondere von *Mundell* (*1968*) und *Fleming* (*1962*) um die außenwirtschaftlichen Aspekte weiterentwickelt wurde. Dabei steht wiederum die Geldpolitik eines "kleinen" Landes im Mittelpunkt. Bei dem Standardmodell handelt es sich um eine *komparativ-statische* Analyse, in der der Übergang vom alten zum neuen Gleichgewicht sozusagen "in einem Sprung" erfolgt. Das Standardmodell ist ferner eine sog. *Totalanalyse*, weil es die Bedingungen für ein *simultanes* Gleichgewicht am Güter-, Geld- und Devisenmarkt formuliert. Dabei werden die Grundzüge der makroökonomischen Analyse, hier insbesondere der IS/LM-Analyse, im folgenden als bekannt vorausgesetzt.

Der nachfolgende Abschnitt rekapituliert zunächst die Gleichgewichtsbedingungen für den Güter- und Geldmarkt und erweitert die Analyse um die Konstellation eines außenwirtschaftlichen Gleichgewichts. Diese Gleichgewichtsbedingungen gelten unabhängig von der Art des jeweiligen Wechselkurssystems. Auf dieser Basis lassen sich dann anschließend die Wirkungen der Geldpolitik bei festen und flexiblen Wechselkursen erörtern.

7.2.6.1 Gleichgewichtsbedingungen

Um das Modell einfach zu halten, unterliegt es verschiedenen Einschränkungen. Zunächst handelt es sich um ein sog. *Zwei-Länder-Modell* mit dem "kleinen" Inland und dem Ausland ("Rest der Welt"). Die Annahme des "*kleinen*" *Landes* bedeutet, daß es Variablen wie das Auslandseinkommen und den Auslandszins von sich aus nicht beeinflussen kann, diese vielmehr vorgegebene Größen sind. Eine weitere wichtige Einschränkung ist, daß von *konstanten Preisniveaus* ausgegangen wird. Diese Annahme ist durch die Struktur des Modells bedingt, in dem Preisniveauänderungen weder als Determinante explizit berücksichtigt noch als Wirkungen direkt aus dem Modell abgeleitet werden können. Die Annahme konstanter in- und ausländischer Preisniveaus hat folgende Implikationen: (1) Bei den nachfolgend verwendeten Variablen besteht kein Unterschied zwischen *realen* und *nominalen* Größen. (2) Die Analyse kann sich nur auf die *kurze Frist* erstrecken; betrachtet werden - wie im IS/LM-Konzept üblich - lediglich Änderungen des realen Volkseinkommens und des Zinsniveaus, was die Möglichkeit eines Gleichgewichts bei Unterbeschäftigung einschließt. (3) Die *KKP-Theorie* kommt im folgenden nicht zum Zuge. Für sie hatten wir weiter oben herausgearbeitet, daß sie ohnehin nur "längerfristig" gilt.

1) **Güterwirtschaftliches Gleichgewicht**. Zur Bestimmung des Gleichgewichts am Gütermarkt können wir auf die in *7.2.4* angestellten Vorüberlegungen zurückgreifen. Die dort konstatierte Ex-post-Identität, nämlich S = I + LB, ist nun in eine Ex-ante-Bedingung umzuformulieren. Diese Bedingung erfordert, daß es sich bei sämtlichen Variablen um *geplante* (p) Größen handeln muß. Güterwirt-

schaftliches Gleichgewicht besteht demnach, wenn die geplante gesamtwirtschaftliche Nachfrage mit dem geplanten gesamtwirtschaftlichen Angebot übereinstimmt bzw. - damit gleichbedeutend -, wenn die geplante Ersparnis S gleich ist der Summe aus geplanten (Netto-)Investitionen I und geplantem Leistungsbilanz-*Saldo* LB. Da von Transferzahlungen zwischen dem In- und Ausland im folgenden abgesehen wird, gilt LB = Ex - Im.

(1) $$S^P = I^P + LB^P$$

Hinsichtlich der *Bestimmungsfaktoren* dieser Größen wird unterstellt, daß die inländische Ersparnis S positiv vom Inlandseinkommen Y und die inländischen Investitionen I negativ vom Zinsniveau des Inlandes i abhängen. Für den Leistungsbilanzsaldo LB wird angenommen, daß er "normal" auf eine Änderung des Wechselkurses e reagiert, d. h. LB erhöht sich bei einer Abwertung der Inlandswährung (e steigt), und vice versa bei einer Aufwertung. Weiter soll gelten, daß der Leistungsbilanzsaldo zunimmt, wenn das Auslandseinkommen Y* steigt, und abnimmt, wenn sich das Inlandseinkommen Y und damit die Importe erhöhen. Unter Vernachlässigung des Superskripts p (für geplante Größen) kann dann die Gleichgewichtsbedingung für den *Gütermarkt* wie folgt geschrieben werden:

(2) $$S(\overset{+}{Y}) = I(\overset{-}{i}) + LB(\overset{+}{e}, \overset{-}{Y}, \overset{+}{Y}{}^*)$$

Aus dieser Gleichung erhält man die bekannte *IS-Kurve*, die im i/Y-Diagramm alle Kombinationen von Realeinkommen und Zins angibt, bei denen güterwirtschaftliches Gleichgewicht herrscht (vgl. *Abb. 40 a*). Die IS-Kurve hat eine *negative* Steigung wegen des gegenläufigen Zusammenhangs zwischen i und Y: Steigt z. B. der Zins (bei gegebenen Werten für e und Y*), so führt dies zu einem Investitionsrückgang, weshalb im *neuen* Gleichgewicht auch die Ersparnis niedriger sein muß. Letzteres ist aber wiederum nur bei einem geringeren Realeinkommen möglich. Der Wechselkurs e und das Auslandseinkommen Y* sind die *Lageparameter* der IS-Kurve, d. h. Veränderungen dieser Variablen führen zu einer Kurvenverschiebung: Wenn Y* und/oder e steigen, so erhöht sich bei *gegebenem* Zins i_0 wegen des Anstiegs des Leistungsbilanzsaldos auch das Gleichgewichtseinkommen auf Y_1, und die IS-Kurve verschiebt sich rechts nach IS^1 (Linksverschiebung bei einer Senkung von Y* und/oder e). Diese Zusammenhänge sind in *Abb. 40 a* schematisch dargestellt.

2) **Geldmarktgleichgewicht**. Auch hier kann wieder auf Vorarbeiten zurückgegriffen werden (zur Geldnachfrage vgl. *Kapitel 3*, zum Geldangebot *Kapitel 4*). Gleichgewicht auf dem Geldmarkt ist gegeben, wenn die Geldnachfrage L, d. h. die geplante (p) bzw. gewünschte Kassenhaltung der Wirtschaftssubjekte, mit dem (annahmegemäß) exogenen Geldangebot M übereinstimmt. Wie eingangs begründet, handelt es sich auch hier wieder um reale Größen:

(3) $$M = L^P$$

Für das *Geldangebot* M gilt, daß es über den Geldangebotsmultiplikator m mit der Geldbasis B fest verbunden ist, wobei m als konstant, d. h. unabhängig von der Zinshöhe, angenommen wird:

(4) $M = mB$

Ausgehend von der Liquiditätspräferenztheorie ist die *Geldnachfrage* in ihrer Transaktions- und Vorsichtskomponente positiv abhängig vom Inlandseinkommen Y und hinsichtlich der Spekulationskasse eine negative Funktion des inländischen Zinssatzes i. Unter Weglassung des Superskripts p lautet die Gleichgewichtslösung für den Geldmarkt demnach wie folgt:

(5) $mB = L(\overset{+}{Y}, \overset{-}{i})$

Im i/Y-Diagramm erhält man daraus die bekannte *LM-Kurve*, auf der alle Kombinationen von Realeinkommen und Zins liegen, bei denen Geldangebot und Geldnachfrage übereinstimmen (Geldmarktgleichgewicht; vgl. *Abb. 40 b*). Die *positive* Steigung der LM-Kurve bedeutet, daß zwischen Einkommen und Zins eine gleichgerichtete Beziehung besteht: Steigt z. B. das Realeinkommen, dann wird auch die Geldnachfrage für Transaktionszwecke zunehmen. Bei exogen gegebenem Geldangebot bewirkt die so entstehende Überschußnachfrage nach Geld im neuen Gleichgewicht eine Zinserhöhung. Als *Lageparameter* der LM-Kurve fungiert gemäß dem in Gleichung (4) beschriebenen Zusammenhang die Geldbasis B. Steigt nun die monetäre Basis (und damit auch das Geldangebot M), so wird sich bei *gegebenem* Zins i_0 die LM-Kurve nach rechts (LM^1) verlagern, weil nur durch einen Anstieg des Einkommens auf Y_1 die Geldnachfrage auf das erhöhte Niveau des Geldangebots gebracht werden kann (vgl. *Abb. 40 b*). Aus den gleichen Argumenten führt eine Senkung der Geldbasis zu einer Linksverschiebung der LM-Kurve.

3) **Außenwirtschaftliches ("externes") Gleichgewicht**. Diese Konstellation ist im vorliegenden Modell definiert als ein Zustand, in dem die Notenbank auf dem Devisenmarkt nicht interveniert und folglich sich auch ihre Währungsreserven nicht verändern. Kurz gesagt, liegt ein externes Gleichgewicht vor, wenn der *Saldo* der Devisenbilanz DB gleich Null ist. Diese Bedingung hatten wir schon bei der Betrachtung der Zahlungsbilanz in *7.2.3* abgeleitet:

(6) $DB = LB + KB = 0$

Externes Gleichgewicht liegt demnach vor, wenn der Leistungsbilanzsaldo LB dem Kapitalbilanzsaldo KB (jeweils mit umgekehrtem Vorzeichen) entspricht. Konkret bedeutet das, daß ein Überschuß der Leistungsbilanz mit einem Defizit der Kapitalbilanz in gleicher Höhe einhergehen muß (und vice versa). In beiden Fällen erfolgt die "Finanzierung" des Kapitalexports bzw. des Leistungsbilanzdefizits ausschließlich "über den Markt", d. h. ohne Eingreifen der Zentralbank.

Abb. 40: Gleichgewicht auf dem Güter-, Geld- und Devisenmarkt und simultanes Gleichgewicht

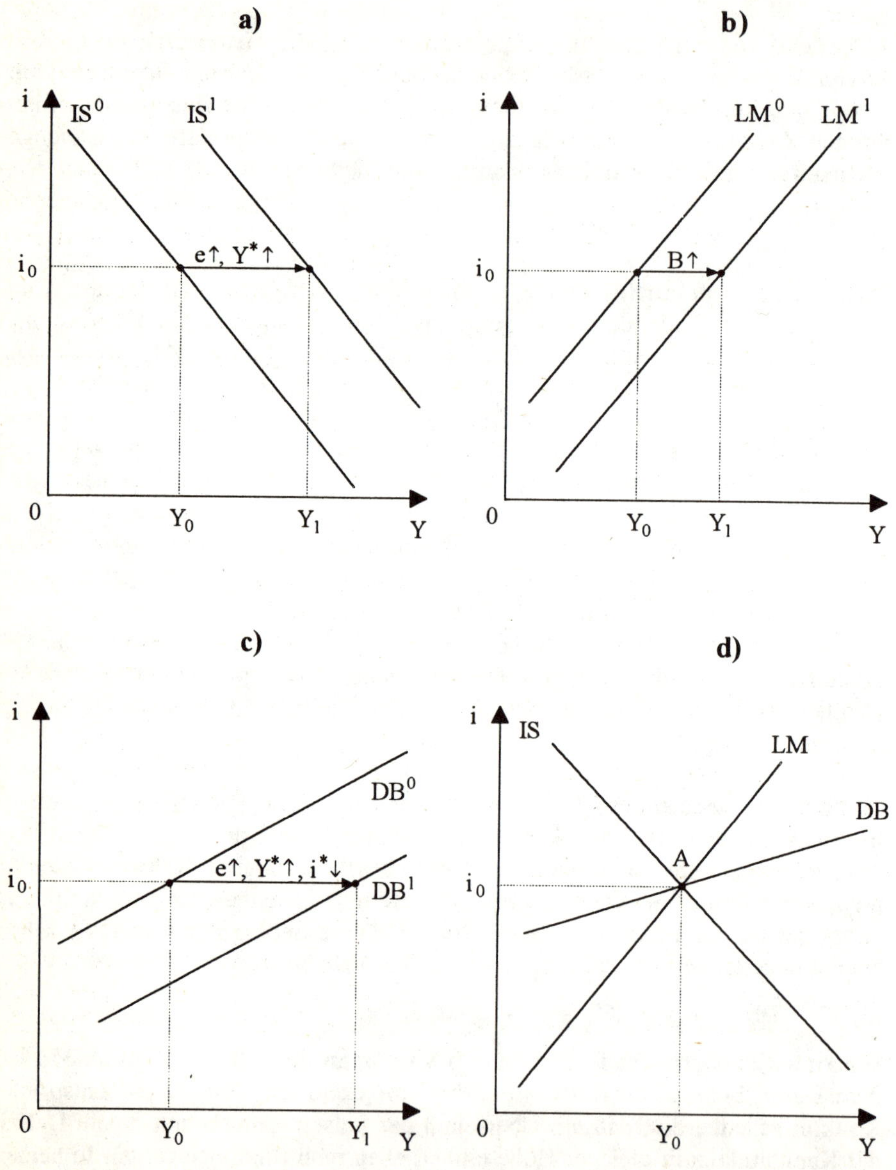

Die *Determinanten* des Leistungsbilanzsaldos hatten wir bei der Bestimmung des Gleichgewichts am Gütermarkt schon kennengelernt, nämlich e, Y und Y*. Hinzu kommen jetzt die Einflußgrößen, die auf den *Kapitalbilanzsaldo* KB einwirken. KB ist definiert als die Differenz zwischen Kapitalimporten und Kapitalexporten, jeweils aus der Sicht des Inlandes. Ein positiver Wert von KB bedeutet also einen Überschuß der Kapitalbilanz, d. h. Netto-Kapitalimporte, und ein negativer Wert von KB ein Defizit der Kapitalbilanz, d. h. Netto-Kapitalexporte. Als wichtigste Bestimmungsfaktoren für internationale Kapitalbewegungen gelten *Wechselkursänderungserwartungen* sowie *Zinsdifferenzen* zwischen dem In- und Ausland. Aus Vereinfachungsgründen können nur die Zinsdifferenzen im vorliegenden Modell berücksichtigt werden (zur Rolle der Wechselkursänderungserwartungen vgl. *7.2.5.2* und *7.2.5.3*). In unser Standardmodell gehen also explizit nur die *zinsinduzierten* Kapitalbewegungen ein. Die relevante Einflußgröße ist die Differenz zwischen dem in- und ausländischen Zinsniveau (i - i*), wobei unterstellt wird, daß der Kapitalbilanzsaldo KB eine positive Funktion dieser Zinsdifferenz ist. Steigt beispielsweise der Inlandszins bei Konstanz aller sonstigen Einflußgrößen, so werden hierdurch - zinsinduziert - auch die Netto-Kapitalimporte des Inlandes steigen.

Nach diesen Vorüberlegungen können wir die Bedingung für ein außenwirtschaftliches Gleichgewicht, d. h. für einen Devisenbilanzsaldo DB von Null, wie folgt zusammenfassen:

$$(7) \qquad DB = LB(\overset{+}{e}, \overset{-}{Y}, \overset{+}{Y^*}) + KB(\overset{+}{i - i^*}) = 0$$

Auch diese Gleichgewichtsbedingung läßt sich, da sie eine Beziehung zwischen dem Realeinkommen Y und dem Zins i des Inlandes aufweist, in einem i/Y-Diagramm darstellen. Wir erhalten eine Kurve, die wir Devisenbilanz- oder kurz: *DB-Kurve* nennen wollen. Auf dieser Kurve liegen alle Kombinationen von Y und i, bei denen externes Gleichgewicht gegeben ist (vgl. *Abb. 40 c*).

Die DB-Kurve weist unter der (realistischen) Annahme zinselastischer Kapitalbewegungen eine *positive* Steigung auf, wie folgendes Beispiel zeigen mag: In der Ausgangslage sei angenommen, daß sowohl die Leistungs- als auch die Kapitalbilanz ausgeglichen sind, was ebenfalls eine ausgeglichene Devisenbilanz impliziert (DB = 0). Wenn nun bei gegebenen Werten aller anderen Einflußgrößen das Inlandseinkommen Y und damit der Import steigt, gerät die Leistungsbilanz ins Defizit. Zur Finanzierung dieses Defizits wäre ein Rückgriff auf die Devisenreserven der Notenbank möglich. Dies würde jedoch ein Defizit der Devisenbilanz hervorrufen und damit die Gleichgewichtsbedingung DB = 0 verletzen. Um dies zu verhindern, müßten die Kapitalimporte steigen, d. h. der Saldo der Kapitalbilanz KB müßte zunehmen - was wiederum nur möglich ist, wenn der Inlandszins i steigt (bei gegebenem i*). Zwischen Y und i besteht also ein gleichgerichteter Zusammenhang (vgl. *Abb. 40 c*).

Wie stark nun nach einer Erhöhung des Inlandseinkommens der Inlandszins steigen muß, um externes Gleichgewicht zu garantieren, hängt vom Verhältnis der *Einkommenselastizität* der Importnachfrage zur *Zinsreagibilität* der internationalen Kapitalbewegungen ab. Bei *perfekter* Kapitalmobilität, d. h. wenn in- und ausländische Finanzaktiva von den Kapitalanlegern als vollkommene Substitute angesehen werden, und wenn keine Wechselkursänderungen stattfinden, würde die DB-Kurve parallel zu Y-Achse verlaufen. Die Zinsarbitrage würde in diesem Fall sicherstellen, daß sich der Inlandszins dem Auslandszins völlig angleicht. Wie aus der Steigung der DB-Kurve in *Abb. 40 c* hervorgeht, haben wir eine hohe, aber doch keine perfekte Kapitalmobilität unterstellt, was der Realität nahe kommen dürfte.

Das Beispiel verdeutlicht gleichzeitig, daß alle i/Y-Kombinationen *außerhalb* der DB^0-Kurve nicht mit einem außenwirtschaftlichen Gleichgewicht vereinbar sind: Liegt beispielsweise bei *gegebenem* i_0 das Inlandseinkommen Y rechts von der DB^0-Kurve, so ist damit zugleich der Import größer als mit externem Gleichgewicht kompatibel, und die Devisenbilanz muß ein Defizit aufweisen. M. a. W., der Inlandszins i_0 ist nicht hoch genug, um ausreichende Kapitalimporte zu attrahieren, die die Bedingung DB = 0 gewährleisten. Alle i/Y-Kombinationen *rechts* bzw. unterhalb der (gegebenen) DB^0-Kurve repräsentieren daher Konstellationen eines Devisenbilanzdefizits, alle Kombinationen *links* bzw. oberhalb der DB^0-Kurve Situationen eines Devisenbilanzüberschusses.

Verschiebungen der DB-Kurve werden durch Veränderungen ihrer *Lageparameter* bestimmt, nämlich e, Y* und i*; vgl. Gleichung (7). Dies sei kurz erläutert, wobei stets von einem *gegebenen* Inlandszins i_0 in *Abb. 40 c* ausgegangen und die Wirkung einer Veränderung jeder einzelnen Einflußgröße für sich, d. h. bei Konstanz aller anderen Größen, betrachtet wird. Eine Erhöhung des Wechselkurses e (Abwertung der Inlandswährung) sowie des Auslandseinkommens Y* führen zu einer *Rechtsverschiebung* der DB-Kurve, z. B. nach DB^1. Der Anstieg von e und Y* bewirkt eine Erhöhung des Leistungsbilanzsaldos LB und damit einen Angebotsüberschuß an Devisen. Um aber außenwirtschaftliches Gleichgewicht zu erhalten, muß in dieser Lage das Inlandseinkommen auf Y_1 steigen, wodurch über die zusätzlichen Importe und die damit verbundene Mehrnachfrage nach Devisen der Angebotsüberschuß an Devisen wieder absorbiert wird. Die DB-Kurve muß sich also nach rechts verschieben.

Dies gilt auch für den Fall einer *Senkung* des Auslandszinses i*: Hierdurch steigen die Kapitalimporte und sinken die Kapitalexporte, d. h. der Kapitalbilanzsaldo KB erhöht sich [vgl. Gleichung (7)]. Die Folge ist ein Überschußangebot an Devisen und ein Devisenbilanzüberschuß, der - wie zuvor beschrieben - nur durch eine Erhöhung des Inlandseinkommens auf Y_1 wieder zurückgeführt werden kann, um die Bedingung für ein externes Gleichgewicht (DB = 0) zu erfüllen. Die Argumentation verläuft umgekehrt für eine *Linksverschiebung* der DB-Kurve bei einer Senkung von e sowie Y* und bei einer Erhöhung von i*.

4) **Simultanes Gleichgewicht**. Fassen wir nun die drei Gleichgewichtsbedingungen unseres Standardmodells für eine offene Volkswirtschaft zusammen:

$$(2) \qquad S(\overset{+}{Y}) = I(\overset{-}{i}) + LB(\overset{+}{e}, \overset{-}{Y}, \overset{+}{Y^*})$$

$$(5) \qquad mB = L(\overset{+}{Y}, \overset{-}{i})$$

$$(7) \qquad DB = LB(\overset{+}{e}, \overset{-}{Y}, \overset{+}{Y^*}) + KB\overset{+}{(i - i^*)} = 0$$

Simultanes Gleichgewicht liegt vor, wenn sich die in den Gleichungen (2), (5) und (7) dargestellten IS-, LM- und DB-Kurven in einem Punkt schneiden. Dieser Fall des Zusammentreffens von internem und außenwirtschaftlichem Gleichgewicht ist in *Abb. 40 d* ausgewiesen: Die Kombination von Inlandszins i_0 und Inlandseinkommen Y_0 im Punkt A garantiert gleichzeitig Gleichgewicht auf dem Güter-, Geld- und Devisenmarkt. Die Steigung der drei Kurven hängt, allgemein gesagt, von den Elastizitäten der abhängigen Variablen ab. Für die internationalen Kapitalbewegungen hatten wir eine hohe, aber keine vollkommene Zinsreagibilität unterstellt, so daß die DB-Kurve relativ flach verläuft und (annahmegemäß) eine geringere Steigung als die LM-Kurve aufweist.

Bei den weiteren Betrachtungen auf der Basis dieses Modells wollen wir untersuchen, ob und inwieweit die Geldpolitik des "kleinen" Landes in der offenen Volkswirtschaft - bei festen und flexiblen Wechselkursen - Änderungen des inländischen *Realeinkommens* und *Zinsniveaus* bewirken kann. Bedingt durch die Struktur des Modells ist die Betrachtung auf diese beiden endogenen Variablen beschränkt. Trotzdem ist die Fragestellung sinnvoll: Da gesamtwirtschaftliches Gleichgewicht bekanntlich auch bei einem Unterbeschäftigungseinkommen vorliegen kann, bedeutet diese Situation eine Herausforderung für eine *expansive* Geldpolitik. Umgekehrt kann eine *restriktive* Geldpolitik gefordert sein, wenn - ausgehend von einem bereits erreichten Vollbeschäftigungseinkommen - Inflationsgefahren drohen.

7.2.6.2 Geldpolitik bei festem Wechselkurs

Die Wirkungen der Geldpolitik in einem Festkurssystem sollen allgemein anhand der *Abb. 41* und etwas detaillierter anhand eines *Schemas* demonstriert werden. Ausgangspunkt ist die Situation eines simultanen Gleichgewichts mit der Kombination i_0/Y_0 im Punkt A. Dieses Realeinkommen Y_0 möge einen Zustand bei Unterbeschäftigung repräsentieren und die Notenbank zu einer *expansiven* Politik veranlassen. Fragen wir, ob es ihr bei einem festen Wechselkurs gelingen kann, das Realeinkommen (Produktion und Beschäftigung) zu erhöhen und das inländische Zinsniveau zu senken, und zwar dies unter der Bedingung eines neuen Gleichgewichts auf dem Güter-, Geld- und Devisenmarkt.

Abb. 41: Expansive Geldpolitik im Festkurssystem

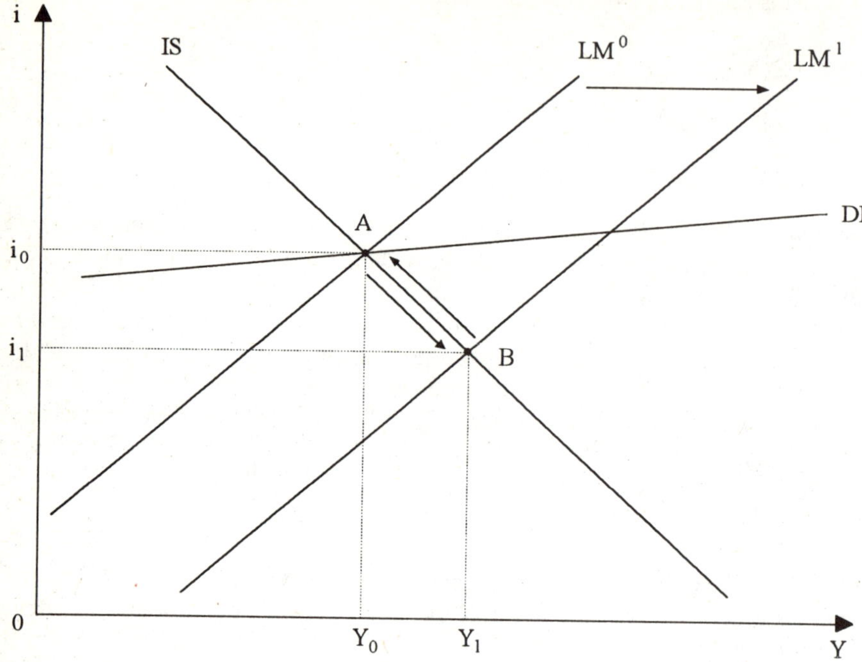

Expansive Geldpolitik bedeutet, daß die inländische Notenbank die Geldbasis erhöht (B↑). Dadurch kommt es zu einem Anstieg des Geldangebots M↑ (*Schema 1*) und zu einer Rechtsverschiebung der LM-Kurve nach LM^1, wodurch sich im Schnittpunkt B mit der (ursprünglichen) IS-Kurve ein neues Gleichgewicht auf dem Güter- und Geldmarkt mit dem niedrigeren Inlandszins i_1 und dem höheren Realeinkommen Y_1 ergibt (*Abb. 41*). Diese Konstellation ist jedoch nicht mit einem Gleichgewicht auf dem Devisenmarkt (DB = 0) vereinbar, wie auch anhand des *Schemas 1* gezeigt werden kann.

Vielmehr weist die Devisenbilanz nun aus zwei Gründen ein *Defizit* auf: Erstens ist wegen der Ausweitung der Geldbasis der Inlandszins gesunken (i↓). Bei gegebenem Auslandszins werden hierdurch Netto-Kapitalexporte des Inlandes induziert (KEX^n↑), und die Kapitalbilanz gerät ins Defizit (KB↓), wenn sie vorher ausgeglichen war. Zweitens bewirkt die Senkung des inländischen Zinsniveaus einen Anstieg der Investitionen und des Einkommens (I↑, Y↑), der über die dadurch induzierten Importe zu einem Defizit der Leistungsbilanz (LB↓) führt (bei vorher ausgeglichener Leistungsbilanz). Beide Effekte, d. h. die Verschlechterung der Kapital- und der Leistungsbilanz, haben also einen *Nachfrageüberschuß* am Devisenmarkt entstehen lassen, der auf den (festen) Wechselkurs ($\bar{e}$) "drückt". Diesen muß aber die Notenbank dadurch verteidigen, daß sie mittels Interventionen das Defizit der Devisenbilanz (DB↓) wieder ausgleicht.

Schema 1: Expansive Geldpolitik im Festkurssystem

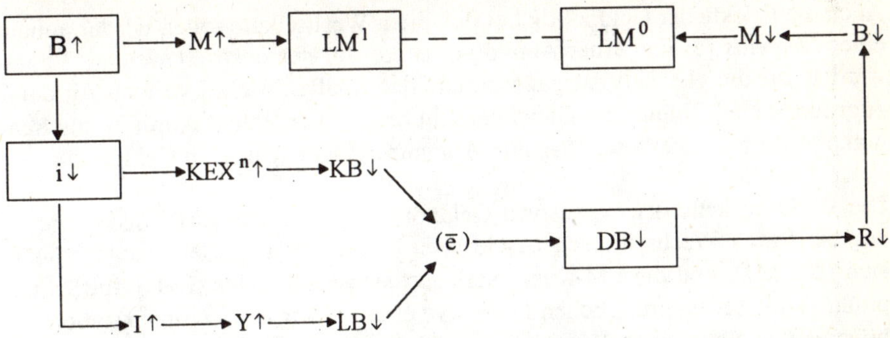

Dies geschieht, indem sie gegen Inlandswährung Devisen aus ihren Währungsreserven verkauft (R↓), wodurch sich die Geldbasis und die Geldmenge verringern (B↓, M↓). Im Zuge dieser Interventionen verlagert sich die LM-Kurve wieder nach links (LM^0), wie in *Abb. 41* schematisch dargestellt ist. Das neue simultane Gleichgewicht entspricht dem alten; eine Erhöhung des Realeinkommens und eine Senkung des Zinsniveaus konnten nur kurzfristig in der Anfangsphase erreicht werden. Diese Frist ist um so kürzer und der rückläufige Prozeß erfolgt um so rascher, je höher die Zinselastizität der internationalen Kapitalströme ist. Das ursprüngliche Ziel der expansiven Geldpolitik (für eine restriktive Politik gilt eine analoge Argumentation) ist damit fehlgeschlagen; der neuralgische Punkt ist der feste Wechselkurs in Verbindung mit der Interventionspflicht.

Die Notenbank könnte nun versuchen, das kurzfristig erreichte Niveau von Realeinkommen und Zins (i_1, Y_1) zu halten oder diese Anfangsphase zumindest zeitlich zu strecken. Dies wäre möglich durch eine sog. *Sterilisierungspolitik*, indem die Zentralbank den außenwirtschaftlich bedingten Rückgang der Geldbasis durch eine sofortige Wiederzuführung von Zentralbankgeld kompensiert. Damit schafft sie allerdings genau jene (Zins-)Bedingungen, nämlich i↓, die schon bisher zu einem Defizit der Devisenbilanz geführt haben. Eine fortlaufende Sterilisierung würde daher einen permanenten Verlust an Währungsreserven zur Folge haben. Auch bei Verfügbarkeit von Devisenkrediten des Auslandes könnte die Notenbank eine solche Politik auf Dauer nicht durchhalten.

Einen möglichen Ausweg könnte die *Wechselkurspolitik* eröffnen: Dadurch, daß die inländische Währung (einmalig) abgewertet wird, bestünde die Chance, über eine Verbesserung der Leistungsbilanz ein Gegengewicht gegen die durch die Zinssenkung induzierten Netto-Kapitalexporte zu schaffen. So ließe sich anhand von *Abb. 41* zeigen, daß durch eine Abwertung sowohl die IS- als auch die DB-Kurve nach rechts verschoben werden und ein neues Gleichgewicht bei höherem Einkommen und niedrigerem Zins erreicht wird. Wir werden diesen Fall im nächsten Abschnitt (bei flexiblen Wechselkursen) wieder aufgreifen.

7.2.6.3 Geldpolitik bei flexiblem Wechselkurs

Auch die Effekte der Geldpolitik bei flexiblem Wechselkurs sollen wieder anhand eines *Schemas (2)* und einer Abbildung (*Abb. 42*) demonstriert werden. Ebenso werden wir die gleichen Ausgangspunkte der Analyse wie im vorigen Abschnitt zugrunde legen: simultanes Gleichgewicht bei i_0/Y_0 im Punkt A mit Y_0 als Realeinkommen bei Unterbeschäftigung; Annahme einer expansiven Geldpolitik.

Die Wirkungskette der expansiven Geldpolitik verläuft *zunächst* wieder wie zuvor bei festen Wechselkursen beschrieben: Geldbasis und Geldmenge erhöhen sich (B↑, M↑), und die LM-Kurve verlagert sich nach rechts (LM^1). Im Schnittpunkt B mit der ursprünglichen IS^0-Kurve erhalten wir als "Zwischenstation" ein höheres Realeinkommen Y_1 und ein niedrigeres Zinsniveau i_1. Beziehen wir nun die *außenwirtschaftlichen* Einflüsse ein, wobei das Auslandseinkommen und der Auslandszins wiederum fest vorgegeben sind, so treten auch hier die schon zuvor im Festkurssystem dargestellten zwei Effekte ein (vgl. *Schema 2*); sowohl die Kapitalbilanz als auch die Leistungsbilanz werden defizitär (KB↓, LB↓): Erstere, weil die durch die Geldbasiserhöhung ausgelöste Senkung des inländischen Zinsniveaus (i↓) zu Netto-Kapitalexporten (KEX^n↑) führt, letztere, weil der Zinsrückgang erhöhte Investitionen sowie Realeinkommen (I↑, Y↑) und damit der Importe des Inlandes bewirkt. Aus den Defiziten der Kapital- und der Leistungsbilanz resultiert wiederum ein Nachfrageüberschuß nach Devisen.

Abb. 42: Expansive Geldpolitik bei flexiblem Wechselkurs

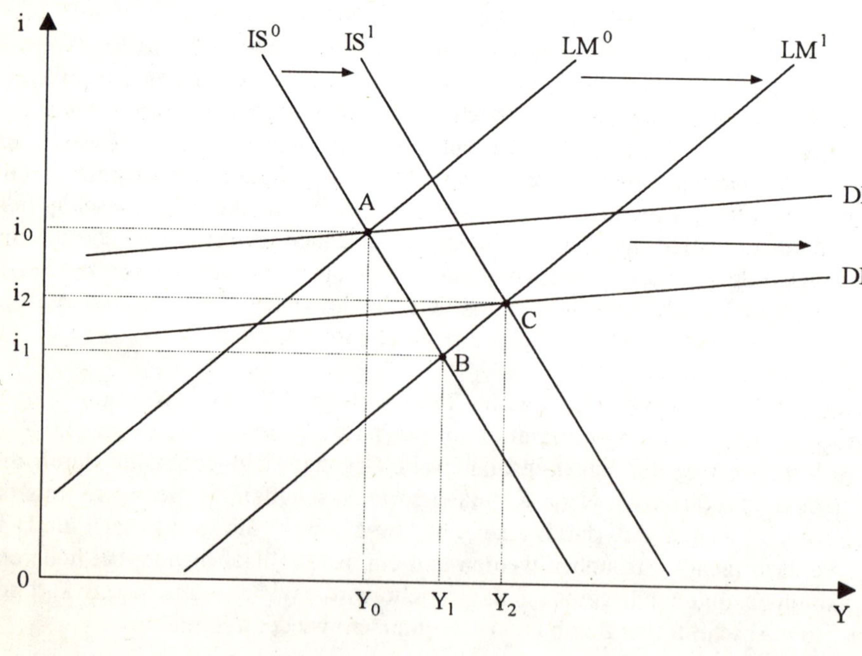

Schema 2: Expansive Geldpolitik bei flexiblem Wechselkurs

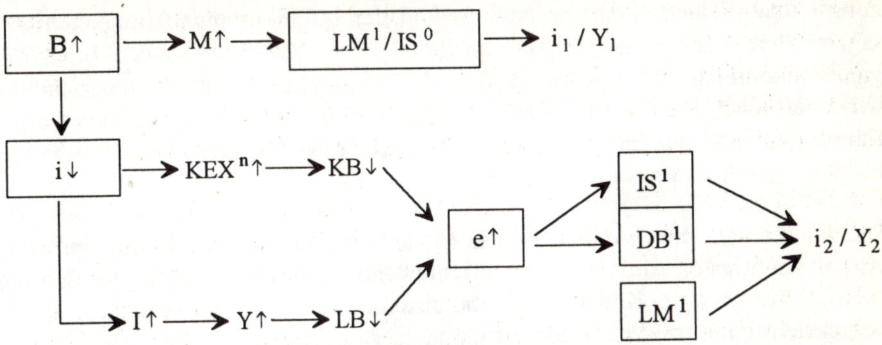

Bis zu diesem Punkt der Betrachtung sind die *Schemata 1* und *2* bzw. *Abb. 41* und *42* identisch. Danach ändert sich der Wirkungsablauf jedoch grundlegend, da nun der *flexible* Wechselkurs ins Spiel kommt. Hatte sich im Festkurssystem der Nachfrageüberschuß nach Devisen in einem Defizit der Devisenbilanz niedergeschlagen, den die Notenbank wegen der Interventionspflicht durch entsprechend hohe Devisenverkäufe ausgleichen mußte, so "entlädt" sich der Devisennachfrageüberschuß im flexiblen Kurssystem in einer *Abwertung* der inländischen Währung (e↑). Da die Notenbank nicht interveniert, ist die Devisenbilanz stets ausgeglichen (DB = 0). Deshalb kommt es zu keinen störenden Einflüssen auf das inländische Geldangebot, d. h. die neue LM^1-Kurve bleibt bestehen.

$\bar{e}$ im *Schema 1* des vorigen Abschnitts und e↑ im vorliegenden *Schema 2* markieren also die entscheidenden *Unterschiede* für den Wirkungsablauf der expansiven Geldpolitik in den beiden betrachteten Wechselkurssystemen (für eine restriktive Politik gilt im übrigen wieder eine analoge Argumentation). An dieser Stelle können wir nun den im vorigen Abschnitt angedeuteten "Ausweg" der Wechselkurspolitik (einmalige Abwertung) wieder aufgreifen und weiter verfolgen. Der Wechselkurs e ist, wie in *7.2.6.1* begründet wurde, *Lageparameter* sowohl für die IS- als auch für die DB-Kurve, und zwar mit der Maßgabe, daß durch eine Abwertung der Inlandswährung (e↑) beide Kurven nach rechts verlagert werden (nach IS^1 bzw. DB^1).

Als Ergebnis erhalten wir im Punkt C der *Abb. 42* ein neues simultanes Gleichgewicht mit der Kombination i_2/Y_2. Dieses Ergebnis wird offensichtlich entscheidend bestimmt durch die Lage und Steigung der drei Kurven. Wie schon weiter oben ausgeführt, sind wir hier von "normalen" Elastizitäten ausgegangen und haben keine Extremfälle berücksichtigt. Verglichen mit der "Zwischenstation" ohne Berücksichtigung außenwirtschaftlicher Einflüsse (Punkt B) hat somit die Abwertung der Inlandswährung eine die Realeinkommenserhöhung noch *unterstützende* Wirkung gehabt, während die Zinssenkung *geringer* ausgefallen ist. Ob beide Effekte aus der Sicht der inländischen Geldpolitik erwünscht sind, kann a priori und ohne Kenntnis der in der Ausgangslage bestehenden Beschäftigungs- bzw. Realeinkommenssituation und der Inflationsentwicklung nicht gesagt werden. Nehmen wir an, daß im Punkt B mit Y_1 bereits ein Vollbeschäftigungseinkommen realisiert sei. In diesem Fall könnten die zusätzlichen außenwirtschaftlichen Realeinkommenswirkungen die Zentralbank des Inlandes unter Handlungsdruck bringen, d. h. sie zu restriktiven Maßnahmen zur Abwehr von Inflationsgefahren veranlassen.

Die zahlreichen *Einschränkungen* des Modells wurden schon eingangs genannt. An die wichtigsten Annahmen sei abschließend nochmals erinnert: Der Fall des "kleinen" Landes, die Konstanz in- und ausländischer Preisnivaus und die Nichtberücksichtigung von Wechselkursänderungserwartungen.

LITERATUR ZUM 7. KAPITEL

Bergsten, C. Fred (1997), The Impact of the Euro on Exchange Rates and International Policy Cooperation, in: **Masson**, Paul u.a. (eds.), a.a.O., S. 17 ff.

Bank für internationalen Zahlungsausgleich (BIZ) (1996), 66. Jahresbericht, Basel.

Bank für internationalen Zahlungsausgleich (BIZ) (1998), Erhebung der grenzüberschreitenden Tages-Devisenumsätze im Jahre 1998 (nach Presseberichten im Oktober 1998).

Claassen, Emil-Maria (1996), Monetäre Außenwirtschaftslehre, München.

Deutsche Bundesbank (1995), Änderungen in der Systematik der Zahlungsbilanz, in: *Monatsberichte der Deutschen Bundesbank*, Nr. 3 (März), S. 33 ff.

Deutsche Bundesbank (1998), Beiheft Nr. 5, Devisenkursstatistik.

Dieckheuer, Gustav (1995), Internationale Wirtschaftsbeziehungen, 3. Aufl., München.

Dornbusch, Rudiger (1980), Open Economy Macroeconomics, New York.

Fels, Gerhard (1997), Globalisierung - nur eine mentale Falle, in: Informationsdienst des Instituts der deutschen Wirtschaft, Nr. 1, S. 2 ff.

Fischer, St. (1977), Long-term Contracts, Rational Expectations, and the Optimal Money Supply Rule, in: *Journal of Political Economy*, S. 191 ff.

Fleming, J. Marcus (1962), Domestic Financial Policies Under Fixed and Floating Exchange Rates, IMF Staff Papers, Vol. 9, S. 369 ff.

Frenkel, Jacob A./Harry G. **Johnson** (1976), The Monetary Approach to the Balance of Payments, Toronto.

Friedman, M. (1968), The Role of Monetary Policy, in: *The American Economic Review*, Vol. 58, S. 8 ff.; Wiederabdruck in: **Nowotny**, E. (Hrsg.), Löhne, Preise, Beschäftigung, Frankfurt/M. 1974, S. 208 ff.

Hellwig, Martin (1998), Systemische Risiken im Finanzsektor, in: **Duwendag**, Dieter (Hrsg.), Finanzmärkte im Spannungsfeld von Globalisierung, Regulierung und Geldpolitik, Berlin , S. 123 ff.

Issing, Otmar (1998), Von der D-Mark zum Euro, Beiträge des Walter Eucken Instituts, Nr. 155, Tübingen.

Jarchow, Hans-Joachim/Peter **Rühmann** (1994), Monetäre Außenwirtschaft, Band I: Monetäre Außenwirtschaftstheorie, 4. Aufl., Göttingen.

Lucas, R. E. (1972), Expectations and the Neutrality of Money, in: *Journal of Economic Theory*, S. 103 ff.

Masson, Paul/Thomas H. **Krueger**/Bart G. **Turtleboom** (eds.) [1997], EMU and the International Monetary System, Washington, D.C.

Mishkin, Frederic S. (1998), International Capital Movements, Financial Volatility, and Financial Instability, in: **Duwendag**, Dieter (Hrsg.), a.a.O., S. 11 ff.

Mundell, Robert A. (1968), International Economics, New York, London.

OECD (1997), Wirtschaftsausblick, Paris.

Phelps, E. S. (1970), Introduction: The New Microeconomics in Employment and Inflation Theory, in: **Phelps**, E.S. u. a. (Hrsg.), Microeconomic Foundations of Employment and Inflation Theory, New York, S. 1 ff.

Phelps, E. S./J. B. **Taylor** (1977), Stabilizing Powers of Monetary Policy under Rational Expectations, in: *Journal of Political Economy*, S. 163 ff.

Phillips, A. W. (1958), The Relation Between Unemployment and the Rate of Change of Money Wage Rates in the United Kingdom 1861 - 1957, in: *Economica*, Vol. 25, S. 283 ff.

Rose, Klaus/Karlhans **Sauernheimer** (1992), Theorie der Außenwirtschaft, 11. Aufl., München.

Rose, Andrew K. (1994), Exchange Rate Volatility, Monetary Policy, and Capital Mobility: Empirical Evidence on the Holy Trinity, CEPR Discussion Paper 929, London.

Samuelson, R. A./R. M. **Solow** (1960), Anticyclical Aspects of Anti-Inflation Policy, in: *The American Economic Review*, Vol. 50, S. 185 ff.

Sargent, T. J./N. **Wallace** (1976), Rational Expectations and the Theory of Economic Policy, in: *Journal of Monetary Economics*, S. 169 ff.

Siebert, Horst (1994), Außenwirtschaft, 6. Aufl., Stuttgart.

Siebert, Horst (1998), Disziplinierung der nationalen Wirtschaftspolitik durch die internationale Kapitalmobilität, in: **Duwendag**, D. (Hrsg.), a.a.O., S. 41 f.

Statistisches Bundesamt (1991/98), Fachserie 17, Reihe 10, Internationaler Vergleich der Preise für die Lebenshaltung.

Stobbe, Alfred (1989), Volkswirtschaftliches Rechnungswesen, 7. Aufl., Berlin.

Tietmeyer, Hans (1998), Europäische Geldpolitik in globalen Märkten, in: **Krahnen**, J.-P./B. **Rudolph** (Hrsg.), Globale Finanzmärkte und Europäische Währungsunion, Frankfurt/M., S. 9 ff.

Weltbank (1995), Weltentwicklungsbericht 1995, Washington, D.C.

Weltbank (1996), Weltentwicklungsbericht 1996, Washington, D.C.

Willms, Manfred (1995), Internationale Währungspolitik, 2. Aufl., München.

8 GELDPOLITIK IN DER EUROPÄISCHEN WÄHRUNGSUNION

8.1 Elemente der Geldordnung

8.1.1 Das hoheitliche Monopol auf die Ausgabe von Geld

Die Geld- und Kreditpolitik, von der dieses Kapitel handelt, hat die vornehmliche Aufgabe, den Wert des Geldes zu schützen. Ein stabiler Geldwert ist die Voraussetzung dafür, dass das Geld in einer Wirtschaftsgesellschaft allgemein akzeptiert wird und seine Nützlichkeit für den Konsum und die Produktion entfalten kann.

In einer Wirtschaft mit Arbeitsteilung haben sich die Menschen daran gewöhnt, dass sie beim Kauf oder Verkauf von Gütern und Dienstleistungen ein Zwischentauschgut gebrauchen, welches ausdrücklich zur Verwendung als "Geld" gekennzeichnet ist. Dabei wird unter "Geld" jener Stoff verstanden, der die wichtigsten Geldfunktionen ausübt, nämlich *allgemeines Zahlungsmittel, Recheneinheit* und *Wertaufbewahrungsmittel* (vgl. *Abschnitt 3.1*).

Ein Gut wird dadurch zu Geld, dass seine Verwendung nach bestimmten Regeln erfolgt, die eine Geldordnung bedeuten. Damit das Geld seine Gebrauchsfähigkeit bewahren kann, bedarf es eines institutionellen Rahmens für die Geldwirtschaft, der gesellschaftlich akzeptiert ist. Geld braucht nicht unbedingt ein Geschöpf der staatlichen Rechtsordnung zu sein. Es hat sich aber dennoch als gesellschaftlich nützlich erwiesen, dass bedeutsame Regeln für den Gebrauch von Geld durch hoheitliche Verfügungen festgelegt werden. Die wichtigsten dieser Verfügungen verordnen ein hoheitliches Monopol auf die Schaffung und die Ausgabe von Geld.

Monopole passen normalerweise nicht zur marktwirtschaftlichen Wettbewerbsordnung, weil sie ihre Marktmacht zu Lasten der Konsumenten ausnutzen können. Gerade das staatliche Geldmonopol ist in der Vergangenheit schon mehrfach mißbraucht worden und hat inflationäre Prozesse erzeugt - mit gravierenden Nachteilen für die Konsumenten und Sparer. Dennoch beruht die Wirkungsmacht der Geldpolitik darauf, dass eine "Zentralstelle" vorhanden ist, die ein staatlich verfügtes Monopol auf die Ausgabe von Geld besitzt (vgl. hierzu *8.3.1*). Es ist aber für die Sicherung der Geldwertstabilität nützlich, wenn diese Zentralstelle nicht direkt dem Zugriff des Staates unterliegt. Es hat sich bewährt, eine Zentralbank einzurichten, die zwar mit hoheitlichen Befugnissen ausgestattet, aber von Weisungen des Staates unabhängig ist. Eine unabhängige Zentralbank ist eher imstande, den Geldwert zu sichern als staatliche Organe, deren Handlungsmöglichkeiten wesentlich von der Geldmenge abhängen und die auf die kurzfristige Zustimmung veränderlicher politischer Strömungen angewiesen sind.

Drei wichtige Bestandteile der Geldordnung, die sich auf das Geldmonopol beziehen, und deren Konsequenzen, seien an dieser Stelle behandelt (vgl. *Pohl, 1993*).

8.1.2 Geldmonopol und gesetzliche Zahlungsmittel

Der Tausch von Gütern mittels des Gebrauchs von Geld hat Vertrauen in den Wert des Geldes als Voraussetzung. Das bedingt, dass die Menschen mit der monetären Recheneinheit irgendeine reale Vorstellung verbinden können, was das Geld "wert ist". Was als Geld heute akzeptiert werden soll, muß auch die Akzeptanz in der Zukunft haben. Es muß also die Eigenschaft haben, zur Wertaufbewahrung dienen zu können. Geht diese Eigenschaft verloren, dann taugt Geld auch nicht mehr als allgemeines Zahlungsmittel und als Recheneinheit.

In modernen Wirtschaften gibt es nun allerdings viele Möglichkeiten der Wertaufbewahrung. Neben Sachanlagen gibt es eine Vielzahl von Schuldtiteln des Staates und privater Emittenten, die ebenfalls in Geldeinheiten ausgedrückt sind. Die Kreditinstitute bieten eine Vielfalt von Einlageformen mit unterschiedlicher Fälligkeit und Verzinsung an. Es wäre höchst unpraktisch, wenn alle diese Vermögensanlagen, die in Geldeinheiten ausgedrückt sind, auch für Zahlungen verwendet werden könnten. Daraus hat sich die Konvention entwickelt, ein *obligatorisches Geld*, das heißt ein *unablehnbares Zahlungsmittel* einzuführen.

Zahlungsmittel werden dadurch obligatorisch, dass sie durch staatliche Verordnungen mit einem Annahmezwang ausgestattet werden. Solche Zahlungsmedien werden im deutschen Sprachgebrauch als *gesetzliche Zahlungsmittel* bezeichnet. (Der englische Ausdruck hierfür ist "legal tender", französisch "monnaie légale", spanisch "moneda legal"; im Mittelalter hat man das von den Fürsten geschaffene und mit Annahmezwang ausgestattete Geld mit dem lateinischen Ausdruck "valor impositus" versehen.)

Tab. 15: Regelungen zur Geldordnung (1)

Regelungen zur Geldordnung: Bundesrepublik Deutschland

Währungsgesetz (1. Gesetz zur Neuordnung des Geldwesens) vom 20.6.1948

§ 1 DM-Währung

(1) Mit Wirkung vom 21. Juni 1948 gilt die Deutsche-Mark-Währung. Ihre Rechnungseinheit bildet die Deutsche Mark, die in hundert Deutsche Pfennig eingeteilt ist.

(2) Alleinige gesetzliche Zahlungsmittel sind vom 21. Juni an:

1. die auf Deutsche Mark oder Pfennig lautenden Noten und Münzen, die von der Bank Deutscher Länder ausgegeben werden [...]

§ 3 Geldschulden

Geldschulden dürfen nur mit Genehmigung der für die Erteilung von Devisengenehmigungen zuständigen Stelle in einer anderen Währung als in Deutscher Mark eingegangen werden.

Münzgesetz (Gesetz über die Ausprägung von Scheidemünzen) vom 8.7. 1950

§ 1: Als Bundesmünzen sollen Scheidemünzen über 1, 2, 5, 10 und 50 Deutsche Pfennig (Pf) sowie über 1, 2 und 5 Deutsche Mark (DM) ausgeprägt werden.

§ 2: Die nach § 1 auszuprägenden Scheidemünzen sind nach Maßgabe des § 3 gesetzliche Zahlungsmittel.

§ 3: (1) Niemand ist verpflichtet, auf Deutsche Mark lautende Münzen im Betrag von mehr als 20 Deutsche Mark und auf Pfennig lautende Münzen im Betrag von mehr als 5 Deutsche Mark in Zahlung zu nehmen.

Bundesbankgesetz (BBankG, Gesetz über die Deutsche Bundesbank); ab 1.1.1999 gültige Fassung

§ 14 Abs. (1): Die Deutsche Bundesbank hat unbeschadet des Artikels 105 a Abs. 1 des EG-Vertrages das ausschließliche Recht, Banknoten im Geltungsbereich dieses Gesetzes auszugeben. Ihre Noten lauten auf Deutsche Mark. Sie sind das einzige unbeschränkte gesetzliche Zahlungsmittel.

Grundgesetz für die Bundesrepublik Deutschland; Stand: 1.6.1996

Art. 88 [Bundesbank]: Der Bund errichtet eine Währungs- und Notenbank als Bundesbank. Ihre Aufgaben und Befugnisse können im Rahmen der Europäischen Union der Europäischen Zentralbank übertragen werden, die unabhängig ist und dem vorrangigen Ziel der Sicherung der Preisstabilität verpflichtet.

Tab. 16: Regelungen zur Geldordnung (2)

Regelungen zur Geldordnung: Europäische Währungsunion
Verordnung über die Einführung des Euro vom 7.7.1997 *Artikel 2:* Ab dem 1. Januar 1999 ist die Währung der teilnehmenden Mitgliedstaaten der Euro. Ein Euro ist in 100 Cent unterteilt. *Artikel 3:* Der Euro tritt zum Umrechnungskurs an die Stelle der Währungen der teilnehmenden Mitgliedstaaten. *Artikel 10:* Ab dem 1. Januar 2002 setzen die EZB und die Zentralbanken der teilnehmenden Mitgliedstaaten auf Euro lautende Banknoten in Umlauf. Unbeschadet des Artikels 15 haben diese auf Euro lautenden Banknoten als einzige in allen Mitgliedstaaten die Eigenschaft eines gesetzlichen Zahlungsmittels. *Artikel 11:* Ab dem 1. Januar 2002 geben die teilnehmenden Mitgliedstaaten Münzen aus, die auf Euro oder Cent lauten. [...] Unbeschadet des Artikels 15 haben diese Münzen als einzige in allen Mitgliedstaaten die Eigenschaft eines gesetzlichen Zahlungsmittels. *Artikel 17:* Diese Verordnung tritt am 1.Januar 1999 in Kraft.
Gesetz zur Einführung des Euro (Euro-Einführungsgesetz), gültig ab 1.1.1999 *Artikel 9:* § 3 des Währungsgesetzes vom 20. Juni 1948 [...] wird aufgehoben.

Kennzeichnend für gesetzliche Zahlungsmittel ist, dass der Gläubiger einer Geldschuld diese Zahlungsmittel definitiv annehmen muß; er kann vom Schuldner nicht eine Tilgung mit einem anderen Medium verlangen. M.a.W.: Wer einen Kredit gibt, der über Geldeinheiten lautet, kann verlangen, dass der Schuldner den Kredit definitiv mit dem gesetzlichen Zahlungsmittel zurückbezahlt. Gesetzliche Zahlungsmittel werden deswegen auch als *definitives Geld* bezeichnet.

Gesetzliches Zahlungsmittel ist das Bargeld in Form von Banknoten und Münzen. Das ausschließliche Recht zur Ausgabe von Banknoten, das als *Notenprivileg* oder auch *Notenmonopol* bezeichnet wird, hat in Deutschland die Deutsche Bundesbank bis zum 31. Dezember 2001 (siehe § 14 Bundesbank-Gesetz in *Tab. 15*). Für die Banknoten besteht ein *uneingeschränkter Annahmezwang*.

Das ausschließliche Recht zur Prägung und Ausgabe von Münzen, auch als *Münzregal* bezeichnet, hat die Bundesregierung. In Deutschland sind *Scheidemünzen* im Umlauf, das sind Münzen, deren Metallwert geringer ist als der aufgeprägte Nominalwert. Der Unterschied zwischen dem Nominalwert der Münzen und den Prägekosten ist der Münzgewinn. Er steht dem Bund zu. Für die Münzen besteht ein *eingeschränkter Annahmezwang* (siehe § 3 des Münzgesetzes in *Tab. 15*). Die Einschränkung des Annahmezwangs gilt für Personen des privaten Rechts. Die Kassen der öffentlichen Verwaltungen müssen Münzen ohne Einschränkung annehmen. Ein beschränkter Annahmezwang für Münzen wird auch dann bestehen, wenn ab dem 1. Januar 2002 der Euro als Bargeld in den Verkehr gelangt: niemand ist verpflichtet, mehr als fünfzig Münzen bei einer einzelnen Zahlung anzunehmen.

Das Notenprivileg der Bundesbank und das Münzregal des Bundes begründen ein Monopol für die Ausgabe von Bargeld. Analoges gilt für die Europäische Währungsunion, sobald der Euro auch physisch als Bargeld in den Umlauf kommt, also ab 1. Januar 2002 (vgl. *Tab. 16*). Zahlungen lassen sich zwar auch mit anderen Medien leisten, etwa in giralen Verfügungen wie zum Beispiel Schecks, Überweisungen und Lastschriften. Diese werden aber vom Zahlungsempfänger nur deswegen akzeptiert, weil sie bei Bedarf jederzeit in das durch ein staatliches Monopol geschaffene Geld eingelöst werden können. Dadurch wird in der breiten Masse der Bevölkerung das Bargeld zur augenfälligsten Veranschaulichung und gleichsam zum Symbol der monetären Einheit.

8.1.3 Geldmonopol, Seigniorage und Inflationssteuer

Durch das Geldmonopol, als ein zentraler Bestandteil der Geldordnung, wird ein für die Privaten *uneinlösbares* Zahlungsmittel geschaffen. Weder Banknoten noch Münzen können von der Gemeinschaft der Privaten *insgesamt* in reale Gegenstände eingelöst werden. Das umlaufende Bargeld stellt eine Forderung des privaten Sektors gegen den hoheitlichen Sektor (verstanden als Staat und Zentralbank) dar. Dem entspricht eine gleich hohe Verschuldung des hoheitlichen Sektors gegenüber den Privaten. Die Summe des Bargeldes ist dem privaten Sektor gleichsam von "außen her" vorgegeben. Man spricht deswegen in der angelsächsischen Literatur auch von *"Outside Money"* (*vgl. 3.1*).

Aus dem Prägen von Münzen und dem Drucken von Banknoten entstehen dem hoheitlichen Sektor Gewinne in Höhe der Differenz zwischen dem Nominalwert des in Umlauf gebrachten Bargeldes und den Kosten der Produktion und des Vertriebs des Geldes. Mit diesen Gewinnen kann der Staat einen Teil seiner Ausgaben finanzieren. Inwieweit es ihm gelingt, dadurch auch *real* zusätzliche Ressourcen aus dem privaten Sektor zu erwerben, hängt davon ab, wie sich der Gewinn nach Abzug der Preissteigerungsraten entwickelt. Es kommt also auf die reale Betrachtung an. Der *Realwert* dieses Geldschaffungsgewinns wird als *Seigniorage* bezeichnet. (Das ist ein angloamerikanisches Wort, es geht auf den französischen Begriff "seignieur", zu Deutsch "Fürst", zurück.)

Es gibt verschiedene Abgrenzungen des Begriffs "Seigniorage" und dementsprechend auch unterschiedliche Meßkonzepte, auf die wir an dieser Stelle nicht eingehen können (eine ausführliche Darstellung findet sich bei *Lange, 1995*). Wir wollen lediglich auf die Implikationen für die Gestaltung der Geldordnung eingehen. Die Tatsache, dass ein uneinlösbares Zahlungsmittel existiert, stellt nämlich für den Staat eine latente Versuchung zum Mißbrauch des Monopols dar. Der Grund liegt auf der Hand. Wenn der Staat die Zunahme seiner Ausgaben nicht mittels höherer Steuern finanzieren kann und ihm auch die Unterbringung von Anleihen nicht mehr gelingt, dann liegt für ihn der technisch und politisch einfachste Ausweg darin, die erhöhten Ausgaben mittels Druckens von neuem Geld zu decken.

Es sei einmal angenommen, dass sowohl das Münzregal als auch das Notenmonopol allein bei der Regierung liegen. In einer ersten Annäherung lassen sich dann die Einnahmen des Staates aus der Seigniorage ermitteln als der Realwert der pro Periode *zusätzlich* emittierten Bargeldmenge. Oder, was das gleiche bedeutet, die so definierte Seigniorage ergibt sich als Produkt aus der pro Periode *zusätzlich* in Umlauf gebrachten nominalen Bargeldmenge multipliziert mit der jeweiligen realen Geldmenge zu Anfang der Periode (*reale Geldnachfrage*).

Das *bewußte* Ausnutzen der Seigniorage zur Erzielung zusätzlicher staatlicher Einnahmen, wenn die Quellen ordentlicher Einnahmen nicht mehr ergiebig sind, geht allerdings nicht ohne eine Zunahme der Inflationsraten vor sich. Dies führt zu einem Anstieg der Nominalzinsen und damit der Opportunitätskosten der Kassenhaltung. Die reale Geldnachfrage geht dadurch zurück. Die Lücke zwischen dem steigenden nominalen Geldangebot und der rückläufigen realen Geldnachfrage wird größer. Schließlich reichen Preissteigerungsraten allein in Höhe der Zuwachsrate des nominalen Geldangebots nicht mehr aus, diese Lücke zu schließen (vgl. *Issing, 1996* oder *Lange, 1995*). Der Prozeß des bewußten Ausnutzens der Seigniorage führt zur Hyper-Inflation.

In diesem Zusammenhang wird auch häufig der Begriff der *Inflationssteuer* gebraucht. Diese ist nicht identisch mit der Seigniorage. In einer wachsenden Wirtschaft nimmt auch die reale Geldnachfrage zu. Wird diese wachstumsbedingte Zunahme der Geldnachfrage befriedigt, kann der Staat Einnahmen aus seinem Geldmonopol erzielen, ohne inflationäre Prozesse auszulösen. Das Erzielen der Seigniorage ist also auch bei einer Null-Inflation möglich.

Erst wenn das bewußte Ausnutzen des Geldmonopols dazu führt, dass die Lücke zwischen der Zunahme des nominalen Geldangebots und der Abnahme der realen Geldnachfrage solche Inflationsraten erzeugt, die über der Zuwachsrate der nominalen Geldmenge liegen, tritt der Effekt ein, der als Inflationssteuer bezeichnet wird.

Auf den ersten Blick will es nicht einleuchten, dass man Inflation als "Steuer" bezeichnen kann. Schließlich erhält ja niemand einen Steuerbescheid, und das Parlament muß keinen Beschluß über die Erhebung dieser Steuer treffen. Wer zahlt dann diese Steuer? Die Antwort ist: diese Steuer bezahlen diejenigen, die Geld in der (nationalen) Währung halten. Wenn der Staat auf inflationäre Weise neues Geld druckt, dann verringert sich der Wert des bereits umlaufenden Geldes. Die unter *bewußter* Ausnutzung der Seigniorage erzeugte Inflation stellt daher eine Steuer auf das Halten des bereits geschaffenen Geldes dar.

Es kommt dann zu den bekannten Abwehrreaktionen. Die Privaten weichen im Geschäftsleben auf Verträge aus, die Klauseln über eine Realwertsicherung der vereinbarten nominalen Beträge einschließen, also Indexklauseln, oder schließlich wird das von den nationalen Behörden ausgegebene Geld zurückgewiesen, und es erfolgt ein Ausweichen auf eine fremde Währung, die als "hart" gilt. Die heimische Währung taugt nicht mehr zur Wertaufbewahrung und damit auch nicht mehr als allgemeines Zahlungsmittel und als Recheneinheit.

8.1.4 Geldmonopol und Geldwertsicherung

Es ist eine unbestreitbare Tatsache, dass sich der Staat, der über ein Monopol auf die Ausgabe von Geld verfügt, nicht immer als der beste Hüter des Geldwertes erwiesen hat. Ferner passen Monopole nicht in freie Marktwirtschaften, die auf dem Prinzip des Wettbewerbs basieren. Wenn auf einem Markt die Bedürfnisse der Nachfrager nur von einem einzigen Anbieter befriedigt werden, dann muss man die Produkte des Monopolisten benutzen, auch wenn sie mit Mängeln behaftet sind. Dies gab Anlass, darüber nachzudenken, ob ein staatliches Geldmonopol aufrecht erhalten bleiben sollte oder ob eine wettbewerbliche Lösung für die Geldproduktion vorzuziehen wäre. Der bekannteste Verfechter einer wettbewerblichen Lösung ist *v. Hayek* (*Hayek, 1977*).

Der Vorschlag von *Hayek* läuft darauf hinaus, neben einer hoheitlich agierenden Zentralbank auch privaten Banken zu gestatten, ihr eigenes Geld in den Umlauf zu bringen. Dieses Geld hätte eine eigene Bezeichnung, wie etwa "Dukaten", "Florin" oder "Talente". Der Name, den eine Bank für das von ihr ausgegebene Geld wählt, sollte wie ein Markenname gegen unbefugten Gebrauch geschützt werden. Die einzige gesetzliche Verpflichtung, die den Banken aufzuerlegen sei, wäre - so *Hayek* - dass die privaten Banknoten auf Verlangen einzulösen sind in staatlich emittierte Währungen, z.B. - je nach Wunsch der Besitzer - in 5 Schweizer Franken, 5 D-Mark oder 2 Dollar pro Dukat. Dieser Einlösungswert wäre jedoch nur als Untergrenze gedacht, die von dem Wert der Einheit nicht unterschritten werden könnte, da die Bank gleichzeitig die Absicht bekannt geben sollte, die Menge an Dukaten so zu regulieren, dass ihre Kaufkraft so konstant wie möglich bleibe. Die Kaufkraft würde gemessen an Hand der Preise von weithin gehandelten Produkten wie Rohstoffen, Agrarerzeugnissen und standardisierten industriellen Halbprodukten.

Außer der genannten Einlösungspflicht würden die Banken, die private Noten und auf die gleiche Werteinheit lautende Kredite vergeben und Depositen schaffen, keinerlei staatlicher Regulierung unterworfen. Es liege dann im eigenen, nach Gewinnmaximierung strebenden Interesse der Emissionsbanken, den Umlauf ihrer Noten so zu regulieren, dass deren Realwert konstant bliebe. Dann seien die Geldnutzer bereit, die Noten der betreffenden Bank auch zu halten. Die Regulierung des Notenumlaufs sei vergleichsweise genau möglich, weil die Banken ihre Noten und Depositen nur mittels kurzfristiger Kreditgeschäfte bereitstellen würden.

Der Vorschlag von *Hayek* läuft also darauf hinaus, die Geldversorgung der Wirtschaft vollständig dem freien Markt zu überlassen. Es wird den Privaten gestattet, ihre eigenen Umlaufsmittel in einer monetären Einheit zu denominieren, die sie selbst und ohne Mitwirken der Notenbank schaffen können. Jede private Emissionsbank verspricht ihren Kunden, den Wert der von ihr ausgegebenen Umlaufsmittel konstant zu halten, und zwar gemessen an einem Preisziel, welches sie selbst über die Preise ausgewählter Standardgüter bestimmt. Ferner ist *Hayek* der Meinung, dass sich unter den Bedingungen des Währungswettbewerbs sehr schnell eine Umlaufsmittelbörse bilden würde, an der die verschiedenen Geldsorten gegeneinander ausgetauscht werden. Die Tauschraten, also die Wechselkurse, werden sich nach dem Stand der Nachfrage und des Angebots der jeweiligen Umlaufsmittel richten. Die regelmäßigen Kursnotierungen und die Preise der Standardgüter geben dem Publikum die Möglichkeit, die Einhaltung des Wertversprechens ständig zu prüfen. Jede Emissionsbank weiß, dass sie das von ihr geschaffene Geld nur dann im Umlauf halten kann, wenn das Publikum Vertrauen in ihr Wertversprechen hat.

Wenn der Wert eines Umlaufsmittels unter den versprochenen Standard fällt, wird eine Emissionsbank, die im Markt bleiben will, alle Hebel in Bewegung setzen, um die Abwärtsbewegung zu stoppen und umzukehren. Wenn sich das Publikum tatsächlich so verhält, dass es sich ständig über die Stabilität aller emittierten Geldarten informiert und dann ein wertstabiles Geld bevorzugt, werden solche Emissionsbanken, die ihr Wertversprechen nicht einhalten, ihre Kunden verlieren und aus dem Markt ausscheiden. Der Währungswettbewerb bringt also ausdrücklich die Möglichkeit mit sich, dass eine Bank den Weg zum Konkursrichter gehen muss.

Der Vorschlag läuft darauf hinaus, innerhalb bestehender Gebiete mit nur einer Währung weitere regionale Währungen zuzulassen. Konsequenterweise ist deswegen *Hayek* auch ein entschiedener Gegner einer Europäischen Währungsunion. Er bezeichnet den Plan, eine neue offizielle europaweite Währung einzuführen, als utopisch. "Diese gemeinsame Währung würde [...] letztlich den Ursprung und die Wurzel allen monetären Übels - das Regierungsmonopol bei Emission und Kontrolle des Geldes - nur noch stärker verankern" (*Hayek, 1977, S.2*).

Selbstverständlich gibt es in dem monetären Regime, das *Hayek* beschreibt, keinen Platz und auch keine Notwendigkeit für eine Geld- und Kreditpolitik und eine Steuerung des Geld- und Kreditvolumens, so wie sie bisher betrieben worden ist. Dies steht im Gegensatz zu allen Vorkehrungen, die für eine Europäische Währungsunion und eine Europäische Zentralbank getroffen worden sind.

Freilich stehen dem Plan von *Hayek* gravierende Einwände entgegen. Zunächst ist es sehr fraglich, ob allein eine vom Gewinnstreben der Privaten bedingte Gewährleistung der Geldwertstabilität ausreichend ist. *Richter* zum Beispiel hält eine allein interessenbedingte Garantie des Preisziels für zu schwach; sie schließe nämlich nicht aus, dass die Eigentümer einer Bank " ... sich zu einem gewissen Zeitpunkt dafür entscheiden, 'ihre Schäfchen ins Trockene zu bringen' und ihr bisher zur Zufriedenheit aller betriebenes Bankgeschäft kurzweg zu liquidieren" (*Richter, 1990, S.133*).

Ferner geht bei der Existenz mehrerer in einem Währungsgebiet vorhandener und konkurrierender Währungen eine der wesentlichen Eigenschaften des Geldes verloren, nämlich die Minimierung der Informations- und Transaktionskosten der Marktteilnehmer, um am richtigen Ort und zum richtigen Zeitpunkt geeignete Tauschpartner zu finden. Man stelle sich vor, jeder müsste im Portemonnaie ein Dutzend Währungen mit sich führen und es gäbe für jedes einzelne Gut und jede einzelne Dienstleistung ein Dutzend unterschiedlicher Preise. Dann wäre aus der Sicht der Privaten jede einzelne der konkurrierenden Währungen allein schon deshalb minderwertig, weil keine einzige generell akzeptiert wird. Die Kosten und Mühen des Tausches wären auf jeden Fall größer als bei einer Monopolwährung.

Dies führt zu einem entscheidenden Einwand gegen eine wettbewerbliche Ordnung der Geldproduktion: Geld ist ein *natürliches Monopolgut*. Ein natürliches Monopol ist dadurch gekennzeichnet, dass die Menge eines Gutes von einem einzelnen Anbieter zu geringeren Gesamtkosten erstellt werden kann als von zwei oder mehreren Unternehmen. Im Fall des Geldes ist das natürliche Monopol nicht nur durch abnehmende Durchschnittskosten der Produktion gekennzeichnet, sondern auch durch abnehmende Benutzerkosten mit zunehmender Größe des Benutzerkreises. Es lohnt sich daher in jedem Fall, so *Richter*, wenn Transaktionskosten dadurch eingespart werden, dass der Staat klarstellt, auf welche Rechnungseinheit im Zweifel Geldschulden lauten, in welchem Zahlungsmittel sie zu erfüllen sind, in welcher Währung im Falle gesetzlicher Schuldverhältnisse zu zahlen ist und in welcher Währung Preise auszuzeichnen sind. "Allein diese Maßnahmen dürften bewirken, dass die vom Staat besonders ausgezeichnete Währung von den Gebietsansässigen allgemein benutzt wird" (*Richter, 1990, S.135*). Es gibt also hinreichend gewichtige Argumente, die dafür sprechen, bei der Errichtung einer Währungsgemeinschaft hoheitliche Instanzen einzuschalten, sowohl in ihrer Eigenschaft als Gesetzgeber als auch in ihrer Funktion als Regulierungsbehörde im Sinne des allgemeinen Interesses an einem stabilen Finanzsystem.

Exkurs: Hayek im Internet

Interessanterweise werden neuerdings die Gedanken von *Hayek* wieder aufgegriffen, und zwar in einem ganz anderen Umfeld als jenem, das *Hayek* vor 20 Jahren kannte, nämlich im Bereich der elektronischen Zahlungsmedien, die in offenen Computernetzen zirkulieren. So bietet das *Internet* zum ersten Mal die Möglichkeit, dass jede Privatperson ihren eigenen Geldstandard erfinden und diesen sofort weltweit bekannt machen kann. Damit lassen sich auch Emissionsstellen (die nicht einmal Bankstatus haben müssen, wie noch von *Hayek* gefordert) im Internet installieren, die ihr eigenes "Computer-Geld" ausgeben können, praktisch ohne dass eine staatliche Regulierungsbehörde eingreifen könnte. Im elektronischen Zahlungsverkehr gehen die Informations- und Transaktionskosten gegen Null, so dass das Argument mit dem natürlichen Monopol nicht mehr so richtig ziehen will. Ebenso könnte auch die *Hayeksche* Umlaufsmittelbörse mit beliebig vielen Währungen recht billig und schnell betrieben werden; es könnten sich die Tauschraten ("Wechselkurse") zwischen den in unterschiedlichen Werteinheiten denominierten Geldsorten frei und sekündlich nach dem Stand von Angebot und Nachfrage bilden. Zum Einstieg in die Diskussion im Internet ist die folgende Adresse interessant:
http://info.isoc.org/HMP/PAPER/136/html/paper.html (*Matonis, 1995*).

Die ständigen Notierungen an der Umlaufsmittelbörse geben den Emittenten und den Geldnutzern Gelegenheit, die Einhaltung des Wertversprechens jeweils sehr schnell zu überprüfen. Wenn der Wert des jeweiligen Umlaufsmittels unterhalb des angekündigten Standards fällt, dann müsste auch eine Emissionsbank im Internet, die im Markt bleiben möchte, alles daran setzen, die Abwärtsbewegung zu stoppen. Denn sie weiß, dass sie ihr Geld nur dann im Internet in Umlauf halten kann, wenn das Vertrauen in ihr Wertversprechen erhalten bleibt. Unter der Annahme, dass auch das Publikum im Internet ein wertstabiles Geld bevorzugt, werden die Banken, die ihr Wertversprechen nicht halten, aus dem Markt ausscheiden.

Dies würde nun allerdings ein Problem verschärfen, für das auch *Hayek* keine befriedigende Lösung finden konnte, das bekannt ist unter dem Stichwort *Sekundär-Emittenten*. Wenn eine Emissionsbank als Primäremittent eine Währung geschaffen hat, die eine große Verbreitung gefunden hat, und den Wert dieser Währung (etwa XY-Cyber-Geld) stabil gehalten hat, dann liegt es für andere (Internet-) Banken nahe, ihre Geschäfte ebenfalls in diesem Geld abzuwickeln, statt eigenes Geld zu schaffen. Das sind die Sekundär-Emittenten. *Hayek* nennt dies "parasitäre" Geldarten oder "Schmarotzer-Geld" (*Hayek, 1977, S.52*).

Diese Sekundär-Emittenten schaffen, aus der Sicht des Publikums, sehr gute Substitute zum XY-Cyber-Geld. Die Konsequenzen liegen auf der Hand. In dem Masse, wie Sekundär-Emittenten Anklang finden, erhält der Primär-Emittent nicht mehr den vollen Ertrag seiner Investition in "Vertrauenskapital". Dies mindert den Anreiz für Primär-Emittenten, ein wertstabiles Geld bereitzustellen. Des weiteren verliert der Primär-Emittent die direkte Kontrolle über die Menge der primären und sekundären Umlaufsmittel, und dies erschwert die Einhaltung des Wertversprechens. Für *Hayek* handelt es sich hierbei um das ernsthafteste Problem, das sein Vorschlag aufwirft. Gerade im Internet, bei dem die Benutzer ganz großen Wert auf Anonymität legen, wird es besonders ausgeklügelter Verfahren bedürfen, um zwischen dem Geld von Primär- und Sekundär-Emittenten zu unterscheiden. Die Antwort von *Hayek* lautet: Primär-Emittenten sollten im voraus klarstellen, dass sie nicht bereit sind, die zum Einlösen der "Schmarotzer-Währung" erforderlichen Noten zu einem festen Kurs bereitzustellen.

Es gibt viele weitere Fragen, die das Aufgreifen von *Hayeks* Idee für den Zahlungsverkehr im Internet aufwirft. Das System von *Hayek* basiert beispielsweise auf der Annahme, dass ein stabiler Realwert der Umlaufsmittel das ausschlaggebende Kriterium für die Privaten bei der Wahl des Geldes ist. Wenn nun aber für einige Nutzer eine hohe reale Verzinsung wichtiger ist als die Wertstabilität des Geldes, dann funktioniert *Hayeks* System nur noch bedingt. Weiterhin muß man die Interessen von Schuldnern und Gläubigern in einer Währung differenzieren: Wer eine Netto-Schuldnerposition hat, ist daran interessiert, seine Schulden später in real entwertetem Geld zurückzubezahlen. Nur wer eine Netto-Forderungsposition hat, ist wirklich an einem stabilen Geldwert interessiert.

Festzuhalten bleibt, dass in einem freien Währungswettbewerb jeder Nutzer jederzeit Wechselkursrisiken unterworfen ist: für die Wertaufbewahrung ist es wichtig, dass keine Abwertung der jeweils gehaltenen Währung erfolgt, für die Schuldner jedoch ebenso wichtig, dass die Währung nicht stabiler ist als die anderen Währungen, da er sonst seinen Schuldenstand mit der Zeit vergrößert. Insgesamt sind die Informationskosten trotz technologischer Machbarkeit hoch, und ebenso groß ist der Aufwand für die Hin- und Herrechnerei im Internet zwischen den verschiedenen Einheiten für jedes einzelne Gut. Und gerecht im Sinne von "Gleichbehandlung aller Nutzer" ist ein solches System nur, wenn der Informationsstand und die Reaktionsfähigkeit bei allen Beteiligten jederzeit absolut gleich gewährleistet sind. Es ist aber wahrscheinlicher, dass "Insider" besser dran sind als Personen ohne unmittelbaren Zugang zu den entscheidenden Informationsquellen. Ohne feste Regeln und Aufsichtsmöglichkeiten wird sich ein solcher Informationsvorsprung (oder auch gezielte Fehlinformationen) auch im Internet nicht definitiv verhindern lassen.

Sicherer und einfacher für den einzelnen ist es wohl auch weiterhin, mit möglichst nur einer einzigen Währung rechnen und umgehen zu müssen. Der internationale Wettbewerb zwischen den heute existierenden staatlich emittierten Währungen auf den weltweiten Finanzmärkten sorgt allenthalben dafür, dass sich Notenbanken bezüglich ihrer "Produkte" messen lassen müssen.

8.2 Grundprobleme, Ziele und Strategien der Geldpolitik

8.2.1 Geldpolitik als Element einer rationalen Wirtschaftspolitik in Europa

Geld- und kreditpolitische Entscheidungen sind, wie auch alle anderen wirtschaftspolitischen Maßnahmen, auf die Beeinflussung, Gestaltung und Ordnung des ökonomischen Handelns der Wirtschaftseinheiten in einem Gebiet oder in einem Raum gerichtet. Eine wirtschaftspolitische Entscheidung setzt zunächst einmal Kenntnis der aktuellen Lage *und* der gewünschten Situation voraus. Besteht zwischen der tatsächlichen Lage und der gewünschten eine Diskrepanz, ist eine Verletzung eines oder mehrerer wirtschaftspolitischer Ziele zu konstatieren. Eine Wirtschaftspolitik, die *rational* ist, wird darauf ausgerichtet sein, durch planmäßiges Handeln einzelne Ziele oder ein Zielsystem mit dem höchsten Erfolgsgrad zu erreichen, der unter den gegebenen Umständen möglich ist (vgl. *Giersch, 1961*). Zu den "gegebenen Umständen" zählt vor allem die Kenntnis der Struktur des Wirtschaftsablaufs. Neben der Existenz einer *Lageanalyse* - und damit auch der Kenntnis der *Strukturzusammenhänge* der Ökonomie - und eines wohldefinierten *Zielsystems* setzt die rationale Wirtschaftspolitik auch voraus, dass *Träger* der Wirtschaftspolitik vorhanden sind, die mit Entscheidungsgewalt ausgestattet sind und außerdem über die *Instrumente* verfügen, die zur planmäßigen Erreichung der vorgegebenen Ziele geeignet sind.

Im Mittelpunkt dieses Kapitels steht die Geldpolitik. Träger dieses Wirtschaftspolitikbereiches ist im allgemeinen eine Zentralbank, die mit hoheitlichen Befugnissen für die monetäre Politik ausgestattet ist und währungspolitische Instrumente zur Verfügung hat, um diese Befugnisse anzuwenden. In Deutschland war die Deutsche Bundesbank bis 1998 der alleinige hoheitliche Träger, mit Einführung der dritten Stufe der Europäischen Währungsunion ist sie integraler Bestandteil des Europäischen Systems der Zentralbanken (ESZB) geworden, dessen zentrale Befugnisse nunmehr bei der Europäischen Zentralbank (EZB) angesiedelt sind. Die gesetzliche Regelung der Vollmachten und Instrumente erfolgt auf deutscher Ebene wie bisher im Gesetz über die Deutsche Bundesbank (abgekürzt: BBankG); das Zentralbankstatut auf europäischer Ebene ist im Vertrag von Maastricht (1992) verankert.

Das Ziel, das die Träger der Geldpolitik gemäß gesetzlichem Auftrag verfolgen sollen, ist auf europäischer Ebene in Artikel 2 des Statuts der ESZB definiert und lautet dort schlicht: Gewährleistung der Preisstabilität. Auf deutscher Ebene findet man in der sechsten Novelle des Bundesbankgesetzes in § 3 eine entsprechende Anpassung an die europäische Zielsetzung, indem es nunmehr dort heißt:

"Die Deutsche Bundesbank ist als Zentralbank der Bundesrepublik Deutschland integraler Bestandteil des Europäischen Systems der Zentralbanken. Sie wirkt an

der Erfüllung seiner Aufgaben mit dem vorrangigen Ziel mit, die Preisstabilität zu gewährleisten, und sorgt für die bankmäßige Abwicklung des Zahlungsverkehrs im Inland und mit dem Ausland. Sie nimmt darüber hinaus die ihr nach diesem Gesetz oder anderen Rechtsvorschriften übertragenen Aufgaben wahr."(*Deutsche Bundesbank, 1998d, S.9*).

Diese neue Formulierung stellt aus deutscher Sicht eine Verschärfung der Zieldefinition für die Träger geldpolitischer Verantwortung dar, denn vor dem Eintritt in die Europäische Währungsunion lautete die gesetzliche Verpflichtung der Deutschen Bundesbank lediglich "mit dem Ziel, die Währung zu sichern". Die wirtschaftspolitische Maxime der Währungssicherung wurde im allgemeinen so ausgelegt, dass damit zum einen der Binnenwert der Währung gemeint war, also die Sorge für eine Preisstabilität innerhalb des Währungsgebietes. Zum anderen konnte damit auch die Sicherung des Außenwertes der Währung gemeint sein, also eine Einflußnahme auf den Wechselkurs der D-Mark gegenüber anderen Währungen. Der Gesetzgeber hatte bewußt eine Formulierung gewählt, die beide Deutungen zuließ. Die Bundesbank hat aber keinen Zweifel daran gelassen, dass sie die Geldwertstabilität im Inneren stets als ihr primäres Ziel angesehen hat und dass sie nur dann den Wechselkurs der D-Mark zu beeinflussen suchte, wenn sprunghafte Wechselkursbewegungen das Ziel der inneren Preisniveaustabilität massiv zu gefährden drohten.

Das ESZB ist in seinem Statut nunmehr von vornherein allein auf die innere Geldwertstabilität verpflichtet. Was andere gesamtwirtschaftliche Ziele anbetrifft, so ist die Bundesbank gemäß § 12 BBankG zwar weiterhin dazu angehalten, die allgemeine Wirtschaftspolitik der Bundesregierung zu unterstützen, dies allerdings mit der folgenden Einschränkung: "Soweit dies unter Wahrung ihrer Aufgabe als Bestandteil des Europäischen Systems der Zentralbanken möglich ist", und auch die Formulierung als "Verpflichtung" ist abgemildert worden.

Die Unabhängigkeit der Zentralbank von Weisungen der Regierung und ihre Entbindung von anderen als geldpolitischen Zielsetzungen ist somit im Zuge der Europäischen Währungsunion gestärkt worden (vgl. dazu die Gegenüberstellung der Alt- und Neuregelungen in *Tab. 17*). Eine ähnliche Formulierung über das Verhältnis zu anderen politischen Entscheidungsträgern findet sich im ESZB-Statut: ohne dabei jemals das primäre Ziel der Preisstabilität zu verletzen, soll das ESZB die allgemeine Wirtschaftspolitik innerhalb der Europäischen Gemeinschaft unterstützen, um zur Erreichung der gemeinsam gesteckten Ziele beizutragen (im einzelnen vgl. dazu *Tab. 18*).

Die beiden Aufgaben, die der Deutschen Bundesbank in der Vergangenheit zukamen, nämlich Sicherung der Währung *und* Sorge für die bankmäßige Abwicklung des Zahlungsverkehrs, sind nunmehr zu einem großen Teil ebenfalls auf europäischer Ebene angesiedelt. So entfiel der Passus, der die deutsche Zentralbank zur Regelung des Geldumlaufs und der Kreditversorgung der Wirtschaft ver-

Tab. 17: Änderungen des Gesetzes über die Deutsche Bundesbank durch die 6. Novelle

alte Regelung	*neue Regelung*[1]
§ 3: Aufgabe "Die Deutsche Bundesbank regelt mit Hilfe der währungspolitischen Befugnisse, die ihr nach diesem Gesetz zustehen, den Geldumlauf und die Kreditversorgung der Wirtschaft mit dem Ziel, die Währung zu sichern, und sorgt für die bankmäßige Abwicklung des Zahlungsverkehrs im Inland und mit dem Ausland."	**§ 3 Aufgaben** "Die Deutsche Bundesbank *ist als Zentralbank der Bundesrepublik Deutschland integraler Bestandteil des Europäischen Systems der Zentralbanken. Sie wirkt an der Erfüllung seiner Aufgaben mit dem vorrangigen Ziel mit, die Preisstabilität zu gewährleisten,* und sorgt für die bankmäßige Abwicklung des Zahlungsverkehrs im Inland und mit dem Ausland. *Sie nimmt darüber hinaus die ihr nach diesem Gesetz oder anderen Rechtsvorschriften übertragenen Aufgaben wahr.*"
§ 6: Zentralbankrat (Satz 1) "Der Zentralbankrat bestimmt die Währungs- und Kreditpolitik der Bank."	"Der Zentralbankrat bestimmt die *Geschäftspolitik* der Bank. *Bei der Erfüllung der Aufgaben des Europäischen Systems der Zentralbanken handelt er im Rahmen der Leitlinien und Weisungen der Europäischen Zentralbank. Er erörtert die Auswirkungen der Geld- und Währungspolitik unbeschadet der Weisungsunabhängigkeit des Präsidenten in seiner Eigenschaft als Mitglied des Rates der Europäischen Zentralbank sowie der für die Europäische Zentralbank geltenden Geheimhaltungsvorschriften.*"

[1] Die Neuregelung ist mit Eintritt der Bundesrepublik Deutschland in die dritte Stufe der Währungsunion gemäß Artikel 109j des EG-Vertrages in Kraft getreten.

(Fortsetzung von Tab. 17 auf S. 317)

Fortsetzung Tab. 17:

alte Regelung	*neue Regelung*
§ 12: Verhältnis der Bank zur Bundesregierung "Die Deutsche Bundesbank ist verpflichtet, unter Wahrung ihrer Aufgabe die allgemeine Wirtschaftspolitik der Bundesregierung zu unterstützen. Sie ist bei der Ausübung der Befugnisse, die ihr nach diesem Gesetz zustehen, von Weisungen der Bundesregierung unabhängig."	"Die Deutsche Bundesbank ist bei der Ausübung der Befugnisse, die ihr nach diesem Gesetz zustehen, von Weisungen der Bundesregierung unabhängig. *Soweit dies unter Wahrung ihrer Aufgabe als Bestandteil des Europäischen Systems der Zentralbanken möglich ist, unterstützt sie die allgemeine Wirtschaftspolitik der Bundesregierung.*"
§ 14 Notenausgabe (Abs. 1 Satz 1) "Die Deutsche Bundesbank hat das ausschließliche Recht, Banknoten im Geltungsbereich dieses Gesetzes auszugeben."	"Die Deutsche Bundesbank hat *unbeschadet des Artikels 105 a Abs. 1 des EG-Vertrages* das ausschließliche Recht, [...]"
§ 15: Diskont-, Kredit- und Offenmarktpolitik [...]	*(aufgehoben)*
§ 16: Mindestreserve-Politik [...]	*(aufgehoben)*

pflichtete. Lediglich die Sorge für die Abwicklung des Zahlungsverkehrs blieb in der Aufgabendefinition der sechsten Novelle des BBankG unverändert erhalten.

Die Hauptaufgaben des ESZB sind im Artikel 3 des ESZB-Statuts definiert. Sie umfassen die Definition und Umsetzung der Geldpolitik für den gemeinsamen Währungsraum, die Durchführung von Fremdwährungsoperationen, die Verwahrung und Verwaltung der offiziellen Währungsreserven der Teilnehmerstaaten, die Sorge für reibungslos funktionierende Zahlungsverkehrssysteme sowie die Unterstützung der zuständigen Bankaufsichtsbehörden bei der Festlegung von Richtlinien und bei der Durchführung der Aufsicht über die Kreditinstitute und bei der Gewährleistung von Stabilität im gesamten Finanzsystem.

Damit sind die Maxime und die wesentlichen Aufgaben des ESZB als Träger der europäischen Geldpolitik dargelegt worden. Als nächstes folgen einige Grundüberlegungen zur bestmöglichen Umsetzung und zur Strategie.

Tab. 18: Statut des ESZB und der EZB im Maastricht-Vertrag

EG-Vertrag in der Fassung vom 7.2.1992, genannt: Vertrag über die Europäische Union ("_Maastricht-Vertrag_")

Artikel 4a [Europäisches System der Zentralbanken; Europäische Zentralbank]

Nach den in diesem Vertrag vorgesehenen Verfahren werden ein Europäisches System der Zentralbanken (im folgenden als "ESZB" bezeichnet) und eine Europäische Zentralbank (im folgenden als "EZB" bezeichnet) geschaffen...

Artikel 105 a [Ausgabe von Banknoten und Münzen]

(1) Die EZB hat das ausschließliche Recht, die Ausgabe von Banknoten innerhalb der Gemeinschaft zu genehmigen. Die EZB und die nationalen Zentralbanken sind zur Ausgabe von Banknoten berechtigt. Die von der EZB und den nationalen Zentralbanken ausgegebenen Banknoten sind die einzigen Banknoten, die in der Gemeinschaft als gesetzliches Zahlungsmittel gelten.

(2) Die Mitgliedstaaten haben das Recht zur Ausgabe von Münzen, wobei der Umfang dieser Ausgabe der Genehmigung durch die EZB bedarf.

Protokoll über die Satzung des Europäischen Systems der Zentralbanken und der Europäischen Zentralbank

Kapitel II: Ziele und Aufgaben des ESZB

Artikel 2: Ziele

Das vorrangige Ziel des ESZB ist es, die Preisstabilität zu gewährleisten. Soweit dies ohne Beeinträchtigung des Zieles der Preisstabilität möglich ist, unterstützt das ESZB die allgemeine Wirtschaftspolitik in der Gemeinschaft [...]

Das ESZB handelt im Einklang mit dem Grundsatz einer offenen Marktwirtschaft mit freiem Wettbewerb, wobei ein effizienter Einsatz der Ressourcen gefördert wird.

Artikel 3: Aufgaben

3.1. Nach Artikel 105 Absatz 2 dieses Vertrags bestehen die grundlegenden Aufgaben des ESZB darin,

- die Geldpolitik der Gemeinschaft festzulegen und auszuführen,
- Devisengeschäfte [...] durchzuführen,
- die offiziellen Währungsreserven der Mitgliedstaaten zu halten und verwalten,
- das reibungslose Funktionieren der Zahlungsströme zu fördern

Artikel 7: Unabhängigkeit

Nach Artikel 107 dieses Vertrags darf bei der Wahrnehmung der ihnen durch diesen Vertrag und diese Satzung übertragenen Befugnisse, Aufgaben und

Fortsetzung Tab. 18:

Pflichten weder die EZB noch eine nationale Zentralbank noch ein Mitglied ihrer Beschlußorgane Weisungen von Organen oder Einrichtungen der Gemeinschaft, Regierungen der Mitgliedstaaten oder anderer Stellen einholen oder entgegennehmen.

Artikel 16: Banknoten

...hat der EZB-Rat das ausschließliche Recht, die Ausgabe von Banknoten innerhalb der Gemeinschaft zu genehmigen. Die EZB und die nationalen Zentralbanken sind zur Ausgabe von Banknoten berechtigt. Die von der EZB und den nationalen Zentralbanken ausgegebenen Banknoten sind die einzigen Noten, die in der Gemeinschaft als gesetzliches Zahlungsmittel gelten.

Artikel 18: Offenmarkt- und Kreditgeschäfte

(1) Zur Erreichung der Ziele des ESZB und zur Erfüllung seiner Aufgaben können die EZB und die nationalen Zentralbanken

- auf den Finanzmärkten tätig werden, indem sie auf Gemeinschaftswährungen lautende Forderungen und börsengängige Wertpapiere sowie Edelmetalle endgültig (per Kasse oder Termin) oder im Rahmen von Rückkaufsvereinbarungen kaufen und verkaufen oder entsprechende Darlehensgeschäfte tätigen;
- Kreditgeschäfte mit Kreditinstituten und anderen Marktteilnehmern abschließen, wobei für die Darlehen ausreichende Sicherheiten zu stellen sind.

(2) Die EZB stellt allgemeine Grundsätze für ihre eigenen Offenmarkt- und Kreditgeschäfte und die der nationalen Zentralbanken auf.

Artikel 19: Mindestreserven

Vorbehaltlich des Artikels 2 kann die EZB zur Verwirklichung der geldpolitischen Ziele verlangen, dass die in den Mitgliedstaaten niedergelassenen Kreditinstitute Mindestreserven auf Konten bei der EZB und den nationalen Zentralbanken unterhalten.

Artikel 21: Geschäfte mit öffentlichen Stellen

Nach Artikel 104 dieses Vertrags sind Überziehungs- oder andere Kreditfazilitäten bei der EZB oder den nationalen Zentralbanken für Organe oder Einrichtungen der Gemeinschaft, Zentralregierungen, regionale oder lokale Gebietskörperschaften oder andere öffentlich - rechtliche Körperschaften, sonstige Einrichtungen des öffentlichen Rechts oder öffentliche Unternehmen der Mitgliedstaaten ebenso verboten wie der unmittelbare Erwerb von Schuldtiteln von diesen durch die EZB oder die nationalen Zentralbanken.

8.2.2 Strategien für die Geldpolitik

Mit der Europäischen Zentralbank ist eine neue geldpolitische Autorität geschaffen worden, die zwar für die Wahrung der Geldwertstabilität einen eindeutigen und von allen Mitgliedstaaten gewollten Auftrag erhalten hat, für die aber noch keine Erfahrungen vorliegen, ob sie ihrem stabilitätspolitischen Auftrag auch nachkommen wird. Die in der Öffentlichkeit so häufig kontrovers diskutierte Frage, ob der Euro tatsächlich so stabil wie die D-Mark sein werde, mag darauf hinweisen, dass in der Bevölkerung noch nicht die breite Vertrauensbasis für die Europäische Zentralbank vorhanden ist. Das ist die Frage nach der Glaubwürdigkeit. Diese wird am besten dadurch nachgewiesen, dass eine Zentralbank über einen längeren Zeitraum eine Stabilitätspolitik betrieben hat, die von der Bevölkerung als erfolgreich empfunden worden ist.

Die Deutsche Bundesbank konnte diesen Nachweis erbringen, sie kann - alles in allem gesehen - auf eine Erfolgsgeschichte verweisen. Die Europäische Zentralbank hingegen kann sich nicht auf eine erfolgreiche Vergangenheit berufen. Auch wenn das Statut über die Europäische Zentralbank ziemlich genau dem Gesetz über die Deutsche Bundesbank nachempfunden und in zwei Vorschriften sogar noch strikter auf Geldwertstabilität ausgerichtet ist, bedeutet dies noch nicht unbedingt, dass sich die Reputation, welche sich die Bundesbank erworben hat, automatisch auf die Europäische Zentralbank überträgt.

Der konkrete Gehalt des Begriffs der Glaubwürdigkeit bedeutet zum einen, dass die in Statuten oder Gesetzen *geschriebenen* Regeln eingehalten werden, er umschließt aber zum anderen, dass die Zentralbankiers auch *ungeschriebene* Regeln einhalten, wenn sie das Versprechen eines stabilen Geldwertes des Euro einlösen wollen. Nun wird zwar niemand behaupten, dass die Zentralbankiers auf europäischer Ebene bewußt mit "Tricks und Täuschungen als Mittel der Wirtschaftspolitik" (so die Überschrift eines Aufsatzes von *Schmidtchen, 1980*) arbeiten wollen. Aber in der neueren Diskussion um die Geldpolitik ist vielfach versucht worden, den Nachweis zu erbringen, dass ein Mangel an Glaubwürdigkeit gleichsam im Politik-Regime selbst angelegt sein kann, so dass inflationsfreie Lösungen gar nicht erzielt werden könnten. Das ist die Argumentation der *Theorie der zeitlichen Inkonsistenz optimaler Pläne*. Diese Theorie behauptet, dass es selbst für eine auf die Wohlfahrt der Bevölkerung bedachte Zentralbank rational sein könne, einen Politik-Plan öffentlich anzukündigen, um danach dann, während sich die Privaten an diesem Politik-Plan ausrichten, die Ankündigung zu revidieren. Die entsprechende Analyse hat - in einer allgemeinen Umschreibung - die folgende Argumentationskette (vgl. *Issing, 1997*; eine exaktere Darstellung findet sich im *Abschnitt 8.2.3* in diesem Kapitel).

Erstens: Es wird angenommen, dass eine Zentralbank eine soziale Wohlfahrtsfunktion maximieren will, in welche ein Inflationsziel und ein Beschäftigungsziel eingeht. Beide Ziele sind jedoch nicht gleichzeitig zu erreichen, vielmehr ist ein höherer Beschäftigungsgrad nur dann zu verwirklichen, wenn die Zentralbank eine "Überraschungsinflation" erzeugt.

Zweitens: Es wird eine Phillips-Kurve unterstellt, bei der eine höhere Inflationsrate zu mehr Beschäftigung führt (vgl. dazu *7.1.2*).

Drittens: Die Privaten in ihrer Gesamtheit lassen sich vielleicht einmal, in der ersten Spielrunde, durch eine "Überraschungsinflation" täuschen. Danach erkennen sie aber die latente "Versuchung" der Zentralbank, mittels enttäuschter Inflationserwartungen für mehr Beschäftigung zu sorgen, und richten ihre ökonomischen Erwartungen und Dispositionen darauf ein. Die Folge ist dann, dass die Beschäftigungswirkung verpufft, aber die Wirtschaft die Bürde einer höheren Inflationsrate trägt.

Dies ist eine sehr grobe Beschreibung der Entscheidungssituation, der sich eine geldpolitische Instanz gegenüber sieht, also auch die Europäische Zentralbank. Wenn die Argumentationskette, wie dargestellt, übernommen wird, liegt die Schlussfolgerung auf der Hand. Man muss die Zentralbank mittels einer Regelbindung davon abhalten, die Privaten zu täuschen.

Auf eine entscheidende Annahme der dargestellten Argumentation sei schon an dieser Stelle hingewiesen. Die Annahme ist, dass die Inflationsrate zu hundert Prozent von der Zentralbank bestimmt wird. Das mag für didaktische Zwecke nützlich sein, aber der empirische Gehalt einer solchen Annahme kann kontrovers diskutiert werden. Würde man diese Annahme wörtlich nehmen, käme man zu dem Schluss, dass die Zentralbanken nicht nur die alleinige Schlüsselgewalt über die Inflationsbekämpfung haben, sondern in Tat und Wahrheit auch die Verursacher der Inflation sind. Dies wäre eine unzutreffende Beschreibung des Phänomens des Preisauftriebs in modernen Industriegesellschaften mit demokratischen und marktwirtschaftlichen Institutionen.

Jedenfalls waren in Deutschland in der Nachkriegszeit die stärksten inflatorischen Impulse von Aussen her bedingt und insoweit nicht von der Bundesbank verursacht, nämlich im Jahr 1951: der Koreakrieg; 1974: kriegerische Auseinandersetzungen im Nahen Osten mit anschließenden Lieferengpässen beim Rohöl und dem ersten Ölpreisschock; 1979: die politische Umwälzung im Iran mit erneuten Lieferengpässen beim Rohöl und dem zweiten Ölpreisschock. Gegen ähnliche inflatorische Impulse in der Zukunft ist auch eine Europäische Währungsunion nicht gefeit.

Aber wie dem auch sei, eine zentrale Botschaft bleibt unberührt: Das Vertrauen in die Europäische Zentralbank, der Verlass darauf, dass sie ihr Versprechen einlöst, den Euro stabil zu halten, ist von Vorteil für die Bevölkerung in der Europäischen Währungsunion. Insofern ist es gerade für die Europäische Zentralbank wichtig, wenn sie ihrem Handlungsspielraum eine gewisse Selbstbindung auferlegt, indem sie ihren geldpolitischen Kurs für einige Zeit im voraus ankündigt, etwa so, wie es auch für die Bundesbank hilfreich war, Geldmengenziele im voraus anzukündigen. Diese Zielvorgaben lassen sich in eine geldpolitische Strategie einbetten, die öffentlich bekannt gemacht wird und damit die Basis für die Glaubwürdigkeit legt.

"Unter einer geldpolitischen **Strategie** versteht man das längerfristig gültige Verfahren, nach dem über den Instrumenteneinsatz zur Verfolgung der Ziele entschieden wird. Die Endziele der Geldpolitik sind dabei im allgemeinen in Form gesetzlicher Vorschriften vorgegeben" (*Issing, 1996, S. 254*).

Für eine Zentralbank kann es vorteilhaft erscheinen, ihre geldpolitischen Maßnahmen nicht unmittelbar auf das gewählte Endziel - beispielsweise Inflationsrate, gesamtwirtschaftliche Wachstumsrate oder Beschäftigungsquote - zu richten. Die langen zeitlichen Verzögerungen, die im monetären Transmissionsprozess auftreten können sowie die Vielzahl exogener Faktoren, die ebenfalls auf die Endzielgrößen einwirken, sind Argumente für die Wahl einer sogenannten *zweistufigen Strategie* (vgl. *Abb. 43*; das "unbestimmte Gebilde" soll die Unsicherheit über den Ablauf des Transmissionsprozesses zum Ausdruck bringen). Hierbei wird eine monetäre Variable als *Zwischenziel* gewählt, die einerseits in einem eindeutigen Wirkungszusammenhang mit den Endzielgrößen steht, aber andererseits mit Hilfe des Instrumentariums der Notenbank effektiv und ohne übermäßige Verzögerung beeinflussbar ist. Die Notenbank leitet aus den augenblicklich festzustellenden Parametern der Endziele eine Vorgabe für ihr Zwischenziel ab, etwa eine angestrebte Wachstumsrate für den Verlauf eines Geldmengenaggregates innerhalb eines Zeitraums von einem Jahr, und kündigt diese Größe öffentlich an. Auf die Erreichung des angekündigten Zwischenziels richtet sie in der Folgezeit den konkreten Einsatz und die Dosierung aller ihr gesetzlich zur Verfügung gestellten Instrumente aus.

Abb. 43: Zweistufige Strategie mit Zwischenzielgröße

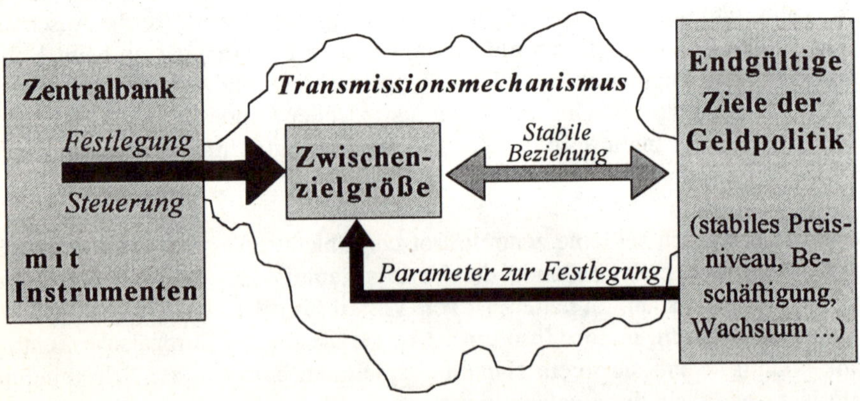

Wirtschaftspolitische Entscheidungsträger können prinzipiell zwei Ansätze bei der Durchführung ihrer Politik verfolgen:

- Bei einer *diskretionären Politik* geben sie lediglich das allgemeine Versprechen, zukünftig stets das sozial Beste tun zu wollen. Die Wahl ihrer politischen Maßnahmen im Einzelfall ist somit nicht gebunden an vorher festgelegte Verhaltensregeln. Statt dessen werden Entscheidungen nach subjektivem Ermessen und in Abhängigkeit von der aktuellen Gesamtsituation "von Fall zu Fall" getroffen.
- Bei einer *regelgebundenen Politik* unterliegt der wirtschaftspolitische Entscheidungsträger - wie beispielsweise die Zentralbank - der Verpflichtung, in einer genau vorherbestimmten Weise zu reagieren. Die Handlungsweise wird ihm durch Gesetze oder Verordnungen genau vorgeschrieben.

Eine Regelbindung in der Wirtschaftspolitik liefert für die ökonomischen Pläne der einzelnen Wirtschaftssubjekte eine transparente und zuverlässige Basis und sorgt somit für eine Stabilisierung der Erwartungen im Gesamtsystem. Dies gilt zumindest, solange der Politikträger zeitlich konsistent agiert - vgl. nächstes Unterkapitel *8.2.3* über Inkonsistenz in der Geldpolitik.

Für eine stabilitätsorientierte Zentralbank kann es also vorteilhaft sein, sich gewissen Regeln zu unterwerfen, die eine Selbstbindung bedeuten. Sie erhöhen damit gegenüber einer rein diskretionären Geldpolitik die monetäre Planungssicherheit in der Wirtschaft. Bei der Regelbindung kann man wiederum zwei unterschiedliche Ansätze unterscheiden:

- Die *Feedback-Regel* oder *Closed-Loop-Policy*: die Durchführung der Handlungsregeln ist an den Eintritt spezifischer Ereignisse gebunden. Es erfolgt also eine Rückkoppelung (*Closed Loop*) vom angestrebten Endziel oder von gewissen beobachteten Indikatoren oder Zwischenzielvariablen zurück zum Einsatz der Instrumente.

  Ein Beispiel für eine solche Feedback-Regel in der Geldpolitik könnte folgendermaßen lauten: "Erhöhe das Geldangebot um 4 vH pro Jahr, zuzüglich 1 vH für jeden Prozentpunkt Arbeitslosenquote oberhalb von 5 %, abzüglich 0,5 vH für jeden Prozentpunkt Inflation oberhalb von 2 %".
- Die *starre Regel* oder *Open-Loop-Policy*: hier werden Vorgaben für die geldpolitische Handlungsweise gemacht, deren Ausführung durch laufende Ereignisse oder veränderliche Parameter nicht beeinflußt wird.

  Auch hierzu ein Beispiel für eine geldpolitische Regel: "Erhöhe das Geldangebot jährlich um die feste Rate *k* vH" (auch bekannt als sogenannte *k%-Regel*).

Die Grundpositionen hinter der Verfolgung der beiden Regelansätze sind sehr unterschiedlich. Die Befürworter einer starren Regelbindung sind der Auffassung, dass die Selbstregulierungsmechanismen der Märkte am besten ohne Eingriffe von Politikseite funktionieren. Sie zweifeln daran, dass die Entscheidungsträger über genügend Kompetenz zur Wahl der richtigen Entscheidung verfügen und dass sie fähig sind, im Sinne des Allgemeinwohls zu handeln. Folglich wird gefordert, man solle den Politikern möglichst wenig Handlungsspielraum einräumen und statt dessen allgemein bekannte Automatismen die Wirtschaftspolitik bestimmen lassen. Die Befürworter einer Politik nach der Feedback-Regel hingegen sind der Überzeugung, dass es Situationen gibt, in denen der Marktmechanismus nur sehr langsam zum Gleichgewicht findet und somit gezielte Eingriffe seitens der Politik sinnvoll sein können. Sie sprechen den Handlungsträgern auch die notwendige Fähigkeit und Glaubwürdigkeit zu, stabilisierend auf den Wirtschaftsablauf einwirken zu können.

Unabhängig davon, ob eine starre oder eine feedback-regelgebundene Politik gewählt wird, kann es für eine wohlfahrtsmaximierende Politik unter Umständen rational sein, von den vorher angekündigten Regelpolitiken im Einzelfall zu einem späteren Zeitpunkt abzuweichen.

8.2.3 Zeitinkonsistenz und Glaubwürdigkeit der Geldpolitik

8.2.3.1 Die "neue Sicht" der Theorie der Wirtschaftspolitik

Die Analyse der zeitlichen Inkonsistenz optimaler Pläne versucht die Theorie der Wirtschaftspolitik aus einer neuen Perspektive zu untersuchen (der Ausgangspunkt der neueren Arbeiten zum Problem der Zeitinkonsistenz im Bereich der Geldpolitik ist der Ansatz von *Barro* und *Gordon, 1987*; für eine Übersicht siehe *Persson* und *Tabellini, 1990*; für eine Einführung siehe *Bofinger* und *Frenkel, 1991*). Die Theorie der Wirtschaftspolitik habe sich bisher - so wird argumentiert - schwerpunktmäßig mit den ökonomischen Folgen einer gegebenen Politik oder Politik-Regel beschäftigt. Kenne man diese ökonomischen Folgen und die gesellschaftlich akzeptierten wirtschaftspolitischen Ziele, dann lasse sich die optimale Regel wählen; dabei werde dann stillschweigend vorausgesetzt, dass die Politiker diese Regel auch exekutieren, das heißt, dass sie passiv als Handlungsbevollmächtigte der Gesellschaft agierten, die man gleichsam programmieren könne wie eine Maschine. Die neue Perspektive geht nun davon aus, dass auch ein Politiker ein rational und nutzenmaximierend Handelnder ist, der auf Anreize, Handlungsbeschränkungen und Nebenbedingungen genauso reagiert, wie die privaten Akteure. Dann muß die Untersuchung der ökonomischen Folgen alternativer Politiken oder Politik-Regeln ergänzt werden um eine Analyse der Willensbildungs- und Formierungsprozesse der Politik. Dies schließt ein normatives Element mit ein, nämlich die Frage: Wie soll man das Anreizsystem und die Handlungsbeschränkungen für die Politiker so gestalten, dass sie als Handlungsbevollmächtigte der Gesellschaft eine Politik durchführen, welche das Gemeinwohl maximiert?

Hier setzt die Theorie der zeitlichen Inkonsistenz optimaler Pläne an. Sie versucht zu zeigen, dass es selbst für eine hoheitliche Instanz, welche die Wohlfahrt der Gesellschaft maximieren will, rational sein kann, eine öffentlich angekündigte Politik zu einem späteren Zeitpunkt wieder aufzugeben, sobald die Privaten ihre Dispositionen daran ausgerichtet haben, dass die angekündigte Politik auch durchgeführt werde.

Ein Beispiel dafür ist der Patentschutz (*Kydland* und *Prescott, 1977*). Der staatlich garantierte Patentschutz macht Erfindungen zu einer lukrativen Chance, bedeutet aber ex post eine Einschränkung des Güterangebots. Bei reinen Ermessensentscheidungen würde ein Staat, der auf den Wohlstand der Bevölkerung bedacht ist, laufend alte Patente außer Kraft setzen, aber fortfahren, neue Patente auszugeben. Diese Verfahrensweise hätte freilich negative Auswirkungen auf den Anreiz, neue Erfindungen aufzuspüren, die ja rasch zu alten werden. Die optimale Verfahrensregel bezieht sich dann auf die zeitliche Dauer des Patentschutzes; weder eine ganz kurze noch eine ganz lange Frist sind optimale Verpflichtungen. Hier sind die Anreize zu neuen Erfindungen gegen die Ex-post-Restriktionen auf das Güterangebot durch den Patentschutz abzuwägen.

Verpflichtungen (synonym: Regeln oder Spielregeln) können auch, ohne formal kontrahiert zu sein, auf Reputation beruhen. Dann wird die Glaubwürdigkeit der hoheitlichen Instanzen zu einer Handlungsbeschränkung für die Politik.

Hier liegt der Kern des Problems der zeitlichen Inkonsistenz optimaler Pläne: *Ein Politik-Plan* ist *zeitlich inkonsistent*, wenn - vorausgesetzt, die Privaten erwarten, dass dieser Plan auch durchgeführt wird - der optimale Politik-Plan für die Periode t + i , der in der Periode t beschlossen wird, verschieden ist von dem Politik-Plan, der danach in der Periode t + i beschlossen wird. M.a.W.: Wenn eine Politik zeitlich inkonsistent ist, dann ist das gleichbedeutend damit, dass die wirtschaftspolitischen Instanzen von ihrem Plan abweichen, während er ausgeführt wird. Zeitliche Inkonsistenz kann also zu einem *Verlust an Glaubwürdigkeit* führen. Das Ergebnis für die Gesellschaft ist dann eine "Second-Best-Lösung". Dies sei nun an Hand eines Beispiels aus der Stabilitätspolitik illustriert.

Die neueren Arbeiten auf dem Gebiet der Makroökonomik führen zu dem Ergebnis, dass zwischen Inflationsrate und Arbeitslosenquote zwar langfristig kein Trade-off existiert, aber kurzfristig doch eine Austauschbeziehung vorhanden ist. Dann verringert ein Anstieg der Inflationsrate, der durch eine expansive Geld- oder Finanzpolitik ausgelöst wird, die Arbeitslosenquote, zumindest vorübergehend (vgl. dazu auch schon Abschnitt *7.1*).

Wenn Geld- und/oder Finanzpolitik mittels einer forcierten expansiven Politik eine Belebung der Gesamtnachfrage erzeugen, wird sich die Arbeitslosenquote für einen gewissen Zeitraum verringern. Nicht nur die hoheitlichen Instanzen, sondern auch die privaten Wirtschaftsakteure werden davon profitieren. Für diesen kurzzeitigen Boom ist aber ein Preis zu zahlen; er besteht in einer höheren Inflationsrate in der Zukunft. Die Preiserwartungen der Privaten passen sich daran an, die Arbeitslosigkeit kehrt zum Ausgangswert zurück. Für die Beschäftigung ist dauerhaft nichts gewonnen, aber die Wirtschaft erfährt eine höhere Inflationsrate. Dennoch können aber hoheitliche Instanzen - man stelle sich eine demokratisch gewählte Regierung kurz vor den Wahlen vor - der Versuchung unterliegen, durch expansive wirtschaftspolitische Maßnahmen kurzfristige Verbesserungen der Beschäftigungslage zu erreichen.

Die Modelle, die sich mit diesem Problem beschäftigen, versuchen, die in der Realität auftretenden, von den Theoretikern der Zeitinkonsistenz als "suboptimal hoch" bezeichneten Inflationsraten mit einem spezifischen Anreizsystem für die Politiker zu erklären. In ihrem Erklärungsansatz gehen sie davon aus, dass die geldpolitischen Instanzen den kurzfristigen Trade-off zwischen Arbeitslosenquote und Inflationsrate ausnutzen. Die Argumentation läuft darauf hinaus, dass niedrigere Inflationsraten (zum Beispiel Null), die unter Umständen erreichbar wären, zeitinkonsistent sind, solange den Politikern und den Zentralbanken keine Handlungsbeschränkungen in Form von Regelbindungen auferlegt sind. Die logische Struktur dieses Arguments sei an Hand eines kleinen und einfachen Modells illustriert, das sich an *Cukiermann, 1985,* anlehnt.

8.2.3.2 Zeitinkonsistenz - ein einfaches Modell

Das Modell hat die folgenden konstituierenden Elemente: Die für die monetäre Politik zuständigen Instanzen haben eine vollständige Kontrolle über das Preisniveau, eine ebenso stark vereinfachende wie problematische Annahme. Ein von den Privaten *nicht antizipierter* Anstieg der Inflationsrate wirkt expansiv auf die gesamtwirtschaftliche Produktion und die Beschäftigung. Die monetären Autoritäten haben, zumindest implizit, eine Wohlfahrtsfunktion vor Augen, in der Inflation negativ gewichtet wird und einem höheren Beschäftigungsgrad ein positives Gewicht zuerkannt wird. Die Privaten betrachten eine höhere Inflationsrate als etwas "Nachteiliges". Es sei angenommen, die für die monetäre Politik zuständigen Instanzen unterliegen keiner Bindung an eine Regel, sondern sie versuchen, ihre Wohlfahrtsfunktion zu maximieren. Die Interaktionen zwischen monetären Instanzen und Privaten werden als "Spiel" betrachtet; die spieltheoretische Formalisierung geht dabei auf *Backus* und *Drifill, 1985,* zurück.

Grundlage des Modells sind die folgenden zwei Gleichungen:

(1) $U = U^n - (p - p^e)$ (Arbeitslosigkeit-Inflation-Beziehung)

(2) $W = -p^2 - 2(U - U^n)$ [Wohlfahrtsfunktion (Zielfunktion)]

Die Symbole bedeuten:

U	tatsächliche Arbeitslosenquote
U^n	natürliche Arbeitslosenquote ("Normal-Lage" am Arbeitsmarkt)
p	laufende Inflationsrate
p^e	von den Privaten erwartete Inflationsrate
W	Wohlfahrt

Ausdruck (2) stellt die Zielfunktion der monetären Instanzen dar; diese versuchen annahmegemäß, die gesamtwirtschaftliche Wohlfahrt zu maximieren. Die Privaten kümmern sich annahmegemäß nicht um gesamtwirtschaftliche Kosten oder Wohlfahrt, sondern maximieren ihren Nutzen N, der vereinfacht als Funktion der tatsächlichen und der erwarteten Preissteigerungsrate geschrieben werden kann:

(3) $N = -(p - p^e)^2$ (Privater Nutzen)

Die Zentralbank kann annahmegemäß die Preissteigerungsrate direkt steuern. (1) in (2) eingesetzt ergibt :

(4) $W = -p^2 + 2(p - p^e)$

Das Wohlfahrtsmaximum aus der Sicht der Zentralbank erhält man, indem Gleichung (4) partiell nach p differenziert und das Ergebnis gleich Null gesetzt wird:

(5) $$\frac{\partial W}{\partial p} = -2p + 2 = 0$$

(6) $$\frac{\partial N}{\partial p^e} = -2(p - p^e) \cdot (-1) = 0$$

Es beeinträchtigt die Logik der Argumentation nicht, wenn jetzt noch zusätzlich angenommen wird, dass die tatsächliche Inflationsrate und die Inflationserwartungen nur die Werte 0 und 1 annehmen können. Die optimale Inflationsrate für die monetäre Instanz (im Sinne der Wohlfahrtsmaximierung) ist $p = 1$, wie aus (5) unmittelbar ersichtlich wird. *Die monetäre Instanz darf aber weder ihre Wohlfahrtsfunktion öffentlich bekanntgeben, noch diejenige Inflationsrate, welche diese Funktion maximiert.* Vielmehr muss sie die Privaten täuschen, indem sie eine Inflationsrate von $p = 0$ ankündigt. Haben dann die Privaten dementsprechend ihre Inflationserwartung auch bei $p^e = 0$ gebildet, realisiert die Zentralbank nicht $p = 0$, sondern $p = 1$, wie man durch Einsetzen dieser Werte in (4) feststellen kann.

Dies ist eine der entscheidenden Annahmen der Theorie der zeitlichen Inkonsistenz optimaler Pläne. Man sieht, dass man der monetären Instanz tatsächlich unterstellen muss, *sie arbeite mit Tricks und Täuschungen*; nur dann sind die Ergebnisse der Zeitinkonsistenztheorie herleitbar.

Die Matrix der Auszahlungen für die Zentralbank bei unterschiedlichen Inflationserwartungen der Privaten läßt sich aus (4) ausrechnen; die Pay-offs sind in der *Tab. 19* dargestellt.

Tab. 19: Pay-off-Matrix aus der Sicht der monetären Autorität

	Inflationserwartung der Privaten $p^e = 0$	**Inflationserwartung der Privaten $p^e = 1$**
Geldpolitische Strategie p = 0	0	-2
Geldpolitische Strategie p = 1	1	-1

Aus der Sicht der Zentralbank ist das linke untere Feld (*Tab. 19*) die beste Lösung. Haben sich die Erwartungen der Privaten für die künftige Preissteigerungsrate bei $p^e = 0$ gebildet, ist für die Zentralbank p = 1 immer die bessere Strategie (erste Spalte, zweite Zeile). Die Zentralbank hat in diesem Spiel nun den "ersten Zug" getan. Die Privaten erkennen, dass ihre Inflationserwartung getäuscht worden ist und wechseln nun zur Strategie $p^e = 1$. Die Auszahlungen an die Privaten bei unterschiedlichen Strategien der monetären Instanz lassen sich aus Ausdruck (3) errechnen. Die Auszahlungen an die monetäre Instanz und an die Privaten bei unterschiedlichen Strategien sind in einer gemeinsamen Matrix (vgl. *Tab. 20)* zusammengefasst, wobei in jeder Zelle die linke Zahl die Auszahlung an die Zentralbank, die rechte die Auszahlung an die Privaten darstellt.

Für die Zentralbank und die Privaten gemeinsam wäre das obere linke Feld die beste Lösung, also der Zustand des "First Best". Das wäre die kooperative Lösung (in der Spieltheorie: kollusive Lösung). Es ist aber ersichtlich, dass das Spiel im unteren rechten Feld endet: Das ist der Zustand des "Second Best", oder die Konkurrenz-Lösung. Bei der Konkurrenz-Lösung wählen die beiden Spieler ihre Strategien isoliert voneinander, handeln also nicht kooperativ.

Der daraus resultierende Ausgang des Spiels wird auch als "Nash-Gleichgewicht" bezeichnet. Dieses ist wie folgt definiert: Eine Kombination von Strategien bildet in einem Spiel dann ein Nash-Gleichgewicht, wenn keiner der beiden Spieler ei-

Tab. 20: Pay-off-Matrix für monetäre Autorität und Private

	Inflationserwartung der Privaten $p^e = 0$	**Inflationserwartung der Privaten $p^e = 1$**
Geldpolitische Strategie p = 0	0 , 0	-2, -1
Geldpolitische Strategie p = 1	1, -1	-1, 0

nen Anreiz hat, von seiner Strategie abzuweichen, vorausgesetzt, der andere Spieler bleibt bei seiner Strategie, vgl. *Rasmussen, 1989*.

8.2.3.3 Schlussfolgerungen

In dem obigen Beispiel ist das Ergebnis beschrieben, das sich nach der ersten Spielrunde einstellt. Die monetären Instanzen haben unerwartete Inflation erzeugt, um damit die Produktion und die Beschäftigung zu erhöhen. Die Privaten haben diese Strategie erkannt und bilden höhere Inflationserwartungen, die in der nächsten Spielrunde nur dann zu enttäuschen sind, wenn die monetären Instanzen noch mehr Inflation erzeugen. Die Teilnehmer sind nun in einem Spiel mit unendlicher Rückkoppelung gefangen. In der Spieltheorie ist dies bekannt unter dem Ausdruck des "Prisoner's Dilemma" (das Dilemma des Gefangenen). Im Endeffekt befindet sich die Wirtschaft wieder auf demselben Beschäftigungsniveau wie im Ausgangspunkt, trägt aber die Bürde der Inflation. Eine Regel, welche die Geldpolitik auf die Null-Inflation festlegt, hätte dieses Ergebnis vermieden.

Dies ist mit ein Grund dafür, warum Autoren, die sich - wie etwa *Barro* - der Neuen Klassischen Makroökonomik verbunden fühlen, eine Vorliebe dafür haben, die Zentralbanken auf eine *Preisniveau-Regel* zu verpflichten. Bei einer solchen Regel würde ein *Zielpfad für das Preisniveau* für eine oder mehrere Perioden im voraus formuliert; dieser braucht nicht notwendigerweise eine Null-Preissteigerung festzuschreiben, denkbar wäre auch eine Erhöhung des Preisniveaus um vielleicht 2 vH per annum. Entscheidend wäre die *Glaubwürdigkeit der Zentralbank*. Die Privaten müßten fest davon überzeugt sein, dass die Zentralbank lang anhaltende Abweichungen des Preisniveaus vom Zielpfad nicht toleriert.

Angenommen, das Preisniveau weicht nach oben vom Zielpfad ab und die Privaten sind davon überzeugt, dass die Zentralbank diese Entwicklung nicht auf Dauer tolerieren will. Dann spielt es, wie *Barro* (*1976*) argumentiert, eine untergeordnete Rolle, ob Time-Lags in der Politik auftreten, wie etwa zeitliche Verzögerungen in der Verfügbarkeit statistischer Daten, in der Reaktion der Geldpolitik auf Preisniveaubewegungen oder in der Wirkung von Geldmengenänderungen auf die zukünftige Preisentwicklung. Die Abweichung des Preisniveaus vom Zielpfad nach oben erzeugt bei den Privaten die Erwartung, dass irgendwann in der Zukunft die Zentralbank kontraktiv auf die Geldmenge einwirken wird. Dann sind in Zukunft Zinserhöhungen und damit Kursverluste bei den finanziellen Aktiva zu erwarten. Dies erhöht schon heute die Nachfrage nach Realkasse relativ zur Nachfrage nach Gütern. Allein dies wirkt schon dämpfend auf das Preisniveau, noch bevor die Zentralbank aktiv wird. *Die Glaubwürdigkeit der Zentralbank erzeugt also stabilisierende Reaktionen* im privaten Sektor. Die Glaubwürdigkeit ist dann aber nicht daran zu messen, wie die Expansionsraten der Geldmengen aussehen; diese müssen ja im Rahmen einer Closed-Loop-Policy diskretionär variiert werden können. Freilich ist noch auf eine Eigenschaft der Preisniveau-Regel hinzuweisen: Ist die Zentralbank auf einen Zielpfad für das Preisniveau festgelegt, dann bedeutet dies, dass alle angebotsseitigen Störungen, wie zum Beispiel ein Ölpreis-Schock, voll auf den realen Output und die Beschäftigung durchschlagen. Die Frage ist, ob sich eine Zentralbank um diese realen Effekte überhaupt kümmern sollte. Hierin liegt noch ein Unterschied zwischen den Neuen Klassischen Makroökonomen und den "neuen" Keynesianern.

Die *Neo-Keynesianer* argumentieren, dass die Geldpolitik mit der Höhe der rational erwarteten Preissteigerungsrate auch die Höhe des rational erwarteten Outputs beeinflußt. Daraus ziehen sie die Schlußfolgerung, dass eine flexible Regelbindung auch einen Feedback vom Output zur Geldmenge nutzen kann, um die Wirtschaft zu stabilisieren. Deswegen ist von Seiten der Neo-Keynesianer vorgeschlagen worden, die Regel für die Geldpolitik nicht allein auf das Preisniveau zu beziehen, sondern auf das *Produkt aus realem Output und Preisniveau,* also das nominale Sozialprodukt. Eine so formulierte Regel wird auch als *BSP-Regel* bezeichnet. Bei einer BSP-Regel würde ein Zielpfad für das nominale Bruttosozialprodukt oder dessen Zuwachsraten für eine oder mehrere Perioden im voraus bekanntgegeben.

Würde die Wirtschaftspolitik einer solchen Regel folgen, wäre ebenfalls das Problem der zeitlichen Wirkungsverzögerungen und des Zeithorizonts von untergeordneter Bedeutung. Entscheidend wäre wiederum das Vertrauen der privaten Wirtschaftsakteure darauf, dass die wirtschaftspolitischen Instanzen anhaltende Abweichungen des tatsächlichen BSP vom vorangekündigten Zielpfad nicht zulassen werden. Dies würde wieder die stabilisierenden Mechanismen hervorrufen, die auch bei einer Preisniveau-Regel wirksam sind. Zugunsten einer BSP-Regel kann auch vorgebracht werden, dass zusätzlich noch weitere stabilisierende Mechanismen eingebaut wären. Das nominale Bruttosozialprodukt ist, auf der einen Seite, das Produkt aus Geldmenge und Umlaufsgeschwindigkeit; wird das BSP auf dem Zielpfad gehalten, müssen Störungen, die sich in Änderungen der Umlaufsgeschwindigkeit niederschlagen, gegenläufige Reaktionen bei der Geldmenge auslösen; das heißt, es werden "Velocity Shocks" abgemildert. Andererseits ist das nominale BSP das Produkt aus Preisniveau und Output. Wenn das BSP auf dem Zielpfad gehalten wird, geht die Produktion zurück, wenn das Preisniveau steigt. Daraus ergibt sich eine Abnahme der allgemeinen ökonomischen Aktivität. Diese Abnahme drückt das Preisniveau und in dem Maße wie das geschieht, erholt sich der reale Output wieder.

8.2.4 Die Wahl der Zwischenzielgröße für die Geldpolitik

Das Ziel, über eine stabile Währung zu verfügen, hat sich in den Staaten der Europäischen Union zunehmend angeglichen. Der Weg, auf dem man dies zu erreichen suchte und die Art und Weise, in der man die Erfolgsmessung für dieses Ziel definierte, waren freilich bis zuletzt recht unterschiedlich (vgl. *Tab. 21*).

So erfolgte in einigen Staaten eine Festlegung auf das Zwischenziel "Geldmengenwachstum" (*Geldmengenziel*), unter der Annahme, dass die Beeinflussung des Geldangebotsvolumens bei hinreichend stabiler Geldnachfrage die gewünschten Impulse auf Zins- und Preisniveau haben würde. In anderen Volkswirtschaften definierte man die Stabilität der eigenen Währung über die Koppelung des Außenwertes an eine fremde, als stabil betrachtete Währung (*Wechselkursziel*). Wiederum andere Staaten schlugen den Weg der direkten Inflationssteuerung ohne offizielle Zwischenzieldefinition ein (*Preisziel*). Dies waren Länder, in denen eine Steuerung des Geldvolumens und der Zinssätze aufgrund von Instabilitäten in der Geldnachfrage zunehmend schwieriger geworden war.

Tab. 21 liefert im Überblick die geldpolitischen Strategien der EU-Staaten bis zum Beginn der dritten Stufe der Währungsunion. Wie bereits in der untersten Zeile ergänzt, soll die geldpolitische Strategie auf europäischer Ebene ihr Ziel auf zwei Etappen des monetären Transmissionsmechanismus verfolgen. Einerseits möchte man am erfolgreichen Konzept der mittelfristigen Definition von Geldmengenzielen, wie sie bisher beispielsweise in Deutschland üblich waren, festhalten. Andererseits wird gerade zu Beginn der Euro-Einführungsphase kein hinreichend getestetes, sicheres Werkzeug zur Datensammlung und -analyse für eine zuverlässige Prognose der volkswirtschaftlichen Eckdaten zur Verfügung stehen. Auch die Definition geeigneter monetärer Aggregate für den gesamten Währungsraum muß zunächst erfolgen. Im nächsten Schritt müssen die notwendigen Erfahrungen über Reaktionsweisen und -stärken auf ökonomische Rahmenbedingungen und auf monetäre Impulse innerhalb des neu gebildeten Euro-Währungsraums erst erworben werden. Um auch in den Zeiten der Umstellung und Unsicherheit den geldpolitischen Führungswillen deutlich zu demonstrieren, empfahl das Europäische Währungsinstitut (*EWI, 1997 a*) in seinem Bericht vom

Tab. 21: Geldpolitische Ziel- und Zwischenzielgrößen in der EU

Land	Geldmengen-ziel	Wechselkurs-ziel	Preisziel
Belgien/Luxemburg	-	X	-
Dänemark	-	X	-
Deutschland	X	-	-
Finnland	-	-	X
Frankreich	X	X	-
Griechenland	X	-	-
Großbritannien	-	-	X
Irland	-	X	-
Italien	X	-	-
Niederlande	-	X	-
Österreich	-	X	-
Portugal	-	X	-
Schweden	-	-	X
Spanien	-	X	X
ESZB	X	-	X

(**Quelle**: *Europäisches Währungsinstitut, 1994*; eigene Ergänzung).

Februar 1997 eine kombinierte Strategiewahl: das bedeutet, dass ein mittelfristig definiertes Zwischenziel der Geldmengensteuerung durch ein klar definiertes Endziel des Preisanstiegs ergänzt werden soll, anhand dessen das ESZB seinen Willen zur Preisstabilität kundtut und auch gemessen werden wird.

8.2.5 Die Strategie der Europäischen Zentralbank im Grundriss

Am 13. Oktober 1998 hat die Europäische Zentralbank über die Grundelemente ihrer geldpolitischen Strategie entschieden und ihren entsprechenden Entschluss der Öffentlichkeit bekannt gegeben. Dieser Beschluss sei im folgenden kurz vorgestellt.

Die Europäische Zentralbank (EZB) folgt der eben erwähnten Empfehlung des Europäischen Währungsinstituts. Sie wählt als Zwischenziel die Ausweitung der Geldmenge, verbunden mit einem Endziel, welches sich auf die Entwicklung des Preisniveaus bezieht. Bei Abschluss des Manuskripts (Oktober 1998) war noch nicht bekannt, wie die genaue statistische Abgrenzung der Geldmenge in der Europäischen Währungsunion erfolgen und welche Zuwachsrate für die Geldmenge angestrebt wird. Die Bekanntgabe des anzustrebenden Zuwachses bei der Geldmenge für ein oder zwei Jahre im voraus wird jeweils im Dezember eines Jahres erfolgen.

Aber auf jeden Fall hat die EZB ihren Willen, den Euro stabil zu halten, offen bekundet und nachhaltig unterstrichen. Sie hat sich nämlich öffentlich darauf festgelegt, dass sie die *Preisstabilität* als ihr *primäres und herausragendes Ziel* ansieht. Die EZB sieht die Preisstabilität dann als erreicht an, wenn der jährliche Anstieg der Verbraucherpreise im Gebiet der Europäischen Währungsunion etwas unterhalb von 2 % bleibt: "Price stability shall be defined as a year-on-year increase in the Harmonised Index of Consumer Prices (HICP) for the euro area of below 2 %" (*Europäische Zentralbank, 1998b, S.2*).

Mit der Festlegung auf ein Preisziel, welches sich auf die Entwicklung der Verbraucherpreise im Gebiet der 11 Länder der Europäischen Währungsunion *insgesamt* bezieht, hat die EZB auch klar dargelegt, dass sie ihre Maßnahmen an den monetären, wirtschaftlichen und finanziellen Entwicklungen im *gesamten* Euro-Währungsraum ausrichtet. Damit ist also nochmals unterstrichen worden, dass es ausschließlich eine *einheitliche* Geldpolitik für den ganzen Euro-Währungsraum ohne regionale Differenzierungen geben wird. Die Geldpolitik der EZB "... will not react to specific regional or national developments." (*Europäische Zentralbank, 1998b, S.3*).

Gleichzeitig hat die EZB betont, dass sie ihr Endziel bei der Preisentwicklung als mittelfristig zu erreichende Vorgabe ansieht; auf kurzfristige Abweichungen der tatsächlichen Preisentwicklung von dem gesteckten Ziel wird sie nicht "mechanistisch" reagieren. Gleiches gilt auch für die Zielvorgabe bei der Geldmenge. Die EZB betont, dass ihre Strategie in jedem Fall von der Verpflichtung zur Wahrung der Geldwertstabilität geleitet ist, dass sie aber auch auf neu auftauchende Entwicklungen oder Störungen im Wirtschaftsablauf in angemessener Art und Weise reagieren wird, die im Einklang mit ihrem primären Ziel ist.

Die Strategie der EZB verfolgt also näherungsweise eine *flexible Regel* entsprechend der *Closed-Loop-Policy* (vgl. *8.2.2*). Ferner hat sich die EZB darauf verpflichtet, ihre Politik und ihre Entscheidungsfindung transparent und berechenbar für alle am Wirtschaftsprozess Beteiligten zu machen. Sie wird deswegen regelmäßig und detailliert die Öffentlichkeit über ihre Einschätzung der monetären, wirtschaftlichen und finanziellen Situation im Euro-Währungsraum unterrichten und die Gründe für ihre jeweiligen geldpolitischen Entscheidungen öffentlich bekanntmachen.

8.3 Ansatzpunkte und Instrumente der Geldpolitik

8.3.1 Ansatzpunkte der Geldpolitik: Das Monopol auf die Schaffung von Zentralbankgeld

Bevor die einzelnen Instrumente der Geldpolitik erläutert werden, muß zuerst geklärt werden, worauf die Wirkungsmacht der Zentralbank im monetären Prozeß beruht. Von grundlegender Bedeutung ist dabei, dass Banken, die ihr Kredit- und Einlagengeschäft ausweiten wollen, hierfür zusätzliches Zentralbankgeld benötigen, welches nur die Zentralbank zur Verfügung stellen kann. Dieser Zentralbankgeldbedarf entsteht durch steigende Bargeldabforderungen der Nichtbanken und durch eine höhere Reservehaltung der Kreditinstitute bei der Zentralbank; beides ist eine unausweichliche Folge der Bilanzausweitung der Geschäftsbanken. Dadurch sind die Bilanzen der Geschäftsbanken und der Zentralbank gleichsam verzahnt. Dies schafft gleichzeitig den entscheidenden Hebel für die Zentralbank, um die Kredit- und Geldschöpfung des Bankensektors zu beeinflussen (vgl. das Kreditschöpfungsmodell in Abschnitt *4.2*). Dies sei im folgenden schrittweise erläutert.

Wenn die privaten Nichtbanken zusätzliches Bargeld zu halten wünschen, dann können sie nicht durch unmittelbare Kreditgeschäfte mit der Zentralbank in den Besitz von diesen Zahlungsmitteln gelangen, sie müssen vielmehr ihre Bargeldanforderungen an die Geschäftsbanken richten. Dieses Bargeld erhalten sie, indem sie einen entsprechenden Teil ihrer Einlagen bei den Geschäftsbanken in bar abziehen. Das Bargeld erhalten die Geschäftsbanken wiederum bei der Notenbank; die Bargeldanforderungen der privaten Nichtbanken bedingen also Geschäfte zwischen Banken und Zentralbank. Deswegen unterhalten die Banken Einlagen bei der Notenbank, die sie je nach Bedarf in Form von Bargeld abziehen können. Die Einlagen, welche die Geschäftsbanken bei der Zentralbank unterhalten, werden im allgemeinen als *Bankreserven* bezeichnet (oder sogenannte "Working Balances").

Die Zentralbanken gewähren - anders als im Verkehr mit privaten Nichtbanken - durchaus Kredite an die Geschäftsbanken. Es ist ein üblicher Weg, daß die Geschäftsbanken dadurch in den Besitz ihrer Bankreserven gelangen, daß die Zentralbank ihnen Kredit gewährt und ihnen den Gegenwert auf ihrem Zentralbankkonto gutschreibt. Wenn die Geschäftsbanken völlig frei in ihren Dispositionen wären, würden sie ihre Reservehaltung relativ knapp bemessen. Die Höhe der Reservehaltung ist aber nicht in das Belieben der Banken gestellt. Die Zentralbanken können administrativ verfügen, daß bei jeder einzelnen Bank die Reservehaltung einen bestimmten Prozentsatz der Kundeneinlagen nicht unterschreiten darf; das ist die sog. *Mindestreserve*.

Nunmehr läßt sich in grundsätzlicher Weise darstellen, wie eine Zentralbank die Expansion der Bankgeschäfte und damit die Versorgung mit Zahlungsmitteln beeinflussen kann. Wenn die Kundeneinlagen der Banken als Folge vorangegangener Kreditgeschäfte steigen, wachsen auch die Bargeldabzüge mit; der Bargeldumlauf steht - ein Erfahrungsergebnis - in einem relativ stabilen Verhältnis zu den Einlagen bei den Banken. Wegen der Mindestreservepflicht müssen die Banken bei einer Zunahme ihrer Kundeneinlagen auch ihre Reservehaltung vergrößern. Wenn die Banken ihre Kreditvergabe ausweiten wollen und neue Einlagen schaffen, bedingt dies, daß die Zentralbank bereit sein muß, den mit der Ausweitung verbundenen Zentralbankgeldbedarf zu decken. Sie muß jene Beträge zur Verfügung stellen, welche die Banken für die wachsenden Bargeldabzüge und die steigende Reservehaltung benötigen. Normalerweise geschieht dies durch Kreditgewährung der Zentralbank an die Geschäftsbanken. Allgemein gesprochen gilt, daß die Wirkungsmacht einer Notenbank im monetären Prozeß darin begründet ist, daß sie das *Monopol auf die Schaffung von Zentralbankgeld* hat.

Es ist also dieses Monopol, das der Zentralbank die Fähigkeit gibt, die Ausweitung des Kreditvolumens und der Geldmenge unter Kontrolle zu bekommen. Voraussetzung dafür, den beschriebenen Mechanismus erfolgreich zu nutzen, ist aber, daß die Zentralbankgeldschaffung auch hinreichend genau durch die Notenbank gesteuert werden kann.

Zentralbankgeld entsteht prinzipiell durch Aktivgeschäfte der Notenbank. Dies bedeutet, daß die einzelnen Positionen auf der Aktivseite der Notenbankbilanz ausweisen, aus welchen Quellen das vorhandene Zentralbankgeld stammt. Entsprechend ist aus der Passivseite die Verwendung des Zentralbankgeldes zu entnehmen; die einzelnen Passivposten der Zentralbankbilanz zeigen, in welcher Form die Nichtbanken und die Kreditinstitute das vorhandene Zentralbankgeld halten. Dies läßt sich an Hand eines vereinfachten Bilanzschemas für eine Notenbank verdeutlichen, wie es in der *Tab. 22* dargestellt ist.

Die für die Steuerung des Geschäftsvolumens der Kreditinstitute relevanten Zentralbankgeldbestände sind die Positionen 1. und 2.b) auf der Passivseite. Ohne

Tab. 22: Entstehung und Verwendung von Zentralbankgeld

Geldpolitische Ansatzpunkte	**Bilanz des ESZB (Zentralbankbilanz)** **Aktiva** (Entstehung von Zentralbankgeld)	**Passiva** (Verwendung von Zentralbankgeld)	**Geldpolitische Ansatzpunkte**
Devisenswapgeschäfte	1. **Gold und Währungsreserven** (netto)	1. **Banknotenumlauf**	
Refinanzierung	2. **Kredite an Kreditinstitute**	2. **Einlagen von Kreditinstituten**	
Standing Facilities	a) Über-Nacht-Kredite	a) Über-Nacht-Einlagen	Standing Facilities
Offenmarktgeschäfte auf der Basis einer Rückkaufsvereinbarung	b) 14 Tage Laufz. c) 3 Monate Laufzeit	b) Giroeinlagen c) Termineinlagen	Mindestreservepolitik Einlagenpolitik
Offenmarktpolitik (Outright)	3. **Wertpapiere im Bestand**	3. **Eigene Emissionen** (Liquiditätspapiere)	*Offenmarktpolitik* (Tender)
	4. **Sonstige Aktiva**	4. **Sonstige Passiva**	

deren Ausweitung kann das Geschäftsvolumen der Kreditinstitute nicht expandieren. Freilich besteht die Verwendungsseite des Zentralbankgeldes aus mehr als nur dem Bardeldumlauf und den Giroeinlagen, über deren Höhe die Mindestreservesätze bestimmen. Einige Verwendungskomponenten sind gegeneinander substituierbar, so etwa die Positionen 2.c) und 3. auf der Passivseite. Auch wenn sich der Umfang des bereits geschaffenen Zentralbankgeldes nicht ändert, wenn sich also die Zentralbankbilanz nicht verlängert, haben die Banken immer noch die Möglichkeit, für einige Zeit die monetäre Expansion voranzutreiben, indem sie die Verwendungskomponenten des Zentralbankgeldes ändern. Erhöhte Mindestreserveverpflichtungen und ein steigender Bargeldbedarf, welche aus einer Expansion der Kundeneinlagen resultieren, können die Kreditinstitute dadurch befriedigen, daß sie Liquiditätspapiere, die sie halten, bei Fälligkeit an die Zentralbank zurückgeben oder Termineinlagen bei der Zentralbank nicht verlängern.

Will die Zentralbank die Expansionsrate des Geschäftsvolumens der Kreditinstitute kontrollieren, muß sie also nicht nur den Umfang des Zentralbankgeldes beeinflussen, sondern auch dessen Verwendung. Die einzelnen Instrumente, die ihr zu diesem Zweck zur Verfügung stehen, sind in dem Bilanzschema neben den betreffenden Positionen aufgeführt, auf welche sie einwirken. Diejenigen Positionen, denen kein Instrument zugeordnet ist, sind zentralbankpolitisch nicht kontrollierbar, oder sie hängen von marktmäßigen Vorgängen ab. Deren Höhe hat die Zentralbank hinzunehmen bzw. bei ihren Maßnahmen zu berücksichtigen (zu den Instrumenten der EZB vgl. im einzelnen *8.3.4*).

8.3.2 Der Aufbau des Europäischen Systems der Zentralbanken (ESZB)

Bevor die geldpolitischen Instrumente näher beschrieben werden können, ist es notwendig, den organisatorischen Aufbau des Europäischen Systems der Zentralbanken (ESZB) und die damit verbundene Aufgabenverteilung zu kennen (vgl. *Abb. 44*). Der allgemeine geldpolitische Kurs sowie die Konditionen/Parameter für die eingesetzten geldpolitischen Instrumente werden im zentralen Entscheidungsgremium, dem EZB-Rat, festgelegt. Die Umsetzung auf europäischer Ebene und notwendige Koordinierungsarbeiten obliegen der Europäischen Zentralbank, im EZB-Rat vertreten durch die Mitglieder des Direktoriums; die Umsetzung der geldpolitischen Leitlinien und Maßnahmen auf nationaler Ebene wird von den Zentralbanken der einzelnen Mitgliedstaaten durchgeführt.

Die Direktoriumsmitglieder werden vom Europäischen Rat, die Präsidenten der Nationalen Zentralbanken auf Vorschlag der nationalen Regierungen ernannt. Grundsätzlich hat jedes Mitglied des EZB-Rates gleiches Stimmrecht. Einzige Ausnahme: bei Entscheidungen zur Gewinnverwendung ist eine Zwei-Drittel-Mehrheit notwendig, und zwar der *gewichteten* Stimmen der nationalen Zentralbankpräsidenten (Direktoriumsmitglieder haben dabei kein Stimmrecht).

8.3.3 Allgemeine Grundsätze für die Wahl des Handlungsrahmens in der europäischen Geldpolitik

Bereits im Jahre 1996 hatte der EWI-Rat (in seiner Funktion als Vorgänger des EZB-Rates) einige allgemeine *Grundsätze* für die Wahl der geldpolitischen Instrumente beschlossen (vgl. *Europäisches Währungsinstitut, 1997*). Sie sind eng angelehnt an die bisherigen Erfahrungen der Nationalen Zentralbanken (NZBen), unter Berücksichtigung der Maastricht-Vertragsbestimmungen und der verabschiedeten Satzung des ESZB:

- *Grundsatz der operationalen Effizienz*: die Instrumente und Verfahren müssen das ESZB in die Lage versetzen, ihre Funktionen effizient auszuüben.
- *Grundsatz der marktwirtschaftlichen Prinzipien:* die Durchführung der Geldpolitik soll mit den Grundsätzen des Maastricht-Vertrages, Artikel 105,

Abb. 44: Organisatorischer Aufbau des ESZB

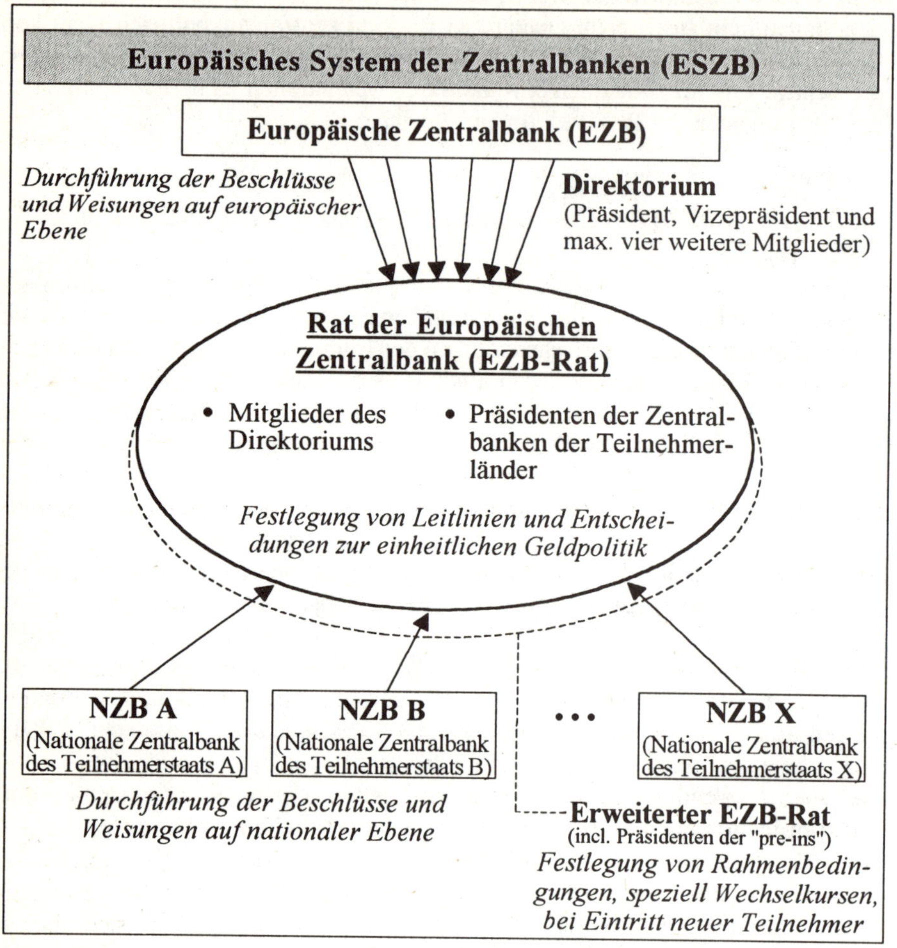

Abs. 1 vereinbar sein ("offene Marktwirtschaft mit freiem Wettbewerb").

- *Grundsatz der Gleichbehandlung:* alle Finanzinstitute, die Zugang zu den Fazilitäten erhalten, werden im ESZB gleich behandelt.

- *Grundsatz der einfachen, transparenten und wirtschaftlichen Verfahren:* gilt für die Ausgestaltung aller geldpolitischen Instrumente und Verfahren des ESZB.

- *Grundsatz der Dezentralisierung:* in Anlehnung an Artikel 12 der Satzung des ESZB sollte die ESZB die NZBen zur Geschäftsdurchführung in Anspruch nehmen, "soweit dies möglich und sachgerecht erscheint". Ziel ist es, die operationalen Erfahrungen auf nationaler Ebene weitgehend zu nutzen.

- *Grundsatz der Kontinuität:* soweit wie möglich und mit den anderen Grundsätzen vereinbar, soll der neue Handlungsrahmen auf den bisher vorhandenen Infrastrukturen der NZBen aufbauen.
- *Grundsatz der Harmonisierung:* die einzusetzenden Instrumente müssen im gesamten Währungsgebiet vereinheitlicht werden, um eine gleich verteilte Wirksamkeit geldpolitischer Maßnahmen sowie eine Gleichbehandlung aller regionalen Finanzinstitute zu gewährleisten. Der Harmonisierungsgrundsatz steht eindeutig im Widerspruch zu den oben genannten Prinzipien der Dezentralisierung.
- *Grundsatz der Effektivität im Hinblick auf die geldpolitische Linie:* das geldpolitische Instrumentarium soll es dem EZB-Rat jederzeit ermöglichen, im Einklang mit den Entscheidungsstrukturen des ESZB einen geldpolitischen Kurs vorzugeben.

8.3.4 Die Instrumente der Geldpolitik der Europäischen Zentralbank

Die Deutsche Bundesbank hat zum 1. Januar 1999 ihre Kompetenz über die geldpolitischen Instrumente an das Europäische System der Zentralbanken übergeben. Demzufolge ist - wie auch für die anderen Mitgliedsländer der Europäischen Währungsunion - kein Platz mehr für ein nationales Instrumentarium. Dies brachte es mit sich, dass einige (wenige) der von der Bundesbank eingesetzten Instrumente der Vergangenheit angehören, einige andere finden sich in einer modifizierten Form im Instrumentenkasten der Europäischen Zentralbank wieder. Die Bundesbank hatte sich aber schon mit Beginn der Stufe 2 der Europäischen Währungsunion darauf eingerichtet, einen behutsamen Übergang zur europäischen Geldpolitik einzuleiten, um damit den im vorigen Abschnitt beschriebenen Grundsätzen für die Wahl der geldpolitischen Instrumente der Europäischen Zentralbank Rechnung zu tragen. Entsprechend konnten sich die in Deutschland tätigen Kreditinstitute frühzeitig auf das modifizierte geldpolitische Umfeld einrichten.

Die Modifikation des Instrumentariums bedingte eine Änderung des Bundesbankgesetzes. Die Änderung dieses Gesetzes, die auch noch einige andere Vorschriften betraf, welche sich nicht auf das geldpolitische Instrumentarium beziehen, ist im Monatsbericht Januar 1998 der Deutschen Bundesbank beschrieben (*Deutsche Bundesbank, 1998a*). Die geldpolitisch relevanten Änderungen wurden bereits in *8.2.1* in der *Tab. 17* zusammengestellt.

Zur Einschätzung des geldpolitischen Instrumentariums der Europäischen Zentralbank, das in den nachfolgenden Abschnitten beschrieben wird, ist es zweckdienlich, kurz darauf einzugehen, welche Instrumente der Bundesbankpolitik entfallen sind und welche sich in modifizierter Form auf der europäischen Ebene wiederfinden. (Wer sich für eine ausführliche Beschreibung des ehemaligen Instrumentariums der Bundesbank und dessen Einsatz interessiert, möge die 4. Auflage dieses Buches heranziehen oder sei verwiesen auf *Bofinger u.a., 1996*; *Borchert, 1997*; *Deutsche Bundesbank, 1995*; *Issing, 1996*; *Jarchow, 1995*; *Mussel, 1997*).

Auch wenn die Bundesbankpolitik in den anderen Mitgliedstaaten als eine Art von Leitbild betrachtet worden ist, war es klar, dass auf der europäischen Ebene nach einem größtmöglichen Konsens gesucht werden mußte. Dies bedeutete für die Bundesbank, einige Kompromisse einzugehen, die allerdings nicht zu Lasten einer effizienten geldpolitischen Steuerung gehen durften, sondern vor allem demjenigen Rechnung trugen, was als eine strikt marktwirtschaftliche Orientierung der Geldpolitik gilt, so wie sie in einigen anderen Mitgliedstaaten aufgefasst wird. Davon berührt sind unter den Instrumenten der Bundesbankpolitik:

- Die gesetzlich vorgeschriebenen Mindestreserven der Kreditinstitute (§ 16 BBankG), die unverzinslich auf Zentralbankkonto zu unterhalten waren;
- die Refinanzierungspolitik der Bundesbank in Form des Rediskontkredits (sowie dessen Kontingentierung) und des Lombardkredits, einschließlich Sonderlombard (§ 15 BBankG in Verbindung mit § 19);
- die Setzung von Leitzinsen, die unterhalb der "Marktsätze" liegen, wie der Diskontsatz der Bundesbank, oder oberhalb, wie der Lombardsatz (§ 15 BBankG in Verbindung mit § 19).

Mindestreserven sind Einlagen, welche die Kreditinstitute durch gesetzliche Verpflichtung bei der Zentralbank halten müssen. Die Mindestreservebestimmungen in Deutschland waren im § 16 des Bundesbankgesetzes festgelegt. Nach den Bestimmungen dieses Paragraphen konnte die Bundesbank verlangen, dass die Kreditinstitute einen bestimmten Prozentsatz ihrer Kundeneinlagen als zinsloses Guthaben, als Mindestreserve, bei der Bundesbank unterhalten mußten. Die Mindestreserven stellen eine Verwendung von Zentralbankgeld dar, deren Höhe die Zentralbank durch Veränderungen der Reservesätze kontrollieren kann.

Es gibt nun allerdings einige europäische Zentralbanken, welche eine Pflicht-Mindestreserve als nicht vereinbar mit einer "marktkonformen" Geldpolitik ansehen. Demzufolge konnten sich diese Zentralbanken nur dann mit einer hoheitlich verfügten Mindestreserve anfreunden, wenn diese ungefähr in der Nähe dessen liegt, was die Kreditinstitute ohnehin als freiwillige Reserve auf Zentralbankkonto unterhalten würden und wenn sie überdies verzinst wird. Entsprechend ist der § 16 BBankG ersatzlos gestrichen worden, die Mindestreserveeinlagen im ESZB werden verzinst und die Reservesätze sind, zunächst einmal, niedrig angesetzt.

Im Instrumentarium der Bundesbank hatte lange Zeit der *Diskontsatz* eine Leitzinsfunktion. Von Änderungen des Diskontsatzes gingen die kräftigsten Zinssignale aus, die vor allem die Konditionen am Geldmarkt und im Kredit- und Einlagengeschäft der Banken deutlich beeinflusst haben. Der Diskontsatz, zu welchem die Wechselrediskontkredite der Bundesbank an die Geschäftsbanken verzinst wurden, lag unterhalb des Geldmarktsatzes. Der Rediskontkredit, der zu dem Diskontsatz zu verzinsen war, bedeutete insofern eine Art privilegierte Refinanzierung. Er war nach oben durch ein Kontingent begrenzt, welches für jedes Kreditinstitut individuell bemessen wurde. Variationen der Gesamtsumme dieser Kontingente, verbunden mit Änderungen des Diskontsatzes, gegebenenfalls auch der Mindestreservesätze, konnten von der Bundesbank als äußerst wirkungsvolle geldpolitische Maßnahmen eingesetzt werden.

Der *Lombardsatz*, den die Banken als Zinssatz für ihre Refinanzierung bei der Bundesbank gegen Verpfändung von Wertpapieren zu bezahlen hatten, lag in der Regel oberhalb des Geldmarktsatzes. Der Lombardkredit war aber, von einigen wenigen Phasen abgesehen, nach oben nicht begrenzt. Außerdem war er sehr flexibel handhabbar; er konnte von den Kreditinstituten von Tag zu Tag stark beansprucht und ebenso rasch wieder zurückgeführt werden. Neben der "klassischen" Refinanzierung über Rediskont- und Lombardgeschäfte hat die Bundesbank seit Mai 1979 auch auf dem Wege der *Wertpapierpensionsgeschäfte* den Kreditinstituten Zentralbankgeld zur Verfügung gestellt. Diese Geschäfte sind auch unter der Bezeichnung "Offenmarktgeschäfte auf der Basis einer Rückkaufsvereinbarung" bekannt. Den Zinssatz für die Wertpapierpensionsgeschäfte hat die Bundesbank so gestaltet, dass er jeweils zwischen Diskontsatz und Lombardsatz lag; er war in der Regel auch der maßgebliche Satz für die Konditionen am Geldmarkt. Durch die Führung des Zinssatzes für Wertpapierpensionssätze im Kanal zwischen Diskontsatz und Lombardsatz war eine wirkungsvolle Steuerung der Spannungsverhältnisse am Geldmarkt möglich, die ebenfalls einen maßgeblichen Einfluss auf die Konditionen des Kredit- und Einlagengeschäfts der Banken hatten (vgl. hierzu auch *Abschnitt 5.2.3*).

Rediskont- und Lombardkredite gehören nicht zum Instrumentarium der Europäischen Zentralbank. Der Wegfall dieser Refinanzierungsarten trifft aber die deutschen Kreditinstitute nicht unvorbereitet. Schon vor mehr als zehn Jahren hatte die Bundesbank begonnen, die Struktur der Refinanzierungskredite an die Geschäftsbanken zu verändern, und zwar dergestalt, dass die Refinanzierung über Wertpapierpensionsgeschäfte zunehmend an Gewicht gewonnen und dementsprechend der Anteil der Rediskont- und Lombardkredite abgenommen hat. Zum Beispiel im Jahr 1982 betrug der Anteil des Wechselrediskonts an der gesamten Refinanzierung noch rund 72 vH, er ist dann sukzessive zurückgegangen bis auf 26 vH im Jahr 1997. Entsprechend ist der Anteil der Wertpapierpensionsgeschäfte gestiegen, er lag im Jahr 1982 lediglich bei 12 vH im Vergleich zu 72 vH im Jahr 1997 (siehe hierzu auch *Tabelle 23*: *Ausgewählte Komponenten der monetären Entwicklung*). Insofern ist es keine spürbare Änderung des Status Quo, wenn im Instrumentarium der Europäischen Zentralbank die Offenmarktgeschäfte auf der Basis einer Rückkaufsvereinbarung, nunmehr mit einer breiteren Palette an Varianten, ein dominantes Gewicht haben.

Ähnliches gilt auch für die *Mindestreserven*. Es gab Zeiten, vor allem in den siebziger Jahren, in denen die Bundesbank die Reservesätze kräftig variiert hatte, je nachdem, ob sie durch eine Anhebung der Reservesätze Zentralbankgeld binden, oder durch eine Senkung der Sätze Zentralbankgeld freisetzen wollte. Aber auch bei der Mindestreservepolitik gab es einen fließenden Übergang zum Instrumentarium der Europäischen Zentralbank.

Bereits im Dezember 1985 hatte die Bundesbank einen wichtigen Grundsatzbeschluß über die künftige Neugestaltung der Mindestreservebestimmungen gefaßt, der mit Wirkung vom 1. Mai 1986 in Kraft trat. Es wurden die Reservesätze für Termineinlagen und Spareinlagen deutlich gesenkt. Mit diesem Beschluß wollte die Bundesbank den neueren Entwicklungen an den internationalen und heimischen Finanzmärkten Rechnung tragen (*Deutsche Bundesbank, 1986*). Die Senkung der Reservebelastung zielte vor allem darauf, die Wettbewerbsfähigkeit der inländischen Finanzplätze zu stärken. An den Euromärkten sind Termineinlagen nicht mit einer Mindestreserve belastet; dadurch entsteht für ausländische Geldhandelsplätze ein Zinsvorteil, welcher das Bankgeschäft an den Finanzplätzen des Auslands begünstigt.

Die kräftige Senkung der Mindestreservebelastung im Jahr 1986 bei den Termineinlagen und den Spareinlagen, die in einem gewissen Verbund mit den Termineinlagen stehen, sollte mit dazu beitragen, die Wettbewerbsvorteile ausländischer Bankplätze zu verringern. Dies drückt sich in dem deutlichen Rückgang der Mindestreservebelastung der Kreditinstitute im Jahr 1986 aus; zu weiteren kräftigen Senkungen der Reservesätze kam es dann in den Jahren 1993 bis 1995 (vgl. *Tab. 23*). Am 1. August 1995 hatte dann die Bundesbank die Reservesätze auf einen historischen Tiefststand abgesenkt, dieses Mal im Hinblick auf die Vereinheitlichung der Geldpolitik in Europa.

Der konkrete Handlungsrahmen für die *europäische Geldpolitik* ist bereits in groben Zügen festgelegt worden. Bei der Berücksichtigung aller unter *8.3.3* genannten Grundsätze fiel es vor allem nicht leicht, der Forderung nach Kontinuität gegenüber den bisherigen nationalen Geldpolitiken in jedem Einzelfall Rechnung zu tragen. Denn die Heterogenität der Strategien findet auch in der Wahl unterschiedlicher geldpolitischer Instrumente ihren Niederschlag (vgl. *Tab. 24*).

Das eine oder andere traditionelle Instrument wie beispielsweise der Wechselrediskont in Deutschland existiert somit endgültig zum Ende des Jahres 1998 nicht mehr. Dennoch findet sich im geplanten Instrumentarium des ESZB eine Vielzahl von Verfahren und Charakteristika, die den bisherigen Praktiken in Deutschland ähneln oder sogar auf ihnen aufgebaut sind. Nicht von ungefähr werden als Hauptrefinanzierungsinstrument Wertpapierpensionsgeschäfte im wö-

Tab. 23: Ausgewählte Komponenten der monetären Entwicklung
(bis Juni 1990 ehemaliges Gebiet der Bundesrepublik, ab Juli 1990 gesamtes Währungsgebiet der D-Mark)

Veränderung im Jahresverlauf in Mrd DM

Position	1984	1985	1986	1987	1988	1989	1990	1991	1992	1993	1994	1995	1996	1997
Devisenbewegungen der Bundesbank[1]	- 3,9	- 0,7	+ 8,7	+38,7	-30,6	-20,0	+ 9,9	+ 1,1	+63,6	-16,6	+ 6,3	+ 9,0	+ 0,0	- 10,7
Gewinnausschüttung	+11,4	+12,9	+12,7	+ 7,3	+ 0,2	+10,0	+10,0	+ 8,3	+14,5	+13,1	+18,3	+10,2	+10,3	+ 8,8
Mindestreserven wg. Reservesatzänderg.[2]	+ 0,4	- 0,1	- 7,4	+ 6,1	- 0,2	+ 0,1	+ 0,2	- 0,1	+ 0,9	-32,6	-29,5	-19,6	+ 0,4	+ 0,8
Refinanzierungslinien	+ 7,8	+ 3,3	- 5,6	- 7,6	+ 0,4	+ 7,5	+25,2	- 7,6	-15,5	+ 0,1	- 0,1	+ 0,0	+ 0,1	- 0,4
Wertpapierpensionsgeschäfte	+ 7,7	+16,5	- 9,5	- 5,5	+50,4	+26,7	+13,3	+29,8	-16,0	+46,6	-27,2	-12,6	+16,6	+17,4
Lombardkredite[2]	+ 0,3	- 5,0	+ 0,5	- 0,9	+2,2	- 0,6	+ 2,3	- 2,3	- 1,4	+ 1,1	- 0,7	+ 0,5	- 0,3	- 0,6
Geldmenge M 3	+41,3	+45,4	+65,7	+62,5	+76,1	+66,4	+66,7	+95,6	+117,1	+186,7	+31,9	+86,1	+174,0	+73,3
Kreditvolumen einschl. Bundesbank	+108,1	– 98,1	+ 81,7	+ 87,0	+138,2	+135,8	+223,1	+286,1	+299,9	+333,9	+318,9	+310,5	+335,4	+285,2
Netto-Auslandsford. des Bankensystems	+ 0,8	+30,0	+55,9	+53,2	- 5,2	+36,2	+48,4	- 7,4	-40,7	- 6,7	-141,2	-31,7	-19,1	- 67,7

Bestandsgrößen am Jahresende in Mrd. DM

Position	1984	1985	1986	1987	1988	1989	1990	1991	1992	1993	1994	1995	1996	1997
Gesamte Refinanzierung der Kreditinstitute bei der Bundesbank	**96,3**	**105,3**	**96,4**	**82,4**	**144,7**	**175,3**	**208,5**	**225,3**	**188,9**	**257,5**	**217,7**	**213,1**	**226,2**	**235,2**
darunter: Wechselrediskont	62,6	61,4	60,9	54,0	55,5	61,3	84,9	75,0	63,2	58,1	61,6	61,8	61,3	62,2
Saldo der Wertpapierpensionsgeschäfte	23,3	39,8	30,3	24,8	75,2	101,9	115,2	148,4	124,1	184,5	146,3	145,8	161,6	170,2

[1] Ankauf (+), Verkauf (-). [2] Zunahme (+), Abnahme (-).

***Quelle**: Deutsche Bundesbank*, Geschäftsberichte, div. Jahrgänge.

Tab. 24: Geldpolitische Instrumente in der Europäischen Union bis zum Beginn der Stufe 3*

Land	Mindest-reserve	Günstige Kredit-fazilitäten	Einlagen-fazilitäten, verzinst	Spitzen-refinan-zierung	Outright-Offen-marktge-schäfte	Wert-papier-Pensions-geschäfte
Belgien/Lux.	-	-	-	-	-	X
Dänemark	-	-	-	-	X	X
Deutschland	X	X	-	-	-	X
Finnland	X	-	-	X	X	X
Frankreich	-	-	-	-	X	X
Griechenland	X	-	-	X	X	-
Großbritannien	-	-	-	X	X	X
Irland	X	-	X	X	-	X
Italien	X	-	-	X	X	X
Niederlande	X	X	-	-	X	X
Österreich	X	X	-	-	-	-
Portugal	X	-	X	-	-	X
Schweden	-	-	-	-	-	X
Spanien	X	-	-	-	-	X
ESZB	X	-	X	X *(über Nacht)*	X	X

***X** : von mittlerer / hoher Bedeutung; **-** : nicht vorhanden / von geringer Bedeutung.
Quelle: *Europäisches Währungsinstitut, 1994;* eigene Ergänzung.

chentlichen Rhythmus mit zweiwöchiger Laufzeit abgeschlossen. Das entspricht weitgehend der deutschen Praxis der letzten Jahre, in der über zwei Drittel aller liquiden Mittel über dieses Refinanzierungsinstrument an die Banken verteilt worden sind.

Generell kann festgestellt werden, dass der Fokus der Zentralbankinstrumente immer stärker auch in sehr kurzfristige Zeitbereiche gelenkt wird. Dies kann zum einen als unmittelbare Folge der beschleunigten Informationsverarbeitung und Kommunikationsnetze betrachtet werden. Zum anderen wächst der Kostendruck, der auf den Banken lastet. Die Verfahren des modernen Liquiditätsmanagements kommen immer stärker zum Einsatz, und die ständig wachsenden Finanzvolumina, die täglich rund um den Erdball verschoben werden, zwingen die Banken zu kurzfristigen Ausgleichsoperationen.

So ist das einzige "längerfristige" Instrument der europäischen Refinanzierungspolitik mit einer Dauer von drei Monaten ausgestattet. Seine Ausschreibung erfolgt ebenfalls im Tenderverfahren. Am kurzen Ende stehen nunmehr die sogenannten "Über-Nacht"-Fazilitäten zur Liquiditätsabschöpfung oder -bereitstellung, hauptsächlich genutzt im Rahmen von Zahlungsverkehrstransaktionen über Großbeträge durch das Verrechnungssystem *TARGET* der Zentralbanken (vgl. *Kompendium*). Auch tagsüber während der Betriebszeit von TARGET gibt es Kreditlinien für die Teilnehmer an diesem Echtzeit-Bruttosystem. Allerdings dürfen nur Akteure aus den EWU-Teilnehmerländern diese Innertagesfazilitäten in Übernachtkredite umwandeln; andere Nutzer müssen ihr TARGET-Konto zum Tagesende stets ausgleichen.

Im Vordergrund des Entwurfs des geldpolitischen Instrumentariums (vgl. *Tab. 25*), das in den Artikeln 17 bis 24 des ESZB-Statuts spezifiziert ist, steht klar das Prinzip der Marktorientierung, weswegen vornehmlich Offenmarktoperationen durchgeführt werden sollen. Neben öffentlichen Ausschreibungen im Tenderverfahren werden auch bilaterale Geschäfte in Form von Devisenswaps und definitiven Käufen und Verkäufen durchgeführt. Die Initiative bei all diesen Geschäften liegt bei den Zentralbankoperateuren. Lediglich die Übernachtfazilitäten werden als ständige Fazilitäten dauerhaft für die Teilnehmerbanken angeboten und auf deren Initiative in Anspruch genommen. Sie dienen als "Überlaufventil" oder Ober- und Untergrenze für den Interbanken-Tagesgeldmarkt.

Die Instrumente des ESZB mit seinen Geschäftspartnern lassen sich also in drei Grundkategorien aufteilen:

1. Die *Offenmarktgeschäfte*,
2. die *ständigen Fazilitäten* und
3. die *Mindestreservevorschriften*.

Die *Offenmarktgeschäfte* dienen dem ESZB dazu, die Zinssätze auf dem Geldmarkt zu beeinflussen und die Liquidität der Kreditinstitute zu steuern. Auf diese Weise werden Signale für den geldpolitischen Kurs gegeben.

Mit den *ständigen Fazilitäten* kann Übernachtliquidität bereitgestellt oder absorbiert werden. Ihre Konditionen dienen dabei gleichzeitig als Obergrenze (Mittelbereitstellung) oder Untergrenze (Einlagefazilität) für die Tagesgeldzinssätze. Durch die vergleichsweise unattraktiven Modalitäten werden die Kreditinstitute nur in Einzelfällen auf diese Zentralbankfazilitäten zugreifen und sich für ihre kurzfristigen Liquiditätsüberschüsse oder -defizite lieber Geschäftspartner auf dem Geldmarkt suchen. In der Regel gibt es keine Kredithöchstgrenzen

Tab. 25: Geldpolitische Instrumente des ESZB

Geldpolitische Geschäfte	Transaktionsart	Laufzeit	Rhythmus	Verfahren
1. Offenmarktgeschäfte zur Liquiditätsbereitstellung				
Hauptrefinanzierungsinsturment	befristete Transaktionen (Pensionsgeschäfte oder Verpfändungen)	2 Wochen	1 x wöchentlich	Standardtender
längerfristige Refinanzierungsgeschäfte	befristete Transaktionen	3 Monate	1 x monatlich	Standardtender
Feinsteuerungsoperationen	befristete Transaktionen Devisenswaps definitive Käufe	nicht standardisiert	unregelmäßig	Schnelltender bilateral
Strukturelle Operationen	befristete Transaktionen definitive Käufe	standardisiert/nicht standardisiert	regelmäßig/ unregelmäßig	Standardtender bilateral
2. Offenmarktgeschäfte zur Liquiditätsabschöpfung				
Feinsteuerungsoperationen	befristete Transaktionen Termineinlagenannahme Devisenswaps definitive Käufe	nicht standardisiert	unregelmäßig	Schnelltender bilateral
Strukturelle Operationen	Emission von Schuldverschreibungen definitive Verkäufe	standardisiert/nicht standardisiert	regelmäßig/ unregelmäßig	Standardtender bilateral
3. Ständige Fazilität zur Liquiditätsbereitstellung				
Spitzenrefinanzierungsfazilität	befristete Transaktionen	über Nacht	Inanspruchnahme auf Initiative der Geschäftspartner	
4. Ständige Fazilität zur Liquiditätsabschöpfung				
Einlagefazilität	Einlagenannahme	über Nacht	Inanspruchnahme auf Initiative der Geschäftspartner	

(*Fortsetzung von Tab. 25 auf S. 347*)

(*Fortsetzung von Tab. 25*)

5. Mindestreserve		
Mindestreserve-einlagen	Einlagenverpflichtung in Abhängigkeit von der Höhe der Kundeneinlagen	monatliche Sollerfüllung

Quelle: *Europäisches Währungsinstitut, 1997a;* eigene Ergänzung.

oder Beschränkungen, allerdings müssen ausreichend Sicherheiten hinterlegt werden.

Die prinzipielle Einführung eines *Mindestreservesystems* im ESZB wurde im Juli 1998 beschlossen, genauere Rahmenbedingungen des Einsatzes wurden im Herbst desselben Jahres festgelegt. Die Mindestreserve soll - zusammen mit der Bargeldnachfrage - eine strukturelle Liquiditätsknappheit gewährleisten und somit die Anbindung der Geschäftsbanken an das Zentralbankensystem unterstützen. Die Geldmarktzinsen können durch die Verstetigung der Geldnachfrage stabilisiert werden, und der Hebel für die Geldmengensteuerung wird vergrößert.

8.3.4.1 Die Ständigen Übernacht-Fazilitäten des ESZB

Der Einsatz der beiden ständigen Fazilitäten des ESZB steht in engem Zusammenhang mit den ESZB-Verfahren zur Tagesendabstimmung mit ihren Geschäftspartnern. Für ihre Inanspruchnahme gelten im gesamten Euro-Währungsraum die gleichen Konditionen.

1. Die *Spitzenrefinanzierungsfazilität*

   Die Geschäftsbanken können sich bei den Nationalen Zentralbanken Übernachtliquidität zu einem offiziell vorgegebenen Zinssatz gegen zentralbankfähige Sicherheiten beschaffen. Diese Kreditlinie ist nur zur Deckung von vorübergehenden Liquiditätsengpässen gedacht. Der Zinssatz dieser Fazilität bildet im allgemeinen die Obergrenze des Tagesgeldsatzes. Das heißt, dass es für die Finanzinstitute in der Regel günstiger ist, sich auf dem Tagesgeldmarkt die benötigten liquiden Mittel zu besorgen. Der Zinssatz für Übernachtkredite stellt einen offiziellen ESZB-Leitkurs dar, der im voraus bekanntgegeben wird. Die EZB kann den Zinssatz jederzeit ändern, jedoch wird die Änderung nicht vor dem nächsten Geschäftstag wirksam.

   Die Nationalen Zentralbanken (NZBen) stellen die Übernachtkredite je nach vorgegebener Rechtsordnung entweder in Form von bilateralen Pensionsgeschäften oder in Form von Beleihungsgeschäften (Lombard) zur Verfügung. Am Tagesende (zur Schlußzeit des TARGET-Systems um 18.00 Uhr) offen gebliebene Innertages-Schuldnerpositionen gegenüber den NZBen werden automatisch als Antrag auf Inanspruchnahme des Übernachtkredits betrachtet. Die Geschäftspartner können aber auch jederzeit während des Geschäftstages einen Antrag für die Nutzung der Spitzenrefinanzierungsfazilität stellen. Im Antrag, der bis zum Beginn der EZB-Tagesschlußarbeiten um 18.30 Uhr vorgelegt oder bestätigt werden muß, sind der gewünschte Kreditbetrag sowie die zur Sicherung vorgesehenen Wertpapiere anzugeben.

Die Laufzeit beträgt stets einen Geschäftstag, d.h. der Kredit ist zu Beginn des folgenden Geschäftstages nebst Zinsen zurückzuzahlen.

In Ausnahmefällen behält sich das ESZB das Recht vor, einzelnen Geschäftspartnern den Rückgriff auf die Übernachtkreditlinie zu verweigern. Auch die Mitgliedstaaten der EU, die nicht von Anfang an an der Europäischen Währungsunion teilnehmen können oder wollen (die sogenannten "Pre-Ins") sind von der Übernacht-Kreditvergabe prinzipiell ausgeschlossen. Sie müssen offene Positionen gegenüber dem ESZB stets bis zum Buchungsschnitt am Tagesende ausgleichen und eventuelle Defizite über den Euro-Tagesgeldmarkt unter Banken decken.

2. Die *Einlagenfazilität*

Die Geschäftsbanken können im Rahmen dieser Fazilität unbesicherte Einlagen bei den NZBen über Nacht vornehmen. Dazu müssen sie zu einem beliebigen Zeitpunkt während des Geschäftstages, jedoch bis spätestens 18.30 Uhr, einen Antrag an die NZB senden, der die gewünschte Einlagenhöhe angibt. Die Rückzahlung erfolgt ebenfalls zu Beginn des nächsten Geschäftstages, inklusive Zinszahlung.

Der Zinssatz für die Übernachteinlagen im Rahmen der ständigen Einlagenfazilität stellt ebenfalls einen offiziellen ESZB-Leitzins dar. Er wird von der EZB im voraus bekanntgegeben und hat als Untergrenze für den Tagesgeldmarkt Signalwirkung.

Die Begrenzungsfunktion der beiden Übernacht-Fazilitäten für den Zinssatz am Euro-Tagesgeldmarkt funktioniert also analog zur Funktionsweise der Leitzinsen in Deutschland vor Einführung der EWU.

Die Deutsche Bundesbank gab bis 1998 mit dem Lombardsatz eine Obergrenze, mit dem Diskontsatz eine Untergrenze für den Geldmarktzins vor. Allerdings war die Fristigkeit noch deutlich länger: für Rediskontgeschäfte lag die Laufzeit zwischen 20 Tagen und 3 Monaten (festgelegt in Abhängigkeit von der Restlaufzeit des zugrunde liegenden Wechselmaterials), für Lombardgeschäfte bei einigen Tagen (variabel, d.h. von der lombardkreditnehmenden Bank täglich rückführbar). Am bedeutendsten für die Geldmarktzinsbeeinflussung war freilich das Instrument der Wertpapierpensionsgeschäfte, dessen Zinsniveau durch seinen

Offenmarktcharakter stets nahe am aktuellen Geldmarktsatz lag (vgl. *Abschnitt 5.2.3*).

Durch die neuen Instrumente der europäischen Geldpolitik, die vornehmlich auf dem Offenmarktprinzip basieren und im nächsten Abschnitt behandelt werden, wird es also möglich sein, eine wesentlich genauere Führung der Geldmarktzinsen vorzunehmen. Die relativ groben Begrenzungslinien der Leitzinsen in Deutschland - die ohnehin nur in Ausnahmesituationen von der tatsächlichen Marktentwicklung im wahrsten Sinne des Wortes berührt wurden - sind somit durch ein feiner steuerbares Instrumentarium ersetzt worden. Es ist davon auszugehen, dass die ständigen Fazilitäten des ESZB als Ober- und Untergrenzen des Tagesgeldzinssatzes zur kurzfristigen Feinsteuerung dienen und deswegen möglicherweise häufiger modifiziert werden als die relativ zäh beweglichen Leitzinsen in Deutschland zuvor. Andererseits könnte der Signalcharakter für den Geldmarkt ähnlich bedeutend sein: die Konditionen für die Dauerfazilitäten zeigen unmittelbar Wirkung auf das gesamte Zinsniveau des europäischen Tagesgeldmarktes.

8.3.4.2 Die Offenmarktinstrumente des ESZB

Für die geldpolitischen Operationen, die in *Tab. 25* wiedergegeben sind, stehen fünf Transaktionsformen am offenen Markt zur Verfügung: befristete Transaktionen, definitive Käufe oder Verkäufe, die Emission von Schuldverschreibungen, Devisenswapgeschäfte sowie die Hereinnahme von Termineinlagen.

1. *Befristete Transaktionen*

   Bei der Durchführung von befristeten Transaktionen werden refinanzierungsfähige Wertpapiere entweder beliehen (Lombard oder Verpfändungsgeschäft) oder mit Rückkaufsvereinbarung verkauft ("Pensionsgeschäft").

   Ein *Lombardgeschäft* ist ein Kreditgeschäft auf Pfandbasis, d.h. es wird dem Gläubiger für die Kreditdauer ein Sicherungsrecht an den als Pfänder hinterlegten Wertpapieren eingeräumt, wobei aber das Eigentum der einfachen Abwicklung halber beim Schuldner bleibt (unter der Annahme, dass er seine Verpflichtungen stets erfüllen wird).

   Ein *Pensionsgeschäft* besteht aus dem zeitgleichen Abschluß eines Kassa- und eines Termingeschäftes: beim *Kassageschäft* verpflichtet sich der Pensionsnehmer (z.B. eine Zentralbank), den Pensionsgegenstand (z.B. festverzinsliche Wertpapiere des Staates mit kurzer Laufzeit) in vorübergehenden Aufenthalt (Pension) zu nehmen und dem Pensionsgeber (z. B. eine Geschäftsbank) im Gegenzug eine Gutschrift auf Zentralbankkonto zu leisten. Beim gleichzeitig abgeschlossenen *Termingeschäft* verpflichtet sich der Pensionsgeber zur Rücknahme des Pensionsgegenstandes zu einem festgelegten

Zeitpunkt und Preis. Der Rückkaufspreis (Terminkurs) liegt stets höher als der Ankaufspreis (Kassakurs), da er den *Pensionssatz*, also den Zinssatz für die vorübergehende Überlasssung von Liquidität, mit beinhaltet. Zur Verdeutlichung dieser Verfahrensweise sei hier das alte Procedere in Deutschland dargestellt, das vermutlich auch unter europäischer Geldpolitik ganz ähnlich ablaufen wird:

Die Wertpapierpensionsgeschäfte der Deutschen Bundesbank

Im Sinne des § 21 BBankG vor der Einführung der EWU durfte die Bundesbank bestimmte, als sicher geltende Wertpapiere "zur Regelung des Geldmarktes am offenen Markt zu Marktsätzen kaufen oder verkaufen". Dies geschah größtenteils in speziellen, wöchentlich stattfindenden Ausschreibungsverfahren, bei denen interessierte Banken bieten konnten, und mit vorgegebener Standardlaufzeit von ca. 14 Tagen.

Beim sogenannten *Mengentenderverfahren* nahm die Bundesbank Ausschreibungen mit festem Zinssatz vor. Die teilnehmenden Kreditinstitute gaben je nach individuellem Liquiditätsbedarf Mengengebote ab. Die Bundesbank verteilte dann die vorgesehene Liquiditätsmenge unter allen eingegangenen Geboten zu einer einheitlichen Zuteilungsquote (sog. Repartierung: jeder Bieter erhält den Quotienten "vorgesehenes Zuteilungsvolumen" durch "Summe aller Gebote", multipliziert mit seinem Mengengebot). Die Banken zahlten für die Laufzeit des Pensionsgeschäftes und die ihnen zugeteilte Menge den vorher festgelegten Einheitszinssatz.

Beim *Zinstenderverfahren* gab die Bundesbank in der Ausschreibung zwar die Laufzeit, aber keinen festen Zinssatz für das geplante Pensionsgeschäft vor, sondern allenfalls einen Mindestzins. Die interessierten Banken gaben dann kombinierte Mengen- und Zinssatzgebote ab, die sie auch nach der Zinshöhe staffeln konnten. Die Zuteilung erfolgte in der Reihenfolge der Zinsgebotshöhe, wobei die höchsten Gebote zuerst und vollständig zugeteilt wurden. Es wurde nach fallendem Zins so lange zugeteilt, bis die vorgesehene Liquiditätsmenge erschöpft war. Waren zum Grenzzinssatz, der gerade noch zum Zuge kam, noch mehr Gebotsmengen als Restvolumen vorhanden, so wurden die Gebote zu diesem marginalen Satz repartiert. Beim sogenannten *amerikanischen* Verfahren muß jede Bank den Zinssatz zahlen, den sie geboten hat. Beim *holländischen* Verfahren zahlen alle Teilnehmer auf zugeteilte Pensionsbeträge einheitlich den Grenzzinssatz.

Die Bundesbank deckte zuletzt ca. 70 % des Refinanzierungsbedarfs der Geschäftsbanken mittels solcher Wertpapierpensionsgeschäfte.

Außerdem waren in Deutschland lange Zeit die ***Rediskontkontingente*** bedeutsam. Hierbei konnten Kreditinstitute Handelswechsel mit einer maximalen Restlaufzeit von drei Monaten, die sie von ihren Kunden vor Fälligkeit angekauft (diskontiert) hatten, an die Deutsche Bundesbank zu einem sehr niedrigen Kreditzins weiterverkaufen. Weil diese Refinanzierungsart die günstigsten Konditionen bot, legte die Bundesbank für jedes Kreditinstitut individuelle Höchstgrenzen für das Volumen rediskontierter Wechsel fest (Rediskontkontingente).

Diese Art der Refinanzierungsgeschäfte auf Bankeninitiative und Basis von Wechselmaterial ist im Instrumentarium des ESZB nicht vorgesehen. Allerdings findet man die Laufzeit von drei Monaten bei den "längerfristigen Refinanzierungsgeschäften" wieder - wenn auch das Verfahren nunmehr auf befristeten Transaktionen (Pensionsgeschäfte und/oder Verpfändung) aufbaut und somit genauso funktioniert wie die Hauptrefinanzierungsgeschäfte mit 14 Tagen Laufzeit.

Im ESZB ist der Einsatz sogenannter *Standardtender* vorgesehen. Sie werden innerhalb von 24 Stunden nach Bekanntmachung des Tenders durchgeführt. Die Bekanntgabe der Zuteilungsergebnisse erfolgt innerhalb von ca. zwei Stunden nach Ablauf der Gebotsfrist. Die Abwicklung von auf Standardtendern beruhenden Offenmarktgeschäften erfolgt i.d.R. am ersten Geschäftstag nach dem Abschlußtag. Die regelmäßigen Tenderoperationen sind kalendermäßig so abgestimmt, dass stets alle Geschäftspartner des Euro-Währungsraumes jederzeit an den Refinanzierungsgeschäften mit zweiwöchiger und dreimonatiger Laufzeit teilnehmen können.

2. *Definitive Offenmarkttransaktionen*

Geschäfte, bei denen eine Zentralbank Wertpapiere am Markt endgültig und mit vollem Eigentumsübergang kauft oder verkauft, werden als definitive Offenmarkttransaktionen bezeichnet. Der EZB und den Nationalen Zentralbanken sind bei diesen Operationen enge Grenzen gesetzt: sie dürfen sie nur zur strukturellen Liquiditätssteuerung und zur Feinsteuerung einsetzen. Definitive Käufe und Verkäufe werden zwischen einer Zentralbank und ihren einzelnen Geschäftspartnern bilateral und individuell ausgehandelt. Die Abwicklung erfolgt gemäß den allgemeinen Marktgepflogenheiten.

3. *Emission von Schuldverschreibungen*

Das ESZB kann zur Absorption von Liquidität im Bankensektor Schuldverschreibungen mit einer maximalen Laufzeit von 12 Monaten emittieren. Die Schuldverschreibungen werden in girosammelverwahrfähiger Form oder stückelos herausgegeben und bei Zentralverwahrern im Euro-Währungsgebiet deponiert.

Die Schuldverschreibungen sind uneingeschränkt übertragbar und werden in abgezinster Form emittiert (d.h. zu einem Kurs unterhalb des Nennwertes ausgegeben und bei Fälligkeit zum Nennwert eingelöst). Die Differenz zwischen Emissions- und Nennbetrag entspricht dem vereinbarten Schuldverschreibungszinssatz, der nach der Eurozinsmethode mit 360 Tagen berechnet wird.

4. *Devisenswapgeschäfte*

Als Euro-Devisenswapgeschäfte bezeichnet man Operationen, bei denen ein Eurobetrag per Kasse gegen einen Fremdwährungsbetrag gekauft (oder verkauft) wird und dieser gleichzeitig per Termin zu einem festgelegten Datum zurückverkauft (oder zurückgekauft) wird. Der zu entrichtende Swapsatz gleicht dabei die Zins- und Kursgefälle zwischen den eingegangenen Positionen aus.

Die Zentralbanken des ESZB setzen dieses Instrument zu Feinsteuerungszwecken ein. Verkaufen sie Euro per Kasse gegen Fremdwährung mit Rückkaufsvereinbarung per Termin, so wird dem Markt für die Dauer des Swapgeschäftes Liquidität zugeführt. Treten sie als Euro-Käufer im Swapgeschäft auf, so wird vorübergehend Euroliquidität vom Markt genommen.

5. *Hereinnahme von Termineinlagen*

Das ESZB kann seinen Geschäftspartnern bei deren Heimatzentralbank die Hereinnahme verzinslicher Termineinlagen anbieten. Dieses Instrument soll nur zu Feinsteuerungszwecken eingesetzt werden, um Liquidität am Markt abzuschöpfen. Es handelt sich um unbesicherte Einlagen mit fest vereinbarter Laufzeit und festem Zinssatz, der nach der Eurozinsmethode mit 360 Tagen berechnet wird. Die Zinsen sind bei Fälligkeit der Termineinlage zu zahlen.

8.3.4.3 Mindestreserve im ESZB

Unter einer *Mindestreserve* versteht man Einlagen, die Kreditinstitute in Relation zu gewissen Passivpositionen (meist Kundeneinlagen) bei der Zentralbank hinterlegen müssen (vgl. auch Abschnitt *4.2*). Der jeweilige Mindestreservesatz ist also der prozentuale Anteil auf reservepflichtige Bilanzpositionen, den jede Geschäftsbank weiterleiten muß, ohne ihn selbst zinsbringend (z.B. für Kreditvergabe) nutzen zu können. Oftmals war es in der Vergangenheit so, dass die Mindestreserven unverzinslich waren, also Banken für den entgangenen Zins aus nicht nutzbarem Kapital keinen Ausgleich erhielten.

Die technische Abwicklung erfolgt meist über die zeitlich versetzte Ermittlung von Mindestreserve-Soll und Mindestreserve-Ist. Das Mindestreserve-Soll wird bereits Wochen vor dem Erfüllungstermin für das Reserve-Ist errechnet. Das ermöglicht den reservepflichtigen Banken eine exakte Liquiditätsplanung, damit sie nicht aus Unsicherheitsgründen zuviel Zentralbankguthaben unterhalten brauchen. Außerdem müssen die Mindestreserven nur im monatlichen Durchschnitt eingehalten werden, d.h. sie geben den Geschäftsbanken temporäre Flexibilität im Umgang mit ihren Liquiditätsreserven ("Pufferwirkung").

Der EZB-Rat hatte auf seiner zweiten Sitzung im Juli 1998 beschlossen, ein *Mindestreservesystem im Euro-Währungsraum* einzusetzen. Die Einführung dieses Instrumentes soll drei Funktionen erfüllen: erstens soll die Mindestreserve zur Stabilisierung der Geldmarktzinssätze beitragen; zweitens trägt die Mindestreserve zur Steigerung der Zentralbankgeldnachfrage bei und sichert somit eine effiziente Liquiditätssteuerung seitens der Zentralbank auch in Zeiten neuer Zahlungsmedien wie dem elektronischen Geld; und drittens, so wird argumentiert, steigert die Mindestreserve die Zinselastizität der Geldnachfrage.

Folgende Eckpunkte wurden bisher festgelegt:

Kreditinstitute des Euro-Währungsraums unterliegen der Mindestreservepflicht. Bisher ist noch nicht entschieden, ob die Reservepflicht auch auf weitere Institutionen ausgedehnt werden wird, wozu eine Änderung der ESZB-Satzung notwendig wäre. Reservepflichtige Basis sind Bankpassiva der Kategorien "Einlagen", "ausgegebene Schuldverschreibungen" sowie "Geldmarktpapiere". Ausgenommen werden Interbankenverbindlichkeiten sowie solche gegenüber dem ESZB. Die Mindestreservesätze können zwischen 0 und 10 % der reservepflichtigen Verbindlichkeiten liegen. Außerdem ist ein pauschaler Freibetrag in Höhe von 100.000 Euro vorgesehen, der vorweg vom Mindestreserve-Soll abgezogen werden darf und zur Schonung kleiner Kreditinstitute gedacht ist.

Die Reservebasis für das monatliche Mindestreserve-Soll wird aus den Vormonats-Endständen der relevanten Bilanzpositionen errechnet. Auf die Stichtagswerte dieser Posten wird der jeweils gültige Mindestreservesatz angewandt, um anschließend alle Sollpositionen zum Mindestreserve-Soll zu addieren. Die Berechnung des Mindestreserve-Ist erfolgt durch Addition der täglichen Zentralbankguthaben zwischen dem 24. Kalendertag des Erfüllungsmonats und dem 23. Kalendertag des Folgemonats, dividiert durch die Anzahl der Monatstage (Monatsdurchschnittsbildung). Das Mindestreserve-Soll für den folgenden Erfüllungszeitraum steht also bereits gut drei Wochen *vor* dessen Laufzeitbeginn fest. Jede Bank strebt danach, im Verlauf der Erfüllungsperiode ein durchschnittliches Mindestreserve-Ist in exakter Höhe des Sollwerts zu erreichen. Falls der Istwert zum Laufzeitende über dem Sollwert liegt, spricht man von *Überschußreserve*. Falls jedoch zum Periodenultimo das Ist unter dem Sollwert bleibt, muß die Geschäftsbank einen Sonderzins auf den Fehlbetrag zahlen.

Um Wettbewerbsnachteile gegenüber Ländern ohne Mindestreservevorschriften zu vermeiden, werden die Mindestreserveeinlagen "angemessen" verzinst, nämlich mit dem Zinssatz für die zweiwöchigen Hauptrefinanzierungsgeschäfte. Die Zinszahlung erfolgt am ersten Geschäftstag nach der Einhaltungsperiode (Mindestreservemonat). Überschußreserven auf dem Zentralbankkonto werden im ESZB nicht verzinst.

8.4 Nationale und internationale Koordinationsprobleme

Der effiziente Einsatz der Geldpolitik erfordert nicht nur die schon zuvor diskutierte Wahl der richtigen Strategie, sondern auch die adäquate Koordination mit der *Lohn- und Finanzpolitik* im Inland sowie mit der *Geldpolitik im Ausland*, um nur die wichtigsten Bereiche zu nennen. Diese Koordinierungsprobleme sollen im folgenden in Grundzügen erörtert werden.

Wenn unterschiedslos *alle Instrumente* für die *Erreichung aller Ziele* eingesetzt würden, entstünde ein hoher Koordinationsbedarf. Denn die Träger der Wirtschaftspolitik müßten dann laufend um eine Abstimmung zwischen den verschiedenen Politikbereichen bemüht sein. Dies würde - zumal in föderativ aufgebauten Staatswesen und erst recht auf internationaler Ebene - recht aufwendige laufende Konsultationen erforderlich machen und große diskretionäre Handlungsspielräume eröffnen. Die Erfahrung zeigt nun, daß letztere von den Trägern der Wirtschaftspolitik vielfach nicht zu ökonomisch optimalen Lösungen genutzt werden und daß im politischen Interessenstreit zumeist das Ziel Preisniveaustabilität schnell ins Hintertreffen gerät.

Eine andere Lösung, die den situationsbedingten Koordinationsbedarf verringert und im Extremfall gegen Null gehen läßt, bestünde in einer *eindeutigen Zuordnung* eines bestimmten Mittels zu einem bestimmten Ziel *(Assignment-Lösung)*. Eine derartige Rollenzuweisung könnte auf nationaler Ebene zunächst für die Geld- und Lohnpolitik so aussehen, daß die *Geldpolitik allein für die Preisniveaustabilität* und die *Lohnpolitik allein für die Höhe des Beschäftigungsstands* verantwortlich gemacht wird. Die Träger der Geld- und Lohnpolitik, Zentralbank und Tarifvertragspartner, könnten sich dann beim Einsatz ihres Instrumentariums ausschließlich auf ein Ziel konzentrieren und brauchten sich nicht laufend gegenseitig abzustimmen. Die Erfolgskontrolle der Träger durch Sparer, Wähler und Arbeitnehmer wäre wegen der klar geregelten Verantwortlichkeiten dann zudem einfacher.

Welche der beiden zuvor skizzierten Extremlösungen bzw. welche Mischung aus beiden nun *ökonomisch sachgerecht* und damit *optimal* ist, hängt von den *Wirkungen der Geldpolitik und der anderen Instrumente ab*. Hat die Geldpolitik (Lohnpolitik) nur oder fast ausschließlich Auswirkungen auf das Preisniveau (die Beschäftigung), so läge die ökonomisch optimale Lösung nahe bei der zweiten Alternative. Sind hingegen die Wirkungen der Geldpolitik auf die Beschäftigung und die der Lohnpolitik auf das Preisniveau beträchtlich, so kann nicht allein auf das *klare Assignment* vertraut werden, sondern muß zudem eine *situationsabhängige Koordination* zwischen den beiden Politikbereichen herbeigeführt werden. Über *Notwendigkeit und Ausmaß der Koordination* können also nur bei Kenntnis der Wirkungen der Geldpolitik und der anderen Politikbereiche nähere Aussagen gemacht werden. Wir können zu diesem Zweck auf die Ausführungen in *Kapitel 7* zurückgreifen. Dort wurde gezeigt, daß die Wirkungen der Geldpolitik von der

Erwartungsbildung, der Flexibilität der Preise und Löhne sowie der Art der Geldpolitik abhängen. Im folgenden wird auf die neueren neoklassischen und keynesianischen Makromodelle mit *rationaler Erwartungsbildung* zurückgegriffen.

Rationale Erwartungen bezüglich der Inflationsrate zeichnen sich dadurch aus, daß sie gemäß dem Prozeß gebildet werden, der die tatsächliche Inflation determiniert, und daß dabei alle über den Prozeß verfügbaren Informationen verwendet werden. Bei der Bildung rationaler Erwartungen können daher nur sich wiederholende inflationsverursachende Faktoren, nicht jedoch einmalige oder ungewöhnliche, bisher nicht beobachtete Ursachen berücksichtigt werden. Da über mehrere Jahre andauernde inflationäre Prozesse - nur vorübergehende Veränderungen des Preisniveaus sind nicht gemeint! - ohne entsprechende Geldmengenveränderungen nicht möglich sind, ist der Kurs der Geldpolitik für die Bildung rationaler Inflationserwartungen von entscheidender Bedeutung. Ist die Geldpolitik von bestimmten Regelmäßigkeiten geprägt (es muß keine *starre* Regel sein; vgl. *8.2.2*), werden die Wirkungen auf die Inflationsrate in den rationalen Erwartungen der Wirtschaftssubjekte korrekt berücksichtigt. Reagiert nämlich die Geldpolitik auf Ereignisse in der Weise, wie sie es schon bisher getan hat, erfolgt bei rationaler Erwartungsbildung eine *schnelle Anpassung* der Erwartungen. *Bei vorwärtsschauenden Wirtschaftssubjekten bestimmen rationale Erwartungen zukünftiger Ereignisse ihr gegenwärtiges Verhalten und damit die gegenwärtige Wirtschaftslage*. Dies hat grundlegende Konsequenzen für dic Analyse und Konzipierung der Geldpolitik. Ihre Wirkungen können nämlich nicht mehr nur aufgrund ihres augenblicklichen Kurses beurteilt werden. Vielmehr müssen auch die Erwartungen der Wirtschaftssubjekte über ihren zukünftigen Kurs bekannt sein, d.h. die Erwartungen hinsichtlich der Reaktion der Zentralbank auf bestimmte Ereignisse in der Zukunft. Die Annahme rationaler Erwartungen zwingt also dazu, *Geldpolitik als Regel* oder *Strategie* zu begreifen.

In neuen klassischen Makromodellen (vgl. *Lucas, 1972; Sargent* und *Wallace, 1975; Barro, 1976*) werden nun neben rationalen Erwartungen noch *zusätzlich völlig flexible Preise und Löhne* unterstellt, so daß es auch kurzfristig zu einer Markträumung kommt. Unter diesen Annahmen hat die einer starren oder flexiblen Regel folgende Geldpolitik keine Effekte auf reale Größen (wie Output und Beschäftigung), sondern nur Preisniveauwirkungen. Denn wegen der rationalen Erwartungsbildung und wegen der flexiblen Preise ist kurzfristig eine *volle Antizipation* in den Löhnen und anderen relativen Preisen möglich. Wenn hingegen die Geldpolitik überraschend von der bisher praktizierten Regel abweicht und damit unerwartet ihren Kurs ändert, kann zunächst keine Anpassung der Erwartungen stattfinden, und es kommt kurzfristig zu Output- und Beschäftigungseffekten. Die Zentralbank muß also zwischen Wirkungen *antizipierter* und *nicht antizipierter* Geldpolitik unterscheiden. Sie kann zudem die Effekte ihrer Geldpolitik nur einschätzen, wenn ihr die Erwartungen der Wirtschaftssubjekte, also auch der Tarifvertragsparteien, bekannt sind. Für das Koordinationsproblem folgt aus dieser "neoklassischen" Analyse, daß die Geldpolitik einen Kurs fahren sollte, der von den Tarifvertragsparteien antizipiert werden kann. Denn dann wäre ein *klares Assignment für die Geld- und Lohnpolitik* im zuvor beschriebenen Sinne möglich und ein Konflikt zwischen beiden Politikbereichen ausgeschlossen. Eine situationsbedingte Koordination wäre folglich nicht nötig.

Nun hat sich aber die Evidenz *gegen* diesen neuen klassischen Ansatz gehäuft. Denn eine große Zahl von empirischen Studien ist zu dem Ergebnis gekommen, daß nicht nur eine nicht antizipierte, sondern auch eine antizipierte Geldpolitik kurzfristige Effekte auf Output und Beschäftigung hat (für eine Übersicht vgl. z.B. *Chouraqui*, *Driscoll* und *Strauss-Kahn, 1988*). Dies kann mit Hilfe von nicht-klassischen Makromodellen mit rationalen Erwartungen erklärt werden (vgl. Fischer, *1977; Phelps* und *Taylor, 1977*; *Taylor, 1979*). In diesen Ansätzen wird die Prämisse völlig flexibler Preise und Löhne ersetzt durch die *Annahme von Rigiditäten*, die durch die Existenz *längerfristiger Verträge am Arbeitsmarkt* zustande kommen. Wegen der rationalen Erwartungsbildung können sich die Inflationserwartungen zwar schnell ändern, vermögen sich nun aber infolge der längerfristigen Kontrakte nicht mehr augenblicklich in neuen gleichgewichtigen Preisen und Löhnen niederzuschlagen. Eine Markträumung ist daher in der kurzen Frist nicht erreichbar. Da die Rückkehr zum Gleichgewicht länger dauern kann, ergibt sich unter diesen Umständen grundsätzlich die Möglichkeit, durch *aktive Geldpolitik stabilisierend* einzugreifen. Unter aktiver Geldpolitik ist eine flexible Regel zu verstehen, die eine Reaktion der Geldpolitik auf neue Informationen zuläßt (vgl. *8.2.2*). Um stabilisierend zu sein, müßten die Wirkungen der Geldpolitik schneller eintreten als die Preisanpassungen. Anderenfalls würde eine aktive Geldpolitik die Instabilität von Preisniveau, Output und Beschäftigung erhöhen.

Hinsichtlich der Koordination zwischen Geld- und Lohnpolitik stellt sich die Frage, ob und gegebenenfalls wie die Geldpolitik auf die Rigidität der Löhne reagieren soll. Eine *zu restriktive Geldpolitik* hat - selbst wenn sie korrekt erwartet wird - eine Senkung der Beschäftigung zur Folge und sollte daher vermieden werden. Eine *zu stark akkomodierende Geldpolitik* würde neben höherer Inflation störende Einflüsse in den Prozeß der Lohnanpassung hineintragen. Denn Tarifvertragsparteien mit rationalen Erwartungen werden bei wiederholter Akkomodierung diese Reaktion der Geldpolitik in ihren Abschlüssen antizipieren. Dies zeigt, wie schwer es ist, eine optimale flexible Regel für die Geldpolitik zu finden. Denn ihre Wirkungen können nur abgeschätzt werden, wenn die genaue Länge der Lags und die Erwartungen der Wirtschaftssubjekte bekannt sind. Aber wer kennt diese schon mit hinreichender Genauigkeit? Bei den genannten *Unsicherheiten* scheint es am sinnvollsten zu sein, bei der Konzipierung der Geldpolitik von einer Flexibilität der Löhne auf mittlere Sicht auszugehen, aber kurzfristig eine gewisse Rigidität zu unterstellen. Dies würde bedeuten, daß auf mittlere und längere Sicht die Assignment-Lösung greift, kurzfristig jedoch die Geldpolitik auf die Rigidität der Löhne Rücksicht zu nehmen hätte. Sie müßte damit zum einen auf eine *unerwartet scharfe monetäre Restriktion oder Expansion* ("Überraschungsangriffe") verzichten und zum anderen auch im Rahmen der flexiblen Regel eine kurzfristige *Überforderung der Anpassungsfähigkeit der Löhne* vermeiden.

Auch die *Tarifvertragsparteien* müßten sich an der Koordination beteiligen. Denn zu hohe Lohnsteigerungen können selbst bei gegebener Geldmenge (über eine steigende Umlaufsgeschwindigkeit) das Preisniveau erhöhen, und zwar dies um so länger, je unempfindlicher die Lohnpolitik auf die resultierenden Beschäftigungsrückgänge reagiert. Es könnte darüber hinaus wegen der entstehenden Arbeitslosigkeit ein politischer Druck auf die Zentralbank entstehen, die Geldmenge stärker als geplant auszuweiten. Die Lohnpolitik sollte sich daher grundsätzlich im Rahmen der *Produktivitätssteigerungen* bewegen, um damit einem Kosten- und Preisauftrieb entgegenzuwirken und so die Voraussetzungen für Preisniveaustabilität bei hohem Beschäftigungsstand zu schaffen. Dies fällt den Tarifvertragsparteien sicherlich dann leichter, wenn die Geldpolitik einen *verläßlichen und damit antizipierbaren Kurs* im zuvor beschriebenen Sinne verfolgt.

Wenden wir uns nun der *Koordination von Geld- und Finanzpolitik* zu, deren Notwendigkeit und Ausmaß - wie zuvor betont - von der Interdependenz der Wirkungen der Instrumente abhängt. Bei der Finanzpolitik können zwei gegensätzliche Positionen unterschieden werden. Sind die bei der Kreditfinanzierung höherer Staatsausgaben auftretenden Zinseffekte so, daß sie zinsabhängige private Ausgaben in gleichem Umfang verdrängen (totales "Crowding-Out"), wirkt die *Finanzpolitik nur allokativ*. D.h. sie hat dann nur einen Einfluß darauf, wie sich die gesamtwirtschaftliche Nachfrage aus privaten und staatlichen Ausgaben zusammensetzt. In diesem Falle besteht kein situationsbedingter Koordinierungsbedarf. Die Beziehung zwischen Geld- und Finanzpolitik kann vielmehr ein für allemal durch ein *klares Assignment* geregelt werden: die Geldpolitik ist nur für das Ziel Preisniveaustabilität und die Finanzpolitik ausschließlich für die optimale Allokation zwischen privaten und öffentlichen Ausgaben zuständig.

Wenn nun aber kein totales, sondern nur ein teilweises "Crowding-Out" stattfindet, hat die *Finanzpolitik auch aggregative Effekte*. Sowohl ein über Kredite als auch ein über höhere indirekte Steuern finanzierter Anstieg der Staatsausgaben hat dann Wirkungen auf das Preisniveau. Bei einem finanzpolitisch ausgelösten Zinsanstieg entsteht aber vor allem schnell *politischer Druck* auf die Zentralbank, durch eine expansivere Geldpolitik für niedrigere Zinsen zu sorgen, um so die öffentlichen Haushalte zu entlasten und eine "Verdrängung" der privaten Investitionen zu vermeiden. Dies kann aber rasch zu einer höheren Inflation führen, da sich selbst die unabhängigste Zentralbank politischem Druck auf Dauer kaum gänzlich entziehen kann. Eine "übermäßig" expansive Finanzpolitik erschwert also die Stabilisierungsaufgabe der Geldpolitik. Es ist daher eine situationsgebundene Koordination und/oder eine solche über Regeln dringend erforderlich.

Der Notwendigkeit zur Koordination zwischen Geld-, Lohn- und Finanzpolitik wird in der Bundesrepublik Deutschland und auf europäischer Ebene durch verschiedene *gesetzliche und vertragliche Bestimmungen* Rechnung getragen. Sie stellen oft Konsequenzen aus negativen Erfahrungen in der Vergangenheit dar. So entsprangen u.a. die folgenden gesetzlichen Regelungen über die Deutsche Bundesbank (BBankG, alte Fassung) der erzwungenen Finanzierung (kriegsbedingter) höherer Staatsausgaben durch die Deutsche Reichsbank und den nachfolgenden Inflationen: *Verpflichtung zur Sicherung der Währung* (§ 3), *Unabhängigkeit von Weisungen der Bundesregierung* (§ 12 Satz 2) und *Verbot der Finanzierung öffentlicher Haushaltsdefizite* (vor allem § 20 und § 21). Damit wurde grundsätzlich eine Assignment-Lösung, d.h. eine klare Rollenzuweisung, für das Verhältnis von Geld- und Finanzpolitik institutionalisiert.

Durch den Maastrichter Vertrag wurde diese deutsche Lösung auf die europäische Ebene übertragen, da für die EZB die wesentlichen Bestimmungen des deutschen Bundesbankgesetzes in z.T. sogar eindeutigerer und strikterer Form übernommen wurden: *Verpflichtung auf Preisstabilität als Primärziel (Art. 105), Unabhängigkeit von Weisungen nationaler und europäischer politischer Institutionen (Art. 107)* sowie *Verbot der Finanzierung öffentlicher Haushaltsdefizite auch über die Gewährung von Kassenkrediten (Art. 104)*, so daß § 20 BBankG (alte Fassung), nach dem Kassenkredite bis zu bestimmten Höchstgrenzen erlaubt waren, hinfällig wurde. Ferner werden im Vertrag Höchstgrenzen für den Schuldenstand und die Neuverschuldung festgeschrieben: ersterer darf nicht mehr als 60 vH und letztere nicht mehr als 3 vH des BIP betragen.

Mit dem *Stabilitäts- und Wachstumspakt* wurde der im Maastrichter Vertrag enthaltene Ordnungsrahmen für die Finanzpolitik weiter präzisiert insbesondere auch hinsichtlich des Zeitplans, der bei der Feststellung von "übermäßigen" Defiziten und bei den zu ergreifenden Maßnahmen einzuhalten ist, sowie den Vorbedingungen und der Höhe von Sanktionen, die dann gegen ein Mitgliedsland verhängt werden können. Der Pakt verlangt, daß Mitgliedstaaten in normalen Wirtschaftslagen einen in etwa *ausgeglichenen Staatshaushalt* haben müssen. Liegt die Defizitquote über 3 vH, soll grundsätzlich ein *übermäßiges Defizit* durch den ECOFIN-Rat festgestellt werden, es sei denn, eine Ausnahmesituation in Form von Ereignissen (wie Naturkatastrophen) oder besonders tiefen Konjunkturkrisen ist gegeben. Wird ein übermäßiges Defizit festgestellt, muß das Mitgliedsland innerhalb von vier Monaten wirksame Maßnahmen ergreifen, um das Defizit bis spätestens zum Ende des Folgejahres wieder unter die 3 vH-Marke zu bringen. Kommt es diesen Pflichten nicht nach, sollen Sanktionen verhängt werden, die zunächst - je nach Größe der Überschreitung - in einer zinslosen Einlage in Höhe von 0,2 bis 0,5 vH des BIP bei der Europäischen Kommission bestehen. Wird das Defizit nicht innerhalb von zwei Jahren unter die 3 vH-Marke zurückgeführt, wird die Einlage eingezogen und fließt - ebenso wie zuvor die Zinserträge - als Einnahme den Mitgliedsländern zu, die Haushaltsdisziplin halten. Durch diese Regelungen soll offensichtlich verhindert werden, daß von der Fiskalpolitik ein allzu großer politischer Druck auf die Europäische Zentralbank entsteht. Der Stabilitätspakt ist zwar grundsätzlich mit der Assignment-Lösung kompatibel. Da Sanktionen aber nicht automatisch eintreten, Ausnahmetatbestände gelten und vieles als Sollvorschrift geregelt ist, bleibt eine Menge Raum für situationsgebundene Koordination.

Eine Assignment-Lösung klingt in Deutschland auch in der *Garantie der Tarifautonomie* durch Art. 9 Abs. 3 GG an, die den Tarifvertragsparteien die alleinige Zuständigkeit für die Lohnpolitik und damit vom Grundsatz her die Hauptverantwortung für das Beschäftigungsziel zuweist.

Neben diesen gesetzlichen und vertraglichen Regelungen, die grundsätzlich von einer Assignment-Lösung ausgehen, finden sich insbesondere im *Stabilitätsgesetz* Bestimmungen, die Voraussetzungen für eine *situationsgebundene Koordination* zwischen Bundesbank, Tarifvertragsparteien sowie Bund, Ländern und Gemeinden schaffen: *Jahreswirtschaftsbericht* (§ 2 StabG), *Subventionsbericht* (§ 12 StabG), *Konjunkturrat der öffentlichen* Hand (§ 18 StabG), *Finanzplanungsrat* (§ 51 Haushaltsgrundsätzegesetz) und *Konzertierte Aktion* (§ 3 StabG). Wegen der Unabhängigkeit der Bundesbank und jetzt der Europäischen Zentralbank, der Tarifautonomie, des föderativen Staatsaufbaus und nationaler Souveränitätsrechte, die allesamt höhere Rechte darstellen, ist in *Deutschland und auch in Europa keine perfekte Koordination* zwischen Geld-, Finanz- und Lohnpolitik möglich. Es kann in den genannten Gremien keine Mehrheitsentscheidung getroffen, sondern nur ein mehr oder weniger verbindlicher Konsens gesucht werden. Sobald verfassungsmäßige Rechte der Träger (Assignment-Lösung) tangiert werden, also konkret die Unabhängigkeit der Bundesbank und der Europäischen Zentralbank, die Tarifautonomie oder die Finanzhoheit der Länder bedroht sind, verweigern sie ihre weitere Mitarbeit in den Koordinationsgremien. Der situationsgebundenen Koordination sind damit enge Grenzen gesetzt.

Stellen wir nun noch einige Betrachtungen zur *internationalen Koordination der Geldpolitik* an. Zur Begründung ihrer Notwendigkeit wird zumeist auf den hohen und noch steigenden Grad der weltwirtschaftlichen Verflechtung sowohl auf den Finanzmärkten als auch auf den Märkten für Waren und Dienstleistungen verwiesen. Diese hat zur Folge, daß die Wirkungen der Geldpolitik eines Landes nicht nur auf das Inland beschränkt sind. Was bei rein binnenwirtschaftlicher Analyse als Ineffizienz der Geldpolitik erscheinen mag, erweist sich möglicherweise bei der Betrachtung zweier oder mehrerer Länder als Preisniveau- und/oder Outputeffekt im Ausland. Die Ziele des Inlands, hier zumal von "kleinen" offenen Volkswirtschaften, können daher durch die Geldpolitik des Auslands in spürbarer Weise tangiert werden. So ergibt sich im Rahmen von *Mundell-Fleming-Modellen* mit flexiblen Wechselkursen (vgl. *7.2.6*) bei einer Erhöhung (Senkung) der Geldmenge im Ausland eine Abwertung (Aufwertung) der ausländischen Währung und eine Reduzierung (Erhöhung) des Realeinkommens im Inland. Man spricht in diesem Fall von *negativen* bzw. *positiven* Spillovers oder von "Beggar-My-Neighbour-Effekten" und "Lokomotiveffekten".

Mit weltwirtschaftlicher Verflechtung und Spillovers nationaler Geldpolitik *allein* läßt sich jedoch die Forderung nach einer internationalen Koordination der Geldpolitik ökonomisch nicht begründen. Neben der *Existenz signifikanter Spillovers* (als notwendiger Bedingung) müssen die heimischen Ziele zusätzlich von der Geldpolitik des Auslands in anderer Weise als durch die heimischen Instrumente der Wirtschaftspolitik beeinflußt werden, so daß das Inland nicht alle Spillovers mit eigenen Instrumenten vollkommen neutralisieren kann. Ferner darf das Inland nicht *alle Ziele selbst* erreichen können, es darf also nicht so viele (unabhängige) Instrumente wie Ziele besitzen. Unter solchen Bedingungen entsteht ein *strategisches Entscheidungsproblem*, das am Beispiel der Inflationsbekämpfung durch eine international nicht abgestimmte Geldpolitik im System flexibler Wechselkurse erläutert werden kann. Wenn nämlich jedes Land mit Hilfe restriktiver Geldpolitik eine Aufwertung der heimischen Währung zu erreichen versuchen sollte, um dadurch über eine höhere Unterbeschäftigung weniger Inflation zu erzwingen, kann diese "Rechnung" im internationalen Kontext nicht aufgehen. Denn eine Aufwertung ist für *alle* Währungen natürlich nicht möglich. Allein der Versuch einer solchen Politik richtet jedoch Schäden in Form einer *ungewollten Rezession* an. Denn die angestrebte Senkung der Inflationsrate kann nur bei einer sehr viel höheren Unterbeschäftigung als zuvor erzielt werden.

Bei international *nicht* abgestimmtem Verhalten kann sich daher leicht eine übermäßig restriktive Geldpolitik ergeben, wobei sich auch eine zu expansive Geldpolitik durch ähnliche Beispiele illustrieren ließe. Wenn nun statt der geschilderten nicht-kooperativen eine kooperative Strategie gewählt würde, in der die Spillovers auf andere Länder von vornherein berücksichtigt werden, könnten übermäßige Restriktion und Expansion vermieden werden. Da somit ein *ökonomischer Anreiz* für eine internationale Koordination der Wirtschaftspolitik existiert, wäre ein *Interesse* der beteiligten Länder an kooperativen Lösungen begründbar. Das zuvor an einem Beispiel illustrierte strategische Entscheidungsproblem wird auch gern mit Hilfe der *Spieltheorie* analysiert. So existieren inzwischen eine Reihe theoretischer und empirischer Arbeiten zur internationalen Koordination der Geldpolitik auf dieser Grundlage (für eine Übersicht vgl. *Kösters, 1990*). Bisher ist es jedoch noch nicht gelungen, größere Wohlfahrtsgewinne durch diskretionäre internationale Koordination nachzuweisen. In den meisten Studien konnten nur relativ geringe Größenordnungen der Spillovers und entsprechend niedrige Wohlfahrtsgewinne empirisch festgestellt werden.

Ganz im Gegensatz zu den Annahmen in vielen spieltheoretischen Studien, die vom Status Quo als einem Zustand der Nichtkooperation ausgehen, existiert schon heute durch die regelmäßigen Konsultationen der Zentralbanken bei der Bank für internationalen Zahlungsausgleich (BIZ) in Basel ein beträchtliches Maß an internationaler Abstimmung der Geldpolitik. Dies galt natürlich besonders für die Geldpolitik der EU-Länder: zum einen wegen der engen Zusammenarbeit der Notenbanken im Gouverneursausschuß und zum anderen wegen der angestrebten Konvergenz im Europäischen Währungssystem. Die Deutsche Mark wurde dort seit etwa 1987 de facto als Leitwährung von den anderen Ländern akzeptiert. Die Notenbanken der anderen EWS-Länder richteten seitdem ihre Geldpolitik weitgehend am geldpolitischen Kurs der Deutschen Bundesbank aus und vollzogen Änderungen von Leitzinsen etc. mit. Die so zustande gekommene Koordination der Geldpolitik im EWS war jedoch bei weitem noch nicht perfekt, wovon die immer wieder aufgetretenen Spannungen im Wechselkursverbund zeugen. Eine "perfekte" Koordinierung wird erst jetzt in der Europäischen Währungsunion mit einer einheitlichen Geldpolitik durch die Europäische Zentralbank erreicht.

Statt auf eine fallweise Koordination der Geldpolitik zu setzen, wäre u.U. die Vereinbarung von *Regeln* mit Sanktionen für die Träger der Geldpolitik bei Nichteinhaltung oder die Setzung von Anreizen erfolgversprechender. Wie die Erfahrungen in Perioden, in denen die Goldwährung oder das Festkurssystem von Bretton Woods funktionierten, gezeigt haben, kommt eine internationale Koordination der Geldpolitik dann zustande, wenn (und solange) alle beteiligten Notenbanken die Regeln akzeptieren. Es wäre zu prüfen, ob nicht auch in einem flexiblen Wechselkurssystem mit völlig freiem Kapitalverkehr und unabhängigen Notenbanken eine internationale Koordination der Geldpolitik angebracht wäre.

Es stellt sich die Frage, welche Art von Geldpolitik national und international bei weltweit integrierten Finanzmärkten möglich und angemessen ist. Denn die Globalisierung ist gerade in diesem Bereich am weitesten fortgeschritten und hat das Umfeld, in dem Zentralbanken agieren, über die Jahre stark verändert. Die gewachsene Macht globaler Finanzmärkte hat den Einfluß gemindert, den Zentralbanken traditionellerweise über Zinssätze und Wechselkurse besaßen. So erzwangen sie z.B. das politisch nicht geplante Realignment der Wechselkurse im Europäischen Währungssystem (EWS) in 1992 und 1993 sowie die Abwertung der Währungen in einer Reihe von ostasiatischen Ländern und in Rußland in 1997/98. Häufig werden die international hoch integrierten Finanzmärkte für eine größere Volatilität der Zinssätze, Wechselkurse und Wertpapierkurse verantwortlich gemacht. Von einigen wird aus all dem der Schluß gezogen, daß die nationale Geldpolitik immer ineffizienter geworden sei und allmählich den Zustand der Impotenz erreiche. Die Wirksamkeit könne nur durch internationale Koordination der Geldpolitik wieder hergestellt werden. Wie zuvor gezeigt, ist diese Forderung jedoch nicht unproblematisch.

Von anderen wird demgegenüber argumentiert, daß die schärfere Kontrolle durch die globalisierten Finanzmärkte die nationalen Zentralbanken zwinge, stärker das primäre Ziel der Geldpolitik, nämlich Preisniveaustabilität, zu verfolgen. Abweichungen von einem stabilitätsorientierten Kurs würden - wie inzwischen viele Beispiele zeigten - mit Kapitalabfluß aus dem betreffenden Land und einer Abwertung seiner Währung bestraft. Dies sei regelmäßig der Fall, wenn mit Hilfe der Geldpolitik versucht werde, entgegen grundlegenden Markttrends Wechselkurse zu fixieren ("Leaning against the Wind") oder trotz verfehlter staatlicher Haushaltspolitik und steigender öffentlicher Neuverschuldung die Zinssätze niedrig zu halten. Durch die Sanktionen der internationalen Finanzmärkte würde eine solche Art von Geldpolitik mehr und mehr verhindert und eine striktere Orientierung auf ihr Primärziel Geldwertstabilität gefördert. In diesem Sinne sorgten die globalisierten Finanzmärkte sogar für eine größere Effizienz der Geldpolitik.

Es ist mithin entscheidend, woran die Effizienz der Geldpolitik gemessen wird. Die Möglichkeit, mit ihrer Hilfe reale Größen wie Output und Beschäftigung beeinflussen zu können, dürfte zwar früher größer gewesen sein, aber vielleicht war damals auch der Zwang zur Verfolgung des Hauptziels Preisniveaustabilität geringer. In der ersten Zeit nach dem Zweiten Weltkrieg, als die Währungen international noch nicht konvertibel waren, konnten selbst die Zentralbanken der Industrieländer noch ziemlich grobe dirigistische Formen der monetären Steuerung praktizieren. So wurden den Banken oft Höchstgrenzen für die Kreditvergabe (Kreditplafonds) verordnet und die von ihnen zu berechnenden Zinssätze im Kredit- und Einlagengeschäft (Bindung an bestimmte Notenbankzinsen) administrativ festgelegt. Mit dem grundsätzlichen Übergang zur Konvertibilität der Währungen Ende der 50er Jahre, der Aufhebung der Zinsbindung in den 60er Jahren, der weiteren Liberalisierung der Finanzmärkte und insbesondere der Abschaffung der Kapitalverkehrskontrollen mußten die Notenbanken mehr und mehr zu indirekteren, marktkonformeren Methoden der monetären Steuerung übergehen. Dies zeigt sich u.a. daran, daß statt so relativ grober Instrumente, wie Mindestreserve- und Diskontpolitik, schließlich hauptsächlich die Offenmarktpolitik von der Deutschen Bundesbank, der EZB und anderen Zentralbanken von Industrieländern eingesetzt wird.

Trotzdem ist die nationale Geldpolitik keineswegs impotent geworden. Dies wird zunächst durch den großen Aufwand deutlich, den Research-Abteilungen institutioneller Investoren bei der Analyse der aktuellen und zukünftigen Geldpolitik wichtiger Zentralbanken treiben ("Fed- oder Bundesbank-Watching"). In hartem Wettbewerb stehende und deshalb scharf kalkulierende Unternehmen würden sicherlich nicht hohe Kosten auf sich nehmen, wenn die nationale Geldpolitik weitgehend unwirksam geworden wäre.

Aber auch von der Sache her läßt sich die Impotenz-These nicht rechtfertigen. Denn grundsätzlich können Zentralbanken selbst im neuen Umfeld globalisierter Finanzmärkte das Preisniveau des betreffenden Landes gemäß dem von ihnen gesetzten Ziel durch die Geldpolitik kontrollieren, solange eine adäquate Nachfrage nach Zentralbankgeld durch die Banken (vor allem Mindestreserve) und die Nichtbanken (Bargeld) als monetärer Hebel genutzt werden kann (vgl. *8.3.1*). Da durch Globalisierung, Finanzinnovationen etc. das Geldausgabemonopol der Zentralbanken nicht ernsthaft in Zweifel gezogen wird und im Rahmen des Kreditschöpfungsprozesses der Banken auch weiterhin eine höhere Nachfrage nach Zentralbankgeld entsteht, bleibt der schon bisher von der Geldpolitik benutzte Ansatzpunkt prinzipiell erhalten. Die Entwicklungen auf den Finanzmärkten können den Zusammenhang zwischen Zentralbankgeldmenge und Inflationsrate zwar im Laufe der Zeit verändern, ihn aber nicht aufheben. Dabei hat sich zum einen gezeigt, daß die Änderung in Ländern besonders groß war, die durch die Globalisierung gezwungen wurden, ein vormals hohes Regulierungsniveau im Finanzwesen aufzugeben (z.B. USA). Zum anderen war zu beobachten, daß in Ländern mit relativ hoher und anhaltender Inflation in der Vergangenheit die Inflationserwartungen nicht ein nur vorübergehendes Phänomen bildeten, sondern bald auch relativ dauerhaft in die Finanzmarktstrukturen Eingang fanden und sie änderten, indem z.B. Kredite eher mit kürzeren Laufzeiten und überwiegend zu variablen Zinssätzen vergeben wurden. Dies hat natürlich Konsequenzen für die Transmission monetärer Impulse, da dadurch der Zusammenhang zwischen Geldmenge und Inflationsrate tangiert wird.

Unterschiedliche nationale Finanz- und vor allem Geldpolitiken stellen systemische Risiken dar, gegen die sich internationale Anleger nicht durch Hedging versichern können. Dies ist ein wichtiger Grund dafür, daß die Finanzmärkte international noch nicht voll integriert sind. Wenn aber Geldpolitik einen entscheidenden Einfluß auf die Inflationsrate hat, spielt sie auch bei der (rationalen) Bildung der Inflationserwartungen die Hauptrolle. Letztere aber bestimmen in immer größerem Maße die internationalen Kapitalbewegungen und verursachen damit eine größere Volatilität der Wechselkurse und Wertpapierkurse.

Als wirtschaftspolitische Konsequenz folgt aus alledem, daß es im Rahmen globalisierter Finanzmärkte keine Alternative zu einer stabilitätsorientierten Geldpolitik gibt. Die Zentralbanken werden viel stärker als früher dazu gezwungen, das Primärziel Preisniveaustabilität zu verfolgen, da bei der hohen internationalen Kapitalmobilität sonst als Sanktionen Abfluß von Kapital und Abwertung der heimischen Währung drohen. Der Kurs der Geldpolitik muß mithin in glaubwürdiger Weise auf Geldwertstabilität ausgerichtet werden, um so einen verläßlichen nominalen Anker für die Dispositionen der Akteure an den Finanzmärkten zu schaffen. Dabei kommt es nicht so sehr auf die in den einzelnen Ländern gewählten geldpolitischen Strategien an, also ob z.B. eine Geldmengenstrategie oder ein Inflation Targeting verfolgt wird. Wichtig ist vielmehr, daß sie eine niedrige *erwartete* Inflationsrate (etwa 1 – 2 vH) implizieren. Wenn eine solche Geldpolitik für die ökonomisch bedeutendsten Währungen der Welt, also insbesondere den US-Dollar und den Euro, in glaubwürdiger Weise betrieben würde und sich die anderen Währungen auf freiwilliger Basis, aber ebenfalls in glaubwürdiger Weise an die großen binden würden, könnte durch dieses Arrangement eine Stabilisierung des Weltwährungssystems zum Vorteil aller Beteiligten erreicht werden.

LITERATUR ZUM 8. KAPITEL

Backus, David/John **Drifill** (1985), Rational Expectations and Policy Credibility Following a Change in Regime, in: *Review of Economic Studies*, S. 211 ff.

Barro, Robert (1976), Expectations and the Role of Monetary Policy, in: *Journal of Monetary Economics*, 2, S. 1 ff.

Barro, Robert (1986), Recent Developments in the Theory of Rules versus Discretion, in: *The Economic Journal*, S. 23 ff.

Barro, Robert/David **Gordon** (1987), Rules, Discretion and Reputation in a Model of Monetary Policy, in: *Journal of Monetary Economics*, S. 101 ff.

Bernanke, Ben/Ilian **Mihov** (1997), What Does the Bundesbank Target? in: *European Economic Review*, S. 1025 ff.

Bofinger, Peter/Michael **Frenkel** (1991), Zeitinkonsistenz und Geldpolitik, in: *Wirtschaftswissenschaftliches Studium (WiSt)*, S. 171 ff.

Bofinger, Peter/Julian **Reischle**/Andrea **Schächter** (1996), Geldpolitik: Ziele, Institutionen, Strategien und Instrumente, München.

Borchert, Manfred (1997), Geld und Kredit: Einführung in die Geldtheorie und Geldpolitik, 5. Aufl., München, Wien.

Brunner, Karl (1970), Eine Neuformulierung der Quantitätstheorie des Geldes, in: *Kredit und Kapital*, S. 1 ff.

Buiter, Willem H. (1981), The Superiority of Contingent Rules over Fixed Rules in Models with Rational Expectations, in: *The Economic Journal*, S. 647 ff.

Chouraqui, Jean-Claude/Michael **Driscoll**/Marc-Olivier **Strauss-Kahn** (1988), The Effects of Monetary Policy on the Real Sector: An Overview of Empirical Evidence for Selected OECD Economies, in: OECD Department of Economics and Statistics Working Papers, No. 51, Paris.

Cukiermann, Alex (1985), Central Bank Behavior and Credibility: Some Recent Theoretical Developments, in: *Federal Reserve Bank of St. Louis Review*, S. 5 ff.

Deutsche Bundesbank (1983), Änderung der Mindestreservebestimmungen, Monatsbericht April, Frankfurt/M., S. 20 ff.

Deutsche Bundesbank (1986), Geldmengenziel 1986 und Neuregelung der Mindestreservebestimmungen, Monatsbericht Januar, Frankfurt/M., S. 14 ff.

Deutsche Bundesbank (1995), Die Geldpolitik der Deutschen Bundesbank, Frankfurt/M.

Deutsche Bundesbank (1997), Europäische Organisationen und Gremien im Bereich von Währung und Wirtschaft, Frankfurt/M.

Deutsche Bundesbank (1998a), Änderung des Gesetzes über die Deutsche Bundesbank für die Stufe 3 der Europäischen Wirtschafts- und Währungsunion, Monatsbericht Januar, Frankfurt/M., S. 25 ff.

Deutsche Bundesbank (1998b), Geldpolitische Strategien in den Ländern der Europäischen Union, Monatsbericht Januar, Frankfurt/M., S. 33 ff.

Deutsche Bundesbank (1998c), Geschäftsbericht 1997, Frankfurt/M.

Deutsche Bundesbank (1998d), Gesetz über die Deutsche Bundesbank und Satzung des Europäischen Systems der Zentralbanken und der Europäischen Zentralbank, Bankrechtliche Regelungen 1, Frankfurt/M.

Europäisches Währungsinstitut (1995), Jahresbericht 1994, Frankfurt/M.

Europäisches Währungsinstitut (1997a), Die einheitliche Geldpolitik in Stufe 3, Festlegung des Handlungsrahmens, Frankfurt/M.

Europäisches Währungsinstitut (1997b), Die einheitliche Geldpolitik in Stufe 3, Allgemeine Regelungen für die geldpolitischen Instrumente und Verfahren des ESZB, Frankfurt/M.

Europäische Zentralbank (1998a), Die einheitliche Geldpolitik in Stufe 3, Frankfurt/M.

Europäische Zentralbank (1998b), Press Conference, October 13, 1998, The President's Introductory Statement, http:/www.ecb.int/key/st981013.htm.

Fischer, Stanley (1977), Long-Term Contracts, Rational Expectations, and the Optimal Money Supply Rule, in: *Journal of Political Economy*, S. 191 ff.

Friedman, Benjamin M. (1996), Does Monetary Policy Affect Real Economic Activity? Why Do We Still Ask This Question? in: **Siebert**, Horst (Hrsg.), Monetary Policy in an Integrated World Economy, Tübingen.

Gesetz zur Einführung des Euro (Euro-Einführungsgesetz, EuroEG) (1998), **Bundesrat**, Drucksache 341/98, Bonn.

Giersch, Herbert (1961), Allgemeine Wirtschaftspolitik, Bd. 1: Grundlagen, Nachdruck 1991, Wiesbaden.

von Hayek, Friedrich A. (1977), Entnationalisierung des Geldes, Tübingen.

Issing, Otmar (1996), Einführung in die Geldpolitik, 6. Aufl., München.

Issing, Otmar (1998), Die Europäische Zentralbank - Das Problem der Glaubwürdigkeit, in: **Duwendag,** Dieter (Hrsg.), Finanzmärkte im Spannungsfeld von Globalisierung, Regulierung und Geldpolitik, Berlin, S. 179 ff.

Jarchow, Hans-Joachim (1995), Theorie und Politik des Geldes, II. Geldpolitik, 7. Aufl., Göttingen.

Ketterer, Karl-Heinz/Rainer **Vollmer** (1998), Wie würden sich Zielvorgaben für das nominale Sozialprodukt auf den Konjunkturzyklus auswirken? in: **Filc,** Wolfgang/Lothar **Hübl**/Rüdiger **Pohl** (Hrsg.), Herausforderungen der Wirtschaftspolitik, Berlin, S. 169 ff.

Kösters, Wim (1997), Global Financial Markets: Is National Monetary Policy Still Possible? in: **Reinicke**, W.H./J. **Mitchell** (Hrsg.), Money, Finance, and Monetary Policy in the Global Economy, San José, C.R.

Kösters, Wim (1990), Wohlfahrtsgewinne durch international koordinierte Wirtschaftspolitik? in: **Kantzenbach**, Erhard (Hrsg.), Probleme der internationalen Koordination der Wirtschaftspolitik, Berlin, S. 45 ff.

Kydland, Finn W./Edward C. **Prescott** (1977), Rules rather than Discretion: The Inconsistency of Optimal Plans, in: *Journal of Political Economy*, S. 473 ff.

Lange, Carsten (1995), Seigniorage: Eine theoretische und empirische Analyse des staatlichen Geldschöpfungsgewinns, Berlin.

Lucas, Robert E., jr. (1972), Expectations and the Neutrality of Money, in: *Journal of Economic Theory*, 4, S. 103 ff.

Matonis, Jon W. (1995), Digital Cash & Monetary Freedom, http://info.isoc.org/HMP/PAPER/136/html/paper.html.

Mussel, Gerhard (1997), Grundlagen des Geldwesens, 4. Aufl., Berlin.

Persson, Torsten/Guido **Tabellini** (1990), Macroeconomic Policy, Credibility and Politics, Chur u.a.

Phelps, Edmund S./John B. **Taylor** (1977), Stabilizing Powers of Monetary Policy under Rational Expectations, in: *Journal of Political Economy*, No. 85, S. 163 ff.

Pohl, Rüdiger (1993), Geld und Währung, Mannheim.

Rasmussen, Eric (1989), Games and Information - An Introduction to Game Theory, Cambridge.

Richter, Rudolf (1990), Geldtheorie, 2. Aufl., Berlin, Heidelberg, New York.

Sargent, Thomas/Neil **Wallace** (1975), "Rational" Expectations, the Optimal Monetary Instrument, and the Optimal Money Supply Rule, in: *Journal of Political Economy*, No. 83, S. 241 ff.

Schmidtchen, Dieter (1980), Tricks und Täuschungen als Mittel der Wirtschaftspolitik, in: Schriften des Vereins für Socialpolitik, Bd. 130, S. 79 ff.

Taylor, John B. (1979), Staggered Wage Setting in a Macro Model, in: *American Economic Review*, Papers and Proceedings, 69, S. 108 ff.

Taylor, John B. (1985), What Would Nominal GNP-Targeting Do to the Business Cycle? in: Carnegie-Rochester Conference-Series on Public Policy, S. 61 ff.

Taylor, John B (1993), Discretion versus Policy Rules in Practice, in: Carnegie-Rochester Conference-Series on Public Policy, S. 195 ff.

VERZEICHNIS DER ABBILDUNGEN

VERZEICHNIS DER TABELLEN

KOMPENDIUM MONETÄRER FACHBEGRIFFE*)

Abrechnung: → Clearing.

Abwicklung (Settlement): Salden- oder Zahlungsausgleich zwischen Finanzinstituten. Schließt sich im Fall von **Nettosystemen** zeitlich an das → Clearing und die Aufrechnung von Zahlungstransaktionen an. Im Fall von → **Bruttoabwicklungssystemen** wird jede Geldübertragung einzeln und auftragsweise durchgeführt.

Agio: Aufgeld; → Wertpapiere - vor allem Aktien - werden beim erstmaligen Absatz mitunter mit einem A. verkauft, d. h. der Käufer zahlt den Nennbetrag des Wertpapiers zuzüglich A; vgl. auch → Disagio.

Aktie: → Wertpapier, das einen auf einen festen Betrag lautenden Anteil am Grundkapital einer Aktiengesellschaft (AG) verbrieft. Rechtlich gewährt die A. dem Käufer (Aktionär) insbesondere ein Stimmrecht in der Hauptversammlung der AG und damit eine Einwirkungsmöglichkeit auf die Geschäftspolitik der AG. Wirtschaftlich bedeutet der Erwerb der A., daß der Aktionär der AG einen bestimmten Geldbetrag (den auf der A. stehenden Nennwert zzgl. eines eventuellen → Agios) für die normalerweise unbegrenzte Lebensdauer der AG zur Verfügung stellt. Aus dem Reingewinn der AG wird dem Aktionär ein Gewinnanteil (Dividende) auf seine A. gezahlt (→ Dividendenpapier). A. werden an der Börse gehandelt, wobei der Kurswert sich nach Angebot und Nachfrage richtet und vom Nennwert in der Regel abweicht.

Aktienmarkt: Markt, an dem → Aktien gehandelt werden; vgl. auch → Kapitalmarkt.

Aktiv-Mindestreserve: → Mindestreserve.

Anleihe: Geldbeschaffung durch den Verkauf von → festverzinslichen Wertpapieren am Kapitalmarkt, wobei Verzinsung, Tilgungsmodalitäten, Sicherheiten etc. vertraglich fixiert sind.

Aufgenommene Gelder: Geldbeträge, die einem Kreditinstitut am Geldmarkt auf dessen eigene Initiative hin von Kreditinstituten, Versicherungen und Großunternehmen bereitgestellt werden (im Gegensatz zu den → Einlagen, bei denen die Initiative vom Bankkunden ausgeht).

Ausgleichsforderungen: Forderungen der Banken, Bausparkassen und Versicherungen gegenüber der öffentlichen Hand, die ihnen bei der Umstellung der Reichsmarkvermögenswerte und -verbindlichkeiten anläßlich der Währungsreform 1948 in Form des Fehlbetrags der Aktiva (die ihnen z. T. - wie etwa Wertpapiere des Reiches - voll verlorengegangen waren) gegenüber den Passiva (die im Verhältnis 6,5 : 100 und z.T. 1 : 10 aufrechterhalten blieben) gewährt wurden. Die A.

---

*) Neufassung von Dipl.-Wirtschaftsing. **Monika Hartmann**

dieser Institute wurden niedrig verzinst und allmählich getilgt, wofür bei der Deutschen Bundesbank ein Fonds zum Ankauf von A. bestand. Die A. im Besitz der Bundesbank (8,7 Mrd. DM) sind der bilanzielle Gegenposten für die bei der Währungsreform von der damaligen Bank deutscher Länder und den einzelnen Landeszentralbanken ausgezahlten Kopf- und Geschäftsbeträge sowie für die seinerzeitige Neuausstattung der öffentlichen Körperschaften und der Banken mit →Zentralbankgeld. Die A. im Besitz der Bundesbank wurden bislang nicht getilgt, ab dem Jahr 2004 ist der Bund zur Tilgung in 10 Jahresraten gemäß den Vorschriften der 2. Stufe der Europäischen Währungsunion verpflichtet (Verbot von Notenbankkrediten an den Staat). Bis dahin bleiben die A. in unveränderter Höhe in der Bilanz der Deutschen Bundesbank stehen. Bis Oktober 1992 hatten die A. für die Bundesbank eine besondere Bedeutung hinsichtlich der Beschaffung von →Mobilisierungspapieren. Im Zuge der →Währungsumstellung der Mark der DDR auf DM am 1. Juli 1990 entstanden für ostdeutsche Kreditinstitute ebenfalls vergleichbare A. Die neuen A. gegen den Bund bzw. die Länder können von den Kreditinstituten auf Wunsch in handelbare →Anleihen des Ausgleichsfonds Währungsumstellung getauscht und somit für die →Refinanzierung genutzt werden. Die Schuldverschreibungen des Ausgleichsfonds Währungsumstellung werden mit 3-Monats-(→)FIBOR verzinst und durch Gruppenauslosung jährlich seit Juli 1996 in 40 Jahresraten getilgt (→Tilgung).

Auslandsaktiva: Forderungen inländischer Banken gegenüber ausländischen Banken und Nichtbanken.

Auslandspassiva: Verbindlichkeiten inländischer Banken gegenüber ausländischen Banken und Nichtbanken.

Auslandsposition der Bundesbank: Zusammenfassung folgender Positionen des Wochenausweises: →Währungsreserven abzüglich Auslandsverbindlichkeiten, zuzüglich Kredite und sonstige Forderungen an das Ausland (u. a. Forderungen aus Devisenausgleichsabkommen und Krediten an die Weltbank).

Ausschreibungsverfahren: →Offenmarktgeschäfte.

Bankakzept: →eigene Akzepte, →Akzeptkredit.

Bank deutscher Länder: →Deutsche Bundesbank, →Bankensystem.

Bankenaufsicht: Aufgrund ihrer zentralen Bedeutung im deutschen Wirtschaftssystem und zur Gewährleistung des Einlegerschutzes unterliegen deutsche Kreditinstitute einer staatlichen Aufsicht, die im →Gesetz über das Kreditwesen kodifiziert ist. Die Genehmigung von Kreditinstituten und Überwachung der laufenden Geschäftstätigkeit ist Aufgabe des **Bundesaufsichtsamtes für das Kreditwesen (BAK)**, das bei der Beaufsichtigung mit der →Deutschen Bundesbank zusammenarbeitet.

Bankenerlaß: Verwaltungsanweisung für die Finanzbehörden, die Maßnahmen zur Aufdeckung von Steuerstraftatbeständen stark einschränkt, um die Bildung von Kapitalrücklagen zu fördern. Der B. stammt aus dem Jahr

1949 und wurde seither mehrfach modifiziert. Er diente auch als Grundlage für das **Bankgeheimnis**. Auskünfte über Bankgeschäfte von Kunden sind nur unter genau festgelegten Voraussetzungen und in Einzelfällen an die Finanzbehörden zulässig. Im Jahr 1989 ist der Inhalt des B. im §30a der Abgabenordnung gesetzlich festgeschrieben worden.

Bankensystem: Ordnungsprinzip für das Kreditwesen eines Landes. Bezeichnung für die →Zentralbank und die Kreditinstitute zusammen. Das deutsche B. bis 1998 war einstufig, d. h. es gab neben den Kreditinstituten eine einzige, unabhängige Zentralbankinstitution, mit der die Kreditinstitute in Geschäftsbeziehungen standen. Bis zur Gründung der Deutschen Bundesbank (1957) bestand in Deutschland ein zweistufiges B. Es gab in den westdeutschen Ländern und in Berlin selbständige Landeszentralbanken, die als Zentralbanken der Kreditinstitute in den einzelnen Ländern fungierten (erste Stufe) und daneben eine Bank deutscher Länder (gegr. 1948) als Zentralbank der Landeszentralbanken (zweite Stufe). Im Jahre 1957 fusionierten die Landeszentralbanken mit der Bank deutscher Länder zur →Deutschen Bundesbank, wobei die Landeszentralbanken ihren unabhängigen Status verloren. Das →Europäische System der Zentralbanken ist wieder zweistufig: zentrale Notenbankinstitution ist die Europäische Zentralbank, daneben existieren die Zentralbanken auf Länderebene, die rechtlich eigenständige Institutionen bleiben.

Banknoten: Papiergeld; der Wert einer B. ergibt sich aus dem aufgedruckten Nennbetrag (in Deutschland (bis 2002): 5, 10, 20, 50, 100, 200, 500, 1000 DM-Noten, in Euro-Währung: 5, 10, 20, 50, 100, 200, 500 Euro-Noten). Das Recht, B. drucken zu lassen und in Umlauf zu bringen, steht - anders als bei den →Scheidemünzen, welche vom Bund ausgeprägt werden - allein der Deutschen Bundesbank zu. B. sind unbeschränktes →gesetzliches Zahlungsmittel. Die B. ergeben zusammen mit den Scheidemünzen das →Bargeld.

Bankplatz: Ort, an dem sich eine Zweiganstalt (Haupt- oder Zweigstelle) der Deutschen Bundesbank befindet; Gegensatz →Nebenplatz, vgl. →Mindestreservesatz.

Bankschuldverschreibungen: →festverzinsliche Wertpapiere, die von den Banken ausgegeben werden. Dazu gehören →Pfandbriefe, →Kommunalobligationen, →Schuldverschreibungen von Spezialkreditinstituten (z. B. Deutsche Genossenschaftskasse, Deutsche Siedlungs- und Landesrentenbank, Industriekreditbank, Landwirtschaftliche Rentenbank, Lastenausgleichsbank) sowie Schuldverschreibungen von →Girozentralen, deren Verkaufserlös vorwiegend zur Kreditgewährung an die gewerbliche Wirtschaft bestimmt ist. Der Verkauf von B. dient den Banken zur Beschaffung von Geldern auf mittlere und lange Fristen. Vgl. auch →Anleihe.

Bankstatistische Gesamtrechnungen: Im Teil I. der Statistiken in den Monatsberichten der Deutschen Bundesbank abgedruckte Übersichten der Entwicklung der Geldbestände im Bilanzzusammenhang, der →Konsolidierten Bilanz des Bankensystems und des Zentralbankgeldbedarfs der Banken sowie der liquiditätspolitischen Maßnahmen der Deutschen Bundesbank bis 1998. Die Zahlen werden weitgehend der →Bista und der Bilanz der Deutschen Bundesbank entnommen.

Bankstellen: Kreditinstitute und ihre Zweigstellen.

Bankwochenstichtag: der 7., 15., 23. und letzte Tag (Ultimo) eines Monats. Vgl. auch →Wochenausweis, →Mindestreserve.

Bargeld: Sammelbegriff für die →Banknoten und →Scheidemünzen. In den →Bankstatistischen Gesamtrechnungen der Deutschen Bundesbank werden zum B.umlauf nur die bei Nichtbanken und im Ausland befindlichen Noten und Münzen gezählt, nicht dagegen die Kassenbestände der Kreditinstitute. Das B. ergibt zusammen mit dem →Giralgeld das →Geldvolumen in der Abgrenzung →»M1«. Vgl. auch →gesetzliche Zahlungsmittel. B.bestände lauten in Deutschland auf D-Mark und Pfennig, bis sie Mitte 2002 endgültig vom Euro-Bargeld abgelöst werden.

Barreserve: Kassenbestände der Kreditinstitute (einschl. ausländischer Zahlungsmittel) sowie Guthaben der Kreditinstitute bei der Zentralbank.

BBankG: →Gesetz über die Deutsche Bundesbank

Befristete Verbindlichkeiten: Verbindlichkeiten von Kreditinstituten mit einer Laufzeit oder Kündigungsfrist von mindestens einem Monat bzw. unter vier Jahren. Vgl. auch →Mindestreserve.

Beteiligungen: Anteile an anderen Unternehmen, die bestimmt sind, dem eigenen Geschäftsbetrieb durch Herstellung einer dauerhaften Verbindung zu jenen Unternehmen zu dienen (§271 Abs. 1 HGB). Für Kreditinstitute gelten nach dem Kreditwesengesetz besondere Beteiligungsbegriffe: Als Beteiligung an einem anderen Unternehmen gilt jeder Besitz des Kreditinstitutes an →Aktien, →Kuxen oder Geschäftsanteilen des Unternehmens, wenn er 10 vH des Kapitals übersteigt. Der Beteiligungsbesitz an Nichtbanken ist auf 15 vH des haftenden Eigenkapitals des Kreditinstituts im Einzelfall bzw. auf 60 vH des haftenden Eigenkapitals insgesamt beschränkt. Hält ein Kreditinstitut an einem anderen Kreditinstitut mindestens 40 vH der Kapitalanteile mittelbar oder unmittelbar, oder kann es beherrschenden Einfluß ausüben, so spricht man von einer **erheblichen B.** (Bedeutung für die Eigenkapitalausstattung der Kreditinstitutsgruppe), während eine **maßgebliche B.** bei Überschreiten der 50-vH-Grenze bzw. der Möglichkeit der Ausübung des beherrschenden Einflusses vorliegt (Bedeutung für →Großkredite). Darüber hinaus definiert §21 (→) KWG eine Bankb. von mindestens einem Viertel des Kapitals an einem Unternehmen als →»Kredit«.

Bista: Kurzform für »Bilanzstatistik«. Gem. §18 BBankG ist die →Deutsche Bundesbank berechtigt, zur Erfüllung ihrer Aufgaben Statistikerstellungen auf dem Gebiet des Bank- und Geldwesens bei allen Kreditinstituten anzuordnen. Die Auswertung des statistischen Materials findet u. a. ihren Niederschlag im Statistischen Teil der

Monatsberichte der Deutschen Bundesbank und den Statistischen Beiheften. Die solchermaßen gewonnenen Informationen dienen der Notenbank (ab 1999 im Rahmen des →ESZB) als Fundament und Kontrollinstrument für geldpolitische Entscheidungen. Die Zahl der monatlich berichtenden Kreditinstitute in Deutschland betrug 3411 per Februar 1998.

Börse: Amtlicher Markt für →Effekten, Devisen und andere vertretbare Güter, auf dem durch einen Makler der bestmögliche Ausgleich zwischen Angebot und Nachfrage herbeigeführt und der damit verbundene Kurs (Preis) festgestellt wird.

Bruttoabwicklungssystem: Speziell für die →Abwicklung von Großbetragszahlungen wurden sogenannte **Echtzeit-B.** eingeführt, bei denen Forderungen und Verbindlichkeiten sofort und endgültig durchgebucht werden, solange sie den Liquiditätsrahmen der vom belasteten Teilnehmer bereitgestellten Sicherheiten (hinterlegte Wertpapiere) nicht übersteigen. Ist dieses Limit überschritten, so werden die ausstehenden Belastungen in eine Warteschlange gestellt, bis der Teilnehmer durch neue Gutschriften wieder genügend Liquiditätsspielraum erhalten hat. Echtzeit-Bruttosysteme (engl. Real Time Gross Settlement, **RTGS**) dienen primär der raschen Abwicklung großer Beträge, sie sind technisch aufwendig und deswegen teuer. Für →EWU-weite Interbankenzahlungen wurde mit **TARGET** (Trans-European Automated Real-Time Gross-Settlement Express Transfer) ein Verbindungssystem zwischen den national existierenden RTGS der Teilnehmerländer eingerichtet.

Buchgeld: →Giralgeld.

Buchkredit: Der dem Kreditnehmer in den Büchern einer Bank eingetragene, nicht an besondere Formen gebundene Kredit. Erhält der Kreditnehmer von dem Kreditinstitut eine Kreditzusage (Kreditlinie), über die er bei Bedarf nach eigenem Ermessen verfügen kann, liegt ein →Kontokorrentkredit vor. Vgl. →Darlehen, →Kassenkredite.

Bundesanleihe: →Anleihe der BRD oder ihrer Sondervermögen mit einer Laufzeit von meist 10 Jahren. Verzinsung entweder fest oder variabel (Floater). Bundesanleihen werden in unregelmäßigen Abständen im kombinierten Konsortial- und Tenderverfahren emittiert und direkt danach in den amtlichen Handel an der →Börse eingeführt.

Bundesaufsichtsamt für das Kreditwesen (BAK): →Bankenaufsicht.

Bundesbankausweis: →Wochenausweis.

Bundesbankgesetz (BBankG): →Gesetz über die Deutsche Bundesbank.

Bundesobligationen: Vom Bund seit Nov. 1979 als Daueremission in aufeinanderfolgenden Serien mit festem Nominalzins und variablen Ausgabekursen begebenes →festverzinsliches Wertpapier mit 5jähriger Laufzeit. Ersterwerbsberechtigt sind nur natürliche Personen, gemeinnützige, mildtätige und kirchliche Einrichtungen. Direkt nach Einstellung des Verkaufs der jeweils laufenden Serie wird ein weiterer Teilbetrag der Serie im →Tenderverfahren begeben. Danach werden die B. an den Wertpapierbörsen eingeführt.

Bundesschatzanweisungen: Im →Tenderverfahren begebenes festverzinsliches Wertpapier des Bundes bzw. seiner Sondervermögen, welches in regelmäßigen Abständen emittiert wird und einen mittleren Laufzeitbereich abdeckt (ca. 2 – 7 Jahre). Erwerb durch jedermann ist möglich, bietungsberechtigt im Tenderverfahren sind nur Kreditinstitute (auch im Kundenauftrag).

Bundesschatzbrief: Vom Bund emittiertes, mit jährlich steigenden Zinssätzen ausgestattetes →Wertpapier mit einer Laufzeit von 6 Jahren (Typ A mit jährlicher Zinszahlung) oder 7 Jahren (Typ B mit Zinsansammlung), bei dem eine vorzeitige Rückgabe (max. 10 000 DM innerhalb von 30 Zinstagen) nach frühestens einem Jahr möglich ist. Die B. werden nicht an der Wertpapierbörse gehandelt. Die Mittel aus der Daueremission von B. fließen dem Bund zu, der dafür auch die Zinsen zu zahlen hat. Käufer von B. sind vor allem private Haushalte, die eine kursrisikolose und vergleichsweise günstig verzinste Geldanlage suchen.

Certificates of Deposit: Kurz »CD's«, sind von Banken ausgegebene fungible →Inhaberpapiere über verbriefte →Termineinlagen (Depositen- oder **Einlagenzertifikate**). Die mit regelmäßiger oder aber auch variabler Verzinsung möglichen Papiere haben Laufzeiten zwischen einigen Tagen und 5 Jahren. Es haben sich internationale Standardlaufzeiten von 30, 90 und 180 Tagen herausgebildet. Euro-Dollar-CD's wurden erstmals 1966 in London eingeführt, seit 1986 sind auf DM lautende C. in der BRD zugelassen. Dennoch waren sie hier vor der →EWU ungebräuchlich, da CD's mit einer Laufzeit bis zu 2 Jahren der →Mindestreserve unterlagen.

Clearing (Verrechnung): Verfahren der Übermittlung, Abstimmung und z. T. Bestätigung von Zahlungsinstruktionen und sonstigen finanziellen Forderungen und Verbindlichkeiten zwischen Banken *vor* der →**Abwicklung (Settlement)** der Zahlungen. Treffen sich die Finanzinstitute an einem einzigen Ort (C.haus oder **Verrechnungsstelle**), um Daten und/oder Belege vorzulegen und auszutauschen, so spricht man von einem **Verrechnungssystem**. In einem solchen System kann vereinbart sein, daß eine Positionenaufrechnung (**Netting**) durchgeführt wird. Bei den dabei integrierten **Nettoabwicklungssystemen** werden sämtliche Verpflichtungen durch Zahlung der Nettingspitzen erfüllt. Beim Settlement gibt es außerdem →**Bruttoabwicklungssysteme**, bei denen während einer Periode Einzelbeträge sofort und ohne Aufrechnung beglichen werden. In der BRD bestehen bei den Zweiganstalten der Deutschen Bundesbank Abrechnungsstellen, die das C. und das Settlement für die am Abrechnungsverkehr teilnehmenden Banken zentral durchführen. Daneben finden auch privatwirtschaftlich organisierte C. statt, z. B. zur Abwicklung von Wertpapiertransaktionen. Rechtlich stellt die Abrechnung im **Nettoverfahren** eine multilaterale Skontration dar (Aufrechnung i. S. v. §§ 387 ff. BGB): Die Abrechnungsstelle rechnet zu einem festen Zeitpunkt für jede Bank die sich aus allen bis dahin eingereichten Abrechnungspapieren bzw. elektronischen Dateien ergebenden Forderungen und Verbindlichkeiten gegeneinander auf. Verbleibt für eine Bank per Saldo ein Überschuß der Forderungen über die Verbindlichkeiten, so wird der Saldenbetrag auf dem Teilnehmerkonto gutgeschrieben. Anderenfalls, wenn sich ein Defizit ergibt, wird das Teilnehmerkonto mit dem Saldenbetrag belastet. Netting dient vor allem der Minimierung des Liquiditätsbedarfes für die Abwicklung des Zahlungsverkehrs, da zwischen den Abrechnungsteilnehmern lediglich ein Spitzenausgleich von Forderungen und Verbindlichkeiten notwendig ist. Allerdings birgt es gewisse Risiken, falls ein C.-Teilnehmer nicht in der Lage ist, seinen Abrechnungssaldo zu decken.

Commercial Paper (CP): Abgezinste (vgl. →Zins) und meist im Rahmen eines vereinbarten Programmvolumens je nach kurzfristigem Finanzierungsbedarf in Tranchen begebene →Inhaberschuldverschreibung mit Laufzeiten von 7 Tagen bis 2 Jahren. Emittenten sind erstklassige Unternehmen im Industrie-, Handels- und Dienstleistungsbereich oder öffentliche Stellen. C. zählen i. w. S. zu den Geldmarktpapieren. In der BRD sind sie seit 1991 zugelassen, bisher aber unbedeutend. Weite Verbreitung haben sie am →Euromarkt, wobei die Anleger vorwiegend Investmentfonds, Versicherungen und Großunternehmen mit Liquiditätsüberschüssen sind.

Darlehen: ein →Kredit, bei dem zwischen Kreditgeber und Kreditnehmer die Kreditsumme, die Verzinsungs- und Rückzahlungsmodalitäten fest vereinbart sind (im Gegensatz zum →Kontokorrentkredit, bei dem der Kreditnehmer über eine eingeräumte Kreditzusage nach eigenem Ermessen verfügt).

Deckungsforderungen: Zur Vermeidung von Härten bei der Währungsreform (1948) wurden später Entschädigungen für den Verlust bestimmter Forderungen (z. B. Altsparguthaben, Sparguthaben Vertriebener) gewährt. Dem Entschädigungsberechtigten wurde von einem Geldinstitut ein entsprechendes Guthaben eingeräumt. Zum Ausgleich dieser Verpflichtungen erhielt das Geldinstitut D. gegen den Lastenausgleichsfonds.

Depositenzertifikate:
Vgl. →Certificates of Deposit.

Derivate: Ein D. stellt ein verbrieftes oder unverbrieftes, handelbares Recht bezogen auf den Börsen- oder Marktwert eines zugrundeliegenden Basisinstrumentes ("klassische" Anlageformen wie Aktien, Anleihen, Devisen, aber auch variable Zinssätze oder Börsenindizes) dar. Der von Zeitraum, Risiko und Kurswert der Basisgröße abhängige Preis und die laufende Bewertung der D.-Position sind dabei unmittelbar mit der Entwicklung des Basiswertes verknüpft, wobei die Wertentwicklung über sog. Hebeleffekte um ein Vielfaches verstärkt auf die D.-Instrumente einwirkt. Dadurch bergen D. teilweise ein erhebliches Risiko, aber auch erhöhte Ertragschancen. Man kann D. zur Absicherung von Kursrisiken (Portfolio, Export-/Importgeschäfte) oder aus rein spekulativen

Motiven verwenden. Zu den D. gehören beispielsweise → Futures, → Swapgeschäfte und → Optionen.

Deutsche Bundesbank: Zentralbank der Bundesrepublik Deutschland. 1957 als Rechtsnachfolgerin der Bank deutscher Länder geschaffen, Sitz: Frankfurt am Main. Die D. erfüllte bis 1998 folgende Hauptfunktionen: Ausgabe von → Banknoten, Haltung der zentralen → Währungsreserven, Kontoführung (zuletzt lediglich auf Guthabenbasis) für die öffentliche Hand, Gewährung von Krediten an Kreditinstitute (→ Rediskontkontingent, → Lombardkredit, → Offenmarktgeschäfte) und Annahme von unverzinslichen Giroeinlagen der Banken (vgl. → Mindestreserve). Die D. war bis 1998 alleinige Trägerin der Geld- und Kreditpolitik, d. h. sie regulierte die Kreditversorgung der Wirtschaft und den Geldumlauf mit dem Ziel, die Währung stabil zu halten. Die geld- und währungspolitischen Befugnisse gehen mit der 3. Stufe der → EWU auf die Europäische Zentralbank über. Die D. ist dann ein integraler Bestandteil des → Europäischen Systems der Zentralbanken (ESZB) zur Durchführung der europäischen Geldpolitik auf nationaler Ebene. Die D. sorgt weiterhin für einen reibungslosen Ablauf des Zahlungsverkehrs und ist in die laufende → Bankenaufsicht mit eingebunden. Die D. ist bei der Ausübung ihrer Funktionen vom Staat unabhängig, hat jedoch unter Wahrung ihrer eigenen Aufgaben auch die staatliche Wirtschaftspolitik zu unterstützen. Oberstes Entscheidungsgremium ist der Zentralbankrat, der aus dem Präsidenten und dem Vizepräsidenten der D., den weiteren Mitgliedern des Direktoriums der D. und den Präsidenten der Landeszentralbanken besteht. Die ursprünglich rechtlich selbständigen Landeszentralbanken haben seit ihrer Fusion mit der Bank deutscher Länder zur D. den Charakter von Hauptverwaltungen der D. in den einzelnen Ländern. Mit der notwendig gewordenen Reform des Bundesbankgesetzes infolge der Deutschen Einheit wurde die Zahl der Landeszentralbanken auf neun z. T. länderübergreifende Hauptverwaltungsstellen verringert. Daneben unterhält die D. noch zahlreiche Zweiganstalten.

Devisenpensionsgeschäfte: Übertragung von Herausgabeansprüchen der Zentralbank auf Dollartitel (bei der Federal Reserve Bank lagernde US-Treasury-Wertpapiere) an Kreditinstitute für eine befristete Zeit. Ziel der D. ist die vorübergehende Absorption von Bankenliquidität im Währungsgebiet. Ein Vorteil der D. gegenüber den → Devisenswapgeschäften liegt darin, daß keine effektiven Dollarüberträge erfolgen und damit der Dollarkurs nicht unmittelbar betroffen wird. Vgl. → Pensionsgeschäfte, → Offenmarktgeschäfte.

Devisenreserven:
→ Währungsreserven.

Devisenswapgeschäfte: Von einer Zentralbank durchgeführte → Swapgeschäfte zur Steuerung der Bankenliquidität. Die Bundesbank schloß D. erstmals am 4. April 1979 zur Stützung des Geldmarktes ab, d. h. sie kaufte US-Dollar per Kasse an und vereinbarte gleichzeitig den Wiederverkauf per Termin zu einem festgelegten → Swapsatz. D. können prinzipiell auch liquiditätsverknappend eingesetzt werden durch Verkauf der Devisen per

Kasse und Rückkauf per Termin (die Deutsche Bundesbank präferierte jedoch zu diesem Zweck →Devisenpensionsgeschäfte). Da die Devisen von den Kreditinstituten regelmäßig an Fremdwährungs-Geldmärkten (→Euro-Markt) angeschafft bzw. angelegt werden, können sich unmittelbare Wechselkurseffekte ergeben. Die Zentralbanken des ESZB setzen D. als Feinsteuerungsinstrument ein.

Disagio: Abschlag; →Wertpapiere werden beim erstmaligen Absatz mitunter mit einem D. verkauft, d. h. der Käufer zahlt den Nennbetrag des Wertpapiers abzüglich eines D. →Aktien dürfen nicht mit einem D. abgesetzt werden (Verbot der Unter-Pari-Emission). Das D. ist auch bei →Darlehen nicht unüblich. Beispielsweise erhält der Darlehensnehmer den vereinbarten Darlehensbetrag abzüglich des D., muß aber den vollen Darlehensbetrag verzinsen und zurückzahlen. Vgl. →Agio.

Diskontieren: →Zins.

Diskontsatz: Zinssatz, den Kreditinstitute an die Deutsche Bundesbank zahlen mußten, wenn sie sich im Rahmen ihres →Rediskontkontingents bei der Deutschen Bundesbank Mittel durch den Verkauf (**Rediskontierung**) von →Wechseln beschaffen wollten. Der D. wurde von der Deutschen Bundesbank festgesetzt und hatte dabei Leitzinsfunktion als Untergrenze für den Tagesgeldsatz auf dem →Geldmarkt. Der D. wurde häufig als Bezugsgröße in Verträgen (z. B. zur Zinsberechnung) verwendet. Ab 1999 tritt an seine Stelle der jeweilige Basiszinssatz, der zunächst aus einer Übernahme des letzten D. der Bundesbank vom 31.12.1998 resultiert und ab 1.5.1999 jeweils vierteljährlich angepaßt werden kann. Im geldpolitischen Instrumentarium des →ESZB ist ein spezifisches Instrument zur Wechselrediskontierung nicht vorgesehen.

Dividendenrendite: →Rendite.

Dividendenwerte: →Wertpapiere, die dem Inhaber nicht einen kalkulierbaren Zinsertrag bringen (wie bei den →Rentenwerten), sondern auf die ein Gewinnanteil (Dividende) aus dem Reingewinn des Unternehmens, das den D. begeben hat, ausgeschüttet wird. Die D. werden im allgemeinen am →Kapitalmarkt gehandelt, wobei der Kurswert sich nach Angebot und Nachfrage richtet und von dem auf dem Wertpapier aufgedruckten Nennwert abweichen kann. Die wichtigsten D. sind →Aktien und →Investmentzertifikate.

Dreimonatsgeld: →Geldmarkt.

Dreimonatsgeldsatz: →Geldmarkt.

Durchlaufende Kredite: Geldmittel, die den Banken zweckgebunden zur Verfügung gestellt werden. Die Banken verwalten diese Mittel treuhänderisch und gewähren aus ihnen Kredite, für die der Treugeber - im allgemeinen ein öffentlicher Haushalt - die Konditionen festlegt.

ECU (European Currency Unit): Europäische Währungseinheit, die bis zur Einführung des →Euro die offizielle Recheneinheit innerhalb der Europäischen Union und das Kernelement des Europäischen Währungssystems

(**EWS**) darstellte. Die E. war als Korbwährung mit individuellen Währungsanteilen der EWS-Mitgliedstaaten konzipiert und existierte als reine Buchgeldwährung. Vgl. →EFWZ.

Effekten: Vertretbare (fungible) →Wertpapiere, die der Kapitalanlage dienen, z. B. →Anleihen, →Aktien. Vertretbar bedeutet, daß einzelne Wertpapierexemplare derart gleich beschaffen sind, daß man sie untereinander austauschen kann; Fungibilität ist notwendig, damit die E. an den →Börsen gehandelt werden können (man erwirbt "irgendein" Wertpapier einer bestimmten Gattung).

EFWZ: Europäischer Fond für währungspolitische Zusammenarbeit; er bestand von seiner Errichtung im April 1973, bis 1994 das →Europäische Währungsinstitut seine Aufgaben übernahm. Bei der Gründung hatte das E. zunächst folgende Aufgaben: Verringerung der Bandbreiten zwischen den Gemeinschaftswährungen, Intervention in Gemeinschaftswährungen und Saldenausgleich zwischen den EG-Zentralbanken. Mit der Installierung des Europäischen Währungssystems (**EWS**) am 13. März 1979 erhielt der E. die Befugnis, Währungsreserven von den Mitgliedsländern entgegenzunehmen und als Gegenwert dafür eine »Verrechnungseinheit« auszugeben. Die →**ECU** (European Currency Unit) ist keine Währung, sondern ein Währungskorb, in dem Anteile der teilnehmenden Länderwährungen nach einem bestimmten Schlüssel enthalten sind. Zur Schaffung eines Anfangsbestands haben die beteiligten Notenbanken 20 vH ihrer Gold- und Dollarreserven beim E. im Rahmen revolvierender (= immer wieder bei Fälligkeit verlängerter) Dreimonatsswaps (→Swapgeschäft) hinterlegt. Die Geschäfte des E. wurden bis 1993 von der Bank für Internationalen Zahlungsausgleich (BIZ), Basel, durchgeführt. Die Funktionen des E. wurden bis 1998 vom →Europäischen Währungsinstitut wahrgenommen und liegen nunmehr bei dessen Nachfolgerin, der Europäischen Zentralbank.

Eigene Schuldverschreibungen: Die als Aktiva einer Bank ausgewiesenen E. bezeichnen →Bankschuldverschreibungen, die eine Bank verkauft (emittiert) hat, jedoch zu einem späteren Zeitpunkt (zum Zweck der Kurspflege) wieder zurückgekauft hat. Die →Inhaberschuldverschreibungen im Umlauf abzgl. der E. ergeben die Inhaberschuldverschreibungen im Umlauf (netto).

Eigenkapitalgrundsätze: →Grundsätze über das Eigenkapital und die Liquidität der Kreditinstitute.

Einlagen: Geldbeträge, die den Kreditinstituten von Nichtbanken oder anderen Banken auf deren Initiative (im Gegensatz zu den →aufgenommenen Geldern) überlassen worden sind. Die E. stellen Verbindlichkeiten der Banken gegenüber ihrer Kundschaft dar und sind die wichtigste Basis für das Kreditgeschäft der Banken. Die E. werden in der Statistik der Deutschen Bundesbank unterteilt in →Sichteinlagen, →Termingelder, →Spareinlagen sowie →Sparbriefe. Dazu zählen auch →durchlaufende Kredite, soweit die Mittel von Nichtbanken zur Verfügung gestellt und noch nicht weitergeleitet wurden, nicht jedoch die den Kreditinstituten aus dem Verkauf von

→ Bankschuldverschreibungen zugeflossenen Mittel. Die Zinsen auf E. werden als → Habenzinsen bezeichnet (im Gegensatz zu den → Sollzinsen für Bankkredite).

Einlagenpolitik: Die → Deutsche Bundesbank konnte bis Mitte 1994 gemäß §17 BBankG den Bund, seine Sondervermögen und die Länder verpflichten, ihre gesamten flüssigen Mittel bei ihr auf Girokonto einzulegen oder ihnen die Verlagerung dieser Mittel in das private Bankensystem gestatten. Solche §-17-Verlagerungen sollten eine »Verflüssigung« (bzw. »Verknappung« bei Rücknahme der Erlaubnis) des Geldmarktes herbeiführen. Die Einlagenpflicht der öffentlichen Haushalte bei der Deutschen Bundesbank wurde mit der Novelle des → Gesetzes über die Deutsche Bundesbank (BBankG) im Jahr 1994 aufgehoben.

Emissionsrendite: → Rendite → festverzinslicher Wertpapiere bei der Emission, d. h. beim erstmaligen Absatz. Sie liegt meist geringfügig unter der Rendite bereits im Umlauf befindlicher Wertpapiere (→ Umlaufsrendite).

Emittent: der Aussteller eines → Wertpapiers.

EURIBOR: vgl. → FIBOR.

Euromarkt: Markt für Devisenguthaben, die außerhalb des Landes, in welchem sie gesetzliches Zahlungsmittel sind, unterhalten werden. Der E. im weiteren Sinn ist nicht auf das Gebiet Europas begrenzt; als Synonyme werden daher auch die Bezeichnungen »Fremdwährungs«- und »Xenomärkte« verwendet. Zentren sind Europa (u. a. London und Luxemburg), Japan und die USA. Auf den E. oder Euro-Finanzmärkten lassen sich drei Teilmärkte unterscheiden: a) der **Euro-Geldmarkt**, auf dem vorwiegend Guthaben zwischen Kreditinstituten gehandelt werden, an dem aber auch große (insbes. multinationale) Unternehmen teilnehmen können; der Zeitraum, für den die Währungen überlassen werden, ist sehr kurzfristig (max. 6 Monate); gehandelt werden außer Staatspapieren auch → Certificates of Deposit und → Commercial Papers; b) der **Euro-Kreditmarkt**, der den Handel mit Krediten (meist auf mittlere Fristen) zwischen Banken und Nichtbanken umfaßt; c) der **Euro-Kapitalmarkt** (Bondmarkt), auf dem langfristige → Wertpapiere gehandelt werden. Der Begriff des E. hat wenig zu tun mit der Einheitswährung → Euro und ihrem Handel, was in der Einführungszeit zunächst für Verwirrung sorgen könnte.

Euro: Gemeinschaftswährung der Mitgliedsstaaten der Europäischen Union, die die nationalen Währungen in zunächst 11 europäischen Ländern ablöst (Belgien, Deutschland, Finnland, Frankreich, Irland, Italien, Luxemburg, Niederlande, Österreich, Spanien, Portugal). → Giralgeld in E. gibt es ab Januar 1999, → Bargeld in E. soll im Jahr 2002 eingeführt werden. Träger der Geldpolitik für den E. ist das → ESZB.

Europäisches System der Zentralbanken (ESZB): Mit der letzten Stufe der Europäischen Wirtschafts- und Währungsunion zu schaffender Verbund aus Europäischer Zentralbank als Zentralinstanz und nationalen Zentralbanken der Mitgliedsstaaten. Das E. fungiert als Träger der Geldpolitik in der Währungsgemeinschaft, hütet gemeinschaftliche Währungsreserven und sorgt für eine reibungslose Abwicklung des Zahlungsverkehrs. Primäres Ziel ist die Gewährleistung von Preisniveaustabilität. Oberstes Entscheidungsgremium ist der EZB-Rat, dem der Präsident, Vizepräsident sowie maximal 4 weitere Direktoriumsmitglieder der Europäischen Zentralbank (**EZB**) sowie die Präsidenten der nationalen Zentralbanken der Teilnehmerstaaten angehören. Das ESZB ist in seinen geldpolitischen Entscheidungen an keinerlei Weisungen von hoheitlichen Organen, sei es auf nationaler oder auf europäischer Ebene, gebunden.

Europäisches Währungsinstitut (EWI, European Monetary Institute, EMI): Mit der 2. Stufe der Europäischen Währungsunion wurde 1994 das EWI eingerichtet, dessen Aufgabe in der Vorbereitung der Endstufe der Währungsunion lag. Das EWI sollte nationale Geldpolitiken stärker koordinieren, um die nötige Konvergenz nationaler Geld- und Währungspolitiken bzgl. Preisniveaustabilität zu erreichen und die Voraussetzungen dafür zu schaffen, daß die neu zu errichtende Europäische Zentralbank mit Beginn der 3. Stufe der Wirtschafts- und Währungsunion ihre Aufgaben sofort vollständig erfüllen kann. Das EWI löste mit Aufnahme seiner Tätigkeit den Gouverneursausschuß der EG-Notenbankpräsidenten ab und übernahm die Aufgaben des →EFWZ. Oberstes Gremium war der EWI-Rat, der aus dem EWI-Präsidenten sowie den Präsidenten der nationalen Zentralbanken bestand. Sitz des E., wie auch der Nachfolgerin Europäische Zentralbank, ist Frankfurt am Main.

Europäische Währungsunion (EWU): Gemäß dem "Vertrag über die Europäische Union", der am 7.2.1992 in Maastricht unterzeichnet wurde, haben sich die Teilnehmerstaaten verpflichtet, eine Wirtschafts- und Währungsunion zu errichten. In der dritten Stufe des Umsetzungsplans wird ab 1999 die Gemeinschaftswährung →Euro eingeführt. Vgl. auch →EWI, →ESZB.

Europäische Zentralbank (EZB): vgl. →Europäisches System der Zentralbanken (ESZB).

Festgeld: →Termingelder.

Festverzinsliche Wertpapiere: →Rentenwerte, →Wertpapiere.

FIBOR (Frankfurt Interbank Offered Rate): Referenzzinssatz im Interbankenhandel, der börsentäglich aus den gebotenen Zinssätzen für 1- bis 12-monatige Termingelder von 19 ausgewählten deutschen Kreditinstituten errechnet wird. Dabei werden die jeweils 2 höchsten und niedrigsten Gebote gestrichen und die übrigen 15 Gebote arithmetisch gemittelt. Mit der →Euro-Einführung verliert die Ermittlung nationaler Geldmarktzinssätze an Bedeutung. Der F. wird deswegen durch den **EURIBOR** (Euro Interbank Offered Rate) ersetzt und um die EONIA-Rate (Euro Overnight Indexed Average Rate) auf Tagesgeldbasis ergänzt.

Finanzierungsdefizit, -überschuß: →Finanzierungssaldo.

Finanzierungspapiere: Von öffentlichen Stellen mit Hilfe der Deutschen Bundesbank zur Kreditbedarfsdeckung ausgegebene → Geldmarktpapiere. Verpflichtet aus dem Papier und somit Schuldner ist die öffentliche Hand.

Finanzierungsrechnung: statistische Gegenüberstellung der Veränderungen der auf Geldwerte lautenden Forderungen (→ Geldvermögen) und Verpflichtungen der Sektoren einer Volkswirtschaft in einem Zeitraum. Die F. der Deutschen Bundesbank unterscheidet nichtfinanzielle Sektoren (private Haushalte, nichtfinanzielle Unternehmen, öffentliche Haushalte, Ausland) sowie finanzielle Sektoren (Deutsche Bundesbank, Kreditinstitute, Bausparkassen, Versicherungen). Die Forderungen bzw. Verpflichtungen werden wie folgt gegliedert: → Bargeld und → Sichteinlagen, → Termingelder, → Spareinlagen, Geldanlagen bei bzw. Darlehen der Bausparkassen und Versicherungen, → Geldmarktpapiere, → festverzinsliche Wertpapiere, → Investmentzertifikate, → Aktien, → Auslandsposition der Deutschen Bundesbank, Bankkredite, sonstige Forderungen bzw. Verpflichtungen. Die F. wird halbjährlich und jährlich von der Deutschen Bundesbank erstellt.

Finanzierungssaldo: Differenz zwischen den Einnahmen und den Ausgaben eines Sektors. Der F. in der → Finanzierungsrechnung ist größengleich der Differenz aus den Veränderungen der Forderungen (→ Geldvermögen) und den Veränderungen der Verpflichtungen eines Sektors. Er gibt somit an, ob und inwieweit ein Sektor im Rahmen seiner Wirtschaftstätigkeit per Saldo finanzielle Mittel von anderen Sektoren aufnehmen mußte (**Finanzierungsdefizit**) oder per Saldo an andere Sektoren abgeben konnte (**Finanzierungsüberschuß**).

Finanzierungsschätze: Daueremissionsinstrument zur Beschaffung finanzieller Mittel für den Bund. Es handelt sich um nicht vorzeitig rückgebbare, abgezinste nicht börsennotierte → unverzinsliche Schatzanweisungen (→ Geldmarktpapiere) mit festen Laufzeiten von 1 oder 2 Jahren. Sie können von jedermann außer Kreditinstituten erworben und nicht vorzeitig zurückgegeben werden.

Finanz-Terminkontrakte: → Futures.

Finanzvermögen: Synonym für → Geldvermögen.

Freie Liquiditätsreserven: Im wesentlichen waren damit Geldmarktpapiere der Banken mit Ankaufszusage der Zentralbank, unausgenutzte → Rediskontkontingente der Banken, Geldmarktanlagen der Banken im Ausland sowie die → Überschußreserven gemeint. Mit dem Übergang auf das Konzept der Geldmengensteuerung der Deutschen Bundesbank im März 1973 ging die Bedeutung der F. als Steuerungsgröße in Deutschland verloren.

Futures: Auch **Finanz-Terminkontrakte** genannte vertragliche Verpflichtungen, eine festgelegte Menge eines Kontraktgegenstandes (Basiswertes) zu einem bestimmten Zeitpunkt (Liefertermin) für einen bei Vertragsabschluß festgelegten Preis zu kaufen oder verkaufen. F. begründen eine feste Abnahme- bzw. Abgabeverpflichtung zu den vereinbarten Konditionen. Meist werden sie jedoch durch Gegengeschäfte glattgestellt, wodurch eine physische Erfüllung nicht stattfindet, sondern lediglich ein Barausgleich vorgenommen wird. Finanz-Terminkontrakte werden an der Deutschen Terminbörse in Form von Aktienindex- (auf DAX-Werte) und Zinsfutures (auf fiktive öffentliche Anleihen) gehandelt.

Geldkapital: längerfristige Forderungen gegenüber den Banken; dazu zählen →Termingelder mit einer Befristung von 4 Jahren und darüber (einschließlich durchlaufender Kredite), →Spareinlagen mit Kündigungsfrist von mehr als drei Monaten, →Sparbriefe, →Inhaberschuldverschreibungen im Umlauf (netto) sowie das Kapital und die Rücklagen der Bundesbank und Kreditinstitute. In den →Bankstatistischen Gesamtrechnungen wird die Bildung von G. bei Kreditinstituten aus inländischen Quellen ausgewiesen. Allgemeiner wird mit dem G. auch die Summe aller Nichtbankenforderungen gegenüber dem →Bankensystem außer dem →Geldvolumen M3 bezeichnet.

Geldmarkt: Markt für den Handel mit Zentralbankguthaben auf kürzere Fristen (bis zu ca. 2 Jahren). Im engeren Sinne umfaßt der G. die befristete Überlassung von Zentralbankgeld vornehmlich unter Banken. Übliche Fristen sind ein Tag (Tagesgeld), ein Monat (Monatsgeld), drei Monate (Dreimonatsgeld) sowie über →Ultimo (Ultimogeld). Der →Zins, zu dem Zentralbankguthaben gehandelt werden, ist der **Geldmarktsatz**. Entsprechend den Fristigkeiten wird zwischen Tagesgeldsatz, Monatsgeldsatz und Dreimonatsgeldsatz unterschieden. Ein steigender Geldmarktsatz ist stets Signal für Liquiditätsverknappung, wohingegen ein sinkender Geldmarktsatz auf eine Entspannung der Liquiditätslage am G. hindeutet. Im weiteren Sinne umfaßt der G. auch den Handel mit →Geldmarktpapieren, der sich überwiegend zwischen den Banken und der Zentralbank abspielt.

Geldmarktfonds: Art des →Investmentfonds, bei dem das Sondervermögen an nationalen oder internationalen →Geldmärkten angelegt wird. Sie ermöglichen es Privatpersonen und Unternehmen, die keinen direkten Zugang zum Geldmarkt haben, ihre liquiden Mittel jederzeit verfügbar und dennoch attraktiv verzinst anzulegen. Im August 1994 wurden »echte« Geldmarktfonds auch in der BRD zugelassen. Zuvor waren lediglich »geldmarktnahe« Fonds in den Grenzen des § 8 Kapitalanlagegesellschaftengesetz zugelassen – also Fonds mit Sondervermögen, das sich zu max. 10 vH aus nicht amtlich notierten Wertpapieren und Schuldscheindarlehen sowie zu max. 49 vH aus Einlagenzertifikaten, sonstigen Geldmarktpapieren und Bankguthaben zusammensetzte. G. haben seit ihrer Einführung in Deutschland rasch einen beträchtlichen Umfang erreicht, der v.a. zu Lasten kurzfristiger →Einlagen ging (speziell: →Termingelder). Die Substitution von »klassischen« Geldanlageformen, die zur →Geldmenge M3 gehören, durch finanzielle Neuerungen, hier in Form von G.anteilen, löste Schwankungen im Geldmengenwachstum (→Geldmengenziel) aus und veranlaßte die Deutsche Bundesbank zur Aufnahme der Bestände an inländischen und ausländischen Geldmarktfondsanteilen in Händen inländischer Nichtbanken in das Geldmengenaggregat »M3 erweitert«.

Geldmarktpapiere: Wertpapiere mit kurzer Laufzeit (bis zu 2 Jahren), deren Begebung primär dem Ziel der Liquiditätsversorgung dient. G. sind u. a. →Schatzwechsel, →unverzinsliche Schatzanweisungen (U-Schätze), sowie →Finanzierungsschätze des Bundes. Der Handel in Geldmarktpapieren findet überwiegend zwischen der Deutschen Bundesbank und den Kreditinstituten statt. G. entstehen aus der Kreditaufnahme öffentlicher Haushalte (→Finanzierungspapiere), aber auch auf Initiative der Deutschen Bundesbank (ab 1999 im Rahmen des →ESZB), die vom Bund die Zurverfügungstellung von Schatzwechseln und unverzinslichen Schatzanweisungen als →Liquiditätspapiere verlangen kann. Aus diesen ist allein die Deutsche Bundesbank verpflichtet. In der BRD bisher unbedeutend sind G. privater Emittenten in Form von →Commercial Papers und →Certificates of Deposit.

Geldmarktsatz: →Geldmarkt.

Geldmenge: Zahlungsmittelbestand einer Volkswirtschaft. Man unterscheidet verschiedene Geldmengenaggregate: Die G. »**M1**« ist die Summe aus dem umlaufenden →Bargeld (ohne Kassenbestände der Kreditinstitute, jedoch einschl. der inländischen Noten und Münzen im Ausland) und den →Sichteinlagen (→Giralgeld) inländischer Nichtbanken im Bankensystem (ohne Sichteinlagen öffentlicher Haushalte bei der Bundesbank). Die G. »**M2**« besteht aus »M1« zuzüglich der Termingelder inländischer Nichtbanken bis unter 4 Jahren. Die G. »**M3**« ergibt sich durch Addition der Spareinlagen mit dreimonatiger Kündigungsfrist zu »M2«. Ferner hat die Deutsche Bundesbank das Konzept der →Zentralbankgeldmenge entwickelt, dem jedoch seit 1988 keine besondere Bedeutung mehr zukam. Darüber hinaus ermittelt die Deutsche Bundesbank zu Vergleichs- und analytischen Zwekken »**M3 erweitert**«. Dabei handelt es sich um die G. »M3« zuzüglich Einlagen inländischer Nichtbanken bei Auslandsfilialen und Auslandstöchtern inländischer Kreditinstitute, bestimmte Inhaberschuldverschreibungen im Umlauf bei inländischen Nichtbanken sowie von Nichtbanken gehaltene Anteile an →Geldmarktfonds, bereinigt um bereits in G. enthaltene Komponenten, d. h. Anlagen des Fondsvermögens in Form von Bankeinlagen und kurzfristigen Bankschuldverschreibungen. Vgl. zum Ganzen auch →Geldmengenziel.

Geldmengenziel: Von der Deutschen Bundesbank von 1975 bis 1998 jeweils im voraus für das Folgejahr bekanntgegebenes Maß für die als angemessen erachtete Ausweitung der Geldmenge. Bestimmungsfaktoren der Zielableitung waren die Wachstumsrate des realen Produktionspotentials, die Berücksichtigung der trendmäßigen Veränderung der Umlaufsgeschwindigkeit des Geldes sowie eine Setzung für den mittelfristig tolerierbaren Preisanstieg (»normative Preiskomponente«). Hintergrund einer Politik vorangekündigter G. ist der Zusammenhang zwischen Geldmengenwachstum und Preisniveausteigerungen. Nachdem die Bundesbank ursprünglich die Zentralbankgeldmenge steuerte (von 1975 bis 1987), ging sie 1988 auf das Geldmengenaggregat M3 über, für welches sie jeweils einen Zielkorridor festlegte, in dessen Bandbreite die Geldmengenentwicklung verlaufen sollte. Die Wahl eines Zielkorridors anstelle einer Linie ermöglicht eine flexiblere Steuerung der Geldmengenentwicklung bei exogenen Datenänderungen. Auch die Europäische Zentralbank (→ESZB) wird G. vorgeben, wenn die Ermittlung der notwendigen vereinheitlichten Daten sowie eine hinreichend stabile Geldnachfrage im einheitlichen Währungsraum gesichert sind.

Geldvermögen: Die Summe aller auf Geldwerte lautenden Forderungen in einer Volkswirtschaft. Den Forderungen stehen dabei in gleicher Höhe Verbindlichkeiten (Verpflichtungen) gegenüber. Die Deutsche Bundesbank unterscheidet die folgenden Bestandteile: →Bargeld und →Sichteinlagen, →Termingelder (einschl. →Sparbriefe), →Spareinlagen, Geldanlagen bei Bausparkassen und Versicherungen, →Geldmarktpapiere (auch diejenigen, die nicht geldmarktfähig sind), →festverzinsliche Wertpapiere, →Investmentzertifikate, →Aktien, →Auslandsposition der Deutschen Bundesbank, Bankkredite, Darlehen der Bausparkassen und Versicherungen, sonstige Forderungen. Die Veränderung des G. und seiner Bestandteile wird in der →Finanzierungsrechnung dargestellt.

Geldvolumen: Das G. gibt die Summe der Nichtbankenforderungen gegenüber dem →Bankensystem wieder, die üblicherweise zur Abwicklung von Zahlungen benutzt werden. Vgl. auch →Geldmenge.

Geschäftsvolumen: Maßstab für den von den Kreditinstituten erreichten Umfang der Geschäftstätigkeit. Das G. in der Abgrenzung der Deutschen Bundesbank ergibt sich aus der Bilanzsumme der Kreditinstitute zuzüglich der Eventualverbindlichkeiten aus weitergegebenen Wechseln, Bürgschaften und Gewährleistungsverpflichtungen, den Kreditnehmern abgerechneten eigenen Ziehungen im Umlauf sowie der aus dem Wechselbestand vor Verfall zum Einzug versandten Wechsel. Die Angaben über das G. in der →Bista enthalten nicht die Eventualverbindlichkeiten aus Bürgschaften und Gewährleistungsverpflichtungen.

Gesetzliche Zahlungsmittel: sind die Teile des →Geldvolumens, die ein Gläubiger zur Befriedigung seiner Forderungen kraft Gesetzes vom Schuldner anzunehmen verpflichtet ist, d. h. deren Annahme er nicht ohne die Rechtsfolge des Verzuges ablehnen darf. In Deutschland zählt dazu nur →Bargeld. Hierbei sind die →Scheidemünzen begrenzt gesetzliches Z., d. h. zur Schuldentilgung muß der Gläubiger bis zum Betrag von 5 DM auf Pfennig lautende Münzen, bis zu 20 DM auf DM lautende Münzen akzeptieren (darüber hinaus nur im Einverständnis mit dem Gläubiger). Dagegen sind →Banknoten unbegrenzt gesetzliches Z. Die sogenannten »Gedenkmünzen der Bundesrepublik Deutschland« sind ebenfalls gesetzliche Z., auch wenn sie in der Praxis kaum zu Zahlungszwecken in den Umlauf gelangen. Nicht zu den gesetzlichen Z. zählt das →Giralgeld, so daß die Begleichung einer Geldschuld durch Hingabe eines →Schecks oder durch Überweisung vom Einverständnis des Gläubigers abhängt, welches jedoch - im Geschäftsverkehr üblich - zumindest stillschweigend erteilt ist. Giralgeld wird mit Beginn der 3. Stufe der →Europäischen Währungsunion sukzessive auf →Euro umgestellt, Anfang 2002 wird auch beim Bargeld die D-Mark ersetzt durch den Euro. Nach einer Übergangsfrist von bis zu 6 Monaten wird der Euro spätestens Mitte 2002 alleiniges gesetzliches Zahlungsmittel sein.

Gesetz über die Deutsche Bundesbank (BBankG): Die rechtliche Grundlage für die Existenz der Deutschen Bundesbank wurde am 26.7.1957 mit dem G. gelegt. Es enthält insgesamt 9 Abschnitte, die das Wesen und die Aufgaben der Deutschen Bundesbank definieren: Im 1. Abschnitt werden Errichtung, Rechtsform und Aufgabe festgelegt, Abschnitt 2 beschreibt die Organisationsstruktur (vgl. →Deutsche Bundesbank); im 3. Abschnitt wird auf das Verhältnis zur Bundesregierung eingegangen (Unterstützung und Kooperation, aber Unabhängigkeit von Weisungen), und Abschnitt 4 definiert die währungspolitischen Befugnisse (Ausgabe von →Banknoten; Bista). Im 5. Abschnitt wird der Geschäftskreis festgelegt (Aufzählung zulässiger Geschäfte mit Kreditinstituten, mit öffentlichen Verwaltungen, am offenen Markt und mit jedermann, Scheckbestätigung, Beleihung und Ankauf von →Ausgleichsforderungen, sonstige Geschäfte auf Grundlage der ESZB-Satzung). Der 6. Abschnitt enthält Vorschriften zu Jahresabschluß und Gewinnverteilung. Weitere allgemeine Bestimmungen über die rechtliche Sonderstellung der Deutschen Bundesbank, Rechtsverhältnisse der Angehörigen, Schweigepflicht, Veröffentlichungen und Satzung sind in Abschnitt 7, Strafbestimmungen und Verfahrensregeln zum Anhalten von Falschgeld in Abschnitt 8 enthalten. Im letzten Abschnitt sind Übergangs- und Schlußbestimmungen zu finden, wobei § 42 über die Ausgabe von →Liquiditätspapieren sowie § 44 über die mögliche Auflösung via Gesetz besondere Bedeutung haben. Mit der 6. Novelle des G. wurden vor allem die währungspolitischen Befugnisse der Deutschen Bundesbank weitgehend auf das →ESZB übertragen.

Gesetz über das Kreditwesen (KWG): Das KWG ist die rechtliche Grundlage für die →Bankenaufsicht in der BRD. Sein Ziel besteht darin, die Funktionsfähigkeit des Bankgewerbes, das besonders vertrauensempfindlich ist, durch Gläubigerschutz zu sichern unter Beachtung marktwirtschaftlicher Grundsätze. Vgl. →Kreditinstitute.

Girale Verfügungen: Abbuchungen, die auf den laufenden Konten (Girokonten, Kontokorrentkonten) vorgenommen werden. Sie zeigen, in welchem Umfang die auf den laufenden Konten befindlichen Mittel für Zahlungen eingesetzt worden sind.

Giralgeld: auch Buchgeld genannt, sind die jederzeit fälligen Guthaben (→Sichteinlagen) der Nichtbanken beim →Bankensystem, über die mittels →Scheck, →Lastschrift oder →Überweisung verfügt werden kann. Zahlungen mit G. (bargeldloser Zahlungsverkehr) werden immer bedeutsamer, jedoch stellt das G. kein →gesetzliches Zahlungsmittel dar. Das G. ergibt zusammen mit dem →Bargeld die →Geldmenge »M1«.

Girozentralen: Zentralinstitute der →Sparkassen. Aufgaben: Durchführung des Überweisungs- und Lastschriftverkehrs der Sparkassen untereinander und mit anderen Banken, Scheck- und Wechseleinzug, Verwaltung der Liquiditätsreserven der Sparkassen, Versorgung öffentlicher Stellen mit Kredit, Emission von Wertpapieren. Die G. sind öffentlich-rechtliche Kreditinstitute.

Gold: →Währungsreserven.

Großbanken: Sammelbegriff für die Commerzbank AG, die Deutsche Bank AG, die Dresdner Bank AG. Sie haben durch überregionale Geschäftstätigkeit beträchtliche Geschäftsvolumina als Aktiengesellschaften mit breit gestreutem Aktienbesitz besondere Bedeutung erlangt. Die G. werden in der →Bista der →Deutschen Bundesbank gesondert ausgewiesen.

Großkredit: Als G. gemäß 6. Novelle des →KWG werden alle von Kreditinstituten an einen einzelnen Kunden bzw. eine Gruppe verbundener Kunden vergebenen Kredite bezeichnet, die mindestens 10 vH des haftenden Eigenkapitals des Kreditinstituts betragen. G. sind bei der Deutschen Bundesbank zu melden. Gemäß § 13 des →KWG dürfen ein einzelner G. 25 vH und die Summe aller G. das Achtfache des haftenden Eigenkapitals nicht übersteigen.

Grundsätze über das Eigenkapital und die Liquidität der Kreditinstitute: Das →Bundesaufsichtsamt für das Kreditwesen hat im Einvernehmen mit der Deutschen Bundesbank Grundsätze aufgestellt (abgedruckt in den Geschäftsberichten der Deutschen Bundesbank), nach denen es für den Regelfall beurteilt, ob bei Kreditinstituten das Eigenkapital angemessen ist und die Liquidität ausreicht. Die Baseler Kapitaladäquanzrichtlinie, die als Reaktion auf neuartige Geschäftsrisiken der Banken beim Handel mit →Wertpapieren und →Derivaten international verabschiedet wurde, führte zu einer ab Oktober 1998 gültigen Neufassung des Grundsatzes I (auch Ia alt ablösend) zur Eigenmittelunterlegung von Marktrisiken in Finanzinstrumenten. Mit Hilfe individueller, zugelassener Risikosteuerungsmodelle ermitteln die Banken nunmehr ihre Risikopositionen, die sie mit genügend Eigenmitteln verschiedenen Sicherheitsranges unterlegen müssen. Die Liquiditätsgrundsätze (Grundsätze II und III) beschränken den Umfang nicht liquider Anlagen indirekt, indem sie bestimmen, in welchem Umfang einzelne Passivpositionen zur Finanzierung bestimmter Aktiva verwandt werden dürfen.

Habenzins: →Zins, der einem Kunden für Guthaben bei Banken und für Sparbriefe vergütet wird. Vgl. →Sollzinsen.

Hypothekarkredit: langfristiger Kredit, der durch die Einräumung einer Hypothek gesichert ist. Unter einer Hypothek (grch. Unterpfand) ist das Recht des Kreditgebers zu verstehen, sich aus dem mit der Hypothek belasteten Gebäude oder Grundstück zu befriedigen, wenn der Kreditnehmer seinen Verpflichtungen zur Kredittilgung nicht nachkommt. Die Hypothek ist streng akzessorisch, d. h. an das Bestehen einer persönlichen Forderung gebunden. Erlischt diese, so wandelt sich die Hypothek in eine Eigentümergrundschuld. Man unterscheidet Buch-

oder Briefhypothek und Verkehrs- oder Sicherungshypothek. Hypotheken können auch für Schiffe und Luftfahrzeuge bestellt werden.

Indossamentsverbindlichkeiten: I. sind Eventualverbindlichkeiten aus → indossierten, aber noch nicht eingelösten Wechseln. Geben die Kreditinstitute angekaufte → Wechsel weiter (z. B. im Rahmen ihres → Rediskontkontingents an die Deutsche Bundesbank), so haften sie als Indossanten (Indossant = derjenige, der einen Wechsel an einen Dritten überträgt) aus dem Wechsel für den Fall, daß der aus dem Wechsel Bezogene bei Fälligkeit nicht zahlt. Diese Haftung wird durch die I. ausgedrückt.

Indossieren: Anbringen eines schriftlichen Vermerkes (**Indossament**) auf der Rückseite eines Orderpapiers (→ Wertpapiere), z. B. eines Wechsels oder Orderschecks, das Eigentum und Rechte aus dem Papier auf den im Indossament genannten Berechtigten (Indossatar) überträgt.

Industrieobligationen: → festverzinsliche Wertpapiere, die von industriellen Unternehmen (im Gegensatz zu den → Bankschuldverschreibungen oder zu den → Anleihen der öffentlichen Hand) emittiert werden. Das emittierende Unternehmen erhält von dem Käufer einen Geldbetrag in Höhe des Nennbetrags der I. (zzgl. eines → Agios oder abzgl. eines → Disagios) für deren Laufzeit und zahlt dafür einen fest vereinbarten Zins. Die Möglichkeit, sich durch die Emission von I. Geldmittel zu verschaffen, ist in der Regel nur größeren Unternehmen vorbehalten, die ihre Bilanzen publizieren und deren Kreditwürdigkeit somit eher bekannt ist.

Inhaberpapiere: → Wertpapiere.

Inhaberschuldverschreibungen im Umlauf: → Schuldverschreibung. Die unter den Passiva der Banken ausgewiesenen I. bezeichnen die von den Kreditinstituten ausgegebenen → Bankschuldverschreibungen. Vgl. auch → Eigene Schuldverschreibungen.

Inkassopapiere: Wertpapiere, Dokumente und Forderungspapiere, z. B. → Schecks, → Wechsel, → Lastschriften, Zins- und Dividendenscheine, die ein Kunde seiner Bank mit dem Auftrag übergibt, die Einlösung bei dem aus dem I. zur Zahlung Verpflichteten zu veranlassen.

Inlandsaktiva: Forderungen inländischer Banken gegenüber inländischen Banken und Nichtbanken.

Inlandspassiva: Verbindlichkeiten inländischer Banken gegenüber inländischen Banken und Nichtbanken.

Internationaler Währungsfond (IWF): Der IWF (gegr. 1944, Sitz: Washington, D.C.) ist eine internationale Einrichtung, die neben der Überwachung und Regulierung der internationalen Währungsbeziehungen insbesondere die Aufgabe hat, Länder, die in ihrem Außenwirtschaftsverkehr Defizite erzielen, mit Überbrückungskrediten zum Ausgleich der Defizite zu versorgen. Mitglied im IWF sind z. Z. 182 Länder (Stand: April 1998). Vgl. auch → Sonderziehungsrechte.

Investmentfonds: auch Kapitalanlagegesellschaften genannt, sind Kreditinstitute, die sich durch den Verkauf von →Investmentzertifikaten Mittel beschaffen. Investmentzertifikate verbriefen das Miteigentum an einem **Sondervermögen**, welches nach Art der Anlagewerte ein Wertpapiersondervermögen (Aktien-, Renten- oder gemischte Fonds, wahlweise mit oder ohne Ertragsausschüttung), ein Grundstückssondervermögen (Immobilienfonds), ein Geldmarktsondervermögen oder ein Beteiligungssondervermögen sein kann. Als weitere Varianten kommen Leasing- oder Warenfonds in Betracht. Die angeschafften Vermögenswerte bilden ein Sondervermögen, das entweder Eigentum des Fonds (Treuhandlösung) oder Miteigentum der Zertifikatsinhaber (Miteigentumslösung) sein kann. Bei offenen I. ist die Anzahl der auszugebenden Investmentzertifikate nicht begrenzt. Zertifikate werden grundsätzlich zurückgenommen, wenn der Inhaber sie veräußern will. Bei geschlossenen Fonds ist die Anzahl der auszugebenden Zertifikate genau begrenzt; sie werden nicht zurückgenommen. Die offenen I. überwiegen. In Deutschland erst seit einigen Jahren zulässig sind sogenannte »echte« →Geldmarktfonds, deren Sondervermögen sich überwiegend aus Geldmarktpapieren und liquiden Mitteln zusammensetzt.

Investmentzertifikate: Anteilscheine über die als Sondervermögen eines →Investmentfonds gehaltenen Kapitalanlagen. Die Inhaber von I. haben unter anderem Anspruch auf den Gewinn, den der Fonds aus seinen Geldanlagen zieht, wobei die Erträge je nach Vertragstyp ausgeschüttet oder akkumuliert (thesaurierende Fonds) werden. Der Ausgabepreis der I. offener Fonds wird täglich ermittelt aus dem Wert des Fondsvermögens (z. B. Börsenkurse der Wertpapiere), dividiert durch die Zahl der Anteile, zuzüglich eines Aufschlags für die Kosten der Anschaffung des Fondsvermögens und die Ausgabe der I.

Ist-Reserve: →Mindestreserve.

Kapitalanlagegesellschaft: →Investmentfonds.

Kapitalmarkt: Markt für den Handel mit Geld auf lange Fristen (Kredite und Beteiligungskapital). Herz des K. ist die Wertpapierbörse, an der Angebot und Nachfrage nach börsengängigen →Renten- und →Dividendenwerten zusammenlaufen (Kapitalmarkt im engeren Sinn). Vom organisierten K. spricht man, wenn zu dem Wertpapiermarkt noch der Hypothekenmarkt hinzugerechnet wird. Partner am K. sind Banken, Unternehmen, öffentliche Stellen, private Haushalte, Ausländer und die Deutsche Bundesbank. Der K. dient insbesondere der Fristentransformation von Geld, d. h. der Umwandlung von kurzfristiger Geldanlagebereitschaft in langfristige Kredite. Geldanleger, die sich nicht für lange Fristen binden wollen, können dennoch langfristige Wertpapiere kaufen, weil sie diese Papiere jederzeit, auch vor Fälligkeit, am K. wieder veräußern können - wenn auch unter Umständen mit Kursverlusten. Vgl. auch →Geldmarkt.

Kapitalmarktzins: →Zins für die Überlassung von Geld auf lange Fristen, meist in enger Abgrenzung verwendet als →Rendite von →Rentenwerten. Häufig wird die →Emissionsrendite oder die →Umlaufsrendite festverzinslicher Wertpapiere als Indikator für den K. verwendet.

Kapitalsammelstellen: alle Institutionen, die Geldmittel ansammeln und diese Geldmittel weiterverleihen bzw. am →Kapitalmarkt anlegen. Dazu gehören grundsätzlich alle Banken, die Versicherungsunternehmen, Bausparkassen, →Investmentfonds, aber auch die Träger der Rentenversicherung, z. B. die Bundesversicherungsanstalt für Angestellte sowie die Bundesanstalt für Arbeit.

Kassageschäft: Handelsgeschäfte, z. B. an Effektenbörsen, mit sofortiger Erfüllung nach Vertragsabschluß (i.d.R. bedeutet »sofort« innerhalb von 2 Geschäftstagen). Vgl. auch →Termingeschäft.

Kassenkredite: Sammelbegriff für kurzfristige →Buchkredite und →Schatzwechselkredite, die die →Deutsche Bundesbank bis zu bestimmten Höchstgrenzen dem Bund, der Deutschen Bundesbahn, der Deutschen Bundespost, dem Lastenausgleichsfonds, dem ERP- Sondervermögen sowie den Bundesländern gewähren durfte. Seit 1.1.1994 gilt das EU-Verbot für notenbankfinanzierte Kredite an öffentliche Haushalte (§ 104 des EU-Vertrages), weshalb diese kurzfristigen Kreditlinien bei der Deutschen Bundesbank ersatzlos gestrichen wurden. Parallel dazu wurde die Einlagenpflicht der öffentlichen Haushalte gemäß § 17 BBankG aufgehoben (Vgl. →Einlagenpolitik).

Kassenobligationen: Obligationen mit mittelfristigen, festen Laufzeiten von i. d. R. 1 bis 4 Jahren, die von Kreditinstituten ausgegeben werden können. Die ehemaligen K. des Bundes, welche über die Deutsche Bundesbank ausgegeben wurden und der Finanzierung der öffentlichen Hand dienten, sind inzwischen durch die →Bundesschatzanweisungen ersetzt worden.

Kommunalobligationen: →festverzinsliche Wertpapiere, die von →Realkreditinstituten und Girozentralen ausgegeben werden. Die aus dem Verkauf der K. aufkommenden Mittel dürfen nur zur Kreditvergabe an öffentliche Kreditnehmer verwandt werden bzw. an andere Kreditnehmer grundsätzlich nur dann, wenn eine öffentliche Körperschaft oder Anstalt hierfür bürgt. Die Laufzeit der K. beträgt im allgemeinen 10 bis 15 Jahre. Die K. gehören zu den →Bankschuldverschreibungen.

Konsolidierte Bilanz: Allgemein versteht man unter einer K. die zusammengefaßte Bilanz der Obergesellschaft eines Konzerns und der einzubeziehenden Konzernunternehmen, in der alle internen Beziehungen (gegenseitige Forderungen, Verbindlichkeiten, Beteiligungen, Kapital und Gewinne) zu eliminieren sind. **Die K. des Bankensystems** stellt die zusammengefaßte Bilanz der Zentralbank und der Kreditinstitute dar, wobei Forderungen und Verbindlichkeiten zwischen der Zentralbank und den Kreditinstituten sowie der Kreditinstitute untereinander aufgerechnet werden, so daß nur Forderungen und Verbindlichkeiten des Bankensektors gegenüber inländischen Nichtbanken und gegenüber Ausländern ausgewiesen werden. Allerdings verbleibt bei der Konsolidierung eine Differenz (der **Überschuß der Interbankenverbindlichkeiten**), die sich wesentlich aus zeitlichen Buchungsdifferenzen ergibt. Da die K. für Stichtage aufgestellt wird, ist es möglich, daß eine Bank eine Forderung gegenüber einer anderen Bank bereits verbucht hat, während die entsprechende Gegenbuchung bei der anderen Bank erst nach dem Stichtag erfolgt. Solche Buchungsdifferenzen sind nicht auszuschließen, da der Austausch von Buchungsunterlagen, z. B. die Übersendung der Schecks von einer Bank zu einer anderen, Zeit benötigt.

Kontokorrentkredit: → Buchkredit, der durch Inanspruchnahme einer auf einem Kontokorrentkonto eingeräumten Kreditlinie in Anspruch genommen wird. Neben den vereinbarten Sollzinsen sind bei Überziehung der Kreditlinie zusätzlich Überziehungszinsen zu entrichten.

Kredit: Vielschichtig verwendeter Begriff, der 1. das Vertrauen in die Fähigkeit eines Kreditnehmers, seinen Verpflichtungen nach zukommen, 2. die Überlassung eines bestimmten Geldbetrages für eine bestimmte Zeit (i. d. R. gegen → Zinsen) sowie 3. das übertragene Kapital bezeichnet; Kreditgewährung ist v.a. abhängig von der Kreditwürdigkeit eines Schuldners. Man unterscheidet Geldleihe und Kreditleihe. Geldgeschäfte sind beispielsweise der → Kontokorrentkredit, der Diskontkredit, der → Lombardkredit, wohingegen → Akzept- und Avalkredite Kreditleihgeschäfte sind. Nach der Laufzeit unterscheidet die Deutsche Bundesbank kurzfristige Kredite (bis zu 1 Jahr), mittelfristige K. (1 Jahr bis unter 4 Jahren) und langfristige K. (4 Jahre und mehr). Die Gewährung eines K. wird entweder in den Büchern von Kreditgebern und Kreditnehmern festgehalten (→ Buchkredit, → Kontokorrentkredit und → Darlehen) oder durch eine Schuldurkunde verbrieft (→ Wechseldiskontkredit, K. durch Emission von → Rentenwerten, → Schatzwechselkredit). Die K. können u. a. nach ihrem Zweck (z. B. Konsumkredit), nach ihrer Sicherung (→ Hypothekarkredit, → Lombardkredit) oder nach Kreditgebern oder Kreditnehmern differenziert werden. Durch die Gewährung eines K. entsteht für den Kreditgeber eine **Forderung** (ein Guthaben) und für den Kreditnehmer eine **Verbindlichkeit** (Verpflichtung).

Kreditbanken: Sammelbegriff für die → Großbanken, → Regionalbanken und sonstigen Kreditbanken, → Privatbankiers und die Zweigstellen ausländischer Banken.

Kreditgenossenschaften: Selbsthilfeinstitute des gewerblichen Mittelstandes und der Landwirtschaft, die für ihre Mitglieder – heute für jedermann – grundsätzlich alle Bankgeschäfte betreiben. Die K. werden im wesentlichen unter der Bezeichnung »Raiffeisenbanken« und »Volksbanken« geführt.

Kreditinstitute: Unternehmen, die Bankgeschäfte betreiben, deren Umfang einen in kaufmännischer Weise eingerichteten Geschäftsbetrieb erfordert (§ 1 des → Gesetzes über das Kreditwesen). Bankgeschäfte sind: Annahme fremder Gelder als Einlagen (Einlagengeschäfte), Gewährung von Gelddarlehen und Akzeptkrediten (Kreditgeschäft), Ankauf von Wechseln und Schecks (Diskontgeschäft), Anschaffung und Veräußerung von Wertpapieren für andere (Effektengeschäft), Verwahrung und Verwaltung von Wertpapieren für andere (Depotgeschäft), Investmentgeschäfte nach dem Kapitalanlagegesellschaftengesetz, Eingehen von Verpflichtungen, Darlehensforderungen vor Fälligkeit zu erwerben, Übernahme von Bürgschaften, Garantien u. ä. (Garantiegeschäft), die Durchführung des bargeldlosen Zahlungsverkehrs und des Abrechnungsverkehrs (Girogeschäft), die Plazierung von Finanzinstrumenten (Emissionsgeschäft), die Ausgabe vorausbezahlter, allgemein akzeptierter Zahlungskarten (Geldkartengeschäft) sowie die Schaffung und Verwaltung von Zahlungseinheiten in Rechnernetzen (Netzgeldgeschäft). Die deutschen Banken sind überwiegend Universalbanken, d. h. sie betreiben grundsätzlich mehrere oder alle Bankgeschäfte. Für K., die lediglich Wertpapiere emittieren (Wertpapierfirmen) sowie für Finanzdienstleistungsinstitute (z.B. Wechselstuben) gelten nur gewisse Teile des → KWG.

Kreditinstitute mit Sonderaufgaben: Spezialkreditinstitute, z. B. die AKA Ausfuhrkredit GmbH (Spezialbank für Kredite im Exportgeschäft), Wohnungsbauförderungsanstalten und die Kreditanstalt für Wiederaufbau.

Kreditwesengesetz: → Gesetz über das Kreditwesen.

Kündigungsgeld: → Termingelder.

Kux: Namenspapiere (→ Wertpapiere), die einen bestimmten Anteil an einer bergrechtlichen Gewerkschaft verbriefen.

KWG: → Gesetz über das Kreditwesen.

Landeszentralbank: → Deutsche Bundesbank.

Lastschrift: Schriftliche Weisung eines Gläubigers an seine Bank, zu Lasten des Schuldners (des Zahlungspflichtigen) einen bestimmten Geldbetrag einzuziehen. Die Berechtigung des Gläubigers zur Ausstellung einer L. basiert entweder auf einer entsprechenden Ermächtigung durch den Schuldner (Einzugsermächtigungsverfahren; beispielsweise ermächtigt der Besitzer eines Rundfunkgeräts die Gebühreneinzugszentrale, die Rundfunkgebühren zu Lasten seines Bankkontos per L. einzuziehen) oder auf der Einverständniserklärung des Schuldners gegenüber seinem Kreditinstitut, L. bestimmter Gläubiger vom Girokonto abzubuchen (Abbuchungsauftragsverfahren, inzwischen unüblich). Die Verfahrensart ist vor allem für das Widerspruchsrecht des Schuldners von Bedeutung. Geregelt ist das Lastschriftverfahren in dem zwischen den Spitzenverbänden des Kreditgewerbes vereinbarten »Abkommen über den Lastschriftverkehr«.

Liquiditätsgrundsätze: → Grundsätze über das Eigenkapital und die Liquidität der Kreditinstitute.

Liquiditätspapiere: → Schatzwechsel und → unverzinsliche Schatzanweisungen, die der Bund der Deutschen Bundesbank auf deren Verlangen gem. § 42 des → Bundesbankgesetzes bis zu einem Höchstbetrag von 50 Mrd. DM zur Verfügung stellen muß. Mit den L. kann die Deutsche Bundesbank → Offenmarktgeschäfte betreiben. Bis 1992 gab es neben L. auch → Mobilisierungspapiere, die dem gleichen

Zweck dienten, jedoch betraglich auf die Höhe der → Ausgleichsforderungen bei der Deutschen Bundesbank beschränkt waren.

Lombardforderungen: Forderungen der Deutschen Bundesbank an die Kreditinstitute aus der Gewährung von → Lombardkrediten.

Lombardkredite: Die Kreditinstitute konnten bis 1998 bei der Deutschen Bundesbank L. (verzinsliche → Darlehen gegen Pfänder auf längstens 3 Monate) gegen die Verpfändung der bis dahin in § 19 Abs. 1 Nr. 3 des → Bundesbankgesetzes verzeichneten Wertpapiere aufnehmen. Der L. sollte grundsätzlich nur der kurzfristigen Überbrückung vorübergehender Liquiditätsengpässe dienen. Die Deutsche Bundesbank war zur Gewährung von L. nicht verpflichtet. Ob sie auf ein entsprechendes Kreditersuchen einer Bank einging, richtete sich »nach der allgemeinen kreditpolitischen Lage und nach den individuellen Verhältnissen des Kreditsuchenden«. Sofern der Instrumenteneinsatz nicht eingeschränkt wurde (wie z. B. bei der »Aussetzung« des L. 1973, 1974 und 1981), stellte der L. im Rahmen obiger Bedingungen eine grundsätzlich unbegrenzte Refinanzierungsmöglichkeit dar. Für die bedarfsgerechte Steuerung des Geldmarktes durch die Deutsche Bundesbank war es wichtig, daß der L. die teuerste Refinanzierungsart der Kreditinstitute blieb, weil ansonsten seine Aufnahme nicht mehr durch die Notenbank abschätzbar gewesen wäre (»Lombardfalle«).

Lombardsatz: Zinssatz, zu dem die Deutsche Bundesbank als »Lender of Last Resort« den Banken grundsätzlich eine unbegrenzte Refinanzierung anbot. Der L. lag stets über dem → Diskontsatz.

Mindestreserve: Pflichtguthaben, das die Kreditinstitute bei der Zentralbank auf ihre reservepflichtigen Verbindlichkeiten monatlich unterhalten müssen. Die Pflicht zur Unterhaltung von M. stellt neben der Versorgung mit → Bargeld die wesentliche Determinante für die Nachfrage nach → Zentralbankgeld dar und macht die Kreditinstitute insoweit von der Notenbank abhängig (»Anbindungsfunktion der M.«). Die Mindestreservehaltung bindet Zentralbankgeld der Banken und erschwert damit die Kreditexpansion. Die Sollhöhe der M. (**Mindestreserve-Soll**) wird errechnet aus dem → Mindestreservesatz multipliziert mit den reservepflichtigen Verbindlichkeiten der Banken (das waren in Deutschland bis 1998 → Sichtverbindlichkeiten, → befristete Verbindlichkeiten und → Spareinlagen sowie nicht bei anderen mindestreservepflichtigen Kreditinstituten aufgenommene, kurz- und mittelfristige Gelder). Zur vereinfachten Bestimmung des M.-Solls konnte die Deutsche Bundesbank den Bestand an Verbindlichkeiten statt taggenau auch aus den 4 Werten der → Bankwochenstichtage errechnen lassen. Die Sollhöhe wurde um 2 Wochen versetzt vor der Isthöhe errechnet, bezog sich also zur Hälfte auf den Vormonat, was die rechtzeitige Disponierung der Kreditinstitute erleichterte. Unterschritt die Ist-Reserve (die tatsächliche Höhe der von den Banken gehaltenen M.) das Mindestreserve-Soll, so war auf den Fehlbetrag ein Strafzins in Höhe von 3 vH über dem → Lombardsatz für einen Monat zu zahlen.

Die M. wurde in Deutschland nicht verzinst. Im ESZB ist die Erhebung einer M. ebenfalls vorgesehen, jedoch werden die Einlagen der Kreditinstitute bei den Zentralbanken aufgrund der M.vorschriften verzinst (mit dem durchschnittlichen Zinssatz des Hauptrefinanzierungsinstruments). Die M.-Sollhöhe wird anhand der Monatsendstandes in den Bankbilanzen ermittelt, der für den M.-Istwert relevante Zeitraum beträgt einen Monat und läuft vom 24. des laufenden bis zum 23. des Folgemonats. - Grundsätzlich möglich wäre auch die Erhebung einer M. auf die Forderungen (Kredite) der Banken (sog. **Aktiv-Mindestreserve**).

Mindestreservesatz: Prozentsatz bezogen auf die reservepflichtigen Verbindlichkeiten reservepflichtiger Kreditinstitute. Die Deutsche Bundesbank setzte in der Vergangenheit verschiedene M. fest; eine Differenzierung konnte dabei erfolgen nach:

- **Art und Fristigkeit der reservepflichtigen Verbindlichkeiten:** für →Sichtverbindlichkeiten galten höhere Sätze als für →befristete Verbindlichkeiten und dort wieder höhere Sätze als für →Spareinlagen (nach dem Bundesbankgesetz durften die M. für Gebietsansässige auf Sichtverbindlichkeiten 30 vH, auf befristete Verbindlichkeiten 20 vH und auf Spareinlagen 10 vH nicht übersteigen),

- **Bankplatz und Nebenplatz:** für Kreditinstitute an →Bankplätzen galten bis Februar 1978 höhere M. als für Kreditinstitute an →Nebenplätzen, danach fiel dieses sog. »Nebenplatzprivileg« weg,

- **Progressionsstufen:** die reservepflichtigen Sichtverbindlichkeiten der Kreditinstitute wurden bis 1.3.1993 in drei Reservestufen (bis 10 Mio. DM; über 10 bis 100 Mio. DM; über 100 Mio. DM), mit von Stufe zu Stufe höherem M. eingeteilt (bis 30. April 1986 wurden auch für befristete Verbindlichkeiten und Spareinlagen Progressionsstufen festgesetzt). Da der M. nur für die Verbindlichkeiten der jeweiligen Reservestufe anzuwenden war, nahm durch dieses sog. **Progressionsstaffelverfahren** die durchschnittliche Mindestreservebelastung mit steigendem Einlagevolumen kontinuierlich zu,

- **Herkunft der Verbindlichkeiten:** gegenüber Gebietsansässigen und gegenüber Gebietsfremden (M. bis zu 100 vH war möglich),

- **Bestand und Zuwachs:** Auf den Zuwachs an Verbindlichkeiten in einem Zeitraum (sog. Zuwachs-Mindestreserven) konnte ein anderer M. als auf den Bestand an Verbindlichkeiten erhoben werden.

Mindestreserve-Soll: →Mindestreserve.

Mobilisierungspapiere: →Schatzwechsel und →unverzinsliche Schatzanweisungen, die der Bund der →Deutschen Bundesbank auf deren Verlangen gemäß der alten Fassung des § 42 des →Bundesbankgesetzes bis zum Nennbetrag der der Deutschen Bundesbank zustehenden →Ausgleichsforderungen aushändigen mußte. Es handelte sich hierbei nicht um eine Kreditgewährung an den Bund (der Bund erhielt den Gegenwert der M. nicht ausgezahlt). Vielmehr ließ sich die Deutsche Bundesbank M. aushändigen, um ausreichende Bestände an Papieren für ihre →Offenmarktgeschäfte zur Verfügung zu haben. Wollte die Deutsche Bundesbank Zentralbankgeld binden, so bot sie M. an. Die Bundesbank war den Käufern der M. gegenüber zur Einlösung der M. bei Fälligkeit verpflichtet. Mit Inkrafttreten des Vierten Gesetzes zur Änderung des Gesetzes über die Deutsche Bundesbank zum 1. November 1992 entfiel die Möglichkeit der Begebung von M. und wurde durch eine wesentlich verbesserte Möglichkeit der Begebung von →Liquiditätspapieren ersetzt (§42 BBankG).

Monatsgeld: →Geldmarkt.

Monatsgeldsatz: →Geldmarkt.

Namenspapier: →Wertpapier.

Nebenplatz: Ort, an dem sich keine Zweiganstalt der Deutschen Bundesbank befindet, Gegenteil: →Bankplatz. Vgl. →Mindestreservesatz.

Nebenplatzprivileg: →Mindestreservesatz.

Netting: Gegenseitige Aufrechnung von Forderungen und Verbindlichkeiten. Vgl. →Clearing.

Nichtbanken: Private Haushalte einschl. private Organisationen ohne Erwerbscharakter (z. B. Vereine, Kirchen, Gewerkschaften), Unternehmen (außer Kreditinstitute), öffentliche Haushalte einschl. Sozialversicherungsträger.

Normkontingente: →Rediskontkontingent.

Noten: →Banknoten.

Obligation: Synonym für →festverzinsliche Wertpapiere.

Offenmarktgeschäfte: An- und Verkauf bestimmter in § 21 BBankG festgelegter Wertpapiere durch die →Deutsche Bundesbank am offenen Markt zur Regelung des Geldmarktes. Während Ankäufe liquidisierende Wirkung haben und die Situation am Geldmarkt auflockern, kommt Verkäufen durch die Notenbank liquiditätsverknappende Wirkung zu. Die klassische Form der Offenmarktpolitik erwies sich jedoch zur Liquiditätssteuerung als zu inflexibel, da insbesondere die Wiederveräußerung einmal angekaufter Papiere z. T. problematisch wurde und zudem der dauerhafte Ankauf von Schuldverschreibungen des Staates den Vorwurf der Staatsfinanzierung begünstigte. Ab 1979 stellte die Deutsche Bundesbank den Kreditinstituten zunehmend Zentralbankgeld über »Offenmarktgeschäfte mit Wertpapieren unter Rückkaufsvereinbarung« zur Verfügung. Bei dieser – auch →Wertpapierpensionsgeschäfte genannten – Variante kaufte die Notenbank bestimmte Wertpapiere, die sie zurückzugeben verpflichtet war (»echtes« Pensionsgeschäft), entsprechend ihren »Bedingungen für Offenmarktgeschäfte mit Wertpapieren unter Rückkaufsvereinbarung« auf Zeit an. Geldpolitisch vorteilhaft wirkt sich aus, daß die jeweilige Initiative von der Notenbank ausgeht und die Geschäfte reversibel sind. Diese Form der Offenmarktgeschäfte wird oftmals im →Tenderverfahren angeboten.

Option: Mit einer O. erwirbt ihr Käufer das Recht, vom Verkäufer

(Stillhalter) innerhalb einer festgelegten Frist zu einem bei Vertragsabschluß ausgemachten Preis die Lieferung bzw. die Abnahme einer bestimmten Leistung (Kaufoption bzw. Verkaufsoption) fordern zu können. Für diese - für den Käufer nicht bindende - Möglichkeit zahlt er dem Stillhalter die sog. **Optionsprämie**.

Orderpapier: → Wertpapier.

Outright-Geschäfte (Sologeschäfte): → Termingeschäft ohne gleichzeitigen Abschluß eines → Kassageschäfts als Gegengeschäft. Oftmals abgeschlossen von Exporteuren oder Importeuren, die somit eine sichere Kalkulationsbasis für später fällige Devisen erreichen und das Kursrisiko auf die Bank abwälzen. Die Bank wird versuchen, das Risiko ihrerseits durch entsprechende Bilanz-Gegenpositionen auszugleichen. Oft führt sie dazu → Swapgeschäfte durch.

Pensionsgeschäft: Bei einem P. werden Vermögenswerte auf einen Geschäftspartner (Pensionsnehmer) übertragen, der zur Rückgabe verpflichtet ist (echtes P.) oder hierzu zumindest das Recht hat (unechtes P.), während der Pensionsgeber auf jeden Fall die Verpflichtung zur Rücknahme eingeht (vgl. § 340 b HGB). Bei der Rückgabe hat der Pensionsgeber die für die Vermögensgegenstände erhaltene Geldsumme einschl. vereinbarter Zinsen zurückzuzahlen. Vgl. → Offenmarktgeschäfte.

Pfandbrief: ein → festverzinsliches Wertpapier, das von privaten → Realkreditinstituten, von Landesbanken und Girozentralen oder von öffentlich-rechtlichen Kreditanstalten ausgegeben wird. Die nominale Gesamtsumme umlaufender P. muß jederzeit durch erstrangige Hypotheken oder Grundschulden mindestens gleicher Höhe gedeckt sein (ordentliche Deckung; bestimmte Ersatzdeckung bis zu 10 vH ist zulässig). Die aus dem Verkauf der P. aufkommenden Mittel dürfen nur zur Vergabe von Hypothekarkrediten mit mindestens gleicher Verzinsung verwendet werden (Prinzip der Ertragskongruenz). Die Laufzeit der P. soll die Laufzeit der Hypothekendarlehen nicht wesentlich überschreiten; sie beträgt heute im allgemeinen 10 - 15 Jahre, oft auch weniger, und unterschreitet damit häufig die Laufzeit der Hypothekendarlehen (Abschnittfinanzierung). P. gehören zu den → Bankschuldverschreibungen.

Privatbankiers: im weitesten Sinne alle Kreditinstitute im privaten Besitz, im engeren (üblichen) Sinne alle Banken, die von einem Einzelkaufmann oder in Form einer Personengesellschaft geführt werden. In der → Bista werden zirka 58 P. (bei ständig abnehmender Zahl) getrennt von den → Großbanken und → Regionalbanken ausgewiesen.

Progressionsstaffelverfahren: → Mindestreservesatz.

Ratenkredit: Sowohl von den darauf spezialisierten Teilzahlungsbanken als auch von Universalbanken gewährter Kredit, der in festen Raten zurückzuzahlen ist und vorwiegend zur Finanzierung von Konsumgüterkäufen bestimmt ist. Einen direkten R. erhält der Kreditnehmer unmittelbar von seinem Kreditinstitut zur Verfügung gestellt

(Persönliche Kleinkredite, Anschaffungsdarlehen und Teilzahlungskredite im Schaltergeschäft); beim indirekten R. tritt zwischen den Kreditnehmer und das Kreditinstitut ein Händler, der den R. im Zusammenhang mit einem Warengeschäft vermittelt (Teilzahlungskredite in Form sog. B-Geschäfte) und z. T. eine Mithaftung übernimmt (C-Geschäfte).

Realkreditinstitute: Kreditinstitute, deren Geschäftstätigkeit sich schwerpunktmäßig auf die Gewährung von →Hypothekarkrediten bezieht, also Instituten, die besonders in der Boden- und Baufinanzierung engagiert sind. Vgl. →Pfandbriefe.

Rediskontierung: →Rediskontkontingent.

Rediskontkontingent: Den →Kreditinstituten eingeräumte Kontingente, in deren Umfang sie sich Zentralbankgeld bei der Deutschen Bundesbank durch die Hingabe (**Rediskontierung**) von →Wechseln beschaffen konnten (**Rediskontkredit**). Die Bundesbank rediskontierte nur Wechsel bestimmter Qualität (sog. »bundesbankfähige« Wechsel). Qualitätsanforderungen waren u. a.: Aus dem Wechsel sollten drei als zahlungsfähig bekannte Verpflichtete haften, es mußten »gute Handelswechsel« sein, die Wechsel mußten innerhalb von drei Monaten nach Ankauf fällig sein. Die Deutsche Bundesbank verlangte außerdem, daß die Wechsel bei einer ihrer Zweiganstalten oder einem Kreditinstitut an einem →Bankplatz zahlbar waren. Die Kreditinstitute erhielten bei der Rediskontierung der Wechsel den Wechselbetrag abzüglich der von der Bundesbank geforderten, auf die Restlaufzeit des Wechsels entfallenden Zinsen, deren Höhe sich bei gegebener Wechselsumme nach dem →Diskontsatz richtete. Das R. abzgl. der von den Kreditinstituten bereits rediskontierten, aber noch nicht eingelösten Wechsel ergab das unausgenutzte (offene) R.. R. wurden von den Vorständen der →Landeszentralbanken für die Kreditinstitute ihres Bereichs individuell bemessen, wobei der Gesamtumfang der R. vom Zentralbankrat der Deutschen Bundesbank festgelegt wurde. Die R. basierten auf dem »Normkontingent«, das auf der Grundlage der »haftenden Mittel« und der Geschäftsstruktur der einzelnen Kreditinstitute ermittelt wurde. Ab 1978 wurde außerdem berücksichtigt, inwieweit die Kreditinstitute über bundesbankfähige Wechsel verfügten. Die Nichtbeachtung der →Grundsätze über das Eigenkapital und die Liquidität der Kreditinstitute konnte zu einer Herabsetzung des R. für das betreffende Kreditinstitut führen. Das R. durfte nicht, auch nicht kurzfristig, überschritten werden. Das unausgenutzte R. war Bestandteil der →freien Liquiditätsreserven, denen jedoch in der Geldpolitik schon länger keine Bedeutung mehr zukommt.

Rediskontkredit: →Rediskontkontingent.

Refinanzierung: Unter R. der Kreditinstitute versteht man i. w. S. die Mittelbeschaffung zur Kreditgewährung (i.d.R. über →Einlagen oder den →Geldmarkt). I. e. S. ist damit die Beschaffung von →Zentralbankgeld bei der Notenbank auf dem Kreditwege gemeint (Vgl. für Deutschland bis 1998: →Rediskontkontingent, →Lombardkredit, →Wertpapierpensionsgeschäfte).

Regionalbanken: →Kreditinstitute, die alle Bankgeschäfte betreiben, jedoch nur einen regional begrenzten Einzugsbereich haben.

Rendite: Maß für den Gesamterfolg einer Geldanlage, insbesondere in Wertpapieren. Bei →Aktien wird die R. berechnet, indem die Dividende auf den Marktkurs der Aktie bezogen wird (sog. Dividendenrendite, Beispiel: eine Aktie mit einem Nennwert von 50 Euro, einem Marktkurs von 250 Euro und einer Dividende von 20 vH = 10 Euro, erbringt unter Vernachlässigung steuerlicher Aspekte eine R. von 10:250 = 0,04, also 4 vH). Bei →festverzinslichen Wertpapieren wird der fest vereinbarte (und auf den Nennwert des Papiers zu entrichtende) Zins ebenfalls auf den Marktkurs der Wertpapiere bezogen, wobei allerdings noch die Restlaufzeit des Papiers zu berücksichtigen ist (ein Wertpapier mit einem Kurswert von 90 Euro und einem Nennwert von 100 Euro erbringt dem Käufer neben dem fest vereinbarten Zins noch die Kursdifferenz von 10 Euro, wenn er das Wertpapier bis zur Fälligkeit behält; bei einer Restlaufzeit von 1 Jahr wären das zusätzlich 10:90 = 0,11, also 11 vH Verzinsung zum vereinbarten Zins, bei einer Restlaufzeit von 2 Jahren dagegen nur zusätzlich 5,5 Prozent). Der Zins und die R. von festverzinslichen Wertpapieren sind nur in dem (seltenen) Fall gleich, in welchem der Nennwert des Wertpapiers mit dem Marktkurs übereinstimmt. Bei festverzinslichen Wertpapieren unterscheidet man die →Emissionsrendite und die →Umlaufsrendite. Da bei Renditeerwägungen auch steuerliche Aspekte zu berücksichtigen sind, wird ferner zwischen der Rendite vor bzw. der für Kapitalanleger wichtigeren Rendite nach Steuern (d. h. der sich unter Berücksichtigung der individuellen Steuertatbestände ergebenden Rendite) unterschieden.

Rentenmarkt: Markt, an dem →Rentenwerte gehandelt werden, Teil des →Kapitalmarkts.

Rentenwerte: →Wertpapiere, auf deren Nennwert der Aussteller (der Emittent) einen fest vereinbarten Zins zahlt (Gegensatz →Dividendenwerte). Die häufig synonym gebrauchte Bezeichnung »festverzinsliche« Wertpapiere ist zumindest ungenau, da die Schuldverschreibungen mit variabler Verzinsung (Floater, Floating Rate Notes [FRN]) mit ihrer zwar regelmäßigen, aber in der Höhe variablen Zinsausschüttung ebenfalls zu den R. zu rechnen sind. R. werden im allgemeinen am →Kapitalmarkt gehandelt, wobei sich der Kurswert nach Angebot und Nachfrage richtet und von dem (auf dem R. aufgedruckten) Nennwert abweichen kann. Die Laufzeit der R. ist (im Gegensatz zu den Dividendenwerten) i. d. R. begrenzt. Man unterscheidet bei den R. →Bankschuldverschreibungen, →Industrieobligationen und →Anleihen der öffentlichen Haushalte, die jeweils auch mit variabler Verzinsung begeben werden können.

Repartierung: Zuteilung einer Angebotsmenge gemäß einer festen Quote, wenn die Nachfrage zu bestimmten Konditionen das Angebot übersteigt. Die Zuteilungsquote errechnet sich aus dem zu verteilenden Angebotsvolumen dividiert durch die Nachfragemenge.

Wurde teilweise bei → Wertpapierpensionsgeschäften der Deutschen Bundesbank angewandt.

Reserveklasse: → Mindestreservesatz.

Reservepflichtige Verbindlichkeiten: → Mindestreserve.

Reserveposition im IWF: Volumen an ausländischen Zahlungsmitteln (Devisen), das sich eine Zentralbank jederzeit beim → Internationalen Währungsfond (IWF) gegen Hingabe eigener Währung im Rahmen bestimmter Limits für einen begrenzten Zeitraum beschaffen kann. Zur R. zählen die Reservetranche und Kredite aufgrund besonderer Kreditvereinbarungen. Die Beschaffung fremder Währung im Austausch gegen eigene Währung nennt man Ziehung. Die R. ist Bestandteil der → Währungsreserven.

RTGS (Real Time Gross Settlement): → Bruttoabwicklungssystem.

Schatzanweisungen: → Unverzinsliche Schatzanweisungen, → Verzinsliche Schatzanweisungen.

Schatzwechsel: vom Staat ausgestellte Urkunde (Solawechsel im Sinne des Wechselgesetzes), in der sich die öffentliche Hand zur Zahlung eines bestimmten Geldbetrages zu einem vorgegebenen Zeitpunkt verpflichtet. Durch den Verkauf der S. kann sich die öffentliche Hand Geld verschaffen, und zwar für kürzere Fristen (Laufzeit der S.: einige Tage bis 6 Monate). Der Käufer eines S. zahlt den mit dem → Abgabesatz abgezinsten Wechselbetrag und erhält den vollen Wechselbetrag bei Fälligkeit zurück. S. wurden vor allem über die Deutsche Bundesbank gehandelt, die beispielsweise 3-Tages-S. zur Feinsteuerung abgab; S. waren geldmarktfähig (→ Geldmarktpapiere), d. h. die Deutsche Bundesbank kaufte S. auch vor Fälligkeit auf eigene Rechnung an. Vgl. → Liquiditätspapiere, → unverzinsliche Schatzanweisung, → Schatzwechselkredit.

Schatzwechselkredit: Bis Ende 1993 in Deutschland zulässige Gewährung eines Zentralbankkredits an öffentliche Haushalte durch Ankauf von → Schatzwechseln. Soweit die Deutsche Bundesbank Schatzwechsel ankaufte, wurden sie auf die Höchstgrenzen des → Kassenkredits angerechnet. S. liegen nicht vor, wenn die angekauften Schatzwechsel → Liquiditätspapiere sind, aus denen die Deutsche Bundesbank, nicht ein öffentlicher Haushalt, verpflichtet ist.

Scheck: Der S. ist ein schuldrechtliches → Wertpapier, in dem ein Scheckaussteller den Bezogenen (ein Kreditinstitut) anweist, eine bestimmte Summe zu Lasten des Kontos des Ausstellers entweder an einen beliebigen Inhaber des S. (**Inhaberscheck**), einen durch eine ununterbrochene Indossamentenkette ausgewiesenen Vorleger (**Orderscheck**) bzw. eine namentlich genau bezeichnete Person (**Rektascheck**), bar (**Barscheck**) oder im Wege der Gutschrift auf dessen Konto zu zahlen (**Verrechnungsscheck**). Der S. ist - als eurocheque in Verbindung mit der eurocheque-Karte - Mittel des bargeldlosen und des halbbaren Zahlungsverkehrs. Die eurocheque-Karte wird in jüngster Zeit jedoch auch zunehmend ohne eurocheques für bargeldlose Zahlungen verwendet. Dies geschieht im sog. Point-of-Sale-Verfahren (POS) oder im POZ-

Verfahren (POS ohne Zahlungsgarantie). Der Scheck verliert mit dem Vordringen dieser beleglosen Zahlungsvarianten allmählich an Bedeutung.

Scheidemünzen: Hartgeld, dessen Metallwert unter dem aufgeprägten Nennwert liegt. S. sind begrenzt → gesetzliches Zahlungsmittel. Das »Münzregal« (das Recht, Münzen prägen zu lassen) steht dem Bund zu, während die Deutsche Bundesbank die S. in Umlauf bringt. S. werden in den fünf Münzprägeanstalten (sog. Münzen) hergestellt, erkennbar an dem auf der S. aufgeprägten Buchstaben. Seit der Wiederherstellung der Deutschen Einheit am 3. Oktober 1990 ist die Münze in Berlin mit dem Münzzeichen »A« hinzugekommen. Daneben steht »D« für die Münze München, »F« für die Münze Stuttgart, »G« für die Münze Karlsruhe und »J« für die Münze Hamburg. Pro Kopf der Bevölkerung dürfen S. nur bis zum Wert von 20 DM in Umlauf gebracht werden (darüber hinaus nur mit Zustimmung der Deutschen Bundesbank). Die S. bilden zusammen mit den → Banknoten das → Bargeld. Die Einführung der Münzen in 1 und 2 Euro sowie in 1, 2, 5, 10, 20 und 50 Cents erfolgt im ersten Halbjahr 2002.

Schnelltender: → Tenderverfahren.

Schuldscheindarlehen: Darlehen gegen Hingabe einer Urkunde (Schuldschein), in welcher sich der Schuldner zur Rückzahlung der Darlehenssumme zu einem bestimmten Termin verpflichtet. Der Schuldschein ist kein Wertpapier und zur Geltendmachung der Forderung nicht erforderlich; er ist lediglich Beweisurkunde. Für die Finanzierung der Bundesschulden, die ausschließlich als beurkundete Kredite (Wertpapier-, Wechsel- oder S.) aufgenommen werden dürfen, haben S. in den vergangenen Jahren zunehmend an Bedeutung gewonnen. Die Aufnahme von S. erfolgt bei Kreditinstituten; sie dringt dadurch weniger an die Öffentlichkeit als die Auflage einer Anleihe und ist nicht an die Zustimmung der Deutschen Bundesbank gebunden.

Schuldverschreibung: → Wertpapier, auf dem sich der Aussteller zu einer bestimmten Leistung gegenüber dem Inhaber der S. (**Inhaberschuldverschreibung**) oder – seltener – gegenüber der auf der S. bezeichneten Person (**Namensschuldverschreibung**, Orderschuldverschreibung) verpflichtet. Der Begriff S. wird auch als Synonym für → festverzinsliche Wertpapiere (→ Rentenwerte) verwendet. Die S. umfassen → Bankschuldverschreibungen, → Industrieobligationen und → Anleihen öffentlicher Stellen.

Sichteinlagen: Diejenigen Bankguthaben der Kunden, die täglich fällig sind oder für die eine Kündigungsfrist oder Laufzeit von weniger als einem Monat vereinbart ist. Über S. wird meist mittels → Scheck, → Lastschrift, → Überweisung oder durch Barabhebung verfügt. S. werden auch als Sichtgelder, Sichtguthaben oder - aus der Sicht der Banken - als Sichtverbindlichkeiten bezeichnet. S. werden - wenn überhaupt - nur sehr niedrig verzinst. Sichteinlagen inländischer Nichtbanken bei inländischen Kreditinstituten sind Bestandteil der inländischen → Geldmenge.

Sichtverbindlichkeiten: → Sichteinlagen.

Sollzins: → Zins, den ein Bankkunde für einen von ihm aufgenommenen Bankkredit zu entrichten hat; Gegensatz → Habenzins.

Sonderlombard: → Lombardkredite.

Sonderziehungsrechte: Vom Internationalen Währungsfond (IWF) erstmalig 1969 geschaffenes Währungsreservemedium, das den IWF-Mitgliedern (vgl. → Reserveposition im IWF) ohne Gegenleistungen entsprechend ihrer IWF-Quote zugeteilt wurde. Inzwischen erfolgten weitere Zuteilungen. Mit der Schaffung der S. (SZR) verfolgtes Ziel ist es, die Mitgliedsländer ausreichend mit internationaler Liquidität zu versorgen, um damit die Finanzierung von Zahlungsbilanzdefiziten zu erleichtern. Die S. sind zwar → Währungsreserven, aber keine Devisen, sondern eine der Kontrolle des IWF unterliegende Kreditfazilität, die einen Anspruch gegenüber der Gesamtheit der IWF-Mitglieder auf Überlassung konvertibler Währung darstellt. Jedes Teilnehmerland kann gegen Hingabe von S. Devisen verlangen, wobei der IWF das Mitgliedsland bestimmt (sog. Designierung), von welchem es die gewünschte Währung erhält. Im 1978 geänderten IWF-Übereinkommen war vorgesehen, die S. zum Hauptreservemedium zu machen bei gleichzeitiger Demonetisierung des Goldes. Der Wert einer Einheit der S. war bis Juni 1974 auf 1 SZR = 0,888671 Gramm Feingold festgelegt, anschließend bis Ende 1980 entsprach ein S. der Summe bestimmter Beträge von 16 Währungen; seit 1. Januar 1981 umfaßt dieser Währungskorb nur noch die 5 wichtigsten Weltwährungen. Seit Mai 1981 werden die S. mit dem gewogenen Durchschnitt der kurzfristigen Zinsen dieser 5 Währungen verzinst.

Sorten: Ausländische → Scheidemünzen und → Banknoten.

Sparbriefe: i. e. S. → Wertpapiere mit einer Laufzeit von 4 bis 8 Jahren, die auf den Namen des Sparers ausgestellt sind (Namenspapiere), i. w. S. aber auch → Sparobligationen umfassen (z. B. in der → Bista). Die Rücknahme der S. vor Fälligkeit durch das ausgebende Kreditinstitut ist grundsätzlich ausgeschlossen, auch werden die S. nicht an der Börse gehandelt. Der Zins wird entweder laufend in bestimmten Zeitabständen (z. B. jährlich) gezahlt oder im voraus vom Kaufpreis der S. abgezogen. Rechtlich stellen sie keine → Spareinlagen dar, sondern befristete Verbindlichkeiten.

Spareckzins: → Zins, der von Kreditinstituten für Spareinlagen mit dreimonatiger Kündigungsfrist gezahlt wird. Mit Inkrafttreten der 4. KWG-Novelle entfiel die Legaldefinition der Spareinlage im KWG und somit die Bestimmungen für die Spareinlagen gemäß "gesetzlicher Kündigungsfrist" (alte Regelung: 3 Monate im voraus Kündigung der verfügten Beträge, mit max. 2 000 DM innerhalb von 30 Zinstagen ohne Kündigung). Vgl. → Spareinlagen.

Spareinlagen: Guthaben von Kunden bei Banken, die durch Ausfertigung einer Urkunde, meist eines Sparbuches, als S. gekennzeichnet sind, der Ansammlung oder Anlage von Vermögen dienen (also nicht für den Zahlungsverkehr bestimmt sind wie die →Sichteinlagen) und nicht von vornherein als zeitlich befristet von den Banken hereingenommen werden (wie →Termingelder). Von den S. mit dreimonatiger Kündigungsfrist dürfen innerhalb von einem Monat ohne vorherige Kündigung 3 000 DM abgehoben werden (allgemeine Regelung für die Spareinlagen der ehemals »gesetzlichen Kündigungsfrist«; vgl. →Spareckzins). Mit Inkrafttreten der 4. KWG-Novelle im Januar 1993 entfielen die bisherigen gesetzlichen Regelungen über den Sparverkehr. Sie werden nun auf Verordnungsebene festgelegt und lassen den Banken mehr Spielraum für neuartige Sparformen. Die Grenzen zu anderen Einlagenarten (→Sichteinlagen, →Termingelder) werden durch die liberaleren Vorschriften zunehmend verwischt.

Spargelder: Sammelbegriff für →Spareinlagen und →Sparbriefe.

Sparkassen: Kreditinstitute, deren Geschäftstätigkeit schwergewichtig in der Annahme von →Spargeldern sowie in deren Ausleihung in Form mittel- und langfristiger Kredite besteht; die S. haben sich aber zunehmend zu Universalbanken (vgl. →Kreditinstitute) entwickelt, sind aber teilweise - insbesondere im Effekten- und im Auslandsgeschäft - noch Geschäftsbeschränkungen unterworfen, die sich aus landesrechtlichen Vorschriften ergeben. S. sind i. d. R. öffentlich-rechtliche Körperschaften; daneben gibt es vereinzelt noch sogenannte freie Sparkassen auf privatrechtlicher Rechtsgrundlage, die aber z. T. auch dem Sparkassengesetz unterliegen.

Sparobligationen: S., auch als Inhaber-Sparschuldverschreibungen oder bei den →Sparkassen als Sparkassenobligationen bezeichnet, sind eine Weiterentwicklung der →Sparbriefe. Sie werden vornehmlich an private Haushalte verkauft und dienen der Anlage von Ersparnissen. Die S. sind Order- oder Inhaberpapiere (→Wertpapiere) und nicht - wie die Sparbriefe - Namenspapiere. Die S. werden nicht an der Wertpapierbörse gehandelt.

Swapgeschäft: Ein S. (von »swap« <engl.> Tausch) besteht aus der Verbindung eines →Termingeschäftes mit einem →Kassageschäft. D. h. es werden Fälligkeitstermine getauscht durch a) Kauf per Termin und gleichzeitigen Verkauf per Kasse oder durch b) Verkauf per Termin und gleichzeitigen Kauf per Kasse. Der →Swapsatz gleicht die Zins- und Kursgefälle zwischen den bei diesen Geschäften eingegangenen Positionen aus. Man unterscheidet Zins- und Währungsswaps. Beispiel: Eine schweizer Bank möchte Geld für drei Monate in den USA anlegen. Sie kauft die US-Dollar gegen Schweizer Franken am Kassamarkt und verkauft zugleich am Terminmarkt per Termin drei Monate die ihr dann aus der Geldanlage zur Verfügung stehenden US-Dollar. Der Vorteil dieses Geschäfts besteht darin, daß die Bank schon zum Zeitpunkt der Geldanlage exakt weiß, zu welchem Kurs sie nach drei Monaten die Dollar wieder in Franken umtauschen kann. Damit ist für die Bank das Risiko unvorhersehbarer Kursschwankungen ausgeschaltet.

Swapsatz: prozentuale Abweichung des Terminkurses einer ausländischen Währung vom Kassakurs dieser Währung, evtl. korrigiert um Differenzen im Zinsniveau beider Währungen. Ist die Abweichung positiv, spricht man von einem **Report** (Aufschlag), ist sie negativ, von einem **Deport** (Abschlag). Bei einem Devisenkassageschäft wird der Ankauf bzw. Verkauf der Devisen zum Kassakurs vereinbart, wobei die Übergabe (»Anschaffung«) der Devisen gleichzeitig erfolgt (Bei einem Devisentermingeschäft in der Form des → Outright-Geschäftes wird dagegen heute der Ankauf bzw. Verkauf der Devisen zum Terminkurs vereinbart, die Anschaffung der Devisen erfolgt jedoch erst zu einem vereinbarten späteren Zeitpunkt, z. B. nach drei Monaten). Den gleichzeitigen Ankauf (Verkauf) der Devisen am Kassamarkt und Verkauf (Ankauf) der Devisen am Terminmarkt nennt man → Swapgeschäft. Unabhängig vom S. am freien Devisenmarkt kann die Deutsche Bundesbank einen S. festsetzen, zu dem sie mit den Banken Kassa-/Termingeschäfte abschließt. Durch die Fixierung eines im Vergleich zum Marktsatz günstigeren S. kann die Bundesbank die Banken anregen, Geld im Ausland anzulegen. Mit dieser Swappolitik zielte die Bundesbank von 1958 bis 1971 auf eine devisenpolitisch motivierte Förderung des Geldexports inländischer Kreditinstitute ab, während sie seit 1979 → Devisenswapgeschäfte zur Steuerung der Bankenliquidität einsetzt.

Tagesgeld: → Geldmarkt.

Tagesgeldsatz: → Geldmarkt.

TARGET:
→ Bruttoabwicklungssystem.

Tenderverfahren:

a) Plazierungsmöglichkeit für Wertpapiere, bei der die Titel nach Ausschreibung an den Meistbietenden verkauft werden. Neben den → Bundesschatzanweisungen werden u. a. auch Teile von Neuemissionen des Bundes durch das Bundesanleihekonsortium im T. begeben.

b) Begebungsverfahren bei → Offenmarktgeschäften mit Wertpapieren unter Rückkaufsvereinbarung. Man unterscheidet zwei Grundformen: Beim **Mengentender** legt die Zentralbank den Wertpapierpensionssatz fest, und die bietenden Kreditinstitute nennen in ihren Geboten lediglich die Beträge, über die sie Wertpapiere an die Notenbank verkaufen möchten. Beim **Zinstender** müssen Kreditinstitute neben den gewünschten Beträgen auch den Zinssatz nennen, den sie zu zahlen bereit sind. Das sogenannte **»holländische Verfahren«** beim Zinstender zeichnet sich durch eine einheitliche Abrechnung aller Wertpapierpensionsgeschäfte zu dem niedrigsten zum Zuge kommenden Zinssatz aus, während beim **»amerikanischen Verfahren«** die von den Banken gebotenen Zinssätze auch gezahlt werden müssen. Wenn die Nachfragemenge zum unteren Grenzzinssatz die Angebotsmenge überschreitet, erfolgt beim Zinstender eine → Repartierung, also Zuteilung nach Quoten. Auch beim Mengentender erfolgt eine repartierte Zuteilung zum Einheitszinssatz, sofern die Summe der Gebote die Angebotsmenge überschreitet. Die Deutsche Bundesbank bot überwiegend amerikanische Zinstender (wenn sie die Satzfindung dem Markt überlassen wollte) oder Mengentender (wenn sie Zinssignale setzen wollte) an.

c) **Wertpapierschnelltender** sind sehr kurzfristig terminierte →Wertpapierpensionsgeschäfte mit Laufzeiten von wenigen Tagen. Sie dienen als Feinsteuerungsinstrument der raschen Zurverfügungstellung von Zentralbankgeld.

Termineinlagen: →Termingelder.

Termingelder: auch **Termineinlagen** genannt, sind Guthaben von Kunden bei Banken, über die nicht (wie bei den →Sichteinlagen) jederzeit verfügt werden kann, sondern für die eine bestimmte Kündigungsfrist (Kündigungsgelder) oder eine bestimmte Festlegungsfrist (Festgelder) vereinbart ist. Folgende Fristen werden in der →Bista unterschieden: 1 bis unter 3 Monate, 3 Monate bis einschl. 1 Jahr, über 1 Jahr bis unter 4 Jahre, 4 Jahre und darüber. Die Verzinsung der kurzfristigen T. orientiert sich an den →Geldmarktsätzen, die der längerfristigen T. an den →Renditen am →Kapitalmarkt. T. inländischer Nichtbanken bei inländischen Banken mit einer Befristung von unter 4 Jahren sind Bestandteil der →Geldmenge.

Termingeschäft: Handelsgeschäft, in dem bei Vertragsabschluß vereinbart wird, daß die Erfüllung zu einem späteren, fest vereinbarten Zeitpunkt erfolgen wird. Vgl. auch →Kassageschäft.

Tilgung: Rückzahlung von →Krediten, auch die Einlösung fälliger →Wertpapiere.

Überschuß der Interbankverbindlichkeiten: →konsolidierte Bilanz.

Überschußguthaben: tatsächlicher Stand der Zentralbankguthaben der Kreditinstitute (→Ist-Reserve) abzgl. des →Mindestreserve-Solls. Die Ü. sind Bestandteil der →freien Liquiditätsreserven der Kreditinstitute, welche jedoch seit dem Übergang vieler Zentralbanken auf das Konzept der Geldmengensteuerung ihre Bedeutung als Steuerungsgröße verloren haben (vgl. →Geldmengenziel).

Überweisung: Eine Ü. ist eine Weisung im Rahmen eines zwischen Kreditinstitut und Bankkunde bestehenden Girovertrages, mit der der Bankkunde seine Bank beauftragt, einen bestimmten Geldbetrag zu Lasten seines Bankkontos auf ein Konto der in der Ü. bezeichneten Person gutzuschreiben. Die Ü. ist in Deutschland mit einem Anteil von über 50 vH das bedeutendste Instrument des bargeldlosen Zahlungsverkehrs, während im anglo-amerikanischen Wirtschaftsgebiet Scheckzahlungen dominieren.

Ultimo: im Geschäftsverkehr übliche Bezeichnung für den letzten Tag eines Zeitabschnitts, z. B. U. Mai = der 31. Mai . Im Geld- und Börsenverkehr wird damit in der Regel der letzte Geschäftstag eines Monats bezeichnet.

Ultimogeld: →Geldmarkt.

Umlaufsrendite: →Rendite bereits im Umlauf befindlicher →festverzinslicher Wertpapiere. Sie liegt meist geringfügig über der Rendite erstmalig abgesetzter, d. h. neu emittierter festverzinslicher Wertpapiere (→Emissionsrendite).

Unausgenutztes Rediskontkontin-

gent: →Rediskontkontingent.

Universalbank: →Kreditinstitute.

Unverzinsliche Schatzanweisungen: Auch als **U-Schätze** bezeichnet, sind vom Staat ausgestellte →Wertpapiere, in denen sich der Staat zur Zahlung eines bestimmten Geldbetrages zu einem vorgegebenen Zeitpunkt verpflichtet. Durch den Verkauf der U. kann sich der Staat Geld für die Laufzeit der U. (in der Regel 6, 12, 18 oder 24 Monate) beschaffen. Der Käufer zahlt für einen U. den Nennwert abzüglich eines vereinbarten Zinsabschlags und erhält bei Fälligkeit den vollen Nennwert zurück. Die U. ähnelt damit sehr dem →Schatzwechsel, unterscheidet sich davon im wesentlichen durch die Laufzeit. Seit 1975 begibt der Bund standardisierte, auf private Erwerber zugeschnittene U. - sog. →Finanzierungsschätze - mit Laufzeiten von ca. 1 und 2 Jahren, die nur von inländischen Nichtbanken erworben werden dürfen. Vgl. →Mobilisierungspapiere, →Liquiditätspapiere, →verzinsliche Schatzanweisungen.

U-Schätze: →unverzinsliche Schatzanweisungen.

Verzinsliche Schatzanweisung: Vom Staat ausgestelltes Wertpapier, auf dem er sich zur Zahlung eines bestimmten Geldbetrages zu einem vorgegebenen Zeitpunkt verpflichtet. Unter den Begriff V. werden →Kassenobligationen und gesamtfällige →Anleihen des Bundes sowie →Bundesschatzbriefe subsumiert. Je nach Ausgestaltung zahlt der Käufer den vollen Nennwert der V. und erhält bei Fälligkeit den Nennwert der V. plus die vereinbarten Zinsen zurück (im Gegensatz zur →unverzinslichen Schatzanweisung, bei der der Zins bereits beim Kauf vom Nennwert abgezogen wird), oder er erwirbt die V. zum Kurswert und erhält bei Fälligkeit den Nennwert zurück, während die Zinsen zu bestimmten Zinsterminen (i. d. R. jährlich) ausbezahlt werden.

Währungsreserven: Zentralbank-Bestände an Gold, Devisen und Sorten zuzüglich →Reserveposition im IWF und →Sonderziehungsrechte. Mit den W. können Zahlungsbilanzdefizite ausgeglichen werden, die ein Land im Wirtschaftsverkehr mit anderen Ländern hat. Wirtschaftlich stellen die W. Forderungen an das Ausland dar und sind Bestandteil des →Geldvermögens einer Volkswirtschaft. Dem **Goldbestand** kommt bei den W. eine besondere Stellung zu: Zwar stellt er keine Forderung an das Ausland dar, aber er wird aufgrund der historischen Entwicklung der Weltwährungsordnung und allgemein akzeptierter Konventionen den Auslandsaktiva gleichgestellt, da er prinzipiell jederzeit durch Verkauf oder Beleihung in konvertible Devisen umgewandelt werden kann. Die W., außer dem Gold, werden auch als **Devisenreserven** bezeichnet, doch wird dieser Begriff mitunter auch als Synonym für die W. insgesamt verwendet. Subtrahiert man von den W. die Auslandsverbindlichkeiten der Notenbank, so erhält man die **Netto-Währungsreserven** (auch Netto-Forderungssaldo gegenüber dem Ausland genannt), aus denen sich durch Addition der nicht zu den W. rechnenden Kredite und sonstigen Forderungen der Zentralbank an das Ausland die **Netto-Auslandsposition** ergibt.

Währungsumstellung der DDR von der Mark (Ost) auf die D-Mark am

1.7.1990: Die Bundesregierung hatte am 7. Februar 1990 der Regierung der damals noch existierenden DDR (Deutsche Demokratische Republik) angeboten, zu einem noch offenen Stichtag *"die Mark der DDR als Währungseinheit und gesetzliches Zahlungsmittel durch die D-Mark"* zu ersetzen, sofern die DDR *"zeitgleich"* die *"rechtlichen Voraussetzungen für die Einführung einer sozialen Marktwirtschaft geschaffen hat"*.

Das Angebot, die Mark der DDR durch die D-Mark zu ersetzen, war nur zu rechtfertigen, wenn sich die DDR bereit fand, die marktwirtschaftliche Ordnung der Bundesrepublik zu übernehmen. Bei der Einführung der D-Mark als Zahlungsmittel und monetäre Recheneinheit in der DDR ging es also um nicht weniger, als das System der zentralen Planung in der DDR abzuschaffen und durch die ordnungspolitischen Grundelemente der Währungsverfassung, der Wirtschaftspolitik und der Sozialordnung der Bundesrepublik zu ersetzen.

Der Übergang von einer zentral dirigierten Wirtschaft in eine Marktwirtschaft setzte Reformen in allen Bereichen voraus, in denen sich die Zentralverwaltungswirtschaft von einem marktwirtschaftlichen System unterscheidet (Preisbildung, Setzung von Rahmenbedingungen für unternehmerische Tätigkeit, Reform des Geld- und Kreditwesens, Reform der Finanzverfassung).

Zunächst ging man allgemein davon aus, daß eine allmähliche Integration der beiden Wirtschaftsräume mit einer stufenweisen Abfolge eigenständiger Reformschritte auf ostdeutscher Seite zur Währungsunion als krönenden Abschluß der Entwicklung führen sollte.

Indessen befand sich die DDR Anfang 1990 in einer Phase des politischen und wirtschaftlichen Zerfalls. Die Regierung war nicht mehr handlungsfähig, der Druck der stetig steigenden Massenabwanderung aus der DDR und entsprechende Zuwanderung in die Bundesrepublik erzwang die Erkenntnis, daß für eine allmähliche und stufenweise wirtschaftliche Annäherung der beiden Teile Deutschlands die Zeit nicht mehr zur Verfügung stand. Dies schuf den Vorrang für rasches politisches Handeln über ökonomisch-wissenschaftliche Argumente.

Das Angebot, der DDR mit der D-Mark ein gutes und verläßliches Geld und eine voll konvertible Währung zu verschaffen, war mit der unabdingbaren Voraussetzung verknüpft, mit der Währungsverfassung der Bundesrepublik zugleich auch deren Wirtschafts- und Sozialordnung zu übernehmen. Da entsprechende Gesetze in der DDR nicht gleichsam aus dem Boden gestampft werden konnten, lag es nahe vorzuschlagen, daß die DDR die Wirtschafts- und Sozialgesetzgebung der Bundesrepublik übernimmt. Nach den ersten freien Wahlen in der DDR im März 1990 wurde am 18. Mai 1990 der *Staatsvertrag über die Schaffung einer Währungs-, Wirtschafts- und Sozialunion* zwischen der Bundesrepublik Deutschland und der Deutschen Demokratischen Republik unterzeichnet.

Der Schwerpunkt der öffentlichen Diskussion um die deutsch-deutsche Währungsunion lag naturgemäß auf dem

Umstellungssatz zwischen Mark der DDR und D-Mark. Es ging um die Frage, im welchem Verhältnis die bisher auf Mark der DDR lautenden *Bestandsgrößen* und *Stromgrößen* umgestellt werden sollten: im Verhältnis 2 Mark = 1 D-Mark oder 1:1 oder x:1?

Die Empfehlungen der Deutschen Bundesbank, die mangels Zahlenangaben allein auf Schätzungen für nominales Sozialprodukt, Geldvermögensbestände und Forderungen in der DDR basierten, lauteten: Umstellung der Geldbestandsgrößen in einem Verhältnis, das den resultierenden M3-Geldmengenzuwachs in Einklang bringt mit der Relation zwischen ost- und westdeutschem Sozialprodukt (1:10 oder 120 Mrd. DM), um Preissteigerungen durch ostdeutschen Kaufkraftüberschuß zu verhindern; Umstellung der Stromgrößen wie Löhne, Renten, Unterhaltszahlungen im Verhältnis 2 : 1 Mark.

Freilich diktierten auch dieses Mal die mit dem Währungsaustausch verbundenen Risiken ein rasches Handeln. Jede zeitliche Verzögerung mußte mit zusätzlichen Belastungen für die Bundesrepublik verbunden sein (Umschichtungen, Verschleierungen, Vorteilsnahme drohten). Bei der Unterzeichnung des Staatsvertrags im Mai wurde deswegen schon der 1. Juli 1990 als Tag X festgesetzt. An diesem Tag trat der Vertrag über die Währungs-, Wirtschafts- und Sozialunion zwischen der Bundesrepublik Deutschland und der Deutschen Demokratischen Republik in Kraft und die D-Mark wurde in der DDR als alleiniges Zahlungsmittel eingeführt. Die geldpolitische Verantwortung der Deutschen Bundesbank wurde auf das Gebiet der DDR ausgeweitet.

Die wichtigsten Modalitäten der Umstellung lauteten wie folgt:

- Löhne, Gehälter und Renten werden im Verhältnis 1 : 1 umgestellt, ebenso alle anderen wiederkehrenden Zahlungen.

- Alle weiteren auf Mark der DDR lautenden Forderungen und Verbindlichkeiten werden grundsätzlich im Verhältnis 2 : 1 auf D-Mark umgestellt.

- Personen mit ständigem Wohnsitz in der DDR können im Verhältnis 1 : 1 weitere Beträge pro Kopf tauschen (Kinder bis 14 Jahre je 2 000, Personen zwischen 15 und 59 je 4 000 und Personen über 60 je 6 000 Mark).

Diese Lösung war ein Kompromiß, der beiden Positionen, nämlich Umstellung 1 : 1 versus 2 : 1, mehr oder weniger Rechnung trug. Die sich aus der "asymmetrischen" Umstellung von Schulden und Sparguthaben ergebenden Ausgleichsforderungen gegen den Staat beliefen sich auf rund 24 Mrd D-Mark.

Die insgesamt umgestellten Geldbestände der Nichtbanken in der DDR ließen die Geldmenge M3 um rund 180 Mrd D-Mark steigen. Das brachte einen Niveausprung der Geldmenge M3 von etwa 15 vH bei einem geschätzten Zuwachs des nominalen Sozialprodukts von etwa 10 vH. Freilich war einzubeziehen, daß ein Teil der neu entstandenen Sichteinlagen sofort in zinstragendes Geldkapital umgewandelt wurde, was vorher in der DDR nicht möglich war. Ein Teil des umstellungsbedingten Anstiegs der Geldmenge M3 bildete sich also gleichsam von selbst zurück, so daß damit zu rechnen war, daß sich auch im erweiterten Geltungsbereich der D-Mark die Zusammenhänge zwischen Geldmenge und gesamtwirtschaftlichen Ausgaben, die für die Ableitung der monetären Zielvorgaben relevant sind, herstellen würden.

Für das Jahr 1991 gab dann die Bundesbank erstmals ein gesamtdeutsches Geldmengenziel bekannt. Dabei wurde der neue Zielkorridor so angelegt, daß die Geldmenge M3 im Durchschnitt des vierten Quartals 1990 um 180 Mrd D-Mark höher gelegt wurde als die Geldmenge M3 im selben Zeitraum für das alte Währungsgebiet betragen hatte. Das entsprach dem umstellungsbedingten Niveausprung. Aufgrund der starken Geldkapitalbildung in Ostdeutschland kam es zu einer Zunahme der "gesamtdeutschen" Geldmenge, die sich unterhalb des Zielkorridors bewegte. Zur Jahresmitte 1991 setzte die Bundesbank den Zielkorridor für den Geldmengenzuwachs von 4 - 6 vH auf 3 - 5 vH herab. Diese Zielvorgabe konnte für das Jahr 1991 eingehalten werden. Alles in allem gesehen konnte man also die mit der Ausweitung des Geltungsbereichs der D-Mark verbundenen geldpolitischen Probleme als kontrollierbar konstatieren.

Das eigentliche Dilemma lag und liegt im realwirtschaftlichen Bereich. Die Einführung der D-Mark legte über Nacht die Schwachstellen der DDR-Wirtschaft bloß. Die Konsequenzen des schlagartigen Übergangs zur Währungsunion, vor denen die wissenschaftlichen Stellungnahmen gewarnt hatten, traten ein, wobei die Belastungen sich als noch schwerwiegender erwiesen, als ursprünglich vermutet worden war. Die erforderlichen öffentlichen Transfers von West- nach Ostdeutschland beliefen sich nach Berechnungen der Deutschen Bundesbank bisher auf insgesamt 890 Mrd. D-Mark (1991-1997).

Mit Datum vom 3. Oktober 1990 traten die fünf neuen Bundesländer, die sich mittlerweile in der DDR konstituiert hatten, der Bundesrepublik Deutschland bei. Die DDR hörte ab diesem Datum auf zu existieren. Die Vereinigung der beiden deutschen Gebiete ist jedoch wirtschaftlich und gesellschaftspolitisch noch lange nicht abgeschlossen.

Wechsel: Der W. ist ein Wertpapier, auf dem der Aussteller (Trassant) in der Regel eine andere Person (Bezogener, Trassat) anweist, an einen Dritten (Wechselnehmer, Remittent) einen bestimmten Geldbetrag an einem festgelegten Ort und Zeitpunkt zu bezahlen (gezogener W.). Der Aussteller kann auch gleichzeitig Bezogener (Solawechsel) oder Remittent sein (W. an eigene Order). Die auf den W. gesetzte Annahmeerklärung des Bezogenen nennt man **Akzept**. Durch das Akzept verpflichtet sich der Bezogene, den W. bei Fälligkeit zu bezahlen. Wer einen W. in der Hand hat, kann ihn an andere Personen übertragen (durch →Indossieren). Wird der W. vom Bezogenen bei Fälligkeit nicht bezahlt, so kann der jeweilige rechtmäßige Inhaber des W. nach Protesterhebung bei allen Indossanten (diejenigen, die den W. weitergegeben haben) und beim Aussteller Rückgriff nehmen. W., die der Staat als Solawechsel ausstellt, nennt man →Schatzwechsel. Der W. spielte im deutschen Handelsverkehr eine große Rolle als Instrument der kurzfristigen (in der Regel dreimonatigen) Kreditfinanzierung von Warengeschäften (daher auch: Handelswechsel). Dies wird sich durch den Wegfall des →Rediskontkredits bei der Deutschen Bundesbank im Rahmen der 3. Stufe →EWU vermutlich ändern. Vgl. →Wechseldiskontkredite.

Wechseldiskontkredit: Kredit, den ein Kreditinstitut seinem Kunden durch Ankauf von →Wechseln gewährt. Es zahlt den Wechselbetrag abzgl. eines Zinsabschlags aus und erhält dafür die in dem Wechsel verbrieften Zahlungsansprüche. Die Banken konnten ihrerseits W. bei der Deutschen Bundesbank aufnehmen, indem sie angekaufte Wechsel im Rahmen ihres →Rediskontkontingents an die Deutsche Bundesbank weiterverkauften (rediskontierten). Die Bundesbank zahlte an sie den mit dem →Diskontsatz abgezinsten Wechselbetrag aus.

Wechselpensionsgeschäfte: Von der Deutschen Bundesbank im Rahmen ihrer Offenmarktpolitik zur Feinsteuerung des →Geldmarktes seit April 1973 mehrmals durchgeführte →Pensionsgeschäfte, bei denen sie von Kreditinstituten Wechsel unter Abzinsung mit einem im Angebot festgelegten, vom →Diskontsatz unabhängigen, Zinssatz auf den Ankaufstag erwarb und der Verkäufer sich gleichzeitig verpflichtete, diese Wechsel nach einer vereinbarten Frist mit demselben Zinssatz zum Rückkaufstag abgezinst zurückzunehmen. Die Laufzeit der W. betrug i. d. R. 10 Tage, zeitweise auch 20 Tage. Die mit dem Ankauf der Wechsel geschaffene Liquidität wurde beim Rückkauf wieder vernichtet. Solchermaßen »reversible« Geschäfte erhöhen die Bankenliquidität also nur temporär.

Wertpapiere: Ein W. ist eine Urkunde, die dem Inhaber des W. (**Inhaberpapier**) oder der auf dem W. bezeichneten Person (**Namenspapier**) oder einer Person, die ihre Berechtigung zum Besitz des W. durch eine lückenlose Kette von Indossamenten (schriftlichen Übertragungsvermerken auf dem W., vgl. →Indossieren) nachweisen kann (**Orderpapier**), eine Forderung gegenüber dem Aussteller (Emittenten) des W. verbrieft. Man unterscheidet dabei →Rentenwerte (= im wesentlichen festverzinsliche W.) und →Dividendenwerte. In den Bankbilanzen und in der Bista werden unter den W. nur Anteilsrechte erfaßt, soweit sie nicht unter →Beteiligungen auszuweisen sind. Anleihen und Schuldverschreibungen bilden eine besondere Position. W. sind ein Instrument der Kreditgewährung: der Käufer eines W. stellt dem Aussteller einen bestimmten Geldbetrag für die Laufzeit des W. zur Verfügung. W. werden meist am →Kapitalmarkt gehandelt.

Wertpapierpensionsgeschäfte: Andere Bezeichnung für »Offenmarktgeschäfte mit Wertpapieren unter Rückkaufsvereinbarung« (vgl. →Offenmarktgeschäfte, →Tenderverfahren).

Wochenausweis: Darstellung des finanziellen Status einer Zentralbank zu den vier →Bankwochenstichtagen, die den Stand der Vermögenswerte und Verbindlichkeiten der Notenbank gemäß deren Rechenwerk aufzeigt. Es handelt sich nicht um eine Bilanz im Sinne des Handelsgesetzbuches, da im Jahresverlauf Bewertungseinflüsse außer Ansatz bleiben und der W. eher volkswirtschaftlichen Zwecken dient (z. B. als Quelle für währungs- und geldpolitische Informationen und als Hilfsmittel wirtschaftlicher Analysen). Die gesetzliche Verpflichtung zur Erstellung eines W. geht mit der 3. Stufe der →EWU von der Deutschen Bundesbank auf die Europäische Zentralbank über.

Zentralbankgeld: Allgemein Forderungen der Nichtbanken und Banken gegenüber der Zentralbank. Häufig jedoch in einer engeren Abgrenzung verwendet, und zwar als Bezeichnung für das →Bargeld und die Zentralbankguthaben (→Ist-Reserven) der Kreditinstitute.

Zentralbankgeldmenge: In der Abgrenzung der Deutschen Bundesbank umfaßt die Z. das Bargeld in Händen von Nichtbanken sowie das Mindestreservesoll für inländische Verbindlichkeiten der Banken (ohne mindestreservepflichtige Bankschuldverschreibungen), zu konstanten →Mindestreservesätzen (Basis Januar 1974, bzw. August 1995) berechnet. Die Z. zeigt einerseits den Beitrag der Notenbank zur Geldschöpfung an und ist andererseits Reflex der erfolgten monetären Expansion. Die Veränderungsrate der Z. war Gegenstand des zwischen 1974 und 1987 jährlich von der Deutschen Bundesbank jeweils für das folgende Jahr aufgestellten und veröffentlichten →Geldmengenziels. Von 1988 bis 1998 bezog sich das Geldmengenziel der Deutschen Bundesbank auf die →Geldmenge M3.

Zentralbankrat: →Deutsche Bundesbank, →Europäisches System der Zentralbanken.

Zentralkassen: Zentralinstitute der →Kreditgenossenschaften.

Zins: Preis für die Überlassung von Geldmitteln auf eine bestimmte Zeit. Neben dem Z. können bei einer Kreditaufnahme noch weitere Kosten entstehen (Bearbeitungsgebühren, Provisionen). Der Z. wird meist in Prozent pro Jahr (Prozent p.a.) angegeben und ist i.d.R. auf den ausgeliehenen Geldbetrag zu zahlen. Bei manchen Wertpapieren (→Wechseln, Zerobonds [Nullkuponanleihen], →unverzinslichen Schatzanweisungen) wird der Zins nicht im nachhinein gezahlt, sondern im voraus diskontiert (**abgezinst**), d. h. der Käufer (Verkäufer) einer unverzinslichen Schatzanweisung zahlt nicht (erhält nicht) den auf diesem Wertpapier notierten Nennbetrag, sondern nur diesen Nennbetrag abzgl. des vereinbarten **Zinsabschlags** (**Diskont**). Bei Fälligkeit löst dann der Verkäufer das Papier dem Käufer zum Nennbetrag ein. Vgl. →Rendite.

Zuwachsmindestreserve: →Mindestreservesatz.

LITERATUR ZUM KOMPENDIUM

Bank-Lexikon (1988), Handwörterbuch für das Geld-, Bank und Börsenwesen, 10. Aufl., Wiesbaden.

Das Bank- und Börsen-Abc (1995), 4. Neuausgabe, bearb. von F.J. **Arndt**/ K.W. **Müller**/W. **Skorpel**/B. **Sprenger**/A. **Weber**, Düsseldorf.

Deutsche Bundesbank (1995), Die Geldpolitik der Deutschen Bundesbank, Sonderveröffentlichung der Deutschen Bundesbank, Frankfurt/M.

Deutsche Bundesbank (1998), Gesetz über die Deutsche Bundesbank und Satzung des Europäischen Systems der Zentralbanken und der Europäischen Zentralbank, Bankrechtliche Regelungen 1, Frankfurt/M.

Deutsche Bundesbank (1998), Der Markt für deutsche Bundeswertpapiere, 2. Aufl., Frankfurt/M.

Deutsche Bundesbank, Informationsbriefe zur Europäischen Wirtschafts- und Währungsunion, Monatsberichte und Geschäftsberichte, diverse Ausgaben, Frankfurt/M.

Deutscher Bundestag (1997), Gesetzesentwurf der Bundesregierung zur Harmonisierung bank- und wertpapieraufsichtsrechtlicher Vorschriften, Deutscher Bundestag, Drucksache 13/7142 vom 6.3.1997, Bonn.

Deutscher Bundesrat (1998), Gesetz zur Einführung des Euro (EuroEG), Gesetzesbeschluß des Deutschen Bundesrates, Drucksache 341/98 vom 17.4.1998, Bonn.

Europäisches Währungsinstitut (1997), Die einheitliche Geldpolitik in Stufe 3; Festlegung des Handlungsrahmens, Frankfurt/M.

Europäische Zentralbank (1998), Die einheitliche Geldpolitik in Stufe 3, Frankfurt/M.

Grill, Wolfgang/Hans **Perczynski** (1997), Wirtschaftslehre des Kreditwesens, 31. Aufl., Bad Homburg v. d. H.

Obst/Hintner (1993), Geld-, Bank- und Börsenwesen, hrsg. von. **Kloten**, Norbert/Johann H. **von Stein**, 39. Aufl., Stuttgart.

PERSONENREGISTER

SACHREGISTER